国家示范性高等职业院校重点建设专业教材

Chuanbo Fuji

船 舶 辅 机

（轮机工程技术专业）

主编　郑仲金

主审　梁国珍 [福州海事局]

人民交通出版社

内 容 提 要

本书是国家示范性高等职业院校重点建设专业教材。全书共有九个能力模块,分别是:船用泵应用技能、空压机应用技能、液压元件应用技能、甲板机械应用技能、制冷装置应用技能、空调装置应用技能、淡化装置应用技能、辅助锅炉应用技能、液压舵机应用技能。每个能力模块分别从五个方面进行论述,包括:目标要求、基本概念、工作任务、思考练习、案例分析。

本书既可作为航海类高职院校轮机工程专业学生的教材,也可供相关人员学习参考。

图书在版编目(CIP)数据

船舶辅机/郑仲金主编. —北京:人民交通出版社,
2009.9

ISBN 978-7-114-07901-6

I.船… II.郑… III.船舶辅机 IV.U664.5

中国版本图书馆 CIP 数据核字(2009)第 120255 号

国家示范性高等职业院校重点建设专业教材

书 名:船舶辅机
著 作 者:郑仲金
责任编辑:蔡培荣
出版发行:人民交通出版社
地 址:(100011)北京市朝阳区安定门外外馆斜街 3 号
网 址:http://www.ccpress.com.cn
销售电话:(010)59757973
总 经 销:北京中交盛世书刊有限公司
经 销:各地新华书店
印 刷:北京交通印务实业公司
开 本:787×1092 1/16
印 张:22.5
字 数:562 千
版 次:2009 年 9 月 第 1 版
印 次:2013 年 6 月 第 2 次印刷
书 号:ISBN 978-7-114-07901-6
定 价:56.00 元

序

2006年是中国高等职业教育的春天。这一年,我国教育部、财政部启动了国家示范性高等职业院校建设计划,高等职业教育首次被定性为中国高等教育发展的一种类型。时代赋予了高等职业教育非常广阔的发展空间。

2006年也是福建交通职业技术学院发展的春天。同年12月,这所有着140多年办学历史的百年老校,被确定为全国首批国家示范性高等职业院校建设单位。这对学校而言,是荣誉更是责任,是挑战更是压力。

国家示范性院校建设的核心是专业建设,而课程和教材又是专业建设的重要内容之一。如何通过课程的建构来推动人才培养模式的改革和创新?教材编写工作又如何与学校人才培养模式和课程体系改革相结合?如何实现课程内容适合高素质技能型人才的培养?这均是我校示范性建设中的重要命题。

难能可贵的是,三年来,在全体教职员工的不懈努力下,我校8个重点建设专业(6个为中央财政支持的重点建设专业)在实验实训条件建设、师资队伍建设、人才培养模式与课程体系改革等方面,都取得了突破性的进展。

更令人欣慰的是,我院教师历经3年的不断探索和实践,为我院的教材建设作出了功不可没的成绩。一系列即将在人民交通出版社出版的国家示范性高等职业院校重点建设专业教材,就是我院部分成果的体现。在这些教材中,既有工学结合的核心课程教材,也有专业基础课程教材。无论是哪种类型的教材,在编写中,我院都强调对教材内容的改革与创新,强调示范性院校专业建设成果在教材中的固化,强调教材为高素质技能型人才培养服务,强调教材的职业适应性。因为新教材的使用,必须根植于教学改革的成果之上,反过来又促进教学改革目标的实现,推进高职教育人才培养模式改革。

培养社会所需要的人,是我院一直不懈的努力方向,而这些教材就是我们努力前行的足迹。

在这些教材的编写过程中,也倾注了相关企业有关专家的大量心血和辛勤劳动,在此谨向他们表示衷心的感谢!

福建船政交通职业学院院长
福州大学博士生导师

前　言

根据国家示范性高等职业院校建设的精神,结合 STCW78/95 公约的要求,依照《高职高专院校轮机工程技术专业教学指导方案》和《轮机工程技术专业人才培养和教学模式改革建设方案》的大纲,为了培养学生的职业岗位核心能力,我们尝试编写了这本国家示范性轮机工程技术专业的核心课程教材。

本教材体现了以下几个特点:

一、体现了"模块化和基于工作过程相结合"的特点。

2005 年颁布的"中华人民共和国海船船员适任考试大纲(适用04规则)"体现出《船舶辅机》的考证内容是"模块化"要求的。

2006 年通过的"轮机工程技术专业人才培养和教学模式改革建设方案"体现出《船舶辅机》的学教内容是"基于工作过程"要求的。

为了兼顾两者,编者把"模块化"和"基于工作过程"相互结合起来。整本书是以"能力模块化"为主线,一共安排了九个能力模块;而每个能力模块又是以"基于工作过程"进行描述,体现在内容的编排上是"目标要求、基本概念、工作任务、思考练习、案例分析"。

二、体现了"工学结合"和"理论与实践交替互动"的特点。

在每个能力模块上,均是重点地体现了"应用技能"。

在每个目标要求上,均是综合地提出了"主要知识目标"和"主要能力目标"。

在每个工作任务上,均是交替地说明了"相关理论知识"和"相关实践知识"。

在每个案例分析上,均是真实地还原了"故障现象"、"分析处理"和"经验总结"。

三、体现了"校企合作"的特点。

福建船政交通职业学院船政学院的郑仲金教师编写能力模块一~八的内容并进行全书统稿;福建冠海海运有限公司的黄政大管轮(工程师)参与编写能力模块九的内容;福州海事局的梁国珍轮机长主审了本书的全部内容;福州新洋海事咨询有限公司的蔡众兴轮机长为本书提供了许多资料,并审阅了部分内容。

四、体现了"精简实用"的特点。

依照轮机专业的相关大纲,考虑航海院校的学教特点,简单系统地对相关内容进行归纳总结;同时,相关职业技能的切入引出尽量符合航海类学生的认知规律,方便学生掌握运用,使之具备进行解决实际问题的各种相关能力。

本教材适合于"工学结合、校企合作"的培养模式,适应于轮机工程专业学生的能力要求,适用于相关院校单位有关人员的参考目的。

特别感谢江苏海事职业技术学院陈立军副教授和各位朋友的大力支持,他们的热情关心和积极帮助使我们在编写此书时受益匪浅。

由于编者学识有限,书中难免存在不妥之处,恳请各位专家批评指正。

编者

2009 年 5 月 1 日于福州

前 言

目　　录

能力模块一　船用泵应用技能

● 目标要求

本模块的主要知识目标	本模块的主要能力目标
1. 流量、扬程、功率、效率等参数； 2. 允许吸上真空度、汽蚀余量等参数； 3. 各种船用泵的正常工作条件； 4. 各种船用泵的工作原理和结构特点； 5. 各种船用泵的性能特点的对比； 6. 各种船用泵特性曲线的分析及应用； 7. 叶轮式泵比转数的意义； 8. 叶轮式泵工况调节、串并联使用的特点； 9. 各种船用泵的管理维修的要求	1. 具备计算各种船用泵的流量、扬程等性能的能力； 2. 具备分析各种船用泵的正常吸入条件和正常排出条件优劣的能力； 3. 具备检修、测试和调整各种船用泵的主要部件的能力； 4. 具备判断、分析和排除各种船用泵的流量不足、异响、不供液及过载等故障的能力； 5. 具备对各种船用泵进行启动、停用操作和运行管理的能力； 6. 具备对各种船用泵的主要部件进行拆装的能力

● 基本概念

考 证 大 纲	适 用 对 象			
	841	842	843	844
1 船用泵				
1.1 基础知识				
1.1.1 泵的分类			√	√
1.1.2 泵的性能参数				
1.1.2.1 泵的流量、扬程、排出压力、转速			√	√
1.1.2.2 泵的功率、效率、允许吸上真空度和汽蚀余量			√	√

一、船用泵的工作目的

船用泵的工作目的是输送流体。

二、船用泵的工作现象

船用泵的工作现象是吸入和排出，其中间过程是压缩作用，或离心作用，或引射作用。

三、船用泵的工作基础

船用泵的工作基础是能够制造压力差（Δp）。

四、船用泵的工作实质

船用泵的工作实质是进行能量转换，主要是速度能转换为压力能。

五、船用泵的功能

船用泵的功能是提高液体机械能。液体机械能有位能、速度能和压力能 3 种形式,它们之间可以相互转换。机械能较小的液体是不可能自发地到达机械能较大的位置,况且液体在管路中流动还要克服管路阻力而损失一部分能量。例如,锅炉给水需要显著提高液体的压力能,驳出舷外的压载水需要提高液体的位能等,这些液体的输送都需要用泵来完成。

六、船用泵的分类

1. 按作用分

(1)主动力装置用泵:包括主海水泵,主淡水泵,滑油泵,燃油泵等。

(2)辅助装置用泵:包括副海水泵,副淡水泵,凝水泵,液压泵等。

(3)船舶安全及生活设施用泵:包括压载泵,消防水泵,日用海水泵,日用淡水泵等。

(4)特殊船舶专用泵为其特殊营运要求而专门设置的泵:包括货油泵,泥浆泵,捕鱼泵等。

2. 按工作原理分

(1)容积式泵:利用工作部件运动形成工作容积周期变化而吸排流体,依靠挤压作用使流体的压力能增加。

①根据部件运动方式的不同,分为:往复式泵和回转式泵。

②根据部件基本结构的不同,分为:活塞泵、柱塞泵;齿轮泵、螺杆泵、叶片泵、水环泵。

(2)叶轮式泵:利用工作部件运动带动内部流体高速旋转而吸排流体,依靠离心作用使流体的速度能和压力能增加。

根据叶轮泵的叶轮和流道结构特点的不同,分为:离心泵、轴流泵、混流泵、旋涡泵。

(3)喷射式泵:利用工作流体喷射形成高速射流强烈诱导而吸排流体,依靠动量交换作用使流体的速度能和压力能增加。

典型的容积式泵、叶轮式泵、喷射式泵如图 1-0-1 所示。

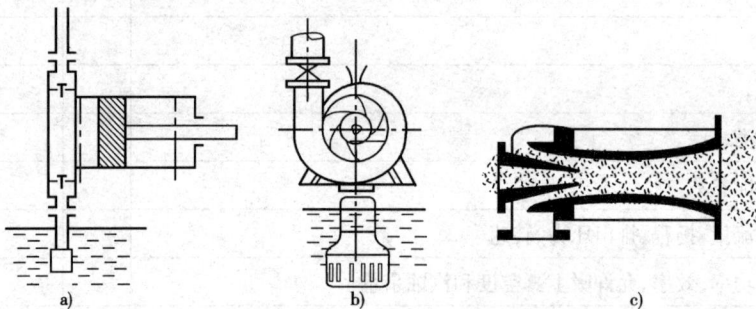

图 1-0-1 典型的容积式泵、叶轮式泵、喷射式泵

a)容积式;b)叶轮式;c)喷射式

七、船用泵的性能参数

泵系装置由泵、管路、阀件、滤器等组成。其中,泵是泵系装置的核心。如图 1-0-2 所示。

1. 流量(体积流量)

流量指泵在单位时间内所排送的液体量。即:流量 = 液体量/时间。

其中:体积流量 Q = 体积/时间(m^3/s);质量流量 G = 质量/时间(kg/s)。

排量是指泵在一定限定条件下排出的液体量。常见的有容积泵的每转排量,用 q 表示,单位是 m^3/r。

泵铭牌上标注的流量是指泵的额定流量,而泵实际工作时的流量则与泵的工作条件有关,不一定等于额定流量。

2. 压头(扬程)或压力(排出压力)

泵的压头是指单位重量液体通过泵所增加的机械能,用 H 表示,单位为 m(液柱)。

根据流体力学知识,利用伯努利方程推导出:

$$H = (p_d - p_s)/\rho g + \Delta Z + [(V_d^2 - V_s^2)/2g] \quad (m)$$

可以得出,泵在工作以后,单位重力液体的压力能为 $(p_d - p_s)/\rho g$,在泵的吸排口间增加的位能为 ΔZ、速度能为 $(V_d^2 - V_s^2)/2g$,三者单位均为 m(液柱)。其中位能和速度能的增加都很小,可略去不计,这样,单位重力液体在泵内增加的能量主要是压力能,故泵的压头计算式为:

$$H \approx (p_d - p_s)/\rho g \quad (m)$$

以上是从液体在泵获得多少能量的角度求得了泵的压头的表达式。从能量守恒的观点看,液体在被输送过程中所消耗的能量一定来自于所获得的能量,并且是平衡的,因此也可以从液体所需消耗多少能量的角度求得泵的压头表达式。

液体通过泵及其管路系统从吸入液面被输送到排出液面的过程中,所需消耗的能量有 3 项:克服吸排液面的压差能 $(p_{dr} - p_{sr})/\rho g$;提升液体高度 Z;克服吸排管路流动阻力损失 $\sum h$。

$$H = (p_{dr} - p_{sr})/\rho g + Z + \sum h \quad (m)$$

当吸、排液面上均为大气压力时(即 $p_{dr} = p_{sr}$),且 $\sum h$ 很小时,即泵的压头 H 大体上等于泵使液体提升的几何高度,故压头又常称为扬程。

叶轮式泵的铭牌上标注额定扬程。工作扬程不一定等于额定扬程,工作扬程的大小取决于泵的特性和管路特性。

容积式泵的铭牌上往往标注额定排出压力而不标注额定扬程,它是按试验标准使泵连续工作时所允许的最高压力。容积式泵工作时的实际排出压力不允许超过额定排出压力。

3. 转速

泵的转速是指泵轴每分钟的回转数,用 n 表示,单位是 r/min。大多数泵由原动机直接传动,二者转速相同。但电动往复泵往往需经过减速,故其泵轴(曲轴)的转速比原动机要低。在铭牌上标注的转速是指泵轴的额定转速。

4. 功率

(1)输出功率:又称有效功率,是指泵在单位时间内实际传给排出液体的能量。

$$P_e = \rho g H \times Q \approx (p_d - p_s)Q \approx p_d Q$$

(2)水力功率:是指泵在单位时间内实际传给吸入液体的能量。

$$P_h = \rho g H_t \times Q_t = P_e + 扬程能量损失 + 流量能量损失$$

(3)输入功率:又称轴功率,是指原动机传给泵轴的功率。

$$P = M \times 2\pi n = P_h + 机械能量损失$$

(4)配套功率:又称原动机额定输出功率。当原动机是通过传动装置与泵联接时,要考虑传动效率。另外,考虑到泵运转时可能超负荷等情况,配套功率应大于额定轴功率。

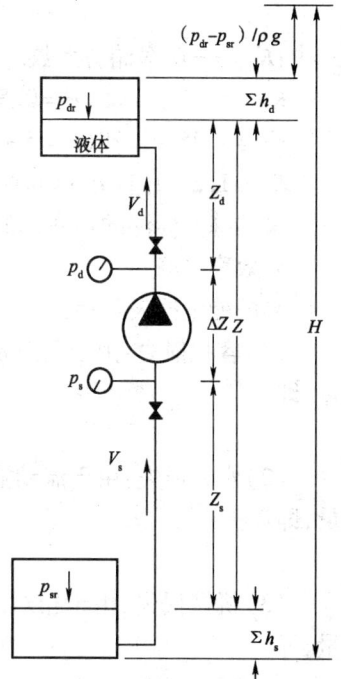

图 1-0-2 泵系装置

$$P_m = K_m P$$

式中：K_m——功率储备系数。

$K_m = 1.42 \sim 1.25 (P = 0.5 \sim 5\text{kW} 时)$；

$K_m = 1.25 \sim 1.20 (P = 5 \sim 10\text{kW} 时)$；

$K_m = 1.2 \sim 1.1 (P > 10\text{kW} 时)$。

泵铭牌上标注的功率指的是额定工况下的轴功率。

5. 效率

泵的能量损失包括：

(1)容积损失：由于漏泄及吸入液体中含有气体等造成的流量损失，用容积效率 η_v 来衡量，即：

$$\eta_v = Q/Q_t$$

(2)水力损失：由于流动液体的摩擦、撞击、旋涡等造成的扬程损失，用水力效率 η_h 来衡量，即：

$$\eta_h = H/H_t$$

(3)机械损失：由于相对运动工作部件机械摩擦等造成的能量损失，用机械效率 η_m 来衡量，即：

$$\eta_m = \rho g H_t \times Q_t / P$$

效率又称总效率，是指泵的输出功率和输入功率之比。

$$\eta = P_e / P = \eta_v \times \eta_h \times \eta_m$$

泵铭牌上标注的效率指泵在额定工况泵的总效率。

6. 允许吸上真空度

水和汽可以互相转化，温度和压力是造成它们转化的条件。0.1MPa 下的水，当温度升到 100℃时就开始汽化；高山上由于气压低，水温不到 100℃时就开始汽化。如果使水的某一温度保持不变，逐渐降低液面上的绝对压力，当该压力降低到某数值时，水同样会发生汽化，这个压力称为水在该温度下的汽化压力。如当水温为 20℃时，其相应的汽化压力为 2.4kPa。如果在流动过程中，某一局部地区的压力等于或低于与水温相对应的汽化压力时，水就在该处发生汽化。汽化发生后，就有大量的蒸汽及溶解在水中的气体逸出，形成许多蒸汽与气体混合的小汽泡。当汽泡随同水流从低压区流向高压区时，汽泡在高压的作用下，迅速凝结而破裂，在汽泡破裂的瞬间，产生局部空穴，高压水以极高的速度流向这些原汽泡占有的空间，形成一个冲击力。由于汽泡中的气体和蒸汽来不及在瞬间全部溶解和凝结，因此，在冲击的作用下又分成小汽泡，再被高压水压缩、凝结，如此形成多次反复，在流道表面形成极微小的冲蚀。冲击力形成的压力高达几百甚至上千兆帕，冲击频率达每秒几万次。流道材料表面在水击压力作用下，形成疲劳而遭到严重破坏，从开始的点蚀到严重的蜂窝状空洞，最后甚至把材料壁面蚀穿，通常把这种破坏现象称为剥蚀。另外，由液体中逸出的氧气等活性气体，借助汽泡凝结时放出的热量，也会对金属起化学腐蚀作用。这种汽泡的形成发展和破裂以致材料受到破坏的全部过程，称为汽蚀现象。

汽蚀会产生很大的危害：

(1)噪声振动：汽泡破裂和高速冲击会引起严重的噪声。另外，汽蚀过程本身是一种反复凝结、冲击的过程，伴随很大的脉动力。如果这些脉动力的某一频率与设备的自然频率相等，就会引起强烈的振动。

（2）材料破坏：由于机械剥蚀与化学腐蚀的共同作用，致使材料受到破坏。

（3）性能下降：汽蚀发展严重时，大量汽泡的存在会堵塞流道的截面，减少流体从叶轮获得的能量，导致扬程下降，效率也相应降低，这时泵的性能有明显的变化。这种变化，对于不同比转数的泵情况不同。

泵要能吸入液体，吸入口处应有一定真空度，但此真空度高到一定程度时，即泵的吸入压力 p_s 低到一定程度时，液体在泵内的最低压力就可能等于或小于其饱和蒸汽压力 p_v，液体就会汽化，造成汽蚀，使泵不能正常工作。因此就需要规定泵的允许吸上真空度。

允许吸上真空度是指泵在额定工况下保证不发生汽蚀时，泵进口处能达到的最大吸入真空度，用 H_s 表示，单位是 MPa。它是衡量泵吸入性能好坏的标志。

泵的允许吸上真空度主要与泵的型式、结构和工况有关。例如：泵内流道表面不光滑、流道形状不合理，泵内液体压降大，会使泵的允许吸上真空度较小；在船上对于既定的泵而言，大气压力降低、泵流量增大（使泵吸入腔压降增大），液体温度增高（使饱和蒸汽压力提高），也会使泵的允许吸上真空度减小。

水泵的允许吸上真空度常用水柱高度（m）来表示，称为允许吸上真空高度，用 $[H_s]$ 表示，可用来推算水泵的最大允许吸上高度（许用吸高）$[Z_s]$。

$$[Z_s] = [H_s] - (V_s^2/2g + \sum h_s)$$

若 $[Z_s]$ 为负值，称为允许流注高度。

泵铭牌上标注的允许吸上真空度 H_s，是由制造厂在标准大气压（760mmHg）下，以常温（20℃）清水在额定工况下进行试验而得出的。容积式泵的抗汽蚀性能参数 H_s 是以流量比正常流量下降3%时所对应的吸入真空度；叶轮式泵的抗汽蚀性能参数 $[H_s]$ 是以扬程或效率下降 $(2 + K/2)$% 时为临界状态，再减去不少于 0.3m 的安全余量来确定（其中，K 是型式数，不同类型的叶轮式泵具有不同的数值）。

7. 汽蚀余量

汽蚀余量是指泵入口处液体总水头与液体的汽化压力头之差，用 Δh 表示。汽蚀余量又可分为有效汽蚀余量 Δh_a 和必需汽蚀余量 Δh_r。

有效汽蚀余量又称装置汽蚀余量，是指泵工作时实际所具有的汽蚀余量，即泵工作时液体在泵进口处的总水头超过汽化压力头的富裕能量。它取决于泵的吸入条件和液体的饱和压力，而与泵无关。

必需汽蚀余量，是防止泵发生汽蚀所必需的汽蚀余量。它取决于泵进口部分的几何形状以及泵的转速和流量，反映了液体进泵后压力进一步降低的程度，与泵的吸入条件及所吸液体的饱和压力无关。Δh_r 随流量 Q 的增大而增大。Δh_r 越小，表明液体进泵后压力下降得越少，泵的抗汽蚀性能越好。

Δh_r 的数值用理论计算的方法很难准确求得，目前都用汽蚀试验来确定。叶轮式泵的抗汽蚀性能参数 Δh_r 是以扬程或效率下降 $(2 + K/2)$% 时为临界状态，再加上不少于 0.3m 的安全余量来确定。

泵不发生汽蚀的条件：Δh_a 比 Δh_r 大 10%（不少于 0.5m）的余量。

必需汽蚀余量和允许吸上真空度，都是由同样的汽蚀实验得出的用以表示泵吸入性能好坏的性能参数，性质一样表示方式不同。两者的区别是必需汽蚀余量主要取决于泵的结构形式和流量，而允许吸上真空度主要与吸入液面压力及液温有关。目前离心泵大多标注 Δh_r。

八、船用泵的工作条件

了解船用泵的正常工作条件,不仅对泵的正确安装和使用管理有着重要的意义,同时有助于分析各类泵不能正常吸排的原因。

1. 正常吸入的条件

(1)泵必须造成足够低的吸入压力,其值由吸入条件决定。根据伯努利方程推导出稳定流动必须的吸入压力,主要取决于吸入液面压力、吸高、吸入管路中的速度头和管路阻力。

$$p_s = p_{sr} - (Z_s + V_s^2/2g + \sum h_s)\rho g \qquad (1-0-1)$$

(2)泵吸口处的真空度不得大于泵的允许吸上真空度,从而确保泵内最低吸入 p_s' 不低于所输送液体在其温度下所对应的 p_v,否则液体就会汽化,使泵不能正常工作。

$$p_a - p_s \leqslant H_s \qquad (1-0-2)$$

如果不能满足条件(1-0-1),泵不能造成足够低的吸入压力,液体吸不上来。主要是由于泵内元件损坏或密封不良,吸入管漏气或吸口露出液面所造成。

如果不能满足条件(1-0-2),泵本身状况正常,吸入管路也未漏气,但吸入条件太差,以致吸入压力过低,则也无法正常工作。

由公式(1-0-1)可知,影响泵吸入真空度的因素有:

(1)吸入液面压力 p_{sr}:由式(1-0-1)可知,当其他条件不变,吸入液面压力 p_{sr} 越小,吸入压力 p_s 就越低,即吸入条件越差。当吸入液面与大气相通时,p_{sr} 等于大气压力。对海船来说,大气压力终年变化很小。但如泵(凝水泵)从真空容器中吸水,因 p_{sr} 接近凝水的饱和压力,故 p_s 就会很低,吸入液体极易汽化。

(2)吸高 Z_s:由式(1-0-1)可知,当其他条件不变,吸高 Z_s 越大,p_s 就越低。当吸入液面作用的是大气压力时,大多数水泵的许用吸高不超过 5~6m。为此,对于那些吸入条件很差的泵(如热水泵、凝水泵等),应将其安装在吸入液面之下。泵吸口低于吸入液面的高度称为流注吸高。

(3)吸入管流速 V_s 及阻力 $\sum h_s$:由式可知,当其他条件不变,吸入管流速和管路阻力越大,则吸入压力 p_s 越小。管路阻力包括沿程阻力和弯头、阀门、滤器等处的局部阻力。除在设计时应尽量减小管长,减少管路弯头、附件,选用适当的管径和管内流速外,使用时还应勤洗滤器,开足吸入阀门,以减小吸入管路阻力损失。对于油泵,油温越低,油的黏度越高,流动阻力就越大。而对于水泵,水温变化对管路阻力的影响很小。

(4)液体密度 ρ:所输送液体的密度越大,则泵的吸入压力就越低。当所输送液体的品种变化导致密度改变时,其管路阻力和饱和蒸汽压力也会改变。故在输送各种油类、液态化学品时,就需对泵的吸入条件作专门的考虑。

(5)液体温度:液体温度对吸入压力的影响,主要看其对液体密度和管路阻力的影响而定。输油时,油温降低,管路阻力增大,同时油的密度也增大,因而将使吸入压力降低。而输水时,水温对管路阻力和密度的影响甚微,因而对吸入压力影响很小;但另一方面温度越高,水越容易汽化,吸入条件越差。所以,对吸入温度可能变化的泵,如锅炉给水泵,使用中当水温升高导致吸入失常时,应通过降低泵的转速,或降低吸入液体温度等措施解决。

(6)惯性水头:惯性水头是指液体作不稳定流动(即各处流速随时间而变)时才有的附加水头。对往复泵来说,由于其活塞运动不均匀,惯性水头损失就较大。在吸入阀阻力和吸口段及泵缸内液体的惯性水头导致 $p_s' < p_v$,活塞面上液体汽化,使活塞与液流脱离,形成"气垫"。泵在工作中因吸入压力过低而出现的这种液体气化现象就称为"气穴现象",使泵的流量减小和压力表指针剧烈抖动,产生液击声,严重时将导致泵的部件和密封损坏。

(7)原动机的转速:当其他条件不变的情况下,对瞬时流量均匀的泵,转速增加,液体流速加大,流阻加大,吸入压力会降低,故转速不能过分提高。对瞬时流量很不均匀的泵(如往复泵),转速增加,使惯性水头增加,吸入压力脉动增加,会造成泵不能正常吸入。

2. 正常排出的条件

(1)泵本身能够产生的排出压力必须足够高,否则液体就排不出去。这就要求泵的密封件性能良好,承压件耐压性能良好,运动件技术状态良好,能够向液体提供足够的能量。泵的排出压力主要用于提升液体高度、克服排出液面背压和克服排出管路阻力。

$$p_d = p_{dr} + (Z_d + \sum h_d)\rho g \tag{1-0-3}$$

(2)泵实际工作时的排出压力不能过高。对容积式泵,排出压力会随管路负荷增大而增大,理论上可达无限大。实际上当排出压力过高时,可能造成原动机过载,甚至使泵的密封部件损坏或管路破裂。故规定容积式泵的排出压力不得超过额定排出压力。对于叶轮式泵和喷射式泵,排出压力的最大值是有限的。当排出压力超过额定值时,虽不会造成机损,但会使流量和效率急剧下降,直至为零。因此,为保证泵正常排出,在管理时要防止排出管路上的滤器或其他元件堵塞,注意排出阀的打开程度。如排出条件不变,泵的排出压力低于正常值,则通常意味着泵的流量减小使得管路阻力降低。适当降低转速可减少惯性损失。

$$p_d \leq p_{额} \quad 或 \quad H \approx H_{额} \tag{1-0-4}$$

九、船用泵的铭牌标注

一般标注:额定流量;额定转速;轴功率;(总)效率;允许吸上真空度(油泵)/允许吸上真空高度(水泵)。

容积式泵另外标注:额定排出压力。

叶轮式泵另外标注:额定扬程;必需汽蚀余量。

喷射式泵另外标注:额定扬程/额定排出压力;引射系数。

工作任务一　往复泵的拆装操作

理论知识点	实践知识点
1.往复泵的基本结构; 2.往复泵的工作原理; 3.往复泵的性能特点; 4.往复泵的主要部件	1.往复泵启动、停用操作和运行管理的技能; 2.往复泵主要部件拆装的技能; 3.往复泵主要故障排除的技能

考证大纲	适用对象			
	841	842	843	844
1.2 往复泵				
1.2.1 往复泵的工作原理			√	√
1.2.2 往复泵的结构(包括空气室、泵阀)			√	√
1.2.3 往复泵性能特点			√	√
1.2.4 电动往复泵的使用管理			√	√
1.2.5 往复泵的常见故障分析及处理			√	√

一、基本结构

图 1-1-1 所示为单缸双作用往复泵。它主要由阀箱(隔板、吸入阀、排出阀)和泵缸(活塞、活塞杆)等部件组成。

二、工作原理

往复泵是一种容积式泵。它利用活塞的往复运动,使泵缸内的容积大小发生周期性变化,通过阀箱中的吸入阀和排出阀控制液流方向,从而实现从吸入管吸入液体和向排出管排出液体。

往复泵在活塞每一往复行程吸排液体的次数,称为往复泵的作用数。上述往复泵每一往复行程活塞上下两侧各吸排一次液体是双作用泵;每一往复行程吸排一次液体是单作用泵。由两个双作用泵缸或三个单作用泵缸组成的往复泵称为四作用泵和三作用泵。

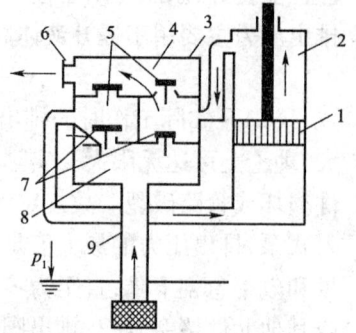

图 1-1-1 往复泵

1-活塞;2-泵缸;3-阀箱;4-排出腔;
5-排出阀;6-排出管;7-吸入阀;8-吸入腔;9-吸入管

三、性能特点

1. 自吸能力

较强。泵的自吸能力,是指泵依靠自身能力能抽出泵内及吸入管路中的空气而将液体吸上。泵的自吸能力的好坏与泵的密封性能有重要关系。当往复泵因长期停用而泵腔干燥时、泵阀或泵缸密封不佳而自吸能力降低时,就应在启动前向缸内灌满液体,这样有利于提高泵的自吸能力,同时也减少摩擦。

2. 流量

仅与泵的转速、泵缸尺寸和作用数有关,与工作压力无关。往复泵的理论流量(平均流量)为活塞在单位时间内所扫过的容积:

$$Q = 60KASn \qquad (\text{m}^3/\text{h})$$

式中:K——作用数;

A——泵缸截面积,m^2;

S——活塞行程,m;

n——转速,r/min。

往复泵的理论流量与工作压力无关。因此往复泵不能用改变排出阀开度的方法来调节流量,而应采用变速或回流(旁通)调节法。

3. 流量的均匀性

很不均匀。因为往复泵活塞的运动速度不是均匀的,在上下止点位置时为零,在行程中间位置时速度最大,所以其瞬时流量 q 在不同时刻是不相同的。

对于单作用泵,由于活塞在上下止点时的瞬时流量 q 为零,上下止点中间时 q 为最大,故单作用泵的流量最不均匀。

对于多作用往复泵,由于其瞬时流量为各缸在同一时刻排出的瞬时流量的叠加。显然多作用往复泵瞬时流量的均匀程度要比单作用泵好。一般而言,增加作用数能够改善往复泵的流量均匀性,但也使结构趋于复杂,故在往复泵的作用数最多为四作用。其中三作用泵因曲柄间各差 $120°$ 的缘故,其瞬时流量的均匀程度比单、双、四作用泵都好。在实际使用中也常用空气室来减轻往复泵吸排管中的流量脉动和相应的压力脉动。

泵的流量不均匀度用脉动率 σ_Q 表示。$\sigma_Q = (q_{max} - q_{min})/q_m$,式中 q_{max}、q_{min}、q_m 分别表示最大、最小瞬时流量和平均流量。不同类型的往复泵的 σ_Q 如表 1-1-1 所示。

往复泵理论流量脉动率

表 1-1-1

作 用 数 k	1	2	3	4
理论流量脉动率 σ_Q ($\lambda =$ 偏心距 r / 连杆长度 $l = 0$)	3.14	1.57	0.14	0.32
理论流量脉动率 σ_Q ($\lambda =$ 偏心距 r / 连杆长度 $l = 0.2$)	3.20	1.60	0.25	0.32

4. 压力

额定排出压力仅与泵原动机的功率、轴承的承载能力、泵的强度和密封性能有关,与泵的尺寸和转速无关。

往复泵属于容积式泵的一种。容积式泵因其工作原理决定了其实际工作压力取决于管路负荷,不论管路负荷有多大,工作部件(如活塞)总是要力图将吸入工作腔中的液体挤出去,负荷越大,排出压力就越大,当排出管阀门关闭或堵塞时,管路负荷趋于无穷大,排出压力也将趋于无穷大。实际上当排出压力趋于无穷大的过程中,不是造成原动机过载、堵转直至烧毁,就是造成管路破裂。因此必须为容积泵规定额定排出压力,工作时的实际排出压力不得超过额定工作压力;在管理时,任何容积泵都必须"开阀启停",泵工作时严禁吸排管路堵塞或将吸排阀门关小或关闭。

5. 转速

不宜太快。泵的转速过高,泵阀迟滞造成的容积损失就会相对增加;泵阀撞击更为严重,引起的噪声增大,磨损也将加剧;此外,液流和运动部件的惯性力也将随之增加,从而产生液击和恶化吸入条件。所以,电动往复泵转速多在 $200 \sim 300 r/min$ 以下,一般最高不超过 $500 r/min$,高压小流量泵最高不超过 $600 \sim 700 r/min$。

6. 效率

容积效率受泵的密封性能、转速、泵阀性能和液体黏度影响较大。

往复泵的容积效率总是低于 100%,原因主要有 3 点:

(1)活塞换向时,由于吸入阀和排出阀的关闭迟滞,产生了液体的流失。

(2)泵的阀门、活塞与泵缸间、活塞杆与填料函间的间隙引起的漏泄损失。

(3)泵吸入的液体中含有气体。气体可能是因压力降低时从液体中逸出的,也可能是液体本身汽化产生,另外还可能从填料箱等处漏入。

实际上,由于泵的型式、大小和新旧程度的不同,容积效率会存在较大差异。高压小流量、高转速、制造精度低的泵,以及输送高温、高黏度或低黏度、高饱和蒸汽压或含固体颗粒的泵,容积效率较小。

7. 适用性

主要适用于流量不大,对流量均匀性要求不高和需要自吸能力强的场合,在船上主要用作舱底水泵。

8.简易性

若结构复杂,则管理难度大。

往复泵因转速不宜太快,故常在原动机和泵之间装有减速机构,这使得结构复杂,管理量也相应增加。

9.耐用性

易损件多(活塞环、泵阀、填料等),输送含固体杂质的液体时,活塞环、泵阀、填料更加容易损坏。

10.性能曲线

往复泵的性能特点(又称特性)是借助于通过试验获得的特性曲线,是流量 Q、功率 P、效率 η 等特性参数与压力 p 之间的关系曲线。如图1-1-2所示。

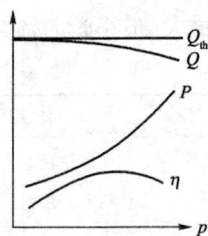

图1-1-2　往复泵的性能曲线

四、主要部件

图 1-1-3 所示为 LD-INSB 型往复泵。

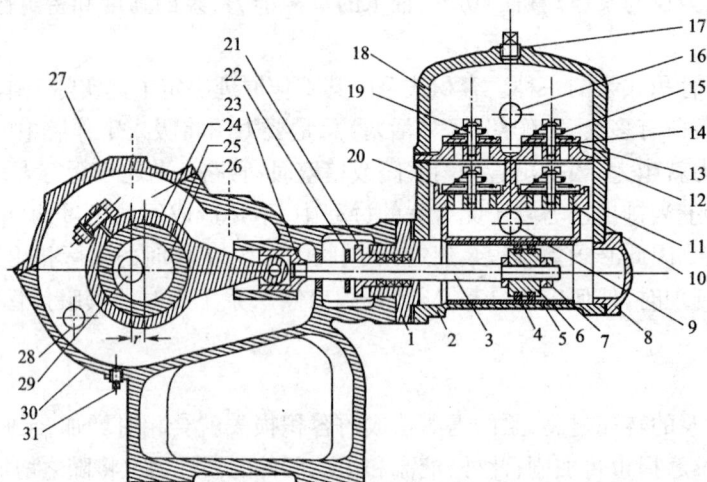

图 1-1-3　LD-INSB 型往复泵

1-填料函;2-泵缸体;3-活塞杆;4-活塞环;5-泵缸套;6-活塞;7-螺母;8-泵缸盖;9-吸口;10-吸入阀座;11-阀箱;12-排出阀座;13-排出阀;14-弹簧座;15-弹簧;16-排口;17-螺塞;18-阀箱盖;19-阀导杆;20-吸入阀;21-填料函压盖;22-挡水板;23-十字头;24-连杆;25-球轴承;26-偏心轮;27-曲轴箱盖;28-油位镜;29-泵轴;30-曲轴箱;31-螺塞

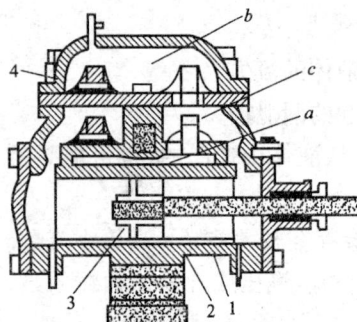

图 1-1-4　泵缸与阀箱

1-泵缸;2-泵缸衬套;3-活塞;4-阀箱;
a-吸入腔;b-排出腔;c-工作腔

1. 泵缸与阀箱

泵缸与阀箱常用铸铁铸成一体,结构如图1-1-4所示。

往复泵的泵缸是一个内表面经过加工的圆筒体,其一端做成喇叭形,以便于安装活塞组件。大中型泵,为防止海水腐蚀和磨损后便于更换,常在缸内腔衬有青铜或不锈钢缸套。泵缸缸套的圆度和圆柱度应符合要求。活塞环装入后用灯光检查,整个圆周上的漏光不应多于 2 处,且与开口距离不小于 30mm,每处径向间隙弧长不大于 45°。必要时可用内径千分卡测量缸套的圆度和圆柱度,如发现磨损超过标准即需镗缸,并换新活塞。镗缸后,其厚度减少不应超过 15%,否则应换新。

阀箱分三层。底层是吸入室,与吸入管连接;上层是排出室,与排出管连接;中间层用隔板隔成两个互不相通的工作室,分别和泵缸两端的工作空间连通,吸、排阀分组安装在中层空间上下层隔板的阀孔座上。

2. 活塞与活塞环

活塞是泵工作的主要部件,其结构如图 1-1-5 所示。

活塞靠螺母固定在活塞杆上,为了防止螺母松动,螺母常用开口销锁死。活塞直径一般比缸径小 1~2mm。泵缸与活塞间的气密靠活塞上装设的活塞环来保证。活塞环(又叫胀圈)在环槽中要能松动自如,活塞环借助本身外张弹力与缸壁贴紧。活塞环磨损可以换新。

活塞环材料应比缸壁软,常用材料有铸铁,青铜和非金属材料(如夹布胶木)等,根据输送液体性质选定。一般水泵多用夹布胶木,它的缺点是在水中浸泡会胀大,长期离开水又会干缩。工厂制造这种活塞环时,是先经热水浸泡后才进行加工。活塞环的切口通常切成 45°~60°。活塞环既关系到泵缸两端工作空间的气密,它的弹力好坏和在环槽中的松紧,势必直接影响泵的吸、排工作。因此活塞环在安装时,一定要注意有关间隙,间隙过大会漏气,间隙过小又会卡死,也漏气。

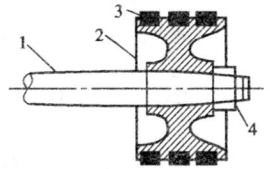

图 1-1-5　活塞与活塞环
1-活塞杆;2-活塞;3-活塞环;4-螺母

非金属胀圈的安装间隙如表 1-1-2 所示。

非金属胀圈的安装间隙　　　　　表 1-1-2

活塞环直径(mm)	切口间隙(mm)		轴向间隙(mm)	
	安装间隙	极限间隙	安装间隙	极限间隙
<100	1.5	4.0	0.15	0.30
100~150	2.0	5.0	0.20	0.40
150~200	2.2	5.5	0.25	0.50
200~300	2.5	6.5	0.30	0.60
>300	3.0	7.5	0.40	0.80

活塞环使用过久,因磨耗直径会变小,弹力减弱,切口随直径变小而增大,影响泵缸两端工作空间的气密,产生漏泄现象。因此活塞环使用一定时间后,要进行切口间隙检查,以判断其弹力是否足够。切口间隙超过规定,要更换新环。换新环时,应先在热水中浸泡一段时间,变软后取出,使开口撑开到 8mm 左右,等冷却后放入环槽内,检查各间隙值,符合要求后才可装入使用。安装活塞环时上、下两环的搭口要错开 120°或 180°。

3. 阀与阀座

(1)阀与阀座的结构。往复泵的泵阀有吸入阀和排出阀,它们的作用是使泵缸工作腔交替地与吸排管接通或隔断,以完成泵的吸排过程。常见的型式有盘阀、锥阀、球阀、环阀等几种。如图 1-1-6 所示。

(2)泵阀的特点:

①盘阀:结构简单,易于加工,经久耐磨,应用广泛,但水力损失较大。适用于吸排清水、低压液体的场合。

②环阀:结构简单,易于加工,流阻较小,应用较广,但刚性较差。适用于吸排低压、大流量液体的场合。

③锥阀:关阀迅速,无需弹簧,密封性好,阻力很小,但加工要求高。适用于吸排高黏、高压液体的场合。

④球阀:结构简单,磨损均匀,密封性好,流阻较小,但尺寸不宜过大。适用于吸排高黏、低压、小流量和泵速不高的液体的场合。

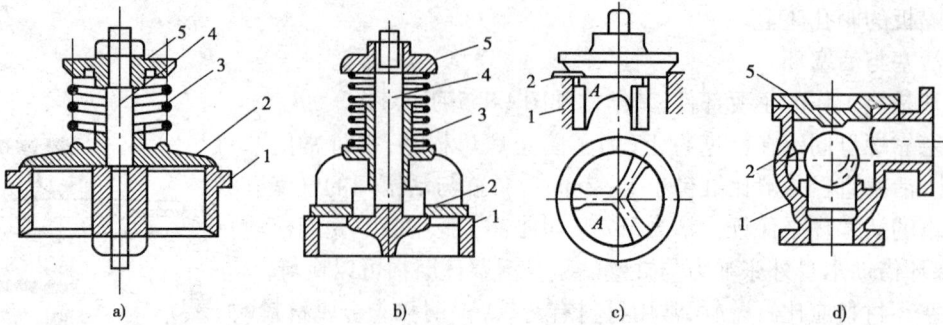

图 1-1-6 泵阀
a)盘阀;b)、c)锥阀;d)球阀
1-阀座;2-阀芯;3-弹簧;4-导向装置;5-升程限制器

(3)对泵阀的要求。泵阀工作的好坏,对泵的工作和工作性能有很大影响,因此对泵阀有以下要求:

①关闭严密。它主要靠阀与阀座的加工精度及接触面的研配质量来保证。关闭不严会使容积效率下降,泵的自吸能力变差。因此,当阀与阀座的接触面上出现伤痕或磨损不均时,就需重新研磨或更换新阀件。研磨或更新后,对阀与阀座的接触面必须进行密封试验,即将二者倒置后注入煤油,5min 内应无渗漏。

②启闭迅速。阀的启闭滞后角过大,泵的容积效率下降,自吸能力变差。为此应当降低转速、增大比载荷(是指单位面积阀盘所受弹簧力和重力的大小),以限制阀的最大升程。

③关闭时撞击要轻,工作无声。否则将会加剧阀的磨损。为减轻阀关闭时的撞击,须限制阀落到阀座上时的速度。阀落到阀座上时的速度与阀的最大升程和泵转速的乘积成正比。试验得出泵阀无声工作的条件为:$h_{max} \times n \leqslant 600 \sim 650$。

当 n 较高时,$h_{max} \times n$ 提高到 $700 \sim 750$;对有橡胶密封面的阀,$h_{max} \times n$ 提高到 $800 \sim 1000$。

④泵阀的阻力要小。这不仅可以提高泵的水力效率,而且吸入阀阻力小还有助于使泵的允许吸上真空度增大。这就要求阀的质量和阀的比载荷都不宜过大。

可见,提高泵的转速,虽可增加泵的流量,但,由于液流惯性力的影响,会使阀的升程增加,使阀关闭滞后敲击加重,严重时会损坏阀的升程限制器,故应限制往复泵转速的提高。

减轻泵阀比载荷可减小阀的阻力,但同样会使 h_{max} 加大,而使阀关闭滞后敲击加剧。比载荷一般取 $2 \sim 3m$,最大 $4 \sim 6m$。通常低压泵泵阀的比载荷选小值,以免 η_h 过低;高速泵选大值,以减小 h_{max},使阀关闭及时、撞击减小。此外,为有利于提高泵的允许吸上真空度,吸入阀的比载荷值常比排出阀小。

4.填料函与填料

填料函的构造如图 1-1-7 所示。

填料函由内套、填料和压盖组成。内套和压盖接触填料的端面处都做成倾斜面的称双斜面式,仅

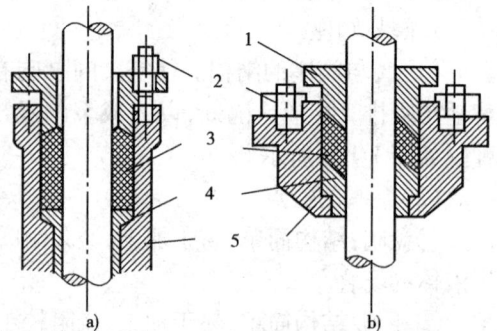

图 1-1-7 填料函
a)单斜面式;b)双斜面式
1-压盖;2-螺母;3-填料;4-内套;5-填料箱

压盖做成倾斜面的称单斜面式。做成斜面式是为了便于上紧压盖螺母时把填料挤向活塞杆，保持密封。

填料函与填料的作用是防止泵缸中液体沿活塞杆孔处漏出，或外部空气从杆孔处漏入，以保证泵的正常吸、排工作。当填料用久变质发硬而失去密封作用时，必须更换。更换填料时，新填料的宽度应按活塞杆与填料函的径向间隙选取，稍宽可适当锤扁；长度应根据活塞杆直径周长截取填料，切口最好成45°。填料要逐圈安装，相邻填料的切口要错开。填料圈数不要随意增减。填料装满后其松紧可借压盖螺母进行调整。上螺母时要注意用力平均，防止单边用力，使压盖倾斜，碰到活塞杆。填料安装应松紧适当，应允许有少量液体滴漏，以润滑和冷却活塞杆。填料函漏泄量不应超过泵额定流量的 0.01%；当泵额定流量 < 10m³/h 时，漏泄量≮1L/h。当软填料因磨损而漏泄增加时，可均匀地压紧填料压盖。如果填料磨损太多，压紧压盖也不能减轻漏泄，即应更换。装填料时各圈的切口应错开。

往复泵活塞杆运动速度不高，一般采用软填料轴封，在活塞杆伸出处设有填料函。工作压力较低、温度 < 100℃时，软填料一般由浸油的棉麻纤维编制，俗称油纱盘根。当压力 < 1MPa 时，软填料一般是 3 ~ 4 圈，排出压力越高，圈数越多。

5. 空气室

往复泵由于活塞的变速运动，造成流量和压力的波动，易引起液击与恶化泵的吸入条件，限制了泵的转速提高。装设空气室是往复泵用来减轻流量和压力波动的常见措施之一。

空气室通常设在尽量靠近泵的吸排口处，故有吸入空气室和排出空气室之分。如图1-1-8所示。

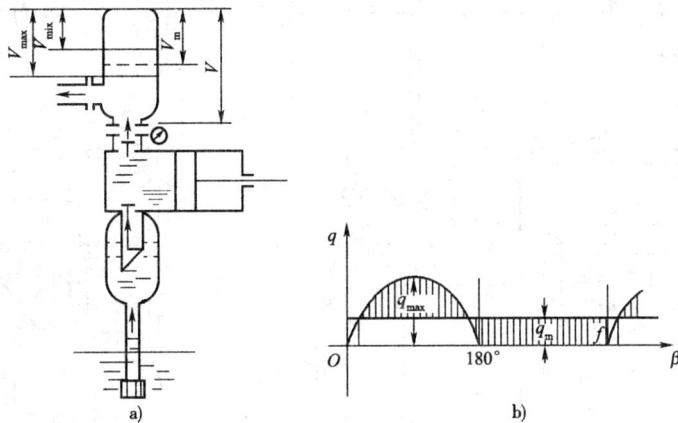

图 1-1-8 空气室

空气室是一个内部壳有空气的容器，当泵的瞬时流量达到最大值与最小值时，通过空气室中空气压缩和膨胀来存入和放出一部分液体，就能达到调节管路中的流量与压力，使管路中的流量与压力趋于均匀，其均匀性取决于空气室的容积与空气的存放量。空气室中的空气容积约占 2/3，水占 1/3。空气室高度与直径之比一般为 1.4。

设空气室后虽然空气室和泵之间的流量仍不均匀，但空气室之外的排出或吸入管路中的流量比较均匀，这就减少了液流的惯性能头，使泵的排出或吸入压力波动显著减轻。当然，工作过程空气室中的气体体积是变化的，故空气室压力 p_r 也在变，管路中的流量不可能绝对均匀。但只要空气室中气体体积足够大，其体积和压力的相对变化率就小，流量脉动率 σ_q 或压力脉动率 σ_p 就可降低到允许范围内（通常要求 $\sigma_q \leqslant 0.5\%$ ~ 4%，或 $\sigma_p \leqslant 1\%$ ~ 5%）。我国国标规定船用立式双缸四作用电动往复泵空气室容量应大于液缸行程容积的4倍。

对于排出空气室,由于其工作压力较高,在工作过程中室内气体会不断溶于水中并被带走。因此,在排出空气室上设有充气阀,在工作过程中应及时充气。

对于吸入空气室,由于其工作压力较低,在工作过程中溶解在液体中的气体会不断逸出,使室内的气体逐渐增加,当气体增加到一定量时,如果大量被泵吸入,就会使泵吸入出现短时断流。因此,吸入空气室的吸入管下端常钻有小孔或做成锯齿口等形状,其目的是让泵在不断流的情况下将逸出的多余气体吸走。

6. 安全阀

安全阀安装在阀箱上,用以限制泵的最大排出压力。调整安全阀弹簧张力即可改变其开启压力。其开启压力应为泵额定排出压力的1.10~1.15倍。当泵排出管路阀门全闭时,安全阀的排放压力(全流压力)一般应不大于额定排出压力加0.25MPa。安全阀阀体、泵缸、泵盖、阀箱等受压零件在工厂应进行水压试验,试验压力为安全阀排放压力的1.5倍,试验时间不少于5min,且无渗漏现象。安全阀在泵出厂时经试验合格后加以铅封。

7. 结构实例

图1-1-9所示为国产CDW25-0.35电动双缸四作用往复泵。其型号含义为:

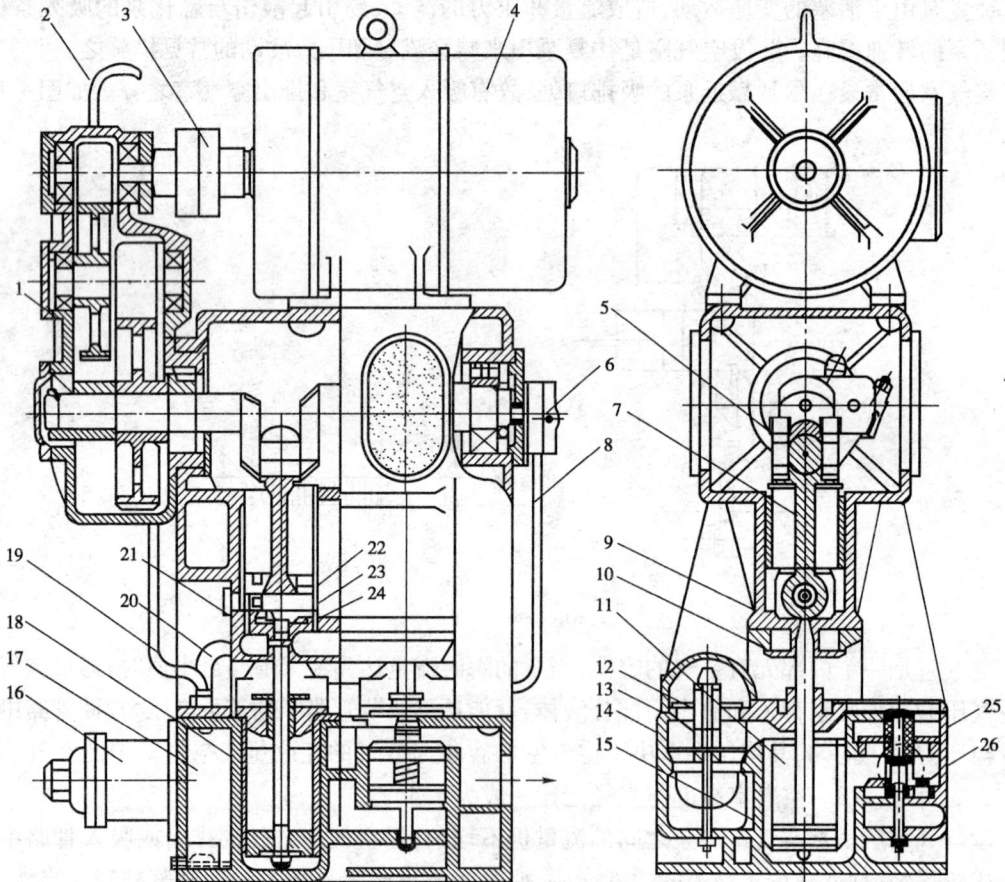

图1-1-9 CDW25-0.35电动往复泵结构

1-减速器;2-油管;3-联轴节;4-电动机;5-曲轴;6-油泵;7-连杆;8-吸油管;9-十字头;10-油盘;11-缸套;12-排出阀;13-固定螺栓;14-吸入阀;15-活塞;16-安全阀;17-油箱;18-缸体;19-回油管;20-回油管;21-十字头销;22-套口;23-锁紧螺母;24-螺塞;25-排出阀;26-定位弹簧

C——船用;

D——电动;

W——往复泵;

25——额定流量(m³/h);

0.35——额定排出压力(MPa)。

该泵主要由电动机、齿轮减速器、曲柄连杆机构、泵缸及滑油泵等所组成。

齿轮减速器位于电动机输出轴端,由挠性联轴器带动它回转。减速器的输出轴就是曲轴。曲轴为整体锻造,由三个滚子轴承支承,其中位于润滑油泵侧的轴承是自位轴承,当曲轴热胀冷缩时能随轴做轴向移动。轴上有两个曲柄,互成90°。这样使得两个活塞相差半个行程,当某缸瞬时流量最大时,另一缸瞬时流量却最小;而且不论曲轴在何种位置,泵缸均有液体排出,可减小流量和耗功的波动。曲轴上的曲柄销与连杆的大端相连,连杆的小端则经十字头与活塞杆相连。这样,当电动机带动曲轴回转时,固定在活塞杆上的活塞就不停地作往复运动。曲轴连杆机构由来自中心油孔的滑油润滑。

这种泵是一个并联的双缸四作用泵。它包括两个完全相同的泵缸、活塞以及四个与泵缸各工作空间相对应的阀箱。阀箱中安装有8只盘阀。

泵采用压力润滑,齿轮式滑油泵安装于曲轴右端,由曲轴直接带动回转。油被油泵自油箱经油管吸入后,一路经曲轴和连杆中的孔道润滑曲轴轴承和连杆大、小端轴承,另一路经油管去润滑减速齿轮,并分别由油管流回油箱。滑油一般采用40号机油。滑油压力应保持0.08~0.12MPa,油温不应超过70℃。

• 相关实践知识

一、操作技能

1. 启动

(1)油:检查油箱中的油位是否在规定范围内。人工加油的部位应加适量的润滑油。

(2)水:应设法使泵缸中有水,以防涨圈干缩和干摩擦并检查水密情况。

(3)汽:略。

(4)气:检查气密情况。

(5)电:检查电气系统是否正常。

(6)阀:开足吸、排截止阀。

(7)机:外观检查机器是否处在适宜启动状态。消除一切可能妨碍机器运转的物件。

(8)盘:应盘车使曲轴转动1~2转,以检查运动部件有无卡阻。

(9)冲:点动检查电动机转向是否与机体上标志一致,以防自带油泵反转不能供油。

(10)启:接通电源,启动泵。

2. 运转

(1)压:检查泵的吸排压力、滑油压力等压力参数是否正常;当吸排压力发生剧烈波动,说明可能是低压部分漏气或液位过低吸空。

(2)温:检查滑油温度是否正常;检查电机、轴承和填料函等部位有无过热,轴承温度不应超过70℃。

(3)荷:检查电流电压和功率表,掌握负荷情况,防止超负荷。

(4)转:检查转速及运动件的速度是否正常。

(5)声:仔细倾听泵的各运动部件及泵内部有无异常响声,若缸内有严重敲击声应立即停车检查。

(6)运行管理中应加强巡查,通过"听、看、摸、嗅、比"掌握往复泵的运行状况。

3.停车

(1)切断电源停泵。

(2)先关吸入阀,再关排出阀。

(3)当外界温度低于0℃时,应放尽泵缸和阀箱内存水,以防冻裂。

(4)长期停用时,应拆泵将水擦干,各运动件涂敷油脂。

二、拆装技能

在拆装、测量往复泵的胶木胀圈时应注意:

1.工具、量具的选取使用,正确得当

活塞环拆卸工具、塞尺(厚薄规)、游标卡尺或外径千分尺、角尺。

2.测量环搭/切口/搭口间隙

将胀圈逐一放入泵缸内,用厚薄规测量它的对口间隙。应注意将活塞环平放在泵缸中磨损最小的位置上。

3.测量胀圈槽的深度和胀圈厚度

用带深度尺的游标卡尺或外径千分尺测量胀圈槽的深度和胀圈的厚度。

4.测量胀圈的搭口角度

用角尺/量角器测量胀圈的搭口角度,通常为45°或90°。

5.测量胀圈的天地间隙

将胶木胀圈装入槽内,用厚薄规测量间隙值。

三、主要故障排除技能

主要故障排除技能如表1-1-3所列。

往复泵故障排除   表1-1-3

故障现象	判断思路	原因分析	排除方法
1. 启动后不出水或流量不足	根据泵装置的构成和泵正常吸排条件,从泵装置的吸入管口逐步向排出管口分析	(1)吸入容器已排空无水; (2)吸排截止阀未开或未开足; (3)吸入管漏气; (4)吸入滤器或底阀堵塞; (5)胶木活塞环干缩; (6)吸排阀损坏、泄漏或垫起; (7)活塞环或填料磨损过多; (8)安全阀弹簧太松或阀泄漏	(1)补充水; (2)全开; (3)查明漏处消除漏气; (4)清洗滤器或排除堵物; (5)引水浸泡; (6)检查、研磨、清洁或换新; (7)换新或修复; (8)更换弹簧或检修阀
2. 安全阀顶开或电动机过载	造成此故障现象的原因有3个方面: (1)排出压力过高; (2)安全阀本身有问题; (3)机械运动阻力过大	(1)排出截止阀未开; (2)排出管堵塞; (3)安全阀失灵; (4)缸内落入异物卡死; (5)泵久置不用活塞锈蚀咬死; (6)填料或轴承太紧	(1)全开截止阀; (2)检查管路,排除堵物; (3)检查原因校验安全阀; (4)检查取出; (5)拆出除锈; (6)调整或更换

故障现象	判断思路	原因分析	排除方法
3.泵发生异常声响	从各运动件处找原因	(1)泵缸内有敲击声:缸内掉进异物或活塞固定螺母松动; (2)缸内有摩擦声:活塞环断裂或填料过紧; (3)阀箱内有异常响声:吸排阀弹簧断裂或弹力不足,阀与升程限制器撞击; (4)传动部件间撞击:各部件配合间隙过大	(1)停车解体检查; (2)更换活塞环、调松填料压盖; (3)换新弹簧,减小阀升程; (4)予以调整,更换零件
4.填料箱泄漏	从形成动密封的双方面判断原因	(1)填料硬化失效; (2)压盖未上紧; (3)活塞杆变形或磨损	(1)换新填料; (2)拧紧压盖; (3)修复活塞杆
5.摩擦部件发热	从摩擦面上不能形成良好且完整的油膜进行分析	(1)配合间隙过小; (2)滑油不足; (3)摩擦面不清洁	(1)调整间隙; (2)补充滑油或调整油压; (3)可以清洗后更换滑油

工作任务二 齿轮泵的拆装操作

理论知识点	实践知识点
1.齿轮泵的基本结构; 2.齿轮泵的工作原理; 3.齿轮泵的困油现象; 4.齿轮泵的径向不平衡力; 5.齿轮泵的性能特点; 6.齿轮泵的主要部件	1.齿轮泵启动、停用操作和运行管理的技能; 2.齿轮泵主要部件拆装的技能; 3.齿轮泵主要故障排除的技能

考证大纲	适用对象			
	841	842	843	844
1.3 齿轮泵				
1.3.1 齿轮泵的结构和工作原理				
1.3.1.1 外啮合齿轮泵的结构(包括油封)和工作原理			√	√
1.3.1.2 带隔块的内啮合齿轮泵的结构和工作原理			√	√
1.3.1.3 转子泵的结构和工作原理			√	√
1.3.2 齿轮泵的困油现象			√	√
1.3.3 各种齿轮泵的性能特点			√	√
1.3.4 齿轮泵的使用管理			√	√
1.3.5 齿轮泵的常见故障分析及处理			√	√

● **相关理论知识**

一、基本结构

典型的齿轮泵结构如图 1-2-1 所示。

外啮合齿轮泵主要由主动齿轮 1、从动齿轮 2 和泵体 3 组成。其中,相啮合的轮齿 A、C 和 B 使与吸口相通的吸入腔和与排口相通的排出腔彼此隔离。

图 1-2-2 中所示内啮合齿轮泵是一种渐开线齿形的内啮合齿轮泵,齿环 3 与右侧的圆盘和泵轴做成一体;左侧的底盘 6 上有月牙形隔板 2 和与泵轴偏心的短轴,短轴上面套着齿轮 1。当泵轴带齿环转动时,与齿环呈内啮合的齿轮随之转动,产生吸排作用。底盘 6 背面圆心处有被弹簧压紧的钢球,帮助底盘与带齿环的圆盘贴紧;底盘背面还有一偏心的销钉 4,卡在盖板 5 下半部的半圆形环槽内。

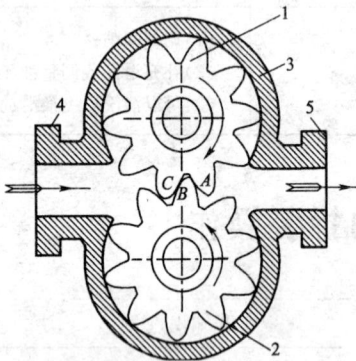

图 1-2-1 外啮合齿轮泵
1-主动齿轮;2-从动齿轮;3-泵体;4-吸
入口;5-排出口

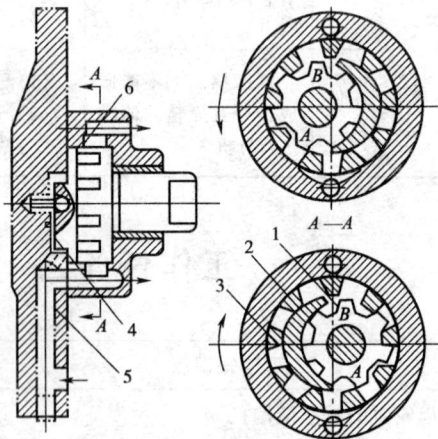

图 1-2-2 渐开线齿形的内啮合齿轮泵
1-齿轮;2-月牙形隔板;3-齿环;4-销钉;5-盖板;
6-底盘

当泵轴逆时针旋转时,啮合齿的作用力传到底盘 6 的偏心短轴上,产生逆时针转向的转矩,使底盘转至其背面的销钉卡到半圆形环槽的右端为止,这时齿轮与齿环的相对位置如图 1-2-2 中右上图所示。当泵轴改为顺时针转动时,啮合齿传至偏心短轴上的力产生顺时针转向的转矩,使底盘 6 转 180°,直至其背面的销钉卡到半圆形环槽的左端为止,这时齿轮与齿环的相对位置变成图 1-2-2 中右下图所示。

与外啮合齿轮泵相比,内啮合齿轮泵结构紧凑;吸油区圆心角大,吸入性能好;流量脉动小;啮合长度较长,工作平稳;还可采用特殊齿形或在齿环的各齿谷中开径向孔导油,显著减轻或消除困油现象,故噪声很低。其缺点是漏泄途径多,容积效率低。

图 1-2-3 中所示转子泵是一种摆线齿形的内啮合齿轮泵,其外转子 2 比内转子 1 多一个齿,两者的圆心 O_2、O_1 偏心,转向相同,转速不同。转子相邻两齿的啮合线与前盖 5、后盖 6 形成若干个密封腔。转轴 3 带内、外转子转动时,密封腔的容积发生变化,通过前、后盖上的吸、排口即可吸、排油。

与外啮合齿轮泵相比,转子泵吸口的圆心角大,且为侧向吸入,不受离心力影响,故吸入性能好,允许高速运转;而且齿数少,工作空间容积较大,结构简单紧凑;此外,由于两个转子同向回转,且只差一个齿,故相对滑动速度很小,运转平稳,噪声低,寿命长。转子泵的缺点是流量和压力脉动较大;而且密封性较差,容积效率较低。

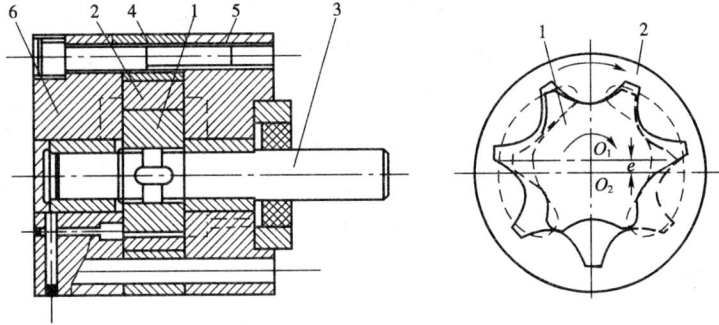

图 1-2-3　摆线齿形的内啮合齿轮泵
1-内转子;2-外转子;3-转轴;4-泵体;5-前盖;6-后盖

齿轮泵的结构特点综合如表 1-2-1 所示。

齿轮泵的结构特点

表 1-2-1

类　　　型	结　　　构
外啮合齿轮泵	泵体,主动齿轮,从动齿轮,端盖
渐开线内啮合齿轮泵	泵轴,圆盘,齿环(即内齿轮/内齿)一体;钉,底盘,短轴,月牙板一体;短轴上套有外齿轮/外齿;板上开有半圆形环槽。 主动的内齿轮(齿环)比从动的外齿轮(齿轮)齿数多,转速慢
摆线转子泵	泵轴,内转子(外环),外转子(内环)。 主动的内转子(外环)比从动的外转子(内环)少一齿,转速快

二、工作原理

　　各种齿轮泵的基本工作原理是相同的,都是将一对啮合的齿轮装于同一泵壳中,同时从结构和加工精度上保证齿轮与泵壳的轴向间隙、径向间隙和齿间间隙足够小,以保证形成密封良好的工作容积。当主动齿轮和从动齿轮旋转时,齿轮轮齿退出啮合的一侧工作容积将增加,压力将降低,从而将液体吸入齿谷空间并随齿轮旋转被带到另一侧;齿轮轮齿进入啮合的一侧工作容积将减少,被齿谷带来的液体就被挤出泵壳上的出口,这样便形成了连续的吸入与排出。显然,齿轮轮齿退出啮合的一侧为吸入侧,进入啮合的一侧为排出侧。

三、困油现象

　　1.困油现象产生的原因

　　为了保证齿轮泵平稳转动与吸、排口间的有效隔离,要求齿轮的重叠系数大于1,亦即要求齿轮泵工作时前一对啮合齿尚未完全脱离时,后一对齿就已开始进入啮合。这样,在某一小段时间内,就会有相邻两对齿同时处于啮合状态,它们与两侧端盖之间就会形成一个封闭空间,使一部分油液困在其中,而这一封闭空间的容积又会随齿轮的转动而先减小后增大地变化,从而产生困油现象。

　　2.困油现象造成的危害

　　图 1-2-4 所示为齿轮泵的整个困油过程。

　　图 1-2-4a)表示新的一对齿刚啮合时,前一对齿尚未脱开,于是在它们之间就形成了一个封闭容积,由于存在齿侧间隙,V_a、V_b 是相通的。当齿轮按图示方向回转时,V_a 逐渐减小,V_b 逐渐增大,而它们的容积之和 V 则是逐渐减小的,当齿轮转到图 1-2-4b)所示位置时,封闭容

积 V 达到最小;在困油容积变小的过程中,留在封闭空间中的油液被挤压,压力急剧上升(可达排出压力的 10 倍以上),使齿轮、轴和轴承受到很大的径向力,同时油液将从零件密封面的缝隙中被强行挤出,造成油液发热,促使油液变质,产生噪声和振动,增加功率损失,从而降低轴承寿命。其后,齿轮继续回转,V_a 继续减小,V_b 继续增大,但 V 逐渐增大,直至前一对齿即将脱离啮合前[图 1-2-4c)],V 增加到最大。在困油容积变大的过程中,封闭空间的压力将会下降,使溶于油中的气体析出而产生气泡,这些气泡被带到吸入腔,不但妨碍油液进入齿间,而且随压力升高又会消失,结果导致容积效率的降低和振动噪声的加剧。这就是困油现象对齿轮泵的工作性能和使用寿命的危害。

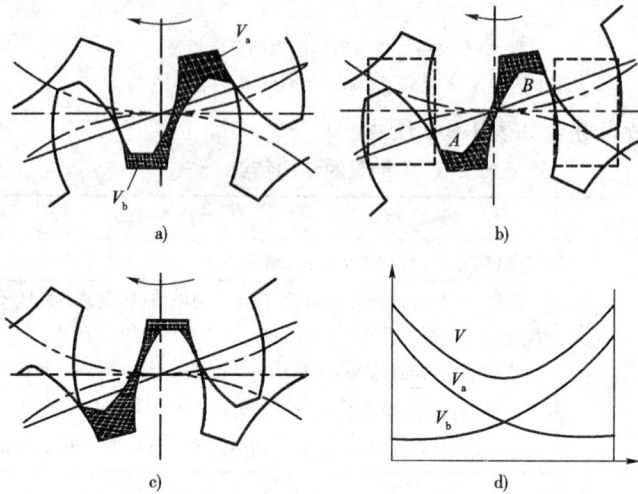

图 1-2-4 齿轮泵的困油过程

3. 消除困油现象的方法

从困油现象产生的原因可以想到,只要能在不使吸、排腔沟通的前提下,设法在封闭容积变小时使之与排出腔沟通,增大时与吸入腔沟通,使一对啮合的齿轮形成不了困油空间,即可消除困油现象。

(1)对称卸荷槽法。该法是在与齿轮端面接触的两端盖内侧,各挖两个对称于节点(节圆的交点)的矩形凹槽(即卸荷槽),位置如图 1-2-4b)的虚线所示。各卸荷槽的内边缘正好与封闭容积最小时两对啮合齿的啮合点相接,这时封闭容积和任何一个卸荷槽都不通。当封闭容积减小到最小值前,它通过右边的卸荷槽与排出腔始终相通,以便将多余的油液排出;而当封闭容积又逐渐增大时,它又通过左边卸荷槽与吸入腔相通,使油液得以补充。

(2)不对称卸荷槽法。对称布置的卸荷槽不十分完善,因为当齿轮转过图 1-2-4b)所示的位置后,封闭容积开始增大,而容积 V_a 还在继续减小。由于困油空间容积减小时产生的危害比容积增大时严重。这就需要让 V_a 再有一小段时间能通过右边的卸荷槽与排出腔相通,以便彻底地消除困油现象。为此,就需将卸荷槽布置成非对称,稍偏向吸口。

(3)卸压孔法。该法是在从动齿轮的每一个齿顶和齿根均径向钻孔,通过从动轴上的两条月牙形沟槽与吸入腔、排出腔相通,以消除困油,如图 1-2-5 所示。

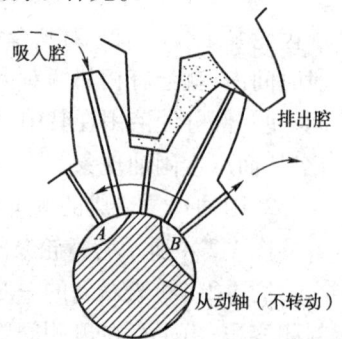

图 1-2-5 卸压孔

（4）修正齿形法。该法是在从动齿轮的工作齿廓上加工一个成50°角的泄压斜面，使齿轮在相互啮合时的线性接触变成点性接触，从而不能形成齿封空间，达到卸压目的。

既然将齿廓加工成斜面可以消除困油现象，那么采用斜齿轮和人字齿轮也能消除困油现象。因此，困油现象仅产生于正齿轮泵中。

四、径向不平衡力

齿轮泵工作时，吸、排腔油液存在压差，通过齿顶与泵壳间的间隙，作用在齿轮四周的液体压力从排出腔到吸入腔沿齿轮外周是逐级降低的，如图1-2-6所示。

作用在每一齿轮外周的液体压力的合力 F_0 基本通过齿轮中心指向吸入端。而啮合的主、从动齿轮上又作用着大小相同、方向相反的啮合力 F_m。这样，主、从动齿轮所受径向力的合力 F_1 及 F_2 大小不同（F_1 比 F_2 小）和方向不同（不是相反），并作周期性变化。径向力易使轴弯曲，轴承负荷增大，影响齿轮泵寿命。

显然，泵的径向力大小与工作压力有关，对高压齿轮泵应设法加以限制。减小径向不平衡力的方法有在泵的泵体上开压力平衡槽和缩小排油口两种。但前者会使漏泄增加。

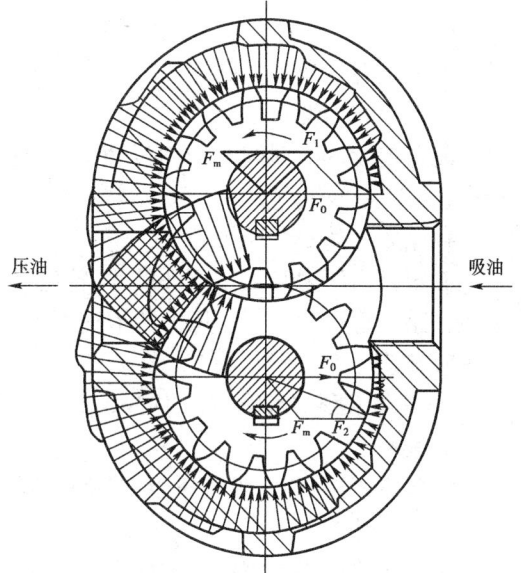

五、性能特点

1. 自吸能力

齿轮泵有一定的自吸能力，所以齿轮滑油泵可装得比滑油液面高。但其自吸能力不如往复泵。另外，齿轮泵摩擦面多，为防启动时干磨损，泵内应有一定的存油。

图1-2-6　径向不平衡力

2. 流量

理论流量仅取决于工作部件的尺寸和转速，与排出压力无关。

假设各齿谷内的油液全部能够被排出，并设齿间工作容积等于轮齿的有效体积，则泵的每转理论排量即为一个轮齿扫过的环形体积。实际上，齿间工作容积大于轮齿有效体积，因此，需用修正系数进行修正。修正系数与齿数有关。中、低压齿轮泵为使流量均匀，一般齿数较多，为13～20，修正系数取 $6.66/2\pi$，高压齿轮泵齿数较少，为6～14，修正系数取 $7/2\pi$。

影响齿轮泵流量的因素有：

（1）齿轮泵转速越高流量越大。但转速太高会因油液来不及充满齿谷，会使泵的容积效率下降。

（2）在齿轮分度圆直径不变的条件下，因为 $m = D/Z$，所以齿轮泵的齿数越少，模数越大，泵的流量就越大，但脉动越大。

（3）齿轮泵的流量与齿宽成正比，流量与模数的平方成正比。

（4）容积效率对既定的泵的实际流量影响最大。

影响齿轮泵容积效率的因素有：

（1）密封间隙。齿轮泵的漏泄主要发生在：

①齿轮端面与两侧盖板之间的轴向间隙处；

②齿顶与泵壳之间的径向间隙处;

③啮合齿之间的间隙处。

其中,齿轮端面的漏泄途径短而宽,漏泄量占总漏泄量的70%~80%。由于漏泄量与间隙值的三次方成正比,因此对齿轮泵容积效率影响最大的是齿轮的端面间隙大小。

(2)排出压力。漏泄量与间隙两端压差成正比,排出压力高,漏泄量大,容积效率降低。

(3)吸入压力。当吸入真空度增加时,吸油中气体析出量增加,容积效率降低。

(4)油液的温度和黏度。所排送油液的油温越高,黏度越低,漏泄量越大。但油温过低则黏度太大,又会使吸入条件变差,吸入真空度变大,析出气体增多,也会使容积效率下降。

(5)转速。漏泄量与转速关系不大,但转速过高会造成吸入困难,使容积效率下降;转速过低也会使容积效率降低。一般认为转速不得低于200~300r/min。

3. 流量均匀性

流量连续,但有脉动。外啮合齿轮泵流量脉动率大,噪声较大;内啮合齿轮泵流量脉动率较小,噪声也较小。

4. 压力

额定排出压力与工作部件尺寸、转速无关,主要取决于泵的密封性能和轴承承载能力。为了防止泵在超过额定工作压力的情况下工作,一般应设安全阀。

5. 转速

较高,一般为1500r/min左右。高于3000r/min或低于300r/min都会使容积效率下降。

6. 效率

主要受密封间隙、吸排压力、温度转速影响较大。

7. 适用性

适用于排送不含固体颗粒并具有润滑性的油类,因为其摩擦面较多。

8. 维护性

结构简单,紧凑,价格低廉,管理方便。

9. 耐用性

虽然摩擦面较多,但用于中低压滑油泵时寿命较长。

六、主要部件

1. 油封

(1)作用。油封防止轴承腔漏入空气或漏出油液。

(2)结构。油封又称为旋转轴唇形密封圈,俗称皮碗轴封,适用于工作压力不高的旋转轴。主要由弹性体、弹簧、金属骨架组成。

弹性体由皮革、橡胶或聚四氟乙烯等制成,其内径比轴径略小,装在轴上靠内侧唇边的过盈量抱紧轴表面,起密封作用。

弹簧常置于弹性体内侧唇边的外缘,用以增加唇边与转轴间的接触压力,并补偿唇边的磨损,有的型式也可省去弹簧。

金属骨架是嵌在弹性体内部,增加弹性体的机械强度和刚性。

标准型油封耐压≤0.5MPa,使用线速度<15m/s,油温≯120~200℃,依所用弹性体的材料而不同。

(3)安装。唇缘朝向油液侧,接触面涂敷油脂,有专用工具平推,防止偏斜。

(4)特点。简单,方便,价廉,振荡和偏心适应性好;最大滴油量为1滴/h,停机时不漏;

摩擦损失比较大,转轴或轴套与油封弹性体接触面的粗糙度应较小。

2. 轴向间隙补偿装置

齿轮泵存在轴向、径向和齿间间隙,随着工作压力的提高,这些间隙处漏泄量会增多,其中轴向间隙(也称端面间隙)因泵的端面受力外移而变大,该处的漏泄量最大,达总滑泄量的70% ~ 80%。为此,防止轴向间隙因工作压力增大而增大的方法,是在齿轮端面与泵壳端面之间设一可自由浮动的压板,工作时将泵出口的压力油引至压板外侧,压板在油压力和橡胶圈的弹力作用下轻轻地贴附在齿轮的端面上,从而保持很小的轴向间隙。橡胶圈的作用一方面是在油泵启动时给压板一个预紧力,使泵能建立起油压,另一方面是在压板外侧对应于排油腔的区域围成平衡油压区,使平衡力大小适当,分布合理。当工作压力越大造成轴向间隙增大的趋势越大时,该装置使作用于压板外侧的液压平衡力也越大,该作用称为液压补偿作用,故该装置称为齿轮泵轴向间隙液压补偿装置。

● 相关实践知识

一、操作技能

1. 启动

(1)油:启动前必须确保泵内有油,以免启动过程中,发生干摩擦造成严重磨损。

(2)水:略。

(3)汽:略。

(4)气:防止吸入空气。吸入空气不但会使流量减少,而且是产生噪声的主要原因。除了保持吸入油面有足够的高度外,还要防止吸入管漏泄。

(5)电:检查电气系统是否正常。

(6)阀:开足吸、排截止阀。

(7)机:外观检查机器是否处在适宜启动状态。消除一切可能妨碍机器运转的物件。

(8)盘:盘车使转动 1 ~ 2 转,以检查运动部件有无卡阻,并有利于使滑油布于摩擦面。

(9)冲:点动以检查电动机的转向是否与机体上的标志一致,一般齿轮泵反转会改变吸排方向。

(10)启:接通电源,启动泵。

2. 运转

(1)压:检查泵的吸排压力是否正常;吸入压力不可过低,否则将使溶入油液中的气体,因吸入压力低于空气分离压力而大量析出,使泵产生"汽蚀",损坏泵内零件表面。

(2)温:保持吸入液体的温度正常;检查电机、轴承和填料函等部位有无过热,轴承温度不应超过70℃。

(3)位:检查被吸液体和排出液体的液位是否正常,严防吸空。

(4)漏:检查轴封处是否有过多的漏泄,其他结合面有无渗漏。轴封处微量的渗漏是正常的,也是必需的,否则轴封会摩擦发热而损坏。

(5)声:仔细倾听泵各运动部件及泵内部有无异常响声,若敲击严重应立即停车检查;若噪声和振动很大而非敲击声,说明可能有空气吸入或吸入液体中的有气体析出。

(6)运行管理中应加强巡查,通过"听、看、摸、嗅、比"掌握泵的运行状况。

3. 停车

(1)切断电源停泵。

（2）先关吸入阀，再关排出阀。

二、拆装技能

1. 齿轮泵的拆卸

齿轮泵虽然结构简单，但种类较多，结构各异。拆装时需根据说明书的要求进行有序的拆解。拆卸齿轮泵时首先要明确齿轮泵各个零部件的相互位置和间隙大小，这对齿轮泵的工作极其重要。因此，在拆装齿轮泵时应注意不要碰伤或损坏零件、轴承等。紧固件应借助专用工具拆卸，不得任意敲打。

（1）在机舱实地拆卸齿轮泵前，首先要确认电动机电源已切断，并在泵启动开关处悬挂"严禁合闸"或类似的警告牌。关闭齿轮泵进、出口管路上的吸、排截止阀。并将电动机的接线脱开（脱开后的接线头应做好接线记号），将弹性联轴节和电动机底脚螺栓拆除，并与电动机一起移走，卸下泵轴上的平键。

（2）打开吸、排口上的底部旋塞，将管系及泵内的油液放入预先准备好的清洁油桶，然后拆下吸、排管路。

（3）拆掉轴封压盖上的螺栓并拆下压盖和销钉，即可将机械式轴封的静密封环拆下。拆掉泵两侧端盖上的紧固螺栓，拆下定位销，拆下安全阀。

（4）用手摇螺旋压力机或专用拉马两只，使压杆分别顶正主、从动轴左端的轴心，压力机的抓钩分别抓住泵壳右端的平面，然后同时用相同的力旋转两只手柄，即可将主、从动轴连同主从动齿轮、齿轮右部的轴承及主从动齿轮的右端盖板一起取出。

（5）将取下的主、从动齿轮及其相关联的部件分别进行解体。至此，齿轮泵的解体工作基本结束。

（6）齿轮泵拆解后应该用煤油或轻柴油将所有拆下的零件进行清洗并放于容器内妥善保管，以备进行检查和测量。

2. 齿轮泵端面间隙和啮合间隙检查

齿轮泵主要检查部件表面是否有擦伤、槽痕或裂纹等缺陷。如发现上述情况时，应予以修理消除，必要时换新。

（1）齿轮端面与泵的端盖之间的轴向间隙检查。齿轮泵的端面轴向间隙是其内部的主要泄漏处，通常用"压铅法"测量。具体步骤如下：

①选取合适的软铅丝，其直径一般为被测规定间隙的 1.5 倍。

②截取两段长度等于节圆的软铅丝，用黄油将圆形软铅丝粘于齿轮端面上，装上泵盖。

③对称均匀地上紧泵盖螺母。然后再拆卸泵盖，取下已变形的软铅丝并清洁。

④在每一圆形软铅丝上选取 4 个测量点，用外径千分尺测量软铅片厚度，做好记录。

⑤根据 8 个测量值得出的平均值即为齿轮泵的轴向间隙，一般常介于 0.04 ~ 0.08mm（内齿轮泵的端面间隙则为 0.02 ~ 0.03mm）之间。

⑥如果轴向间隙不合要求，可用改变端盖纸垫的厚度来加以调整，直到满意为止。

在使用过程中，对低压的滑油泵和燃油输送泵，其端面间隙可达 0.1 ~ 0.2mm. 而不致有严重影响。但对压力较高的锅炉燃油泵或液压泵等，则应按说明书的规定保持在允许的范围之内。如果齿轮端面擦伤而使端面间隙过大，也可将泵壳与端盖的结合面磨去少许，进行补救。

（2）齿顶与泵壳之间的径向间隙检查。齿轮泵的齿顶与泵壳间的径向间隙由泵构件的几何尺寸来保证，通常用塞尺进行测量具体方法为：

将主、从动齿轮正确装配好，用塞尺测量各齿顶与泵壳间隙，做好记录。最后依据间隙最小值得出齿轮泵的径向间隙。

对于外圆柱偶数齿的齿轮泵的径向间隙,也可用游标卡尺测量。即在泵壳内选择3个位置,用游标卡尺测量泵壳内径,做好记录。然后再测量齿轮的外径,做好记录。最后根据内、外径差值的最小值得出齿轮泵的径向间隙。齿轮泵的径向间隙应保持在 0.05 ~ 0.1mm 之间。

(3)齿轮泵齿与齿的啮合间隙检查。齿轮泵齿与齿的啮合间隙,可用"压铅法"测得。其操作方法为:

(1)选择合适的软铅丝,一般软铅丝直径在 0.5 ~ 1mm,截取三段软铅丝,每段长度能围住一个齿面为宜。

(2)用黄油脂将三段软铅丝等距粘在从动齿轮一只轮齿的齿宽方向上。

(3)装配好主、从动齿轮(注意黏合软铅丝的齿应处于排出腔),并在泵壳外部做标记。

(4)装配好齿轮泵盖和传动装置。然后顺泵的转向转动齿轮泵的主动轴,将黏合软铅丝的齿转到吸入腔。

(5)拆解齿轮泵,拆卸主、从动齿轮,取下软铅丝并清洁。

(6)用外径千分尺测量每道铅丝轮齿啮合处的厚度。将同一铅丝片厚度相加后的平均值,即为齿轮泵齿与齿的啮合间隙。

对于直齿型齿轮泵,齿与齿的啮合间隙也可采用塞尺测量。即装配好主、从动齿轮,用塞尺测量两啮合齿接触面的间隙。塞片的数值即为齿轮泵齿与齿的啮合间隙。

3. 齿轮泵的装配

齿轮泵装配的顺序与拆卸的顺序相反,装配时应注意:

(1)齿轮泵内部零件的相互位置和间隙大小要求较高。在装复以前,各个零件均要保持清洁。装复时要特别注意零件的正确位置,应保持相互间原有的平行度、垂直度、中心距和间隙的大小,千万不可硬敲猛击。

(2)两端盖的纸垫厚度直接影响齿轮泵的端面间隙,更换纸垫时要注意其厚度。

(3)装配轴承时一般可用长套管顶正轴承内圈,用手锤均匀用力将轴承轻轻敲入。齿轮泵装配完成后应用手转动主动轴,手感较为轻快且无明显擦碰与轴向位移则装配良好。

(4)电动机底座固定时,注意泵与原动机轴线找正。找正通常以联轴节作为依据,利用直尺和塞尺来进行。找正时应同时转动两轴,并在 0°、90°、180°、270° 等位置上,仔细检查两联轴节的高度和彼此间轴向间隙的大小,一般两轴中心线的误差应不超过 0.05mm。联轴节的轴向距离,考虑到电动机转子的轴向窜动,因泵而异,一般在 2 ~ 8mm 之内。整个联轴节装复后,用手转动联轴节,应转动均匀无明显卡滞。将泵的吸、排管路接通,并再一次复检两轴中心线是否变化,以防止由于受管路牵动而引起新的偏差。

(5)电动机正确接线后,检修负责人亲自摘下警告牌。

4. 齿轮泵试运转

在齿轮泵试车前,应检查齿轮泵的各螺帽及底座上的各螺栓是否紧固。用手转动联轴节,检查主、从动齿轮及其他运动部件的转动是否灵活,并检查泵轴封装置的状况。确保启动前泵及其吸入管内有油,以避免各运动部件之间出现干摩擦。

检查并确认电动机的电源相序正确(启动后注意泵转子的旋转方向)。然后将管系中的吸入截止阀和排出截止阀打开。

启动齿轮泵后,注意泵的转速、电流、吸入压力、工作压力和排量。其值应在齿轮泵所规定的范围以内。调节泵安全阀的工作压力直至正常。

注意轴封装置的工作是否正常,机械式密封应允许少量的漏泄;填料函式密封的漏泄量每分钟不得多于15滴。定期检查泵各部分的发热情况,触摸不烫手为正常。一般滚动轴承工作温度不得高于70℃,滑动轴承的工作温度不得高于65℃。

当试泵时发现油泵有不正常的响声或局部温度过高时,均应立即停泵进行检查。待消除故障后再重新启动试车。

考虑到整个检修过程中可能存在的某些缺陷和不足,而这种缺陷或不足又未必会在试车期间及时地显示出来,因此试车时间不得少于1h。

三、主要故障排除技能

齿轮泵故障排除如表1-2-2所列。

齿轮泵故障排除

表1-2-2

故障现象	判断思路	原 因 分 析
启动后不能排油或流量不足	吸空原因	吸入管漏气或吸口露出液面等
	堵塞原因	吸入管路阻塞(滤器脏堵、吸入阀未开等);吸高太大;油温太低,黏度太大等
	漏泄原因	泵内间隙过大;油温过高;排出管漏泄或旁通,安全阀的弹簧太松等
	转速原因	泵转速过低、反转或卡阻等
	其他原因	排出阀未开安全阀顶开
工作噪声太大	机械原因	泵产生机械摩擦;结构损坏等
	液击原因	漏入空气;油箱内有气泡;吸入管路及吸入滤器堵塞;油位太低等
磨损太快		油液含磨料性杂质;长期空转;排出压力过高;装配失误引起中心线不正

工作任务三　螺杆泵的拆装操作

理论知识点	实践知识点
1. 螺杆泵的基本结构; 2. 螺杆泵的工作原理; 3. 螺杆泵的受力分析; 4. 螺杆泵的性能特点; 5. 螺杆泵的主要部件	1. 螺杆泵启动、停用操作和运行管理的技能; 2. 螺杆泵主要部件拆装的技能

考 证 大 纲	适 用 对 象			
	841	842	843	844
1.4 螺杆泵				
1.4.1 螺杆泵的结构和工作原理				
1.4.1.1 三螺杆泵的结构(包括机械轴封)和工作原理			√	√
1.4.1.2 双螺杆泵的结构和工作原理			√	√
1.4.1.3 单螺杆泵的结构和工作原理			√	√
1.4.2 螺杆泵的受力分析			√	√
1.4.3 螺杆泵的性能特点			√	√
1.4.4 螺杆泵的使用管理			√	√

● 相关理论知识

一、基本结构

1.单螺杆泵

单螺杆泵如图 1-3-1 所示。单螺杆泵属密封型螺杆泵(螺杆和泵缸的啮合也能将吸排口完全隔断)。

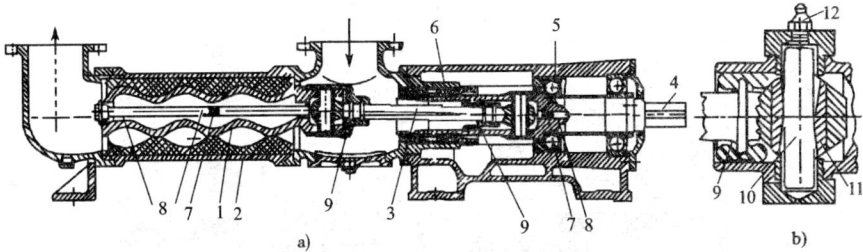

图 1-3-1 单螺杆泵

a)结构图;b)万向联轴节

1-螺杆;2-泵缸;3-万向轴;4-传动轴;5-轴承;6-填料函;7-小活塞;8-弹簧;9-挠性保护套;10-销轴;11-销轴套;12-注油口

(1)螺杆:用金属制成,具有单头螺纹,任意截面是半径为 R 的圆,截面的中心位于螺旋线上且与螺杆的轴心线偏离一个偏心距 e,绕轴旋转以 t 沿轴向移动而形成的。

(2)泵缸:由丁腈橡胶制成,内表面具有双头螺纹,任意截面为一跑道图形,两端是半径为 R 的半圆,中间是长为 $4e$ 的直线段,泵缸截面以 $2t$ 沿轴向旋转而形成的。

(3)万向联轴器:单螺杆泵运转时泵缸和传动轴 4 的轴线位置不变,而螺杆轴线相对于泵缸轴线则按与螺杆相反转向做圆周运动。由于螺杆轴线相对泵缸轴线存在一个偏心距,运行过程中有摆动现象。为保护万向轴连接部分不受工作液体侵蚀,通常设有起隔离作用的挠性保护套 9。万向联轴节的销轴 10 与轴套 11 间的润滑,靠从注油口 12 向联轴节内注入润滑脂来保证。注油时小活塞 7 克服弹簧 8 的张力移动,让出空间存油;以后靠弹簧推活塞挤出润滑脂补充其损耗。

2.双螺杆泵

双螺杆泵如图 1-3-2 所示。双螺杆泵有密封型和非密封型。船用双螺杆泵一般是非密封型。

(1)主动螺杆:具有单头螺纹、矩形或梯形齿形的螺杆。

(2)从动螺杆:与主动螺杆相同,互不接触。

(3)同步齿轮:由于双螺杆不能满足传动条件。

(4)泵缸:相同两圆交叠而成。

根据轴承的位置,双螺杆泵分为外轴承式和内轴承式。

(1)外轴承式:同步齿轮和滚动轴承(两只)设在泵体外部,有单独润滑系统,可输送任何液体的双螺杆泵。共需要设四处轴封。

(2)内轴承式:同步齿轮和滚动轴承(两只)设在泵体内部,无单独润滑系统,只输送润滑液体的双螺杆泵。只需要设一处轴封。

密封型双螺杆泵的螺杆齿形一般是渐开线和摆线组合而成。相对于密封型双螺杆泵,非密封型双螺杆泵的导程数多(减少漏泄),升角小(降低螺杆长度)。

双螺杆泵的过流面积与螺杆根圆与顶圆半径比 r/R、导程和齿形有关。在保持泵缸直径不变的情况下换用导程或半径比 r/R 不同的螺杆,可获得不同的流量。半径比(螺纹深度)减小虽可增加流量,但会使螺旋面之间的间隙增大,使容积效率 η_v 降低,仅适合排送排出压力较低或黏度较高的液体。

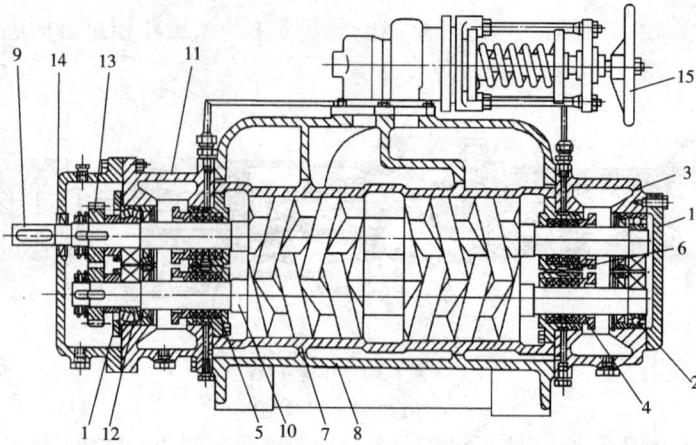

图 1-3-2　双螺杆泵

1-压盖;2-滚动轴承;3-填料函;4-填料压盖;5-填料;6-填料函本体;7-衬套;8-泵体;9-主动螺杆;10-从动螺杆;11-填料函;12-滚动轴承;13-同步齿轮;14-齿轮箱;15-安全阀

3. 三螺杆泵

三螺杆泵如图 1-3-3 所示。三螺杆泵属密封型螺杆泵(摆线齿形的三螺杆泵其啮合线是连续的,能将排出腔和吸入腔完全隔开),是船上使用较多的一种螺杆泵。

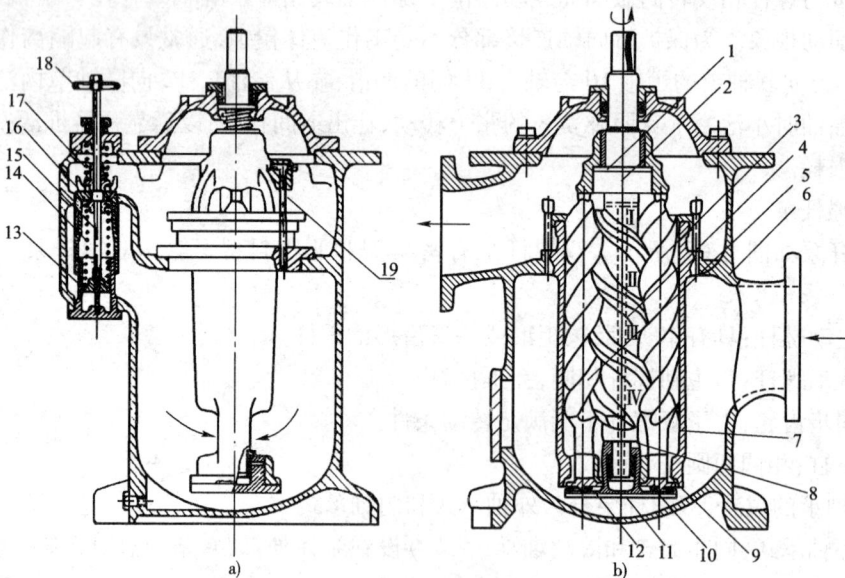

图 1-3-3　三螺杆泵

1-推力垫圈;2-平衡活塞;3-从动螺杆;4-主动螺杆;5-从动螺杆;6-泵体;7-缸套;8-推力垫圈;9-平衡轴套;10-平衡轴套;11-盖板;12-推力垫块;13-端盖套筒;14-弹簧;15-调节螺杆;16-调压阀阀体;17-弹簧;18-调节手轮;19-泄油管

(1)双头主动螺杆:外凸齿廓,节圆与根圆直径相同。

(2)双头从动螺杆:内凹齿廓,节圆与顶圆直径相同。

（3）泵缸：一大圆两小圆交叠而成。

为保证泵密封性，螺杆的最小工作长度不小于 $1.09t$（t 为导程——螺旋线上任意点沿螺旋线旋转一周所移动的轴向距离），而衬套的最小工作长度不小于 $0.932t$，对于高压泵应适当增加泵的密封长度，以利于提高泵的容积效率。一般的，为避免吸、排两端直接沟通，缸套与螺杆的最小长度取 $(1.2\sim1.5)t$。

凹螺杆根圆 d_i：节圆 d_H：凸螺杆顶圆 $d_e = 1:3:5$，导程 $t = 10/3d_H$。

二、工作原理

在固定物体中旋转螺钉，螺钉将被物体扭入物体内。反之，在固定螺钉的轴向位置的情况下，旋转螺钉，则套在螺钉一端的物体将随螺钉转动而沿螺钉做轴向移动直至被排出。同样，在一充满液体的筒子内，旋动螺钉，可使筒内液体顺着轴向流动。这就是单螺杆泵工作原理。

对于双螺杆泵和三螺杆泵，当螺杆旋转时，泵的一端由于主、从螺杆的脱开啮合而容积增大，压力下降，被输送的液体在内外压差的作用下，经吸入口进入螺杆的凹槽中，并随着螺杆的旋转沿轴向输送至泵的另一端，在泵的另一端，主、从螺杆进行啮合，容积减小，液体受挤压，克服外阻力经排出口排出。

三、螺杆泵的受力分析

1. 三螺杆泵的轴向力

三螺杆泵在尚未开始排液的空转期间，主动螺杆通过棱边的啮合线向从动螺杆传递转矩以克服其摩擦扭矩，这时传给从动螺杆的力会产生指向排出端的轴向力。而在开始排送液体后，会因螺杆两端液压力不同而产生指向吸入端的轴向推力，主动螺杆所受轴向液压力比从动螺杆大。

平衡轴向力的方法有：

（1）安装止推轴承。止推轴承通常装在轴向推力较大的单螺杆上，而凹螺杆则靠螺杆端面来承受轴向力，这种方法适用于工作压力小于 1.6MPa 的泵。

（2）采用平衡活塞。在主动螺杆排出端设一直径适当的平衡活塞，在平衡活塞一侧的主动螺杆轴上有泄油孔和吸入腔相通，使平衡活塞的背压接近吸入压力。因此，作用在平衡活塞上的轴向力，是从吸入腔指向排出腔，从而抵消了大部分轴向力。

（3）将高压油引至螺杆底部止推轴套处。通过从动螺杆中心导孔引入压力油。当从动螺杆细长，不宜钻油孔时，可在泵体上设置专门的孔道。

（4）采用双吸结构。对于压力较高、流量较大的螺杆泵来说，螺杆上将受到相当大的轴向力，采用双吸式结构，使油液从两端吸入，中间排出。由于螺杆上两端螺线是反向的，理论上轴向力完全平衡。这不仅在结构上省掉了一套平衡装置，并且还可以在不增加螺杆直径的情况下，使排量得到增加，故在大排量的螺杆泵上采用较多。

2. 三螺杆泵的径向力

图 1-3-4 中画点的容腔内液体压力高于无点的容腔。由图可见，作用于凸螺杆的径向液压力完全平衡；空转时两根凹螺杆对凸螺杆的作用力也对称。因此，立式螺杆泵凸螺杆无论在空转或是排油时，径向力都完全平衡，工作时不会弯曲，对轴承也不产生径向力。

凹螺杆只有一边啮合，由图可见，同一截面处两边凹槽中的液压力不同，因此凹螺杆排液时会产生径向力。两根凹螺杆所受径向力大小相同、方向相反，由衬套工作面承受，比压不大，对凹螺杆的磨损和变形影响甚微。

3. 三螺杆泵螺杆上的转矩

螺杆泵空转期间，主动螺杆向从动螺杆直接传递转矩，本身也会受反作用力产生阻碍其转动的阻转矩。在排液时，主动螺杆螺旋面所受的液压力除产生指向吸入端的轴向力外，还将产生切向分力，形成阻转矩。

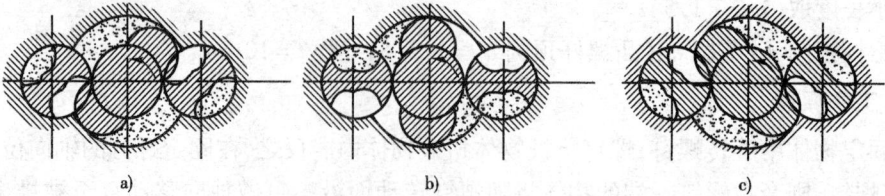

图 1-3-4 三螺杆泵的径向力

螺杆泵开始排液后，从动螺杆凹槽中承受液压力的上螺旋面面积比下螺旋面略大，油液除产生指向吸入端的轴向力外，还能产生一个正好可克服凹螺杆摩擦扭矩的转矩。泵工作时凹螺杆不靠凸螺杆直接传递转矩驱动，而是通过压力油驱动，啮合线的磨损极其轻微。

四、性能特点

1. 自吸能力

密封式螺杆泵（三螺杆泵和单螺杆泵）有一定的自吸能力，非密封式螺杆泵（双螺杆泵）无自吸能力。但尽管密封式螺杆泵具有自吸能力，为防止启动时的干磨，泵内也必须有一定的存油。轴向吸入，吸入流体基本不受离心力影响，故吸入性能好，三螺杆泵在一定条件下允许吸上真空高度可达 8m 水柱，单螺杆泵可达 8.5m 水柱。

2. 流量

理论流量仅取决于工作部件的尺寸和转速，与排出压力无关。流量范围广，一般在 0.6 ~ 600m³/h 之间。主要内漏途径是螺杆顶圆与缸套的径向间隙，其次是啮合螺杆之间的啮合间隙。由于内部有漏泄，螺杆泵各封闭容腔的压力从排出端向吸入端递减。额定排压高，为增加封闭容腔的数目以减少漏泄，其螺杆的长径比应大。三螺杆泵的密封性能较好。螺杆泵内漏泄量与径向间隙的立方以及螺杆直径、工作压差成正比，而与螺杆的有效长度及液体黏度的平方根成反比。因为理论流量与转速及螺杆直径立方成正比，所以当转速或直径增大时，η_V 相应提高。

3. 流量均匀性

流量连续，无脉动，无困油，噪声小。螺杆泵运转时液体从缸套与螺杆端面之间的空隙部分连续流出，其过流面积是缸套内腔横截面积与螺杆端面横截面积之差，而轴向流速则为导程与转速的乘积。故螺杆泵的理论流量与螺杆的直径立方和转速成正比，流量很均匀。

4. 压力

额定排出压力与工作部件尺寸、转速无关，主要取决于泵的密封性能、结构强度和原动机功率。为了防止泵在超过额定工作压力的情况下工作，一般在泵体上设有安全旁通阀。三螺杆泵因封密性能好，故允许的工作压力高，可达 20MPa。单、双螺杆泵额定排出压力不宜太高，前者最大不超过 2.4MPa，后者不超过 1.6MPa。

5. 转速

转速较高，三螺杆泵为 1450 ~ 3000r/min；单螺杆泵一般不超过 1500r/min。

6. 效率

主要受密封间隙、吸排压力、温度转速影响较大。三螺杆泵密封性好,容积效率高。单螺杆泵次之,双螺杆泵最低。

7.适用性

由于油液在吸、排过程中无搅拌现象,所以三螺杆泵适合输送润滑性好的清洁油类,单螺杆泵、双螺杆泵则可输送非润滑性液体和含固体杂质的液体。

8.维护性

结构简单,零部件少,相对重量和体积小,维修工作少,管理方便。

9.耐用性

磨损轻,使用寿命长。但螺杆的轴向尺寸较长,刚性较差,在安装和存放时要谨防螺杆变形。

五、主要部件

机械密封主要由动环、静环、橡胶密封圈、压紧弹簧等组成。有三个密封面。如图 1-3-5 所示。

径向动密封面(第一密封面 A):由动环与静环/外盖压板的端面形成,由弹簧力与液体压力提供压紧力,当端面处磨损时,由弹簧力进行间隙补偿;

径向静密封面(第二密封面 B):由橡胶圈端面与动环端面构成,两者由弹簧力压紧密封,与轴一起转动;

轴向静密封面(第三密封面 C):由橡胶圈与轴表面构成;密封性能取决于紧圈箍紧力,过松造成轴向泄漏,过紧使动密封间隙补偿失效而引起泄漏。

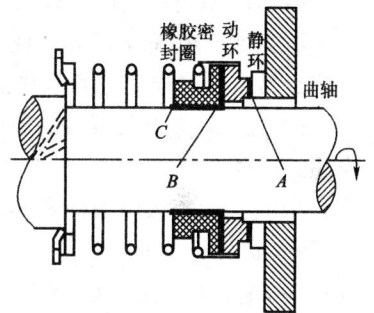

图 1-3-5　机械密封

A-第一密封面;B-第二密封面;C-第三密封面

机械轴封将动密封面做成了能自动补偿的动环与静环间的端面密封。其主要优点是密封性能好(当泵轴公称直径 $D \leqslant 50\text{mm}$、$50\text{mm} < D < 100\text{mm}$、$D \geqslant 100\text{mm}$ 时,平均泄漏量 $\leqslant 3\text{mL/h}$、5mL/h、8mL/h。),工作寿命长(使用期超过 1h),摩擦功耗小(仅为填料密封的 $1/3 \sim 1/5$),轴套磨损少,适用范围广。缺点是价格贵,制造和安装工艺复杂,对含颗粒的液体不宜使用,更换困难。

● 相关实践知识

一、操作技能

1.启动

(1)油:启动前必须确保泵充满油液,以及单螺杆泵的万向联轴器中注有润滑脂(从专设注油嘴中注入),以免启动过程中,发生干摩擦造成严重磨损。

(2)水:对用于输水的单螺杆泵应充水。

(3)汽:确保滤器清洁不堵塞,以防止启动后吸入压力过低造成液体汽化并形成汽塞。

(4)气:防止吸入空气。吸入空气不但会使流量减少,而且是产生噪声的主要原因。除保持吸入油面有足够的高度外,还要防止吸入管漏泄。

(5)电:检查电气系统是否正常。

(6)阀:开足吸、排截止阀,以防吸空或过载;在低温环境中启动螺杆泵应先将调压阀松开旁通,待泵壳随油温一起升高至工作温度后,再将调压阀调至要求值;低温环境下高压排油因螺杆随油温升高膨胀速度比泵壳快,容易发生擦伤。但不许长时间全关排出阀,通过调压阀回流运转,也不应靠调压阀大流量回流使泵适应小流量的需要,否则节流损失严重,会使所排液体温度升高太多,甚至使泵高温变形而损坏。双泵并联备用时,如果在供油不能中断的情况下(例如主机滑油泵)须换备用泵,出口又未设单向阀,可只开备用泵吸入阀,将其调压阀调松后轻载启动,然后将调压阀调紧至泵排压达到工作压力后,再开排出阀参与排油;停另一台泵时可边关排出阀边调松调压阀。

(7)机:外观检查机器是否处在适宜启动状态。消除一切可能妨碍机器运转的物件。

(8)盘:盘车转动 1~2 转,以检查运动部件有无卡阻,并有利于使滑油布于摩擦面。

(9)冲:点动以检查电动机的转向是否与机体上的标志一致,反转会改变吸排方向,同时使轴向力平衡装置失效。

(10)启:接通电源,启动泵。

2. 运转

(1)压:检查泵的吸排压力是否正常;吸入压力不可过低,否则将使溶入油液中的气体,因吸入压力低于空气分离压力而大量析出,使泵产生"汽蚀",损坏泵内零件表面。为此,在管理中应经常清洗滤器。检查吸排是否因振动而不正常减小。

(2)温:保持吸入液体的温度正常;检查电机、轴承和填料函等部位有无过热,轴承温度不应超过 70℃;

(3)位:检查被吸液体和排出液体的液位是否正常,严防吸空。吸入液面必须高出吸入管口 100mm 以上。

(4)漏:检查轴封处是否有过多的漏泄,其他结合面有无渗漏。轴封处微量的渗漏是正常的,也是必需的,否则轴封会摩擦发热而损坏。

(5)声:仔细倾听泵各运动部件及泵内部有无异常响声,若泵内有严重敲击声应立即停车检查;若噪声和振动很大而非敲击声,说明可有空气漏入或吸入液体中的气体析出。

(6)运行管理中应加强巡查,通过"听、看、摸、嗅、比"掌握泵的运行状况。

3. 停车

(1)切断电源停泵。

(2)先关排出阀,待泵完全停止后再关吸入阀,以免泵内液体被吸走。

二、拆装技能

螺杆泵拆装时的注意事项是:

(1)转向与连接:检修时应注意电动机接线不要接错。泵和电动机应保持良好对中,联轴器同轴度应在 0.1mm 以内。

(2)重要部件:螺杆为细长构件,刚度低,易变形,故在拆装起吊中要注意防止受力弯曲;备用螺杆保存时宜悬吊固定,以免放置不平面变形。机械轴封属于较精密的部件,拆装时要防止损伤密封元件。密封元件常为石墨制造,防止落地摔碎。安装时应在轴或轴套上涂上滑油。按正确次序装入各旋转件后,可用以下方法检查动环的密封环松紧是否合适:用手推动动环使弹簧压缩,松手后动环应能靠弹簧力缓缓滑出。太松则漏泄量会过大;太紧则主密封面磨损后动环不能自动滑出,达不到间隙补偿的效果。

(3)重要间隙:检查螺杆与螺杆、螺杆与泵体之间的间隙,间隙应符合要求。检查泵轴与轴承的间隙,轴与轴承的径向间隙,一般为 0.03~0.08mm,间隙超过磨损极限时,应换新。

泵检修装复后,用手转动泵轴,应转动灵活。手感为既无卡阻也不松动时,大体说明间隙正常。

工作任务四　离心泵的拆装操作

理论知识点	实践知识点
1. 离心泵的基本结构；	1. 离心泵启动、停用操作和运行管理的技能；
2. 离心泵的工作原理；	2. 离心泵主要部件拆装的技能；
3. 离心泵的理论流量与压头；	3. 离心泵主要故障排除的技能
4. 离心泵的能量损失；	
5. 离心泵的定速特性曲线；	
6. 离心泵的扬程和流量的估算；	
7. 离心泵的相似定律和比转数；	
8. 离心泵的汽蚀现象；	
9. 离心泵的性能特点；	
10. 离心泵的主要部件	

考 证 大 纲	适 用 对 象			
	841	842	843	844
1.5 离心泵				
1.5.1 离心泵的工作原理			√	√
1.5.2 离心泵的一般结构(包括密封装置)			√	√
1.5.3 离心泵的轴向力及其平衡装置:径向力的简单知识			√	√
1.5.4 离心泵的性能				
1.5.4.1 离心泵的扬程方程			√	√
1.5.4.2 离心泵的定速特性曲线			√	√
1.5.4.3 离心泵的装置特性曲线			√	√
1.5.4.4 离心泵的性能特点			√	√
1.5.4.5 离心泵的额定扬程和流量估算			√	√
1.5.5 船用离心泵自吸方法:水环泵引水装置;空气喷射器引水装置			√	√
1.5.6 泵的比转数;离心泵按比转数分类			√	√
1.5.7 离心泵的使用管理				
1.5.7.1 离心泵使用管理的一般注意事项			√	√
1.5.7.2 离心泵的工况调节(节流、回流和变速)			√	√
1.5.7.3 离心泵的串联或并联工作			√	√
1.5.7.4 离心泵的汽蚀现象及其防止措施			√	√
1.5.7.5 离心泵输送黏性液体			√	√
1.5.7.6 离心泵的常见故障分析及处理			√	√
1.5.7.7 离心泵的主要部件检修			√	√
1.5.7.8 离心泵的叶轮切割			√	√

● 相关理论知识

一、基本结构

如图 1-4-1 所示是悬臂式单级离心泵的基本结构。离心泵的主要工作部件是叶轮和泵壳。叶轮通常由 5～7 个弧形叶片和前后圆形盖板所构成,叶轮用键和螺母固定在泵轴的另一端。固定叶轮用的螺母通常采用左旋反牙螺纹,以防反复启动时因惯性而松动。轴的另一端穿过填料伸出泵壳,由原动机驱动按箭头方向回转。泵壳呈螺线形,亦称螺壳或蜗壳。螺壳借两法兰分别与吸入管和排出管相接。

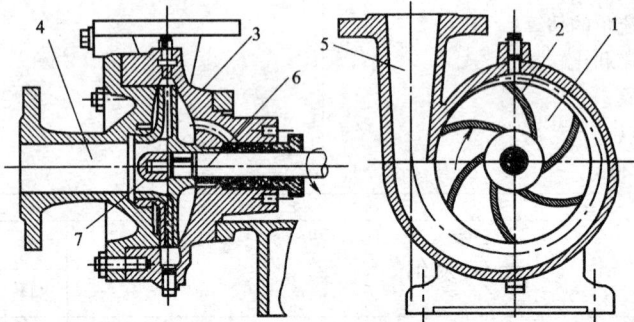

图 1-4-1　单级离心泵

1-叶轮;2-叶片;3-泵壳;4-吸入管;5-扩压管;6-泵轴;7-固定螺母

二、工作原理

当离心泵工作时,预先充满在泵中的液体,在叶片的推动下被迫随叶轮一起回转,产生离心力,把液体自叶轮进口向叶轮四周甩出。在此过程中,液体的速度能和压力能得到增加,蜗壳汇聚甩出的液体并将其平稳导向扩压管,扩压管的流动截面积逐渐增大,液体流速降低,大部分速度能转变成压力能,然后进入排出管。与此同时,叶轮中心的液体在离心力作用下甩出时,便在叶轮中心处形成一定的真空,液体在液面是大气压力作用下不断地经吸入管补充到叶轮中心,因此,只要叶轮不停地转动,液体就会连续不断地吸排,所以离心泵流量是均匀的。液体在通过叶轮后,增加了自己所具有的能量,显然,这种能量的增加,只能是原动机把机械能传递给液体的结果。

三、理论流量与扬程

1. 液体在叶轮中的流动

液体在叶轮中的实际流动情况非常复杂,为使研究简化,作如下假定:

(1)离心泵叶轮的叶片无限多、厚度无限薄且断面形状完全相同;

(2)液体在叶轮中流动时,没有摩擦、撞击和涡流等水力损失。

当叶轮以一定的角速度回转时,叶轮流道中的任一液体质点,一方面随叶轮一起回转,做圆周运动,其速度用向量 u 表示;另一方面又沿叶片引导的方向向外流动,作相对运动,其速度用向量 w 表示。圆周运动和相对运动的复合运动就是液体质点的绝对运动,其速度用向量 c 表示。

叶轮中任一质点的 3 个速度向量之间的关系可用速度三角形来表示,如图 1-4-2 所示。

2. 离心泵的理论流量

由于液体是从叶轮的外周出口处排出的,因此,若已知叶轮外周出口的有效面积和垂直于该面积的流液速度(即液体质点在叶轮出口处绝对速度的径向分速度),就可求得离心泵的理论流量。

$$Q_t = \Delta c_r \times A = \Delta c_r \times \pi DB$$

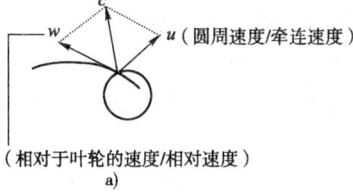

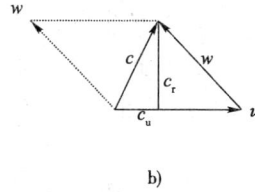

图 1-4-2　速度三角形

3. 离心泵的理论扬程

离心泵的理论扬程,就是流体离开叶轮和进入叶轮时所具有的比能之差。它包括:

(1)由圆周速度所产生的离心力作功所得的扬程。

(2)因流道截面渐扩而引起的相对速度下降所产生的扬程。

(3)液体流经叶轮后因绝对速度增加而提高的速度头。

表达式(又称欧拉方程)为:

$$H_t = (u_2^2 - u_1^2)/2g - (w_2^2 - w_1^2)/2g + (c_2^2 - c_1^2)/2g$$

设液体是无预旋地进入叶轮,经过转换,即:

$$H_t = \Delta u c_u/g$$

$$H_t = (u_2^2/g) - (u_2/\psi\pi DBg)\cot\beta_2 Q_t$$

式中:H_t——理论扬程;

u_2——质点处的圆周速度;

ψ——考虑叶片厚度影响的排挤系数,一般为 $0.75 \sim 0.95$;

D——质点处的叶轮直径;

B——质点处的叶轮宽度;

β_2——叶片出口角;

Q_t——理论流量。

4. 影响离心泵扬程的因素

(1)叶轮直径和转速。叶轮直径和转速越大,液体在叶轮出口处的圆周速度越大,离心泵的扬程越大。但直径的增大会受到泵的外廓和重量增加等因素的限制,转速的增加会使泵的汽蚀性能降低和转子强度有限等因素的限制。

(2)叶轮的叶片出口角和流量。如图 1-4-3 所示。

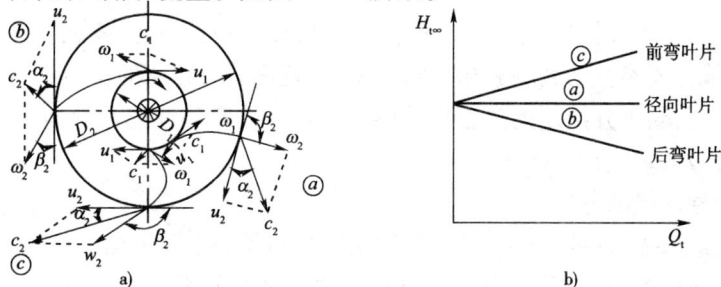

图 1-4-3　叶轮叶片出口角及其影响

①用后弯叶片,水力效率高,噪声低,工作稳定,经济性好,电机不会出现过载,目前在实际应用中离心泵都采用后弯叶片。

②用前弯叶片,水力损失和噪声增大,效率较低,易使驱动电机过载,但在泵叶轮尺寸相同时,前弯叶片要比后弯叶片产生更高的扬程,故常用在离心风机中。

③用径向叶片,理论扬程与理论流量无关。在实际应用中较少采用。

(3)输送液体的黏度和相对密度。应该说,输送液体的黏度和密度是不会影响离心泵的理论扬程的。但是,流体的黏度会影响泵的实际扬程和排量,因为,黏度不同,水力损失和容积效率会有所不同;流体的相对密度会影响泵所能产生的压差,相对密度越小,泵所能产生的压差越小。离心泵排送密度 ρ 不同的流体所能产生的吸排压差 $\Delta p = \rho g H$ 和功率 $P = \rho g Q H / \eta$ 是不同的。如果启动时泵和吸入管内是空气,输气比输水更容易漏,实际扬程比输水时明显要低,而且空气密度仅约为水的 1/800,泵能在吸排口间造成的压差很小,因此没有自吸能力。

四、能量损失

离心泵在实际工作时会有各种损失,从而使离心泵的实际扬程和流量总是低于理论扬程与流量。离心泵的损失主要有以下几部分:

1. 水力损失

水力损失是指流体通过泵内时由于摩擦、旋涡、撞击等造成的损失,通常由沿程摩擦损失和撞击损失两部分组成。水力损失是影响离心泵效率的主要因素。其中,沿程摩擦损失与流量的平方成正比;撞击损失与液体流动的冲角有关,通过合理设计可使泵在额定工况时的液流冲角为零,使撞击损失为零。当泵的实际流量偏离额定工况越远则撞击损失越大。

2. 摩擦损失

摩擦损失又称机械损失,是指由轴封及轴承与轴之间的机械摩擦和由液体与叶轮外表面之间的圆盘摩擦造成的损失。轴封及轴承摩擦损失约占轴功率的 1% ~5%,采用机械轴封时损失较小;圆盘摩擦损失较大,约占轴功率的 2% ~10%,它与叶轮外径的 5 次方和转速 n 的 3 次方成正比。

3. 容积损失

容积损失是指由漏泄造成的损失。漏泄包括内漏和外漏。内漏是指发生在泵壳内部的吸排区域之间的漏泄;外漏是指泵内部与外部之间经动、静部件间隙的漏泄。总漏泄量一般为理论流量的 4% ~10%,其中内漏的影响比外漏大。

五、定速特性曲线

1. 定速特性曲线

由于离心泵存在各种损失,这些损失是无法精确计算的。因此,要想了解离心泵的实际扬程、流量以及其他性能参数的大小和相互间的关系,就得进行相应的实验。

在既定转速下,测得并绘制的离心泵的扬程、功率、效率等性能参数与流量之间的函数关系曲线称为离心泵的定速特性曲线,如图 1-4-4 所示。

2. 对定速特性曲线的分析

(1)扬程流量(H-Q)曲线。H-Q 是选择和使用离心泵的主要依据。

根据离心泵结构参数的不同,离心泵的 H-Q 曲线将有所不同,一般有 3 种基本形式,如图 1-4-5 所示。

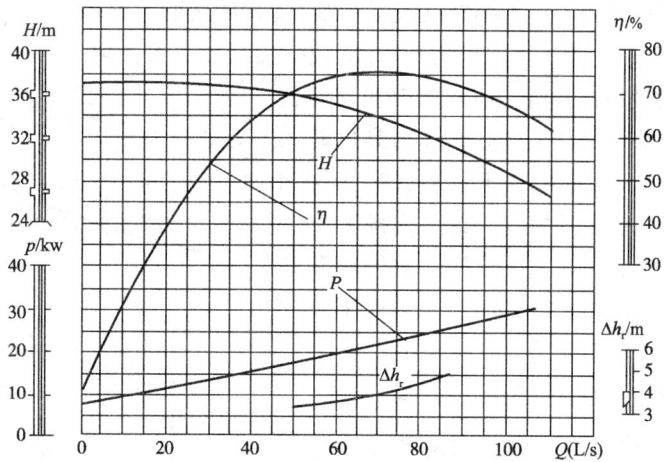

图 1-4-4 离心泵的特性曲线

①陡降形。如图曲线 1,在流量稍作变动时,扬程变化较大。反之在扬程改变较大时,流量改变不多。它用于静扬程常有波动而需要流量较稳定的场所,如选用此类泵作舱底水泵、压载泵等。

②平坦形。如图曲线 2,在流量变动较多时而静扬程改变不大。一般离心泵多属于此性能,它们适合于使用调节阀调节流量的系统。例如,用于压力水柜的水泵、冷凝器的凝水泵和锅炉给水泵等。

③驼峰形。如图曲线 3,该曲线在其峰点 K 的左右一定区段,在相同压力下会出现两种不同的流量,因而可能引起工况的不稳定。只宜在 K 点右边区段工作。

(2)功率流量(P-Q)曲线。P-Q 是合理选择原动机功率和泵启动方式的依据。

离心泵的 P-Q 曲线是向上倾斜的,即泵的轴功率随流量增大而增加。在泵流量为零时(例如排出阀关闭时),其轴功率最小,一般仅为额定功率的 35% ~ 50% ,这时泵的扬程(亦称封闭扬程)也不很高,仅为额定扬程的 1.1 ~ 1.3 倍。故离心泵关闭排出阀启动(又称封闭启动)时电流较低,可减小电网电压的波动。但不允许封闭运行,因为封闭运行时泵的全部功率都用于搅拌液体,效率为零,泵会很快发热。

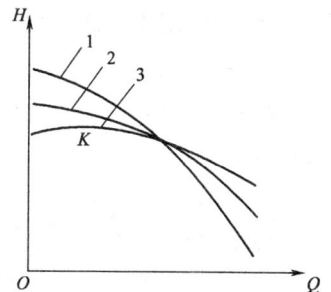

图 1-4-5 H-Q 曲线的形式

(3)效率流量(η-Q)曲线。η-Q 是判断泵工作经济性的依据。

泵的 η-Q 曲线是上拱形的,最高效率点为额定工况点。泵只有在额定工况附近工作时,才具有较高的效率,这是因为叶轮和压出室都是按额定工况设计的。当泵在非额定工况下工作时,液体进、出叶轮时的冲击损失就会较大。一般规定泵工作时效率不应与最高效率相差 5% ~ 8% 。

3. 输送黏性液体的曲线

正常的参数和性能曲线,是 20℃ 水试验得出。

当液体 ν 较大时,会造成大的能量损失,因而会使泵的 Q、H 减小,η 降低,P 和 Δha 增大。

黏度 $\nu \leqslant 20 mm^2/s$ 时,性能曲线几乎不变。

黏度 $\nu = 20 \sim 50\text{mm}^2/\text{s}$ 时,扬程曲线几乎不变,功率曲线明显升高。

黏度 $\nu > 50\text{mm}^2/\text{s}$ 时,扬程曲线、功率曲线、效率曲线发生大变化。

图 1-4-6 示出了泵所送液体黏度变化时,泵特性曲线和管路特性曲线的变化(图中虚线为黏度较大液体的特性曲线)。由于黏度增加后不仅泵扬程曲线降低,而且管路阻力也将增加,故流量将减少较多,扬程和功率则变化较小。输送黏性液体时泵的吸入压力 p_s 会降低,但是否会出现气穴现象需视黏性液体的饱和蒸汽压力或空气分离压而定。

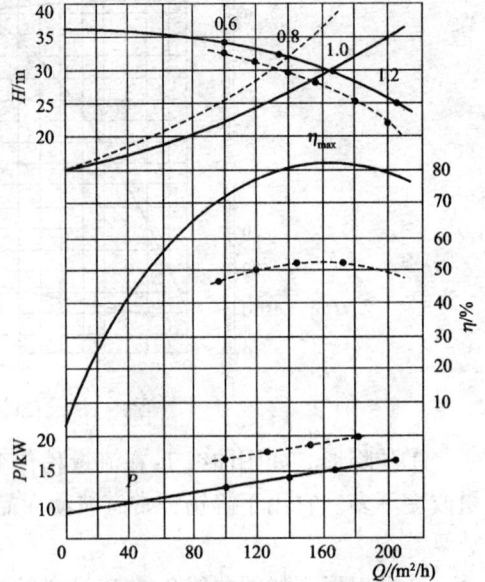

图 1-4-6 不同液体黏度的泵特性曲线和管路特性曲线

六、扬程和流量的估算

在实际工作中,对无铭牌离心泵的流量及扬程可按下列方法进行估算:

$$Q = 5 \times (D_0/25.4)^2 \quad (\text{m}^3/\text{h})$$

$$H = (1.0 \sim 1.5) \times n^2 \times D_2^2 \times 10^{-10} \quad (\text{m})$$

式中:D_0——泵吸口直径,mm;

$\quad\quad D_2$——叶轮外径,mm;

$\quad\quad n$——转速,r/min。

七、相似定律和比转数

从对离心泵的研究中发现,离心泵的性能参数的大小及其特性曲线的形状与叶轮的尺寸和形状有密切的关系。这可从离心泵的相似条件、相似定律和相似准则数(比转数或型式数)中找到答案。

1. 离心泵的相似条件

要确定两台离心泵相似,根据相似原理,必须满足以下 3 个条件:

(1)几何相似。泵内流体流道各部分所对应的几何尺寸比值相等,叶片数及对应的叶片安装角相等。

(2)运动相似。泵内流体流道各部分所对应的液流速度方向相同,比值相等,即各对应点的速度三角形相似。

(3)动力相似。泵内对应各点作用在流体质点上的同名力(惯性力、黏性力、重力和压力)方向相同,比值相等。

2. 相似定律

流量相似关系——$Q/Q_0 = (D/D_0)^3 \times (n/n_0)^1$

扬程相似关系——$H/H_0 = (D/D_0)^2 \times (n/n_0)^2$

功率相似关系——$P/P_0 = (D/D_0)^5 \times (n/n_0)^3$

3. 离心泵的比转数

比转数是根据相似原理,用数学方法演算出的,表示泵综合性能的相似判断准则数,用 n_s 表示。

$$n_s = (3.65) \times n \times Q^{1/2} \times H^{-(3/4)}$$

式中:n——转速,r/min;

Q——流量,m³/s(双吸泵取总流量的1/2);

H——扬程,m(多级泵取每级叶轮的扬程)。

离心泵的比转数通常都是指其额定工况的比转数。由于各国所用 n、Q、H 的单位不尽相同,对同一台泵按不同国家的算法所得的比转数的数值也就不同。在国际标准中以无量纲的型式数来代替比转数,即:

$$K = (\pi/30g) \times n \times Q^{1/2} \times H^{-(3/4)}$$

式中:g——重力加速度,m/s²;

其他参数单位与我国所用单位相同。

比转数 n_s 与型式数 K 的关系是:

$$n_s = 193.2K$$

满足相似3条件的离心泵,比转数相等,几何相似的泵如输送同一种液体,在额定工况下其比转数必定相等。但比转数相等的泵不一定几何相似。例如同样比转数的泵可设计成叶片数和叶片出口角不同,因此并不几何相似。

比转数也适用于其他叶轮式泵,如混流泵、轴流泵、旋涡泵等。

(1)比转数的大小与叶轮形状的关系:比转数越低,叶轮流道越"窄长",即叶轮外径与进口直径之比 D_2/D_0 越大;比转数越高,叶轮流道越"宽短",即 D_2/D_0 值越小。低比转数的泵叶片为圆柱形;中等比转数的泵叶片进口扭曲;高比转数的泵叶片进、出口都扭曲。

(2)比转数的大小与泵特性曲线之间的关系:比转数相同的泵的特性曲线形状相似,具体情况如下:

①比转数与 H-Q 曲线的关系。比转数小的泵,扬程相对较高,流量相对较小,H-Q 曲线较平坦(即流量变化对扬程影响较小),较适合节流调节,可应用在那些经常需要调节流量而又不希望扬程变化太大的场合,如锅炉给水泵、凝水泵等。比转数高的泵,H-Q 曲线呈陡降形,扬程变化时流量变化较小,这类泵适用于扬程常有变动又不希望流量变化的场合,如舱底水泵、压力水柜供水泵等。

②比转数与 P-Q 曲线的关系。比转数增大,P-Q 曲线上升趋势变缓,混流泵和轴流泵的 P-Q 曲线甚至向下倾斜。即低比转数泵的轴功率随流量增大而增大,流量为零时轴功率最小;高比转数的泵其轴功率随流量增大而减小。因此低比转数的泵宜采用封闭启动,而高比转数的泵不宜采用封闭启动。

③比转数与 η-Q 曲线的关系。比转数低的泵,η-Q 曲线变化比较平缓,高效工作区较宽;比转数高的泵,η-Q 曲线变化比较急剧,高效工作区较窄。

不同比转数的离心泵的比较如表1-4-1所示。

八、汽蚀现象

离心泵吸入的液体,在从吸入液面到叶片进口开始提高能量前,压力逐步下降。离心泵中压力最低处在叶轮进口先靠近前盖板的叶片处。当泵流量超过设计流量时,压力最低的部位就会发生在叶片进口靠近前盖板的叶片正面上;当泵的流量小于设计流量时,压力最低的部位出现在叶片进口处靠近前盖板的叶片背面上。如果最低压力小于被输送液体温度下的饱和蒸汽压力时就会发生汽蚀现象。其类型及特点如表1-4-2所示。

类　　型	低比转数的离心泵	中比转数的离心泵	高比转数的离心泵
比转数	30～80	80～150	150～300
叶轮简图			
尺寸比	$D_2/D_0 = 2.5$	$D_2/D_0 = 2.0$	$D_2/D_0 = 1.8～1.4$
叶片形状	圆柱形	进口处扭曲形 出口处圆柱形	扭曲形
性能曲线			

汽蚀的类型及特点　　　　　表 1-4-2

类　　型	条　　件	特　　点
潜伏汽蚀	$\Delta h_a > \Delta h_r$ 且接近时	性能无明显变化,噪声振动很小
不稳定汽蚀	$\Delta h_a < \Delta h_r$	性能明显恶化,噪声振动大
稳定汽蚀	Δh_a 进一步下降	流量不变,扬程急剧下降,脉动消失,噪声振动中等

在船上最容易出现汽蚀现象的离心泵有 3 类:

①输送液体温度较高的泵,如锅炉给水泵,热水循环泵;

②吸入液面真空度较大的泵,如冷凝器和海水淡化装置中的凝水泵;

③工作过程中吸高会显著变化的泵,如液货泵等。

防止汽蚀的措施:

①在使用条件上进行限制(增大 Δh_a)——降低流量、吸入阻力、安装高度、液温、流速。

②在设计制造上进行改进(减小 Δh_r)——增大叶轮入口直径/进口边宽度/前盖板转弯处的曲率半径;采用双吸式叶轮/叶轮前加装诱导轮;采用抗汽蚀材料;提高管内光洁度。

九、性能特点

1. 自吸能力

本身无自吸能力。为了扩大离心泵的使用范围,在结构上采取特殊措施可以制造出各种自吸式离心泵,或在离心泵上附设抽气引水装置。

2. 流量

流量随工作扬程而变。一般工作扬程升高,流量减小;当工作扬程达到封闭扬程时,泵即空转而不排液。因此,它不宜作为滑油泵、燃油泵和液压泵等要求流量不随扬程而变的泵使用。但其流量范围很大。

3. 流量均匀性

流量连续均匀,工作平稳。

4. 压力

泵所能产生的扬程有限,主要由叶轮外径和转速决定,不适合小流量高扬程。无需设置安全阀。

5. 转速

转速高,则可与电动机或汽轮机直接相联。

6. 效率

其主要受水力损失、机械损失和内、外漏影响,比一般容积式泵低。

7. 适用性

对杂质不敏感,船上主要用来作各种冷却水泵、压载泵、通用泵等。

8. 维护性

结构简单,管理方便,尺寸和重量比同样流量的往复泵小得多,价格低廉。可以采用节流法调节流量,非常方便。

9. 耐用性

易损件少(仅密封环、轴封和轴承),寿命较长。

十、主要部件

1. 基本构造

1)叶轮

叶轮是离心泵的主要运动部件,其功能是将原动机的机械能传递给排送流体。

叶轮按是否具有前后盖板可分为闭式、半开式和开式三种,如图1-4-7所示。

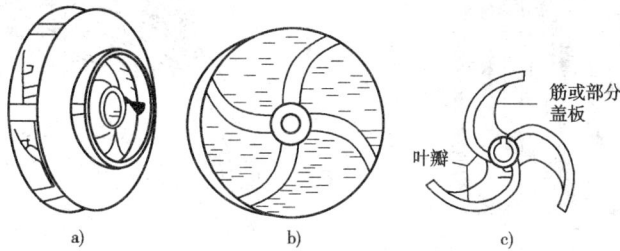

图1-4-7 闭式、半开式和开式叶轮

a)闭式;b)半开式;c)开式

具有前、后盖板的叶轮称为闭式叶轮,如图1-4-7a)所示。它工作时液体漏泄损失少,效率较高,使用最普遍。只有后盖板的叶轮称为半开式叶轮,如图1-4-7b)所示。而开式叶轮则只有叶瓣和部分后盖板,如图1-4-7c)所示。后两种叶轮铸造比较方便,但工作中液体容易漏失,多用于输送含固体颗粒或黏性较高的液体。

叶轮按吸入方式可分为单侧吸入式和双侧吸入式,如图1-4-8所示。

当流量小于300m³/h,吸入管径小于200mm时一般多采用单吸式叶轮。而当泵的流量和吸入管径较大时多采用双吸叶轮,以限制叶轮进口流速,提高

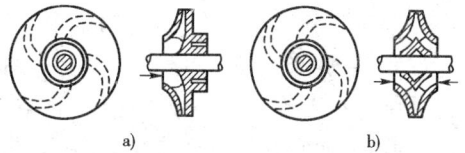

图1-4-8 单吸式和双吸式叶轮

a)单吸式;b)双吸式

抗汽蚀性能。双吸式叶轮安装时要防止装反,装反时,后弯叶轮成为的弯叶轮,将造成运行时过载。

当叶轮出现裂纹或腐蚀孔眼而不太严重,可用黄铜补焊来修复。焊补时应注意先把被焊件加热到600℃左右,在补焊处挂锡,再用黄铜气焊。焊完后使其逐渐冷却回火,以免产生裂纹。冷却后再进行机加工。如叶轮进口处偏磨不太严重,可用砂布打磨,在厚度允许时可光

车。修复的叶轮应进行静平衡试验,不平衡超过允许限度时可铣去部分盖板以便校正,但铣去的厚度不得超过盖板厚度的1/3,切削部分应与盖板平滑过渡。

2)泵壳(压出室)

泵壳的主要作用是将叶轮封闭在一定空间内,以最小的水力损失汇聚从叶轮中流出的高速液体,将其引向泵的出口或下一级,并使液体流速降低,将大部分速度能转换成压力能。离心泵的泵壳主要有涡壳式和导轮式两种。

(1)蜗壳式。蜗壳式泵壳包括螺线形蜗室和扩压管两部分,这两部分的分隔处称为泵舌。泵舌与叶轮的径向间隙,对泵的效率和性能影响较大。

蜗室的作用是汇集从叶轮中流出的高速液体,并将少部分速度能转换成压力能。扩压管的作用是进一步降低液流速度,将其中的大部分速度能进一步转换为压力能。扩压管的扩散角一般为7°~14°,过大会引起液体脱流,而过小则达不到扩压效果。

蜗壳泵的水力性能完善,高效率工作区较宽,检修方便。但蜗壳制造加工困难,一般只能铸造,其内表面的精度和粗糙度较差,而影响实际工作效率。而且蜗壳泵在非设计工况下运行时会产生不平衡的径向力,因此单级泵多为蜗壳式。

(2)导轮式。导轮式泵壳中的导轮安装在叶轮的外周,导轮的形状如图1-4-9所示。

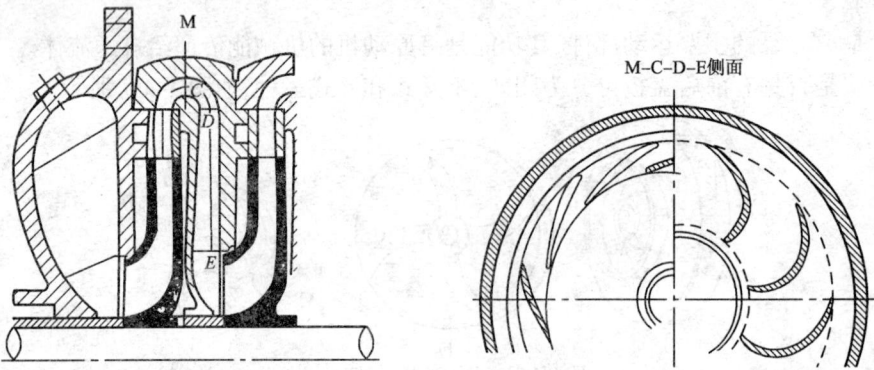

图1-4-9 导轮

导轮中有4~8片导叶,导叶数目与叶轮中的叶片数应互为质数,否则运行时可能会产生共振。导轮外径一般约为叶轮外径的1.3~1.5倍。导轮兼有汇集液体和扩压的作用。导轮背面的反导叶是用以将处在泵壳内壁区域的排出液体引导到下一级叶轮的中心吸入区。

导轮泵制造加工方便,结构紧凑,而且随着级数增加、重量可比蜗壳泵减轻较多。缺点是零件较多,拆修不便,一般三级以上多用导轮式。

泵壳在工作过程中由于振动、碰敲等原因而出现裂纹。一般可用手锤轻敲听是否有破哑声来判断,通常在进行初步检查后,可在可疑处浇上煤油,然后擦干再涂以白粉,再轻击壳体让煤油渗出,以显示裂纹。如裂纹较短并发生在不承受压力或不起密封作用的地方,可采用打止裂孔的方法,即在裂纹两端各钻一个直径约3mm的不穿透的小孔,以防裂纹继续扩大;如裂纹较长并出现在承压的地方,应进行焊补。

泵壳应经过水压试验,试验压力为最高工作压力的1.5倍,不超过设计压力+7MPa下,试验时间不少于10min,铸件表面不得有渗漏现象。焊补后的受压零件应重新做水压试验,试验压力应为最高工作压力的1.7倍。

3)泵轴

泵轴一端用于安装叶轮,另一端通过联轴界与原动机相连,是接受功率和传递转矩的部件,一般由碳钢或合金钢制成。用于输送海水的泵,常在其轴外加装青铜轴套以防腐蚀。

叶轮与泵轴的周向位置采用键与键槽方式固定;叶轮与泵轴的轴向位置,小型单吸悬臂式离心泵通过泵轴端部锥面和反向细牙螺母固定,多级泵采用定位套固定,且泵轴在每个叶轮两侧均有轴承支承。两只止推轴承必须"背靠背"安装;过盈配合安装时轴承在热油中加热到150℃。

经常工作在非额定工况下的泵轴受到由不平衡径向力产生的交变负荷的作用,泵轴易发生弯曲。泵轴弯曲量超过 0.06mm 即应校直。校直可用手动螺杆校直机进行。当泵轴凹处较粗而弯曲度又较小时,可用铜质棒冷打轴的凹部,使其表面延展而校直。对直径较大而直接校直比较困难的泵轴,可用气焊将弯曲处 20 ~ 40mm 的长度范围缓慢均匀地加热,而在此范围以外的部分缠上石棉绳或包上玻璃棉。加热至 600 ~ 650℃ 后校直,然后再保温,使之缓慢冷却至室温。

当泵轴产生裂纹、严重磨损影响强度、弯曲严重无法校直时应予换新。

2. 密封装置

1)密封环

离心泵叶轮与泵壳吸入口之间不可避免地存在着间隙。离心泵叶轮所排出的液体可能会从叶轮与泵壳之间的间隙漏向吸入口。这种内部漏泄会降低泵的容积效率,使泵的流量减小,扬程降低。

为了减少内部漏泄;必须使泵壳和叶轮进口处的间隙做得很小,而磨损后又容易修复。这样,在叶轮入口处就需装设密封环(也叫阻漏环)。

密封环是离心泵的易损件,通常多用铜合金制成,也有用不锈钢或酚醛树脂制作的。安装在叶轮与泵壳上的密封环分别称为动环和静环,它们可成对使用,也可只装设静环。

根据密封环的形式,有平环和曲径环两大类,如图 1-4-10 所示。

曲径越多,阻漏效果越好,但制造和装配的要求也越高。因此,曲径环多用在单级扬程较高的离心泵中。离心泵转子在工作中难免有抖动和偏移,排送热的液体时还会受热膨胀,若密封环的径向间隙过小,则容易产生摩擦,甚至咬死;但若间隙过大,漏泄又会显著增加。实验表明,当密封环间隙由 0.30mm 增至 0.50mm

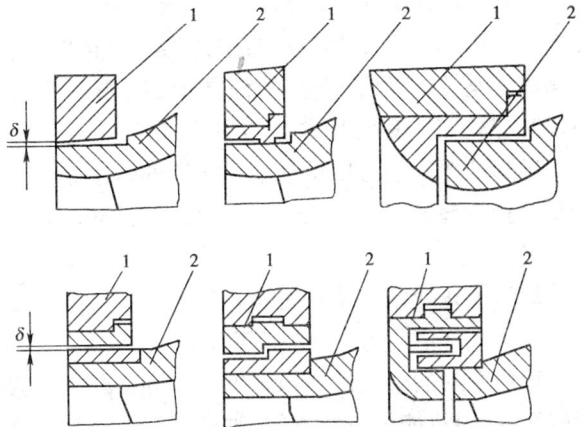

图 1-4-10 密封环
1-泵壳;2-叶轮

时,效率约下降4% ~ 4.5%。密封环的密封间隙应符合规定。泵工作约 2000h 后,应检查密封环的间隙 δ。当半径方向的间隙超过允许值时应更换。也可以在内表面堆焊后光车,或涂敷塑料后再进行机械加工。密封环新装后,必须检查安装间隙。必要时可用涂色法(在静环内侧或动环外侧的环形面上涂以很薄的红铅油,然后盘车)检查密封环是否彼此碰擦。

2)轴封

泵轴伸出泵壳处必定有间隙,叶轮排出的液体可能由此漏出或外界空气由此漏入,称为外漏。外漏不仅会降低容积效率,还可能污染环境;有时泵壳出轴处的内侧压力低于大气压,这时空气可能漏入,而增加噪声和振动,严重的甚至会使泵失吸。因此,在泵轴伸出泵壳处都设有轴封装置。

填料密封是船用泵中最常用的密封装置,在往复泵中介绍了填料密封,但一般在离心泵中所用的填料密封装置与容积式泵中的有所不同,即针对离心泵泵壳内泵轴处的压力往往低于大气压,空气容易漏入的问题,采用了带水封环的密封结构,如图1-4-11所示。

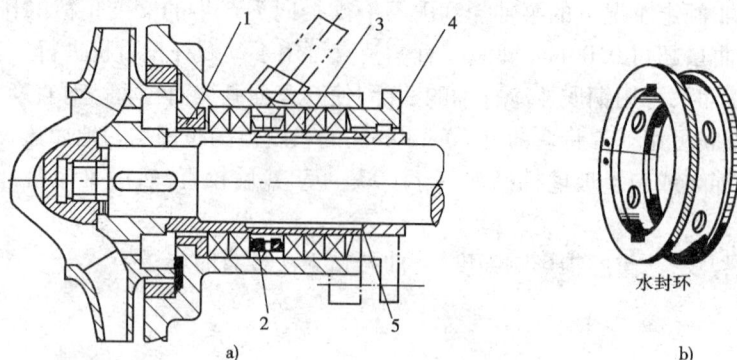

图1-4-11 带水封环的填料密封

1-填料内盖;2-水封环;3-填料;4-填料压盖;5-轴套

离心泵填料密封由填料、填料环(水封环)、填料压盖等所组成。水封环是由断面呈 H 形的两个半圆合成的圆环,水封环与泵轴(或轴套)之间留有 0.4～0.5mm 的径向间隙。水封环的安放位置应对准轴封壳体上的水封管,以便引入压力水,密封水既能防止空气吸入泵内,又能给泵轴和填料一适当的润滑和冷却。

密封水的压力应比密封内腔的压力略高而又不致将填料中的润滑剂冲走,一般以高出 0.05～0.1MPa为宜。当离心泵输送洁净液体时,可直接从泵的排出侧引出液体来进行密封;但当离心泵输送含有杂质的液体时,则密封水在引至水封管前应予以过滤;当泵出口压力≤0.05MPa时,则需用常温的中性密封油。

轴封的严密性可用松紧填料压盖的方法来调节。填料密封合理的漏泄量是漏泄液体应保持每分钟不超过 60 滴。漏泄量太大可对称地适当压紧填料压盖,但要避免压得过紧,以防填料箱发热。

填料老化变硬应及时更换。与填料相接触的轴或轴套表面应进行硬化处理。轴的径向跳动量一般允许值约为 0.03～0.08mm。

填料密封的优点是结构简单、成本低廉、更换方便。缺点是磨损和漏泄相对较大,使用寿命较短,一般只能用在低速(泵轴的回转线速度≤20m/s)、低压(≤3～5MPa)和液体温度不高(≤200℃)的场合。

3. 平衡装置

1)轴向力平衡装置

(1)轴向力的产生。叶轮与泵壳间的液体随叶轮回转会产生离心力,使叶轮两侧的压力沿径向按抛物线规律分布,如图1-4-12所示。

在密封环半径 r_w 以外,叶轮两侧的压力对称;而在密封环半径之内,作用在进口侧的压力

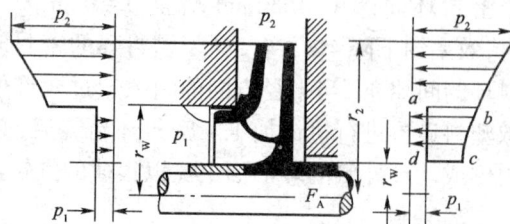

图1-4-12 轴向力的产生

p_1 较低，两侧的压差可由面积 $abcd$ 来表示。因此，单吸式叶轮工作时将受到由叶轮后盖板指向进口端的轴向力 F_A，其大小与叶轮两侧的不对称面积、泵的级数及每级扬程有关，多级泵轴向力可能较大。液体在叶轮进口处从轴向变为径向流动时，还会对叶轮产生方向与 F_A 相反的动反力，它与力 F_A 相比数值较小，但泵刚启动排压尚未建立，F_A 未形成，动反力可能引起转子窜动。

（2）轴向力的危害。离心泵的轴向力会引起叶轮轴向窜动，叶轮与泵体产生摩擦，破坏机械轴封产生漏泄，影响泵的正常工作。为保证泵的正常工作，应采取必要措施解决轴向力问题。

（3）常用的轴向推力平衡方法：

①止推轴承法。止推轴承虽能承受一定的轴向推力，但承受能力有限，故只有小型泵才能用它来承受全部轴推力，而在大多数泵中仅用它作平衡措施的补充手段，以承受少数剩余的轴向推力，并起轴向定位作用。

②平衡孔或平衡管法。如图 1-4-13 所示。平衡孔法是在叶轮后盖板上加装与吸入口密封环尺寸一样的后密封环，并在后密封环以内的后盖板上开出 3~4 个平衡孔，通过平衡孔使后盖板前后的压力保持大致相等，从而使轴向力得以基本平衡。此法比较简单，但一方面由于平衡孔的存在使叶轮后盖的泄漏量增加，另一方面由平衡孔漏回叶轮的液体会对吸入口的主流产生冲击，因此，采用平衡孔不仅会使泵的容积效率下降，而且会使泵的水力效率降低。于是对平衡孔法加以改进，产生了平衡管法。

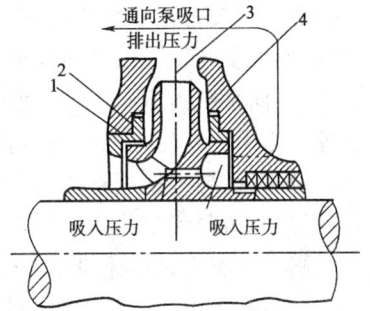

图 1-4-13　平衡孔或平衡管

1-平衡孔；2-前密封环；3-平衡管；4-后密封环

平衡管法的原理与平衡孔法相同，但不在叶轮后盖板上开平衡孔，而是通过平衡管将叶轮后密封环之内的液体引回吸入口，这样不仅同样可达到平衡轴向推力的目的，同时避免回流产生冲击而使水力效率降低。

不论平衡孔或平衡管法，由于叶轮两侧密封环制造和磨损情况难免有差别，叶轮在加工上也会存在误差，故叶轮两侧的压力分布难以完全对称，不可能完全平衡轴向推力，仍需设置止推轴承以承受剩余的不平衡轴向推力。

③双吸叶轮或叶轮对称布置法。双吸叶轮因形状对称，故两侧压力基本平衡，多用于大流量的离心泵。多级离心泵各级叶轮尺寸一般相同，各叶轮产生的扬程相等，当叶轮为偶数时，只要将其对称布置，即可平衡轴向推力。此法平衡多级泵的轴向推力效果较好，但泵壳结构复杂。

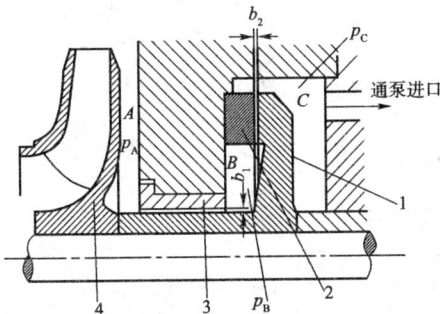

④平衡盘法。平衡盘一般设置在多级泵的末级叶轮后，并固定在泵轴上。叶轮轴向移动而使平衡盘两侧的压力差与轴向推力趋于平衡。因此，平衡盘具有自动平衡轴向力的优点。

如图 1-4-14 所示。在末级叶轮 4 外侧有平衡板 2 固定在泵壳上，紧靠着它的平衡盘 1 是用键装在泵轴上，随轴一起转动。泵工作时末级叶轮背面的空间 A 处的压力 p_A 较高，有少量液体经平衡套的径向间隙 b_1

图 1-4-14　平衡盘

1-平衡盘；2-平衡板；3-平衡套；4-末级叶轮

流到空间 B，压力下降为 p_B，再经平衡板与平衡盘之间的轴向间隙 b_2 流到盘后的平衡室 C，再由泄放管通泵的吸入端。C 室压力 p_c 接近吸入压力。平衡盘两侧存在压力差 $(p_B - p_C)$，形成与叶轮所受轴向力反向的平衡力。

当泵扬程增加，向左的轴向力大于平衡盘的平衡力时，泵的转动组件就会被推向左移，使轴向间隙 b_2 减小，漏泄量随之减小，于是压力 p_B 增加（更接近 p_A），直至 $(p_B - p_C)$ 增加到使向右的平衡力与轴向推力相等时，泵转子也就在 b_2 较小的位置达到新的平衡；反之，当轴向力小于平衡力时，转动组件就会右移，使轴向间隙 b_2 增加，p_B 下降（更接近 p_C），从而在 b_2 较大的位置达到平衡。转子的轴向位置会随工作扬程的变动而自动调整，故采用平衡盘的泵不能用会轴向定位的滚动轴承，而应采用滑动轴承。

2）径向力平衡装置

（1）径向力的产生。蜗壳式离心泵在设计工况时径向力为零（流出叶轮的液流不会与涡室的液流发生撞击）。而在非额定流量下工作时才产生不平衡径向力。原因是：一方面蜗室中的液流速度将发生相应的变化，另一方面叶轮出口的绝对速度大小和方向也会发生变化。这样，不仅从叶轮流出的液体与蜗室中的液流发生撞击产生能量交换，使蜗室中的压力分布发生变化，而且压力分布不均又使叶轮流出液体的流量沿周向分布不均，从而使产生的动反力也不等。作用在叶轮上的径向力就是不均匀的液压力和动反力的合力。显然，实际流量偏离额定流量越远，泵的扬程越高或泵的尺寸越大，则产生的径向力也就越大。泵流量小于额定流量时，径向力指向涡室截面小的方向；泵流量大于额定流量时，径向力指向涡室截面大的方向。

蜗壳式离心泵的流量小于额定流量时，两叶片间液体的相对速度：迎水面减少，背水面增加。泵内液体压力变化规律从泵舌处至扩压管逐渐上升。

蜗壳式离心泵的流量大于额定流量时，两叶片间液体的相对速度：迎水面增加，背水面减少。泵内液体压力变化规律从泵舌处至扩压管逐渐下降。

导轮式多级泵由于导叶沿圆周均匀分布，理论上无论在何种工况下运行，各导叶产生的径向力都将平衡。只有当转轴的偏心距达到叶轮直径的 1% 时，径向力才会增大到与蜗壳式离心泵相近的程度。

（2）径向力的危害。由于船用泵经常在非额定流量下工作，因此应考虑径向力的影响。径向力对于转动的泵轴来说是个交变负荷，会使泵轴因疲劳而发生弯曲变形等破坏；同时径向力还会使泵轴产生挠度，使间隙较小的部件发生擦碰，引起振动，缩短密封环和轴封的使用寿命。

（3）常用的径向力平衡方法。为平衡径向力，小型泵，增加泵轴强度；大型泵，采用对称的双层涡室；双级泵，相邻两级叶轮的涡壳螺旋线错开 180°。

4. 自吸装置

如前所述，普通离心泵是没有自吸能力的。为了使其正常工作，必须进行引水。

1）引水方式

（1）手动引水：

①在吸入管下端装设一个单向阀（底阀）。启动前人工灌水。

②泵的安装位置低于吸入液面。启动前液体自动倒灌入泵内。

（2）自动引水：

①特殊泵壳类。这类自吸装置是将泵壳做成特殊的结构形式，使在排出端具有气水分离作用，以便在启动期间能利用预先存留在泵内的液体，使其能反复进出叶轮，将泵和吸入管内

的气体裹携出去。如图 1-4-15 所示。

这类泵根据液体是重新进入叶轮的外周还是中心吸口的不同,又有外混合式和内混合式之分。

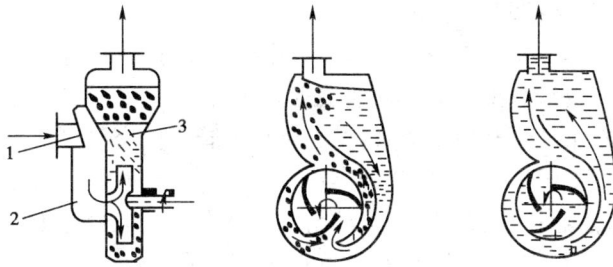

图 1-4-15 特殊泵壳类自吸离心泵的原理
1-吸入单向阀;2-吸入室;3-气液分离室

②自带真空泵类。这类自吸装置是将真空泵与离心泵组合为一体来抽气引水的。常用的真空泵有水环泵、喷射器等。自吸式离心泵虽能解决离心泵的自吸问题,但会使泵的结构复杂、体积增大、效率减低。

图 1-4-16 示出船用离心泵所用的一种水环泵自吸装置的。驱动离心泵 1 的电动机 4,可同时靠摩擦离合器 5 驱动水环式真空泵 6。使用前,气液分离柜 3 应加满水,并开启其底部补水管上的旋塞向水环泵预充工作水;截止止回阀 2 也须开启。刚启动离心泵时,离合器在贴合位,水环泵即经吸气管从离心泵及其吸入管中抽气,排往气液分离柜。在分离柜中气、水分离,空气经逸气管逸出,而分出来的水则落入柜中,再经柜底的补水管向水环泵连续补水。水环泵工作一段时间后,离心泵的吸入管中的气体被抽走,水即进入离心泵。

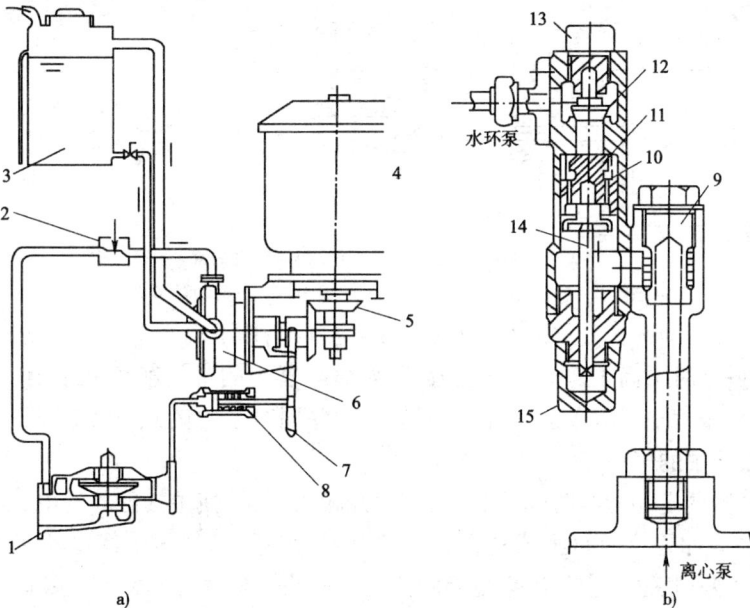

图 1-4-16 离心泵的水环泵自吸装置
a)采用截止止回阀;b)采用自动排气阀
1-离心泵;2-截止止回阀;3-气液分离柜;4-电动机;5-摩擦离合器;6-水环真空泵;7-控制杆;8-液压缸;9-滤器;10-弹簧;
11-辅阀;12-锥阀;13-螺塞;14-阀杆;15-阀盖

当离心泵自吸成功并建立起应有的压力后,其排口进入液压缸 8 的压力水就会克服弹簧力而推动活塞,使摩擦离合器脱开,水环泵即停止转动;于是可开启离心泵的排出阀,使之投入工作。这时,水环泵吸、排管内的压力回复为大气压,于是止回阀2在重力作用下自动关闭,柜3中的气体不致经它漏向离心泵吸入侧。如果液压缸失灵,也可取出它与控制杆7连接点的插销,手动操纵控制杆7来控制离合器。

如果离心泵停用时不关排出阀,排出管内可能会有水倒流回来,则应关闭截止止回阀2,以免水经它向水环泵和气液分离柜倒灌。为了省去这种麻烦,止回阀2也可改成图1-4-16b)所示的自动排气阀。在水环泵开始工作时,离心泵吸入管内的空气经过滤器9,穿过自动阀中的辅阀11的小孔,顶开锥阀12排往气液分离柜;而在水环泵停止工作后,锥阀关闭。设这种自动阀后,如离心泵停用后排出管有水经自动阀向水环泵和气液分离柜倒流,则通过辅阀的小孔时会产生压降,水压力会克服弹簧10的张力使辅阀关闭。

这种装置无须借助压缩空气气源即可工作。其缺点是在自吸完成以前离心泵处于干转状态,因而泵不允许使用机械轴封和以水润滑的轴承。

图1-4-17所示为离心泵采用空气喷射器的自吸装置原理图。这种自吸装置靠来自压缩气瓶的压缩空气为离心泵抽气引水,尺寸紧凑,且离心泵可延时启动,从而避免了干转。

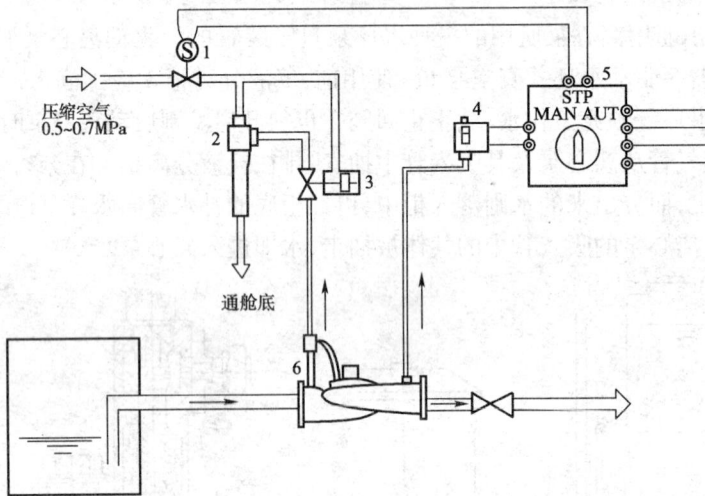

图1-4-17　离心泵的用空气喷射器自吸装置
1-电磁阀;2-空气喷射器;3-气动阀;4-压力继电器;5-控制箱;6-离心泵

如果控制箱5上的选择开关放在自动(AUT)位置,当按下离心泵6的启动按钮时,时间继电器同时也通电;这时泵尚未建立排出压力,压力继电器4的常闭触头处于闭合状态,于是电磁阀1通电开启,压缩空气得以通入空气喷射器2,并同时使常闭式气动阀3开启,开始抽吸离心泵及其吸入管中的气体。

当时间继电器调定的延时时间达到后,其常开触头闭合,使主接触器通电,泵即启动;同时泵运转指示灯亮。如果这时自吸成功,泵即会产生排出压力,使压力继电器4的常闭触头断开,于是电磁阀1断电关闭,空气喷射器停止工作,常闭式气动阀3关闭。泵运行中万一吸入过多的气体而排压下降,则压力继电器的触点又会闭合,重开电磁阀,再次抽气。

离心泵吸入管的容积和所需的吸上真空度不同,需要的自吸时间也不等,时间继电器延时时间应按实际需要调节,但不能短于自吸所需时间,否则泵启动后会发生干摩擦。这种方法虽简单可靠,但延时时间调节不准(吸高、密封等因素的改变,会导致所需自吸时间变化)泵仍有可能在自吸成功前即启动,发生干转。故有的自吸装置在抽气管上设浮子室,只有自吸成功使浮子开关闭合才会启动离心泵和停止抽气,可使泵完全避免干转。但浮子开关的故障率显然要比时间继电器高。

2) 水环泵

（1）基本结构。水环泵主要由叶轮、侧盖和泵体组成。叶轮必须偏心安装，其上装有叶片，叶片采用前弯叶片（也可采用径向叶片）。侧盖上开设有吸排口，吸入口较大，排出口较小。如图1-4-18所示。

（2）工作原理。泵内充有一定数量的工作水是水环泵能够工作的必要条件。向泵内充水后，当叶轮旋转时，液体被带动而构成紧贴泵体的与泵体同心的水环。水环内表面与叶轮轮毂表面及两侧盖端面之间形成一个月牙形的工作空间。该空间被叶片分隔成若干个互不相通的腔室。这些腔室的容积随着叶轮的回转将会周期性地变大和变小。显然腔室容积变大时将吸入流体，腔体容积变小时将会挤压和排出流体。吸入、压缩和排出3个工作阶段便组成了水环泵的一个工作循环。

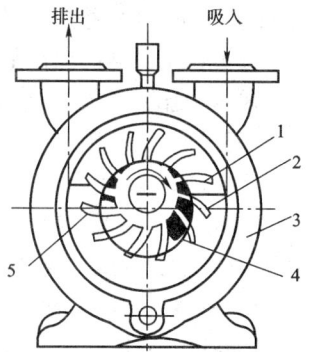

图1-4-18　水环泵

1-叶轮；2-侧盖；3-泵体；4-吸入口；5-排出口

水环泵的工作阶段：

①吸入过程。当叶间转过图1-4-18中的右半圈时，由于叶片外端与偏心的泵壳间的距离增加，叶片间的工作液体就会被甩出，使叶间腔室的容积逐渐增大，气体（或被输送液体）便通过侧面的吸入口被吸入。

②挤压过程。当叶片间转过吸入口开始进入图示左半圈时：由于泵壳与叶片外端的距离逐渐缩小，叶轮外高速流动的工作液流便会挤入叶间。当叶间尚未与排出口相通时，其中的气体便受到压缩。若输送液体时，则其中的被输送液体就会被挤压，因液体不可压缩，故被吸液体便被挤入水环，被旋转的水流从排出口挤出。显然当输送液体时，工作液体和被吸液体必须是同种液体，工作中工作液体与被吸液体不断相互置换，水环运动是紊乱的，水力效率极低，工作效率小于20%，故在船上很少用水环泵来输送液体。

③排出过程。当叶片间转到与排出口相通时，叶间腔室中的压力即会在瞬间与排出压力相平衡，并在叶轮随后的转动过程中，由于叶外的液体不断挤入叶片间，将气体（或液体）排出。

水环泵中的定子是由一个旋转水环构成的，而这个水环是由叶轮给予工作水的速度能所形成的。水环中的液体在图示的右半圈中是靠叶轮带动其回转而获得了一定的能量，并被甩到叶外的流道中；而在其进入左半圈后，也就只能凭借其已获得的速度能挤入叶间，压缩气体。这样，叶轮外的液体流速必然会随着压力的增加而降低。当排出压力升高到一定的数值时，叶轮外液体的速度也就会降到很低，从而不能进入叶间去压缩气体。也就是说，水环泵中的气体在压缩阶段压力能的增加，完全是靠工作水获得叶轮的速度能转换而来的。因此，水环泵的排出压力不会像其他容积泵那样会随排出负荷增加而不断增加到危险的程度，即水环泵的最高工作压力（排出阀全关时的压力）有限。

（3）性能特点：

①自吸能力。很强，当工作水温为15℃时，单级水环真空泵可达到的最大抽空能力是将绝对压力降到4kPa（30mmHg）。但启动前，泵内必须存有供形成水环的液体，这通常可通过合理的管路布置来实现。

②流量。理论流量主要取决于叶轮的尺寸和转速。水环泵的最大流量约300m^3/min。

③流量均匀性。较均匀。

④压力。所能达到的压力比(排出与吸入绝对压力之比)取决于叶轮的结构尺寸和转速。水环泵的压力比,通常都是逐渐增大的。当 $x \leqslant x_{cp}$(临界压力比)时,理论流量不变,随着 x 的增加,实际流量会因漏泄的增加而相应降低;当 $x > x_{cp}$ 后,则流量就会迅速减小,而当 $x = x_{max}$(极限压力比)时,流量即降为零。故水环泵即使在关闭排出阀的条件下工作,其排出压力也不会无限地升高,因而无需设安全阀。这是与其他容积式泵最大的不同点。

⑤转速。1500m/min 左右。

⑥效率。较低。这不仅是因为水环泵容积效率不高(一般为 0.65 ~ 0.82,压缩比小、尺寸大的泵容积效率取较大值),更主要的是由于水力效率较低。在排送气体时水环泵的总效率一般为 30% ~ 50%,最高不超过 55%。如用以排送液体则效率更低,不超过 20%,故一般都不用来排送液体。

⑦适用性。工作过程接近于等温压缩。因此它适用于输送易燃、易爆、有毒或温度升高时容易分解的气体,水环泵输送的气体不受滑油污染。

水环真空泵对工作水温很敏感。工作水温增加,流量和所能造成的真空度将随之减小。因为水温越高,则水的饱和蒸汽压力越高,工作水的汽化速度也就增加,从而使抽气流量和可达到的真空度减小;反之,当工作水温较低时,由于吸气中的部分水蒸气可能液化,因而能使实际流量和可达到的真空度增加。

⑧维护性。水环泵结构简单,没有相互直接摩擦的零件,没有吸、排阀,容易维护,工作平稳,噪声小。

⑨耐用性。使用寿命长。

(4)管理要点:

①径向间隙很大,主要靠水环密封,使用前必须灌入适量的水。

②叶轮与端盖间的端面间隙直接影响泵的容积效率,一般应维持在 0.1 ~ 0.25mm。

③运行中需不断补水,以弥补由排气、汽化、漏泄而减少的水,同时置换部分工作水以限制水温升高。

④不宜长时间封闭运行,以防工作水温度升高发生过热。

• 相关实践知识

一、操作技能

1. 启动

(1)油:启动前必须检查润滑油或油脂情况,用油环润滑的轴承,油环应被浸没约 15mm 左右;用油脂润滑的轴承,油量应占轴承室容积 1/3 ~ 1/2,若之前累积工作已达 500h 左右,应在启动前换油。

(2)水:作为水泵,启动前应采取措施(如注水、引水等)确保泵内有水,以防填料等处因干摩擦而损坏。检查水密状况。

(3)汽:略。

(4)气:检查气密状况,防止吸入空气。吸入空气不但会使流量减少,而且会在工作中产生汽蚀和噪声。为此除保持吸入液面有足够的高度外,还要防止吸入管漏泄。

(5)电:检查电气系统是否处于适宜启动泵的备用状态。

(6)阀:开足吸入阀,排出管路上除排出截止阀暂时保持关闭外,其他阀全部开足,对带自吸装置的离心泵还需将排气阀打开。

（7）机：外观检查机器是否处在适宜启动状态。消除一切可能妨碍机器运转的对象和不宜启动的状态。

（8）盘：用手盘动联轴器 1～2 转，以检查运动部件有无卡阻和异常，并有利于使滑油或油脂布于摩擦面。

（9）冲：点动以检查电动机的转向是否与机体上的标志一致。离心泵反转虽不会造成吸排方向改变，但会造成电机过载和工作效率极低。

（10）启：接通电源，启动泵，待泵起压后打开排出阀。此过程不应超过 2～3min。若泵的起压时间过长，泵会因干摩擦而损坏；若封闭运行时间过长，泵会因叶轮搅拌液体而发热。排出阀的开度应根据供液对象的压力调节并保持适当。

2. 运转

（1）压：检查泵的吸、排压力和服务对象压力是否正常。吸入压力不可过低，否则将使溶入水（或被吸液体）中的气体，因吸入压力低于空气分离压力而大量析出，使泵产生"汽蚀"，损坏泵内零件表面，为此，在管理中应经常清洗滤器；排出压力异常降低或升高都必须立即找出原因，加以正确处理。不能不分原因地将排出阀开度进行盲目调节。泵的服务对象的压力对泵的流量影响很大。工作压力直接影响流量是离心泵（及其他叶轮式泵）在性能方面与容积式泵的最大不同之处，故在运行管理中应特别注意压力参数的异常变化。

（2）温：保持吸入液体的温度正常；检查电机、轴承和填料函等部位有无过热，轴承温升 ≤35℃，轴承外表温度不应超过 75℃；因此，对设有填料箱水封管、水冷轴承、水冷机械轴封的离心泵，应检查并保持其水管的通畅。

（3）荷：检查电压、电流和功率，防止超负荷。

（4）转：检查转速转向是否正常。

（5）声：仔细倾听泵各运动部件及泵内部有无异常响声，若泵内有严重敲击声应立即停车检查；若噪声和振动很大而非敲击声，说明可能有空气漏入或吸入液体中的气体析出。倾听有无泄漏声。轴封处微量的渗漏（填料轴封为 ≤60 滴/min）是正常的，也是必需的，否则轴封会摩擦发热而损坏。

（6）运行管理中应加强巡查，通过"听、看、摸、嗅、比"掌握泵的运行状况。

3. 停车

（1）关闭排出阀。

（2）切断电源停泵。

（3）关闭吸入阀。

4. 工况（点）调节

（1）离心泵工况点的确定。离心泵的实际工作状况可由离心泵此时的一组工作性能参数表示，所以常将离心泵的实际工作参数组称为离心泵的工况或工况点。离心泵的实际工况（即工作参数）并不一定等于额定工况。离心泵的实际工况取决于两个方面：泵的特性和管路的特性。

①泵的特性。如前所述。

②管路的特性。液体从吸入液面通过管路排至排出液面所需的扬程包括 3 部分：单位重量液体克服吸排液面高度差所需的能量（即位置头）；单位重量液体克服吸、排液面压力差所需的能量（即压力头）；单位重量液体克服管路阻力所需的能量（即管路阻力头），在既定管路

中管路阻力头与流量的平方成正比。

根据分析,管路的特性曲线是一条二次抛物线,其向上倾斜的程度则取决于管路阻力系数的大小,起点位置取决于管路的静扬程(位置头 + 压力头)。

③工况点。将管路系统中的离心泵的特性曲线和管路的特性曲线画在同一张坐标图上,则管路特性曲线与泵的 H-Q 曲线的交点 A 就是此时泵的工况点。它表明的参数即是此离心泵在该管路条件下的工作参数。此时,泵所产生的扬程正好等于液体流过该管路时所需的扬程。由于泵在额定工况下工作时效率最高,所以应尽可能使泵在额定工况点附近工作。如图 1-4-19 所示。

(2)离心泵的工况调节。由上面分析可知,泵的工况点取决于泵的特性和管路特性。因此通过改变管路特性或泵的特性均可实现离心泵的工况调节。常用的工况调节方法有以下几种。

①节流调节法。通过改变离心泵排出阀的开度,改变泵的运行工况点,来调节流量的方法称为节流调节法。如图 1-4-20 所示。

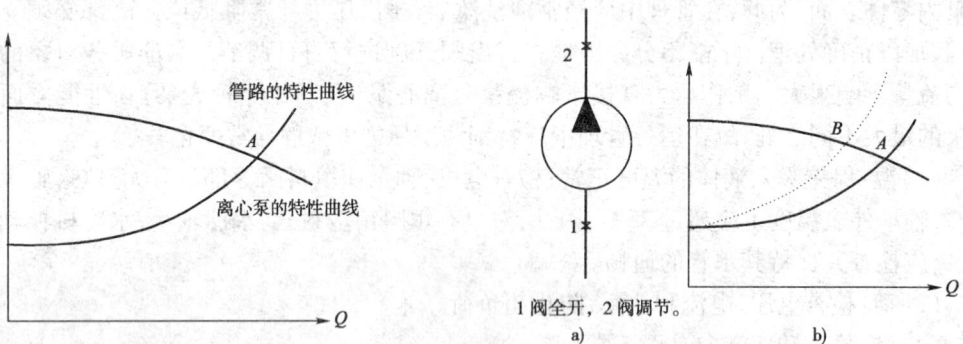

图 1-4-19　工况点

1 阀全开, 2 阀调节。

图 1-4-20　节流调节

节流调节的特点:有节流损失,故经济性较差,但简便易行,应用普遍,适用于比转数较小的叶轮式泵。

注意:当节流程度过大,流量很小时,泵有可能发热;虽然调节吸入阀开度能实现流量调节,但会使吸入管的阻力增加,泵的吸入压力降低,有可能产生气穴现象,甚至失吸,故不宜采用。

②回流调节法。通过改变旁通回流阀的开度,使部分液体从泵的排出口再回流到吸入管,以调节泵的实际排出流量的方法称为回流调节法。如图 1-4-21 所示。

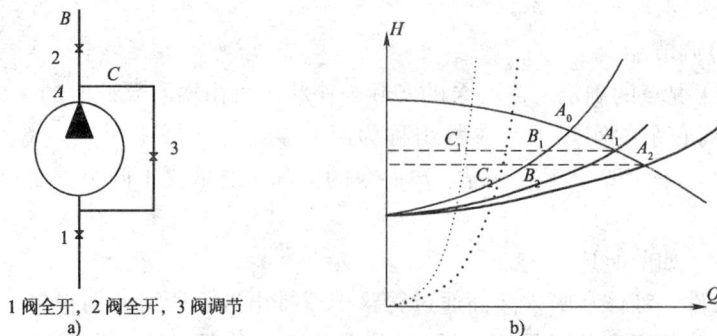

1 阀全开, 2 阀全开, 3 阀调节

图 1-4-21　回流调节

采用开大回流阀调节。尽管减少了排出管路中的流量,但泵的实际流量非但没有减少,反而由于总的管路阻力减小,使泵的实际流量增加,导致轴功率增加。因此回流调节法对离心泵来说经济性很差,而且随着泵的流量增大,泵吸入口的流速增加,吸入压力会进一步降低,离心泵容易发生汽蚀。因此,回流调节法对离心泵一般不适用,只能作为节流调节法的一种补充调节手段。

③变速调节法。通过改变离心泵转速从而改变泵的特性曲线,使泵的工况点发生变化,来实现流量调节的方法称为变速调节法。

变速调节能在较大范围内保持较高的效率,经济性比节流调节、回流调节都好,而且降速不会引起汽蚀。但改变转速有一定限制,一般增加转速不超过 10%,降低转速不超过 50%。近年来随着变频技术的发展,变速调节法可望在离心泵的工况调节中得到更多的应用。

④切割叶轮法。如果离心泵流量和工作压力长期超出实际需要,可用图 1-4-22 所示的切割叶轮外径的方法来改变离心泵的特性曲线,从而使工况参数改变,节省功率。离心泵叶轮切割后必然会使效率下降。为了不使叶轮切割后效率下降过多,叶轮的最大允许切割量根据泵的比转数不同而有所不同。

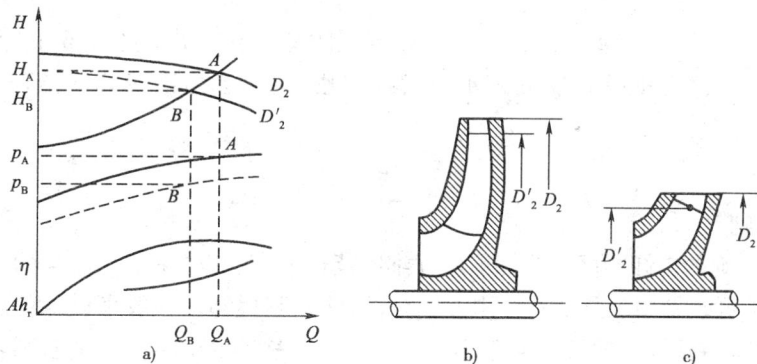

图 1-4-22 切割叶轮调节

中、低比转数的叶轮,应作等外径的车削。为了减少圆盘摩擦损失,也有将前、后盖板同时切去的。

高比转数叶轮,应斜向车削,使叶片靠前盖板处的外径大于靠后盖板处的外径,而平均外径应符合车削量的要求。

导轮式离心泵,一般车削叶片时不车削盖扳,以便使叶轮外径与导叶的间隙保持不变,这样能较好地引导水流。

(3)离心泵的串联工作:

①适用场合。当一台离心泵在管路系统中工作,其工作扬程达不到所希望的扬程,或接近封闭扬程或等于封闭扬程时,流量必然很小或无法供液。这个问题解决的办法是既可通过换用额定扬程符合要求的泵,也可通过将两台或几台泵串联工作的方法来解决。

②串联工作时泵的特性。各泵的流量相等,而总的扬程则等于串联后各泵工作扬程之和。泵串联工作时的总扬程比每台泵单独工作时的扬程高,但低于两泵单独工作时的扬程之和;每台泵的流量比单独工作时的流量要大。如图 1-4-23 所示。

③对串联工作的离心泵的要求。串联时,各泵的型号不一定要相同,但其额定流量则应相近,否则就不能使每台泵都处于高效率区工作。此外,串联在后面的泵其吸、排压力都将比单独工作时要高,故应注意其密封情况和强度能否允许。

（4）离心泵的并联工作：

①适用场合。当一台离心泵单独工作，其流量不能满足要求时，可将两台或几台离心泵并联工作以增加流量。

②并联工作时泵的特性。各泵的扬程相等，而总的流量则等于并联后各泵工作流量之和。泵并联工作时的总流量比每台泵单独工作时的流量大，但小于两泵单独工作时的流量之和；每台泵的扬程比单独工作时的扬程大。如图1-4-24所示。

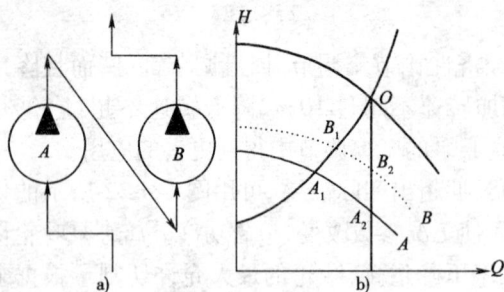

图1-4-23　串联工作　　　　　　　　　图1-4-24　并联工作

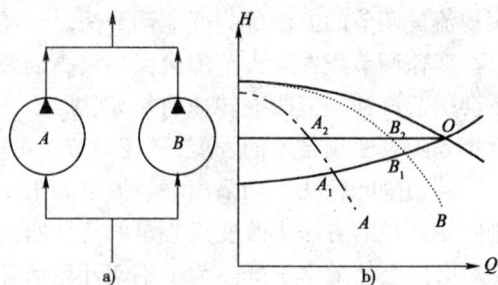

③对并联工作的离心泵的要求。并联时，各泵的型号不一定要相同，但其额定扬程应基本相等，或至少相近。否则扬程低的泵不能发挥作用，甚至会出现液体向扬程低的泵倒流的现象。

二、拆装技能

1. 拆装原则

（1）确定正确的拆卸顺序。拆卸前应仔细阅读说明书，充分掌握离心泵的结构特点，了解拆装要求、随机拆装专用工具及其使用方法等，以便顺利拆卸。一般来说，离心泵的拆卸顺序应从上到下、从外到里；先拆除附属件，再拆主要机件；先拆部件，再将部件拆成零件。

（2）保证零部件原有的精度。拆卸过程中应尽量不要损伤零件，保证零件的尺寸精度、形状与位置精度，尤其是要保护好配合件的工作表面。

（3）保证能正确装复离心泵。保证各相对运动的配合件之间的正确配合性质和符合要求的配合间隙；保证部件连接的可靠性；保证各机件轴心线之间的正确位置关系；保证定时、定量机构的正确传动关系；保证运动机件的动力平衡。

2. 拆装步骤

拆装步骤如图1-4-25所示。

（1）拆卸步骤。离心泵拆卸时，应根据泵的具体结构和说明书的有关要求进行。拆装中应注意，对一些重要部件拆卸前应做好记号，以备装复时定位；拆卸的零部件应妥善安放，以防失落；对各接合面和易于碰伤的地方，应采取必要的保护措施。

①在进行离心泵解体之前，首先必须确认电动机的电源已切断，并在其电器控制箱操纵开关处挂上"严禁合闸"或类似的警告牌。关闭吸、排管路上的截止阀。并将电动机的接线脱开，在联轴节处做好记号，拆除固定电动机的螺栓和弹性联轴节螺栓，

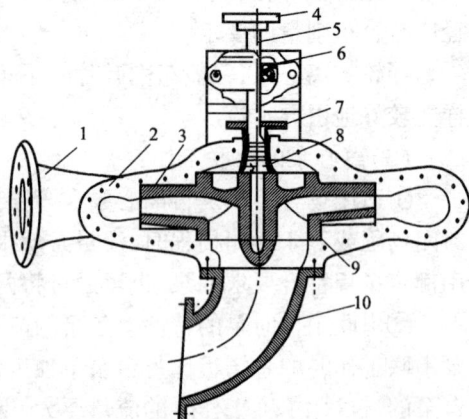

图1-4-25　离心泵

1-排出口；2-泵体；3-叶轮；4-联轴器；5-转轴；6-轴承座；7-填料压盖；8-填料内盖；9-阻漏环；10-吸入口管

然后将电动机卸下。

②拆除排水管接管、进水管接管、进水侧端盖及固定其上的阻漏环,拆除泵体结构中的可拆除部分。

③拆卸离心泵叶轮应使用专用工具。用专用扳手拆下叶轮前的反扣螺母及止动垫圈(一般反扣螺母是左旋螺纹)取下止动垫圈,叶轮即可从轴上取下,如取不下来,可利用叶轮平衡孔上的丝牙用专用工具将叶轮从轴上取下,具体方法是:将专用工具的两根螺钉拧入叶轮上有丝牙的平衡孔中,丝杆顶正轴端中心,慢慢转动手柄,将叶轮从泵轴上拉出。如果叶轮锈于轴上而拉不动时,可在键的连接处刷上少量煤油,稍等片刻,即可拉出叶轮,取下叶轮平键。

④拆下轴承箱上的所有紧固螺栓,拆下轴封压盖后,即可将泵轴连同轴承及其端盖、轴封装置一起沿轴向取出。

⑤拆除泵轴上的弹性联轴节和滚动轴承。

⑥离心泵拆卸完毕后,应用轻柴油或煤油将拆卸的零部件清洗干净,按顺序放好,以备检查和测量。

(2)装复步骤。离心泵在总装前,应首先装复转子部分。装复前应将轴和滚动轴承等进行仔细清洁。特别是后者,应转动自由,工作无声,并涂好油脂。装复后最好用千分表逐一检查叶轮、轴套、定位套的同轴度。一般轴套、定位套的位置,其误差应不超过 0.01mm;平衡盘的位置,其误差应不超过 0.06mm;而阻漏环的位置,其误差值则应选择在 0.08～0.14mm 的范围之内。

离心泵的装配顺序与拆卸的顺序相反。装配后用手轻轻地转动轴,以手感轻快为宜。电动机装复并固定时注意进行泵和电动机的对中找正。离心泵装复后,经检查确认无误进行试车。

三、主要故障排除技能

离心泵故障排除如表 1-4-3 所示。

离心泵故障排除 表 1-4-3

故障现象	判断思路	原因分析	排除方法
1. 泵启动后不供液,且吸排压力表指针基本不动或吸入真空度不足	吸入表指针不动说明泵无法产生真空,故应在无法产生真空方面找原因	(1)泵轴不转或叶轮不转; (2)未引水、引水不足、吸入低阀卡在常闭位置或引水装置失灵; (3)轴封或吸入管漏气严重; (4)吸入口露出液面	(1)检查原动机、联轴器、叶轮销键等; (2)加强引水,检修引水部件或装置; (3)消漏; (4)停泵或降低吸口位置
2. 泵启动后不供液,且吸入真空表指示较大真空度	吸入真空度大说明吸入管路不通或阻力大	(1)底阀卡在关闭位置或吸入阀未开; (2)吸入滤器淤塞,吸入阻力过大; (3)吸高太大,出现汽蚀	(1)打开吸入管路各阀; (2)清洗滤器; (3)减小吸高
3. 泵启动后不供液,且排出压力小于正常值	有排出压力,但排不出去说明泵本身工作效能降低	(1)叶轮与轴打滑; (2)叶轮淤塞或损毁严重; (3)转速太低或反转	(1)拆检修理; (2)疏通、修理; (3)检修原动机与联轴结
4. 泵启动后不供液,且排出压力为封闭压力值	排出压力等于封闭压力值,说明泵和吸入是正常的,但排出管路不能或阻力太大	(1)排出阀未或虚开(如闸板阀与阀杆滑丝); (2)排出管路阻力太大或背压太高	(1)开阀或检修; (2)减小管路阻力

故障现象	判断思路	原因分析	排除方法
5. 泵流量不足	上述泵不能排液是泵排量不足的极限情况,二者的原因基本相同,仅程度不同而已。分析泵不能排液是以原因为主线的,本故障将换一种分析归纳方式,尝试以泵装置结构的空间顺序为主线,从泵装置吸入口至排出口逐一分析。还可从泵的特性和管路的特性两个方面来进行分析	(1)吸入液面降低或液面压力降低或液体温度太高; (2)吸入滤器脏堵; (3)吸入管漏气; (4)吸入阀未开足; (5)泵的转速不足、叶轮淤塞或有损伤; (6)泵的填料箱漏气或水封管堵塞,密封环(阻漏环)磨损,漏泄过多; (7)使用扬程太高、排出阀开度不足、排出管路流阻太大	(1)检查并作相应处理; (2)清洗滤器; (3)消漏; (4)开足吸入阀; (5)检查原动机,清洗或换新叶轮; (6)调整或更换填料,疏通水封管,修理或换新密封环; (7)检查排出管路
6. 原动机过载,功率消耗过大	从流量大、运转阻力大和电气绝缘方面考虑	(1)转速太高; (2)使用扬程过低,流量过大; (3)填料轴封太紧; (4)泵轴对中不良; (5)泵轴转向不对或双吸叶轮装反; (6)泵轴弯曲或磨损过度; (7)轴承过紧; (8)电气绝缘不良	(1)检查电机; (2)关小排出阀; (3)放松填料压盖; (4)对中找正; (5)检查和纠正转向; (6)校直修复或更换油; (7)检查或更换轴承; (8)检查并提高电气绝缘
7. 填料密封或机械密封装置泄漏过多	从组成密封面的两个方面加以分析	(1)填料松散,或机械密封装置的两个静密封面失效或一个动密封面不均匀磨损; (2)填料或密封部位泵轴(或轴套)产生裂痕; (3)泵轴弯曲或轴线不正	(1)视情况调整、修理或换新; (2)检查后决定修理或换新; (3)校直或更换泵轴,校正轴线
8. 运转时有异常振动和噪声	可从部件运动和液体流动两个方面并从运动源开始分析	(1)原动机振动; (2)联轴器对中不良、管路牵连等原因造成泵轴失中; (3)泵基座不良; (4)运动部件因腐蚀、偏磨、淤塞等原因造成动、静平衡; (5)动、静部件碰擦; (6)汽蚀现象; (7)因工况点不稳定造成的喘振现象(只有具有驼峰形 H-Q 曲线的泵,工作点才有可能不稳定。当工作扬程升高至驼峰点时,排出液体就会突然倒灌,周而复始,造成喘振)	(1)检修原动机; (2)对中找正,管路固定,避免牵连; (3)改善基座,紧固地脚螺栓; (4)检修运动件; (5)保持间隙适当; (6)采取适当关小排出阀等防止汽蚀的措施; (7)避免排出管路或容器出现气囊,以防排出扬程升高并波动。避免使用有驼峰形特性曲线的泵
9. 轴承发热	从摩擦面上不能形成良好而完整的油膜分析	(1)泵轴弯曲或磨损过度; (2)泵轴对中不良; (3)润滑脂过多、过少或变质; (4)轴承损坏或水进入使轴承与轴颈生锈	(1)检查、修复泵轴; (2)对中找正; (3)检查滑油量或更换; (4)更换轴承或清洗泵轴

工作任务五　旋涡泵的拆装操作

理论知识点	实践知识点
1.旋涡泵的基本结构； 2.旋涡泵的工作原理； 3.旋涡泵的性能特点； 4.旋涡泵的受力分析； 5.旋涡泵的主要部件	1.旋涡泵启动、停用操作和运行管理的技能； 2.旋涡泵主要部件拆装的技能； 3.旋涡泵比较的技能

考证大纲	适用对象			
	841	842	843	844
1.6 旋涡泵				
1.6.1 闭式和开式旋涡泵的工作原理			√	√
1.6.2 闭式和开式旋涡泵的结构			√	√
1.6.3 旋涡泵的性能特点			√	√
1.6.4 旋涡泵的管理			√	√

● **相关理论知识**

一、基本结构

旋涡泵主要由叶轮、泵体、泵盖等基本部件构成。在泵体和泵盖的侧面和外边缘组成一个与叶轮同心的等截面的环形流道,流道一端与吸入口相连,另一端与排出口相连,隔舌将流道两端及吸、排口有效隔开。如图1-5-1所示。

二、工作原理

旋涡泵属于叶轮式泵,是依靠叶轮旋转使液体产生旋涡运动来吸入和排出液体的。

当叶轮高速旋转时,泵内流道中的液体因黏性作用也随之旋转。由于叶轮中液体的圆周速度大于流道中液体的圆周速度,因此叶片间液体的离心力也大于流道中液体的离心力。液体就会从叶间甩出进入流道。同时,在叶片根部产生局部低压,迫使流道中的液体产生向心流动,从叶片根部进入叶间。泵内这种环形旋涡运动,称为纵向旋涡。

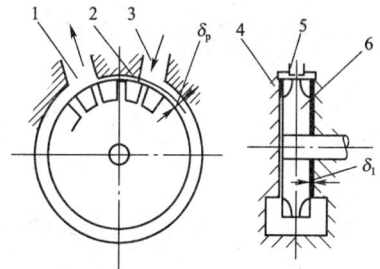

图1-5-1　旋涡泵
1-排出口;2-隔舌;3-吸入口;4-泵盖;5-泵体;6-叶轮

在纵向旋涡的作用下,液体从吸入至排出的整个过程中,会多次进出叶轮。液体每流入叶轮一次,就获得一次能量。每次从叶轮流至流道时,由于流速不同,叶间流出液体质点就会与流道中的液体发生撞击,产生动量交换,使流道中的液体能量增加。旋涡泵主要依靠纵向旋涡的作用传递能量。

液体质点在泵中的运动就是圆周运动和纵向旋涡叠加形成的复合运动。液体质点的运动

· 57 ·

轨迹,相对于固定的泵壳,是前进的螺旋线;相对于转动的叶轮,则是后退的螺旋线。如图1-5-2所示。

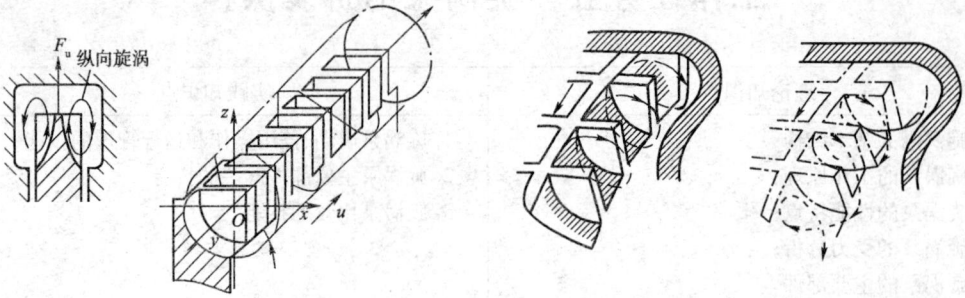

图1-5-2　旋涡泵工作原理

三、性能特点

1. 自吸能力

具有自吸能力。开式旋涡泵有自吸能力,闭式旋涡泵只要在出口处设气液分离设备也可实现自吸,但初次启动前须灌满液体。开式旋涡泵能排送气液混合物,适用于抽送含气体的易挥发液体和饱和压力很高的高温液体。

抗汽浊性能差。旋涡泵因液体进入叶片时冲角较大,叶流紊乱,速度分布极不均匀,因此抗汽浊性能差,允许吸上真空度一般不超过4~5m。闭式旋涡泵的抗汽浊性能更差。

2. 流量

额定流量主要与叶轮直径、转速以及流道截面积有关,但与叶片数目等关系不大。

实际流量随工作扬程而变,这与离心泵类似,但 H-Q 曲线比离心泵的较陡,如图1-5-3所示,因此扬程变化对泵的流量影响比离心泵小,亦即对系统中压力波动不敏感,较适合用作锅炉给水泵等压力波动较大的场合。

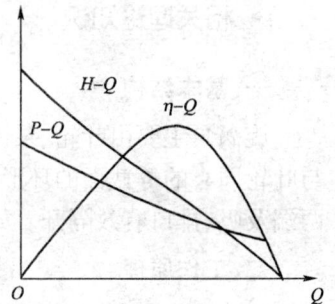

图1-5-3　旋涡泵的特性曲线

3. 流量均匀性

流量连续均匀,工作平稳。

4. 压头

泵所能产生的压头(扬程)有限,但比离心泵高,这是因为液体在沿整个流道前进时能多次进入叶片间获得能量,如同多级离心泵一样。

额定压头主要与叶轮直径、转速以及流道和叶轮形状有关,与流道截面积无关。

实际压头大小与流量大小和纵向旋涡的强弱有很大关系。流量越大,液体在流道中的圆周速度也越大,叶间液体与流道中液体的离心力之差就越小,纵向旋涡就越弱,压头就越小。从理论上讲,当流道中流体的圆周速度 c 等于叶轮在流道截面重心处的圆周速度 u 时,泵的压头降为零。通常在 $c=0.5u$ 时,压头和流量都很适当,称为最佳工况(定为额定工况)。

5. 转速

较高,可与电动机直接相联,太高时抗汽蚀性能很差,甚至影响正常吸入。

6. 效率

效率较低。由于液体多次进出叶轮,撞击损失很大,水力效率很低。在设计工况时闭式旋涡泵效率为35%~45%,开式旋涡泵仅为20%~35%。旋涡泵的比转数一般为10~40,超过

· 58 ·

40 时其效率远低于离心泵。

7. 功率

随流量的增大而减小,即 $P\text{-}Q$ 曲线为陡降形,这与离心泵不同,旋涡泵在零排量时功率最大。因此,启停不可采用封闭启停法;流量调节不宜采用节流调节法,而应采用旁通调节法。但应注意,旁通调节时,虽可使主管路的流量减小,但泵的排量却反而增加,因而会使泵的抗汽蚀性能降低。

8. 适用性

不宜运送带固体颗粒和黏度太大的液体。旋涡泵的轴向间隙一般只有 0.10 ~ 0.15mm,闭式旋涡泵的吸入口和排出口间的径向间隙只有 0.15 ~ 0.30mm。若液体中含有固体颗粒,因磨损将导致间隙增大,容积效率下降,一般旋涡泵输送液体的黏度应在 $37mm^2/s$ 以内,最高不大于 $114mm^2/s$。在船上常用于小流量、高扬程、需要自吸的输水场合,如锅炉给水泵、压力水柜给水泵、卫生水泵等。用作耐腐蚀泵时,叶轮、泵体可用不锈钢铸造,亦可用塑料或尼龙模压成型。

9. 维护性

结构简单,管理方便,体积轻小,价格低廉。

10. 耐用性

易损件少,寿命较长。

四、受力分析

1. 叶轮承受不平衡径向力

由于从吸入口至排出口液体压力沿圆周近似地呈线性增加,故在任何工况下都会产生不平衡的径向力。径向力的作用方向大致是垂直于通过隔舌的中间位置的轴截面,并指向低压一侧。径向力由轴承来承受。

2. 叶轮有时承受轴向力

流道截面双侧对称的旋涡泵理论上不产生轴向力,但若叶轮两端面间隙不等,就会引起压力不等,有可能产生轴向力。通常可在叶轮上开平衡孔,以消除轴向力。单侧流道的旋涡泵由于叶轮两端面的液压力不同,因而会引起指向流道方向的轴向力,小型泵用止推轴承来承受,而有的旋涡泵则采用了液力自动平衡方法。

五、主要部件

根据叶轮形式的不同,旋涡泵可分为闭式和开式两大类。若将离心泵叶轮与旋涡泵叶轮相组合,还能制成离心旋涡泵。

1. 闭式旋涡泵

闭式旋涡泵采用闭式叶轮和开式流道(一定是)结构。如图 1-5-4 所示。

闭式叶轮是指叶片部分设有中间隔板,叶片比较短小的一种叶轮;泵的吸排口除在隔舌部分隔开外,通过流道相通,这种与吸排口直接相通的流道称之为开式流道。闭式旋涡泵必须配开式流道。闭式旋涡泵的叶片和流道式样较多,一般矩形截面流道流量较大,但扬程和效率较低;

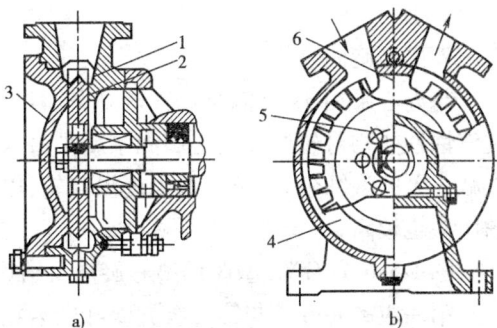

图 1-5-4 闭式旋涡泵

1-叶轮;2-泵体;3-泵盖;4-流道;5-平衡孔;6-隔舌

半圆形截面流道扬程和效率较高,但流量较小。因此中、低比转数旋涡泵多采用半圆形截面流道,而中高比转数旋涡泵多采用矩形截面流道。叶片形状应用最广的是径向直叶片,在低比转数旋涡泵中也有采用后弯叶片。

在闭式旋涡泵中,吸入口处在叶轮外周,液流要从圆周速度较大的叶轮外缘进入泵内,与离心力反向,损失较大,因此抗汽蚀性能较差,必须有较大的汽蚀余量。而且由于闭式旋涡泵的排出口位于流道外缘,聚集在叶片根部的气体不易排出。因此,如无专门措施,闭式旋涡泵无自吸能力,也不能抽送气液混合物。闭式旋涡泵的效率要高于开式旋涡泵,可达到35% ~45%。

2. 开式旋涡泵

开式旋涡泵采用开式叶轮和闭式流道(一般是)结构。如图1-5-5a)所示。

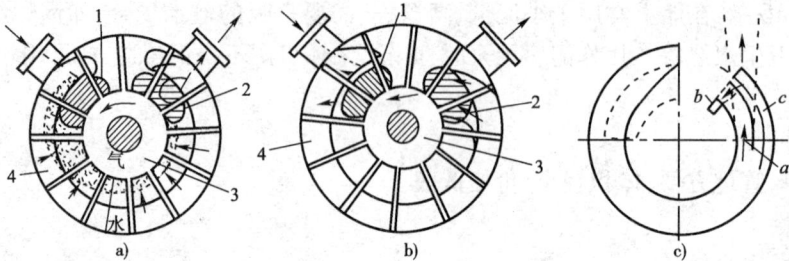

图1-5-5　开式旋涡泵
1-吸入口;2-排出口;3-叶轮;4-流道

开式叶轮是指叶片不带中间隔板,叶片比较长的一种叶轮。闭式流道是指吸排口不直接相通的流道。开式旋涡泵的吸排口一般开在泵侧盖靠叶片根部处,这样一方面气体容易排出,有利于提高泵的自吸和抽送气液混合物的能力;另一方面,泵吸入口处的圆周速度相对较小,因此抗汽蚀性能也要比闭式旋涡泵好。但是因液体必须在排出口处急剧地改变运动方向,并克服离心力做功,故能量损失较大,以致使开式旋涡泵的效率低,仅为20% ~27%。

开式旋涡泵也可以采用吸入端为闭式,排出端为普通开式的流道,这样可提高效率,但是这样因不能排出叶根部的气体而失去自吸能力,这也就失去了有别于闭式旋涡泵而存在的竞争力。保持自吸能力是对开式旋涡泵进行技术改造与革新中所必须坚持的原则,在这个思路下创造出了二种既可减少因液流方向急剧变化而造成的水力损失,又可保持自吸能力的方法。一种是采用向心开式流道的方法,使泵的效率提高到27% ~35%,如图1-5-5b)所示;另一种是以采用开式流道为主、闭式流道为辅的方法,也使效率有所提高,如图1-5-5c)所示。

3. 离心旋涡泵

与离心泵相比,旋涡泵扬程较高,较容易实现自吸,但抗汽蚀性能差,而离心泵扬程低,但抗汽蚀性能相对较好。离心旋涡泵就是将这两种泵串联并结合在一起,即第一级为离心叶轮,以减小泵的汽蚀余量;第二级为旋涡叶轮,以提高泵的压头。这样不但抗汽蚀性能好,而且泵的压头也较高。

图1-5-6为CWZ型船用离心旋涡泵结构图。

第一级离心叶轮与第二级旋涡叶轮装在同一根轴上,两者用内隔板互相隔开。内隔板与外隔板构成旋涡泵流道;内隔板与泵盖组成离心泵的涡壳。为提高泵的自吸能力,吸入管和排出管位置均高于泵体,并互成90°,在旋涡级出口处泵体做得较大,起气水分离的作用。

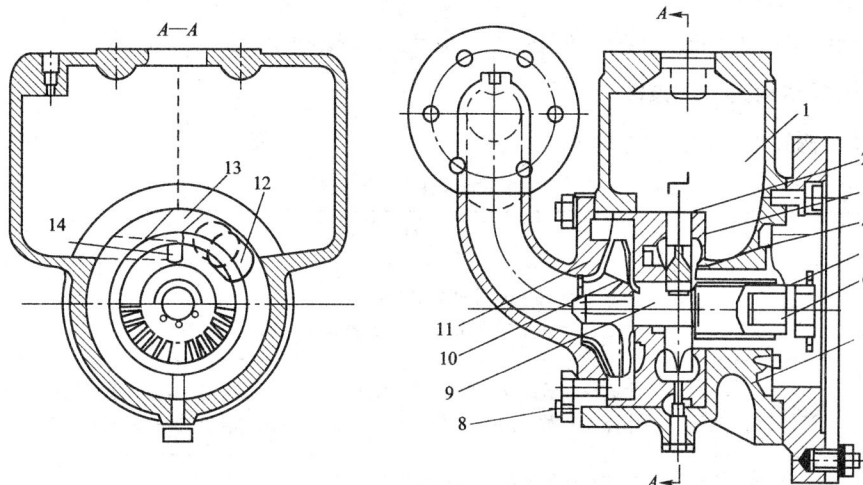

图 1-5-6　CWZ 型离心旋涡泵

1-气水分离器;2-内隔板;3-外隔板;4-旋涡泵叶轮;5-挡圈;6-横销;7-泵体;8-垫片;9-泵轴;10-离心泵叶轮;11-泵盖;12-中间斜道;13-旋涡泵出水口;14-回水口

● 相关实践知识

一、操作技能

(1)启动前泵内要灌满液体。

(2)开阀启动。

(3)不宜节流,应旁通调节。

(4)不宜输送带固体颗粒或黏度过大的液体。

(5)润滑防锈。

二、拆装技能

旋涡泵拆装时的注意事项是:

1. 转向与连接

检修时应注意电动机接线不要接错,以与泵的规定转向保持一致。泵和电动机应保持良好对中,联轴节的不同心度应在 0.1mm 以内,联轴节的轴向间隙应在 2mm 左右,并在上下左右方向保持均匀。

2. 重要部件

叶轮、泵轴、轴封是旋涡泵的重要部件。检修时应对其磨损、腐蚀、变形、损伤和裂纹等给予特别注意。

3. 重要间隙

叶轮端面与泵体和泵盖之间的轴向间隙和叶轮与隔舌之间的径向间隙是旋涡泵的重要间隙。在工作 2000h 后,应拆泵测量间隙。轴向间隙应在 0.10～0.15mm 之间;径向间隙应在 0.15～0.30mm 之间。对于离心旋涡泵,旋涡叶轮与内外隔板的轴向间隙,每边应保持在 0.15～0.25mm 之间,最大不得超过 0.35mm,离心叶轮与泵盖的轴向间隙应在 0.4～1.0mm 之间。离心泵叶轮与密封环的径向间隙应在 0.25～0.35mm 之间,最大不得超过 0.50mm。端面间隙的调整,可用增减纸垫厚度的方法;径向间隙超过极限,则应换新叶轮或对泵壳上的隔舌进行预热,堆焊后光车。

泵检修装复后,用手转动泵轴,应转动灵活,没有碰擦和松动。

三、旋涡泵结构比较的技能

旋涡泵结构特点如表 1-5-1 所示。

旋涡泵结构特点 表 1-5-1

类型	结 构	
闭式旋涡泵	闭式叶轮	外缘带有 20~60 个短叶片; 常用径向直叶片,在低比转数旋涡泵中也用后弯叶片
	开式流道(一定是)	中高比转数旋涡泵常用矩形截面流道:流量较大,扬程和效率较低; 中低比转数旋涡泵常用半圆形截面流道:流量较小,扬程和效率较高
	隔舌	将流道两端及吸排口有效隔开
	吸排口	叶轮外缘
	级数	单级或二级
开式旋涡泵	开式叶轮	外缘带有 24~26 个径向长叶片
	闭式流道(一般是)	(闭式)流道:有自吸,水力损失大; (吸入端闭式、排出端开式)流道:无自吸,水力损失小; (向心开式)流道:有自吸,水力损失小; (吸入端闭式、排出端开式 + 辅助闭式)流道:有自吸,水力损失小
	吸排口	侧盖靠叶轮根部
	级数	单级或多级(最多 6 级)
离心旋涡泵	离心叶轮	第一级(减小泵的必需汽蚀余量)
	离心泵的涡壳	内隔板与泵盖组成
	旋涡叶轮(闭式)	第二级(提高泵的压头)
	旋涡泵流道(开式)	内隔板与外隔板构成
	大泵体	旋涡级出口处,起气水分离室的作用
	吸入管和排出管	位置均高于泵体,并互成90°

工作任务六　喷射泵的拆装操作

理论知识点	实践知识点
1.喷射泵的基本结构; 2.喷射泵的工作原理; 3.喷射泵的各种参数; 4.喷射泵的性能特点; 5.其他喷射器	1.喷射泵启动、停用操作和运行管理的技能; 2.喷射泵主要部件拆装的技能

考 证 大 纲	适 用 对 象			
	841	842	843	844
1.7 喷射泵				
1.7.1 水喷射泵的结构和工作原理			√	√
1.7.2 水喷射泵的性能曲线和特点			√	√
1.7.3 水喷射泵的使用管理			√	√
1.7.4 其他船用喷射器的特点			√	√

● 相关理论知识

一、基本结构

喷射泵主要由喷嘴、吸入室、混合室和扩压室组成。如图1-6-1所示及表1-6-1所列。

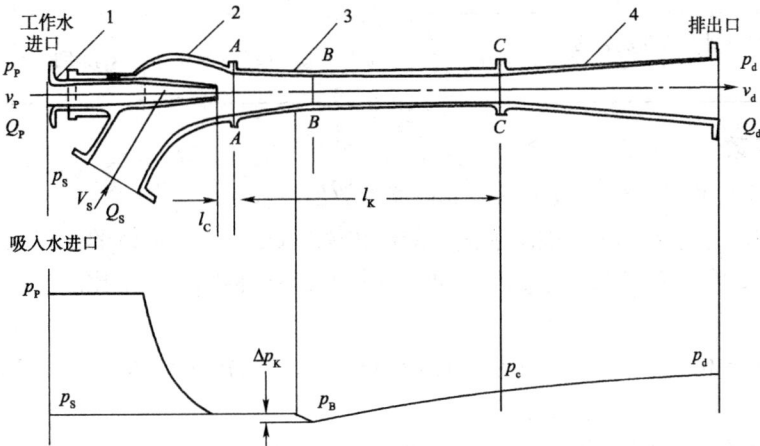

图 1-6-1　喷射泵结构
1-喷嘴;2-吸入室;3-混合室;4-扩压室

喷射泵的结构特点　　　　　　　　　　　　　　表1-6-1

类　　型	结　　构
喷嘴	圆柱形流道 + 圆锥形流道
吸入室	形式各一
混合室/喉管	一般是圆柱形;中低扬程泵也使用圆锥形 + 圆柱形(进口损失最小)
扩压室	扩张角为8° ~10°的锥形管(扩压室损失最小)

喉嘴距 l_C = 喷嘴出口截面与混合室进口截面的距离。

喉嘴距对泵的性能影响最大,其最佳值由实验确定,拆装时不可随意变动。喉嘴距太大,被引射进入混合室的流量太多,以致不能使其全部压力升高到要求的排出压力,混合室靠外周部分会出现倒流;喉嘴距过小,则引射流量不足,造成能量损失。

混合室有效长度 l_k = 混合室进口截面与出口截面的距离。

混合室有效长度通常为喉部直径的6 ~ 10倍。太长太短多会使损失增加。

喉嘴面积比 m = 混合室圆柱段截面积/喷嘴出口截面积。

m 较小,则引射流量较小,而可能达到的扬程可能较高;m 较大,则反之。$m \leq 3$ 属高扬程水喷射泵;$m > 7$ 属低扬程水喷射泵水;介于 $3 \sim 7$ 之间的属中扬程水喷射泵。

二、工作原理

喷射泵的基本工作原理概括为"喷、吸、混、扩"四个字。即:喷射泵是利用高压工作流体经喷嘴产生 $25 \sim 50 \text{m/s}$ 的高速射流(喷);在吸入室形成低压,引射被输送的流体(吸);工作流体裹带被引射流体共同进入混合室进行充分混合与能量交换(混);再经扩压室将速度能转换成压力能排出(扩)。其特点如表 1-6-2 所列。

喷射泵的工作特点 表 1-6-2

组成	作用	过程	能量损失
喷嘴	工作水的压力能转为动能	喷射过程	喷嘴损失
吸入室	引射流体,初步动量交换	引射过程	吸入室损失(基本忽略不计)
混合室	充分动量交换	混合过程	进口损失,摩擦损失,混合损失(中高 m 的泵,混合损失最大)
扩压室	工作和引射水的动能转为压力能	扩压过程	扩压室损失(低 m 的泵,扩压室损失最大)

三、各种参数

1. 对喷射泵工作性能影响较大的主要性能参数如下:

(1)流量比 = 引射系数 μ = 被引射流体的体积流量 Q_s 与工作流体的体积流量 Q_P 的比值。流量比增加到一定值时,效率急剧降低,此时的流量比称临界流量比。喷射泵存在极限过流的能力。

(2)扬程比 = 相对压差 h = 被引射流体增加的水头 $H[(p_d - p_s)/\rho g]$ 与工作流体和被引射流体的水头之差 $H_P[(p_p - p_s)/\rho g]$ 的比值

扬程比与流量比之间存在一定关系,其规律由下式表示:$h = 1/(1 + \mu)^2$。这说明扬程比越大,流量比越小。

(3)效率 η = 同一时间内被引射流体增加的能量 $\rho g Q_s \times (p_d - p_s)/\rho g$ 与工作流体失去的能量 $\rho g Q_P \times (p_p - p_d)/\rho g$ 的比值。

喷射泵工作中存在大量水力损失,包括喷嘴损失、混合室进口损失、混合室摩擦损失和混合损失、扩压室损失,故效率很低。中、高 m 的泵引射流量相对较大,故混合损失最大;低 m 的泵扬程比大,故扩压室损失最大,其次才是混合损失。$m = 3 \sim 5$ 的水喷射泵可达的效率较高,而通常效率在 25% 以下。一般地,当 $m = 4, \mu = 1$ 时,效率最高。表 1-6-3 给出几种 m 值不同的水喷射泵的最高效率及各项功率损失在总输入功率中所占的百分比。

喷射泵的功率损失 表 1-6-3

m	喷嘴损失	混合室损失			扩压室损失	效率
		进口损失	摩擦损失	混合损失		
1.5	11%	1%	10%	21%	35%	22%
4	8.5%	1%	2%	38%	14%	36.5%
10	7%	1%	1%	52%	7.5%	31.5%

（4）无因次特性。

喷射泵的无因次特性函数是：$\eta = \mu \times h/(1-h)$。

喷射泵的无因次特性曲线如图 1-6-2 所示。

2. 对喷射泵工作性能影响较大的主要工作参数如下：

（1）工作压力 p_p：增大时，扬程比减小，流量比增大，引射流量增大；反之相反。

（2）吸入压力 p_s：增大时，扬程比减小，流量比增大，引射流量增大；反之相反。

（3）排出压力 p_d：减小时，扬程比减小，流量比增大，引射流量增大；反之相反。

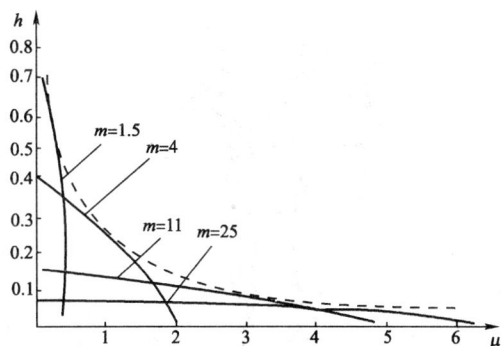

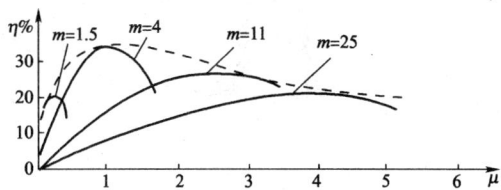

四、性能特点

1. 自吸能力

自吸能力极强，能造成很高的真空度。

2. 流量

引射流量小，受工作流体压力、吸排压力和结构参数影响。

图 1-6-2　喷射泵的特性曲线

3. 流量均匀性

流量连续均匀，工作平稳。

4. 扬程

泵所能产生的扬程有限，取决于工作流体的扬程和流量比。

5. 转速

无运动部件。

6. 效率

效率低，通常在 25% 以下。

7. 适用性

能输送包含固体杂质的任何流体。在船上主要采用水喷射泵作为锅炉给水泵，冷凝装置和海水淡化装置的排气泵或真空泵，应急舱底泵，离心泵的引水泵等。

8. 维护性

结构简单，管理方便，体积轻小，价格低廉。

9. 耐用性

易损件少，寿命较长，工作可靠。

五、其他喷射器

1. 水射抽气器

水射抽气器如图 1-6-3 所示。

以 0.25 ~ 0.4MPa 的水为工作流体，抽除空气或气水混合物。工作流体和被引射流体密度差别大，为提高被引射气体流量，设计为多喷嘴（最多达到 12 ~ 18 个）。

水射抽气器可作为船用离心泵的引水装置，也可用作蒸汽冷凝器的抽气器。当用来从冷凝器中抽出蒸汽和空气混合物时，可使冷凝器中的绝对压力降到 0.02 ~ 0.06 大气压。

2. 蒸汽喷射器

蒸汽喷射器如图 1-6-4 所示。

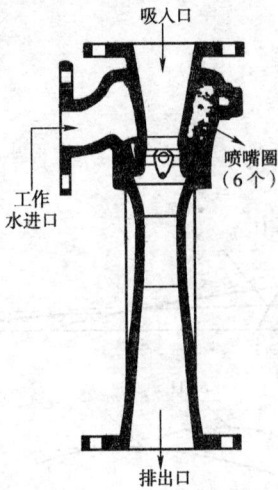

图 1-6-3　水射抽气器

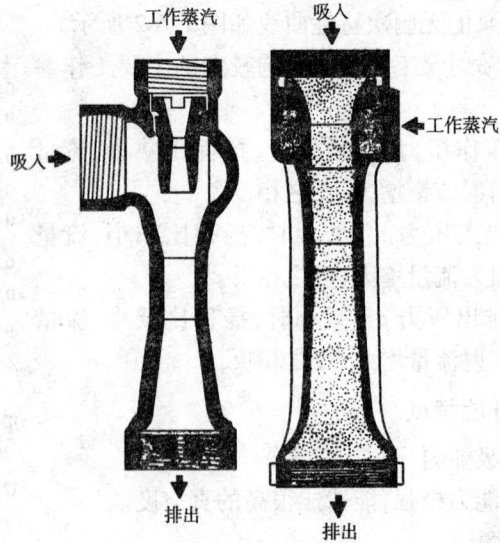

图 1-6-4　蒸汽喷射器

以 $0.4 \sim 1.0$MPa 压力(考虑到蒸汽压力可能出现波动,工作压力需比额定压力再高 0.07MPa左右)、$10 \sim 20$℃过热度的过热蒸汽为工作流体,抽除蒸汽或水。

常用作蒸汽动力装置冷凝器的抽气器。要求造成更大的真空度时,则需要使用串联的二级喷射器,并在每级蒸汽抽气器的后面设有冷却器,收回凝水,减少下一级需要的抽气量。蒸汽射水器用于既吸水又需使水加热的场合会更经济。

3. 空气喷射器

空气喷射器尺寸和流量小。

船上常用空气喷射器作为离心水泵的引水装置。空气喷射器用来输送液体是不可取的,因为这需要把已经过喷嘴降压至吸入压力的空气再升压至排出压力,从而耗用一部分能量。所以,只有某些输送不允许被稀释的液体的小型装置才选用空气喷射器。

● 相关实践知识

一、操作技能

(1)保持工作流体的压力 p_P 在适宜范围内。p_P 下降引射流量会急剧减小,因为相对压差 h 随 p_P 下降而增加,以致引射系数 μ 减小;再加上工作流体流量也随 p_P 下降而减小。p_P 增加引射流量虽可能增加,但 p_P 不宜过分增大,否则引射系数达到临界值之后,效率会急剧降低。

(2)防止排出止回阀卡阻、排出截止阀未开足或其他原因导致排出压力 p_d 增大,以致相对压差增大,使 μ 减小,因而引射流量减小。

(3)防止吸入止回阀卡阻或其他原因引起吸入压力 p_s 不必要的降低。p_s 降低则相对压差增加,会使引射系数 μ 减小,引射流量也会减小。排送液体时 p_s 过分减小还会导致液体汽化。吸入止回阀卡阻也会使真空泵可达到的真空度下降。

(4)工作液体或引射液体温度不宜过高。液温过高泵内低压处(混合室喉部图 1-6-1 的 *B-B* 截面处压力最低)可能产生气穴现象。

二、拆装技能

喷射泵拆装时的注意事项如下：

1. 部件连接

特别要注意保证喷嘴、混合室和扩压管三者的同心度，尤其是喷嘴和混合室的同心度，否则水力损失增大，效率下降。

2. 重要间隙

保持合适的喉嘴距。定期检查喷嘴情况，注意防止喷嘴腐蚀和磨损，如磨损严重应予换新。如果喷嘴口径因磨损而过分增加（相当于 m 值减小），将影响泵的工作性能，往往使工作流体耗量增加，工作效率降低。

● **思考练习**

一、判断题

1. （　　）往复泵排出空气室应串联接入靠近泵的排出管路。

2. （　　）非对称液压槽的齿轮泵转向是一定的，不能逆转。

3. （　　）齿轮泵存在从排出腔到吸入腔逐级降低的径向力。

4. （　　）齿轮泵泄压槽对称分布不如非对称分布的好。

5. （　　）三螺杆泵有一个必须平衡轴向推力的问题，而双螺杆泵则不存在这个问题。

6. （　　）前弯式叶片的离心泵在船上几乎没有采用。

7. （　　）曲径阻漏环的阻漏效果比平环效果好，常用于压头较高的离心泵中。

8. （　　）吸入阀未开足可能会使离心泵产生汽蚀现象。

9. （　　）离心泵应进行封闭启动，但不宜进行长时间的封闭运转。

10. （　　）离心泵机械轴封的动环，两端面可调换使用。

二、简答题

11. 按照能量传递方式不同泵可分为几类？并请说出它们是如何传递能量的。

12. 何谓泵的性能参数？主要的性能参数有哪些？说明其含义。

13. 何谓往复泵的流量脉动率？它是怎样产生的？应如何改善？

14. 为什么齿轮泵不宜在超出额定压力情况下工作？

15. 齿轮泵运转中产生噪声和振动是何原因？

16. 与填料密封相比，采用机械密封有哪些优点？

17. 齿轮泵有自吸能力，为什么新泵和大修后的泵启动前要向泵内灌油？

18. 螺杆泵螺杆刚性差，在管理、检修与安装时应注意什么？

19. 为什么说三螺杆泵是性能优良的螺杆泵？

20. 离心泵的能量损失有哪几项？各自的含义是什么？

21. 离心泵常用的工况调节方法有哪几种？各有什么特点？锅炉给水泵适用哪种调节？

22. 离心泵的能量转换装置有哪两种基本构造形式？它们分别适用于什么场合？

23. 离心泵常见的引水方法有哪几种？

24. 离心泵打不出水的原因有哪些？

25. 离心泵工作时产生噪声与振动的原因有哪些？

26. 离心泵的泵壳产生裂纹应如何检查和修理？

27. 如何检验离心泵轴的弯曲情况？如何进行校直工作？

28. 离心泵阻漏装置有哪几种？安装在何处？管理维护上各应注意哪些主要事项？

29. 旋涡泵有何特点？

30. 喷射泵有何特点？它存在哪些能量损失？

- **案例分析**

螺杆泵失电——推力轴承因滑油失压而严重烧熔

一、故障现象

某轮主机为 ESDZ43/82A 型，一次由上海开往天津途中遇大风，即在石岛湾避风，直至第3 天 13:00 时才起锚开航。14:00 时机匠检查发现主机摇臂轴上的封盖掉下，及时报告当值轮机员。二管轮即到机舱上层查看，见第 3 缸摇臂轴两头的闷盖及螺栓都掉下了，由于当时车速为 185r/min，就一面报告轮机长，一面再通知驾驶室要求减速安装，当减速刚一开始，即听到在飞轮处发出"咯"的一声响，立即停车。这时观察主机滑油进出压力表，已指在 0 位，再看滑油泵(螺杆泵)指示灯则已熄灭。二管轮觉得很奇怪，明明不久前检查滑油泵(螺杆泵)运转很正常，怎么现在就停了呢？而且警报也没响过。这时轮机长已到现场，见此情况，马上重新启动主滑油泵(螺杆泵)，压力很快上升至 0.22MPa，随后又启动主机继续运转，仅数分钟后，只见推力轴承处有大量油气冒出，赶紧再停车。打开第 6 缸道门就看到推力轴端有铅熔落。而后在无任何检修情况下，又继续开慢车(50～60r/min)航行了 5h，到烟台港外锚地检修，此时发现推力块上的合金已全部熔化，燕尾嵌槽也露出，直接与推力环平面摩擦，使平面磨出几道很深痕迹。

二、分析处理

该轮在航行中辅机既没有发生故障，主滑油泵(螺杆泵)也没有跳电，这事故怎么会发生，而且当断油后，失压报警为何也没有报警呢？

当时海上风浪最大为 6 级，不可能因外界因素引起辅机、滑油泵(螺杆泵)工作不正常。而事故后对辅机及滑油泵(螺杆泵)检查，技术状态很好，没有使油泵有跳电的迹象。根据大家回忆，事故当天开航后甲板部有人下机舱关起锚机电源，而锚机的分电箱正好是在滑油泵(螺杆泵)分电箱同一部位的上方，因放置地位较低，故习惯用脚去踩较方便，可能这次在踩下去时，用力较大顺势把滑油泵(螺杆泵)的开关也一起踏关闭了，而后知道不对又随即将滑油泵(螺杆泵)开关拉上，但他不知道操纵台上还须掀下按钮方能启动滑油泵(螺杆泵)。从停锚机到主机出现事故的前后时间的连接推算下来，可能性是有的，所以这一推理还是合乎逻辑。

为何该轮单独只烧熔推力轴承，而主机其他各活动部件没有损坏呢？主要是发现较早，而推力轴承处是从油泵管路中设有一路直接喷到推力环处，所以一当断油后，立即无油，而且该处单位平面内承受船舶全部的推进力量，一旦断油很快易导致热铁故障，虽然后来油泵供油了，但已受损的推力块，又经 5h 的慢车运行，事故由此就扩大了。至于为何没有及时报警，因为该轮报警电源用的是电瓶，电瓶报警共有二组，每组四只，一组用时另一组充电备用，由于电机员工作大意，没有及时测量正使用的一组电液密度，电压已低到不能使警铃起作用，而没有换备用的一组。

三、经验总结

（1）甲板部向轮机部要电(要水)已有制度明文规定，须书面通知，而该轮事故前一直是甲板部木匠自己到机舱动手操作,认为这样方便而且不麻烦轮机部。通过这次事故,可以看到船舶安全工作是一个整体概念,只有认真执行规章制度,方能确保安全,其他作法都是不对的,虽然一时不致出事故,但终久还是要出大事故。

(2)在发现主机滑油断油后,采取降速时,听到在变速后推力轴承处发出了"咯"的一声响,轮机员应该意识到这是轴系出现较大间隙松动后的撞击声,应在停车时赶紧检查而不应该继续启动运转。更严重的是在推力轴已发出大量油烟情况下,不作拆检修理而继续以慢车运转5h,这是毁机而不是保机的决策。

(3)滑油失压报警电源可以改为变压器采用硅整流的办法,直接用副机发出的电源,可防止工作中的疏忽粗心。但对此设备还是要加强周期性的检查,方保安全无失。

(4)过去某轮曾发生曲轴箱内热铁事故,马上停车打开道门检查,突然发生了爆炸事件。这是由于热源未消失,机内油气遇上新鲜空气后引起了骤然而成爆炸。这次该轮热源在推力轴承箱内,又是经慢车再停车,故打开第6缸道门未引起突爆,但是为了安全起见最好还是稍停一刻钟以后,再打开道门较妥。

(5)推力块上合金厚度在5mm左右,而曲轴轴承的轴向间隙(俗称夹脚缝),据说明书上记载前为2~4mm,后为6~8mm,又曲臂与主轴承间隙说明书上规定应保证调整在靠推力端为2~4mm,靠自由端为6~8mm,而现在推力环盘已磨损约0.80~1mm,如不采取临时措施继续长时间运转下去,将影响活塞向前导致敲缸。从前曾有某轮亦由于推力轴承断油,继续慢车长时间开到目的港时,结果造成曲臂与主轴承接触磨亮成一深印槽。

能力模块二 空压机应用技能

• 目标要求

本模块的主要知识目标	本模块的主要能力目标
1. 排气量、压力、温度、功率、效率等参数； 2. 空压机的工作循环及其特点； 3. 空压机的典型结构和主要部件； 4. 空压机的自动控制的特点； 5. 空压机油的要求； 6. 空压机的管理维修的要求	1. 具备检修、测试和调整空压机的主要部件的能力； 2. 具备判断、分析、排除空压机排气量不足、异响、排温过高等故障的能力； 3. 具备对空压机进行启动、停用操作和运行管理的能力； 4. 具备对空压机主要部件进行拆装的能力

• 基本概念

考证大纲	适用对象			
	841	842	843	844
2 活塞式空气压缩机				
2.1 理论基础				
2.1.2 容积流量和输气系数			√	√
2.1.3 功率和效率			√	√

一、空压机的应用

提供压缩空气。主要是为主柴油机的启动换向、发电柴油机的启动、气动设备的供气而服务。

二、空压机的分类

见表 2-0-1。

船用空压机的分类   表 2-0-1

按工作原理划分	容积式	活塞式、螺杆式
	动力式	离心式、轴流式、涡流式
按冷却方式划分	风冷、水冷	
按额定排气压力(MPa)划分	$0.2 \sim 1$、$1 \sim 10$、$10 \sim 100$	
按排气量(m^3/min)划分	<1、$1 \sim 10$、$10 \sim 100$、>100	
按气缸布置形式划分	直列、V 形、W 形	

三、空压机的性能参数

1. 排气压力

空压机排气压力由排气管处压力表测出。空压机铭牌上标出的排压是指额定排气压力。实际运行中,空压机向储气瓶充气,每个工作循环排压是不一样的,其大小由储气瓶背压所决定,并随其背压的提高,排气、吸气过程逐渐缩短,压缩、膨胀过程逐渐延长。

实际排气压力由背压(空气瓶压力和排出管阻力)决定。

额定排气压力由功率、强度、密封性能决定。

最高排气压力由安全阀设定压力决定。

2. 排气量

空压机排气量是单位时间内所排送的相当于第一级吸气状态的空气体积。

(1)理论排气量取决于结构、转速。

$$Q_\text{T} = \pi D^2 Sni / 240 \qquad (\text{m}^3/\text{s})$$

(2)实际排气量取决于理论排气量、输气系数。

$$Q = \lambda \times Q_\text{t} = \lambda_\text{V} \times \lambda_\text{p} \times \lambda_\text{t} \times \lambda_\text{L} \times Q_\text{t}$$

实际排气量随着实际排气压力的升高而降低。

(3)公称排气量是空压机在额定排气压力时的排气量。

3. 排气温度

排气温度是指空压机各级排气管处或排气阀室内测得的温度。

压缩终温(后冷却之前):≤160℃(固定式);≤180℃(移动式)。

进瓶温度(后冷却之后):≤进水温度+30℃(水冷式);≤环境温度+40℃(风冷式)。

4. 功率

理论功率 $P_\text{T}(P_\text{S})$ 是以气体为对象按理论循环(等温/等熵)计算出的功率。$P_\text{T} < P_\text{S}$。

指示功率 $P_\text{i} = P_\text{T}(P_\text{S})$ + 流动能量损失。

内功率 $P_\text{内} = P_\text{i}$ + 漏泄能量损失 + 散热能量损失(气体散热)。

(因为内功率不易测定,若以指示功率代表,则:指示功率 P_i = 工作时传给气体的功率)

轴功率 = 输入功率 $P = P_\text{内}$ + 机械摩擦能量损失(机油散热)。

配套功率 = 原动机额定(输出)功率 $P_\text{m}:P_\text{m} = K_\text{m}P$。

5. 效率

(1)指示效率 η_i = 理论功率/指示功率。

等温指示效率 η_iT = 等温理论功率 P_T/指示功率 P_i。

绝热指示效率 η_iS = 绝热理论功率 P_S/指示功率 P_i。

显然,等温指示效率 $\eta_\text{iT} <$ 绝热指示效率 η_iS。

(2)机械效率 η_m = 内功率/轴功率 $P \approx$ 指示功率 P_i/轴功率 P。

(3)总效率 η = 理论功率/轴功率 $\approx \eta_\text{i} \times \eta_\text{m}$。

等温总效率 $\eta_\text{T} = P_\text{T}/P$。

绝热总效率 $\eta_\text{S} = P_\text{S}/P$。

显然,等温总效率 $\eta_\text{T} <$ 绝热总效率 η_S。

一般地,风冷式的空压机经济性常以绝热效率为评价标准,水冷式空压机的经济性常以等温效率为评价标准。

工作任务一　空压机的工作分析

理论知识点	实践知识点
1. 空压机的理想工作循环； 2. 空压机的实际工作循环； 3. 多级压缩与中间冷却	空压机余隙容积测量的技能

考证大纲	适用对象			
	841	842	843	844
2.1.1 理论工作循环和实际工作循环			√	
2.1.4 多级压缩的意义；级数和级间压力的选定			√	

● 相关理论知识

一、理想工作循环

在理想工作循环，假定空压机工作过程无能量损失和容积损失。

(1) 气缸没有余隙容积；

(2) 吸排气过程没有压力损失；

(3) 气缸与缸壁无热交换；

(4) 工作过程无气体泄露。

图 2-1-1 为单级空压机的理论示功图。

活塞在气缸中从左死点向右移动，活塞左侧的气缸容积增大，压力为 p_1 的空气压开吸气阀等压进入气缸，直至右死点为止。这是等压吸气过程，以直线 4-1 表示。

活塞从右向左移动，吸气阀关闭，活塞左边容积减小，压力升高，直至 2 点，压力为 p_2，这是绝热压缩过程，用曲线 1-2 表示。(如果压缩过程冷却良好，缸内气体温度不变，为等温压缩过程，用曲线 1-2″表示；通常缸壁有一定的冷却，实际压缩过程介于等温压缩与绝热压缩之间，为多变过程，用曲线 1-2′表示。)

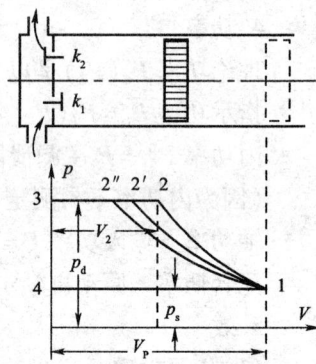

图 2-1-1　单级压缩的理想工作循环

活塞由 2 点继续左移，排气阀开启，缸内空气等压排出，直至左死点为止。这是等压排气过程，以直线 2-3 表示。

理想循环由等压吸气、压缩、等压排气三个过程组成。根据热力学知识，$p\text{-}v$ 图上循环过程线 4-1-2-3-4 所包围的面积代表空压机的一个理想工作循环所消耗的压缩功。

二、实际工作循环

在实际工作循环中，如图 2-1-2 所示，上述 4 点假设不成立，它存在着以下损失：

1. 余隙容积损失

所谓余隙容积是指活塞在上死点时，气缸活塞第一道密封环以上的残余容积。它包括 3 部分：①活塞顶到第一道活塞环的环行空间；②上止点，活塞到气缸盖的圆柱形空间，这是最大的空间;③阀窝空间。

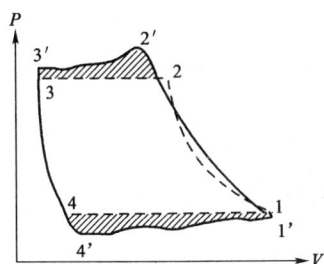

图 2-1-2 单级压缩的实际工作循环

活塞式空压机必须有余隙容积,以免曲轴连杆机构受热膨胀或连杆轴承松动等,引起活塞撞击气缸盖和发生液击。由于余隙容积的存在,排气过程结束时,缸内会残留一部分压缩空气。当活塞从左止点右移时,残存在余隙容积的压缩空气首先膨胀,直至缸内压力降至低于吸入管中压力一定值时,新鲜空气才压开吸气阀进入气缸。于是,实际工作循环才有一个降压膨胀过程。显然,余隙容积越大,膨胀过程越长,吸气过程越短,吸气量越小。余隙容积的影响用容积系数 λ_v 表示。

为提高空压机排气量,应尽量减小余隙容积,一般余隙容积占工作容积的 3% ~ 8%。为了便于检测,余隙容积常用余隙容积高度来表征,它是指活塞位于压缩止点时,活塞顶与缸盖间的距离,一般为 0.5 ~ 1.8mm。对同一空压机来说,一般高压级气缸的余隙容积值要比低压级大些。在使用中,由于连杆两端轴承的磨损以致活塞位置下降,或换用了较厚的气缸垫片等原因,余隙容积有可能增大而使 λ_v 降低。

2. 进排气阻力损失

在吸气过程中,空气流经滤器、吸排气阀及管路时,均有阻力损失,它使吸气阀开启延迟,膨胀过程延长,吸气压力降低,吸气量减少。进气阻力损失的影响用压力系数 λ_p 表示。

排出端阻力将使排压升高,膨胀过程延长,吸气量减少。这部分影响已经由 λ_v 考虑。

3. 热交换损失

由于外界空气与气缸内空间存在温差,新鲜空气进入气缸后因吸热而膨胀,比容增大,吸气量减小。吸气预热损失用温度系数 λ_t 表示。

4. 泄漏损失

泄漏损失是因吸排阀、活塞环等密封不严而造成的流量损失,用气密系数 λ_1 表示。

由于上述因素影响,压缩机实际排气量比理论排气量要小,两者的比值用输气系数 λ 表示:$\lambda = \lambda_v \lambda_p \lambda_t \lambda_1$。

其中,影响最大的是余隙容积,其次是气缸热交换。在其他条件不变的情况下,λ 主要取决于压缩机的压力比 $\varepsilon = p_d / p_S$,ε 愈大,λ 愈小,一般 $\lambda = 0.8$ 左右。

三、多级压缩与中间冷却

多级压缩与中间冷却是指:空气在低压缸中压缩到某一压力后,排至冷却器后,再进入下一级气缸继续压缩,如此连续直至空气进入空气瓶。如图 2-1-3 所示。

采用多级压缩与中间冷却的好处有:

1. 降低排温,改善润滑条件。

空压机终端排压较高,如采用一步到位的单级压缩,随着排压升高,排温必然升高,润滑油闪点为 215 ~ 240℃,排温在 180 ~ 210℃,润滑条件恶化,油变质,结焦裂化,加剧气缸磨损,气阀发生故障,甚至引起爆炸。采用多级压缩,可使每级压缩比不超过 6 ~ 7,两级压缩间的冷却会降低次级的吸温,从而改善气缸的润滑

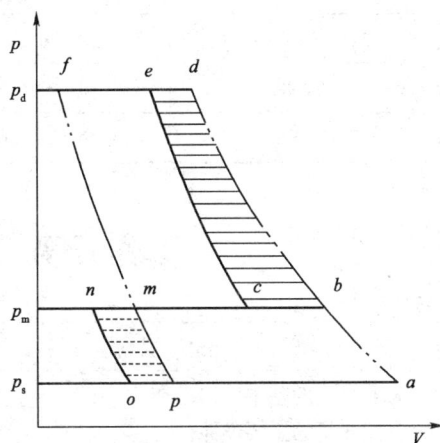

图 2-1-3 两级压缩的理想工作循环

条件。

2. 提高输气系数

由于余隙容积的存在，一级压缩排压越高，吸气量越少，而采用多级压缩，每级压缩比降低，减小了余隙容积的影响，故可提高输气系数。

3. 减小功耗

中间冷却使实际压缩过程更有效地接近等温过程，可减小功耗，提高效率。

4. 减小活塞上的作用力

采用多级压缩，只有尺寸较小的高压级活塞承受高压，减小了有关机件的重量和尺寸。

如果为了省功，则需要等温指示效率最高，于是分级越多并且采用级间良好冷却（压力比一般是 2 ~ 4）越可能接近等温压缩，但是机构复杂、损失和阻力增加。所以在排气温度允许的范围内（压力比一般是 6 ~ 7），尽量采用较少的级数。也就是说，是以控制排温（压缩终温）为分级的原则。

理论上，压力比相同（$\varepsilon = (p_d/p_S)^{1/z}$）时空压机总耗功最省。但在实际中，各级压缩比往往是逐级略降的。这是因为后级比前级冷却差些，后级进气温度比前级高；后级的压缩过程排压大、温度高，更偏离等温过程，若采用同样压缩比，耗功会较大；高压缸的相对余隙容积要大一些，采用与前级同样的压缩比，其容积损失也会较大。

空压机工作过程中，压力比 ε 和中间压力 p_m 是按"流量连续性原理"自动调整。

● 相关实践知识

一、空压机余隙容积测量的技能

（1）检修时用压铅法测量；

（2）通过调节垫片厚度来进行调整；

①气缸与气缸盖之间的垫片厚度可以调节一级气缸的余隙容积：

垫片加厚，一级气缸的余隙容积增大；反之相反。

②气缸与曲轴箱之间的垫片厚度可以调节一级气缸和二级气缸的余隙容积：

垫片加厚，一级气缸的余隙容积增大，二级气缸的余隙容积减小；反之相反。

（3）各种型号的船用空压机对气缸余隙都有具体规定。如表 2-1-1 所示。

不同缸径的船用空压机的余隙高度　　　　表 2-1-1

气缸直径（mm）	余隙容积高度（mm）	气缸直径（mm）	余隙容积高度（mm）
55 ~ 90	0.40 ~ 0.55	120 ~ 150	0.60 ~ 0.75
90 ~ 120	0.50 ~ 0.65	150 ~ 200	0.70 ~ 1.00

工作任务二　空压机的拆装维护

理论知识点	实践知识点
1. 空压机的基本结构；	1. 空压机气缸盖拆卸的技能；
2. 空压机的主要部件；	2. 空压机阀片研磨的技能；
3. 空压机的结构实例	3. 空压机主要部件拆装的技能

考证大纲	适用对象			
	841	842	843	844
2.2 活塞式空气压缩机的结构和控制				
2.2.1 典型结构和主要部件(气阀、安全阀、气液分离器)			√	√
2.2.2 活塞式空气压缩机的润滑和冷却			√	√

● **相关理论知识**

一、基本结构

活塞式空压机的基本结构,大致可分为:

1. 空压机本体

固定件(曲轴箱、气缸体、气缸套、气缸盖、紧固螺栓等);运动件(气阀组件、活塞组件、连杆组件、曲轴组件)。

2. 空压机附件

安全阀、卸载阀、气液分离器等。

3. 润滑系统

4. 冷却系统

二、主要部件

1. 活塞组件

采用级差式活塞(上大下小)。活塞上段有活塞环;活塞下段有活塞环和刮油环。活塞销和销孔为静配合(过盈配合),活塞销和连杆小端为动配合。活塞顶部的圆柱形空间为低压工作空间,活塞过渡锥面以下的圆环形空间为高压工作空间。

2. 气阀组件

气阀组件是压缩机中重要而易损坏的部件,直接影响压缩机的流量和效率;能量损失占压缩机轴功率的20%;工作寿命决定了压缩机的检修周期。

对气阀的要求是:关闭严密、启闭及时、阻力小、寿命长。因空压机不存在往复泵惯性水头和液体汽化的问题,其转速比往复泵高得多(1000~2500r/min),转速高不可能要求阀片工作无声,只能要求阀片与阀座撞击速度不要太大,工作寿命长(至少在4000h以上)。此外,还要求气阀通道形成的余隙容积要小。

气阀组件由阀座、阀片、弹簧、升程限制器组成。气阀工作时,在阀片两边压差作用下开启,在弹簧作用下关闭。阀座用于支承阀片,其上开有用阀片控制开关的气流通道,阀座与阀片的配合面要平整无痕,以保证气密性,阀座要承受阀片冲击,耐腐蚀,常采用铜、铸铁、合金铸铁、稀土球墨铸铁、锻钢等材料制造。

阀片是开关气流通道的重要零件,又是易损件,工作时承受气流推力、弹簧力、惯性力和阀座、升程限制器的冲击。容易磨损和变形,一般采用强度高、韧性好、耐磨、耐腐蚀的合金钢制造。

升程限制器用以限制阀片升程,并兼有阀片导向和弹簧承座的功用,升程的大小对气阀工作影响很大,升程过大,关闭时冲击大,且关闭延迟,升程过小,气流经阀时阻力损失大。一般为2~4mm,转速高及工作压力大的空压机、气阀的升程应较小,说明书规定的升程不宜随便改变。

弹簧的强弱对工作影响很大,太强则启闭阻力增加,且关闭时对阀座冲击大,影响使用寿命,太弱对升程限制器冲击大,而且关闭不及时,使流量降低。同时由于阀片延迟落座,活塞回行,阀片在气阀上下压力和弹簧力共同作用下,对阀座冲击更大,因此弹簧太软比太硬对气阀工作影响更大。一般排气阀弹簧比吸气阀弹簧硬些。

船用空压机所用气阀主要有环片阀、网状阀和碟形阀。转速较高的空压机可用条片阀、舌簧阀。各种气阀的特点如表2-2-1所示。

不同气阀的特点
表2-2-1

气阀	环状阀	网状阀	碟状阀	条状阀	舌簧阀
用途	使用最普遍; 低压处的环数比高压处的多	多用于低速中大型空压机	多用于低速中小型空压机	多用于高速中小型空压机	多用于高速微型空压机
结构	结构简单,工艺性好,价格低; 维修方便,便于顶开吸气阀卸载	不需要对阀片导向; 各环运动保持一致; 无导向摩擦	气流转向缓和; 阻力损失小; 阀片强度高		
优缺点	阀片运动导向摩擦较大; 阀片稍厚,质量较大; 多环阀加大通流面积但不同步	结构复杂; 价格较高	通流面积小; 质量大		

3. 安全阀

如图2-2-1所示。为防止空压机排气压力超过允许值发生机损事故,一般空压机各级均设置安全阀。当空压机排气压力超过调定值,阀盘克服弹簧力升起,高压空气经阀体上排气口排至大气,空压机排压降至低于调定值时,在弹簧作用下,阀盘落下,关闭气道,空压机恢复向气瓶供气。调整螺钉可改变阀开启压力值,下旋螺钉,阀开启压力值增大,反之下降。

低压安全阀装在高压级吸气室入口;开启压力不超过低压级额定排出压力高120%(一般地,低压级阀开启压力比额定压力高15%)。

高压安全阀装在高压级排气室出口;开启压力比高压级额定排出压力高10%。

4. 卸载阀

空压机气缸上装有卸载阀,用来减轻启动负荷和调节排气量,一般采用顶开第一级吸气阀片的方法进行卸载。图2-2-2所示为其结构图。

提起偏心手轮、顶杆下移、通过活塞、弹簧、导筒、顶爪,强行顶开一级吸气阀片,气缸卸载。放下手柄,弹簧力使气阀复原,空压机正常运转。此卸载阀既可手动控制,也可自动控制,通过接头可将压缩空气引入活塞上部,同样可使吸气阀顶开,进行气缸卸载。使用中应注意孔的畅通,否则活塞下移受阻。

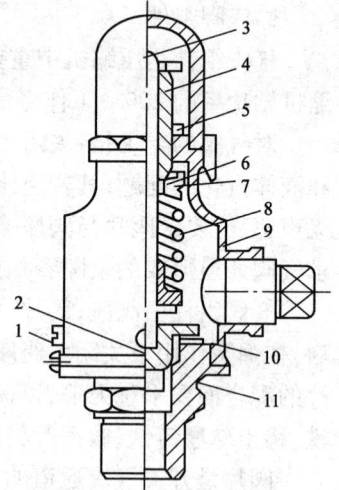

图2-2-1 安全阀

1-止动螺钉;2-阀盘;3-顶杆;4-调整螺钉;5-锁紧螺母;6-铅封;7-弹簧座;8-弹簧;9-阀体;10-调整环;11-阀座

5.气液分离器

空气被压缩后,水蒸气分压力提高了,经冷却后往往因超过饱和分压而析出水分,另排气中还含有细小油滴,因此在压后冷却器后设气液分离器,提高充入气瓶的压缩空气质量。

气液分离器根据工作原理分为惯性式(利用液滴随气流运动时惯性较大而分离)、过滤式(利用液滴直径较大而分离)、吸附式(利用液体的黏性而分离)。

图2-2-3所示为惯性式气液分离器。压缩空气从进口进入壳体,由于容积增大,流速降低,为气液分离器提供了充裕的时间。气液在分离器内流向不断改变,撞击分离器芯子壁面,由于油液比气体分子质量大,将附在壁面,聚集后流到壳体下部空间。为避免停车时气流返回空压机,出口设有止回球阀,也还设有泄放阀,以便在工作中定期开启,排放分离出来的油和水。

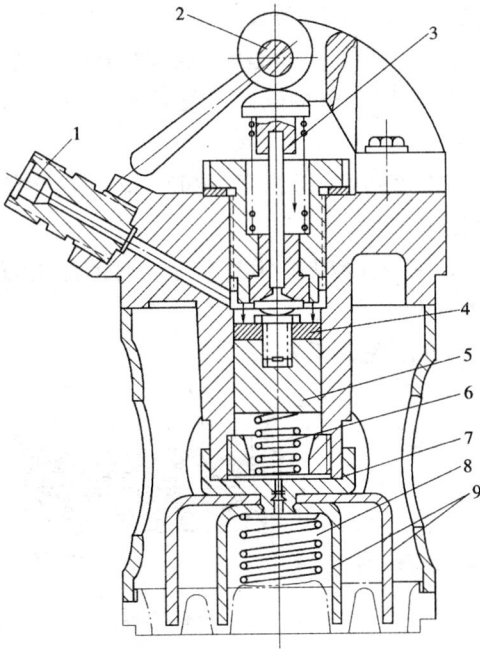

图2-2-2　卸载阀

1-接头;2-偏心手轮;3-顶杆;4-橡皮圈;5-活塞;6-弹簧;
7-导筒;8-弹簧;9-顶爪

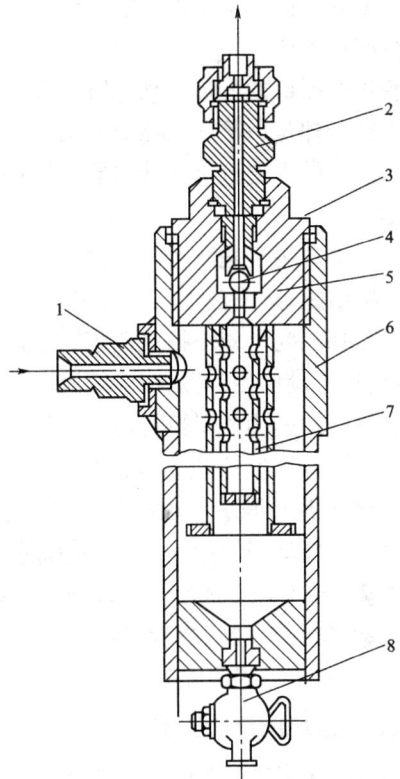

图2-2-3　气液分离器

1-进口接头;2-出口接头;3-限制器;4-球
阀;5-阀座;6-壳体;7-芯子;8-泄放阀

6.润滑系统

空压机的润滑目的在于减小相对运动部件的摩擦,带走部分摩擦热,增加气缸壁和活塞环间的气密性。空压机工作温度高,会使滑油黏度下降,氧化速度加快,容易生成酸类、胶质和沥青等,加速油质恶化,而生成物沉淀在机件工作表面和流通上,又加剧摩擦,增大流动阻力。因此对空压机润滑提出下列要求:

(1)适当的闪点:

闪点≥压缩终温+20~40℃;闪点≈200~240℃;并非闪点越高越安全。

(2)适当的黏度:

国产空压机油有 L-PDA(适用于低压)和 L-PDB(适用于中压)两种。根据 40℃时运动黏度分为 N32、N46、N68、N100、N150 五个等级,相应闪点是 175、185、195、205、215℃,倾点 ≤ -9℃(N150 的 ≤ -3℃)。

(3)良好的抗氧化能力。

(4)良好的抗乳化能力。

空压机润滑方式可分为压力润滑和飞溅润滑。压力润滑,杂质可滤,油量可调,润滑效果好,但要有专门系统。飞溅润滑简单,采用悬挂于曲轴上的甩油环或装于连杆大头下端的油勺,去击溅曲轴箱中润滑油,可润滑主轴承,连杆小端和气缸下部工作面。采用油溅油时,一部分油沿油勺小孔连杆大端导油孔去润滑连杆大端轴承。采用飞溅润滑,曲轴箱油位应适宜,严格控制在油标尺两刻线间,油位过低,润滑量不足,油位过高,使飞溅量过大,耗油耗功,过多的油量会窜入气缸产生结焦,使空气质量下降。

7. 冷却系统

船用空压机的冷却包括气缸冷却、中间冷却、后冷却和润滑冷却。方式有水冷和风冷。

中间冷却是位于两级压缩间的冷却,其目的是为了降低下一级吸气温度和减少功耗,一般以最冷的水最先通过中间冷却器。发展中的风冷式船用空压机也采用吸风式,冷风先进入中间冷却器。

气缸冷却主要是改善气缸润滑条件,防止缸壁温度过高,但过度冷却并不适宜,会使气缸中湿空气结露,造成液击。冷却水套中水温不要低于 30℃。

后冷却是为了减小排气比容,提高气瓶储气量,一般冷却到 60℃左右。有的船为减少设备,空压机不设后冷却器,应注意及时泄放气瓶的油和水。

润滑冷却是为了保持良好的润滑性,一般要求油温在 50℃左右。

船用水冷式空压机,一般采用舷外水作为冷却介质,由辅海水泵供给海水。也有的空压机自带水泵利用主机缸套冷却水冷却,其冷却水腔结垢和腐蚀较轻。

图 2-2-4 为壳管式冷却器,冷却水在管内流动,空气在管外流动进行热交换,隔板可增加流程,提高传热效率,冷却水在管内,水垢难清除。

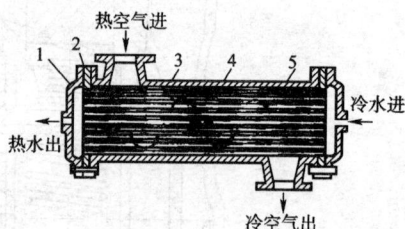

图 2-2-4 壳管式冷却器
1-端盖;2-管板;3-壳体;4-隔板;5-冷却管

三、空压机的结构实例

CZ60/30 型空压机是一种船用两级空压机,额定流量 60m³/h,额定排压,一级为 0.6MPa,二级为 3MPa。如图 2-2-5 所示。

曲轴只有一个曲柄,输入端的联轴器兼作飞轮,转速为 250r/min。

铝合金活塞为级差式,上下两段直径不同(上大下小),一般活塞上段有 6 道活塞环,下段有 6 道活塞环和一道刮油环。第一级吸排气阀装在气缸盖上,升程为 3mm 左右,安全阀设在第二级吸入口处,安全阀开启压力调为 0.7MPa。第二级吸排气阀分别装于气缸中部的左右阀室内,升程为 2.1mm,第二级安全阀装在该级排气阀室出口处,开启压力调为 3.3MPa。

空压机气阀采用的是环片阀。

该机的自由端设有壳管式中间冷却器和压后冷却器,中间冷却和压后冷却置于同一壳体中,压缩空气从上部进入,从管内流过,然后从下部排出,冷却水从下侧进入,从管外流过,然后从上侧排出。压后冷却器后是油水分离器。

空压机采用油勺飞溅润滑。气缸上部缸壁靠一级空气吸入管上的油杯,每分钟滴入 4~6

滴油或通过连接管从曲轴箱吸入部分油雾来润滑。曲轴箱门盖上装有呼吸管用来保持箱内压力为大气压力。润滑箱底有螺旋管式冷却器,管内通以冷却水以冷却滑油。

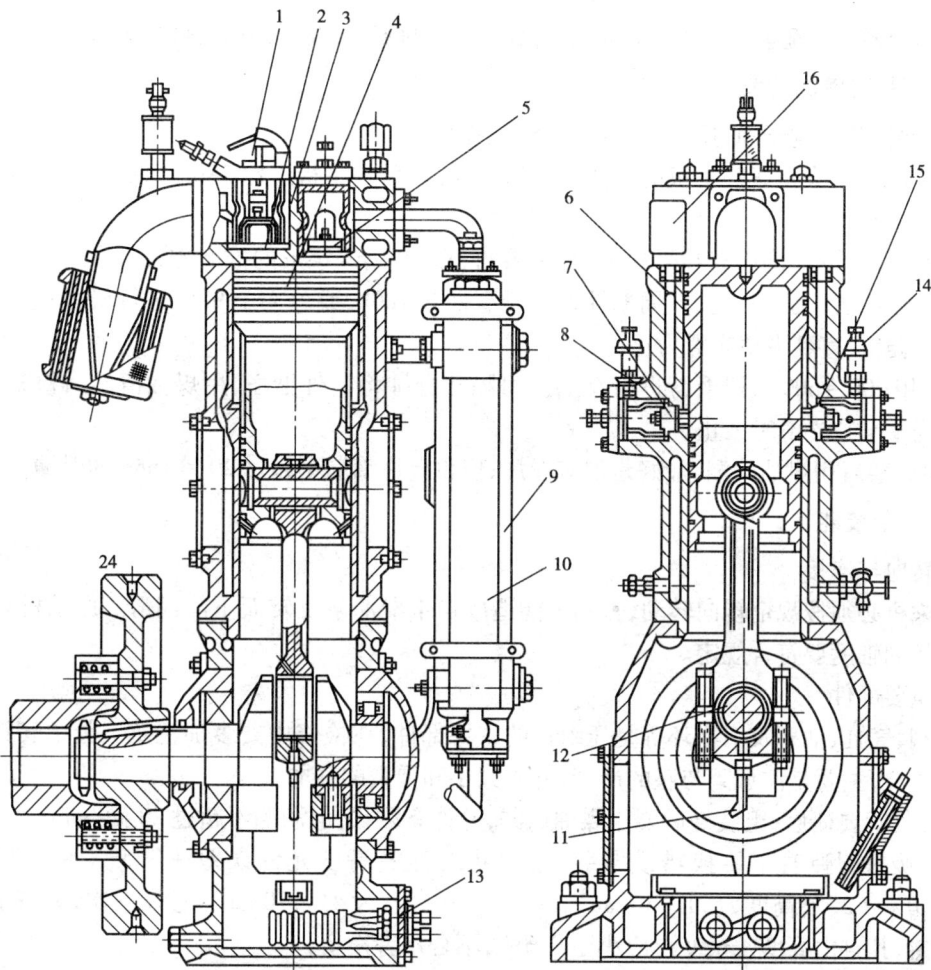

图 2-2-5　CZ60/30 型空压机

1-卸载阀;2-一级吸气阀;3-一级气缸盖;4-活塞与连杆;5-一级排气阀;6-气缸与曲轴箱;7-二级吸气阀;8-一级安全阀;9-冷却器;10-气液分离器;11-管系;12-曲轴与飞轮;13-滑油冷却器;14-二级安全阀;15-二级排气阀;16-铭牌

• 相关实践知识

一、空压机气缸盖拆卸的技能

(1)拆卸进、排气管,冷却水管、冷却器、油水分离器及仪表。

(2)拆卸空气滤清器,

(3)拆卸气缸盖,取出一级进、排气阀。

①卸螺栓时要对称地松卸,不要将螺母一下子都拿掉,要对称地留几个,逐步拿去。

②当卸吸、排气阀盖时,要对称地留两个螺母,先用螺丝刀或扳手将压盖撬开一点,在证明气缸内没有压力后再将螺母全部卸去。

③拆卸时应先拆外部附件,后拆内部部件;从上到下依次拆组合件,再拆零件。

④各零部件拆卸后应妥善保存,不得产生撞伤及其他损伤现象,尤其是零部件的配合面、基准面和定位孔要严加保护,螺栓、螺钉、螺母拧下后应按原来位置配套拧上,以免丢失。

⑤拆卸要为装配创造条件。对成套或不能互换的零件,在拆卸前要做好记号。

二、阀片研磨的技能

(1)将阀片清洗干净,用油石或刮刀修平毛刺。

(2)研磨前,先把研磨平板的工作面清洁干净,然后在平板上涂 180~280 号研磨膏,并滴少量机油进行粗磨。

(3)把阀片的研磨面合在平板上,在平板的表面以"∞"字形的推磨方式研磨。

(4)研磨时用力要均匀,并周期性地将研磨件转 180°,或分 4 个 90°,进行研磨,这样可防止研磨面偏斜,直到平整光滑为止。

(5)用 400~600 号研磨膏进行精磨。每隔数分钟将零件揩净,用煤油清洗后检查,一直研磨到完全平整光滑时为止。

(6)研磨后用煤油检漏:最好是没有泄漏;但也允许滴漏不超过20 滴/min 的泄漏。

三、拆装技能

1. 转向与连接

压缩机必须按规定转向转动,否则可能造成自带滑油泵反转而不能润滑。原动机与压缩机的连接同轴度要符合规定。

2. 重要部件

气阀、气缸、活塞及活塞环等是压缩机的重要部件,在检修中要多加注意。其中气阀的维护特别重要,主要是注意阀与座的严密,升程大小和弹簧的强弱。

(1)气阀要研磨,组装好后要用煤油试漏,允许有漏状,但滴漏不超过20 滴/min;

(2)吸排阀弹簧不要换错或漏装,自由状态弹簧高度允许误差 + 0.5 ~ + 2(高度 ≤ 20mm),0 ~ + 2.5(高度为 21 ~ 40mm), − 1 ~ + 3(高度为 41 ~ 70mm),连压三次,弹簧至各圈互相接触,其自由高度残余变形应小于 0.5%,不合格者换新;

(3)气阀固定螺母开口销不能太细,更不能漏装。气阀组装前应用螺丝刀拨动阀片检查,阀片有无卡阻。吸排阀不可互相装错,紫铜垫圈在安装前应加热退火;

(4)检查阀片升程,应符合说明书要求。

3. 重要间隙

压缩机运动和磨损部件中的检修要点主要是注意各个配合间隙(活塞环间隙、主轴承和连杆轴承间隙、活塞与缸壁间隙、气缸余隙间隙),定期检修中需测量气缸、活塞销、曲柄销、曲轴曲颈圆度、圆柱度及磨损情况,当超过允许值时应修理或换新。

工作任务三　空压机的操作管理

理论知识点	实践知识点
1.空压机的自动控制; 2.着火爆炸的预防; 3.水压试验	1.空压机启动、停用操作和运行管理的技能; 2.空压机主要故障排除的技能

考 证 大 纲	适 用 对 象			
	841	842	843	844
2.2.3 活塞式空气压缩机自动控制的特点			√	√
2.3 活塞式空气压缩机的管理				
2.3.1 活塞式空气压缩机的维护与运行管理			√	√
2.3.2 对空压机油的要求;防止着火与爆炸			√	√
2.3.3 活塞式空气压缩机的常见故障分析与处理			√	√

● 相关理论知识

一、自动控制

船舶进出港口、锚地、窄水道时,主机启停,换向频繁,消耗压缩空气量较大,而停泊和开阔水面航行,压缩空气量消耗较少,因此需要根据实际耗气量变化来调节空压机排量,目前船舶空压机一般都采用自动控制,通常设两台并联工作,一台工作而另一台备用。

1. 自动启停

利用空气瓶上的压力继电器控制压缩机起停。

当储气瓶压力达上限值,继电器触头跳开,使空压机停转,当气瓶压力降至下限值,继电器触头闭合,电路接通,使空压机转向气瓶充气。通常设两个压力继电器,分别控制两台空压机,其接通和切断的整定值都相差一定数值,例如一台 2.5MPa 起,3.0MPa 停;另一台则 2.4MPa 起,2.9MPa 停。在一台工作不能满足供气需要时,气瓶压力降到 2.4MPa,两台同时工作。(还可利用次序选择装置,将两个压力继电器与其所控制的空压机互相调换)。这种通过控制空压机启停来调节其排气量,调节储气瓶压力值的方法称停车调节。

对没有独立动力源和空压机常采用空转调节,即空压机始终运转,只是根据储气瓶压力变化时而供气,时而停止供气。它又可分为顶开吸气阀调节和旁通调节。

2. 自动卸载和泄放

自动卸载分电动控制和气动控制。电动控制是在压缩机控制箱中设有定时器,它能控制卸载机构电磁阀开启,与停车时保持常开的级间冷却器和后冷却器后的泄放电磁阀一起延时至转速正常后再关闭,实现卸载启动。运行中上述阀都定时开启,以泄放油水;停车后,同时使泄放电磁阀开启卸载。

气动控制的自动卸载是通过自动卸载的配气阀与卸载阀配合工作。如图 2-3-1 所示,空压机启动前,弹簧的作用将滑阀推向右端,储气瓶压缩空气经配气阀进入顶爪式压开机构,强行压开吸气阀卸载,随着空气机运转,转速增大,飞球离心力将滑阀推向左端,遮住气瓶压缩空气进口,配气阀压开机构与大气相通,空气机吸气阀恢复正常。

3. 自动供水

在冷却水供水管路上设电磁阀与压缩机起、停同步接通和切断。也可在供水管路上设气动薄膜阀,启动后靠第一级排气使之开启,停车时排气泄放,则气动阀自动关闭切断供

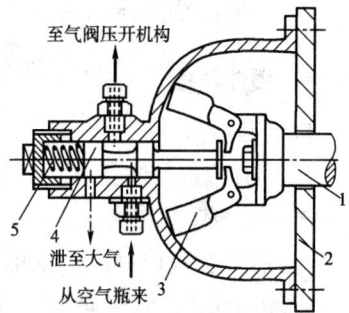

图 2-3-1 配气阀
1-主轴;2-曲轴箱;3-飞球;4-滑阀;5-弹簧

水,还可利用排气压力升高时对阀开度作比例调节。

4. 自动供油

当低压缸吸气管设有滴油润滑时,可设供油电磁阀和压缩机同步启、停。

5. 自动保护

利用后冷却器出口管路上的温度继电器控制进瓶空气温度过高(≥121℃)时报警。

利用高压缸排气管路上的温度继电器控制排气温度过高时停车。

利用齿轮泵出口油压继电器或曲轴箱内部油位继电器在油压或油位过低时停车。

利用压力继电器控制冷却水压力过低保护。

利用安全膜控制冷却水压力过高保护。

二、着火爆炸的预防

防止"燃烧三要素"及其相互作用。

空压机着火爆炸的原因是油在高温下分解形成的积炭沉淀物发生自燃。自燃并不一定要空气温度达到油的闪点,有时可能在气温180～200℃或更低时发生。自燃加剧了油的蒸发,空气中油的浓度达到一定程度就可能爆炸。防止着火与爆炸的措施是:

(1)选用抗氧化安定性好、黏度和闪点适当的滑油。

(2)防止排气温度过高,压缩机必须保证工作温度低于滑油闪点20℃以上。

(3)完全避免油的氧化和分解是不可能的。因此,应及时清除气道中的积油、积炭。积炭厚度≯3mm被认为是安全的。

(4)消除其他触发自燃的因素。例如压缩机应接地,避免静电积聚引起电火花;不应采用可燃性密封材料;不允许活塞环严重漏气导致曲轴箱高温,这时若箱内运动部件局部过热,可能引起曲轴箱爆炸。

(5)防止空气中油分达到爆炸浓度。为此,压缩机空转的时间不可过长,因为这时油气集聚浓度增长较快。

三、水压试验

国标规定空压机的气缸、气缸盖、冷却器、液气分离器等的气腔和活塞等承受气压的部件应以等于1.5倍的额定工作压力进行水压试验;冷却水路的水压试验压力为0.5MPa,各种水压试验应历时30min,不许渗漏。

● **相关实践知识**

一、操作技能

1. 启动

(1)油:检查滑油位:曲轴箱油位是否在油尺规定刻度内,飞溅润滑,油勺在下死点浸油20～30mm为宜,油勺离底2～3mm。各油杯加油,油位在2/3左右,运行中不得低于杯高1/3,油杯滴油控制阀打开至适当开度,在启动和运行中保持滴油量为4～6滴,以保证低压吸气缸持续的滴油润滑。油勺斜口正对运动方向,不能装反。

(2)水:检查冷却水:开空压机的冷却水进出口阀,引入冷却水。空气瓶放残水;运行中要定时泄水;空压机工作时,一般每隔2h须泄水一次,没有自动泄水的空压机,可打开气液分离器泄放阀,放出的水应是水面上看到油渍,而手捻无油腻感,否则表明气缸滑油过多。

(3)汽:略。

(4)气:风冷空压机应注意作风扇的飞轮不要装反。

(5)电:检查电气设备,使之正常。

(6)阀:检查手动卸载阀,确认处于卸载位置,开启空压机到空气瓶的各阀,开启空压机的各泄放阀。

(7)机:检查空压机,务必确认处于适宜启动状态。

(8)盘:盘车 1～2 转。

(9)冲:点动压缩机 1～2 次,确认无异常。

(10)启:合上压缩机启动开关,当 n 等于 $n_额$ (空压机电流正常)停止卸载,由低至高关闭各级泄放阀,检查有无漏气、漏水情况。

2. 运行

(1)压:压力表读数不得超过额定值,检查高、低压缸,压缩比分配是否正常。压力式润滑油压力不低于 0.1MPa。

(2)温:各级气缸排温不得超过 200℃,冷却水进出口温升 10～15℃,冷却水压力在 0.07～0.3MPa,流速 1～2m/s,进空气瓶的空气温度一般要求 60℃左右。如果空压机断水引起高温,必须立即停车,让其自然冷却,切忌在气缸很热时通入冷却水,以免"炸缸"。吸气温度不超过 45℃时,水冷式空压机滑油温度不超 70℃,风冷空压机滑油温度不超 80℃。

(3)荷:检查电压表、电流表、功率表、兆欧表,防止超负荷。

(4)转:观察压缩机转动情况,及时发现异常情况。

(5)声:注意倾听压缩机运转声音,及时发现异常情况。

3. 停车

(1)打开卸载阀,由高至低开启各级泄放阀。

(2)停车。

(3)放残。

(4)装置温度降下来后方可停冷却水。

二、主要故障排除技能

1. 排气量故障

排气量故障如表 2-3-1 所示。

排 气 量 故 障　　　　　　　　　　　　　　　　　　　　表 2-3-1

故障现象	原因分析	排除方法
1. 空气滤清器的故障	空气滤清器被污垢堵塞、阻力增大、降低了进气压力,进入气缸的空气比容增大,影响排气量	吹扫和清洗滤清器
2. 气阀的故障	(1)阀片变形或阀片与阀座磨损,或阀座接触面有污物,造成阀关闭不严而漏气; (2)阀座与阀孔结合面不严或忘记垫片造成漏气; (3)气阀的弹簧刚性不当,过强则气阀开启迟缓,过弱则关闭不及时,均会影响排气量; (4)气阀的通道被碳渣部分堵塞	(1)清除污物,研磨阀片和阀座或更换阀片; (2)研磨阀座与阀孔的接触面或把垫片垫上; (3)更换弹力适当的弹簧; (4)清除

故障现象	原因分析	排除方法
3. 气缸和活塞的故障	(1)气缸或活塞、活塞环磨损,间隙过大,漏气严重; (2)气缸盖与气缸体合不严,造成漏气; (3)气缸冷却不良,新鲜空气进入时,形成预热,空气比容增大影响排量; (4)活塞环因装配间隙过小或润滑不良而咬死或折断,不但影响排气量,还引起压力在各级中重新分配; (5)活塞环的搭口转到一条线上去了,漏气严重; (6)传动皮带过松打滑,空压机达不到额定转速; (7)余隙容积过大	(1)更换缸套或活塞、活塞环; (2)刮研接合面或更换垫床; (3)改善冷却条件; (4)拆出活塞清洁,调整装配间隙,清除润滑不良的因素; (5)拆下活塞,使搭口错开(一般错开120°); (6)调整皮带的松紧度; (7)检查并调整余隙容积
4. 中间冷却器的故障	(1)冷却水量过小,一级排压和次级进气温度升高; (2)热交换面沾有油污或结水垢	(1)加大冷却量; (2)清洁冷却器热交换面

2. 排气压力和温度故障

排气压力和温度故障如表 2-3-2 所示。

排气压力和温度故障   表 2-3-2

故障现象	原因分析	排除方法
1. 高压级排出压力高于额定值	安全阀失灵	检查安全阀
2. 低压排出压力偏低	高压缸的进气阀或排气阀漏气,或中间冷却器冷却效果差	研磨气阀或更换阀片,或改善中冷器的冷却条件
3. 低压排气温度过高	低压缸的进气阀或排气阀漏气	研磨气阀或更换阀片
4. 高压排气温度过高	高压缸的排气阀漏气或中间冷却不良	研磨或更换阀片,或排除中冷不良的因素
5. 低压缸的排气温度过高	低压缸的排气阀漏气	研磨或更换阀片
6. 滑油消耗量过大,储气瓶中有过量的润滑油	(1)曲轴箱的油面过高; (2)活塞环磨损,咬死,折断或搭口转到一边去了,或刮油环装反	(1)放去多余的油; (2)更换活塞环或错开活塞环的搭口,刮油环的倒角面应朝上

3. 机械故障

机械故障如表 2-3-3 所示。

机 械 故 障   表 2-3-3

故障现象	原因分析	排除方法
1. 气缸与缸盖发热	(1)冷却水供应不足; (2)冷却水管路堵塞,使供水中断,或飞轮装反,风向不对; (3)气阀的工作不正常,造成各缸的负荷重新分配。负荷增大或排气阀漏气的缸,气缸和缸盖的温度升高	(1)适当加大冷却水供应量; (2)检查并疏通,或改变飞轮的安装方向; (3)排除气阀工作不正常的原因

故障现象	原因分析	排除方法
2.突然冲击	(1)气缸中积聚水分,产生"水击"; (2)阀片折断或吸气阀并紧螺母松脱	(1)检查原因,修复损伤部分; (2)取出掉入物,并修复损伤部分,注意装上气阀并紧螺母的开口销
3.吸、排气阀的敲击声	(1)气阀定位螺钉未到位,气阀受到气流的冲击上、下跳动; (2)阀片折断; (3)弹簧松软或失去作用; (4)阀座深入气缸与活塞相碰	(1)松开锁紧螺母,旋紧气阀螺钉; (2)更换; (3)更换; (4)用加垫的方法使阀座升高

● 思考练习

一、判断题

1.(　　)空压机采用多级压缩,中间冷却可以降低耗功。

2.(　　)空压机排气压力与吸气压力之比,称为压缩比。

3.(　　)安装空压机的气阀应注意排气阀弹簧在阀片之上,吸入阀弹簧在阀片之下。

4.(　　)空压机吸排气阀的工作面磨损后如果强度满足要求,可调换另一个工作面使用。

5.(　　)活塞式空压机反转并不影响其压送空气。

6.(　　)空压机的空气滤清器若污堵严重,将会使空压机的吸气压力与排气量均降低。

7.(　　)空压机排气压力不能任意提高的原因之一是受到曲轴箱内润滑油闪点的限制。

8.(　　)空压机气阀弹簧弹力太强或太弱,都将加大阀片对阀座的冲击。

9.(　　)活塞式空压机气、排气阀阀片的升程通常随空压机转速的升高而略有减小。

10.(　　)用压铅法测量空压机气缸余隙容积时,铅丝不能放在气阀的位置上。

二、简答题

11.活塞式空气压缩机"余隙容积"的作用是什么?

12.空气压缩机采用多级压缩中间冷却有何意义?

13.空气压缩机的多级压缩对压缩过程有何影响?

14.何谓空压机的"级差式活塞"?有何应用意义?

15.活塞式空压机的冷却有哪些?各有何功用?

16.简述船用活塞式空压机的管理要点。

17.活塞式空压机实际流量小于理论流量的主要原因是什么?

18.活塞式空压机反转能否吸排气体?

19.怎样判断空压机高低压之间的漏泄?

20.影响空压机排气量的因素有哪些?

● 案例分析

"空压机高压冷却器渗漏"——副机因冷却水失压而停车

一、故障现象

某轮航经巴拿马运河船闸期间,副机 No.1 与 No.2 两台并联运行,三台主空压机并联供气。忽然,No.1 副机高温冷却淡水低压报警,温度很快上升,部分负荷卸载后仍达到停车保护极限温度而自动停车;另一并联运行的 No.2 副机独立承担全部负载,高温冷却淡水压力正常。应急启动 No.3 副机,与 No.2 副机并联运行,同时应急呼叫其他轮机员下机舱协助处理事件。

No.1 发电柴油机自动停车后,高温冷却水系统放气检查,发现不时有空气逸出,但数量不多。No.3 副机,运行不久也出现高温水低压报警。鉴于 No.1 副机高温冷却水系统中有空气,No.3 副机高温冷却水出现低压报警后放气检查,同样发现时有空气逸出,数量也不多。

检查主、副机排烟温度,各缸基本均匀;主、副机排气无白烟;No.2 副机放气检查,未见空气逸出;故障期间主机高温冷却淡水压力正常,没有波动。

二、分析处理

防止了事态进一步扩大,当时采取下列应急措施:运行的副机,高温冷却水系统不断放气,减少冷却淡水中的空气,防止冷却淡水失压;运行副机专人机旁值守;增派人员加强机舱巡回检查,等。

该轮为中央冷却淡水系统,采用海水冷却低温淡水,再用低温淡水冷却高温淡水、滑油等的中央冷却淡水系统。经海水冷却的低温淡水,分成几路,分别冷却主机、副机(每台一个分路)、空压机和制冷装置等。

每台副机的冷却,都是经低温淡水冷却器冷却的低温冷却淡水分两路进入系统:低温一路,由副机自带的低温水泵升压,流过空冷器和滑油冷却器后,再经单向止回阀流回到低温水冷却器;高温一路,经过高温水自动控制阀(自动调节高温水和低温水的进入量,控制高温水温度),由高温水泵升压,冷却柴油机各缸缸套、缸头和增压器,然后部分流回到高温水自动控制阀,另一部分经单向止回阀流回到低温水冷却器。一台副机的冷却淡水系统示意图如图 2-3-2 所示。

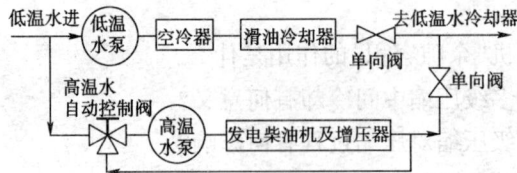

图 2-3-2　冷却淡水系统

该轮副机的低温和高温冷却水系统,均各采用离心泵供水,连续而稳定;缺点是若冷却水中有空气,容易吸空,造成冷却水供应中断。

冷却淡水中总会溶解有少量空气。高温冷却淡水吸收了缸套和缸头及增压器传出的热量,温度上升,空气溶解度降低,部分溶解的空气逸出。所以,主、副机高温冷却水系统一般都设置透气管路。透气管路是基于冷却水系统中空气受热逸出设计的,泄放空气的速度高于气体受热逸出的速度,系统中不会形成气囊,水泵不会吸空,冷却水也不会中断。若压力空气进入冷却淡水系统,系统中空气量大于透气管路泄放空气的能力,系统中就可能形成气囊,导致水泵吸空,冷却水中断。

冷却水压力高于大气,空气只能从高于冷却淡水压力的设备进入冷却水。

鉴于 No.1 副机自动停车后和 No.3 副机运行中,高温冷却水系统都不时有空气放出,初步认定,No.1 副机跳电原因,是压力空气进入冷却淡水系统。

整个冷却淡水系统是相通的。高温淡水支路中的空气,既可能来自高温支路,也可能来自低温支路;同样,低温淡水支路中的空气,既可能来自低温支路,也可能来自高温支路。所以,需从主机和副机(均包括高温支路和低温支路)以及空压机和制冷装置 3 路,逐一排查高于冷却淡水压力的设备,寻找冷却淡水中空气的来源。

1. 主机和副机的高温冷却淡水支路

主机高温冷却淡水支路,故障期间压力正常,没有波动,可先排除在外。副机的高温冷却淡水支路:此次故障前,没有发生过裂纹和裂穿;故障时也没有某缸排温特别低和烟囱冒白烟,基本可排除副机缸套和缸盖裂穿的可能;副机增压器透平前排气压力低于高温冷却淡水压力,烟气不可能漏入冷却淡水系统。

因此,基本排除燃气进入主、副机高温淡水支路的可能。

2. 主机和副机的低温冷却淡水支路

这一路,不必考虑滑油冷却器,只需考虑空冷器。

故障期间,主机负荷低,增压压力低于淡水压力,增压空气不可能漏入冷却淡水系统;副机虽然负荷高,但实际增压压力低于冷却淡水压力,空气也不可能漏入冷却淡水系统。实际验证,当时打开主机和副机空冷器放残管,只有空气而没有残水泄出。

因此,排除主、副机增压空气进入低温淡水支路的可能。

3. 空压机和制冷装置支路

主机中间轴承冷却水等,不可能有压力空气;空调、冰机等运行正常;且故障期间船在巴拿马运河机动航行,主空压机频繁启动运行,应重点考虑 3 台主空压机(该船无副空压机)。

(1)排除 No.2 主空压机漏气。故障后,航经巴拿马运河另一端船闸期间,船舶周边水域狭小,引水员非常小心,主机启停频繁,空气消耗量大,3 台主空压机频繁启动运行。运行的副机,除 No.2 副机外,高温冷却水系统中始终有空气放出;航经巴拿马运河中间段,主机一直处于运转中,空气消耗量很少,No.2 主空压机为第一备用(不定时地自动补气至主空气瓶),副机高温冷却水系统中始终没有空气放出。由此断定,No.2 主空压机没有漏泄。

(2)确认 No.3 主空压机漏气。通过运河后,轮流单独使用 No.1 和 No.3 副机,No.1 和 No.3 主空压机轮流单独工作,并完全打开 No.1 和 No.2 主空气瓶放残阀以延长主空压机工作时间。当 No.3 主空压机单独运行较长时间后,运转副机高温冷却淡水低压报警,且有空气放出,证实 No.3 主空压机有空气漏泄。隔离 No.3 主空压机,检查其高、低压冷却器并进行压力试验,发现 No.3 主空压机高压冷却器渗漏。

修复 No.3 主空压机高压冷却器后单独使用该机,且完全打开 No.I 和 No.2 主空气瓶放残阀以延长其工作时间,未再发生副机高温冷却淡水低压报警。

三、经验总结

船舶机械设备发生各种各样的故障是难免的。"故障"会给船舶生产、船员生命带来影响和威胁是大家的共识。由于船舶生产的特点,外部环境的特殊性,一旦发生"故障",其处理难度、岸基地技术和物质支持受到限制,往往比岸上发生"故障"更难处理、后果更严重。小"故障"引发大"事故",最后造成严重后果,要引起高度重视。

事故或故障的发生虽然在形式上有时表现为突发和偶然,但它一定是有其内在的联系和必然的规律。所以,一定要遵循规章,按时做好维修、保养、检查,这样它就会少出事,甚至不出事;若是敷衍了事,得过且过,甚至弄虚作假,出事只是时间早晚,不出事纯属侥幸。

能力模块三　液压元件应用技能

● **目标要求**

本模块的主要知识目标	本模块的主要能力目标
1.常用液压元件的名称、作用和图形符号； 2.柱塞式液压泵的基本工作原理； 3.影响转速、转矩和功率的主要因素； 4.船用液压马达工作原理、结构与管理； 5.液压控制阀的工作原理与典型结构； 6.液压系统辅件的作用、结构特点与管理； 7.液压元件的维护管理要点	1.具备描绘各种液压元件图形符号的能力； 2.具备分析各种液压元件的性能比较的能力； 3.具备检修、测试和调整各种液压元件的能力； 4.具备判断、分析、排除各液压元件的主要故障的能力； 5.具备对各种液压元件进行拆装的能力

● **基本概念**

一、液压元件的类型

根据液压系统的组成要素,液压元件共分为四种类型,即:动力元件,控制元件,执行元件,辅助元件。

二、液压元件的作用

1.动力元件

其功用是将原动机的机械能转换成液体的压力能,如液压泵。

2.控制元件

其功用是调节与控制液压系统中液体的压力、流量和流动方向,以满足工作机械所需的力(力矩)、速度(转速)和运动方向(运动循环)的要求。如压力控制阀、流量控制阀和换向控制阀。

3.执行元件

其功用是将液体的压力能转换为机械能以驱动工作部件运动。如液压缸和液压马达。

4.辅助元件

其功用是协助组成液压系统,保证液压系统工作的可靠性和稳定性。上述 3 项组成部分之外的其他元件都称辅助元件,包括油箱、油管、滤油器、蓄能器、压力表、热交换器等。

三、液压元件的图形符号

用国家标准或国际标准规定的图形符号绘制液压系统原理图的方法称为图形符号法。显然,一个图形符号就是代表着一个液压元件。

图 3-0-1 所示为用图形符号法绘制的液压千斤顶系统原

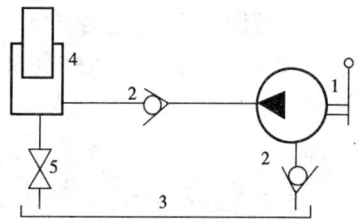

图 3-0-1　液压千斤顶系统

1-手摇泵;2-单向阀;3-油箱;4-油缸;5-截止阀

理图。用图形符号绘制液压系统图方便、清晰、简洁、通用。

使用图形符号法时应注意：

(1)图形符号只表示元件的职能特征，不表示结构特征。

(2)图形符号只表示元件的静止状态或零位状态，不表示过渡过程。

(3)图形符号只表示各元件间的连接关系，不表示具体安装位置。

(4)图形符号要符合国标规定或国际标准，只有在特殊情况下才用结构代替。

工作任务一　液压泵的拆装操作

理论知识点	实践知识点
1. 液压泵的图形符号； 2. 液压泵的工作原理； 3. 叶片泵的结构与特点； 4. 柱塞泵的结构和特点； 5. 液压泵的变量控制方式	1. 叶片泵主要部件拆装的技能； 2. 柱塞泵主要部件拆装的技能； 3. 柱塞泵操作的技能； 4. 柱塞泵主要故障排除的技能

考证大纲	适用对象			
	841	842	843	844
3.2 液压泵				
3.2.1 液压泵图形符号和工作原理(单、双作用及恒压式叶片泵;液压伺服式、恒压式、恒功率式斜盘泵和斜轴泵)			√	√
3.2.2 单、双作用叶片泵的结构和特点	√	√		
3.2.3 斜轴泵的结构和特点	√	√		
3.2.4 液压泵的使用管理	√	√	√	√

● **相关理论知识**

一、液压泵的图形符号

如图 3-1-1 所示。

二、液压泵的工作原理

容积式泵能够产生较高的工作油压，且流量受工作压力的影响很小，适合作液压泵。

液压泵就是利用工作部件运动形成工作容积周期变化而吸排流体，依靠挤压作用使流体的压力能增加。

必要条件是：

(1)形成密封容积；

(2)密封容积变化；

(3)吸压油腔隔开(具有配流装置)。

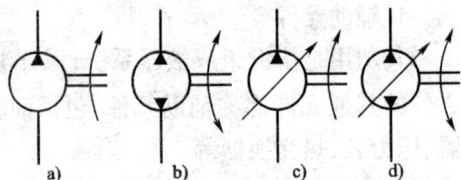

图 3-1-1　液压泵的图形符号

a)单向定量液压泵;b)双向定量液压泵;c)单向变量液压泵;d)双向变量液压泵

1. 单作用叶片泵

如图 3-1-2 所示。

$V_密$ 形成:定子、转子、叶片、配油盘围成。

$V_密$ 变化(转子逆转时):右半周,叶片伸出,$V_密$ 增大,吸油;左半周,叶片缩回,$V_密$ 减小,压油。

吸压油腔隔开:配油盘上封油区和叶片。

变量变向原理:$Q = 2\pi BD \times e \times n \times \eta_v$。当泵的转速一定时,改变定子偏心距 e 的大小,即可改变泵的排量大小;改变定子偏心方向,即可改变泵的排油方向。

转子转一周,吸压油各一次,称单作用式;吸压油口各半,径向力不平衡,称非卸荷式。

单作用叶片泵定转偏心安装,容积变化不均匀,有流量脉动,叶片应取奇数(13/15)。

2. 双作用叶片泵

如图 3-1-3 所示。

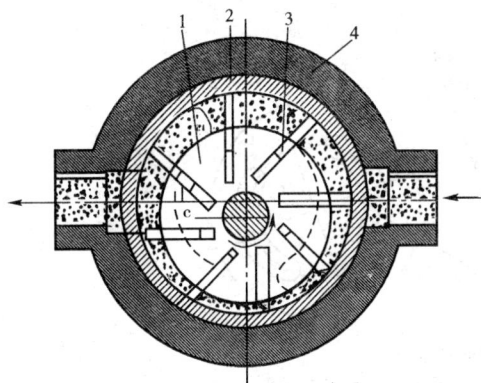

图 3-1-2　单作用叶片泵
1-转子;2-定子;3-叶片;4-泵体

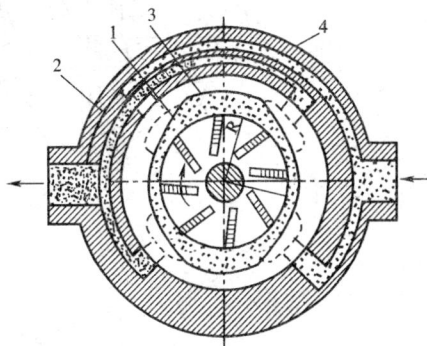

图 3-1-3　双作用叶片泵
1-转子;2-定子;3-叶片;4-泵体

$V_密$ 形成:定子、转子、相邻两叶片、配油盘围成。

$V_密$ 变化(转子顺转时):左上、右下,叶片伸出,$V_密$ 增大,吸油;右上、左下,叶片缩回,$V_密$ 减小,压油。

吸压油口隔开:配油盘上封油区及叶片。

当泵的转速一定时,因为定子和转子同心,并且受到其他结构限制,一般是定向定量。

转子转一周,吸压油各两次,称双作用式;吸压油口各对称两个,径向力平衡,称卸荷式。

双作用叶片泵存在流量脉动,当叶片数为 4 的整数倍、且大于 8 时的流量脉动较小,故通常取叶片数为 12 或 16。

3. 斜盘式轴向柱塞泵(非通轴式)

如图 3-1-4 所示。

$V_密$ 形成:柱塞和缸体配合而成。

$V_密$ 变化(缸体顺转时):左半周,$V_密$ 增大,吸油;右半周,$V_密$ 减小,压油。

吸压油口隔开:配油盘上的封油区及缸体底部的通油孔。

变量变向原理:$Q = 1/4\pi d^2 D \times \tan\beta \times Z \times n \times \eta_v$($D$ 为柱塞中心分布圆直径)。当泵的转速一定时,改变斜盘倾角 β 的大小,即可改变泵的排量大小;改变斜盘倾斜方向,即可改变泵的排油方向。

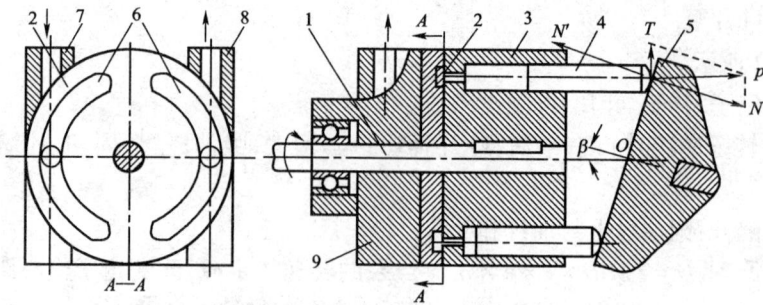

图 3-1-4　斜盘式轴向柱塞泵

1-泵轴;2-配流盘;3-缸体;4-柱塞;5-斜盘;6-配油窗口;7-8-吸、排油口;9-泵体

4.斜轴式轴向柱塞泵

如图 3-1-5 所示。

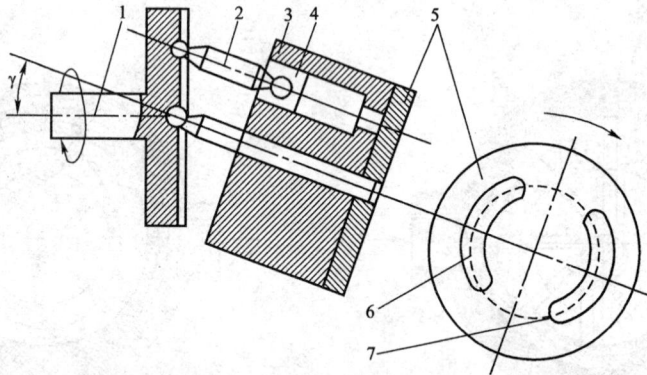

图 3-1-5　斜轴式轴向柱塞泵

1-配流盘;2-柱塞;3-缸体;4-连杆;5-传动轴;6、7-油窗口

$V_密$ 形成:柱塞和缸体配合而成。

$V_密$ 变化(缸体顺转时):左半周,$V_密$ 增大,吸油;右半周,$V_密$ 减小,压油。

吸压油口隔开:配油盘上的封油区及缸体底部的通油孔。

变量变向原理:$Q = 1/4 \pi d^2 D \times \tan\gamma \times Z \times n \times \eta_v$,($D$ 为柱塞中心分布圆直径)。当泵的转速一定时,改变缸体摆角 γ 的大小,可改变泵的排量大小;改变缸体偏摆方向,可改变泵的排油方向。

三、叶片泵的结构与特点

1.单作用叶片泵

(1)结构。单作用叶片泵主要由传动轴、转子、定子、叶片、配油盘和泵体组成。定子内壁呈圆形,定子和转子之间有一偏心距 e,转子上有均匀分布的径向狭槽,槽内装有可作径向滑动的叶片,叶片的宽度与转子的宽度相同。转子与叶片两端面各有配油盘与之紧密贴合,配油盘上开有吸、排油窗口。如图 3-1-6 所示。

单作用泵的叶片采用后倾角后倒角,即叶槽顺旋转方向朝后倾斜20°～30°的后倾角。这是因为单作用叶片泵定于内表面是正圆形,且偏心距较小,叶片外伸较短,压力角问题不突出。但单作用叶片泵在吸油区,叶片是靠离心力向外伸出,为使其外伸容易,并紧贴定子内壁,采用叶片槽向后倾斜是有利的。后倒角是指在叶片逆转向一侧开的倒角。

单作用叶片泵由于叶片在转过吸入区时向外伸出的加速度较小,单靠离心力即足以保证叶片贴紧定子。为了避免叶片顶部对定子产生过大的压力,而将配油盘上与叶片底部叶槽相通的环槽分成长短不一的两段,长的一段与排出腔相通,短的一段则与吸入腔相通。

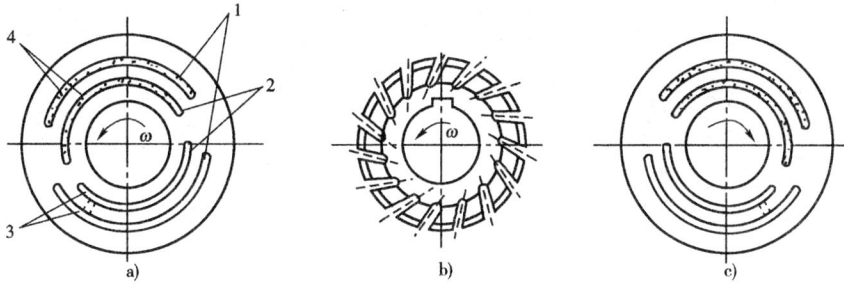

图 3-1-6 单作用叶片泵的配油盘
1-配油口;2-叶片底部通油槽;3-低压腔;4-高压腔

(2)困油现象:有。当泵的每两相邻叶片转到吸、排油口间的密封区时,所接触的定子曲线不是与转子同心的圆弧。因此,相邻叶片在密封区内转动时,叶间工作容积会先大后小,而产生困油现象,但不太严重,可通过在配油盘上的排出口边缘(运转时,叶片进入的一侧)开三角形卸荷槽以使困油空间的油液能从排出口泄出的方法解决。该泵的流量不太均匀。

(3)径向力:不平衡。由于转子两侧分别作用着吸入压力和排出压力,故泵在工作时定子、转子和轴承将承受不平衡的径向液压力(因此,也称单作用叶片泵为非卸荷式叶片泵),故工作压力不宜太高,应用不很广泛。

2. 双作用叶片泵

(1)结构。双作用叶片泵与单作用叶片泵结构上的主要不同点在于定子内表面形状与偏心距。双作用叶片泵的定于内腔型线是由两段长半径圆弧和两段短半径,圆弧以及连接它们的四段过渡曲线组成。转子和定子的中心相重合,即偏心距恒为零。

①定子、转子和叶片:双作用叶片泵定子内侧大、小圆弧间的过渡曲线必须设计成使叶片在叶槽中移动速度的变化尽可能小,以免产生太大的惯性力,导致叶片与定子的脱离或冲击。目前采用较多的定子过渡曲线是由前半段等加速曲线和后半段等减速曲线组合而成。

双作用叶片泵一般为使叶片在吸入区能紧贴定子,而使叶片底部与排出油腔相通。为此,配油盘端面开有环槽,通过小孔与排出腔相通,引入压力油。这样,在吸入区,叶片底部的排出油压可帮助叶片离心力克服惯性力和摩擦力,使叶片迅速伸出贴紧定子。在排出区,叶片两端同受排出油压的作用,但此时叶片的摩擦力和离心力都指向定子,所以即使在滑移后期叶片出现指向槽底的惯性力,也不致使叶片脱离定子。

双作用叶片泵的叶片数应取偶数,以保证转子所受的径向力平衡。通常叶片数为12;但当工作压力超过 10MPa 时,为提高转子强度,则多为 10。

②配油盘:如图 3-1-7 所示。配油盘吸油口的油流速度不能过高,一般为 4 ~ 5m/s,最高不应超过6m/s。为了降低吸油口油的流速,可以从两侧配油盘同时吸油。排油是从右侧配油盘排油口排出,但左侧配油盘上相应位置上的排油口则是盲孔,不通排油腔,其目的是为了使叶片两侧所受的轴向液压力得以平衡。

配油盘上的吸、排油口之间夹角称为油封角。油封角应稍大于或等于两相邻叶片之间的夹角$2\pi/z$(z 为叶片数),否则会使吸排油口沟通,造成泄漏。定子圆弧部分夹角应大于或等于配油盘上油封角,以免产生困油和气穴现象。

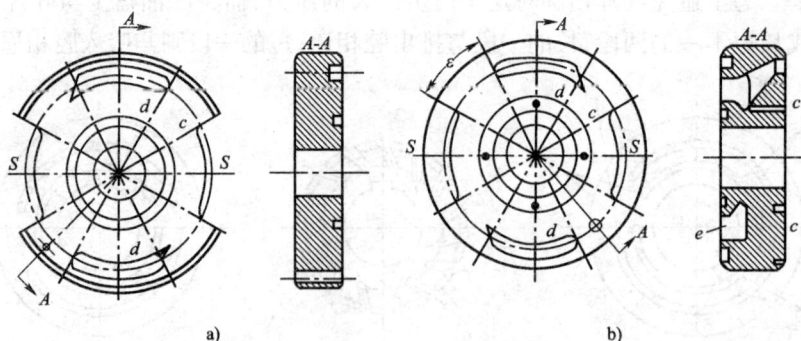

图 3-1-7 双作用叶片泵的配油盘

配油盘的排出口在叶片从密封区进入端的边缘处开有三角形的节流槽。它可使相邻叶片间的工作空间在从密封区转入排出区时,能逐渐地与排出口相沟通,以免造成液压冲击和噪声,并引起瞬时流量的脉动。

③叶片的倾角和倒角:双作用叶片泵的叶片采用前倾角后倒角。前倾角是指叶片顶部顺转向倾的角度,一般为 $10°\sim 14°$;后倒角是指在叶片逆转向一侧开的倒角。如图 3-1-8 所示。

叶片前倾安装的目的是为了减小压力角,从而减小侧向力,减轻磨损,防止叶片在排油区段需内缩时被卡住、折断。叶片径向安装时的压力角经前倾角后的压力角减小,显然叶片前倾后的侧向力减小。

叶片后倒角的目的是使叶片在吸油区段需外伸时,其顶部有相当部分的面积只受吸入压力的作用,从而有助于叶片顶部贴紧定子内壁。

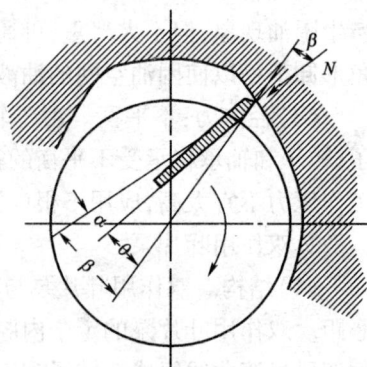

图 3-1-8 双作用叶片泵的叶片

(2)困油现象:无。当泵的每两相邻叶片转到吸、排油口间的密封区时,因叶片顶端与定子的圆弧部分接触并使转子和定子同心,故旋转时两叶片间的容积不变,不会产生困油问题。

(3)径向力:平衡。由于双作用叶片泵两个吸入口和两个排出口是对称布置的,所以作用在定子及转子上的液压力是完全平衡的(因此,也称其为卸荷式叶片泵),故工作压力较高。

3.叶片泵的结构特点综合如表 3-1-1 所示。

叶片泵的结构特点   表 3-1-1

		单作用叶片泵	双作用叶片泵
吸排次数		1 次/转	2 次/转
结构	总体	一轴、一定、一转、两盘、三壳体	
	定子	正圆(变量时可以浮动)	2 大半径圆弧和 2 小半径圆弧及 4 过渡曲线(前半段是等加速,后半段是等减速,防冲击。)
	转子	偏心(变量时中心固定)	同心
	配油盘	配油窗口与泵的中心线是不对称的	配油窗口与泵的中心线是对称的

		单作用叶片泵	双作用叶片泵
叶片	数量	奇数，一般为 13 或 15 片（减少液流脉动）	偶数，一般为 12 或 16 片（保证径向力平衡）
	倾角	20°～30°的后倾角（减小叶片外移阻力）	10°～14°的前倾角（改善叶片受力情况）
	倒角	后倒角（减小叶片外移阻力，便于外伸）	后倒角（保证叶片紧贴定子内表面）
吸排口		单吸口单排口×2；双侧吸油，双侧排油	双吸口双排口×2；双侧吸油，单侧排油
封油区		2 个	4 个
角度关系		定子圆弧段圆心角 $\beta \geqslant$ 封油区圆心角 $\varepsilon \geqslant$ 叶片间夹角 $\theta(2\pi/z)$	
困油现象		有（相邻叶片经过封油区容积变）	无（相邻叶片经过封油区容积不变）
三角槽	位置	配油盘上排出口叶片转入端	
	作用	减轻困油现象	减小液压冲击和排压脉动
密封	轴向	密封面（间隙大）	密封面（间隙小）
	径向	离心力（配油盘上环槽通吸、排油区）	离心力＋油压（配油盘上环槽只通排油区）
径向力		不平衡（非卸荷式叶片泵）	平衡（卸荷式叶片泵）

4. 叶片泵的特点

（1）自吸能力：有，但为防止干摩，启动时的泵内必须充油。

（2）流量：理论流量仅取决于工作部件的尺寸和转速，与排出压力无关。

（3）流量均匀性：双作用叶片泵流量较均匀，脉动小，无困油现象，噪声和振动小。

（4）压力：额定排出压力与工作部件尺寸、转速无关，主要取决于泵的密封性能、结构强度和原动机功率。为了防止泵在超过额定工作压力的情况下工作，一般在管路上吸排截止阀之间安装有安全阀。叶片密封性能好，故允许的工作压力比一般外齿轮泵高，普通叶片泵的工作压力最高可达 7MPa。高压叶片泵可达 14～21MPa。双作用叶片泵因径向力平衡，故工作压力比单作用叶片泵高。

（5）转速：较高，一般为 500～2000r/min。转速太低时，叶片外移困难，而转速太高时，流量增加，吸入流速太高，容易产生汽蚀现象，不能正常吸入。

（6）效率：主要受密封间隙、吸排压力、温度转速影响较大。叶片泵密封性好，容积效率较齿轮泵高。

（7）适用性：叶片泵对工作条件要求严格。当油液含有杂质时，会使叶片在槽内咬死、折断，故对油液的清洁度要求高；同时对油液的温度、黏度也较敏感。一般油温不宜超过 55℃，黏度要求在 17～37mm²/s 之间。即叶片泵适用于黏度适当、不含杂质的具有润滑性的液体。在船上常作为液压泵。

（8）维护性：结构复杂，零部件多，摩擦面多，对工作条件和拆装要求高。

（9）耐用性：双作用叶片泵比单作用叶片泵磨损轻，使用寿命长。

四、柱塞泵的结构与特点

柱塞泵是液压泵中最专门化、技术含量最高和最贵的一类泵。柱塞泵属于容积式泵，但它与普通的往复式柱塞泵在结构上显著的不同之处在于，采用多作用的回转式油缸形式，取消了泵阀，从而在性能上取得了突破，满足了提高转速、均匀供液和减小体积的要求，并可做成变量泵。

1. 斜盘式轴向柱塞泵

图 3-1-9 所示为液压伺服控制的 CCY14-1B 型斜盘式轴向柱塞泵。

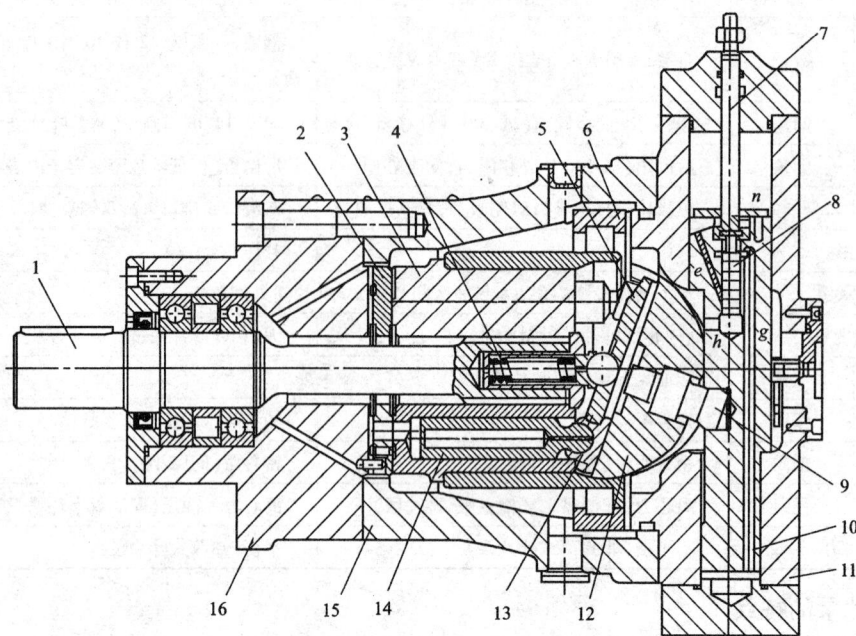

图 3-1-9 CCY14-1B 型斜盘式轴向柱塞泵

1-传动轴;2-配流盘;3-缸体;4-中心弹簧;5-回程盘;6-大轴承;7-控制杆;8-伺服滑阀;9-销轴;10-差动活塞;11-变量壳体;
12-斜盘;13-滑履;14-柱塞;15-中泵体;16-外泵体

传动轴 1 通过花键带动缸体 3 旋转。中心弹簧 4 一方面通过弹簧外套将缸体 3 压向配油盘 2,以保证二者间初始密封;另一方面通过弹簧内套、钢球、回程盘 5 将滑履 13 压向斜盘 12。缸体和柱塞 14 带动与柱塞外端铰接的滑履 13,在斜盘上按圆周方向滑动。当斜盘倾斜时,柱塞即在油缸中往复运动,油液通过配油盘的两个油窗口和外泵体 16 的油通道吸油和排油。

泵的内部漏泄主要发生在:配油盘与缸体之间、柱塞与缸体之间、滑履与斜盘(或止推板)之间、滑履与柱塞球头之间,柱塞球头和滑履均有小孔通油以助润滑。漏入泵体中的油除润滑轴承外,连续地从中泵体 15 顶部的泄油孔泄回油箱,带走泵功率损失所产生的热量。

图 3-1-10 示出液压伺服变量机构及其图形符号,可结合图一起予以说明。液压伺服泵通常做成可双向变量。变量壳体 11 内装有差动活塞 10,后者上端又装有伺服滑阀 8,滑阀上端通过 T 形槽与控制杆 7 相连。控制油常由辅泵供到变量壳体下腔 m(外供),也可由主泵的排油通过泵体的通道 c 经单向阀供给(内供)。为了使泵在中位时变量机构也有足够的控制油压,变量机构无须靠硬拉偏离中位,有条件时控制油尽量采用外供。

差动活塞(或伺服滑阀套)与伺服滑阀配合面有上、下两道环槽。供入 m 腔的控制油通过差动活塞内的油道 g 通至上部环槽;而变量壳体上腔 n 的控制油通过油道 e 通至下部环槽。当伺服滑阀正好遮盖住上、下环槽时,差动活塞因上端油腔被封闭而停住不动,其控制的斜盘倾角即不变,于是泵的排量既定。当伺服滑阀下移挪开上部环槽时,控制油得以进入油腔 n,差动活塞因上端受力面积比下端大,即在控制油压作用下下移,直至上部环槽重新被伺服滑阀遮蔽为止;反之,当伺服滑阀上移挪开下部环槽时,n 腔的控制油经油道 e、h 泄至泵壳内,差动活塞即在下端油压作用下上移,直至下部环槽重新被伺服滑阀遮蔽为止。

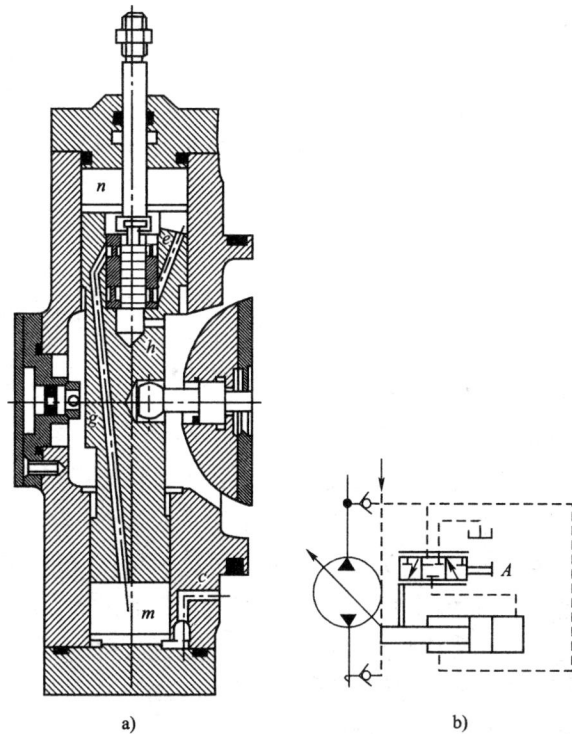

图 3-1-10　液压伺服变量机构

a)液压伺服式变量机构;b)图形符号

c-通道;e、g、h-油道;m-变量壳体下腔;n-变量壳体上腔

图 3-1-11 示出 CCY14-1B 型泵配油盘的结构。配油盘上两个弧形配油窗口分别与外壳体上的两个吸、排油腔相通。盘上靠近外圆的环槽称为卸压槽,它与若干径向浅槽连通泵壳体泄油腔。卸压槽以外部分是辅助支承面,不起密封作用,但可增大承压面积,减轻磨损。

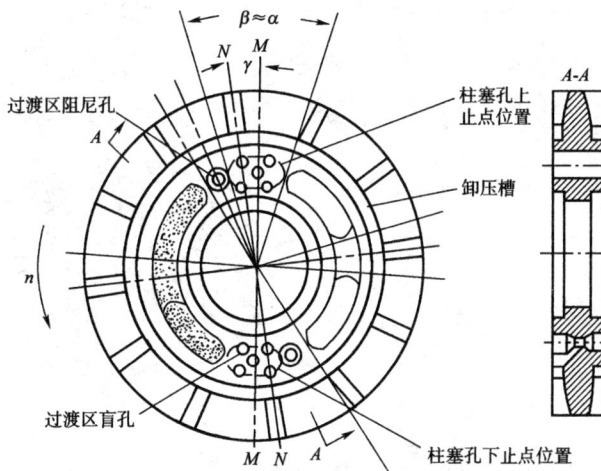

图 3-1-11　CCY14-1B 型泵配流盘

CCY14-1B 型泵的配油盘采用了有阻尼孔的非对称负重叠结构。阻尼孔是指离配油窗口的油缸转入端不远处的直径约 1mm 的通孔,它靠背面外泵体上的油槽可与邻近的配油窗口相通。所谓非对称,是指配油盘中线 NN 相对于斜盘中线 MM 按缸体旋转方向偏转了一个 γ 角。所谓负重叠,是指封油角(阻尼孔与另一油窗口间的过渡区的圆心角)α 小于配油角 β(油缸配

油孔的圆心角），$\alpha - \beta \approx 0° \sim -1°$。由于负重叠，当油缸配油孔即将离开前一油窗口时，即与后一油窗口的阻尼孔相通，这样即可消除困油现象；由于有阻尼孔，缸中油液是先经阻尼孔与将转入的配油窗口节流相通，从而压力变化平缓，可避免液压冲击，容积效率降低也很少。为保证配油盘安装位置正确，它与外泵体间设有定位销。采用非对称配油盘的泵只能按规定的方向运转，否则需要更换配油盘（有的型号泵可将配油盘翻转），并改换定位销的位置。配油盘的过渡区还有若干个盲孔，可起存油润滑作用。

图 3-1-12 示出柱塞与滑履的结构与受力情况。由图可见，在滑履和柱塞的中心都钻有小孔，它可使压力油经小孔通到柱塞、滑履及斜盘（或止推盘）之间的摩擦面上，从而起到润滑和静压支承的作用。设计时只要适当选取滑履底部及其圆盘形小室的直径，即可改变滑履底部油压撑开力 p_C，将柱塞传给滑履的法向力 N 的大部分抵消（一般保持 N 比 p_C 大 $5\% \sim 10\%$）。这样既可以大幅度降低滑履与斜盘（或止推盘）间的比压，使磨损和功耗减小，又可使滑履压紧后者，防止漏泄量太大。

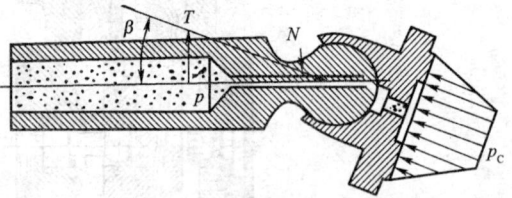

图 3-1-12　柱塞与滑履的受力情况

此外，在配油盘的配油窗口及其两侧的环形密封面上，也存在着横截面呈梯形分布的油压力。只要密封面的宽度选择适当，同样可使缸体压紧配油盘的油压力比撑开力略大，既可降低摩擦损失，又不致使缸体与配油盘间的漏泄量过大。

2. 斜轴式轴向柱塞泵

图 3-1-13 示出 A7V 斜轴式轴向柱塞泵的结构图。

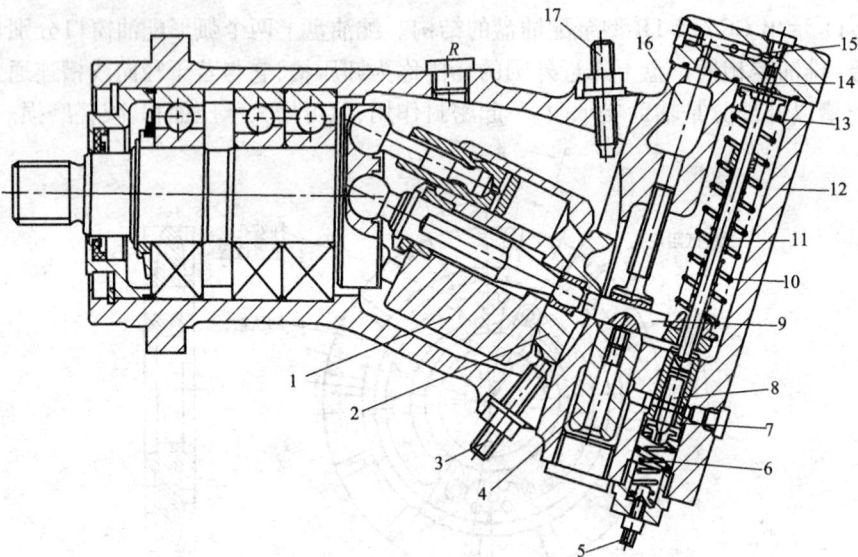

图 3-1-13　A7V 斜轴式轴向柱塞泵

1-缸体；2-配流盘；3-最大摆角限位螺钉；4-变量活塞；5-调节螺钉；6-调节弹簧；7-阀套；8-伺服滑阀；9-拔销；10-外弹簧；11-内弹簧；12-变量壳体；13-导杆；14-先导活塞；15-节流孔；16-变量活塞小端油缸；17-最小摆角限位螺钉

柱塞与油缸间的部分漏油可经柱塞和连杆内的孔道去润滑连杆大小端的球铰。中心连杆的球铰也用类似方法润滑。配油盘 2 与缸体 1 是球面配合，中心连杆左端有碟形弹簧将缸体 1 压紧在配油盘 2 上，以保持预紧力并自动补偿磨损间隙。配油盘的背面也是球面，可在变量壳体 12 的弧形滑道上滑动。

与斜盘泵相比,斜轴泵有以下特点:

(1)以传动盘铰接替代斜盘泵的滑履,结构的强度和耐冲击性能更好,自吸能力较强。

(2)斜轴泵的连杆相对柱塞的摆角不大,工作时柱塞对缸壁的侧压力比斜盘泵小得多,因而磨损小,缸体摆角可为 25°～40°(斜盘泵的斜盘倾角为 15°～20°),故变量范围更大,功率质量比更高。

(3)驱动轴不穿过配油盘,缸体直径较小,漏泄和摩擦损失因而减小,转速可以更高。

(4)采用球面配油,间隙较大,故比斜盘式对油液污染的耐受能力高,滤油精度允许放宽至 20～40μm(但推荐 10μm);斜盘泵要求的是 10～15μm。

这种泵有多处球面配合,工艺比较复杂,造价比斜盘泵高;双向变量需要较大的摆动空间,因而泵壳较笨重。

3. 柱塞泵

柱塞泵的特点综合如表 3-1-2 所示。

柱 塞 泵 的 特 点   表 3-1-2

形　　式	斜盘式轴向柱塞泵	斜轴式轴向柱塞泵
主要结构	传动轴、缸体、柱塞副(转动) 斜盘(不转动) 配油盘、泵体(固定)	传动轴、球窝圆盘、缸体、柱塞副(转动) 配油盘、泵体(固定)
转动轴与配油盘位置	穿过(能量损失大)	不穿过(能量损失小)
配油盘与缸体之间密封	定心弹簧	蝶形弹簧
连杆相对柱塞偏摆角	角度大(磨损大)	角度小(磨损小)
变量范围	小($\beta \leqslant 18°～20°$)	大($\gamma \leqslant 25°～30°$)
滤油精度	高($10\mu m～15\mu m$)	低($25\mu m$)
自吸能力	好	差
价格	低	高

五、柱塞泵的变量控制方式

柱塞泵的排量和排向是可以通过变量机构进行控制的,控制的方式有多种。

1. 手动变量式

指通过螺杆机构依靠人力来改变和固定斜盘倾角大小和方向,从而改变排量与排向的方式。

2. 液压伺服变量式

指通过液压伺服机构依靠液压力来改变和固定斜盘倾角大小和方向,从而改变排量与排向的方式。

3. 恒压变量式

属于自动变量的方式,根据排出压力来控制流量(在工作压力低时全流量工作,当工作压力超过整定值时流量极其迅速降低),并使排出压力基本稳定的变量方式。

4. 限压变量式

属于自动变量的方式,根据排出压力来控制流量(在工作压力低时全流量工作,当工作压力超过整定值时流量比较迅速降低),排出压力会在一定范围内波动但不超过限定值的变量方式。

5. 恒功率变量式

属于自动变量的方式,通过自动变量机构根据排出压力 p 的高低来控制排油量 Q 的大小(排出压力高时降低排油量,排出压力低时提高排油量),从而使油泵功率基本保持不变的变量方式。

● 相关实践知识

一、叶片泵主要部件拆装的技能

1. 转向与连接

检修时应注意电动机接线不要接错,因受吸排方向、叶片倾角和倒角等因素限制,转向必须与标定转向一致。泵和电动机应保持良好对中。

2. 重要部件——叶片、转子、定子、配油盘、机械轴封

叶片、转子、配油盘的安装要注意转向,不得装反,在拆装过程中应保持清洁,防止工作表面划伤;在叶片泵工作一段时间后,叶片与槽的磨损各不相同,拆修时不宜随便更换叶片与槽的配合关系;叶片顶部磨损时,可把叶片底部磨出 $1 \times 45°$ 角或磨成圆弧,然后颠倒使用;但必须保证叶片顶部与两侧端面的垂直度;配油盘与定子的相对位置要用定位销正确定位;定子内表面吸入区部分最易磨损,必要时可先将磨损表面用细砂布磨光,然后将定于翻转后定位安装,以使原吸入区变为排出区而继续使用。

3. 重要间隙——主要为叶槽间隙和轴向间隙

叶片与叶槽间隙应适当,太大会使滑泄增加;太小则叶片不能自由伸缩,导致工作失常。因此,叶片与叶槽都是经过选配的,属于精密偶件。叶片与叶槽的装配间隙一般为 $0.015 \sim 0.03\text{mm}$,当工作油液黏度在 $21\text{m}^2/\text{s}(3°\text{E})$ 左右时,以在工作油液中能靠叶片自重缓速落入槽底为宜。

轴向间隙对容积效率影响很大,转子端面和配油盘的轴向间隙通常都取 $0.015 \sim 0.03\text{mm}$(小型泵)或 $0.02 \sim 0.045\text{mm}$(中型泵)。当转子与配油盘接触面有严重擦伤时可重新研磨;但叶片也应同时研磨,并使其轴向宽度始终比转子宽度小 $0.005 \sim 0.01\text{mm}$。此外,定子端面也应研磨,以保证合适的轴向间隙。

泵检修装复后,用手转动泵轴,应转动灵活。手感为既无卡阻也不松动时,大体说明轴向间隙正常。

二、柱塞泵主要部件拆装的技能

1. 转向与连接

检修时应注意电动机接线不要接错,转向必须与标定转向一致。泵轴与电动机轴应用弹性联轴器直接相连并保持良好对中,同心度误差不得超过 0.10m。

2. 重要部件

柱塞偶件,配油盘和变量伺服机构滑阀与差动活塞是应特别关注的部件。这些部件多经淬火,硬度很高,且经研配,拆装时不应用力捶击和撬拨,严防划伤密封面和换错偶件。

3. 重要间隙

主要为柱塞与油缸的径向间隙、柱塞头部的铰接间隙、配油盘与油缸体的轴向间隙、滑阀与阀套间隙,这些间隙都是研配间隙,发现过松(过度磨损)应按规定更换,过紧通常是配合面

不清洁或划毛引起的,故在装配前各零件应用挥发性洗涤剂清洗并吹干,然后边装边在配合面涂布清洁的液压油进行润滑。不宜使用棉纱等擦洗。

泵检修装复后用手转动泵轴应转动灵活。手感为既无卡阻也不松动时,大体说明间隙正常。

三、柱塞泵操作的技能

1. 油

油品应按规定选用,不得随意改换和掺用。

油质应保持高度清洁,油质不良和受污染是液压泵及系统的故障之源,会产生堵、卡、磨等故障。

油位应正常,平时应保持各润滑部件充分润滑,启动前必须检查泵壳及油箱内油位,检修后务必记住要灌油。为保证泵壳内油位适当,安装时,应使泵壳回油管的位置高于轴承。

2. 压力

吸入压力不能过低。吸油高度一般应小于 125 ~ 500mm,有的型号不允许自吸。故吸入管上不应加设滤器。如果吸入压力过低,不仅容易产生"气穴现象",而且因轴向柱塞泵的柱塞就要全靠铰接端强行从缸中拉出,易造成损坏。因此,轴向柱塞泵推荐采用辅泵供油。

排出压力不能超出规定。不能关阀启停,否则排出压力会高到毁泵的程度。

泄油背压不能高。对于油经泵壳强制循环冷却的泵或在泵壳回油管上加设滤器时,必须注意泵壳内的油压,通常不得大于 0.2MPa,以保证泵壳的密封和变量机构的正常工作。

零位时泵不宜长时间运转。因为泵空转时不产生排出压力,各摩擦面也因此得不到泄漏油液的润滑与冷却,容易使磨损增加,并使泵壳内的油液发热。

3. 温度

油温应符合规定,过高和过低都会影响泵的正常工作和寿命。

四、轴向柱塞泵主要故障排除的技能

轴向柱塞泵故障如表 3-1-3 所示。

轴向柱塞泵故障 表 3-1-3

故障现象	原因分析	排除方法
油量不足	(1)油箱油位过低; (2)泵体内没有充满油,有残存空气; (3)吸油管堵塞或阻力太大; (4)油温不当或有漏气; (5)柱塞与油缸或配油盘与缸体间磨损; (6)中心弹簧弹力不足,引起缸体与配油盘间失去密封; (7)变量机构失灵,达不到工作要求	(1)检查油量,适当加油; (2)排除泵内空气; (3)排除油管阻塞; (4)根据温升实际情况,选择合适的油液,紧固可能漏气的连接处; (5)更换柱塞,修磨配油盘与缸体的接触保证接触良好; (6)更换中心弹簧; (7)检查变量机构是否灵活,并纠正其误差
泵体泄漏	(1)缸体与配油盘间磨损; (2)中心弹簧损坏,使缸体与配油盘失去密封性; (3)柱塞与油缸磨损	(1)修整接触面或换新; (2)更换弹簧; (3)更换柱塞或重新配研
温升过大	(1)内部漏损较大; (2)有关相对运动的配合面有磨损	(1)检查和研修有关密封配合面; (2)修整或更换磨损件,如配油盘、滑靴等

故障现象	原因分析	排除方法
噪声较大	(1)泵内有空气； (2)吸入管堵塞或阻力大； (3)油液不干净； (4)油液黏度过大； (5)油液的油位低或有漏气； (6)泵与电机安装不同心,管路振动； (7)系统工作压力大	(1)排除空气,检查可能进入空气的部位； (2)清除堵塞； (3)抽样检查,更换干净的油液； (4)更换黏度较小的油液； (5)按油标高度注油,并检查密封； (6)采取隔离消振措施； (7)重新调整压力阀的调定值
变量机构失灵	(1)在控制油路上,可能出现堵塞现象； (2)变量机构和斜盘耳轴磨损； (3)伺服滑阀、差动活塞以及弹簧芯轴卡死	(1)净化油,必要时冲洗管路； (2)更换部件； (3)若为机械卡死,可用研磨方法修复,如果油液污染,由应更换
柱塞不能转动	(1)柱塞与缸体卡死； (2)柱塞球头折断； (3)滑靴脱落	(1)更换新油,更换黏度较小的液压油； (2)更换； (3)更换或送制造厂维修

工作任务二　液压阀的拆装维护

理论知识点	实践知识点
1.液压阀的要求、分类和功用； 2.方向控制阀的结构、原理和特点； 3.压力控制阀的结构、原理和特点； 4.流量控制阀的结构、原理和特点	1.压力控制阀比较判断的技能； 2.流量控制阀比较判断的技能； 3.换向阀主要故障排除的技能； 4.先导式溢流阀主要故障排除的技能； 5.先导式减压阀主要故障排除的技能

考证大纲	适用对象			
	841	842	843	844
3.1 液压控制阀				
3.1.1 方向控制阀(单向阀、液控单向阀、液压锁、各种换向阀、梭阀)的功用和图形符号	√	√	√	√
3.1.2 压力控制阀(直动式和先导式溢流阀、电磁溢流阀、卸荷溢流阀、减压阀、顺序阀)的功用和图形符号	√	√	√	√
3.1.3 流量控制阀(节流阀、调速阀、溢流节流阀)的功用和图形符号	√	√	√	√
3.1.4 比例控制阀的功用和图形符号	√	√	√	√
3.1.5 主要液压控制阀的工作原理				
3.1.5.1 液控单向阀的工作原理	√	√		
3.1.5.2 电磁和电液换向阀的工作原理	√	√		

考 证 大 纲	适 用 对 象			
	841	842	843	844
3.1.5.3 先导式溢流阀的工作原理	√	√		
3.1.5.4 卸荷溢流阀的工作原理	√	√		
3.1.5.5 先导式减压阀的工作原理	√	√		
3.1.5.6 顺序阀的工作原理	√	√		
3.1.5.7 调速阀的工作原理	√	√		
3.1.5.8 溢流节流阀的工作原理	√	√		
3.1.6 各种液压控制阀的分类和综合比较	√	√	√	√
3.1.7 几种常用液压控制阀的性能				
3.1.7.1 节流阀的性能特点	√	√	√	√
3.1.7.2 换向阀的性能特点(包括中位机能)	√	√	√	√
3.1.7.3 溢流阀的性能特点(包括稳态特性和动态特性)	√	√	√	√
3.1.7.4 调速阀和溢流阀的性能特点比较	√	√	√	√
3.1.8 重要液压控制阀的故障分析				
3.1.8.1 先导式溢流阀的故障分析	√	√	√	√
3.1.8.2 先导式减压阀的故障分析	√	√	√	√
3.1.8.3 换向阀的故障分析	√	√	√	√

● 相关理论知识

一、液压阀的要求、分类和功用

1. 要求

(1)快:快速灵敏、动作可靠。

(2)严:关闭严密,密封性好。

(3)畅:流道通畅,流阻要小。

(4)轻:冲击要轻、振动要小。

(5)巧:结构紧巧、管用方便。

2. 分类

液压阀的分类如表 3-2-1 所示。

液压阀的分类   表 3-2-1

结构形式	连接方式	控制方式		用 途
滑阀	管式阀	普通液压阀	方向控制阀	单向阀、液控单向阀、液压锁、换向阀、梭阀、低压选择阀
锥阀	板式阀	伺服控制阀	压力控制阀	溢流阀、电磁溢流阀、卸荷溢流阀、减压阀、顺序阀、卸荷阀、平衡阀
球阀	插装阀	比例控制阀	流量控制阀	节流阀、单向节流阀、调速阀、溢流节流阀
	叠加阀	数字控制阀		

3. 功用

(1)方向控制阀:是控制液压系统中的油流方向满足执行元件的运动方向要求。如表3-2-2所示。

方向控制阀的功用

表3-2-2

类　型	主　要　功　用
单向阀	使油液只能单向通过
液控单向阀	在控制油作用下允许油液反向通过
液压锁	有油液时导通,无油液时锁闭(双联液控单向阀)
换向阀	利用阀芯与阀体的相对运动改变油路的沟通情况
梭阀	对两种互不干扰的不同压力进行选择而从同一个出口输出(液控二位三通阀)
低压选择阀	保证油路与低压管路沟通(液控三位三通阀、热油释放阀)

(2)压力控制阀:是控制液压系统中的压力满足执行元件所需力或力矩的要求。如表3-2-3所示。

压力控制阀的功用

表3-2-3

类　型	主　要　功　用
溢流阀	保证溢流阀进口压力恒定
电磁溢流阀	利用电信号使系统迅速卸载或系统的多级压力控制(先导式溢流阀和电磁换向阀的组合)
卸荷溢流阀	低压时供油,高压时卸载(单向溢流阀)
减压阀	保证减压阀出口压力恒定
顺序阀	利用油压信号控制油路通断,控制执行元件的动作顺序
卸荷阀	利用外加油压信号使系统卸载(外控内泄式顺序阀)
平衡阀	利用油压信号使负载限速(内泄式单向顺序阀)

(3)流量控制阀:是控制液压系统中油液的流量满足执行元件运动速度的要求。如表3-2-4所示。

流量控制阀的功用

表3-2-4

类　型	主　要　功　用
节流阀	手动改变通流面积,简单保持流量,简单控制执行元件的运动速度
单向节流阀	单向调节流量,简单控制执行元件的单向运动速度
调速阀	手动改变通流面积,稳定保持流量,稳定控制执行元件的运动速度(节流阀和定差减压阀串联组合)
溢流节流阀	手动改变通流面积,稳定保持流量,稳定控制执行元件的运动速度(节流阀和定差溢流阀并联组合)

(4)比例控制阀:是按给定的输入电信号(电压为直流24V,电流≤800mA)连续地比例地控制液流的压力、流量和方向。

比例控制阀是在普通液压阀上用电-机械转换器(比例电磁铁;动圈式力马达;力矩马达;伺服电机;步进电机)取代原有的控制部分,即成为比例控制阀。根据用途分为比例方向阀、比例压力阀、比例流量阀。如表3-2-5所示。

类　型	主　要　功　用
比例节流型换向阀	输入电信号与阀口开度成正比,液流换向同时进行节流
比例流量型换向阀	输入电信号与输出流量成正比,液流换向时流量不受负载影响 (根据工作原理分为压力补偿型和流量检测反馈型)

二、液压阀的结构、原理和特点

结构上,所有的液压阀主要由 3 部分(阀体、阀芯、控制阀芯运动的部件)组成的。

原理上,所有的液压阀符合孔口流量公式(开口、压差、流量的相互关系),但控制的系统对象不同。

参数上,所有的液压阀注意公称直径(阀进出口的名义通径,与实际直径及管路内径可能不同)和公称压力(阀连续工作所允许的工作压力)。

1. 方向控制阀

1)单向阀

结构及职能符号如图 3-2-1 所示。

主要由阀体、阀芯和复位弹簧等组成。

当液流正向通过单向阀时,只需克服弹簧力,阻力很小,而当液流企图反向流动时,阀芯在油压与弹簧力的联合作用下被紧压在阀座上,截断液流通道。

单向阀的弹簧的刚度一般较小,以尽量减小油流正向通过时的压力损失,正向最小开启压力(单向阀的性能指标)大约为 0.03 ~ 0.05MPa。

单向阀也作背压阀使用,常装在回油管中以使保持一定的回油压力。当单向阀作为背压阀使用时,弹簧的刚度按要求的回油压力来选择,比作单向阀用时要硬一些,这类阀的开启压力一般为 0.2 ~ 0.6MPa。

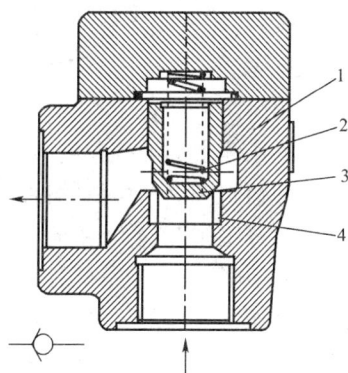

图 3-2-1　单向阀
1-阀体;2-弹簧;3-阀芯;4-阀座

单向阀也与细滤器等附件并联使用,以便在滤器堵塞时能够自动地起到旁通作用。细滤器的安全旁通阀开启压力一般不超过 0.35MPa。

2)液控单向阀

结构和职能符号如图 3-2-2 所示。

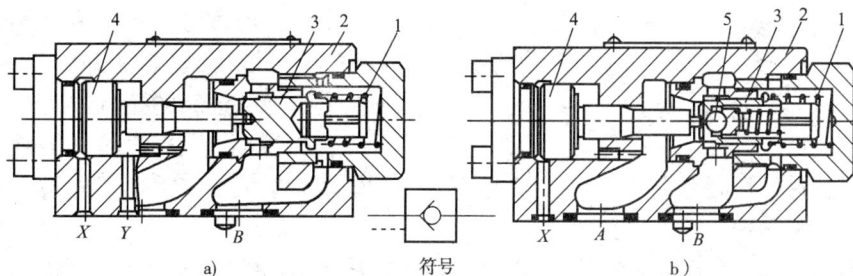

图 3-2-2　液控单向阀
a)非卸荷、外泄型;b)卸荷、内泄型
1-主阀弹簧;2-阀体;3-主阀芯;4-控制活塞;5-先导阀

由图 3-2-2a)可见,当控制油口 X 无压力油供入时,仅允许油由 A 向 B 流过;需要油由 B 流向 A 则须控制油口通入压力油,推动控制活塞 4,顶开主阀芯 3。如果 B 口是通油压 p_B 很高的液压缸出油腔(例如起重机构),则应采用图 3-2-2b)所示的卸荷式液控单向阀。其控制油压是先将较小的先导阀 5 顶开,B 口的油液即可经主阀芯 3 的小孔向 A 口卸压,从而可大大减小随后顶开主阀芯所需的控制油压。

上述液控单向阀的控制活塞另一侧的泄油若与 A 口相通,称为内泄式[见图 3-2-2b)]。若 A 口不是直通油箱,而是串联有其他元件,回油阻力较大,则其压力 p_A 较高,采用内泄式需要较高的控制油压,则应采用外泄式[见图 3-2-2a)],即用螺塞将内泄油路堵塞,让漏到控制活塞另一侧的油液经外泄口 Y 直通油箱,这样 p_A 对控制油压影响便很小。

3)液压锁

结构和职能符号如图 3-2-3 所示。

液压锁是布置在同一阀体中的双联液控单向阀。通液压源的油口有压力油通入时能将该侧单向阀芯顶开让油通过,并借助控制活塞使另一侧单向阀开启,允许从执行元件来的回油流过。通液压源的油口皆无压力油进入时两侧单向阀在弹簧作用下关闭,使油路锁闭。

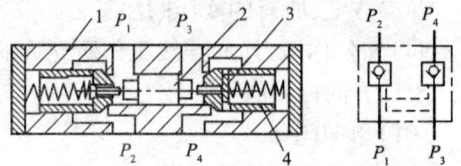

图 3-2-3 液压锁
1-阀体;2-控制活塞;3-卸荷阀芯;4-单向阀芯

液压锁中的液控单向阀的结构与图中的液控单向阀的结构略有不同,即在主阀芯里再加一个卸荷阀芯。这样做的目的是便于在高压下使用时,用较小的控制油压力便能方便可靠稳定地打开主阀芯,防止主阀芯的跳动。因为液控顶杆先打开卸荷阀芯,主阀芯上的关阀压力被卸荷而下降,此时较低的控制油压也能打开大的主阀芯。

液压锁在船舶机械液压系统具有广泛的应用,如起货机液压系统用它可靠锁闭主油路以防止重物的坠落;舵机液压系统用它来防止跑舵等。

4)换向阀

换向阀的种类很多,根据控制方式的不同,换向阀有手动式、机动式、电磁式、液动式和电液式之分;按阀芯工作位置来分,有二位、三位等;按控制油路的数目来分,有二通、三通、四通等。

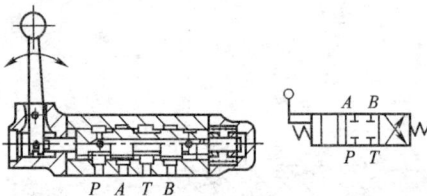

图 3-2-4 手动换向阀

(1)换向阀的结构和工作原理:

①手动换向阀。图 3-2-4 所示为三位四通自动复位式手动换向阀的结构图和职能符号,通常规定用 P 表示通压力油的接口(简称进油口),A、B 分别表示通往执行机构(液压缸或液压马达)工作油腔的接口(简称工作油口),T 表示通往油箱的接口(简称回油口)。

当手柄向左扳时,阀芯右移,P 和 A 接通,B 和 T 接通;当手柄向右推时,阀芯左移,这时 P 和 B 接通,T 和 A 接通,实现了换向。放松手柄时,换向阀阀芯在对中弹簧的作用下回到中位。

②电磁换向阀。如图 3-2-5 所示,压力油进口用 P 表示,通油箱或油泵吸口的回油口用 T 表示,而通执行元件的工作油口则用 A、B 表示。它的 3 个工作位置是:

当左、右电磁铁 2 都断电时,阀芯 3 即在两侧弹簧 4 的作用下处于图示中间位置,此时如图形符号中间方框所示,各油口 P、T、A、B 互不相通。

当右端电磁铁通电而左端断电时,右端衔铁被吸上而压动推杆5,克服左端弹簧力和阀芯移动阻力将阀芯推到左端位置,油路变换为符号右框所示:P 与 B 通,A 与 T 通。

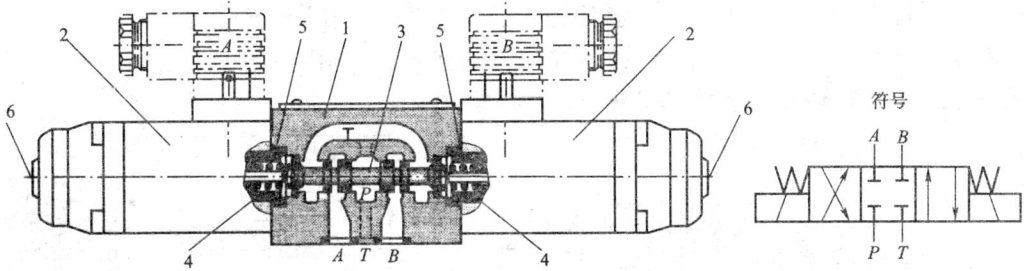

图 3-2-5 电磁换向阀

1-阀体;2-电磁铁;3-阀芯;4-弹簧;5-推杆;6-手动应急按钮

当左端电磁铁通电而右端断电时,阀芯被推到右端位置,油路就如符号左框所示:P 与 A 通、B 与 T 通,于是通执行元件的进排油方向也随之改换。

在电磁铁有故障时,可推动手动应急按钮6(可选)移动阀芯。

换向阀的密封是靠阀芯的圆柱形台肩与阀体的配合间隙来保证的,对配合面的精度和粗糙度要求较高。间隙密封难免有少量内漏泄。

图 3-2-5 所示的电磁阀推杆处不设密封圈,液压油可进到电磁铁内部,称为湿式电磁阀。旧式电磁阀在推杆通过阀体处有 O 形橡胶密封圈阻止油进入电磁铁,称为干式电磁阀。干式电磁阀有的在推杆密封外侧设漏油腔和漏油管与回油腔分开,以免回油压力过高时密封圈摩擦阻力过大。湿式电磁阀移动时无密封圈产生的摩擦阻力,工作平稳可靠,现被广泛应用。

阀芯所受的液压径向力在理想情况下应是平衡的。但阀芯和阀孔在制造时可能存在的几何误差,或有杂质附在阀芯端部时,都可能使圆周面各处的油压不同,出现径向液压力不平衡。阀芯在某位置停留一段时间后,若在不平衡径向力作用下偏移,移动阻力便会异常增加,出现卡紧现象。为了减小阀芯的不平衡径向力,在阀芯凸肩上通常加工数圈环形的均压槽以使阀芯四周液压力大致相等。

滑阀开启时由于液流径向流入阀腔,斜向流出,动量的轴向分量增加,对阀芯产生的反作用力称为液动力。换向滑阀的液动力大多是力图使阀口关闭,这会增加滑阀离开中位的阻力。换向阀的尺寸、工作压降和流量越大,则液流的动量变化大,液动力也大。

③液动换向阀。液动换向阀是靠压力油来改变阀芯位置的换向阀。图 3-2-6 所示为三位四通液动换向阀的结构。

当控制油路的压力油从阀右边的油口 K_2 进入滑阀右腔时,阀芯被向左推,符号右框为工作位,油口 P 与 B 相通,T 与 A 相通;当控制油路的压力油从阀的左边的油口 K_1 进入滑阀左腔时,阀芯被向右推,符号左框为工作位,油口 P、A 相通,T、B 相通,从而实现了油路的换向;当两个控制压力油口都不通压力油时,阀芯在两端弹簧作用下恢复到中间位置。

为减缓液动换向阀的阀芯移动速度,减小换向冲击,提高换向性能,可在液动换向阀两端的控制油路中装设可调单向节流阀,见图所示。

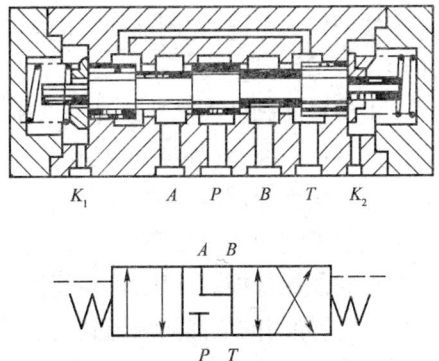

图 3-2-6 液动换向阀

④电液换向阀。不同公称通径的换向阀都相应规定有允许的最大流量,因为公称通径既定的换向阀流量增大则压力损失呈平方地迅速增大,同时液动力也会过大而妨碍换向。但是,电磁换向阀电磁铁吸力有限,滑阀尺寸不能过大,大流量应选用电液换向阀。

电液换向阀由作先导阀用的通径较小的电磁换向阀和控制主油路用的、通径较大的液动主阀叠加而成。图3-2-7所示为弹簧对中型电液换向阀。

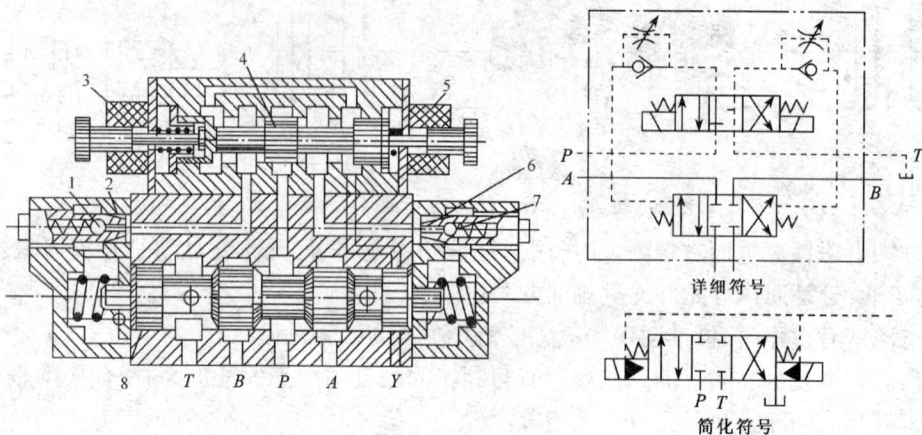

图3-2-7 电液换向阀
1、7-单向阀;2、6-节流阀;3、5-电磁线圈;4-导阀阀芯;8-主阀阀芯

当导阀右端的电磁线圈5通电时,导阀阀芯4左移,控制油经阻尼器(单向节流阀)的单向阀7进入主阀芯8的右端控制油腔,而主阀左端的控制油则经阻尼器的节流阀2流回油箱,于是主阀芯克服弹簧力和移阀阻力被推到左端;反之,电磁阀左端电磁线圈3通电时,主阀则移到右端。弹簧对中型电液换向阀的导阀中位机能应选Y型,以便导阀两端线圈断电回中时,主阀两端控制油压皆能泄回油箱,而使主阀芯在两端弹簧力作用下回中。

主阀芯向左或向右的移动速度可以分别用两端回油路上的节流阀来调节,这样就可控制执行元件的换向时间,并可使换向趋于平稳,以改善电液换向阀的换向性能。调小一侧阻尼器节流阀的开度,可使主阀芯向该侧移动速度减缓,减小液压冲击。阻尼器也可由一对单向节流阀组成一体,装在导阀和主阀之间。性能要求不高的阀可不设阻尼器。有的主阀的两端设有行程调节螺栓,可改变主阀换向时油口的开度。

弹簧对中型液动换向阀结构简单,应用广泛,但其主阀芯须靠弹簧力回中,故弹簧较硬,控制油压须较高。另外,也有液压对中型电液换向阀,其电磁先导阀的中位机能为P型,在两端电磁线圈皆失电时,控制油同时进入主阀芯两端的控制油腔,在定位套筒的帮助下使主阀芯处于中位。

电液换向阀的控制油压必须高于最低控制油压(一般不超过1MPa),但也不宜过高。可以由外部压力控制(外控)——由辅泵或主油路分出的减压油路从专设油口向导阀供油;也可以由内部压力控制(内控)——供给主阀的压力油经阀内通道分出一路供给导阀。采用内控时为限制控制油压力及流量,可在阀体内设减压阀或阻尼器;若主阀为中位卸荷式,为了阀芯在中位时能保持控制油压,可在阀体内或回油管设单向阀作背压阀。

此外,导阀的泄油如果经阀内油道通主阀的回油口,称为内泄;若主阀的回油背压太高,导阀泄油应从单独的泄油口通油箱,称为外泄。图所示的图形符号表示的是外控外泄弹簧对中型电液换向阀;内控或内泄只需将图形符号中表示控制油或泄油的虚线取消即可。

在液压阀型号中,电液控制一般用字母 EY 或 DY 表示。

(2)换向阀的性能特点。根据阀芯在中位的油路沟通情况,有多种不同中位机能的换向阀。我国的中位机能代号如图 3-2-8 所示,国外产品所用代号并不同。

机能不同的阀在中位时作用不同。如表 3-2-6 所示。有的中位 A、B 隔断(如 O、M 型),则执行元件油路锁闭;而有的 A、B 相通(如 H、U、P、Y 型),则执行元件"浮动"——可在外力作用下随意移动。有的阀中位 P、T 相通(如 H、K、M 型),油泵卸荷;而有的中位 P、T 不通(如 O、Y、J、U、N 型),油泵不能卸荷;X 型中位油泵与回油口节流相通,仍保持一定压力(部分卸荷),向控制油路供油。

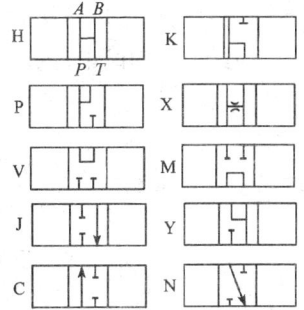

图 3-2-8　换向阀的中位机能代号

机能不同的换向阀的特点　　　　　　　　　　　　　　表 3-2-6

滑阀机能	中位油口状况、特点及应用
X 型	油口处于半开启状态,泵基本上卸荷,但仍保持一定压力
M 型	P、T 相通,A 与 B 均封阀;液压执行机构(液压缸或液压马达锁闭,泵卸荷)
H 型	P、A、B 和 T 四口全串通;液压执行机构浮动,在外力作用下可移动,泵卸荷
O 型	P、A、B 和 T 四口全封闭;液压泵不卸荷,液压执行机构闭锁
Y 型	P 口封闭,A、B 和 T 三口相通,液压执行机构浮动,在外力作用下可移动,泵不卸荷
J 型	P 口封闭,A 口封闭,B 和 T 相通,液压泵不卸荷,液压执行机构锁闭
P 型	P、A 和 B 相通,T 封闭;泵不卸荷,液压执行机构浮动状态,外力作用下可移动
K 型	P、A 和 T 三口相通,B 口封闭,液压执行机构闭锁,泵卸荷
N 型	P 口封闭,B 口封闭,A 和 T 相通,泵不卸荷,液压执行机构锁闭
V 型	P 口封闭,T 口封闭,A 和 B 两口相通,执行机构浮动,泵不卸荷
C 型	P 和 A 相通,B 封闭,T 封闭;泵不卸荷,液压执机构锁闭

根据电磁铁适用电源的不同,电磁阀有交、直流两种。交流电磁阀代号为 O,所用电压一般为 220V,也有 380V 或 36V 的;直流电磁阀代号为 E,使用电压一般为 24V,也有 110V 或 48V 的,电源电压的波动范围一般不得超过额定电压的 85% ~ 105%。电压过高,线圈容易发热和烧坏;而过低则又会因吸力不够而难以保证正常工作。交流电磁阀价格较低;其启动电流可大于正常吸持电流的 4 ~ 10 倍,因而初吸力大;但吸合和释放的时间很短(约 10ms 左右),换向冲击较大;且当阀芯卡死或衔铁不能正常吸合时,激磁线圈也易因电流过大而烧坏;此外,操作频率不宜超过 30 次/min 寿命较短,吸合数十万次到百万次就会损坏。直流电磁阀则不会因铁心不能吸合而烧坏,工作频率可达 120 次/min 以上,吸合动作约比前者要慢 10 倍,故工作可靠,换向平稳,寿命长,吸合可达千万次以上,但却需要专用的直流电源。

(3)换向阀的性能指标:

①额定压力:在考虑阀体强度、操作灵活性和内漏等因素后所规定的最大工作压力。

②额定流量:根据允许的压力损失而确定的流量。阀的公称通径越大,额定流量越大。

③内漏泄量:换向阀采用间隙密封,不能保证绝对不漏,一般要求在额定压力下,换向阀内的总漏泄量应不超过额定流量的 1%。

④压力损失:一般要求换向阀在额定流量下的压力损失应不超过 0.3 ~ 0.5MPa。

5)梭阀

如图 3-2-9 所示。

梭阀相当于逻辑回路中的"或门",常用于手动、自动回路的转换。是对两种互不干扰的不同压力进行选择而从同一个出口输出,等同于液控二位三通阀。梭阀可看是由两个单向阀组合而成,结构简单,内部只有一个阀芯,来回运动达到换向目的。

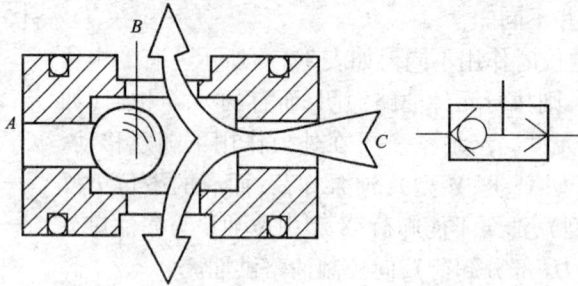

图 3-2-9 梭阀

2. 压力控制阀

1)溢流阀

溢流阀根据动作原理分类,有直动型和先导型。

(1)溢流阀的结构和工作原理:

①直动式溢流阀。直动式溢流阀的结构及其主要组成部件如图 3-2-10 所示。

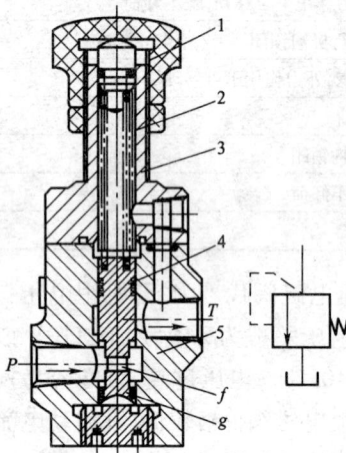

图 3-2-10 直动式溢流阀

1-调节螺母;2-弹簧;3-端盖;4-阀芯;5-阀体;P-进油口;T-回油口;f-径向孔;g-阻尼孔

P 是进油口,T 是回油口,进口压力油经阀芯 4 中的径向孔 f 与中心阻尼小孔 g 作用在阀芯底部端面上,形成启阀作用力 F_0,弹簧作用在阀芯上部端面上,形成关阀作用力 F_S。当进油压力较小,$F_0 < F_S$ 时,阀芯在弹簧 2 的作用下处于下端位置,将 P 和 T 两油口隔开;当进油压力升高,$F_0 > F_S$ 时,阀芯上升,阀口被打开,P 腔和 T 腔接通,将多余的油排回油箱。当油压力超过调定值越多,弹簧压缩量越大,启阀力与关阀力达到新的平衡($F_0 = F_S$)时,阀芯升程越大,阀的开度越大,泄往油箱的油就越多,从而抑制油压的进一步升高;同理油压越低,阀的开度越小,直至关闭,从而抑制了油压的进一步降低。溢流阀就是这样来控制阀前的油液压力(简称阀前压力)基本稳定或不超过一定值。

阀芯上的阻尼孔 g 用来防止阀口压力脉动时造成阀芯动作过快,以避免振动,提高阀的工作平稳性。通过调节螺母 1 可以改变弹簧的压紧力,这样也就调整了溢流阀的阀前的油液压力 P。

②先导式溢流阀。先导式溢流阀的结构和主要组成部件如图 3-2-11 所示。

上图示出的二节同心式先导型溢流阀由主阀和导阀组合而成。主阀芯 5 是一底部有阻尼孔 7 的圆筒形锥阀,与阀套 6 滑动配合,用以控制进油口 P 与溢油口 T 的隔断与接通。压力油从进口 P 进入到主阀下方,经孔 7 通至主阀上方的油腔,然后通到导阀 1 的前腔。导阀实际是一个小型直动溢流阀。当油压未达到其开启压力时,导阀关闭,阀内油不流动,主阀上下油压相等,主阀在弹簧 8 作用下关闭,溢油口被隔断。

当系统油压超过导阀的开启压力时,导阀被顶开,少量油经导阀座 2 的孔口 a_1、阀盖 3 和阀体 4 左侧的钻孔从溢油口 T 溢出。这时由于阻尼孔 7 的节流作用,主阀下腔的油压 p 就会

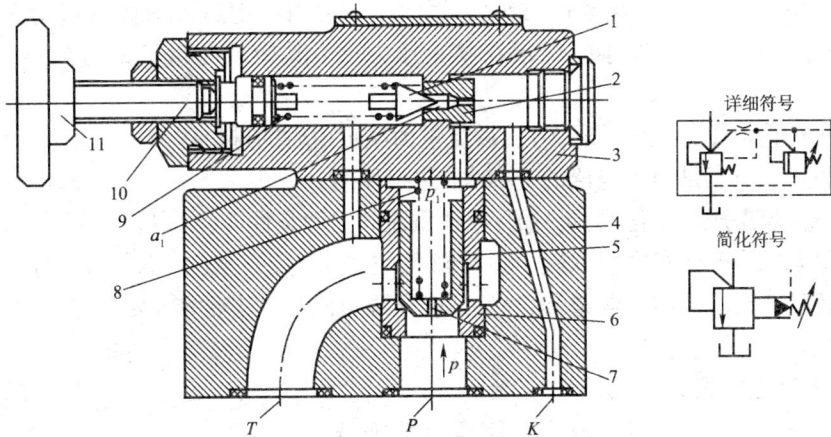

图 3-2-11　先导式溢流阀

1-导阀;2-导阀座;3-阀盖;4-阀体;5-主阀芯;6-阀套;7-阻尼孔;8-主阀弹簧;9-调压弹簧;10-调压螺钉;11-调压手轮;a_1-导阀座的孔口;K-外控口;P-进油口;T-溢油口

高于其上腔的油压 p_1。当系统油压 p 继续升高时,导阀开度及其溢流量随之增加,由于导阀弹簧 9 较软,故压力 p_1 增加很小,主阀上下的油压差也就增大。当大到足以克服主阀重力、摩擦力和弹簧 8 的张力 F_s 时,主阀开始抬起,主阀口即开启溢油。这时,只要系统油压稍有增加,由于主阀上方油压变化不大,主阀上下的油压差就会增大,主阀的升程也就相应加大,其溢流量也增加,阀进口的系统油压就可大体保持稳定。

由于主阀上腔始终有油压 p_1 作用,即使系统油压较高,主阀弹簧也可选得较软,仅用来帮助主阀芯复位;又由于阻尼孔很小,通过导阀的流量也很小,故导阀的承压面积很小,导阀弹簧比较软,而且导阀升程变化也很小,故导阀开启后主阀上腔油压 p_1 变化不大。这样,在主阀开度变化而改变溢流量的过程中,p_1 和 F_s 的变化都不大,故系统油压 p 也就变化不大。转动调压手轮 11,改变导阀弹簧的初张力,即可改变溢流阀的调定压力。

如果将先导式溢流阀的遥控口通油箱(称为泄压卸荷),则主阀芯因上腔泄压而全开,系统中的额定流量的油液经阀卸荷回油箱,此时阀的进回油压力差即为卸荷压力。若将回油压力近似作大气压力,则卸荷压力可作为卸荷时的阀前系统压力。卸荷压力希望愈小愈好,可减少液压能损失,减少系统发热,一般卸荷压力在 $0.15 \sim 0.35 \mathrm{MPa}$,其大小与阀的结构尺寸有关。

(2)溢流阀的性能特点。溢流阀的稳态特性是指溢流阀在稳定溢流的状态下,阀前系统压力随溢流量变化而变化的规律,常用如图 3-2-12a)所示的特性曲线表示。

溢流阀的动态压力超调量是指系统中瞬时最大压力超过阀的整定压力的数值,常用如图 3-2-12b)所示的特性曲线表示。

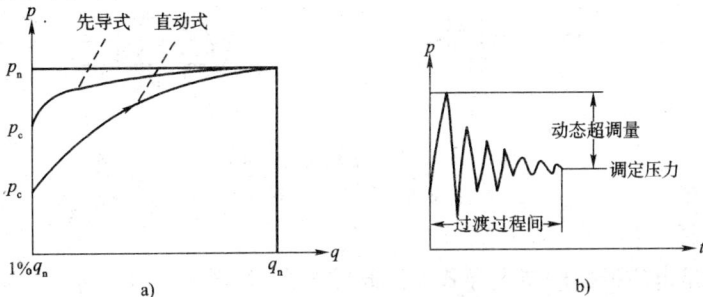

图 3-2-12　溢流阀的特性曲线

峰值压力 p_{max}：由于溢流阀动作的滞后，系统油压会瞬时超过溢流阀的整定压力，并在阀开启以后经历一段过渡过程才能稳定在整定压力上。其中瞬时最高的进口压力称为峰值压力。

调定压力（整定压力、全流压力）p_n：溢流量为额定值时的进口压力。

开启压力 p_c：溢流量为额定值的 1% 时的进口压力。

调压偏差（稳态压力变化量）$p_n - p_c$：表征溢流阀的静态性能（稳定状态下进口压力与排量的关系）。稳态压力变化量主要取决于弹簧刚度，越小越好。一般地，$(p_n - p_c)/p_n \leqslant 10\%$。

压力超调量（动态压力超调量）$p_{max} - p_n$：表征溢流阀的动态性能（突然增压时进口压力与时间的关系）。

溢流阀的特点如表 3-2-7 所示。

溢 流 阀 的 特 点

表 3-2-7

	直动式溢流阀	先导式溢流阀
动态压力超调量	小	大（$10\% \sim 15\% p_n$）
灵敏度（过渡过程时间）	灵敏（时间短）	不灵敏（时间长，$0.1 \sim 0.3\mathrm{s}$）
稳态压力变化量	大（20%）	小（$5\% \sim 10\%$）
稳压性（弹簧刚度）	差（刚度大）	好（刚度小）
系统	低压小流量系统	高压大流量系统
应用	安全阀	定压阀

（3）溢流阀的应用：

①溢流阀作安全阀使用，其工作特点是，平时常闭，当系统压力大于设定值时阀开启，限制阀前的最大工作压力。

②溢流阀作定压阀使用，其工作特点是，工作时常开，溢出系统中多余的油液，维持阀前系统压力基本恒定。

③溢流阀作远控调压阀使用，其工作特点是，调紧先导阀弹簧，在远控口处接一只小流量的直动式溢流阀，以小流量直动式溢流阀代替先导阀的作用，可进行远控调压。如图 3-2-13a)所示。

④溢流阀作远控卸荷阀使用，其工作特点是，远控油路泄压使阀全开，将阀前系统油液泄放回油箱。控制特点是泄压卸载。如图 3-2-13b)所示。

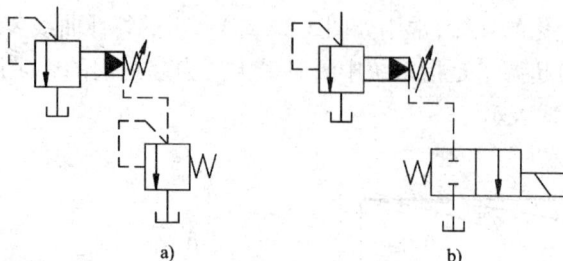

图 3-2-13　溢流阀的应用

a)远控调压；b)远控卸荷

2）电磁溢流阀

电磁溢流阀是电磁换向阀与先导式溢流阀的组合，如图 3-2-14 所示。

电磁溢流阀是电磁换向阀与先导式溢流阀的组合，用于系统的多级压力控制或卸荷。为减小卸荷时的液压冲击，在电磁阀和溢流阀之间加装缓冲器。

电磁阀的两个油口分别与主阀上腔（导阀前腔）及主阀溢流口相连。当电磁铁断电时，电磁阀两油口断开，对溢流阀没有影响。

当电磁铁通电换向时，通过电磁阀将主阀上腔与主阀回油口相连通，溢流阀溢流口全开，导致溢流阀进口卸压（压力为零），这种状态称之为卸荷。

先导型溢流阀与常闭型二位二通电磁阀组合时称为 O 型机能电磁溢流阀；与常开型二位二通电磁阀组合时称为 H 型机能电磁溢流阀。

电磁溢流阀除具有溢流阀的基本性能外，还要求：建压时间短；具有通电卸荷或断电卸荷功能；卸荷时间短且无液压冲击。

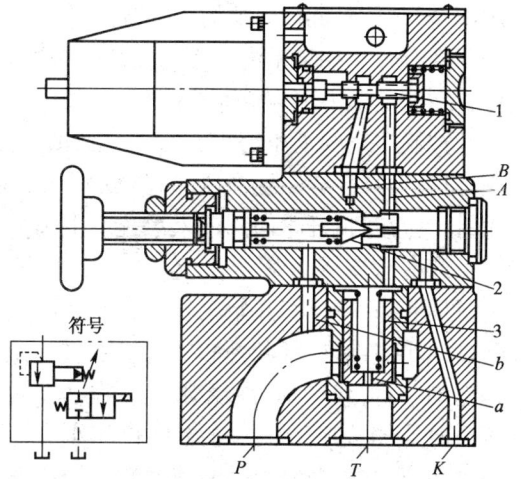

图 3-2-14　电磁溢流阀

1-电磁换向阀；2-先导阀阀系芯；3-主阀芯；K-外控口；P-进油口；T-溢油口；a-阻尼孔；b-溢流通道；A、B-连接通道

3）卸荷溢流阀

卸荷溢流阀由增加了控制活塞的先导溢流阀和单向阀组合而成，如图 3-2-15 所示。

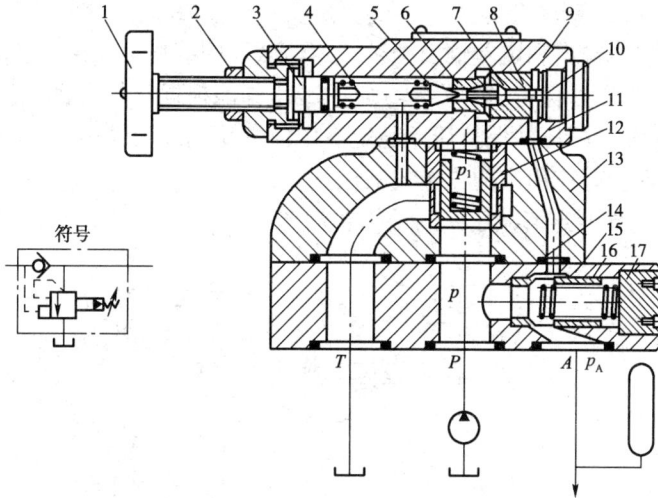

图 3-2-15　卸荷溢流阀

1-调压手轮；2-锁紧螺母；3-调节杆；4-调压弹簧；5-导阀；6-导阀座；7-控制活塞；8-活塞套；9-阀盖；10-螺塞；11-主阀芯；12-阀套；13-阀体；14-单向阀座；15-单向阀；16-单向阀体；17-丝堵；A、P、T-油口

液压泵输出的压力为 p 的油从 P 口进入，顶开单向阀 15，从 A 口向系统供油，其压力 p_A 因阀 15 有压降而稍低于进油压力 p；p_A 同时又通过阀体 13 和阀盖 9 中的通道作用于控制活塞 7 的右端面。另外，油液通过主阀芯 11 下部阻尼孔和阀盖 9 的通道进入导阀 5 前腔而作用于导阀，压力为 p_1；p_1 同时又作用于控制活塞的左端面。导阀未开启时，活塞左端油压 $p_1 = p$，稍大于右端油压 p_A，被推向右边。

当进口油压 p 升高到使导阀开启后，p_1 即大致保持不变，若泵的排压继续升高，则主阀上下油压差（$p - p_1$）增大，主阀即开启溢流；这时因活塞右端压力 p_A 随泵的排压 p 同步升高，当大于左端压力 p_1 时，控制活塞左移，在它帮助下导阀迅速开大，主阀上腔压力 p_1 急剧下降，主阀即全开,使泵卸荷。这时单向阀 15 关闭,系统和控制活塞右端保持较高油压 p_A,从而使导阀保持全开。如果是没有控制活塞的普通先导型溢流阀,泵排压降低导阀和主阀即会关小,P口将在调定压力下溢流而非卸荷。

控制活塞的承压面积 A' 大于导阀的承压面积 A。当 $p_A A$ 大于导阀的弹簧预紧力 F_S 时导阀开启;而只有当系统油压降到 $p_A A'$ 小于 F_S(即 p_A 降到低于 p_A/A' 时),导阀和主阀才相继关闭,排油重新顶开单向阀进入系统。主阀关闭压力约比开启卸荷的压力低 10%~20%。

卸荷溢流阀可用于高、低压泵并联供油系统,见图 3-2-16a)。开始工作时低压大流量泵 1 和高压小流量泵 2 同时向系统供油,执行元件快速运动;当负载增加、油压升到卸荷溢流阀开启压力时,泵 1 卸荷,单向阀关闭,高压小流量泵单独向系统供油,执行元件慢速运动。卸荷溢流阀也可用于向蓄能器系统供油,见图 3-2-16b),当蓄能器油压达到卸荷溢流阀开启压力时,液压泵卸荷,单向阀关闭;当蓄能器油压降至卸荷溢流阀关闭压力时,主阀关闭,液压泵顶开单向阀又向蓄能器供油。

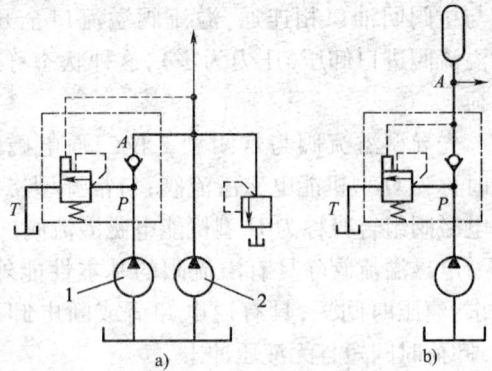

图 3-2-16 卸荷溢流阀的应用
a) 双泵并联系统;b) 向蓄能器供油系统
1、2-流量泵

4)减压阀

减压阀主要有定值输出和定差输出两种。定值减压阀能根据阀出口压力的变化改变阀的开度,以使阀后油流减压并保持压力稳定。定差减压阀能根据阀的进、出口压力差的变化改变阀的开度,以使阀后油流减压并保持压差稳定。定值减压阀最为常用,故通常就将其简称为减压阀。下面将介绍性能好应用广的先导式减压阀。

图 3-2-17 示出先导型定值减压阀的结构实例。

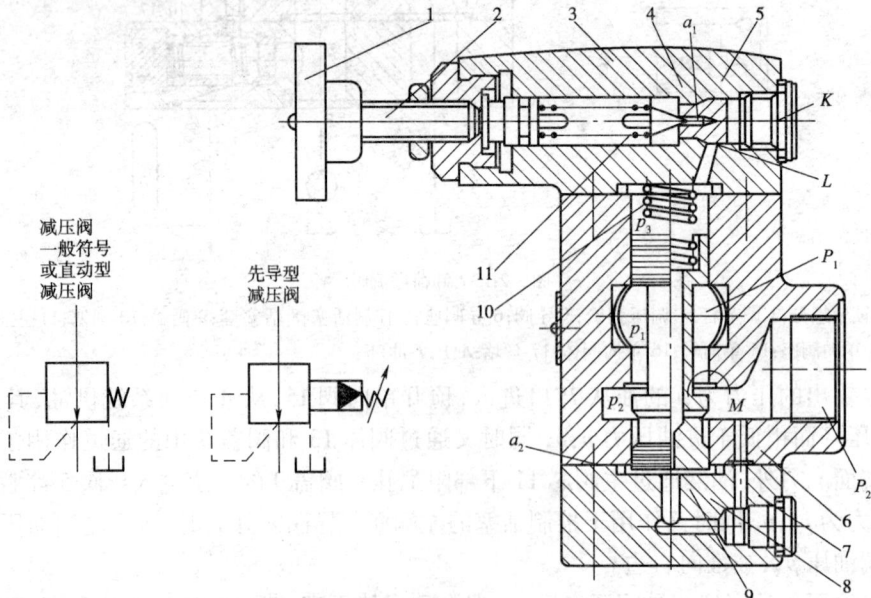

图 3-2-17 先导型定值减压阀
1-调压手轮;2-调节螺钉;3-导阀;4-导阀座;5-阀盖;6-阀体;7-主阀芯;8-端盖;9-阻尼孔;10-主阀弹簧;11-调压弹簧;K-外控口;L-泄油口;M-减压口;P_1-进油口;P_2-出油口

先导型定值减压阀由主阀和导阀两部分组成。从进口来的压力为 p_1 的高压油经主阀 7 的减压口节流后,压力降为 p_2,由出口流出。降压后的油经阀内通道被引到主阀下方的油腔;再通过主阀的阻尼孔 9,到达主阀上方油腔,该处油压为 p_3;然后经上盖中的通孔引至导阀 3 的前腔。正常工作时,压力 p_3 超过导阀开启压力,导阀常开,少量油液经阻尼孔 9 和导阀 3 从泄油口 L 泄油,泄油流量一般不超过 $1.5 \sim 2\text{L/min}$。主阀上腔的油压 p_3 因阻尼孔 9 的节流作用,低于下腔油压 p_2。如忽略不大的主阀重力和摩擦力,当主阀开度稳定时,$p_2 = p_3 + F_\text{S}/A$,式中,F_S、A 为主阀的弹簧张力及液压力作用端面积。

如果 p_2 升高,则主阀下方与上方的油压差增大,主阀就会克服弹簧 10 的张力上移关小节流口,以阻止 p_2 增加;反之,如果 p_2 降低,则主阀就会下移开大节流口,以阻止 p_2 降低。

由于导阀较小,其弹簧 11 较弱,阀升程又短,故 p_3 的压力变化很小;主阀弹簧 10 仅需帮助主阀克服移动阻力,而无需与液压力 p_2 平衡,故刚度也不大,F_S 变化也不大。这样,依靠主阀自动调整节流口的开度,即可使出口压力 p_2 基本稳定于调定压力。转动手轮 1,改变导阀弹簧 11 的张力,即可改变减压阀的调定压力。当然,如果阀后的压力 p_2 过低,致使导阀关闭,则主阀上下腔油压相等,主阀就会在弹簧作用下下移至全开位置,这时减压阀无法再维持出口压力恒定。

减压阀的泄油口须直通油箱(外泄),这与溢流阀(内泄)不同。先导型减压阀也有外控口 K,可实现远程控制。

5)顺序阀

顺序阀是一种用油压信号控制油路接通或隔断的阀,故也可将其看成是一种液动的二位二通阀。这种阀常用来以油压信号自动控制液压缸或液压马达的动作顺序,故称为顺序阀。顺序阀有直动式和先导式之分。

图 3-2-18a)所示为直动型顺序阀,进口油液经阻尼孔被引至与阀芯成一体的控制活塞左方(也有将控制活塞做成阀芯分开的,承压面积较小,可适用较高的工作压力),当油压超过弹簧的调定压力时,阀开启使进、出口相通。

图 3-2-18b)所示为先导型顺序阀,进口油液先经控制油路 a、b 被引至主阀下方,然后经阻尼孔 2 引至主阀上方,再经上盖的通孔引至导阀前方。当进口油压增大,超过导阀弹簧调定的开启压力时导阀被顶启;进口油压进一步升高,则主阀全开,进、出口油路即被接通。先导型与直动型相比,其启、闭压力更接近全开时的压力,更适用于较高压力和较大流量。如果将直控顺序阀下盖转 90°安装,把油路 a 堵住,同时卸除外控口 K 的螺塞,并从该处另接其他控制油管,就成了外控顺序阀。

内泄的顺序阀与单向阀的组合称为平衡阀,其职能符号如图 3-2-19 所示。

普通顺序阀与单向阀组合后从工作原理上说可以作平衡阀使用,但其有两个缺点:一是采用圆柱面间隙密封,固有泄漏不能保证重物长时间停留在某一位置上;二是阻尼口和节流口流量特性比较差,会造成系统冲击。因而,实际上船舶机械上并不把一般顺序阀与单向阀组合作平衡阀使用,而设计有专门的平衡阀,要求本身密封可靠,工作平稳无振动。目前船舶机械使用的平衡阀,从结构上分有锥阀式、滑阀式和组合式 3 种。

3. 流量控制阀

1)节流阀

(1)节流阀的结构与职能符号。如图 3-2-20 所示。

该阀节流口的形式采用的是轴向三角沟式。油从进油口流入,经阀芯左端的节流沟槽从出油口流出。调节阀芯的轴向位置可以调节节流程度。

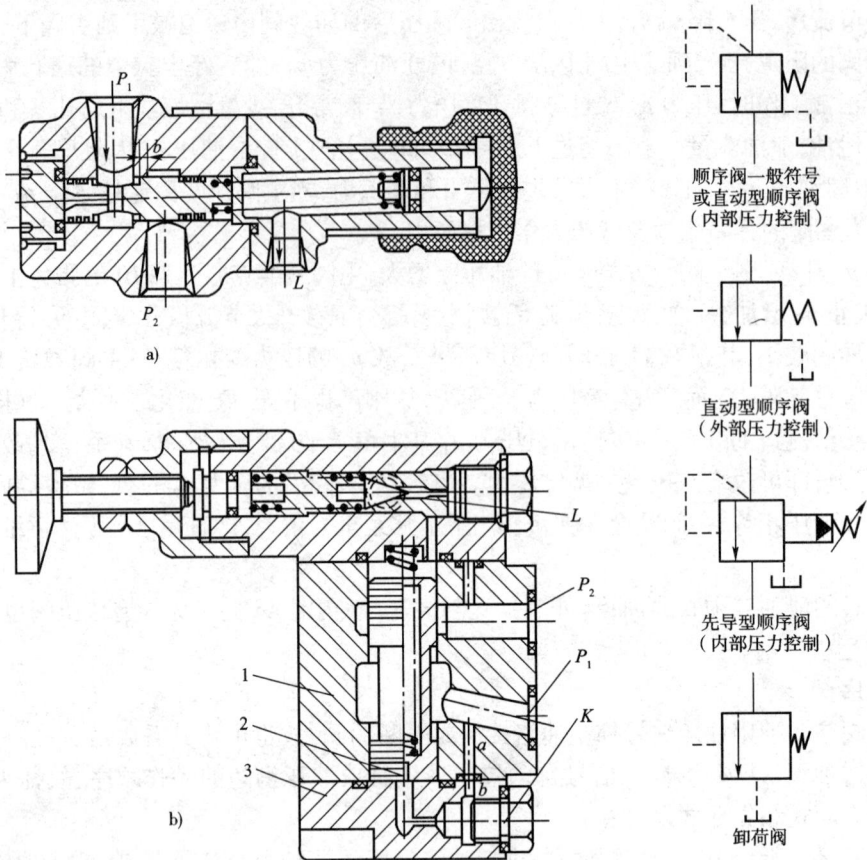

图 3-2-18　顺序阀

a)直动型;b)先导型

1-阀体;2-阻尼孔;3-下盖;K-外控口;L 外泄油口;P_1-进油口;P_2-出油口

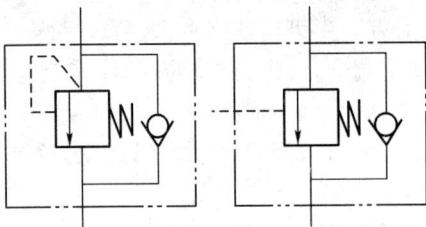

图 3-2-19　平衡阀的职能符号

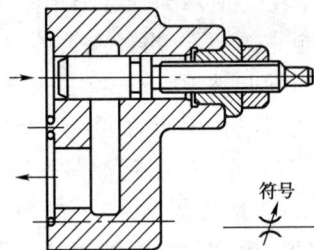

图 3-2-20　节流阀

节流阀只有装在定压液压源后面的油路中或定量液压源的分支油路上才能起流量调节作用。禁止将节流阀装在定量液压源的总管上,因为那样不仅不能调节流量,而且导致阀前油压超高而损坏设备和管路。

在液压系统中还会用到一种板式结构的不可调节流器。这种节流罪实际上就是在板上钻一个适当的小孔,装在管路的接头处,其作用是分配液流量,建立背压,滤除压力波动,增加系统的阻尼来提高其工作的稳定性。

有时为能单方向调节流量,可将节流阀与单向阀并联,组成单向节流阀。

(2)节流阀的流量特性。节流阀的流量 $Q = KA\Delta p^m$。式中,K 为节流系数,由节流口形状、油液性质及流动状态决定;A 为节流口的通流面积;Δp 为节流口前、后的压差;m 为由节流口形状决定的指数,薄壁小孔(孔长小于孔径的一半)$m = 0.5$,细长孔(孔长远大于孔径)$m = 1$,一般节流口 m 介于两者之间。节流阀虽可改变节流口大小来调节流量,但调定后并不能保证流量稳定。开度既定的节流阀,流量可能受以下因素影响:

①节流口前后的压差 Δp。当负载改变时,阀后油压随之改变,则节流阀的流量将改变,使执行元件的速度相应改变。节流口越接近薄壁小孔,m 值越小,Q 受 Δp 变化的影响就小。

②油温。油温会引起油黏度变化。细长孔节流系数 K 与动力黏度 μ 成反比,黏度减小时流量会增加;薄壁孔多处于紊流状态,只有当压差及流通截面较小流量才受黏度影响。一般节流口多接近薄壁孔,除非流量很小,通常油温对流量影响不大。因此,节流口越接近薄壁孔性能越好。

③节流口阻塞。油液老化时易产生带电的极化分子,会在节流口处形成 $5 \sim 10\mu m$ 的吸附层,该吸附层会周期性地遭到破坏,造成流量不稳定。此外,油中含有机械杂质或油氧化析出的污垢也会造成节流口阻塞。采用薄壁孔可提高抗堵塞能力。

(3)节流阀的主要要求:

①流量调节范围宽,调速比(最大流量与最小稳定流量之比)一般在 50 以上;

②调定后流量受负载(出口压力)和油温影响尽可能小,小流量不易堵;

③调节时流量变化均匀,微调性能好;

④全关而进油压力达到公称值时漏泄要少,全开时压力损失要小。

用节流阀调节流量简单方便,但流量易节流阀前后压差影响,因此人们以发明了受压差影响较小的串联式和并联式调速阀。

2)串联式调速阀(普通调速阀)

串联式调速阀是由定差减压阀和节流阀串联而成的。串联式调速阀必须与定压液压源配合使用。其原理图和职能符号如图 3-2-21 所示。

串联式调速阀的工作原理是,来自定压液压源压力为 p_0 的油液,先经定差减压阀 1 降压至 p_1,然后再经节流阀 2 节流降压至 p_2。这样,若定差减压阀阀芯的开度能自动进行调节,以使节流阀前后的油压差($p_1 - p_2$)基本保持恒定,则节流阀的流量即可大体保持稳定。

定差减压阀 1 的工作原理是,阀芯上端的油腔 b 经孔 a 与节流阀 2 后面的油腔相通,压力为 p_2;而油腔 c 和 d 则分别经孔 f 和 e 与节流阀 2 前的油腔相通,压力为 p_1。当载荷 R 增大以致使 p_2 升高时,减压阀阀芯 1 即会因上端油腔 b 中的油

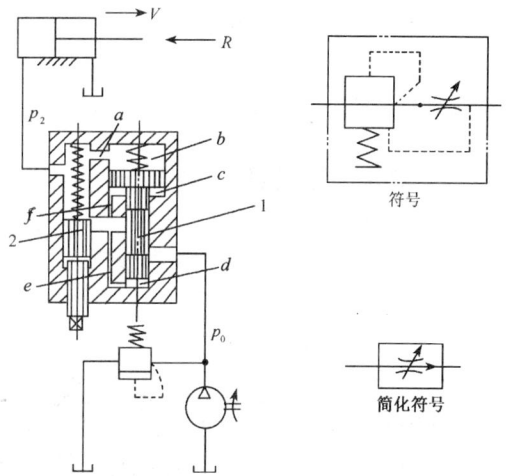

图 3-2-21　串联式调速阀
1-定差减压阀;2-节流阀;a、e、f-孔;b、c、d-油腔

压增加而下移,使减压阀阀口开大,于是 p_1 增加;反之,如载荷 R 减小以致使 p_2 降低,则阀芯 1 就会因上方油压减小,而在 c、d 油腔油压 p_1 的作用下上移,将阀口关小,p_1 也就随之减小。因此,当阀芯 1 稳定时,如忽略不大的阀芯重力和摩擦力,则可写出阀芯上作用力的平衡方程式:
$p_1 - p_2 = F_S / A$,A 和 F_S 为减压阀阀芯大端面积和弹簧张力。

由于阀芯 1 的移动阻力不大,弹簧可以做得较软;而阀芯的移动量不大,故弹簧张力 F_S 变

化也就不大。这样,节流阀前后的压差($p_1 - p_2$)可基本保持不变,调节节流阀的通流面积即可调节调速阀的流量。调速阀正常工作时油压差($p_0 - p_2$)一般最少应保持 $0.4 \sim 0.5$MPa,其中节流阀压差一般为 $0.1 \sim 0.3$MPa。

3)并联式调速阀(溢流节流阀)

并联式调速阀由定差溢流阀与节流阀并联组成。并联式调速阀必须与定量液压源配合使用。溢流节流阀的工作原理图与职能符号如图 3-2-22 所示。

并联式调速阀的工作原理是,来自定量液压源,压力为 p_1 的油液,进阀后分成二路。一路经节流阀降压至 p_2 后进入执行机构;另一路经溢流阀的溢流口泄回油箱。在此过程中,定差溢流阀根据节流阀前后的压力差($p_1 - p_2$)来控制溢流阀阀芯的动作,自动调节溢流量,以保持节流阀前后的压差基本恒定,从而保持节流阀的流量基本恒定。

定差溢流阀的工作原理是,溢流阀阀芯上腔 c 与节流阀的出口相通,油压为 p_2;下腔 a 和 b 与节流阀的进口相通,油压为 p_1。当 p_2 因负载增加而升高时,会将溢流阀阀芯往下压,使溢流口减小,从而使节流阀前压力 p_1 增加,从而使节流阀前后压差($p_2 - p_1$)保持基本恒定。反之,当 p_2 减小时,溢流口增大,p_1 也减小,($p_2 - p_1$)仍保持基本恒定。

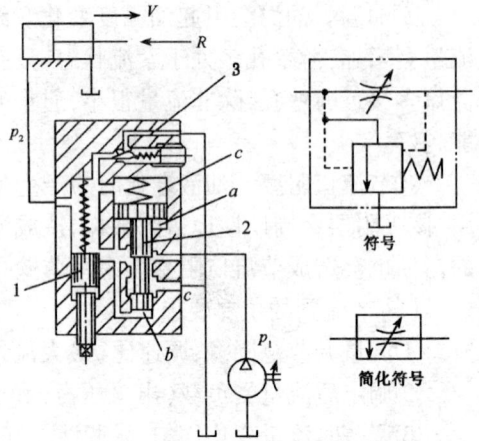

图 3-2-22 并联式调速阀
1-节流阀;2-定差溢流阀;3-安全阀;a、b-下腔;c-上腔

由上可知,与溢流阀弹簧力相平衡的是油压差,故即使工作压力较高,溢流阀弹簧力也不太高,所以溢流阀阀芯在不同开度时的油压差($p_2 - p_1$)变化不大。

由于并联式调速阀必须与定量源配合工作,故当负载过大时或排出管堵塞时,p_1 和 p_2 可能会升得很高而危及设备安全,为此在阀内装有安全阀 3。

• 相关实践知识

一、压力控制阀比较判断的技能

如表 3-2-8 所示。

压力控制阀比较   表 3-2-8

阀型		先导型溢流阀		先导型减压阀	先导型顺序阀
		安全阀	定压阀		
主阀	初态	溢流口全闭	溢流口全闭	减压口全开	主阀口全闭
	工作状态	溢流口常闭(微开)	溢流口常开(微闭)	减压口微闭	主阀口全开
导阀	初态	导阀口全闭	导阀口全闭	导阀口全闭	导阀口全闭
	工作状态	常闭	常开	常开	常开
控制原理		进油压力控制阀芯移动		出油压力控制阀芯移动	进油压力控制阀芯移动
出油口		接油箱		接减压回路	接工作回路

阀型	先导型溢流阀		先导型减压阀	先导型顺序阀
	安全阀	定压阀		
泄油方式	内泄		外泄	外泄
联接方式	并联		串联	顺序动作时串联;卸荷时并联
功用	稳压阀(稳定进口压力)		稳压阀(稳定出口压力)	开关阀(控制油路通断)

二、流量控制阀比较判断的技能

如表 3-2-9 所示。

流量控制阀比较　　　　　　　　　　　　表 3-2-9

阀型	调速阀(普通型调速阀、串联式调速阀)	溢流节流阀(旁通型调速阀、并联式调速阀)
调速方法	改变节流阀开度	
定速原因	开度固定,节流阀的前后压力差随负载的变化而基本不变。	
适用系统	定压油源系统	定量油源系统
位置关系	与负载串联	与负载并联
主要结构	节流阀前串联定差减压阀	节流阀前并联定差溢流阀
	减压阀的弹簧软	溢流阀的弹簧硬
	安全阀在油泵出口	安全阀在节流阀出口
工作原理	负载增大,减压口开大;负载减小,减压口关小	负载增大,溢流口关小;负载减小,溢流口开大
	稳态液动力与弹簧力方向相同	稳态液动力与弹簧力方向相反
	节流口的 Δp 小(0.1~0.3MPa)	节流口的 Δp 大(0.3~0.5MPa)
性能特点	稳定性好	稳定性差
	油泵功耗大	油泵功耗小
	油液发热重	油液发热轻

三、换向阀主要故障排除的技能

如表 3-2-10 所示。

换 向 阀 故 障　　　　　　　　　　　　表 3-2-10

故障现象	判 断 思 路		原 因 分 析
阀芯不能移离中位	操纵力低于弹簧力与移动阻力之和	操纵力不足	电压不足/控制油压过低
		移动阻力过大	结构原因(阀芯卡阻——配合间隙太小;阀芯变形) 油液原因(油液太脏使配合间隙堵塞;油温过高使阀芯因膨胀而卡死;推杆密封圈处的油压过高使摩擦阻力过大;控制油路中节流阀开度过小;控制油液黏度过高)
		弹簧力过高	弹簧太硬
		其他	电路不通/油路不通
阀芯不能回中	弹簧力低于移动阻力	弹簧力低	弹簧太软;弹簧断裂
		移动阻力大	阀芯卡阻;控制油压不能泄压
		其他	电磁铁不能释放

四、先导式减压阀主要故障排除的技能

如表 3-2-11 所示。

先导式减压阀故障 表 3-2-11

故障现象	判断思路		原因分析
1. 阀全开，系统不能建立压力	依次从液压力(主阀台肩上腔泄压或无压)、弹簧力、阻力异常、误安装等 4 个方面造成阀不能关闭进行分析	主阀台肩上腔无压或泄压，使关阀液压力异常	(1)阻尼孔堵塞，使主阀台肩上腔无油压; (2)主阀盖处严重漏泄，使主阀台肩上腔泄压; (3)外控口漏泄严重，外控管破裂，使主阀台肩上腔泄压; (4)导阀阀口冲蚀。泄漏严重等，使主阀台肩上腔泄压; (5)调压弹簧漏装，断裂，使主阀台肩上腔泄压
		弹簧断	主弹簧折断，失效，使主阀芯不能复位
		阻力大	主阀芯处有污物，限制了主阀芯移离全开位
		误安装	安装操作不当，溢流阀装反，系统油压直接顶开主阀
2. 系统压力调不高	不能建压是系统压力调不高的特例，在分析故障 1 的基础上去掉极限情况即可	主阀台肩上腔油压降低	(1)主阀盖处漏泄; (2)外控口漏泄，外控管漏泄，外控阀漏泄; (3)导阀阀口冲蚀，存在泄漏等; (4)调压弹簧调不紧
		阻力大	主阀芯处有污物，限制了主阀芯开度大小
3. 系统压力过高而调不低	从主阀卡住和主阀台肩上腔油压不能调低两方面分析	主阀台肩上腔油压不能调低	(1)导阀与阀座黏住; (2)调压弹簧弯曲而卡住，使导阀不能开启
		阻力大	主阀卡死在半闭位
4. 压力波动，不稳定	从导致主阀台肩上腔液压力不稳定的主阀芯接触阻力和间隙不稳定进行分析	主阀台肩上腔液压力不稳定	(1)主阀芯阻尼孔时堵时通; (2)主阀阻尼孔孔径太大，压力波动快; (3)主阀台与阀体间隙太大，压力波动快; (4)导阀调压螺钉没锁紧或弹簧弯曲使开启压力不稳定
		间隙不均匀	(1)主阀与阀座磨损不均匀，接触情况不稳定; (2)导阀与阀座磨损不均匀，接触情况不稳定
		阻力不稳定	(1)主阀芯动作不灵活; (2)导阀芯动作不灵活
5. 振动与噪声	从液流超速和压力波动两方面进行分析	液流超速	(1)主阀偏斜，偏磨，产生局部液流超速; (2)导阀偏斜，偏磨，产生局部液流超速; (3)阀通过的流量过大，液流超速
		压力波动	(1)回油管不畅，压力波动; (2)外控油管通径过大(常取 6mm)，流速突变，压力波动; (3)供油压力波动与阀芯弹簧发生共振; (4)系统中有空气，产生气穴现象

五、先导式溢流阀主要故障排除的技能

如表 3-2-12 所示。

先导式溢流阀故障

表 3-2-12

故障现象	判断思路		原因分析
1. 无出口压力(有进口压力)	阀本身是常开型的,但阀因液压力、弹簧力或阻力异常而被始终顶住在或卡在了溢流口全关位置	主阀上腔无油压或过低	(1)阻尼孔堵塞,使主阀上腔无油压; (2)导阀弹簧断裂或松脱,使主阀上腔油压过低; (3)导阀卡全开位置,使主阀上腔油压过低
		无弹簧力	主弹簧断裂,使主阀处在全开位置而不能复位
		阻力过大	主阀处在全关位置
2. 出口压力调不高	本故障是故障 1 的一般情况,所以可按同样思路分析,仅程度不同而已	主阀上腔油压较低	(1)导阀弹簧过弱,使主阀上腔油压较低; (2)导阀卡在不能关小位置,使主阀上腔油压过低
		弹簧力过弱	主弹簧过弱失效,不能克服阻力将减压口开大
		阻力过大	主阀卡在减压口关小位置
3. 不起减压作用	与故障 1 相反	主阀上腔油压过高,等于下腔压力	(1)导阀打不开; (2)泄油阻力过大或不通; (3)泄油管接错,直回油箱
		弹簧力过大	主弹簧弯曲、卡住,将主阀顶在了全开位
		阻力过大	主阀卡在全开位
4. 出口压力不稳定	从主阀和导阀动作不灵敏以及进口油液方面进行分析	主阀移动不灵敏	(1)阀芯或阀体几何精度差; (2)主阀弹簧术弱或弯曲受卡,受不均匀阻力影响大
		导阀移动不灵敏	(1)导阀与阀座接触不良; (2)导阀弹簧太弱或弯曲受卡,受不均匀阻力影响
		进口油液有问题	(1)油中含汽太多,有气穴现象; (2)进口油压波动太快

工作任务三　液压马达的拆装操作

理论知识点	实践知识点
1. 液压马达的图形符号与特点; 2. 液压马达的工作原理; 3. 液压马达的性能参数; 4. 连杆式液压马达的原理、结构、特点; 5. 五星轮式液压马达的原理、结构、特点; 6. 内曲线式液压马达的原理、结构、特点; 7. 叶片式液压马达的原理、结构、特点	1. 液压马达与液压泵比较的技能; 2. 液压马达的比较判断的技能; 3. 液压马达操作管理的技能; 4. 液压马达主要部件拆装的技能

考 证 大 纲	适 用 对 象			
	841	842	843	844
3.3 液压马达				
3.3.1 液压马达的性能参数:转速、扭矩和输出功率			√	√
3.3.2 液压马达的功用和图形符号			√	√
3.3.3 船用低速液压马达的结构和特点				
3.3.3.1 叶片式马达的结构特点	√	√		
3.3.3.2 连杆式马达的结构特点	√	√		
3.3.3.3 五星轮式马达的结构特点	√	√		
3.3.3.4 内曲线式马达的结构特点	√	√		
3.3.3.5 叶片式、连杆式、五星轮式、内曲线式马达的比较	√	√		
3.3.4 液压马达的使用管理			√	√

● 相关理论知识

一、液压马达的图形符号与特点

1. 图形符号

如图 3-3-1 所示。

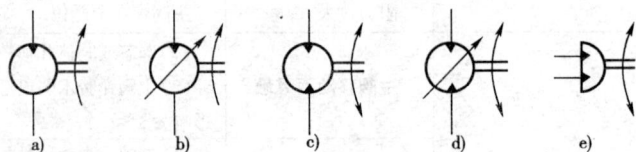

图 3-3-1　液压马达的图形符号

a)单向定量液压马达;b)单向变量液压马达;c)双向定量液压马达;d)双向变量液压马达;e)摆动式液压马达

2. 特点

液压传动相对于电动机直接带动工作机械有以下优点:

(1)体积较小、重量较轻,同样功率的液压马达重量仅为电动机的 1/6 左右。

(2)易于大范围无级调速(调速比可达 2000:1)和微速运动(1r/min 以下),频繁启停、换向对电网的冲击小。

(3)启动扭矩最高可以达额定扭矩的 98%,便于带负荷启动。

(4)液压油能防锈,润滑性好,且抗冲击,能吸振;系统设安全阀能实现过载保护。

但液压传动也有以下缺点:

(1)对液压油和系统的清洁及元件的精度要求很高。

(2)不宜在油温过高或过低情况下工作,否则油液的漏泄和流动阻力会使效率降低。

(3)由于存在油的漏泄,且高压时油略可压缩,故不适合要求传动比精确的场合。

(4)如果漏油,还会污染环境和产生火灾隐患。

二、液压马达的工作原理

液压马达就是利用密封工作容积的变化进油和回油(工作容积增大时进入高压油,减小时回出低压油),输出机械能(转矩和转速)。

三、液压马达的性能参数

1. 液压马达的输入参数

(1)流量 Q;

(2)进出口压差 Δp;

(3)输入功率 P。

2. 液压马达的理论输出参数

(1)每转排量 q_m。指容积效率等于 1 的情况下,液压马达输出轴旋转一周所需的液压油的容积。

$$q_m = 柱塞截面积 × 柱塞行程 × 每转有效作用次数 × 柱塞个数 \quad (m^3/r)$$

由上式可知,每转排量与工作腔容积大小和有效作用次数有关,一般而言,泵的每转排量大,其几何尺寸也大或作用次数多。

(2)理论转速 n_t。

$$n_t = 输入流量 Q/每转排量 q_m \quad (r/min)$$

由上式可知,液压马达的调节方法主要有两大类:一类是调节输入液压马达的流量,具体可通过采用变量泵(容积调速)或通过流量控制阀(节流调速)来实现;另一类是调节液压马达的每转有效排量,可通过采用无级变量或有级变量液压马达(容积调速)来实现。

(3)理论输出功率 P_T。根据能量守恒定律和功率的定义,有:

理论输出功率 P_T = 输出理论转矩 M_t × 角速度 $2\pi n/60$ = 输入功率 = 进出口压差 × 输入流量

由上式可知,液压马达工作时的输出功率不是恒定的,而是随负载反转矩(与输出转矩大小相等方向相反)和转速的升高而升高的。限制执行元件工作时的功率超过额定功率的方法是,避免在工作油压差大(负载大)时调大输入流量或调小液压马达每转排量(转速高)。以起货机为例,如果选用高速挡起吊较重的货物时,就有可能出现超过额定功率的现象,造成原动机堵转和设备损坏。这就是为什么通常要求起货操作人员按"重载低速和轻载高速"的要领进行操作来防止起货机超功率运行。

(4)理论转矩 M_t。

$$理论转矩 M_t = 进出口压差 \Delta p × 每转排量 q_m/2\pi \quad (N \cdot m)$$

由上式可知,产生大扭矩油马达的途径有两个,一个途径是提高进出口压差,即提高工作压力(因回油压力基本不变),但提高幅度受限于设备耐压和密封条件,一般不超过 30MPa;另一个途径是提高每转排量,即将液压马达的工作腔做得大一些。每转排量大,液压马达的尺寸就大,转速就低。这就是为什么人们总是将大扭矩和低速联系在一起。另外从式中可以看出,当每转排量一定时,液压马达负载越大(输出转矩越大),进油压力就越高(回油压力变化很小)。

3. 液压马达的实际输出参数

因油马达存在容积损失和机械损失等能量损失,所以液压马达的实际输出参数为理论输出参数乘以相应的效率,即:

(1)实际转速 $n = n_t × \eta_v$。

(2)实际转矩 $M = M_t × \eta_m$。

(3)实际功率 $P = P_T × \eta$。

4. 转矩和转速脉动率

转矩和转速脉动率是指液压马达的输入参数不变的情况下输出转矩或转速的最大值与最小值之差与其平均值之比。

5. 启动性能

液压马达的启动性能可用启动转矩和启动机械效率来描述。

启动转矩是指液压马达由静止状态启动时,液压马达轴上所能输出的转矩。启动转矩通常小于同一工作压差时处于运行状态下的转矩。

启动机械效率是指液压马达由静止状态启动时,液压马达实际输出的转矩与它在同一工作压差时处于运行状态下的转矩之比。

启动性能的好坏主要受摩擦力矩和转矩脉动性的影响,故当输出轴处于不同位置进行启动时,其启动转矩的数值会有所不同。

6. 最低稳定转速

最低稳定转速是指液压马达在额定负载下,不出现爬行现象的最低转速。造成爬行现象的主要因素有:液压马达瞬时排量的脉动性。不同结构型式的液压马达的瞬时排量的脉动性是不一样的;摩擦力的大小,润滑状态和静力平衡状态不同其摩擦力的大小就不同;泄漏量大小,磨损程度和密封间隙的不同泄漏量将不同。

7. 制动性能

制动性能是指将液压马达进出油口封闭后,液压马达输出轴随即停止转动并保持不动的能力。该能力的大小主要与液压马达的密封性能、油的黏度和工作压力有关。

液压马达的泄漏是无法完全避免的,所以对制动的安全性要求高的机械(如起货机)、对要求长时间制动的机械(如锚机)通常都配有机械制动装置。

制动性能以柱塞式液压马达为最佳,其中端面配油的比径向配油的好。

四、连杆式液压马达

1. 工作原理

连杆式径向液压马达的工作原理如图 3-3-2 所示。

在壳体的圆周沿径向均匀布置 5 个缸,缸中的活塞通过球铰与连杆连接,连杆端部的圆柱面与偏心轮的表面接触。偏心轮的一端是输出轴,另一端通过十字接头与配油轴连接,配油轴上的隔板两侧分别为进油腔和回油腔。图示位置为 1 号、2 号缸处于进油位置,3 号缸处于过渡位置,4 号、5 号缸处于回油位置。高压油经配油轴

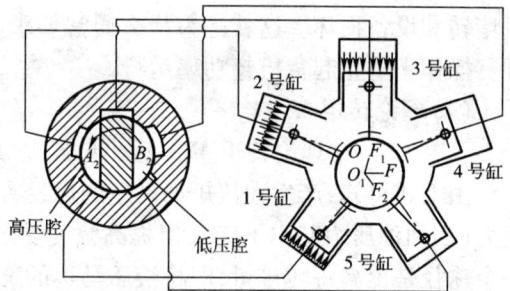

图 3-3-2　连杆式液压马达工作原理

的轴向孔和缸体上的流道进入 1 号、2 号缸中,作用在活塞顶部的压力油产生一个作用力,通过连杆传递到偏心轮上,指向偏心轮的中心由于 3 号缸处于过渡位置,偏心轮的中心上作用着由 1、2 号缸产生的作用力的合力。合力对输出轴中心产生力矩,推动液压马达转动,输出扭矩。配油轴随偏心轮一起旋转,进油腔和排油腔分别依次与各缸接通,从而保证偏心轮连续旋转。改变进出液压马达的油流方向,可以实现液压马达的反转。由于液压马达转一转,工作腔容积变化一次,故该液压马达为单作用式。

2. 典型结构

图 3-3-3 所示为连杆式马达的结构实例。

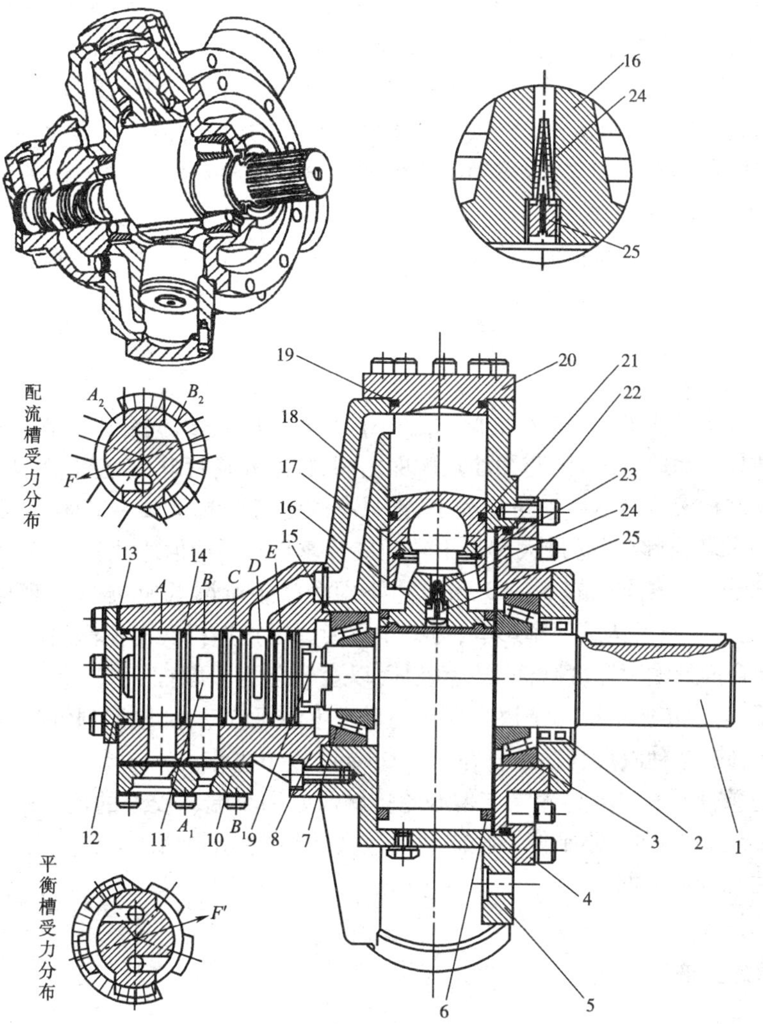

图 3-3-3 连杆式液压马达

1-曲轴;2-油封;3、7-轴承;4-壳体盖;5-壳体;6-抱环;8-配流壳体;9-十字滑块;10-法兰连接板;11-配流轴;12-端盖;13-调整垫片;14-密封环;15-调整环垫;16-连杆;17-球座;18-活塞;19、22-密封圈;20-油缸盖;21-活塞环;23-弹性挡圈;24-过滤帽;25-节流器;A、B-环形槽;C、E-平衡槽;D-配流槽;A_1、B_1-油缸;A_2、B_2-油腔

　　星形壳体 5 上径向地设有 5(或 7)个油缸,每个缸中装有活塞 18,与连杆 16 的球头铰接,以两个卡在活塞内侧环槽内的半圆形球承座 17 和弹性挡圈 23 定位。连杆大端的凹形圆弧面与曲轴 1 上的偏心轮的外圆配合,两侧各用一个抱环 6 箍住。曲轴的主轴颈分别由滚柱轴承 3、7 支承,出轴处装有两只骨架油封 2。

　　曲轴通过十字形滑块联轴节 9 带动配流轴 11 旋转,配流轴的圆柱面上加工有 A、B、C、D、E5 个工作槽,用 6 道密封环 14 分隔。其中环形槽 A、B 通过配流壳体 8 的孔道与法兰连接板 10 上的对应油口 A_1、B_1 相通,并经配流轴内的孔道分别通配流槽 D 的两侧油腔 A_2、B_2,然后通过壳体的油道依次向各缸配油(始终有 2~3 缸进油,其余回油),使马达连续回转。改变进、回油方向马达将反转。若曲轴固定,进、回油管接配流轴上,即成壳转式马达。

　　连杆式马达回油背压需 >0.2MPa,转速越高则背压应越高,否则活塞从下止点回行的后半行程减速时,连杆的抱环 6 和球承座 17 可能因活塞惯性力过大而损坏。

这种连杆式马达在配流轴的配流槽 D 两侧设置了平衡槽 C、E，平衡槽与配流槽的高、低压腔在圆周上的包角相等，相位相差180°，所产生的液压径向力 F' 始终与配流槽处的径向力 F 相等，方向相反，实现了静压平衡。此外，在柱塞和连杆中心钻孔，压力油除能强制润滑连杆球头外，还通过滤帽24、节流器25进入连杆大端底部的油腔，使之也能实现静压平衡。连杆球头处在摆动，油膜不易建立，故采用了增大球头直径、选用合适材料、提高表面硬度等办法，消除了容易咬伤和磨损的弊病。

偏心轮在不同转角时进油缸数和每个柱塞的瞬时速度不同，故马达瞬时排量随转角而脉动；工作油压既定时瞬时扭矩也随转角脉动。

3. 工作特点

（1）结构简单。

（2）启动扭矩比较小，机械效率低。连杆下端马鞍形底面摩擦损失是引起液压马达扭矩损失的主要原因，除此之外，柱塞和油缸侧面之间、柱塞和连杆球头之间、配油轴和轴套之间均有摩擦，所以这种液压马达启动扭矩较小，常只有理论扭矩的80%～85%。

（3）转矩和转速脉动率（最大和最小转矩或转速与其平均值之比）大，约为7.5%。

（4）低速稳定性较差。在 3～10r/min 以下即会产生所谓低速"爬行"现象。引起"爬行"的原因不仅是受液压马达脉动率影响，另一个重要原因是连杆底面比压较大，低速时润滑条件差，即滑动配合面处油膜厚度减薄，甚至破坏，以至转化为干摩擦，引起摩擦和发热急剧增大，从而造成液压马达转速不稳。摩擦力变化还会产生油压波动，加剧漏损，促使液压马达低速稳定性更差。因此，这种液压马达不宜在 3～10r/min 以下工作。

（5）受力条件不好。连杆大端与偏心轮接触面处和小端球铰处的比压较大，磨损较严重，有时会发生咬合。径向力不平衡。径向载荷较大，影响轴承寿命。

（6）配油轴处易泄漏。

（7）工艺性差。

五、五星轮式液压马达

1. 工作原理

图3-3-4 为五星轮式液压马达的工作原理示意图。

液压马达的偏心轴 5 具有曲轴的形式既是输出轴，又是配油轴。五星轮 3 滑套在偏心轴的凸轮上，在它的五个平面中各嵌装一个压力环 4，压力环的上平面与空心柱塞 2 的底面接触，柱塞中间装有弹簧，以防液压马达启动或空载运转时柱塞底面与压力环脱开。高压油经配油轴中孔道通到曲轴的偏心配油部分，然后经五星轮中的径向孔、压力环、柱塞底部的贯通孔而进入油缸的工作腔内。在图示位置时，配油轴上方的3个油缸通高压油，下方的两个油缸通低压回油。此时，在每个高压油缸中各形成一个高压油柱，其一端作用在缸盖上，另一端作用在偏心轮表面上，并通过偏心轮中心，各缸形成一个合力，推动

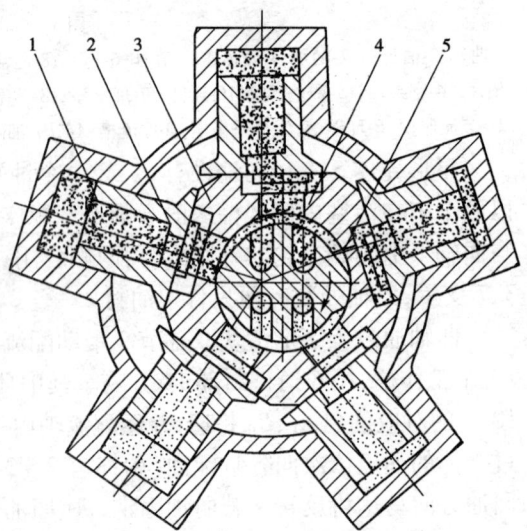

图3-3-4 五星轮式液压马达工作原理
1-壳体；2-空心柱塞；3-五星轮；4-压力环；5-偏心轴

偏心轮绕着输出轴中心转动。输出轴回转时,五星轮作平面平行运动,柱塞作往复运动,产生容积变化,使其完成进回油。只要连续不断供油,就能使液压马达连续转动,改变液压马达的进、回油液流方向,液压马达就反向旋转。液压马达转一转,每个工作容积变化一次,所以静力平衡式液压马达也为单作用液压马达。

从以上工作原理分析中可知,柱塞和压力环之间,五星轮和曲轴偏心圆之间,基本上不靠配合表面金属直接接触传力,而是通过密封容积中的压力油柱产生的作用力直接作用于偏心轮表面和缸盖上。液压马达的柱塞、压力环和五星轮等在运动过程仅起油压的密封作用。为改善这些零件的受力情况,减少摩擦损失,通常将它们设计成静力平衡状态,所以这种马达称静力平衡式液压马达。

2. 典型结构

图 3-3-5 所示为带双列油缸的五星轮式液压马达的结构实例。

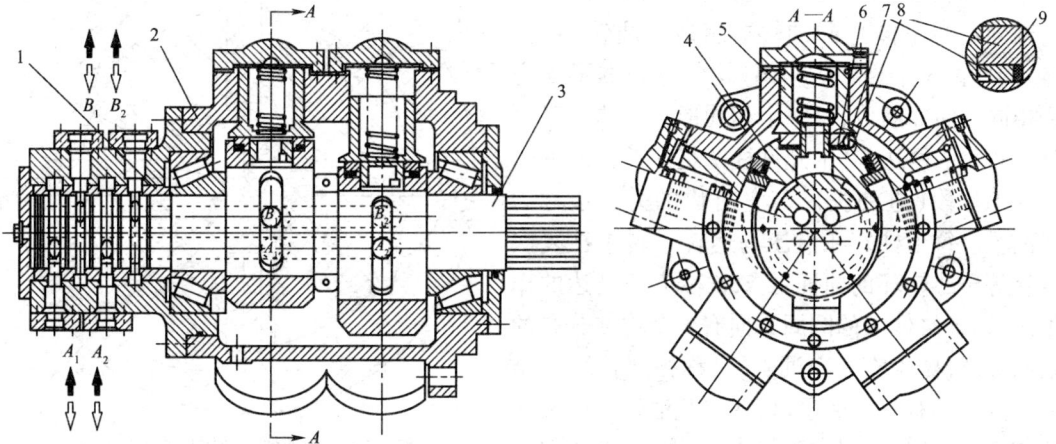

图 3-3-5 五星轮式液压马达

1-配流套;2-壳体;3-曲轴;4-五星轮;5-柱塞;6-定位套;7-内套;8-压力环;9-尼龙挡圈;A_1-第一列油缸进(出)油口;A_2-第二列油缸进(出)油口;B_1-第一列油缸出(进)油口;B_2-第二列油缸出(进)油口

五星轮式液压马达的连杆由一个滑套在曲轴 3 的两个偏心轮外面的五星轮 4 取代;配流轴与曲轴做成一体;此外,还取消了壳体 2 中的流道。从配流套 1 引入的油经曲轴内钻孔,被引至偏心轮的圆周表面,经过通至五星轮的五个平面上的通孔,直通到五个空心柱塞 5 和相应的油缸中。每缸中有一个被弹簧压住的柱塞 5。弹簧可以保证启动或空载时使柱塞压紧下面的压力环 8。压力环和五星轮的配合间隙较大,具有足够的浮动余地,可保持与柱塞底面全面接触,使密封可靠。压力环下面装有尼龙挡圈 9 和 O 形密封圈,其压缩量由内套 7 的高度限定。压力环由定位套 6 固定,而定位套则由下部的弹性挡圈固定在五星轮上。

双列液压马达可做成两级变量式:需要时可停止一列油缸进油,使进油口与回油口相通,即可将马达排量 q 减小一半,从而在轻载时转速提高 1 倍。由于两个偏心轮的偏心方向相反,两列油缸同时工作时所产生的径向液压力相等而方向相反(不在同一直线,有不太大的力臂),对轴承形成的负荷不大。若只用单列油缸工作,则曲轴的轴承会承受较大的径向液压力,负荷不宜过大。

3. 工作特点

(1)柱塞、压力环可基本实现静压平衡(保留少许压紧力),五星轮可完全静压平衡,这样可使主要滑动面的摩擦力显著减小;取消了连杆,不存在单位面积承受压力大、油膜易破坏的球铰;采用双列式可使轴承负荷显著减轻;这些都提高了低速性能,并使工作寿命延长。

（2）瞬时排量均匀性比连杆式好,故扭矩脉动率比连杆式小（五缸式为4.9%）,最低稳定转速为2r/min左右。

（3）壳体内无流道,工艺性改善。

（4）与连杆式相比,五星轮所需空间较大,在排量相同时外形尺寸和重量较大。

（5）柱塞受侧向力较大,约为同参数连杆式马达的7~14倍,使缸壁磨损加剧。

六、内曲线式液压马达

1. 工作原理

内曲线式液压马达是一种多作用的径向柱塞式液压马达,其工作原理如图3-3-6所示。

主要由凸轮环（壳体,其内表面上分布有导轨曲面）、柱塞副、缸体（布置有径向油缸,与输出轴固定为一体）、配油轴等组成。凸轮环（壳体）内壁由 x 个（图中 $x=6$）均匀分布的形状完全相同的曲面组成,每一个相同形状的曲面又可分为对称的两边,其中允许柱塞组向外伸的一边称为工作段（进油段）,与它对称的另一边称为回油段。每个柱塞在液压马达转一转中往复次数就等于凸轮环的曲面数 x（x 称为该马达的作用次数）。缸体1的圆周方向有 z 个均匀分布的径向油缸（图中有8个油缸,又称柱塞孔）,每个油缸的底部有一配油窗口,并与配油轴4的配油孔道相通。有一个作用就应一个进油窗孔和一个回油窗孔与之相配,所以配油轴4上有2个均

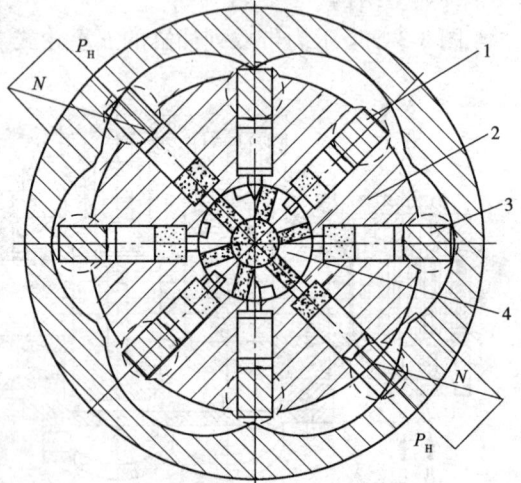

图3-3-6　内曲线式液压马达工作原理
1-凸轮环;2-缸体;3-柱塞副;4-配油轴

匀布置的配油窗孔,其中,1个窗孔与进油孔道相通,另外,1个窗孔与回油孔道相通,这2个配油窗孔的位置分别与凸轮环曲面的工作段和回油段的位置严格对应。柱塞组3以很小的间隙置于缸体2的油缸中。作用在柱塞底部上的液压力经滚轮传递到凸轮环1的曲面上。

当高压抽进入配油轴,经配油窗口进入处于工作段的各柱塞油缸时,使相应的柱塞组顶在凸轮环的曲面的工作段上,在接触处凸轮环曲面给予柱塞一反力 N。这个反力 N 是作用在凸轮环曲面与滚轮接触处的公法面上,此法向反力 N 可分解为径向力和圆周力。径向力与柱塞底面的液压力相平衡,而圆周力克服负载力矩驱使缸体2旋转。在这种工作状况下,凸轮环和配油轴是不转的。此时,对应于凸轮环回油区段的柱塞作反方向运动,通过配油轴将油液排出。

当柱塞组3经凸轮环曲面工作段过渡到回油段瞬间,供油和回油通道被闭死。为了使转子能连续运转,内曲线液压马达在任何瞬间都必须保证有柱塞组处在进油段工作,因此,作用次数 x 和柱塞数 z 之间不能有奇数公约数或 $x=z$ 的结构出现。柱塞组3每经过一个曲面（工作段和回油段）,柱塞在油缸中往复运动1次,进油和回油各一次。当改变进出液压马达的油流方向,液压马达的转向随之改变。

上述为轴转式内曲线液压马达的工作原理,轴转式的特点是油缸体与输出轴固定为一体,油缸体转动便带动输出轴转动,而配油轴与壳体（凸轮环）是固定不转的。

若将缸体1固定,而允许壳体和配油轴旋转,则可做成壳转式内曲线液压马达。

2. 典型结构

图 3-3-7 示出一种轴转式内曲线式马达的结构实例。

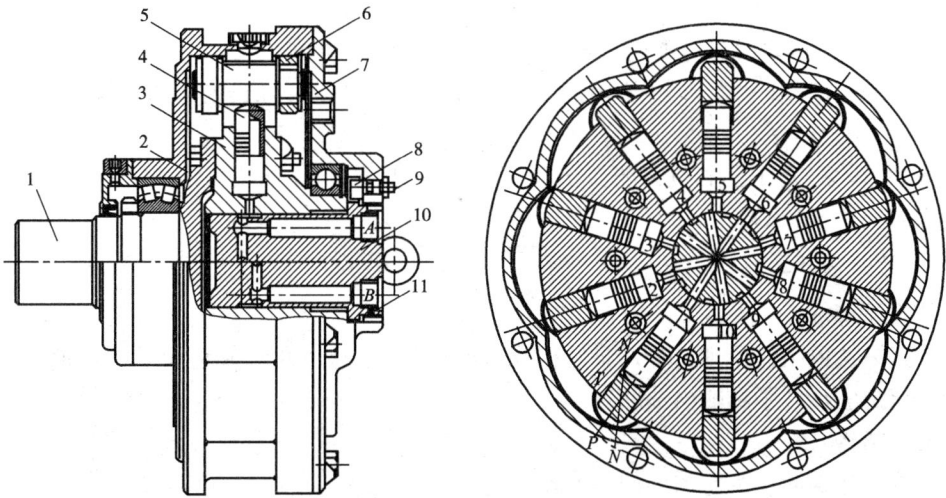

图 3-3-7　内曲线式液压马达

1-输出轴;2-壳体;3-缸体;4-柱塞;5-横梁;6-滚轮;7-端盖;8-偏心销;9-锁紧螺母;10-配流轴;11-密封圈;A、B-外接油口

输出轴 1 与缸体 3 用螺栓相连,并由壳体 2 和端盖 7 上的滚动轴承支承。缸体套装在固定不动的配流轴 10 上。缸体上沿径向等间隔地设有若干个液压缸,每缸底部有配流孔,通到配流轴圆周面上。每缸配有一个柱塞 4,顶在截面呈矩形的横梁 5 上,横梁可在缸体的槽内滑动,横梁两端装有带滚针轴承的滚轮 6。壳体内的工作面称为导轨,由若干段形状相同的特定曲面组成。工作时滚轮紧贴导轨,在导轨上滚动。每段导轨的曲面分为对称的两部分,其中允许柱塞向外伸的曲面称为工作段(进油段),与其对称的可迫使柱塞向中心缩回的曲面称为回油段。在配流轴的圆周面上均匀分布着两组彼此相间的配流窗口,分别对应于导轨的工作段和回油段,它们经轴内的通道分别与外接油口 A、B 相通。工作时缸体与配流轴相对转动,每一配流窗口轮流与各缸的配流孔相通。

配流轴圆周面上各配流窗口之间的密封段很短,该处的漏泄是内曲线式马达的主要漏泄,因此,对配流轴和缸体间的配合间隙有严格的要求。由于上述间隙很小,为了补偿制造和安装上的误差,故配流轴和端盖并不固接,而是设置了有弹性的 O 形密封圈 11,同时进、回油口和外接油管之间则以软管相连。安装配流轴时应注意使配流窗口之间密封段的中点对准导轨曲面过渡段的中点,否则就会产生困油现象,并因而产生振动和噪声。然而,由于加工和安装的原因,配流轴和导轨的相对位置很难保证绝对精确,故图 3-3-7 中图示马达设置了偏心销 8,试车时松开锁紧螺母 9,稍稍转动偏心销,使卡在配流轴凹槽中的偏心圆头随之偏转,即可对配流轴在圆周方向的安装位置进行微调,至工作噪声最轻为宜。如不设偏心销,为补偿制造和安装误差,必须将导轨曲面的过渡段放大一些。

导轨曲面的段数 K 决定了马达每转中每个液压缸进、回油的次数,即马达的作用数。改变内曲线马达的排量做成有级变量马达,可实现有级调速。常用的方法是:将原来通同一主油口的油窗口分为彼此间隔的 2 组,必要时使其中一组与回油口相通,从而改变柱塞的有效作用数;做成多列柱塞,改变有效工作列数。

3. 工作特点

(1)合适的导轨曲面能使瞬时进油量不变,扭矩脉动率理论值为零,最低稳定转速可达

0.5r/min左右。

(2)只要柱塞数目z和作用次数K的最大公约数$m \geqslant 2$,则全部柱塞可分为受力状态完全相同的m组,壳体、缸体和配流轴的径向液压力完全平衡,能适用更高工作压力和提高机械效率,启动效率η_{mo}(启动扭矩与理论扭矩之比)可高达98%。

(3)每一柱塞的作用数$K = 4 \sim 10$,还可做成双列或三列,可得到较大的马达排量q_M和输出扭矩。

(4)零件较多,对工艺和材料的要求较高,尤其内曲线部分受柱塞滚轮的压力大,表面处理的要求高。

七、叶片式液压马达

1. 工作原理

叶片式马达的工作原理与叶片泵的相反,是利用工作叶片两侧分别承受进回油压力差产生的液压扭矩驱动转子和输出轴回转。

2. 典型结构

叶片式马达与叶片泵结构上的主要差异是:

(1)马达必须有叶片压紧机构,以保证启动前叶片能贴紧定子内表面,否则无法启动。

(2)泵只需单方向转动,而马达需正、反转。

因此马达的叶片皆径向放置,叶片顶端左右对称;两个主油口口径相同;引至轴承处润滑的泄油必要时有单独通油箱的泄油管(专用于起重机构的马达,轴承泄油可从内部通固定的低压腔);叶片根部无论马达正、反转都能与压力油腔相通。

图3-3-8 示出一种叶片式马达的结构实例。

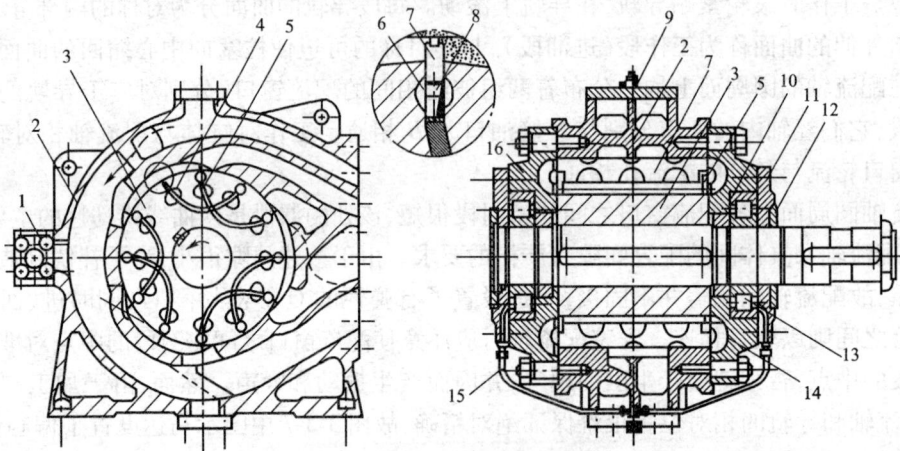

图3-3-8 叶片式液压马达

1-安全阀;2-壳体(定子);3-转子;4、5-挺杆;6-补偿弹簧;7-叶片;8-柱销;9-放气塞;10-定距环;11-轴承盖;12-轴封压盖;13-轴承;14-前端盖;15-泄油管;16-后端盖

壳体2内表面由三段大圆弧面和三段小圆弧面以及彼此间过渡曲面组成三个工作腔。每一个过渡曲面都有配油盘与马达的外接油口相通,由紧贴马达安装的控制阀来控制各油口的油路沟通状况;转子3的叶片槽内共装有12个叶片,依靠挺杆5的两端的补偿弹簧6压紧在壳体2的内表面上;马达两侧端盖14、16内侧有油道,使叶片底部始终与叶片顶部相通,油压相等。润滑两端轴承的液压油经泄油管15引回油箱。

叶片式马达的叶片压紧机构常见的有以下几种:

（1）直挺杆机构。在圆周上处于相对位置的每一对叶片的底部，用两根径向穿过转子轴心的圆棍形直挺杆来保持叶片与定子曲面的密封，同时将压力侧工作油引入每个叶槽底部的小油室，来帮助向外压紧叶片。双向工作的马达通叶底的油路装有球形梭阀，以保证正、反转时皆能将压力侧工作油引入叶底。

（2）弧形挺杆。转子两端面开有若干圆弧形的挺杆槽，每对弧形挺杆相交的部分截面减半，彼此错开，挺杆两端有钻孔，内设补偿弹簧，将叶片压紧在定子曲面上。

（3）摇臂挺杆机构。在转子两端面装摇臂，它两端借助于挺杆和补偿弹簧保持每对叶片的初始密封。

（4）叶片底部设弹簧。多作用叶片式马达配换挡阀后，可手动或根据工作压力自动改变有效工作腔数，即让某一对或几对进、排油腔彼此沟通而无须额外供油，它们之间不存在油压差也不产生扭矩，于是成了排量可变的有级变量马达。三作用马达变量成为单、双作用后径向力不平衡，故只适用于低压；中、高压叶片式马达变量时应始终保持径向力平衡，故多做成四作用或六作用的马达。

3. 工作特点

（1）结构简单，单位排量的重量最轻。

（2）容积效率较低，仅适用于中、低压。

（3）叶片顶端对定子内表面摩擦力较大，机械效率、启动效率较低。

（4）低速稳定性稍差。

● **相关实践知识**

一、液压马达与液压泵比较的技能

1. 功能是相反的

（1）马达：输入压力能，输出机械能（转矩和转速）；

（2）泵：输入机械能，输出压力能（压力和流量）。

2. 原理是互逆的

（1）马达：工作容积增大时进入高压油，减小时回出低压油；

（2）泵：工作容积增大时吸入低压油，减小时排出高压油。

3. 结构是相似的

（1）马达：结构一定是对称的，工作容积大，几何尺寸大；

（2）泵：结构可能是不对称的，工作容积小，几何尺寸小。

二、液压马达的比较判断的技能

如表3-3-1所示。

三、液压马达操作管理的技能

1. 油

油品应按规定选用，并不得随意改换和掺用。

油质应保持高度清洁，油质不良和受污染是液压马达及系统的故障之源，会产生堵、卡、磨等故障。

油位应正常，平时应保持各润滑部件充分润滑，启动前必须检查油箱内油位，初次使用和检修后务必记住要向壳体内灌油，壳体上的泄油管接口一般应向上，保证壳体中的油液在停车后不会漏失,以使液压马达工作时能够得到润滑与冷却。

液压马达的特点   表 3-3-1

形式	连杆式	五星轮式	内曲线式	叶片式
主要组成	活塞、连杆、(偏心轮、输出轴)、配油轴、壳体等	空心柱塞、压力环、五星轮、(偏心轮、输出轴、配油轴)、壳体等	缸体、柱塞副、配油轴、输出轴、壳体等	控制阀、径向叶片、(转子、输出轴)、定子/壳体等
连接关系	输出轴和偏心轮一体;配油轴与输出轴间有十字形联轴器	输出轴、配油轴、偏心轮共为一体	输出轴和缸体相连;配油轴和壳体固定	输出轴和转子相连;叶片顶部必须始终贴紧定子内表面
油的流道	配油轴 + 壳体	配油轴 + 偏心轮 + 五星轮	配油轴 + 缸体	控制阀 + 壳体
力的传递	活塞、连杆、偏心轮	油柱、偏心轮	柱塞、横梁、滚轮	叶片、转子
运动状况	活塞:往复运动 连杆:往复运动 + 摆动 偏心轮:回转运动 配油轴:回转运动	空心柱塞:往复运动 五星轮:平动 偏心轮:回转运动 配油轴:回转运动	柱塞副:往复运动 + 回转运动 缸体:回转运动 配油轴:固定不动	叶片:回转运动 转子:回转运动 定子:固定不动
主要泄漏	配油轴和配油壳体之间	空心柱塞和油缸之间	配油口之间	转子和端盖之间
径向力	不平衡	基本平衡	完全平衡	完全平衡
扭矩	中	中	大	小
扭矩脉动	大	小	0(合适的导轨曲面)	
最低转速	3r/min	2r/min	0.5r/min	1r/min
作用数	单作用	单作用	多作用(曲面数)	多作用(叶片数/4)
变量方式	改变偏心距	改变有效列数	改变有效列数和作用数	改变作用数
容积效率	高	中	中	低
机械效率	中	高	高	低
启动效率	低	中	高	低

· 2. 压力

进油压力(工作油压)不能超出额定压力。

回油背压必须足够大。如内曲线式液压马达约需 0.5~1.0MPa 的回油压力,以保证柱塞在排油段不致因惯性而脱离导轨(凸轮环);连杆式液压马达约需 0.068MPa 的回油背压,以免连杆的卡环和回程环受活塞惯性力而过载。

泄油背压不能高。液压马达壳体内的油压应保持在 0.03~0.05MPa 以下,最高不超过 0.068MPa,以保证轴封和其他部位密封的可靠性。为此,液压马达壳体上的泄油管总是单独接到油箱的,而不与系统的回油管路连接,泄油管上也不宜加其他附件。

为防止液压冲击,启动液压系统时供油量和压力应从小到大逐渐增加,避免供油量和压力突变。操作过猛,造成液压冲击,是元件损坏和发生故障的原因之一。

3.温度

油温应符合规定,过高和过低都会影响泵的正常工作和寿命。一般工作油温不宜超过50℃;最高不超过65℃;短时高油温也不得超过85℃。

在低温环境中,启动时应先作轻负荷运转,待温度上升后再使之正常运转。还应注意勿将热油突然供入冷态的液压马达中,以防发生配合面咬伤事故。

四、液压马达主要部件拆装的技能

1.转向与连接

输出轴与被动机械的同心度误差不得超过规定值,或者采用挠性连接。轴上承受的径向负荷不能超过规定数值。液压马达可以双向转动,故安装时对转向投有要求。

2.重要部件

活塞连杆式液压马达的连杆与活塞、偏心轮、配油轴;静力平衡式的柱塞、油缸、压力环、五星轮、配油轴;内曲线式的柱塞、油缸、凸轮环(导轨)、配油轴等部件在检修中应特别注意,不应用力捶击和撬拨,严防划伤密封面和换错偶件。

3.重要间隙

柱塞的配合间隙、配油轴的配合间隙以及其他密封间隙应符合规定,内曲线式液压马达配油轴的配合间隙在 0.02 ~ 0.04mm 之间。发现过松(过度磨损),应按规定更换;发现过紧,通常是配合面不清洁或划毛引起的,故在装配前严防划伤并应用挥发性洗涤剂清洗并吹干各零件,然后边装边在配合面涂布清洁的液压油进行润滑。不宜使用棉纱等擦洗。间隙过松会严重影响容积效率。必要时可脱开液压马达泄油管检测其工作时的漏泄量。正常时连杆式液压马达的容积效率约为96.8%,五星轮式和内曲线式的容积效率约为95%,叶片式约为90%。由于上述漏泄量不包括液压马达内高、低压之间的直接内漏,故实际的容积效率值要比按上述漏泄量和液压马达的理论流量求出的容积效率值低。

工作任务四 液压辅件的使用管理

理论知识点	实践知识点
1.滤油器的功用、性能参数和类型; 2.油箱的功能、要求和类型; 3.蓄能器的功能和类型	1.滤油器使用管理的技能; 2.油箱使用管理的技能; 3.蓄能器使用管理的技能

考证大纲	适用对象			
	841	842	843	844
3.4 液压辅件				
3.4.1 滤油器的性能参数、主要类型、选择及使用管理			√	√
3.4.2 油箱的功能和应满足的要求			√	√
3.4.3 蓄能器的功能和使用管理			√	√

● 相关理论知识

一、滤油器

1.功用

滤油器的功用是在工作中不断滤除流经的液压油中的固体杂质,降低油液污染度,提高液压装置工作的可靠性和耐用性。滤油器的结构和职能符号见图 3-4-1 所示。

2.性能参数

(1)过滤精度。指能够从油中滤除多大尺寸的固体颗粒,是选择滤油器的首要参数。用绝对过滤精度、过滤比和过滤效率等参数表示。通常用的是绝对过滤精度。

污染物并非都是球形,长度大于绝对过滤精度的细长颗粒仍有可能通过。现在普遍采用过滤比 β_x 来评定液压滤油器的过滤精度。

过滤比 β:上游油液中大于给定尺寸(μm)的颗粒数/容积与下游油液中大于同一尺寸的颗粒数/容积之比。

绝对过滤精度:β 值为 75 时的污染物颗粒尺寸值。

公称过滤精度:β 值为 20 时的污染物颗粒尺寸值。

过滤效率:$E_C = 1 - 1/\beta$。

(2)压力损失。一般来说,过滤精度高则压力损失较大。使用时间长,累积的污垢量增加,压力损失增加。达到饱和压差后继续使用则压差将急剧增加,有指示、发讯装置的滤油器此时发出堵塞信号。滤油器有安全旁通功能时,其开启值比饱和压差约大 10%。滤油器压降达到饱和压降时,要及时清洗或更换滤芯。油黏度越大则通过滤器的压降越大,要防止冷态启动时油黏度过大而压降过大。

图 3-4-1　滤油器

滤油器通常给出初始压差,有的还给出最大(饱和)压差。滤芯的强度应能承受饱和压差和可能的液压冲击;但只要不是完全堵塞,就无须承受系统最大工作压力,故强度较低的滤芯(如纸质滤芯)也可用于高压系统。

图 3-4-2 示出滤油器的压差特性曲线,它是规定黏度的油液以公称流量通过滤油器的压差随工作时间变化的关系曲线。

(3)公称流量和公称压力。公称流量是指滤油器在初始压降不超过标示值时所允许通过的最大流量。滤芯的有效过滤面积越大,则公称流量越大。同样尺寸的滤芯过滤精度越高则允许通过的流量越小。公称压力是滤油器允许的最大工作压力,取决于滤油器外壳及密封元件的耐压能力。

(4)纳垢量。滤油器达到饱和压降时所滤出、容纳的污垢量。

3.类型

滤油器按其滤芯材料的过摅机制来分,有表面型滤油器、深度型滤油器和吸附型滤油器 3 种。如表 3-4-1 所示。

(1)表面型滤油器。整个过滤作用是由一个几何面来实现的。滤下的污染杂质被截留在滤芯元件靠油液上游的一侧。在这里,滤芯材料具有均匀的标定小孔,可以滤除比小孔尺寸大的杂质。由于污染杂质积聚在滤芯表面上,因此它很容易被阻塞住。编网式滤芯、线隙式(金

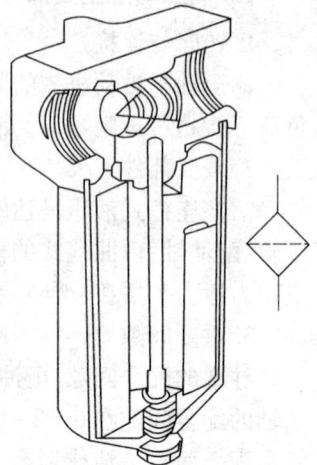

属线绕在框架上)滤芯属于这种类型。

(2)深度型滤油器。这种滤芯材料为多孔可透性材料,内部具有曲折迂回的通道。大于表面孔径的杂质直接被截留在外表面,较小的污染杂质进入滤材内部,撞到通道壁上,由于吸附作用而得到滤除。滤材内部曲折的通道也有利于污染杂质的沉积。纸质、毛毡、烧结金属、陶瓷和各种纤维制品滤芯等属于这种类型。

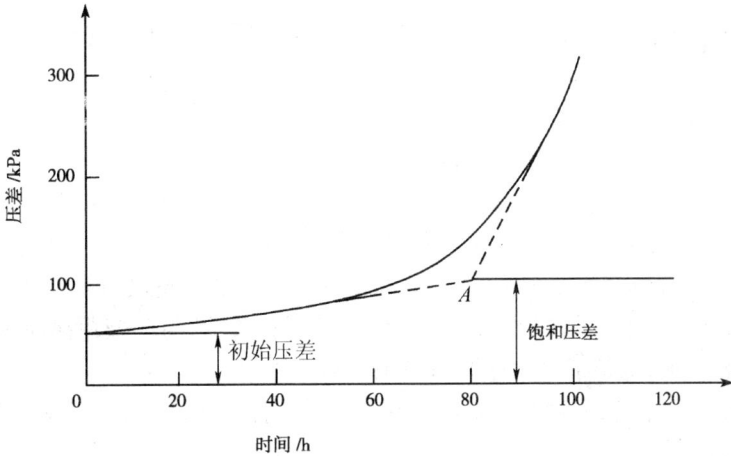

图 3-4-2　滤油器的特性曲线

(3)磁性滤油器。这种滤芯材料具有永磁性,把油液中的铁磁性杂质吸附在其表面上。常用的有磁性滤油器。

滤油器特点　　　　　　表 3-4-1

类型	工作原理	种类	过滤精度 (μm)	纳垢量	清洗性	适用情况
表面型	把大颗粒杂质截留在表面	网式	80～180	小	易	吸油滤器
		线隙式	30～100	小	不易	低压滤器
深度型	大杂质在外表面被截留,小杂质在内部被吸附	烧结式	10～100	中	不易	精细滤器(强度好,耐高温)
		纸质	5～30	中	一次性	精细滤器(价格低,使用广)
		化学纤维	1～20	大	不易	精细滤器(流量大)
		不锈钢纤维	1～20	大	易	精细滤器(流量大,价格高)
吸附型	把铁磁性杂质吸附在表面	磁塞	微小	大	不易	精细滤器(与其他滤器共用)

滤油器按在液压系统中布置的位置分为:

(1)吸油滤器。设在液压泵吸入管上,保护液压泵。为防止泵吸入压力过低发生"气穴"现象,吸油滤器最大压力损失应不大于 0.02MPa,故多用网式滤油器,公称流量约取泵流量的 2 倍。

(2)压油滤器。设在液压泵的排油管上,保护除液压泵外的其他液压元件。它的公称压力应高于系统最大工作压力,公称流量应大于泵的流量,过滤精度应满足系统要求,压力损失不宜超过 0.35MPa。最好用带安全旁通阀的滤器,这样它可设在溢流阀前,同时保护溢流阀;否则应设在溢流阀后。

(3)回油滤器。设在执行元件的回油管路上,它能滤除系统回油中的杂质,但不能直接防止杂质进入系统的液压元件。它的好处是仅承受回油背压,公称压力无需太高。其尺寸可稍取大些,以提高纳垢量。过滤精度应满足系统要求。

(4)辅油路滤器。设在辅泵补油、泄油管路中,公称压力无须太高,流量约为主系统的20%～30%,过滤精度应满足系统要求。

二、油箱

1. 功用

油箱的主要功用是贮油、散热、逸气、纳垢。因此,油箱应有足够的容量,较大的表面积,且液体在油箱内流动应平缓,以分离气泡和沉淀杂质。

2. 要求

为保证液压系统的正常工作,油箱必须满足如下要求:

(1)容量足够。油箱容积应根据泵的额定流量和工作压力来选取,额定流量和压力越高要求油箱容积越大。对低压系统可取泵额定流量(L/min)的2～4倍,中压系统取5～7倍,高压系统取10～12倍,当设备停止工作时,油箱中的油位高度不超过油箱高度的80%。

(2)便于吸入。泵吸入管口与箱底距离应大于管径2倍,与侧壁距离应大于管径的3倍。泵吸入管口装滤油网,通流能力大于泵流量的2倍以上。

(3)便于散热。系统回油管口与箱底距离应大于管径3倍,端头切成45°斜角,斜口面对箱壁,便于散热。

(4)便于纳垢,便于逸气。油箱内部要用隔板将进、回油管隔开,其高度一般为油面高度的2/3,以使油液能在油箱内平稳地流动,从而有利于积纳污垢和分离气体。

(5)防止污染。油箱的通气孔应有空气滤网及孔罩,盖板与管接头要密封良好,加油口应有盖子和滤网,滤网精度与系统过滤精度相同,防止外部污物的侵入。

油箱内壁为防止锈蚀,必须涂有防锈保护层,采用的保护涂料与所用的液压油具有相容性。

(6)便于维护。油箱盖板或人孔导门应便于拆卸,以便于清洁;油箱底面应向系统排出口倾斜,并应设有放液塞或放液阀,以便于放出油液;油箱侧面应设置液位指示器,以指示液面位置;应设置有温度计或调温接口,以指示油箱温度。

3. 类型

按照油箱内压力状态的不同,油箱可分为开式油箱和闭式油箱(又称加压油箱)两种。开式油箱盖上安装空气滤清器,使液面既与大气相通又防止油液受灰尘等污染;闭式油箱内部通入低压压缩空气(一般为0.06MPa左右),以提高液压泵的吸入口压力。

三、蓄能器

1. 功用

(1)减少系统的液压冲击和压力脉动。

(2)为定量泵系统保压。系统达到一定压力后使泵卸荷(见"卸荷溢流阀"),靠蓄能器保压并供油补偿系统漏泄,这样可节能和降低油的温升。

(3)短时间大量供油。可先用泵向蓄能器供油使之达到一定压力,短时间需大量用油时(例如制动油缸)由泵和蓄能器同时供油。

2. 类型

蓄能器的类型有重锤式、弹簧式和充气式等多种。目前充气式蓄能器应用最广泛。

气囊式蓄能器及蓄能器的图形符号如图3-4-3所示。

气囊式蓄能器内有一个耐油橡胶制成的气囊,内部常充以氮气。下部有一个弹簧控制的菌形阀。正常工作时,菌形阀常开,利用气囊的压缩与膨胀来存入或放出油液。当油液排空时则菌形阀关闭,防止气囊被挤出。

图 3-4-3   蓄能器
1-充气阀;2-壳体;3-气囊;4-菌形阀

- **相关实践知识**

一、滤油器使用管理的技能

(1)在正常情况下每工作 500h 应清洁或更换滤芯一次,清洁或更换滤芯时,应对滤壳内部进行仔细的清洁。

(2)当系统进行大修后,或液压油遭受污染后可视情况缩短滤芯的清洁或更新周期。

(3)在日常管理中要时常注意滤油器进出口压差,或滤油器上的压差指示器工作状况,检查压差指示养的工作状况一定要在系统正常运行时进行,原则上吸油滤器压力降不大于 0.015MPa,压力油路上的滤油器的压力降不大于 0.03MPa。

(4)低温工况下运行时,应旁通滤油器以防阻力过大损坏滤芯和其他液压元件。

二、油箱使用管理的技能

(1)注意透气孔处空气滤器的清洁;

(2)定期或在启动系统前打开油箱底部的放残阀放去残液;

(3)每年彻底清洗油箱一次。有条件时,在清洗油箱的同时应对箱内油液进行一次外过滤。

三、蓄能器使用管理的技能

1. 安装位置

总是与系统并联,其位置因功用不同而不同。用于吸收冲击时,尽量装在靠近液压冲击源(脉动源)旁;用于补油保压时,尽量靠近相应元件旁。蓄能器的安装以油口向下垂直安装为宜,以免杂质沉淀其中妨碍工作。

2. 防止振动

装在管路上的蓄能器需用支架固定,但不能用焊接固定,以免妨碍热胀冷缩。

3. 防止逆流

蓄能器与液压泵之间应安装单向阀,以防止泵停转时蓄能器内的压力油向泵倒灌。

4. 便于隔离

蓄能器与管路之间应安装截止阀,以便系统长期停用及充气、检修时将其切断。

5. 注意禁忌

禁止充氧气或空气,以免气体漏入油中引起氧化,而且空气还可能带入水分。

6. 规范检查

至少每隔 6 个月检查一次压力。方法是:在蓄能器油口附近管路上设压力表,用泵向蓄能器充油至压力足够高后停泵,让压力油缓缓流出,观察油压徐徐下降,降到某值时菌形阀关闭,

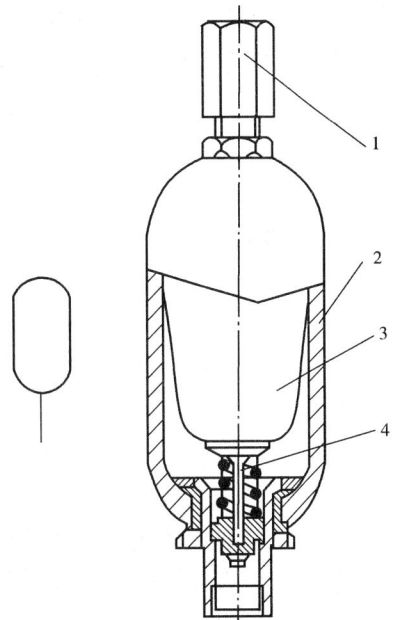

则油压迅速下降,该压力即是现存气体压力,如低于设计值太多应补气。另外,气囊式蓄能器应防止皮囊破裂,这可能是因漏气而将皮囊挤入充气阀孔,或是因充气太快而将皮囊挤入菌形阀座孔。

● 思考练习

一、判断题

1. (　　)液压系统一般由能源元件、执行元件、控制元件、辅助元件和工作介质部分组成。

2. (　　)采用非对称性配油盘的轴向柱塞泵,转向不可逆转。

3. (　　)径向柱塞泵在吸排过程中,配油轴是固定不动的。

4. (　　)蓄能器的作用是保证操舵的连续性和满足瞬时高峰负荷的要求。

5. (　　)当有液控油压时,液控单向阀就失去了作用。

6. (　　)电液换向阀可以用改变先导阀与主阀的安装位置的方法来实现内控或外控。

7. (　　)直动式顺序阀可以用改变阀上盖安装位置的方法来实现内泄或外泄。

8. (　　)直动式顺序阀可以用改变阀底盖安装位置的方法来实现内控或或外控。

9. (　　)外部控制、内部泄油的顺序阀可当作泄荷阀使用。

10. (　　)外部控制、内部泄油的顺序阀可当作溢流阀使用。

11. (　　)阀前后压差从大到小排列的阀是溢流阀、减压阀、顺序阀。

12. (　　)定压阀可作安全阀有时不能代替溢流阀使用。

13. (　　)液压马达输出转速主要取决于供入液压马达的油液流量和液压马达的排量。

14. (　　)液压马达输出扭矩主要取决于供入液压马达的油液压力和工作容积流量。

15. (　　)流量控制阀主要用来改变执行机构的运动速度。

16. (　　)变向变量泵可当定向定量泵使用,反之,则不能。

17. (　　)双作用叶片泵定子可以两端面互换安装。

18. (　　)叶片泵拆后重装时各叶片与叶片槽配合关系原则上不宜互换。

19. (　　)单作用叶片泵不宜用于高压,以免轴承承受过大的径向负荷。

20. (　　)溢流阀主要用来控制阀前系统油压力,减压阀主要用来控制阀后系统油压力。

二、简答题

21. 液压传动装置由哪些基本部分所组成?

22. 叶片泵配油盘上的三角槽有何功用?

23. 叶片泵叶片端部与定子内壁的可靠密封,常采用哪些办法?

24. 轴向柱塞泵采用辅泵供油有什么好处? 在检修轴向泵时应注意什么问题?

25. 简述溢流阀与减压阀的不同之处。

26. 溢流阀在系统中有哪些功用?

27. 试比较溢流阀与顺序阀的不同之处。

28. 为什么调速阀较适用于负荷变化大、流量稳定性要求高的场合?

29. 简述叶片泵、轴向泵实现变量的方法。

30. 单向阀在液压系统中有何应用?

● 案例分析

"柱塞泵异常磨损"——液压系统工作异常

一、故障现象

某轮是一条客滚船舶。其尾缆机和后侧大桥的活动桥门共用一套液压系统。邻近冬季,这套液压系统出现了一些异常现象:液压系统工作时,发现油泵附近噪声非常大;泵房上面甲板颤动,人在上面站立不稳;油泵的输出压力低,最大输出压力仅 110kg/cm² (正常最大输出压力 280kg/cm²);吸入表压力指针在 0kg/cm² 附近摆动;放桥时,把油马达操纵手柄推到底,油马达转动非常缓慢,甚至出现爬行现象。

管理人员对系统检查、放气、调整,但情况越来越差。检查又发现油泵的吸入滤器严重堵塞,拿出滤器芯发现出现许多金属碎屑,系统管路液压油中,也混合有磨碎金属碎屑。通过各种现象判断主油泵内部故障,是异常磨损。于是,紧急调运来一台新泵换上,系统放掉旧油后,首先用专用清洗油彻底清洗,再换上新液压油,然后放气、冲油、调整、清洁滤器,直到管路中再没有金属碎屑。启动工作后,新泵运转声音,压力等都正常,油马达运转速度也正常。事后拆卸旧油泵,发现柱塞泵内部 9 个柱塞中有 6 个柱塞表面严重磨损,还有两个柱塞球头颈部出现细小裂纹。

二、分析处理

1. 放桥的液压系统

如图 3-4-4 所示。

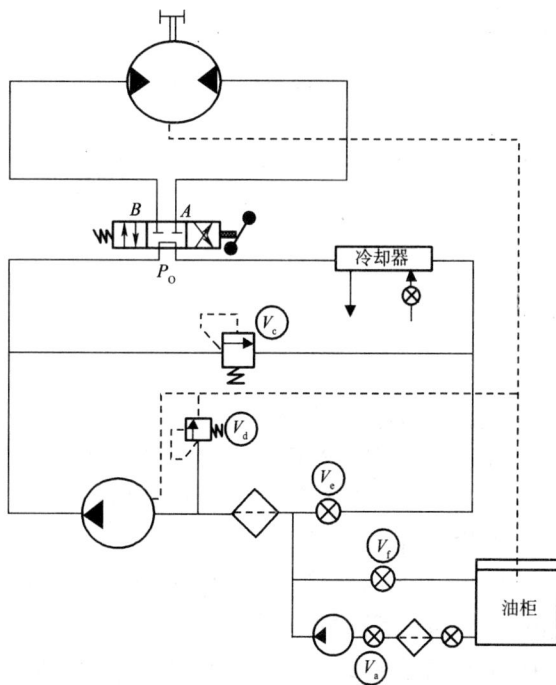

图 3-4-4　放桥的液压系统

油泵启动后,液压油经过主油泵的加压(压力由安全调压阀 V_c 设定,可调节主油泵的最大输出压力为 $280kg/cm^2$),经过操纵阀的中位、冷却器、吸入滤器,再进入泵的吸口。

前推操纵阀,阀工作在左位,高压油经 PA 油路进入油马达,使油马达正向转动,回油经过 BO 油路再回到泵的吸口。油泵、油马达内部泄漏的液压油经细泄油管回到油箱中。

后拉操纵阀,阀工作在右位,高压油经 PB 油路进入油马达,使油马达反向转动,回油经过 AO 油路再回到泵的吸口。

补油泵运转,一方面向主油路供油,另一方面保证主油泵吸口正压(压力由安全调压阀 V_d 设定,可调节主油泵的吸入压力为 $2\sim5kg/cm^2$)。

2. 液压油泵的结构

如图 3-4-5 液压油泵结构案例所示。

(1)油量调整。旋转调节旋钮 H_a 可以改变配油斜盘的倾斜程度,改变油泵的每转排量,来改变油泵的输出油量。输出油量的多少,通过泵外的油量指示盘可以看出。

(2)最大输出功率调整。旋转调节旋钮 H_b 可以改变功率弹簧的预紧力,从而改变油泵的最大输出功率。顺时针旋转调节旋钮 H_b,压缩功率弹簧,增加油泵的最大输出功率;逆时针旋转调节旋钮 H_b,放松功率弹簧,减小油泵的最大输出功率。

泵工作时流量、输出功率和排出压力的关系是:

$$P = p \times Q$$

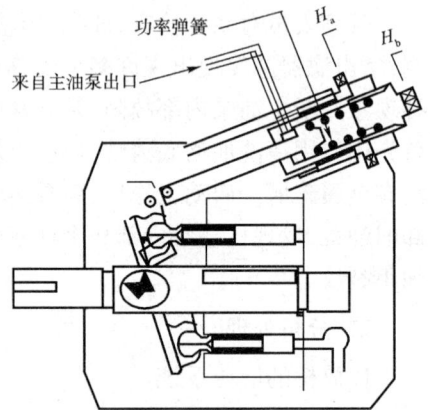

图 3-4-5　液压油泵结构案例

假设此时油泵斜盘的倾斜度设定在 100% 的位置即最大供油位:

(1)泵开始工作时,输出油量保持不变,排出压力、输出功率随负荷增加而增加。

(2)泵排出压力升高到能克服功率弹簧的预紧力后(功率弹簧的预紧力一般设定为 $210kg/cm^2$),再随着外界负荷的增加,输出功率保持不变,排出压力随负荷增加而增加、输出流量随负荷增加而减小。

(3)泵工作时压力升高到 $280kg/cm^2$ 时,泵排出压力、流量、输出功率都保持不变。

3. 事故解决

事后经过细心的查找分析,发现泵的损坏和许多因素有关,其中和截止阀 V_f 的使用有很大关系。

由于在冬天,气候寒冷,系统及油柜中的液压油温度较低,油的黏度过大,不易流动。启动时,带主油泵的电机时常过载起跳,即是过载保护不跳,起始运转电流长时间停在 210A 位置,比要求的最大额定电流 150A 高得多。系统中也没有加温设备能使油温升高黏度降低。为保护电机,管理人员稍开了一点截止阀 V_f,发现电机电流立即降低了很多,这样即使再冷的天气启动,电机也不会过载了。但此时主油泵的吸入压力由正压变为真空压力(负压),噪声增加。这样做的结果是保护了电机,却损伤了油泵。

3V-SFH2B 型液压油泵的柱塞是由 CrWMn 高碳低合金工具钢材料制成,此种材料据有高强度、高硬度、耐磨性好及有足够的韧性、热处理变形小的特性。柱塞的球头颈部由于具有较大的过渡圆角,所以此部位易承受压应力、不易承受拉应力、尤其不易承受交变拉压应力。

假设此时油泵斜盘的倾斜度设定在100%的位置即最大供油位,如果稍开了阀V_f,会造成补油泵输出的油量一部分回到油柜,而使向主油路补充的油量不足,使进入各油缸的油量减少,从而使柱塞和油缸磨损加剧;并且由于主油泵的吸入压力变为真空压力,这时空气极易漏入吸入管路,再进入各油缸,形成"气穴"现象,产生剧烈的振动和噪声。

另外对于柱塞受力来说,柱塞球头颈部的过渡圆角应力集中。正常情况下,主油泵的吸入压力为正压,(有补油泵来保证)球头部位无论在吸油区还是在排油区都是受压应力。而如果吸入压力为负压即真空压力,这样球头部位在吸油区受拉应力、在排油区受压应力,油泵高速旋转,在交变的拉压应力的作用下,球头颈部过渡圆角处很快发生金属疲劳;并且由于滑履对柱塞球头起固定作用的反作用力也正反高速交变,滑履和柱塞球头间有一定的间隙,这样会造成球头对滑履的剧烈碰撞,从而也加快了球头颈部过渡圆角处金属疲劳的速度;还有泵的吸入压力为真空压力,柱塞在吸油区,球头中间钻孔无压力油进入球头和滑履间形成油膜,柱塞球头和滑履就出现干摩擦,使这两个配合件之间温度升高、磨损加剧、耗能增多、受力增加。在这些因素的作用下,时间一长,球头颈部过渡圆角处会出现裂纹,裂纹发展,此处会发生断裂,断裂的柱塞也会被磨成碎屑。

如何解决寒冷天气启动油泵电机过载的问题。正确的调整方法是应关紧截止阀V_f,再根据环境温度的变化来正确调节斜盘的起始倾斜度。

由公式$P = p \times Q$可看出,油压p不变,油量Q的减小,可以降低电机的负荷P。如果气温低,油的黏度大,可通过逆时针旋转调节旋钮H_a,来减小斜盘的倾斜程度,来降低油泵的初始输出流量来达到降低电机的启动负荷。同时也能在保证主油泵吸口正压即有充足的供油量,泵能正常工作。

如果在夏季,油温高、黏度小,可通过顺时针旋转调节旋钮H_a,来增大斜盘的倾斜程度,来增加油泵的初始输出流量。这样也能保证电机的启动负荷不会超载,同时又能增加油马达的最大转动速度。(公式$n = Q/q$;q不变Q增加n也增加)

油温和斜盘的倾斜程度的正确的关系如表3-4-2所示。

油温和斜盘倾斜度的关系   表3-4-2

油 温	0℃以下	0℃~20℃	20℃以上
斜盘的倾斜程度	25%	50%	100%

4.本液压系统的操作程序

(1)启动前:

①油马达操纵阀放在中位。

②主油泵吸入滤器前吸入截止阀V_e全开;充油泵前吸入截止阀V_a全开;截止阀V_f全关;海水进口阀调整至适当开度。

③主油泵的吸入压力应调整为$2 \sim 5 \text{kg/cm}^2$。

④打开系统各放气旋塞放气。

⑤检查油箱油位是否正常。

(2)运转中。按下启动按钮,待主油泵运转正常后,检查:

①吸入压力是否一直是正压。

②排出压力空载时压力是45kg/cm^2,工作时最高压力是280kg/cm^2。

③油柜油位是否正常。

④运转声音是否正常。

⑤及时调整海水进口阀的开度,保证工作时合适的油温 35~65℃。

（3）停用后：

①定期取系统中的油样进行化验,如有必要换新系统中的液压油。

②定期清洗主油泵吸入滤器和冲油泵前小滤器。

③定期更换冷却器中的保护锌块。

④定期测检主油泵、充油泵、油马达、操纵阀等。

三、经验总结

研究表明,在现代机损事故中,事故原因与人机系统中的船机缺陷和人为错误有关,且实践证明人为因素是主要的,它是非人为因素的 6 倍左右。本次事故也和液压系统的管理人员有很大关系。因此提高轮机部门人员的管理水平、减少人为过失和错误是非常必要的。

能力模块四 甲板机械应用技能

● 目标要求

本模块的主要知识目标	本模块的主要能力目标
1. 液压系统的负荷特点； 2. 液压系统的基本组成和工作原理； 3. 液压甲板机械限制功率的主要方法； 4. 起货机的要求、主要设备、原理； 5. 锚机的要求、主要设备、原理； 6. 绞缆机的要求、主要设备、原理	1. 具备描绘各种液压系统并正确识读的能力； 2. 具备检修、测试和调整各甲板机械液压系统工作的能力； 4. 具备判断、分析、排除各甲板机械液压系统的主要故障的能力； 5. 具备对各甲板机械液压系统进行操作的能力

● 基本概念

一、液压甲板机械的种类

甲板机械是指凡装置在机舱以外，与主推进系统无关的动力传动机械。而液压甲板机械是指以液压能作为执行机构驱动能源的一类甲板机械。此外，还有蒸汽甲板机械和电动甲板机械。现代化船舶上液压甲板机械应用最为广泛。液压甲板机械主要有以下几种：液压起货机、液压锚机、液压绞缆机、液压舵机等。

二、液压系统的基本原理

液压甲板机械的种类不同、功用不同，其液压系统的种类和复杂程度也会有所不同，但都属于液压传动系统，其最核心的和最基本的工作原理是相同的，都是液压传动原理。

1. 液压传动的定义

用液体作为工作介质，在密封的回路里，以液体的压力能进行能量传递的传动方式。

2. 液压传动的原理

（1）理论基础：

①能量守恒定律：能量既不会消灭，也不会创生，它只会从一种形式转化为其他形式，或者从一个物体转移到另一个物体，而在转化和转移过程中，能量的总量保持不变。

②帕斯卡原理（静压传递原理）：在密闭容器内，施加于静止液体上的压力将以等值同时传到液体各点。

③质量守恒定律：在封闭系统内，物质质量的总量保持不变。

（2）工作分析：

①动力/功率的传递：$P = Fv = FS/t = F/A \cdot S \cdot A/t = p \cdot V/t = p \times Q$。

②压力的传递：$p = F_1/A_1 = F_2/A_2$。

③运动的传递：$Q = v_1 \times A_1 = v_2 \times A_2$。

例，如图 4-0-1 所示，如小活塞的面积 $A1$ 与大活塞的面积 $A2$ 之比为 1∶10，在小活塞上施加 1kN 的力，则在大活塞上就有 10kN 的向上推力。至于速度和行程，小活塞要比大活塞分别高出 10 倍。

三、液压系统的基本组成

为了实现液压传动原理,必须由动力元件、控制元件、执行元件和辅助元件 4 大部分设备组成一个完整的液压系统,工作介质(通常是矿物油)循环在其中。

四、液压系统的基本特征

(1)液压系统是以压力能的形式传递能量。

(2)动力元件的工作压力取决于外负载,即 $p = F/A$;压力的传递依靠"压力相等"而实现。

(3)执行元件的运动速度取决于供油量,即 $v = Q/A$;运动的传递依靠"容积相等"而实现。

(4)液压系统的自锁性能取决于密封性。

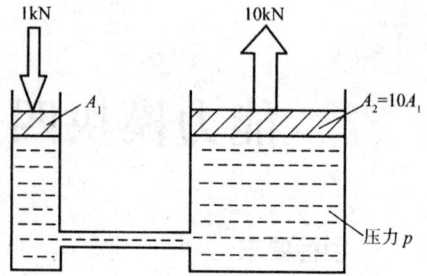

图 4-0-1 帕斯卡原理

工作任务一 液压系统的工作分析

理论知识点	实践知识点
1.单向与双向负载液压系统; 2.开式、闭式和半闭式液压系统; 3.泵控型和阀控型液压系统; 4.液压系统的工作原理; 5.液压系统的工作特点; 6.液压系统的限制功率方法	1.液压系统操作的技能; 2.液压系统检查和维护的技能; 3.液压系统认知的技能

考证大纲	适用对象			
	841	842	843	844
4.3 甲板机械的液压系统				
4.3.1 起重机构液压系统的负荷特点	√	√		
4.3.2 回转机构液压系统的负荷特点	√			
4.3.3 阀控型开式液压系统的基本组成和工作原理	√	√		
4.3.4 阀控型闭式液压系统的基本组成和工作原理	√	√		
4.3.5 泵控型闭式(半闭式)液压系统的基本组成和工作原理	√	√		
4.4 液压甲板机械的管理				
4.4.6 液压机械的检查(包括漏泄、负荷和噪声)和维护	√	√	√	√

● 相关理论知识

一、单向与双向负载液压系统

按负载特点分为单向负载液压系统和双向负载液压系统。

1.单向静负载液压系统

指承受高压的油路的受压状态不随换向而改变的液压系统。例如起货机的起重液压系统等。

起重机构液压系统的负荷特点是静载荷(重力)始终单向作用;动载荷(惯性力)数值小。

起重机构主要的工作负荷是重力负荷,无论是在重物升起、降下或停在半空时,重力负荷始终单方向存在,执行元件的两根主油管工作中始终不变地分别承受高压和低压,以产生方向不变的液压力或扭矩与重力相抗衡。因此,起重机构液压系统有以下特点:

(1)仅一侧油路(起重进油侧)要求限压值较高,另一侧油路要求限压值较低。

(2)必须能限制放下重物时的速度,以防重物在重力作用下快速坠落。

(3)重物停在空中时应能可靠地锁紧,以防在重力作用下向下滑落。

(4)若重力负荷变动范围较大,则需要采取功率限制措施。

2. 双向静负载液压系统

是指承受高压的油路的受压状态随着换向而改变的液压系统。例如起货机的回转机构液压系统等。

回转机构液压系统的负荷特点是静载荷(阻力)动时存在、停时不存在;动载荷(惯性力)数值大。

回转机构主要的工作负荷,是回转引起的始终与运动方向相反的阻力负荷和起停时的惯性负荷。因此执行元件两侧的油路都可能承受高压;停止时则负荷消失(风大或船倾斜时会有额外的负荷)。惯性力与质量和加速度成正比,方向与加速度相反,当运动部件质量较大时(如克令吊,即回转式起货机),起、停时的惯性负荷较大。其液压系统的特点是:

(1)两侧油路限压值相同,都比较高。

(2)考虑船舶可能倾斜,双侧油路都需有限速措施。

(3)要停时不应即时机械制动,以免因惯性力大制动带(片)磨损太快;停下后有必要(如风大、倾斜)才机械制动。

(4)负荷变化不太大,一般无须功率限制措施。

二、泵控型和阀控型液压系统

按换向控制元件的不同分为阀控型液压系统和泵控型液压系统。

1. 阀控型液压系统

阀控型液压系统是指换向是由换向阀控制的液压系统。

阀控型系统可以采用开式系统,也可以采用闭式、半闭式系统。

2. 泵控型液压系统

泵控型液压系统是指换向是由主泵控制的液压系统。

泵控型系统必定采用闭式、半闭式系统。

泵控型和阀控型液压系统的比较如表4-1-1所示。

泵控型和阀控型液压系统的特点   表 4-1-1

类型	主液压泵	执行机构	系统	换向	调速	限速	制动	补油
阀控型	定向定量泵	定量液压马达 变量液压马达	开式	阀换向	节流调速	能耗限速	换向阀回中, 液压能耗制动	不补
			闭式		节流调速	再生限速		高位油箱
泵控型	变向变量泵	定量液压马达 变量液压马达	闭式	泵换向	容积调速	再生限速	泵回中, 液压再生制动	辅泵补油

三、开式、闭式和半闭式液压系统

按循环方式分为开式液压系统、闭式液压系统、半闭式液压系统。

1. 开式液压系统

开式系统是指液压系统中的油液循环必须经过油箱的液压系统。开式系统的特点有：

(1)油泵类型：定向定量泵，结构简单，造价低。

(2)调速与换向：采用节流调速，换向阀换向，油液发热大，能量损失大。

(3)限速与制动：采用能耗限速与制动，消耗能量，经济性差。

(4)冷却与散热：因为有油箱，散热条件好。

(5)补油：无需专设补油机构，系统简单。

(6)初置费用：较低。

(7)技术要求：较低。

(8)适用场合：功率较小的场合。

2. 闭式液压系统

闭式系统是指液压系统的油液循环不经过油箱的液压系统。闭式系统的特点有：

(1)油泵类型：采用变向变量泵，结构复杂，造价高。

(2)调速与换向：采用容积调速，油液发热轻，能量损失小。

(3)限速与制动：再生限速与制动，经济性好。例如，在下降时货物能带动液压马达转动呈液压泵工况，液压泵呈液压马达工况，来驱动电动机回转，从而使下降速度受到限制，并得以回收(再生)能量。

(4)冷却与散热：冷却散热条件差，需专门冷却机构。

(5)补油与自吸：需专设辅泵补油或重力油柜补油，主泵吸入条件较好，对主泵的自吸要求不高。系统复杂。

(6)初置费用：较高。

(7)技术要求：较高。

(8)适用场合：功率较大的系统。

3. 半闭式液压系统

半闭式系统是指液压系统的油液循环不经过油箱，但为了便于冷却而让一部分油液得到油箱里油液连续替换和冷却的液压系统。

半闭式液压系统是闭式液压系统的改进型。

四、液压系统的工作原理

1. 阀控型开式液压系统

如图 4-1-1 所示。

起重机构阀控型开式液压系统(如图 4-1-2 所示)的工作分析如下：

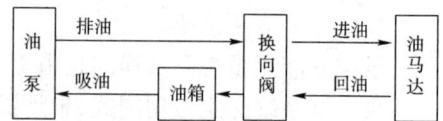

图 4-1-1　阀控型开式液压系统

(1)换向：采用单向液压泵，靠换向节流阀改换排油方向，从而改变执行元件运动方向。换向阀不宜操作太快，否则液压冲击较大。

(2)调速：阀控型系统常采用单向定量泵，用换向节流阀进行节流调速，让泵多余的流量直接返回油箱或泵吸口，节流和回流的功率损失不可避免，会转换成油的热量；也有阀控型系统选用单向恒功率或恒压式变量泵，或变量马达，则可在必要时辅以容积调速。常用的换向节流阀有并联节流和定差节流两类。

①并联节流调速：所用的换向节流阀当阀芯从中位移开时，回油箱的油口并不立即隔断，

· 146 ·

而是随着执行机构的油口开大而逐渐关小,称为开式过渡。采用并联节流调速,低速(阀离开中位的位移小)、轻载时虽然泵功率减小,但节流和回流损失仍然较大,调速效率较低;而且阀芯位移不变时,通执行元件的流量受液压马达的负载影响,调速不稳定。

②定差节流调速:设有与节流口并联的定差溢流阀或在之前串联定差减压阀,可使节流口前后的油压差近似保持恒定,从而使换向阀阀芯位置调定后,流量基本上不受马达载荷影响,执行元件的速度较稳定;同时因节流口前后压差不大,故执行元件的速度随滑阀位移的变化较缓,调速平稳;而且调速效率较高,轻载时尤为明显。

(3)限速:在回油箱的回油管上加节流限速阀件,这会导致节流损失,重物的位能无法回收,会转化为油的热能,故称为能耗限速。限速阀件主要有以下几种:

①单向节流阀。因为在轻载或油温低(黏度大)时泵的排压和功率增加,经济性变差,故仅适用功率不大、工作时间短及负载大致不变的装置,例如舱盖板启闭装置。

②直控平衡阀。平衡阀是专门设计的单向顺序阀,有直控和远控之分。采用直控平衡阀重物下降时执行元件进油压力受油黏度和下降速度的影响小,经济性比用单向节流阀好;但重力负荷轻时泵排压反而大,故适合重力负荷变化小的场合,例如克令吊变幅系统。

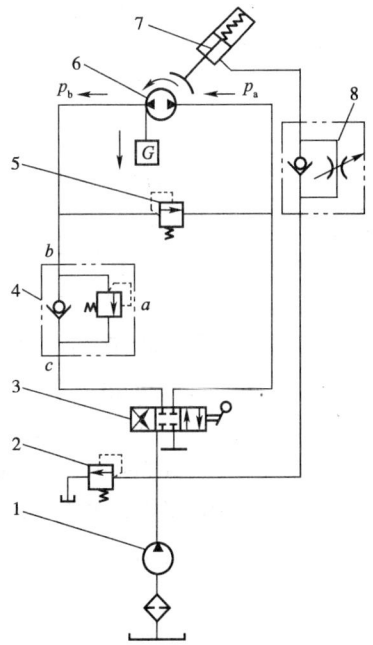

图 4-1-2 起重机构(阀控型)液压系统

1-油泵;2-安全阀;3-换向节流阀;4-平衡阀;5-制动阀;6-油马达;7-制动器;8-单向节流阀

③远控平衡阀。采用远控平衡阀重物下降时执行元件进油压力受重力负荷、油黏度和下降速度的影响都很小,适用重力负荷变化大的吊钩系统。

在起重机构开式液压系统中,在任何工况只有执行元件出口到限速阀件之间这段油路承受较高油压,故限速阀件都紧贴执行元件下降工况回油口安装,以减少两者间漏油而使重物坠落的可能。

(4)制动:执行元件用液压缸时,通过换向阀(能在中位锁闭工作油路的 O 型、M 型)回中实现液压制动。换向阀难免有漏泄,若用单向节流阀限速须加装液控单向阀,靠它在换向阀回中后将油路锁闭;采用平衡阀限速本身密封性好则无此必要。有限速阀件后换向阀应选 H 型,以便回中后使控制油迅速泄压,并避免漏油使阀后油压升高。

液压马达作执行元件有内漏,必须加设机械制动器(通常是靠弹簧力抱闸的常闭式,油压松闸),否则停止后会受吊重作用滑转。延时抱闸制动器是在马达靠液压制动停转后才起锁紧作用,可避免制动器磨损太快。为此,要在制动器控制油管上装进油松闸快、泄油抱闸慢的单向节流阀。为缩短制动时间,减少重物下滑距离,也可以使用即时抱闸制动器,为此可将单向节流阀取消。

(5)限压保护:液压泵出口装安全阀,以防超载时泵排压过高,使电动机过载或损坏装置。液压马达下降出油口设作制动阀用的溢流阀,若制动太快回油压力太高会开启,其调定压力可与安全阀相同,也可稍高以缩短制动时间,但不得超过马达允许的尖峰压力。

2.阀控型闭式液压系统

如图 4-1-3 所示。

阀控型系统可采用相对价廉的单向定量泵,无须辅泵补油,设备和系统比较简单;但这种系统主要靠节流调速和能耗限速,运行经济性较差,油发热较多。阀控型系统若采用开式则散热较好,也有利于系统中空气的释放和固体杂质沉淀;但工作时间短(如锚机)或发热不严重(如舵机)的设备,也常用闭式系统,工作油箱容积可以较小。

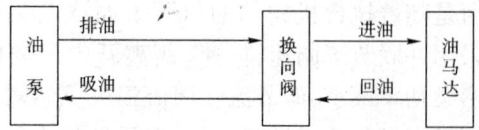

图 4-1-3　阀控型闭式液压系统

阀控闭式系统与开式系统同样都是靠换向节流阀来换向和节流调速,若选用单向变量泵或变量马达在限压或限功率时也辅以容积调速。这种系统可用换向节流阀进行节流限速,但一般无须加设其他限速阀件。若油箱通泵吸入侧的补油管路设单向阀(例如某些舵机),即使执行元件受外力驱动,也可向液压泵反馈能量,实现再生限速;若补油管上设常开的截止阀(例如某些锚机),能便于油温变化大时补偿油体积的胀缩,但不能实现再生限速。制动可以靠换向阀回中液压制动,采用油马达的一般都要配机械制动。换向阀前后油路都要能以安全阀限压。

3. 泵控型闭式(半闭式)液压系统

如图 4-1-4 所示。

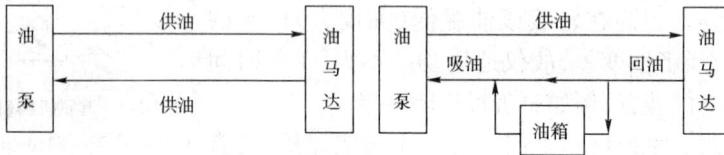

图 4-1-4　泵控型闭式(半闭式)液压系统

起重机构泵控型闭式液压系统(如图 4-1-5 所示)的工作分析如下:

(1)换向:系统采用双向变量主泵,改变主泵吸、排方向即可使液压马达改变转向。双向变量泵改变排油方向时流量是先由大变小再反向由小变大,故液压冲击小,换向平稳。

(2)调速:靠改变主泵排量无级调速,属容积调速,经济性好,液压油发热少。

(3)限速:当重物下降时,若通过变量机构使主泵排量变小,马达下降转速也变小。这时主泵受马达驱动,能在重物下降时回收利用其位能,称为再生限速。

(4)制动:使主泵变量机构回到中位,则马达转速也降为零,即能实现液压制动。为避免泵不能准确回中使马达制动困难,系统中可设中位旁通阀和常闭式机械制动器。每当操纵手柄回中时先使制动器即时抱闸,然后中位旁通阀延时旁通卸荷,以机械制动代替液压制动。手柄离开中位时先让中位阀隔断,使制动器延时松闸,避免重物瞬间下坠。

(5)限压保护:无论重物升降,起升时供油的油路总承受高压,回油的油路总承受低压,故保护高压油路的安全阀的调定压力应比保护低压油路的安全阀高。若不装中位阀,靠主

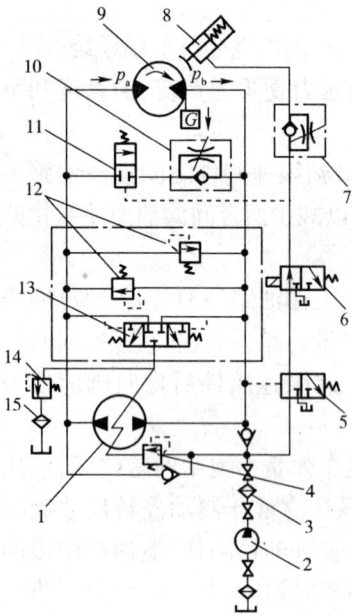

图 4-1-5　起重机构(泵控型)液压系统
1-主泵;2-辅油泵;3-滤油器;4-溢流阀;5-失压保护阀;6-失电保护阀;7-单向节流阀;8-制动器;9-油马达;10-单向节流阀;11-中位阀;12-安全阀;13-低压选择阀;14-背压阀;15-冷却器

泵回中液压制动。上述安全阀又兼作制动阀。

（6）补油和散热：由辅泵经单向阀不断向低压侧主油路补油。工作频繁、负荷较重的闭式系统装设低压选择阀，使低压侧管路部分油经背压阀、冷却器泄回油箱；而油箱中温度较低的油则连续补入，这样的系统可称半闭式系统。起重系统只有一根油管始终承受高压，低压选择阀可采用二位阀。

泵控型闭式系统采用容积调速和再生限速，运行经济性好，适合高压、大功率装置；但需要采用双向变量泵，有的还要用辅泵补油，设备和系统相对复杂，初置费较高。

五、液压系统的工作特点

（1）启动

启动平稳，冲击很小，启动转矩大，便于带负荷启动。

（2）换向

换向方便，惯性小，换向频率高。

（3）调速

调速范围广，可实现无级调速；最低稳定转速低。

（4）控制

便于实现遥控、自控和过载保护等控制与保护，动作灵敏。

（5）功率

功率大。

（6）适用性

结构紧凑，单位功率重量轻，无需变速装置，执行元件与动力元件可分开布置，适用需进行换向调速、空间小、但传动精度要求不高的中大功率低转速的传动场合。以及其他中近距离传动的场合。不适用于需定比传动的场合。

（7）维护性

虽然元件易实现通用化、标准化与集成化，体积小，但结构复杂，技术含量高，加工精密，维护保养要求很高，漏泄易造成污染，工作噪声大，工作性能易受温度的影响。

（8）耐用性

润滑好，工作寿命长。

六、液压系统的限制功率方法

1. 恒功率变量泵液压系统

恒功率变量泵液压系统是利用负荷与压力的关系，通过变量机构随时自动调节油泵排量，随时自动调节油马达的转速，达到功率不变（$P = pQ \approx$ 常数）的目的。

2. 带功率限制器的变量泵液压系统

如图 4-1-6 所示。带功率限制器的变量泵液压系统是利用负荷与压力的关系，通过功率限制器自动限制油泵的最大排量，限制油马达的最大转速，达到限制功率的目的。

轻载时，负荷小，工作油压低，功率限制器中的活塞位移小，油泵变量伺服滑阀的位

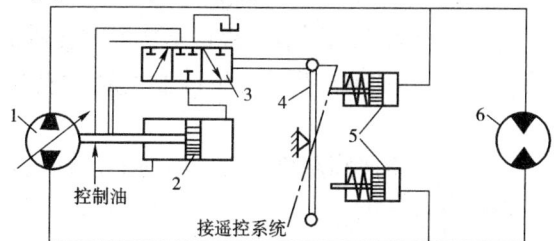

图 4-1-6　带功率限制器的变量泵液压系统
1-变向变量油泵；2-差动活塞；3-伺服滑阀；4-杠杆；5-功率限制器；6-变向定量油马达

移限制小,流量调节范围大,调速范围大。

重载时,负荷大,工作油压高,功率限制器中的活塞位移大,油泵变量伺服滑阀的位移限制大,流量调节范围小,即泵的最大流量受限,即重载时油泵功率受限制。

3.恒功率变量马达液压系统

如图4-1-7所示。恒功率变量马达液压系统是利用负荷与压力的关系,通过变量机构随时自动调节油马达排量,随时自动调节马达的转速,达到功率不变($P = Mn =$ 常数)的目的。

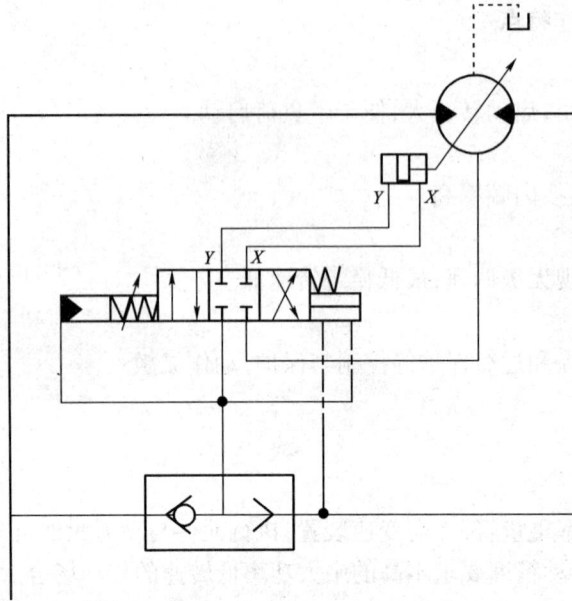

图 4-1-7　恒功率变量马达液压系统

恒功率调节器是一个专用的液动三位四通阀,两端的控制活塞的直径不同。

负荷不变时,工作压力不变,控制压力不变,等于调定弹簧压力,阀芯中位,伺服油缸锁闭,马达排量不变,转速不变。

负荷增大时,工作压力升高,控制压力升高,大于调定弹簧压力,阀芯左移,伺服油缸 x 进油,马达排量增大,转速减低。

负荷减小时,工作压力降低,控制压力降低,小于调定弹簧压力,阀芯右移,伺服油缸 y 进油,马达排量减小,转速加快。

不改变换向节流阀开度情况下,油泵的功率是恒定的。

4.有级变量马达液压系统

如图4-1-8所示。有级变量马达液压系统是通过换挡阀手动有级改变油马达排量,手动有级控制马达的转速,达到限制功率的目的。

重载时,换挡阀左位,二进油一回油,油马达全排量工作,扭矩大,转速低。

轻载时,换挡阀右位,一进油二回油,油马达半排量工作,扭矩小(50%),转速高(200%)。

在重载和轻载时,油泵的最大输出功率相同。

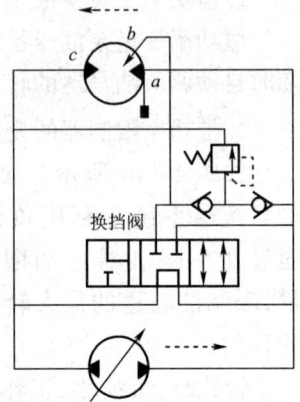

图 4-1-8　有级变量马达液压系统

● 相关实践知识

一、液压系统操作的技能

1. 启动

(1)油:应确认液压系统中,特别是油泵内部充满油液,否则应设法注油;如有补油辅泵,应使之预先投入工作;检查油箱(含泵壳)中的油位是否在规定范围内;人工加油的部位应加适量的滑油或油脂。

(2)水:冷却水系统准备好(如适用)。

(3)汽:略。

(4)气:使用前应确认液压管路中没有空气,否则应彻底驱气。液压系统中有空气会产生噪声、振动、动作迟滞和机损。风冷系统准备好(如适用)。

(5)电:检查电气系统是否正常。

(6)阀:检查并打开各有关阀门,检查泄压阀(卸载用的溢流阀)压力是否处在调低状态,在空载运行10min后再调至工作压力程度,确保油路畅通无阻,否则会造成安全阀起跳或严重机损事故。

(7)机:外观检查机器是否处在适宜启动状态。消除一切可能妨碍机器运转的物件。

(8)盘:久置未用或刚检修过的液压泵、液压马达,能盘车的,应盘车使曲轴转动1~2转,以检查运动部件有无卡阻和使油液均布于运动副工作面。

(9)冲:冲车(空载情况下瞬时接通电源,点动),以进一步检查机械工作状态和使运动副得到均匀润滑。

(10)启:空载和小排量情况下,接通电源,启动主油泵,并在低油压下(≤2MPa)运转不少于10min。

2. 运转

(1)压:检查液压系统的各工作压力(泵的吸入压力、排出压力、泄油压力;执行机构的进口压力、回油压力、泄油压力;阀件的工作压力等)是否正常。说明书上压力值需熟记。

(2)温:检查液压油温度(黏度)是否正常;检查电机、轴承等运动部位外壳有无过热;液压系统工作油温分区及使用建议见后面液压油管理部分,有关数据需熟记。

(3)荷:检查电流、电压、功率表,结合油液压力、温度数值判断装置负荷是否正常;若系统的空载负荷超出正常值,说明机械装置的润滑和管理的阻力异常。

(4)转:检查转速和转向及运动机构的运动状态是否正常。

(5)声:仔细倾听各运动部件,特别是液压泵和液压马达内有无异常响声,对异常响声应及时处理;倾听有无泄漏声,密封面的湿润是必须的,正常的。

(6)运行管理中应加强巡查,通过"听、看、摸、嗅、比"掌握和积累液压系统的运行状况,提高管理水平与效率。

3. 停车

(1)置动作机构于停车位,置控制手柄于零位(停止位),泄压阀泄压。

(2)油冷器根据油液发热情况继续工作5~15min。

(3)切断电源。

(4)据停车时间长短,酌情关闭有关阀门。

(5)做好防水、防潮、防尘、防锈、防冻工作。

二、液压系统检查和维护的技能

（1）防止元件或系统严重漏泄。漏泄量大的危害是：

①执行元件速度下降，甚至压力升到某数值时便不能动作；

②会难以实现液压制动和下降限速；

③装置效率降低，耗能增加；

④内漏使油发热加剧，氧化速度变快；

⑤外漏会造成油液损失和环境污染。

漏泄加重的原因是运动件因磨损而配合间隙变大，或密封件老化、损坏。油脏可能使运动件、密封件磨损加剧。油温超过80℃橡胶密封件的使用寿命会缩短。

外漏一般容易发现，应及时排除。检查工作油箱油位可以判断系统外漏程度。内漏则不容易及时察觉，最好定期检查执行机构在额定负荷的工作速度，与原始记录比较以判断内漏是否增加。脱开柱塞式液压泵与马达壳体上的泄油管，检测其在额定转速下的泄油流量，也可判断其漏油程度。

（2）防止装置超负荷。观察装置工作时油压和电流是否超过正常值。有载时负荷除执行机构承担的工作负荷外，还包括液压泵的机械摩擦损失、管路（包括滤油器）流阻损失、执行机构的机械摩擦损失。如表4-1-2所示。

液压装置负荷检测方法　　　　　　　　　表4-1-2

液压装置负荷	包含内容	检测方法					
液压装置负荷	液压泵机械摩擦损失	空转电流				空载电流	有载电流
	管路流动阻力损失	阀控系统中位油压			空载油压		
	执行机构摩擦损失	执行机构空载压降	执行机构有载压降	有载油压			
	执行机构工作负荷		执行机构有载压降				

（3）发现和消除异常的噪声和振动。异常噪声分为液体噪声和机械噪声两类，主要由以下原因引起：

①系统进了空气，或油中析出气体，产生"气穴"现象；

②泵、马达磨损或损坏，漏泄严重也会增加噪声；

③溢流阀或其他控制阀产生噪声；

④其他机械原因，如管路、设备固定不牢，联轴节对中不良等。

（4）及时更换齿轮箱油。齿轮箱油容易有金属磨屑，比液压油更容易变脏，一般初次使用300h应换油，以后每1200 h左右换油。

（5）停用的液压装置每月需作一次检查性运转，并且至少空载运行10～20 min。

（6）注意检查电路绝缘并使之保持正常。

（7）按说明书规定的周期对规定部位加注润滑脂。

三、液压系统认知的技能

（1）熟悉元件结构、原理与符号，这是基础。

（2）熟悉简单的功能性液压回路，这是关键。

（3）先将复杂的系统划分为几个相对独立的子系统。

（4）先抓主件构成回路，再添元件完善功能。

具体顺序是，先主油路后辅油路；先主要功能，后次要功能；先将油泵和执行机构连成主功能回路,再依次加进换向阀、单向阀、流量调节阀、顺序阀(平衡阀)、减压阀,最后加进溢流阀和其他阀件与辅件,最终构成功能完善的液压系统。

(5)综观全图,将各子系统之间的关系弄清。

工作任务二　液压油的综合管理

理论知识点	实践知识点
1.油品; 2.油质; 3.油污; 4.油温; 5.油压	1.液压油检查的技能; 2.液压油更换的技能

考 证 大 纲	适 用 对 象			
	841	842	843	844
4.4 液压甲板机械的管理				
4.4.1 液压油的性能要求和选择	√	√		
4.4.2 液压油的污染及污染的原因和危害			√	√
4.4.3 液压油的污染度标准、污染控制	√	√		
4.4.4 液压油温度对工作的影响			√	√
4.4.5 液压油温度过高的原因	√	√	√	√

● 相关理论知识

液压油具有传递液压能、润滑、散热和防锈等作用。液压油是液压系统中的"血液"问题,就共性而言主要涉及"油品、油质、油污、油温、油压"5个方面。

一、油品

1.油品种类

我国液压油主要品种有(牌号后数字为名义黏度 -40℃时运动黏度变动范围的中心值):

L-HH(精制矿物油),质量比机械油好,抗氧化和防锈性比汽轮机油差,用于简单的低压液压设备,适用环境温度 >0℃,最高使用温度为70℃。

L-HL(普通液压油),加入抗氧、防锈、抗泡沫等添加剂的精制矿物油,主要用于低压系统(但不适用于叶片泵),适用环境温度 >0℃,最高使用温度为80℃。

L-HM(抗磨液压油),在 L-HL 油基础上加了抗磨添加剂,能提高摩擦面的油膜强度,降低磨损,可适用中、高压系统。倾点一般为 -9 ～ -15℃,最高使用温度为90℃。

L-HV(低温液压油),在 L-HM 基础上加入改善黏温性的添加剂,使黏温指数提高到130以上。适于环境温度变化大和工作条件恶劣的液压系统。倾点一般为 -21 ～ -33℃,最高使用温度为95℃。

在低压系统中可用价格较低的机械油代替液压油,但其精炼程度差,使用寿命短。汽轮机油也可代替液压油,它酸值低、杂质少,抗乳化性和抗氧化安定性好,使用寿命比机械油长,价格比机械油高。这两种油的凝固点都较高,仅适于环境温度>0℃的场合。

2. 油品选用

液压系统应选用由说明书规定或推荐的液压油品种。若因故无法使用规定油品时,可参照规定油品的性能参数并根据液压泵种类、工作温度和工作压力来选用合适的液压油品种,工作温度高、工作压力大则黏度等级应高。在油品选用时,首先应该根据液压泵的类型来确定适用的黏度范围,然后选择合适的品种。

3. 油品验收

核对油品的牌号、生产厂家、产地、供油数量,并将上述数据记录在轮机日志中。

保管好新油的合格证或检验报告、油样及备用油样瓶,以便日后使用。

散装油注入容器之前,先确认储油容器是洁净的,然后经滤油器将油注入。

在储油容器(油桶、油柜)上及时标明油品牌号、供油日期、适用机械。

4. 油品贮存

(1)场所适宜:贮油舱室应用垫板,保持干燥、洁净,昼夜间无大的温升。因此,液压油油桶不能存放在甲板上任其被日晒雨淋。

(2)分类存放:不同牌号与不同用途的液压油应分开贮存,避免新、旧油混放在一处。

(3)标牌分明:应保持储油容器(油桶、油柜)上的标牌完好,字迹清晰,项目齐全。

(4)防污防锈:为防止油桶口受积水、积灰等污染,油液不能储存在敞口容器中,油桶上防尘盖要保持完好;液压油转桶时应经过滤油界过滤;为防止油桶内壁生锈,长期放置的油桶应每隔3个月转动一次。

(5)先进先用:为防止液压油久放后氧化变质,备用油的数量应按实际需要而定,并做到先进先用。

(6)绑扎牢固:为防止船舶摇晃时油桶等贮油容器相互撞击,造成漏油污染和设施损失,油桶等贮油容器应绑扎牢固。

二、油质

1. 黏度适中

黏度是选液压油所考虑的首要因素。黏度太高则部件运动阻力和管路流动阻力增大,液压泵排压会过高,装置机械效率下降;而且使泵自吸能力降低,启动时会吸空。黏度太低则漏泄增加,装置容积效率下降,油更容易发热,执行元件的运动速度会降低;而且油膜承载能力下降,磨损增加。要满足船舶工作的区域,当船舶工作区域经常变化且跨越纬度较大时,应选用黏温特性良好的液压油。一般选用运动黏度$(20 \sim 30) \times 10^{-6} \mathrm{m}^2/\mathrm{s}(50\mathrm{t}$ 时),黏度指数在90以上的液压油。

2. 润滑性好

润滑性好就要液压油能形成足够强度的油膜,且不含固体物质。

3. 防锈性好

船舶液压管路不经常拆装,液压元件长期封闭于油路中,防锈性差的液压油,易使元件锈蚀,影响系统工作寿命。

4. 抗氧化性

防止经过一段时间工作后;液压油温度升高;氧化变质等造成胶泥沉淀。

5. 抗乳化性好

要求液压油中安定性差的物质要少,减少与混入液压油中的水分形成有机酸和皂类,降低液压油的润滑性。

6. 抗泡沫性好

液压油不应含有空气或其他易气化的混合物。否则工作时会造成泡沫、液压系统爬行、颤动和发出噪声。

7. 凝点低

船用液压油的凝固点通常要求比最低环境温度低 10 ～ 15℃。倾点至少要比最低油温低7～8℃。

8. 闪点高

船舶的防火要求很高,其闪点至少高于135℃。某些明火区域工作的液压系统,液压油要求用防火性能高的非燃性或难燃性液压油作为工作介质。

三、油污

1. 油液污染的原因

(1)潜在性污染:液压元件在生产加工过程中造成的残留在元件内部的污染杂质(如焊渣、铸砂、涂料、残液等)造成的液压油污染。

(2)侵入性污染:液压系统在使用管理过程中,由外界侵入到系统中的污染杂质(如灰尘、砂粒、水分、异种油、密封件碎片、涂料等)造成的液压油污染。

(3)再生性污染:液压系统在工作运行过程中,由潜在性污染和侵入性污染导致的运动副的磨屑、油液的发热氧化等造成的液压油的进一步污染。

2. 油液污染的危害

液压油污染是造成液压机械故障和使用寿命降低的主要原因,占液压机械故障的绝大多数。水、气、杂等主要污染物造成的故障现象与后果,主要表现为液压机械的"卡、堵、锈、腐、磨、噪、抖"。

经验表明,油氧化后应全部更换,如保留10%的旧油将使新换油寿命缩短一半。此外,液压泵、马达损坏换新后,如不彻底清洗系统和换油,寿命将不超过 6 个月。

3. 油液污染的控制

主要从液压油污染的 3 个原因着手,从安装、冲洗、加油、驱气、试验、磨合、过滤、管理、维修、监测等各个环节严格把关,按照说明书和安全管理体系中的操作程序进行操作,彻底清除潜在性污染,仔细防止侵入性污染,努力减缓再生性污染。

4. 油液污染的评估

(1)质量污染度。是单位容积油液中所含固体污染颗粒的质量,用 mg/L 表示。美国 NAS1638 油液质量污染度等级标准仍广泛采用。

(2)颗粒污染度。是单位体积油液中所含各种尺寸的颗粒数。可计量大于某尺寸的颗粒数或若干尺寸范围的颗粒数。国际通用的油液污染度等级标准共有 26 个等级,现常由自动颗粒计数器查出的油中杂质颗粒,以斜线分隔的 3 个数字来表示,分别代表尺寸 $\geq 4~\mu m$、$6~\mu m$ 及 $14~\mu m$ 的颗粒数的等级。$5 \sim 15~\mu m$ 固体杂质容易引起阀芯卡阻和孔道淤塞,$15 \sim 25~\mu m$ 杂质则容易使泵、马达磨损,因此后两个数字所表示的污染等级更值得重视。

质量污染度容易测定,但不能反映污染物的尺寸分布,而颗粒污染物对元件和系统的危害作用与其颗粒尺寸分布及数量密切相关,因而目前已普遍采用颗粒污染度表示法。

四、油温

液压装置工作时,液压油的功率损失以流量 Q 与损失的压降 Δp 的乘积计,转换成的热量大部分被油吸收,再通过油来散热。油温高于环境温度一定值时功率损失产生的热量与散热量相平衡,油温便会稳定。油温过高的原因无非是散热不好或功率损失太大。

1. 属散热差的原因主要有

(1)油冷却器效能低:设计得太小、换热面脏污、通风扇或风门未开等。

(2)开式、半闭式系统油箱太小,或油量不足。

(3)功率损失大的系统采用闭式而未采用半闭式,或采用半闭式但换油量太少。

2. 属功率损失大的原因主要有

(1)泵或马达机械摩擦损失大或元件内漏泄严重。

(2)液压油黏度选择不合适,或有水、空气产生"气穴"现象,也会使油发热。

(3)系统溢流损失大——操作手柄在零位执行机构停止时泵不能卸荷;系统溢流量大或溢流阀调定值过高等。

(4)系统管路或阀件、辅件压力损失大。

油温起越高氧化变质越快,使用寿命越短。油温超过 55℃ 后,每升高 9℃ 油的使用寿命约缩短一半。因此,规定油温超过 50℃ 时应用油冷却器;油箱进口处油温一般不应超过环境30℃,通常不超过 60℃。环境温度高时,液压甲板机械连续重载工作应特别注意油温。负荷不大的室内液压装置,可将最高工作油温定为 65℃;舵机通常将最高工作油温定为 70℃;起货机工作时间长、负荷重,最高工作油温可放宽至 85℃ 左右。超过极限温度使用,不仅液压油会很快变质,而且液压设备得不到良好润滑,属于破坏性使用。液压设备在不同的油温的使用情况如表 4-2-1 所示。

液压设备在不同油温的使用情况 　　　　　　　　　　　　　表 4-2-1

工作油温 t/℃	工作油温分区	使 用 建 议
$85 < t \leqslant 100$	危险区	禁用,否则油变质、元件磨损
$65 < t \leqslant 85$	极限区	尽量不用,否则油氧化变质快
$50 < t \leqslant 65$	警戒区	冷却使用,此时 η_v 偏低
$30 < t \leqslant 50$	理想区	最佳状况
$10 < t \leqslant 30$	常温区	可以使用,此时 η_m 偏低
$-10 < t \leqslant 10$	低温区	空载启动循环,使油升油至 $10 \sim 15℃$ 以上
$t \leqslant -10$	禁动区	先加热到油温到 $-10℃$ 能上能下,再空载启动循环至适当温度

五、油压

油液工作压力越高,越容易极化,且在通过有节流作用的孔口时受到的剪切作用越大,越容易使一些液压油中的聚合型增黏剂高分子断裂,造成黏度的永久性下降。所以应避免液压油在超过额定压力下工作。

● 相关实践知识

一、液压油检查的技能

一般每半年至一年应取样检查一次。

1. 现场观测法

是依靠人的感官通过对油液与新油作比较和简易的测试,来对油液的污染程度进行定性评估的方法。该方法准确性居中,可在现场进行,简单方便,船上仍广泛使用。如表4-2-2所示。

现场观测法 表4-2-2

方法	操作要点	现象	污染物及污染程度	处理方法
外观法	将新油的被测油液分别装入玻璃试管中进行观察对比	颜色透明,无变化;气味正常	污染程度小	照常使用
		颜色透明,色变淡,气味正常	混有别种油液	检查黏度,符合要求可继续使用
		颜色变浑浊,气味正常,静置2h,空气上行,底部较清澈	混有空气	驱气除水,分离后使用
		颜色变乳白菜,气味正常,静置2h,空气下行,底部较清澈	混有水	分离除水,换一半或全部油
		颜色变深发黑,气味异常	氧化变质	全部换油
		颜色透明,有小黑点,气味正常	混入杂质	过滤或换油
		颜色透明,闪光,气味正常	混入金属粉末	过滤或换油
滤纸滴油法	用直径为1.8mm左右的金属丝将油样沾起并滴在240目的滤纸上,观察滴痕	无明显中心,只见扩散	污染程度小	照常使用
		中心环形区扩展很宽	小粒子多,污染程度大	过滤或换油
		中心部位颜色浓,环形线重	大粒子多,污染程度大	过滤或换油
		滴痕呈现棕色或灰色	液压油生成胶质、沥青、炭渣	换油
pH试纸法	用少量水与油样一起搅拌,静置分层后,再用试纸测水层的酸碱	pH值在7左右		照常使用
		pH值大于8	含水溶性碱	可以使用,查明原因
		pH值小于6	油质恶化,含水溶性酸	pH值小于4h应更换
热铁滴油法	滴油于赤热的铁块上	有"咻咻"声	含水	分离除水,换一半或全部油
		无"咻咻"声	含水量很少	正常使用

2. 经验时间法

是油公司或液压装置制造厂或船舶管理机务部门根据液压油的特性和设备的类型、工况等情况以及相应的试验或使用经验,规定油液达到一定的使用时间便达到了应更换的污染程度的方法。该方法最不准确,但船上据此进行管理最简便,在船上仍在使用。

3. 综合化验法

是通过专门的检测设备和化验仪器对油液的理化性能和污染度等级进行化验检测的方法。该方法最准确,但最复杂,一般要请油液检测中心进行化验。对于要求高、用油量大的液压系统,常用此法。

二、液压油更换的技能

我国规定液压系统换油指标是:40℃运动黏度改变 ±10% ~15%;酸值增加 0.3mgKOH/g;水分含量超过 0.2%;闪点(开口)下降 −8℃;污染度等级超标。

在实际工作中如有 1 项指标超过规定,可继续使用并加强监督;如有 3 项指标超过规定值,应立即换新油。

工作任务三　起货机的操作管理

理论知识点	实践知识点
1.起货机的功用; 2.起货机的基本类型与组成; 3.起货机的基本要求; 4.液压起货机的操纵机构; 5.回转式液压起货机的主要安全保护项目	1.液压起货机操作的技能; 2.起货机液压系统加油的技能; 3.冷却器清洗的技能; 4.滤器清洗的技能

考 证 大 纲	适 用 对 象			
	841	842	843	844
4.2 起货机、锚机和绞缆机				
4.2.1 起货机应满足的要求			√	√
4.2.2 单、双吊杆起货机的主要设备			√	√
4.2.3 液压起货机操纵机构的主要类型和工作原理			√	
4.2.4 回转起货机(克令吊)的安全保护装置			√	

● 相关理论知识

一、功用

起货设备是用以保证运输船舶具有自行装卸货能力的一种设备。起货机的主要功用按照人的要求起升、移动和下降重物。

二、基本类型与组成

船用起货机的基本结构类型有多种,分别为单吊杆、双吊杆、双塔式克令吊和单塔式克令吊。前二种的动力源多为电动形式,在早期船舶上应用广泛;后两种的动力源均为液压形式,在现代船舶上广泛应用。

船用起货机的基本类型虽多,但其基本组成是类似的,都由吊臂(吊杆)、吊索、滑车和绞车等组成,其中核心装置是绞车。

双吊杆起货机由两根吊货杆和两台起重绞车组成。两根吊杆的吊货索均与吊货钩相连,并各由一部起重绞车卷动。两人各操作一部起重绞车相配合,即可起卸货物。

单吊杆起货机有 3 部绞车:回转绞车使吊杆回转,变幅绞车控制吊杆俯仰,起重绞车控制吊钩升降。单吊杆起货机只需一人操作,在吊杆受力相同时工作负载大约可为前者的 2 倍,吊杆加强则可作为重型吊杆用。单吊杆起货机作业前准备工作较简单,且可随时调整作业范围,缺点是吊杆在作业中需要回转,每吊周期比双吊杆长,落点定位不容易准确。

液压克令吊装有 3 部绞车,负责吊钩起降、吊臂俯仰和吊臂回转,分别称为起升绞车、变幅绞车和回转绞车。

三、基本要求

1. 技术要求

(1)功率足够:能够以额定的起货速度吊起额定的负荷。

(2)起降灵敏:能够依操作者的要求,方便灵敏地起、降货物。

(3)速度可调:能够依据不同情况,在较大的范围内调节运行速度。

(4)制动可靠:能够依操作者的要求,在起、降过程中随时停止,并握持货重。

(5)操作简便:能够在保证高效安全的情况下减轻操作者的体力和脑力劳动。

2. 试验要求

试验程序由船检部门同意。

按规定的试验负荷试验,最低为1.1倍安全工作负荷;吊杆放在规定仰角位置,吊臂放在最大臂幅位置;重物悬挂时间不少于5min。

满速起升;工作角度变幅;最低设计幅度下按设计极限角度回转;制动;慢速全程行走。

回转式起货机吊臂的不同臂幅在相应不同的试验负荷下试验。如表4-3-1所示。

双吊杆起货机要检查二根吊货索的净空高度、吊货索夹角和保险稳索位置。

对超负荷保护装置、超力矩保护装置进行动作试验,校核负荷指示器。

克令吊的试验负荷   表4-3-1

安全工作负荷 SWL/t(kN)	试验负荷 SWL/t(kN)
≤20(196)	$1.25 \times SWL$
20(196) < SWL ≤ 50(490)	$SWL + 5$(49)
> 50(490)	$1.1 \times SWL$

四、液压起货机的操纵机构

液压起货机的操纵机构应能在一定距离外控制阀控型系统的换向节流阀,或泵控型系统的变量泵换向变量机构,以实现起货机的换向和调速。

1. 手动机械式操纵机构

液压起货机的操纵一般均设在液压油泵处(泵控)或液压马达处(阀控),以便于直接操纵控制。通常设置是由机械传动件组成的手动机械式操纵机构。结构简单,但传动误差大。

2. 手动液压式操纵机构

如果操纵人员站在液压油泵(泵控)处,无法观察负载动作情况时,或需一人操纵多个控制点时,就必须将操纵控制手柄延伸至某一处,而这种延伸遥控所需的力量,如仍在人力可及的范围内,则装设手动式液压遥控操纵机构。

控制操纵油缸的手柄移动油缸活塞,油压传至受动油缸移动其中活塞,再经机械传动去带动换向节流阀或液压泵变量机构,从而控制液压马达工作。当操纵系统某侧油压较低时,蓄能器的油液就会随时顶开相应的单向阀向系统补油。

3. 辅泵供油式操纵机构

当手动液压机构不能满足操纵执行机构对操作力和操作速度的需要时,可采用辅泵供油式操作机构。辅泵供油作为操纵动力,使手控双联比例减压阀的操作手柄向某侧摆角增大,则该侧控制弹簧的张力增大,该侧输出的控制油压也随之增大,可以去控制液动换向节流阀或双向变量油泵排油的方向和大小,进行换向和调速。

4. 比例换向阀式电气操纵机构

阀控型系统改变比例电磁(或电液)换向节流阀的控制电信号,即可改变阀芯位移的方向和大小,进行换向和节流调速。

5. 电磁比例泵式电气操纵机构

泵控型系统改变电磁比例泵的控制电信号,即可改变泵的排油方向和流量,实现换向和容积调速。此外,也可利用电磁比例行程控制器来控制普通伺服变量液压泵的导阀,进行换向和调速。

五、回转式液压起货机的主要安全保护项目

1. 机械限位保护

(1)吊钩高位保护:在起升吊钩或吊臂下落的过程中,当吊钩接近吊臂前端时,会使电气限位开关或液压开关动作,这时相应的控制电路断开或液压线路泄油,使吊钩起升或下落吊臂动作无法进行。

(2)吊货索滚筒终端保护:当吊货索滚筒在吊钩起升过程钢缆卷满或吊钩下降过程中滚筒上的钢缆只剩下3圈时,都会使各自的限位开关动作,从而使操作无法再继续进行。

(3)吊索松弛保护:为防止落货过程中,货物着地后继续放出吊索,造成吊索松弛乱索,通常设有吊索松弛保护开关,及时停止放索动作。

(4)吊臂高位和低位保护:在采用液压马达作为变幅机构执行元件的起货机中设有吊臂高位与低位保护,以防高位时吊臂及货物与吊塔相碰,低位时造成吊机受力不均而损坏。正常工作时,吊臂与水平位置的夹角通常在25°~80°之内。超过80°和低于25°(也有的机型低于此角度)限位开关将动作,禁止吊臂继续上仰和下俯。在作业开始和结束时可用钥匙闭合相应的手动开关,才能在最低限位角下操纵吊臂,以便将吊臂放置在架子上并固定,或从架子仰起至工作角度。此时,禁止吊货。

2. 设备连锁保护

(1)通风门连锁保护:作业时起货机中心机组前后的通风门必须打开,否则因限位开关不能闭合,主电机就不能启动。

(2)油冷却器连锁保护:作业时,必须将油冷却器风机的电源开关打开,以便由电路中的相应的温度继电器加以控制,否则主电机也不能启动,并且报警。

(3)电机的自动加热和除潮:在起货机的电机中设有相应功率的电加热器,工作时只要将其手动开关闭合,就会使电动机在启动以前和暂停工作期间因常闭触头闭合而投入工作,以保护电机不受潮气侵袭。

3. 液压油工作状况保护

(1)补油低压保护:当补油压力低于设定值(约0.6MPa)时,压力继电器就会动作,使起升和回转机构无法动作,并在控制手柄一离中位时就会报警。

(2)控制油低压保护:当控制油压低于设定值(约1MPa)时,延时3s后相应的压力开关就会动作,切断主电机控制电路,同时报警。

(3)起升高油压保护:当起升机构超载以致高压管路中的油压升高超过设定值时,则相应的压力继电器就会动作,如压力升高持续3s则就会使起升动作中断,同时报警。

(4)高油温保护:当中心机组油温或回油管油温高于85℃时,则电路中的温度继电器就会断路,使主电机断电并报警。

(5)低油位保护:当中心机组油位低于规定值时,油位继电器会断路并在持续3s以后使

主电机断电并报警。

4. 电气工作状况保护

（1）主电机过电流保护：当主电机电流高于额定值一段时间以后，则热敏元件会动作，使主电机断电并报警。

（2）主电机高温保护：当主电机温度上升到155℃以上时，电机绕组内的热敏元件会动作，使主电机断电停车。

（3）电子放大器（比例电磁线圈用）高温保护：当电子放大器温度高于85℃时，通过热敏电阻就会切断控制回路并发出报警。

（4）过电流保护：当控制电流大于设定值时，则主开关就会跳闸。

（5）短路保护：短路时跳闸。

（6）过载保护：过载时跳闸。

（7）防启动冲击保护：主电机启动时自动进行 Y－△形转换，经10s后转换结束，正常运行指示灯亮，以防启动电流过大，对电网和发电机造成冲击。

● 相关实践知识

一、液压起货机操作的技能

1. 液压起货机的启动操作

（1）液压起货机启动之前，应线将油泵变量机构调至零位，开启系统各阀。

（2）夏季启动液压起货机应先开启冷却水系统各阀，启动冷却水泵，并确保其正常供水，风冷式应先开启风门。

（3）检查油箱油位是否正常。

（4）手动盘车，检查油泵有无卡阻现象，有无妨碍运转的外物。

（5）和上电源启动油泵，手动操纵起货机，以小负荷工作。

（6）逐渐加大起货机工作负荷。

2. 运行管理及停止操作

（1）检查油箱油位，油温，油压是否在正常范围之内。

（2）检查油泵有无异常振动和噪声。

（3）检查系统各阀件有无漏泄现象。

（4）检查执行机构运动速度与操纵手柄位置及油泵变量机构位置是否相符。

（5）通过操纵手柄将起货机油泵排量调至零位。

（6）切断电源停止油泵运转，停冷却水泵，并关闭冷却水系统各阀后或关闭风门。

二、起货机液压系统加油的技能

（1）开启系统各放气阀，旁通阀及其他各截止阀。

（2）使用油泵经过滤器将工作油加入补油箱或循环油箱，使之达到最高油位。

（3）启动主油泵以小流量向系统充油，在此过程中应注意油箱油位，防止油泵吸空。

（4）使起货机以小负荷运转，并打开高压侧放气旋塞，有整股油流流出后关闭，改变甲板机械运转方向，开启放气旋塞，有整股油流流出后关闭。

（5）反复进行第4步操作，直至无气体放出为止。

三、冷却器清洗的技能

（1）关闭冷却器冷却水进出口阀。

（2）通过冷却器放水阀放空器内冷却水。

（3）拆掉两侧端盖。

（4）用管刷逐根清理冷却管束。

（5）用清水冲洗冷却管束。

（6）检查密封垫床，换防腐锌块。

（7）装复端盖，接通冷却水管，通水放气。

四、滤器清洗的技能

（1）关闭滤器进出口截止阀。

（2）拆下滤器压盖，抽出滤芯。

（3）在洁净轻柴油（煤油）中清晰滤芯并吹干。

（4）用挥发性溶液清洗滤芯，待挥发干净后装复。

（5）开启进出口阀检查有无漏泄。

工作任务四　锚机的操作管理

理论知识点	实践知识点
1. 锚机的功用； 2. 锚机的基本类型与组成； 3. 锚机的基本要求； 4. 液压锚机结构实例	1. 叶片式液压锚机操作的技能； 2. 锚机使用管理的技能

考证大纲	适 用 对 象			
	841	842	843	844
4.2 起货机、锚机和绞缆机				
4.2.1 锚机应满足的要求			√	√
4.2.2 锚机的主要设备			√	√

● 相关理论知识

一、功用

锚设备是用以保证运输船舶具有锚泊和紧急制速度能力的一种设备。锚机的功用主要是可靠及时地抛锚和起锚，是锚设备的重要组成部分。

二、基本类型与组成

锚机的类型按动力分主要有电动和液压锚机；按布置分主要有卧式和立式锚机。

图 4-4-1 所示为液压锚机，主要由液压系统、传动机构和锚链轮等所组成。锚机通常还带有绞缆卷筒，当用于绞缆时可借手柄使锚链轮的牙嵌式离合器处于脱开状态。浅水抛锚可脱开离合器靠锚链自重进行，用制动手柄调节制动带松紧控制抛锚速度。深水抛锚为了控制抛锚速度，可将离合器合上，由于减速齿轮箱中的蜗轮蜗杆机构有自锁作用，抛锚速度可由原动机转速来控制。

电动锚机与液压锚机大同小异,将图中的液压马达及其液压系统换成电动机就成为电动锚机。

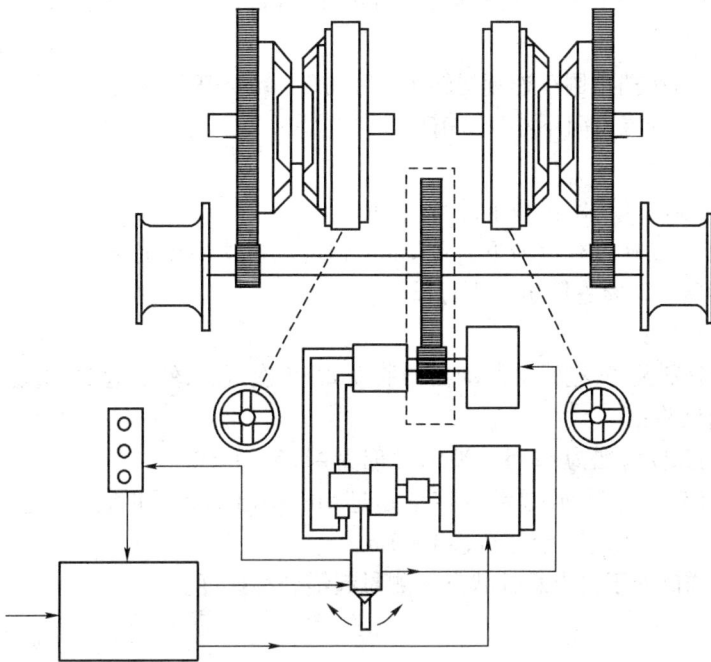

图 4-4-1 液压锚机设备

三、基本要求

锚链长度一般为水深的 2~4 倍。

起单锚时最大拉力发生在拔锚破土时。

抛锚深度不超过 80m 时,锚机在单锚破土后能够绞起双锚;抛锚深度超过 60m 时,最大负荷可能出现在绞起双锚时。

电动锚机常用双速或三速交流异步电动机。

液压锚机常用有级变量马达或恒功率变量马达或恒功率变量泵。

1. 技术要求

(1)独立驱动:必须由独立的原动机或电动机驱动。

(2)足够的功率与速度:能够以平均速度不小于 9m/min(锚机的公称速度)将 1 只锚从水深 82.5 m 处拉起至 27.5m 处。

(3)一定的短时工作能力和抗堵转能力:在满足以上规定的平均速度和工作负载时,应能连续工作 30min;应能在过载拉力不小于工作负载的 1.5 倍作用下连续工作 2min,此时不要求速度。

(4)可以倒转。

(5)可靠的制动、锁紧与离合:链轮或卷筒应装有可靠的制动器,制动器刹紧后应能承受锚链断裂负荷 45%的静拉力;锚链必须装设有效的止链器,止链器应能承受相当于锚链强度的试验负荷;链轮与驱动轴之间应装有离合器,离合器应有可靠的锁紧装置。

(6)液压试验:液压泵试验压力为 1.5 倍最大工作压力(不必超过其 6.9MPa),系统和其他部件的为 1.25 倍设计压力(不必超过其 6.9MPa)。

2. 试验要求

（1）空载运转试验：

①电动锚机以高速挡正倒车连续运转 15min，在 30min 内作 25 次启动，其他挡正倒车连续运转 5min。

②液压锚机以高速挡正倒车连续运转 1h，每隔 3～4min 正倒车变换 1 次。

③电气系统热态绝缘电阻不小于 2MΩ。

（2）负载试验：

①锚机以公称速度在额定负载下运转 30min。

②锚机不要求速度在过载拉力下运转 2min，但电动机使用额定速度。

③卷筒以 100%、125% 卷筒负载进行试验。

（3）抛锚起锚试验：

脱开离合器，分别抛锚；抛锚时制动器作制动 2～3 次试验，然后起锚；重复 2～3 次。

（4）航行锚泊试验：

①试验水域的深度海船为 82.5～90m；江船为 41.5～45m。

②抛出 0.5 节锚链时制动，锚链滑移不超过 2m；抛出 1kn 后再制动，允许锚链滑移 3～4m；再抛出 1kn 后再制动，允许锚链滑移 4～5m。

③起锚时，在锚链处于自由悬挂状态下测量起锚公称速度。

四、结构实例

图 4-4-2 所示为采用定量叶片泵和二级变量叶片式油马达的阀控型闭式系统的液压锚机的结构实例。

1. 液压泵

液压泵 1 为双作用叶片式液压泵，由电动机带动恒速回转，最大使用压力为 6.86MPa。为防止压力过高，液压泵上还设有安全阀 3。

2. 液压马达

液压马达 4 采用双作用叶片式液压马达，结构与双作用叶片泵类似，由定子、转子和叶片等所组成。在转子上均匀分布的 8 个叶片槽中设置有叶片，为使叶片能紧贴在定子的内表面上，在转子端面的弧形凹槽中，每两个叶片之间，设有矩形截面的弧形推杆。工作时，叶片在压力油的作用下，带动转子在定子中转动。由于转子是用键与轴相连，所以，当转子转动时，即可直接带动锚链轮回转，从而完成起锚或抛锚任务。

3. 控制阀

控制阀具有两个阀腔：一个是换向阀腔，内装换向阀 7 和单向阀 8，用以控制液压马达的正转、反转或停转；同时，它又是一个开式过渡滑阀，可通过并联节流，对液压马达进行无级调速。另一个是换挡阀腔，内装换挡阀，控制液压马达的低速或高速工况。

4. 重力油箱

重力油箱 11 中的液压油依靠重力产生的静压保持液压泵的吸入压力，并对系统进行补油。

5. 磁性滤油器

叶片式液压马达叶片与定子内表面的比压较大，会产生一定的磨损，另外其他摩擦副在运行中也会产生磨屑，而叶片与叶片槽是选配偶件，对磨屑很敏感，因此必须配置磁性滤油器。

6.带式制动器

液压锚机的限速和制动除控制换向手柄作液压能耗限速和液压制动外,还在锚链轮旁设有带式机械制动器。机械制动器由手动的制动手柄控制。制动时可能出现的高压由液压马达的安全阀5泄放,起制动溢流阀的作用。

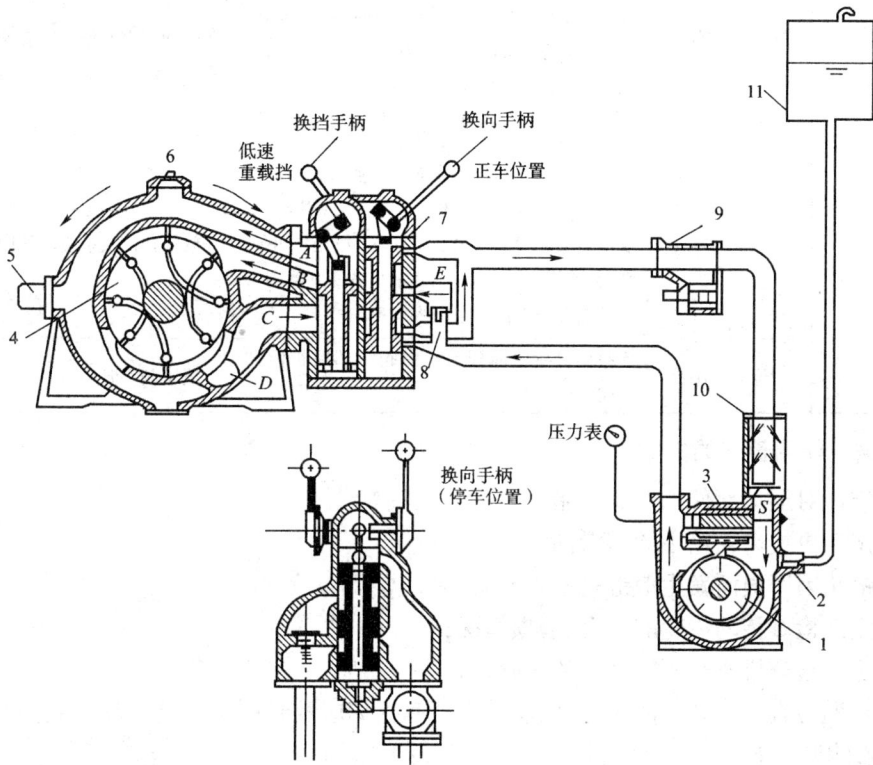

图 4-4-2 阀控型闭式系统的液压锚机

1-液压泵;2-补油阀;3-液压泵安全阀;4-液压马达;5-液压马达安全阀;6-放气阀;7-换向阀;8-单向阀;9-磁性滤油器;10-回油滤油器;11-重力油箱

● **相关实践知识**

一、叶片式液压锚机操作的技能

如表 4-4-1 所示。

叶片式液压锚机操作   表4-4-1

工 况		换挡手柄	换向手柄	油 液 流 向	使用注意事项
低速挡	正车(起锚)	左位	右位	泵出口→单向阀8→换向阀→换挡阀→油口 A、B→油口 C→挡阀→换向阀→磁性滤器→滤网→泵吸入口	拔锚破土或入水锚链长、负载大时用,以及锚将就位时用
	倒车(放锚)	左位	左位	泵出口→单向阀8→换向阀→换挡阀→油口 C→油口 A、B→换挡阀→换向阀→磁性滤器→滤网→泵吸入口	控制入水锚链长度时用,及停车前用
	停车	中位	中位	泵出口→单向阀8→换向阀→油路被阀芯封闭	液压制动和停车时用

工 况		换挡手柄	换向手柄	油 液 流 向	使用注意事项
高速挡	正车	右位	右位	泵出口→单向阀→换向阀→换挡阀→马达油口 A→马达油口 B、C、D(马达油口 B 和 C 为一有效 C 相通,自我循环,使该作用失效;A 口进油,D 口回油,因而马达仅按单作用工作,扭矩减小一半,转速提高一倍)→换挡阀→换向阀→磁性滤器→滤网→泵吸入口	常在收系锚链时或系缆时用,不可在拔锚破土或重负载时用,否则会造成高压,安全阀起跳,甚至油管爆裂
	倒车	右位	左位	泵出口→单向阀→换向阀→换挡阀→马达进出口 B、C、D(由于 B、C 相通,自我循环,油仅从 D 口进入,马达呈单作用,扭矩减小一半,转速提高一倍)→马达油口 A→换挡阀→磁性滤器→滤网→泵吸入口	放锚初期或系缆时使用
	停车	中位	中位	泵出口→单向阀→换向阀→油路被阀芯封闭	液压制动时用

二、锚机使用管理的技能

(1)定期对运动部件加注润滑脂;

(2)定期更换齿轮箱中的润滑油;

(3)链轮因磨损而发生滑链跳槽现象时,应补焊;

(4)定期检查传动齿轮的啮合、磨损情况;

(5)定期检查机座与固定螺栓的完好性;

(6)定期检查制动装置的完好性,制动带若有损坏应及时更换,制动带(轮)上不能有油污染,以防影响制动效果;

(7)锚机离合器应动作自如,若有打毛应及时修复。

工作任务五　　绞缆机的操作管理

理论知识点	实践知识点
1.绞缆机的功用; 2.绞缆机的基本类型与组成; 3.绞缆机的基本要求; 4.液压恒张力绞缆机的类型和原理; 5.液压绞缆机结构实例	1.恒张力绞缆机操作的技能; 2.绞缆机使用管理的技能

考证大纲	适用对象			
	841	842	843	844
4.2 起货机、锚机和绞缆机				
4.2.1 绞缆机应满足的要求			√	√
4.2.2 绞缆机的主要设备			√	√
4.2.5 自动绞缆机的功用和主要类型的工作原理			√	

• 相关理论知识

一、功用

绞缆设备是用以保证运输船舶具有系泊能力的一种设备。绞缆机的功用是根据要求进行绞缆或放缆,为船舶停靠码头、系带浮筒、旁靠他船和进出船坞等作业服务。

二、基本类型与组成

绞缆设备主要由绞缆索、带缆桩、导缆孔(或导缆钳)、绞缆机等所组成。绞缆机是绞缆设备的重要组成部分。

绞缆机按动力可分为电动绞缆机和液压绞缆机;按张力是否自动调节可分为普通绞缆机和恒张力绞缆机(自动绞缆机);按轴线布置可分为卧式与立式绞缆机。

船首通常由锚机附带绞缆卷筒,船尾或大船中部设有独立的绞缆机。电动机或液压马达通过齿轮减速机构(低速液压马达无须)带动主卷筒及副卷筒转动。主卷筒在卷绞的同时还能储绳,它既能绞缆,又能靠手动刹紧带式制动来系缆,若是自动绞缆机则在系缆时无须刹紧制动。副卷筒只能卷绞缆绳,收储缆绳需靠另设的人力控制的绳车。

三、基本要求

1. 足够的强度

应能保证船舶在受到 6 级风以下作用时(风向垂直于船体中心线)仍能系住船舶。

2. 足够的拉力

其拉力大小应根据船舶尺寸,按我国规范所推荐的值选取。

3. 足够的速度

公称速度(额定负荷时的最大绞缆速度)大多为 15 m/min,空载速度常为公称速度的 2 ~ 3 倍以上,最大可达 50 m/min。

四、液压恒张力绞缆机

普通绞缆机在停泊期间,潮汐涨落和船舶吃水变化时需人工相应松出或收紧缆绳。操作时也很难保证各根缆绳受力均匀,若有一根缆绳因过载而拉断,则其他几根也将受到影响,增加了操作上的困难和不安全性。

自动绞缆机能使拉紧缆绳的张力保持在一定范围内,拉力过大自动放绳,缆绳松弛自动收紧。电动自动绞缆机通常采用机械特性为软特性的有级变速交流异步电动机,在缆绳收紧后采用低速挡,允许堵转。缆绳松则正转收缆,缆绳张力过大则反转放缆;液压自动绞缆机的液压马达在排量既定时,扭矩与工作油压成正比。只要能自动控制马达的工作油压,就能控制马达扭矩,即自动控制系缆张力。

根据具体实现张力调整的方法不同,液压恒张力绞缆机可分为两大类:

1. 阀控式恒张力绞缆机

阀控式恒张力绞缆机液压系统采用定量液压泵,一般都用溢流阀来控制液压马达收缆供油管的油压。由于系泊期间液压泵的排油仅需补充马达和系统漏泄,而多余的排油都要经溢流阀溢回油箱,为减轻功率的消耗和油液的发热,常在停泊时改用流量小的辅泵供油,小流量的辅泵专供自动系缆用,系缆期间作定压阀用的溢流阀常开,控制液压马达收缆进油侧的工作油压。当缆绳拉紧达到调定张力时,油压升高使溢流阀开启,泵的排油除少量经马达漏泄外,其余经溢流阀溢回油箱；缆绳张力过大时将驱动马达反转，松出缆绳，这时马达的排油将和泵的排油一起经溢流阀溢流。溢流的功率损失转变为热量，会使油温升高，故在回油管上需设油冷却器。如图 4-5-1 所示。

小流量的辅泵可以改用蓄能器 1 维持供油压力，而用压力继电器 9 根据蓄能器压力使主泵间断工作。如图 4-5-2 所示。

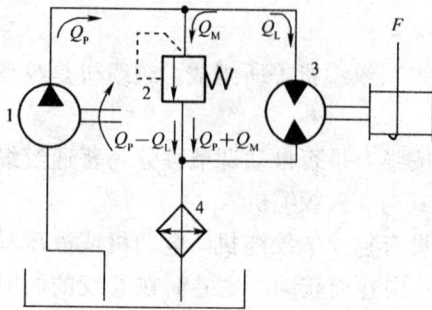

图 4-5-1　阀控式恒张力绞缆机系统
1-定量泵；2-溢流阀；3-液压马达；4-油冷却器

图 4-5-2　采用蓄能器的阀控式恒张力绞缆机系统
1-蓄能器；2-换向阀；3-溢流阀；4-液压马达；5-卷筒；6-溢流阀；
7-定量泵；8-单向阀；9-压力继电器

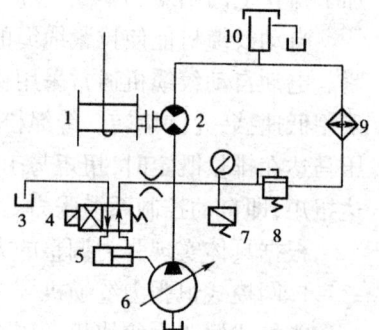

2. 泵控式恒张力绞缆机

液压泵常选用恒压式，当排油收缆的工作油压不高时，泵流量最大；缆绳拉紧后油压升高至调定值，泵的流量即减至很低，仅供给系统的漏泄流量，而马达不转，维持缆绳张力在给定范围内；如果缆绳松弛，工作油压降低，泵的流量又增大，而加快收缆。这样，在保持缆绳张力的同时功率消耗很小，油发热亦轻。如图 4-5-3 所示。

恒张力绞缆机液压系统的主泵也采用恒功率变量泵，或采用压力继电器对普通变量泵进行二级变量控制，以使主泵在达到所要求的工作压力时就能改以小流量工作。这虽可省辅泵，但存在主泵价格较高和系泊期间工作时间长，效率低的缺点。为此，在有的泵控式系统中设有大、小两台液压泵，在系泊工况两泵同时供油，在停泊工况只有小泵供油，以减少功耗。如图4-5-4 所示。

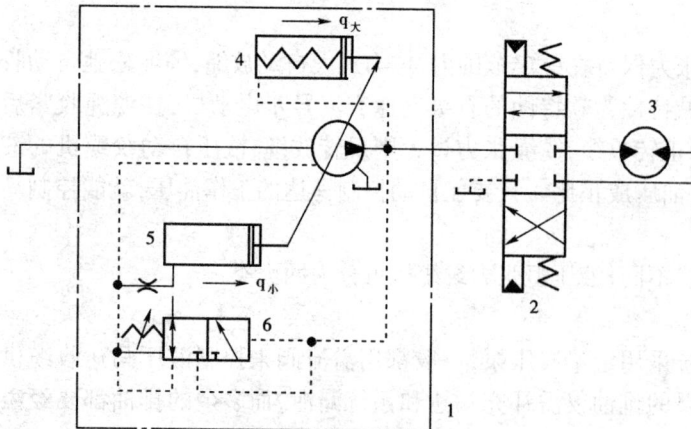

图 4-5-3　恒压泵控式恒张力绞缆机系统
1-恒压变量泵；2-液控换向阀；3-液压马达；4-控制油缸；5-伺服油缸；6-伺服阀

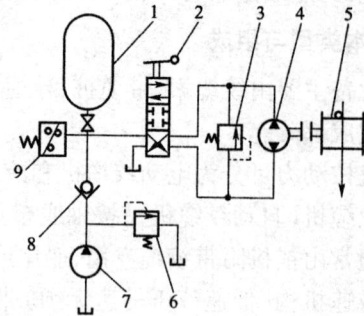

图 4-5-4　恒功率泵控式恒张力绞缆机系统
1-卷筒；2-液压马达；3-油箱；4-电磁换向阀；5-伺服油缸；6-变量泵；7-压力继电器；8-溢流阀；9-油冷却器；10-膨胀油箱

五、结构实例

图 4-5-5 所示为奈尔—三菱重工式恒张力绞缆机液压系统,在手动收缆工况采用的是泵控式张力自动控制方式,在自动张力调节工况采用的是阀控式张力自动调节方式。

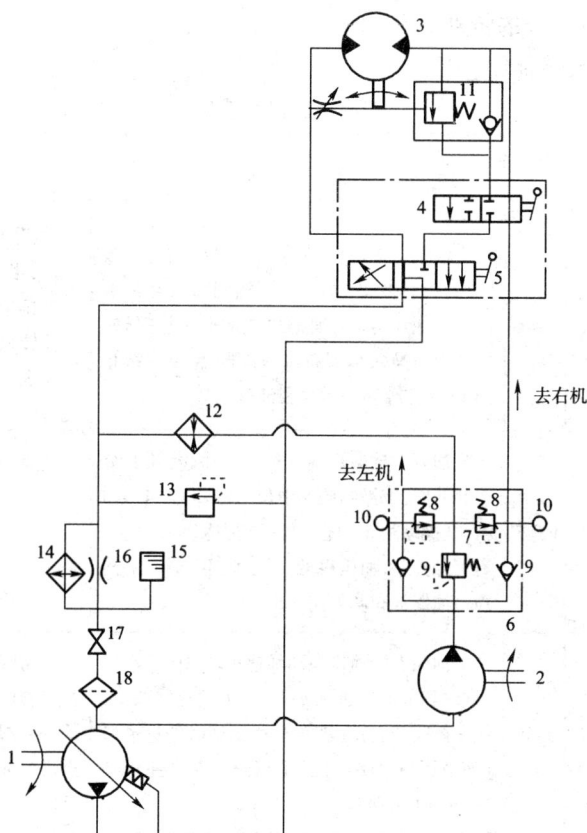

图 4-5-5　奈尔—三菱重工式恒张力绞缆机液压系统

1-主油泵;2-辅油泵;3-油马达;4-工况转换阀;5-手动操纵阀;6-张力自动调节块;7-低压溢流阀;8-高压溢流阀;9-单向阀;
10-压力表;11-平衡阀;12-冷却器;13-主油泵溢流阀;14-冷却器;15-高置油箱;16-节流阀;17-截止阀;18-滤器

1. 主油泵

恒功率控制轴向柱塞式定向变量泵,工作压力 13.7MPa,排量范围 0 ~ 389L/min。手动操纵缆机和锚机时用,起恒功率供油作用。

2. 油马达

既驱动锚机又驱动绞缆机,为活塞连杆式,转速范围为 0 ~ 111r/min,起锚时工作油压 10.8MPa,绞缆时工作油压 13.7MPa。起执行机构作用。

3. 工况转换阀

为手动二位四通换向阀,起手动操纵工况和恒张力控制工况转换。

4. 手动操纵阀

为手动 K 型三位四通换向阀。起换向与调速作用。

5. 张力自动调节块

起恒压补油和超压泄油作用,起恒张力控制作用,调定最大收放缆张力。

6. 辅油泵

高压小排量内齿轮式定量泵,工作压力 13.7MPa,排量为 54.5L/min,起恒张力控制作用。

● 相关实践知识

一、恒张力绞缆机操作的技能

如表 4-5-1(图 4-5-5)所示。

恒张力绞缆机操作   表 4-5-1

工况		工况转换阀	手动操作阀	主油泵	辅油泵	油液流向	说明
手动收放缆工况	正车收缆	左位	右位	运转	不运转	主油泵1排油口→手动操纵阀5右位(收缆位)→转换阀4左位→平衡阀11中的单向阀→油马达正转时进油口→油马达正转时回油口→操纵阀5右位→冷却器14→截止阀17→滤器18→油泵吸油口	收缆速度决定于缆索张力即工作油压,张力越大,油压越高,使变量油泵的排量越小,油马达转速越低,直至停转,主泵溢流阀13开启从而也可实现泵控式张力自动限止,防止收缆时张力过大
	停车	左位	中位	运转	不运转	主油泵1排油口→操纵阀5中位,从此分①②两路:①操纵阀5中位→冷却器14→油箱;②操纵阀5中位→液压马达(同时进平衡阀外控中,油压很低,平衡阀不开)→平衡阀→油路被阀芯封闭	
	倒车放缆	左位	左位	运转	运转	主油泵1排油口→油马达正转时的回油口(同时经节流阀进入平衡阀11的控制油口,使平衡阀开启)→液压马达正转时的进油口(使液压马达反转)→平衡阀5左位→冷却器14→油泵吸口	平衡阀11限制油马达反转不能过快,当其反转过快时,进口油压降低使平衡阀关闭,迫使油马达停止,直至进口油压恢复才能重新开启,继续反转
自动调节张力工况	正车收缆	右位	中位	不运转	运转	辅泵2出口→阀组6→单向阀9→液压马达→冷却器14→辅泵进口	此工况仅发生在缆索张力对应的液压马达高压倒油压小于辅泵定压阀(低压溢流阀)7的调定压力10.8MPa阶段;缆绳张力低于9.5t;对应的油压低于10.8MPa,收缆速度恒为25m/min
	停转保持	右位	中位	不运转	运转	辅泵2出口→辅泵定压阀7→冷却器12→冷却器14→辅泵进口 液压马达被单向阀9和张力调节阀8锁闭	此工况发生在张力对应的油马达高压侧油压大于辅泵定压阀7开启压力(10.8MPa),小于张力调节阀8开启压力13.8MPa阶段。相应的张力在9.5~13.8t之间,辅泵排出压力保持10.8MPa不变
	倒车放缆	右位	中位	不运转	运转	液压马达→张力调节阀8→冷却器12→液压马达 辅泵2出口→辅泵定压阀7→冷却器12→冷却器14→辅泵进口	张力大于张力调节阀8的调定压力13.8MPa时,相应的缆索张力稍大于18t

二、绞缆机操作管理的技能

要点是确保良好的润滑条件。

（1）定期检查和补充减速箱内润滑油,并据油质变化情况及时更换新油。

（2）定期检查和填充各油杯的牛油,每次加油脂后宜启动机器运行片刻各摩擦面。

（3）保持工作面的清洁,注意保护外露表面的油漆,油漆脱落部位应及时涂补,以防生锈。

（4）机器停用时,应用帆布遮盖。

（5）经常检查机器与机座固定螺栓的紧固情况、电源接线和各电器触头接触情况。

● 思考练习

一、判断题

1.（　　　）电动起货机主要是由电动机、减速器、起货卷筒、制动器和绞缆卷筒等组成的。

2.（　　　）使用起货设备升起或放落吊杆时,变幅索在起货机绞盘上必须绕上3圈以上。

3.（　　　）起锚机必须由独立的原动机或电动机驱动。

4.（　　　）采用低速大扭矩油马达可直接与拖动对象相连接而无需减速装置。

5.（　　　）卧式电动锚机的工作是可以绞缆不起锚的。

6.（　　　）锚机的链轮与驱动轴之间应装离合器。

7.（　　　）液压传动执行机构运转速度快慢取决于供入执行机构油流量的大小。

8.（　　　）液压传动执行机构输出力矩的大小决定了于供入执行机构油压力的大小。

9.（　　　）液压系统充完油后应分次瞬时启动主泵,反复放气。

10.（　　　）液压系统设计工作压力越高,则对污染控制要求越严。

二、简答题

11. 液压油的黏度太大或太小,对液压传动及系统会产生什么影响?

12. 试述空气进入液压系统的危害,如何防止空气进入。

13. 通常采取哪些措施来控制液压油的污染?

14. 起重系统和变幅系统的限位保护有哪些?

15. 液压起货机低油位时、高油温时会出现什么现象,为什么?

16. 对锚机有哪些技术要求?

17. 何谓锚机的公称速度?

18. 对绞缆机有哪些技术要求?

19. 船舶停泊期间采用自动绞缆机有哪些好处?

20. 试表述控制自动绞缆机的张力的方法有哪些。

● 案例分析

十字形滑块联轴器被一字形滑块联轴器替代——绞缆机无法工作

一、故障现象

某船液压绞缆机,油马达为连杆式油马达。该船右舷液压绞缆机工作正常,左舷绞缆机不能运转,船方反映该绞缆机1年前由某修船厂修过,没修好,一直单绞缆机工作。启动油泵,操纵左舷绞缆机的换向阀,无论向收缆或放缆方向操作(滚筒上没缠缆绳),油马达均不转动,其油压已达到安全阀的开启压力。

二、分析处理

该船的左、右舷两台绞缆机共用一套油泵和溢流阀,右舷液压绞缆机工作正常,说明油泵和溢流阀没有故障。剩下的元件有手动换向阀、平衡阀、安全阀和旁通阀,由于收绳和放绳油马达都不转,可以确定平衡阀无故障;由油压已达到安全阀的开启压力,可以确定安全阀和旁通阀无故障。产生故障的可能原因有以下 3 个:换向阀故障;油马达故障;由于长期不用,滚筒的转动部分锈死,油马达不能带动滚筒转动。

检查工作应本着先简单、后复杂,先可能性大的、后可能性小的原则进行。

1. 检查换向阀。

由于左、右舷绞缆机液压系统及其元件完全相同,最简单的也是最可靠的检查方法是将左、右舷绞缆机换向阀输出端的软管互相对调连接,即用右舷绞缆机的换向阀控制左舷绞缆机的油马达,用左舷绞缆机的换向阀控制右舷绞缆机的油马达。软管对调连接后,右舷绞缆机的油马达工作保持正常,左舷绞缆机的油马达仍然不转,故可以确定换向阀无故障。

2. 检查滚筒的转动部分是否锈死。

由于滚筒通过一对减速齿轮由油马达带动,因此,无论检查油马达还是检查滚筒,都须将油马达与滚筒的联结脱开,否则不能确定是滚筒的转动部分锈死还是油马达故障。拆下油马达,用杠杆盘车,滚筒转动自如。

由此可以确定该绞缆机的故障是由油马达的故障引起的。

3. 油马达的检查。从绞缆机上拆下油马达,上实验台检查:分别向油马达的两个接口输入压力油,逐步提高通油压力,通油压力达 10MPa,油马达仍不转动,但人力盘车却可使油马达转动,要查明引起故障的原因,须解体油马达进一步检查。

解体油马达,没有发现其内部零件损坏或锈蚀,却发现油马达的"十字形滑块联轴器"被"一字形滑块联轴器"所取代。分析如下:

如图 4-5-6 所示。油马达的输出轴与偏心轮是制成一体的,输出轴的轴心为 O,偏心轮的轴心为 O',过 O、O' 两点作直线 OO',在该直线处于图示位置时,则当压力油通过配油轴进入该直线左侧的油缸时,作用在活塞上的油压通过连杆的轴线将力传递到偏心轮上,并指向偏心轮的圆心 O',由于 O' 与 O 之间具有偏心距,因此由这些力产生的合力就会对输出轴产生转矩,使油马达的输出轴逆时针转动;同理,当压力油进入该直

图 4-5-6 连杆式液压马达工作原理案例

线右侧的油缸时,则油马达的输出轴顺时针转动。随着油马达输出轴的转动,偏心轮的轴心绕输出轴的轴心 O 转动,所以直线 OO' 也以 O 为圆心转动。无论输出轴转到什么位置,总是位于直线 OO' 侧的油缸进油,另一侧的油缸排油,当直线 OO' 转到与某个油缸的中心线重合时,则该油缸处于进、排油的过渡阶段。配油轴通过"十字形滑块联轴器"与输出轴连接,跟随输出轴转动,将压力油依次分配到相应的油缸,以驱动输出轴转动。当"十字形滑块联轴器"被"一字形滑块联轴器"所取代后,配油轴相对偏心轮就转了 90°,使得连线 OO' 的左侧和右侧同时有油缸通入压力油,两侧油缸对输出轴施以相反的力矩,使油马达"憋死"。

十字形滑块联轴器的制作方法:

十字形滑块联轴器由两个互相垂直的带圆盘的滑块(平键)组成,两个圆盘之间用螺栓联

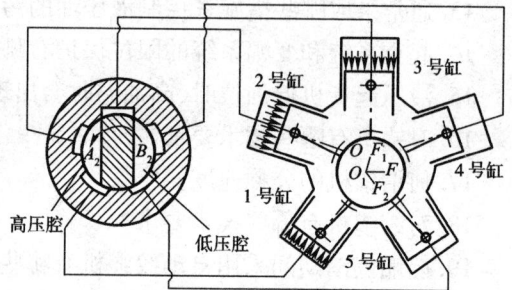

结并用两个空心销钉传递扭矩,当扭矩过大时,销钉可以被剪断,以保护油马达。联轴器的材质可选中碳钢40Cr或45钢,调质处理。十字形滑块联轴器的精度要求较高,其两个滑块的不对称度误差应不大于0.04mm,不垂直度误差不大于0.04mm,键宽与键槽的配合为,即滑块宽度为,以保证其滑动自如和配油精确。

为了保证十字形滑块联轴器的精度要求,加工十字形滑块联轴器时,应先将其制成一个整体(圆盘高度留切削余量),两个滑块的对称度、垂直度由机械加工保证,钻、绞两个销钉孔后再将其切开,插入销钉装配后,即可保证其原来的精度。

将油马达装复,绞缆机工作恢复正常工作。

三、经验总结

确保船舶的安全生产,需要机电人员提高处理突发故障的能力。

能力模块五　制冷装置应用技能

● 目标要求

本模块的主要知识目标	本模块的主要能力目标
1.冷库冷藏条件:温度、湿度、CO_2 浓度、臭氧的应用; 2.蒸气压缩式制冷循环的基本原理和组成; 3.蒸气压缩式制冷工况及影响工况的因素; 4.R22 及 R134A、共沸及非共沸制冷剂的热力和理化性质; 5.制冷系统的组成和工作分析; 6.基本设备的作用、结构、原理、特点; 7.辅助设备的作用、结构、原理、特点; 8.自控设备的作用、结构、原理、特点; 9.各种制冷设备的使用管理的要求	1.具备计算制冷循环的制冷量、轴功率、制冷系数的能力; 2.具备分析各种制冷循环的工况变化对制冷装置性能影响的能力; 3.具备检修、测试和调整各种制冷设备的能力; 4.具备判断、分析、排除各种制冷设备等故障的能力; 5.具备对制冷装置进行启动、停用操作和运行管理的能力; 6.具备针对制冷装置进行各种操作的能力

● 基本概念

考证大纲	适用对象			
	841	842	843	844
5 制冷装置				
5.1 理论知识				
5.1.1 冷库冷藏条件:温度、湿度、CO_2 浓度、臭氧的应用	√	√	√	√

一、制冷的定义

制冷,就是用人工方法从低于环境温度的对象(空间或物体)中吸取热量,并最终将其转移给环境介质的过程。制冷的目的是为了获得低温,低温是相对于环境温度而言的。

制冷技术,是一门研究人工制冷的原理、方法、设备及应用的科学技术。它是为适应人们对低温的需要而产生和发展起来的。

制冷工程,是制冷机及其主要设备与系统的设计、制造、应用及其操作技术的总称。制冷工程已广泛应用于国民经济的各个领域。

二、制冷在船舶上的应用

1. 伙食冷藏

船舶航程越远,需携带的食品越多,储藏时间也越长。一般的船舶为了储存食品,大多设有伙食冷库和相应的制冷装置,用于船员、旅客的伙食冷藏。

2. 空气调节

现代船舶为了能向船员和旅客提供适宜的生活条件和工作环境,一般都装有空气调节装置。制冷装置为空气调节提供了必需的冷源。

3. 冷藏运输

现代船舶在运输过程中为了满足生产和特殊设备的需要,实现其特殊功能,设有专用的制冷装置。如冷藏船,冷藏集装箱设有专门的制冷装置。

三、食品贮藏的条件

1. 合适的温度

低温是食品冷藏最重要的条件。低温可以抑制微生物的活动,并抑制水果、蔬菜等的呼吸,延缓其成熟。储藏冻结的肉、鱼类食品的船舶伙食冷库习惯称为低温库。长航线航行的船舶低温库储藏温度以 $-20 \sim -18℃$ 为宜,肉类能较长时间(半年以上)保存;短航线冷冻食物保存期不超过 $2 \sim 3$ 个月,库温控制在 $-12 \sim -10℃$ 较为经济。库温保持在 $0℃$ 以上的船舶伙食冷库习惯称为高温库,其中菜库温度多保持在 $0 \sim 5℃$,粮库可选择为 $15℃$ 左右。

2. 合适的湿度

相对湿度过低会使未包装的食品因水分散失而干缩;而湿度过高又使霉菌容易繁殖,但对冷冻食物影响不大。因此,高温库适宜的相对湿度为 $85\% \sim 90\%$,低温库可保持在 $90\% \sim 95\%$。冷库一般在降温过程中能保持适宜的湿度,不需要专门调节。

食品在冷藏期间会发生干缩。这是因为食品在降温过程温度比库温高,其表面的水蒸气分压力高于冷库内的水蒸气分压力,因而食品的水分不断散失。食品干缩速度不仅取决于库内空气的含湿量,还与库内空气流速及食品的性质、外形和包装方式有关。侵入库内的热量越多,制冷装置工作的时间越长,则食品的水分转移到制冷蒸发器表面的霜露就越多。

3. 合适的二氧化碳和氧气浓度

蔬菜和水果在储存期间的呼吸作用将不断消耗氧气,并使二氧化碳的浓度增高。适当减少 O_2 和增加 CO_2 的浓度,能抑制水果蔬菜呼吸和微生物的活动,储藏期可比普通冷藏库延长 $0.5 \sim 1$ 倍,但如果 CO_2 浓度过高呼吸就会过弱,菜、果反而更快变质腐烂。菜、果库一般以 CO_2 浓度控制在 $5\% \sim 8\%$(大气中含量约为 0.4%)、O_2 浓度控制在 $2\% \sim 5\%$ 为宜。

船舶冷库采用适当的通风换气来保持合适的气体成分。所谓舱室的换气次数是指更换了相当于多少个舱室容积的新鲜空气量。果蔬类冷藏舱或冷藏集装箱的换气次数以每昼夜 $2 \sim 4$ 次为宜。船上菜库由于每天开门存取食品,一般无需特意换气。

4. 合适的臭氧浓度

臭氧是分子式为 O_3 的气体,它在一般条件下极易分解,即 $O_2 + [O]$,产生的单原子氧,其氧化能力很强,能使细菌、霉菌等微生物的蛋白质外壳氧化变性而死亡。臭氧除杀菌作用外,还可抑制水果的呼吸,防止其过快成熟,这是因为水果在呼吸时会放出少量的乙烯,对水果有催熟作用,而臭氧能使乙烯氧化而消除。此外,臭氧还有除臭作用。但臭氧也会使奶制品和油脂类食物的脂肪氧化,产生脂肪酸而变质,故目前在船上臭氧多用于菜库。

臭氧可由臭氧发生器产生,它是利用两个金属电极间的高压放电,使空气中的氧气转变成臭氧,这和夏季雷雨时天空中的闪电能使大气产生臭氧一样。臭氧发生器宜装设在冷库高处,因为臭氧在空气中相对密度较大,放在高处有利于臭氧散播。

臭氧一般来说是无毒安全的,呼吸 $0.1ppm$(ppm 即百万分之一)以下体积分数的臭氧对人体还有保健作用。但由于其强氧化作用,体积分数超过 $1.5ppm$(空气中含量约 $2mg/m^3$)时,会刺激人的呼吸道粘膜而使人头疼,故进冷库前应停止臭氧发生器的工作。国际臭氧协会制定的卫生标准是 $0.1ppm$,接触不超过 $10h$(我国标准是 $0.15ppm$,不超过 $8h$)。臭氧体积分数达到 0.02 ppm 时嗅觉灵敏的人可嗅到草腥味,体积分数超过 0.15 ppm 时一般人都能嗅出。

在上述 4 个条件中,温度条件是最主要的,其他条件并不是所有冷库都具有。

四、食品冷藏的原理

食品变质的原因,主要是由外部的微生物(细菌、霉菌、酵母菌)和内部的酶引起的。在一定的范围内,利用低温抑制微生物的繁殖和降低酶的活性,而使食品能保存较长时间不致变质,这就是食品冷藏的基本原理。

对于植物性食品,腐烂的主要原因是呼吸作用的影响,例如水果和蔬菜在采收后贮藏时,虽然不再继续生长,但它们仍然是有生命的机体,具有呼吸作用,而呼吸作用能抵抗微生物的入侵。如呼吸过程中的氧化作用,能把微生物分泌的水解酶氧化成无害物质,使水果和蔬菜的细胞不受其害,从而阻止微生物的入侵。因此呼吸作用能控制机体内酶的作用,防止外界微生物入侵而引起食品的发酵和腐败。但是,呼吸作用要消耗体内物质,使活体逐渐衰老和干枯。因此,要长期贮藏植物性食品,必须维持它们的活体状态,又要减弱呼吸作用。低温能减弱水果和蔬菜类食品的呼吸作用,延长贮藏期限;但温度过低,会使它们冻死,这就要求有合适的冷藏温度。

鱼、肉、禽等动物性食品在贮藏时是无生命的,构成物体的细胞都已死亡,所以不能控制引起食品变质的酶的作用,也不能抵抗引起食品腐败的微生物作用。低温可以抑制酶的作用,也能阻止微生物的繁殖和生长,使食品内部的化学变化变慢,在较长的时间内能维持新鲜状态。因此,动物性食品的贮藏温度越低,保存的时间就越长。但是在冻结温度以上是不能取得明显效果的,因此必须在冻结点以下贮藏才有效。

五、食品冷藏的方法

1. 冷却

是在大于 0℃ 的环境中对食品作降温处理。其特点是食品内部组织变化大,微生物有一定繁殖能力,保存期短。

2. 冻结

是在低于 0℃ 的环境中对食品作降温处理。其特点是微生物基本停止繁殖,保存期长。其中,速冻是指食品在极短时间内冻结,食品内在质量受影响小;冷冻是指食品在较长时间内冻结,食品内在质量受影响大。

工作任务一　制冷循环的综合分析

理论知识点	实践知识点
1. 相关的热力规律; 2. 蒸汽压缩式制冷的装置组成; 3. 蒸汽压缩式制冷的工作原理; 4. 制冷剂的压焓图; 5. 制冷循环在压焓图的近似表示; 6. 制冷循环的热力计算; 7. 制冷循环的工况分析; 8. 名义工况; 9. 影响工况的因素	制冷循环的制冷量、轴功率和制冷系数计算的技能

考 证 大 纲	适 用 对 象			
	841	842	843	844
5.1.2 蒸气压缩式制冷循环的基本原理和组成			√	√
5.1.3 蒸气压缩式制冷工况及影响工况的因素				
5.1.3.1 蒸发压缩式制冷的名义工况	√	√		
5.1.3.2 影响冷凝温度的因素	√	√	√	√
5.1.3.3 影响蒸发温度的因素	√	√	√	√
5.1.4 回热循环及蒸发式过冷循环	√	√		

● 相关理论知识

船舶制冷技术广泛采用的是液体汽化吸热的制冷方法,此方法也称蒸汽制冷。蒸汽制冷分为蒸汽压缩式制冷、蒸汽喷射式制冷、吸收式制冷和吸附式制冷 4 种,其中以蒸汽压缩式制冷的应用最为普遍。

一、相关的热力规律

1. 温度变化规律

任何物质在同一物态下发生温度变化时要转移(吸收/放出)热量(显热)。

在通常条件下,大自然的物态分为 3 类:固体、液体、气体。所谓"固体"是指既有一定的形态,又有一定体积的物体。所谓"液体"是指有一定容积而无固定形状的物体,如一升水放在水杯里,形状是杯形,放在瓦罐内,形状为瓦罐状,但不管是在杯内,还是在罐里,测量其容积都为一升。而既无固定形状,也无一定容积的物态,我们把它称为"气体"。固体、液体、气体,三者都有各自的内涵。

热传递能够发生在温度不同的两个物体之间,或一个物体的温度不同的两个部分间。它是温度不同的两物体间能量转移的过程,即能量从高温物体转移到低温物体。热传递的结果使两个物体的温度趋于均衡。在热传递的过程中转移的能量,称之为热量。同一物态时,它吸收热量时,温度必定升高;放出热量时,温度降低。比如液体——水,给它加热,从 20℃ 升高到 100℃;对其冷却,从 100℃ 降低到 30℃。这其中,加热或冷却的过程中,伴随着能量(热量)的转移。这种使物质发生温度变化状态不变现象而转移的热量称为"显热"。

2. 气液互换规律

任何物质在同一温度下发生物态变化时要转移(吸收/放出)大量的热量(潜热)。

任何液体蒸发汽化时要吸收大量的热量(汽化潜热);任何气体冷凝液化时要放出大量的热量(液化潜热)。

物态叫做"相",固体、液体、气体,也可称为固相、液相、气相。不同相之间的相互转变,称为"相变"或称"物态变化"。在物质形态的互相转换过程中必然要有热量的吸入或放出。物质 3 种状态的主要区别在于它们分子间的距离,分子间相互作用力的大小,和热运动的方式不同。因此在适当的条件下,物体能从一种状态转变为另一种状态。其转换过程是从量变到质变。例如,物质从固态转变为液态的过程中,固态物质不断吸收热量,温度逐渐升高,这是量变的过程;当温度升高到一定程度,即达到熔点时,再继续供给热量,固态就开始向液态转变,这时就发生了质的变化。虽然继续供热,但温度并不升高,而是固液并存,直至完全熔解。物质发生相变(物态变化),在温度不发生变化时转移(吸收或放出)的热量叫做"潜热"。物质由低能状态转变为高能状态时吸收潜热,反之则放出潜热。例如,液体沸腾时吸收的潜热一部分用来克服分子间的引力,另一部分用来在节流过程中反抗大气压强做功。熔解热、凝固热、汽化热、液化热、升华热、凝华热都是潜热。

汽化(沸腾)是液体吸热变成气体的过程,液体汽化时需要吸收热量,在一定温度下,每千克的饱和液体汽化为饱和气体所需加入的热量称为汽化潜热,这是相变潜热之一。液化(凝结)是汽化的相反过程,气体液化时需要放出热量,在一定温度下,每千克的饱和气体冷凝为饱和液体需移出的热量称为液化潜热,这也是相变潜热之一。

3. 一一对应规律

在封闭系统里处于饱和状态的物质,其饱和压力和饱和温度是一一对应的。

悬浮在液体或气体中的微粒所作的永不停息的无规则运动,叫做布朗运动。温度越高,布朗运动越剧烈。它间接显示了物质分子处于永恒的,无规则的运动之中。在封闭系统里,在一定温度下,液体蒸发时,既有分子从液体中逸出形成气体,同时也有由于分子间或与器壁间相碰撞等原因而使分子又回到液体中去。当从液面逸出的分子数等于回到液体中来的分子数时,液面上蒸气的密度就不再增加了,液体也不再减少,气体跟产生它的液体处于动态平衡,这种气体称为"饱和气体"。在气体达到饱和状态时,液体分子仍不断地逃逸,只不过是在单位时间内从液面逃逸的分子数等于飞回液体的分子数。例如,在盖紧了的酒瓶子里,酒面上的气体都是饱和气体。

饱和状态下的气体压力称为饱和压力,其对应的温度称为饱和温度。一定的饱和温度下有一定的饱和压力。在液体温度升高的时候,液体分子的平均速度能变大,每秒钟飞出液面的分子数增多,因而饱和气体的密度变大,单位体积空间内饱和气体的质量也增加了。同时,由于温度的升高,气体分子运动的平均速度也变大,这就使饱和气体每秒撞击液面或容器壁的次数增多,每次撞击的作用加强。正因为这个双重关系,使饱和压力随温度的升高而变大。反之,温度降低,饱和压力变小。例如 0.5 个大气压下,水的汽化温度是 81℃;1 个大气压下,水的汽化温度是 100℃;2 个大气压下,对应的汽化温度是 120℃。90℃的水在 1 个大气压下是液态,在 0.5 个大气压下却是气态,如果在一个装有 90℃ 水的封闭容器中能够控制其压力。当将 1 个大气压降为 0.5 个大气压时,90℃的液态水马上闪发成汽。

二、蒸汽压缩式制冷的装置组成

为了反映上述的规律实现制冷的工作原理,必须有相应的合理的制冷装置。它必须是具有"变压设备"和"换热设备"的封闭系统,"某种物质"循环在其中。因此,"某种物质"在"变压设备"的作用下,压力产生改变,温度出现变化,通过热量的转移,使得"某种物质"的本身热力状态发生变化,便于"变压设备"作用。这样,过程不断地得以循环进行,于是出现所要求的低温环境。

这个"某种物质"就是制冷剂;这个"变压设备"就是增压设备(压缩机)和降压设备(节流阀);这个"换热设备"就是放热设备(冷凝器)和吸热设备(蒸发器)。

蒸气压缩式制冷装置就是由压缩机、冷凝器、节流阀和蒸发器 4 个基本设备组成的封闭系统。如图 5-1-1 所示。

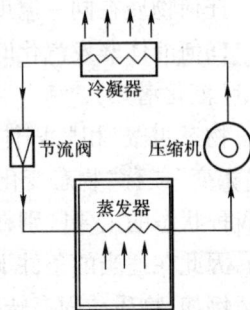

图 5-1-1　蒸汽压缩式制冷原理

三、蒸汽压缩式制冷的工作原理

制冷装置的四大基本设备和管系组成一个完整的封闭系统,制冷剂在系统中不断地循环。制冷剂流过节流阀时,制冷剂的压力降低,温度降低,使得制冷剂进入蒸发器后吸取冷库内空气的热量而汽化;压缩机将此低温低压的制冷剂气体吸入并对其进行压缩,使制冷剂的压力升高,温度升高,排至冷凝器;冷凝器利用来自舷外海水将制冷剂气体从冷库中带来的热量和压缩机压缩功转换的热量放出,使制冷剂气体冷却冷凝而液化;制冷剂液体再次经节流阀节流降压进入蒸发器汽化吸热……如此循环,以实现连续不断的制冷。

制冷工程中,常用的术语有:

(1)蒸发温度:在一定压力下,液体制冷剂在蒸发器中吸热汽化的温度。

(2)蒸发压力:制冷剂液体在蒸发器中汽化时的压力,即蒸发温度下的饱和压力。

(3)冷凝温度:在一定压力下,气体制冷剂在冷凝器中放热冷凝的温度。

(4)冷凝压力:制冷剂气体在冷凝器中液化时的压力,即冷凝温度下的饱和压力。

(5)吸气温度:压缩机吸入口处的气体制冷剂的温度。

(6)吸气压力:压缩机吸入口处的气体制冷剂的压力。可近似看作蒸发压力。

(7)排气温度:压缩机排出口处的气体制冷剂的温度。

(8)排气压力:压缩机排出口处的气体制冷剂的压力。可近似看作冷凝压力。

(9)吸气过热度:相同压力下,压缩机进口处气体制冷剂的温度与蒸气温度的差值。

(10)供液过冷度:相同压力下,冷凝温度与节流阀进口处液体制冷剂的温度的差值。

在制冷循环中,从节流阀后至压缩机进口为系统的低压部分,因为吸气管的流动阻力不大,可近似地认为蒸发器中的蒸发压力等于压缩机的吸入压力(可从压缩机吸入压力表读得),等于低压系统的压力。蒸发压力的大小,主要取决于蒸发器的单位时间蒸发量和压缩机的单位时间吸气量的动态平衡。从压缩机出口到节流阀前为系统的高压部分,因为排气管的流动阻力不大,可近似地认为冷凝器中的冷凝压力等于压缩机的排出压力(可从压缩机排出压力表读得),等于高压系统的压力。冷凝压力的大小,主要取决于冷凝器的单位时间冷凝量和压缩机的单位时间排气量的动态平衡。

综上所述,蒸气压缩式制冷的工作原理是:通过一种低沸点的制冷剂相态变化过程所发生的吸放热现象,借助于压缩机的抽吸压缩、冷凝器的放热冷凝、节流阀的节流降压、蒸发器的吸热汽化的不停循环过程,达到使被冷对象温度下降目的。

四、制冷剂的压焓图

在制冷循环的各个过程中,制冷剂的热力状态是变化的,即描述制冷剂热力状态的参数——温度、压力、焓和比容等数值是变化的。掌握和了解制冷剂在制冷循环中的热力状态及其变化对于制冷装置的管理是非常重要的。

制冷剂的压焓图是以焓值作为横坐标,以压力的对数值作为纵坐标而绘制的坐标图。纵坐标采用压力的对数值作为度量刻度的原因是便于减小图形尺寸,并使低压区内的线条交点清晰。不同制冷剂对应着不同的压焓图,但基本现状大同小异。如图 5-1-2 所示。

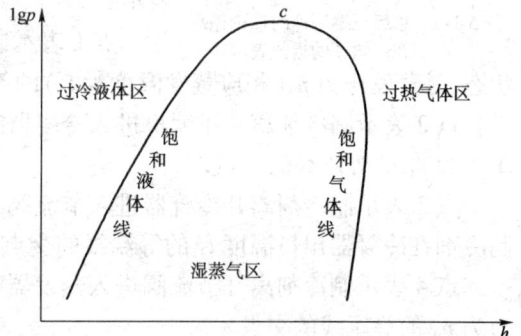

图 5-1-2　制冷剂的压焓图

lg$p$-h 图中有两条较粗的曲线,左边一条称为饱和液体线,右边一条称为饱和气体线,这两条曲线向上延伸交于 c 点,称为临界点。因为一般制冷循环都在远离临界点下进行的,故在一些制冷剂的 lg$p$-h 图中,临界点都未表示出。饱和液体线与干饱和蒸汽线将 lg$p$-h 图分成三个区域:饱和液体线的左边区域为过冷液体区、饱和液体线与饱和气体线之间区域为湿蒸气区、饱和气体线的右边区域为过热气体区。不同线上和不同区域中,对应着不同的制冷剂热力状态:过冷液体状态、饱和液体状态、湿蒸气状态、饱和气体状态、过热气体状态。因此,可归纳为:一点二线三区域五状态。

饱和状态下制冷剂液体与气体的混合物称为湿蒸气。在湿蒸气中制冷剂气体所占的质量百分比称为干度,用符号 x 表示。显然,饱和液体的干度 $x=0$,饱和气体的干度 $x=1$,湿蒸气的干度 x 介于 0 和 1 之间。

在 lg$p$-h 图中,一些对应的数值组成规律性的曲线,比较典型的有:等干度线参数 x 为定值;等压线,参数 p 为定值;等温线,参数 t 为定值;等焓线,参数 h 为定值;等熵线,参数 S 为定值;等容线,参数 v 为定值。如图 5-1-3 所示。

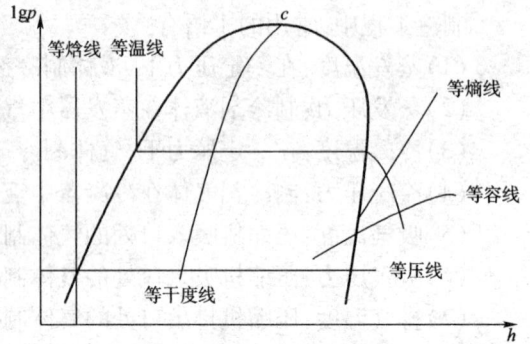

图 5-1-3　压焓图中等参数线示意图

五、制冷循环在压焓图的近似表示

压缩式制冷循环的定量分析和计算常借助于制冷剂的压焓图。下面借助压焓图,讨论单级压缩制冷的理论循环。

1. 单级压缩式制冷的理论循环

为了使问题简化,研究理论循环是建立在下列假设的基础上:

(1)压缩机的压缩过程不存在换热和流阻等不可逆损失,即假设是等熵过程。

(2)制冷剂在流过热交换器和管路时无阻力损失,即假设是等压过程。故冷凝压力即等于排气压力,蒸发压力即等于吸气压力,冷凝和蒸发过程相应的冷凝温度和蒸发温度不变。

(3)制冷剂在热交换器(蒸发器、冷凝器等)以外与外界无任何热交换。

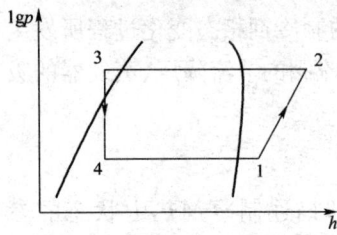

(4)制冷剂流过节流阀时未作功,又无热交换,因此假设在节流阀前后的焓值相等。

图 5-1-4 是单级压缩制冷的理论循环在压焓图上的近似表示。

图 5-1-4　单级压缩制冷的理论循环在压焓图的近似表示

点 1 表示制冷剂离开蒸发器进入压缩机时的低压过热气体状态,是蒸发压力 p_0(相应蒸发温度为 t_0)的等压线与吸气温度 t_1 的等温线的交点。

点 2 表示制冷剂离开压缩机进入冷凝器时的高压过热气体状态,是通过点 1 的等熵线和压力为 p_k 的等压线的交点。

点 3 表示制冷剂离开冷凝器进入节流阀时的高压过冷液体状态,是压力为 p_k 的等压线和制冷剂在冷凝器出口温度 t_3 的等温线的交点。

点 4 表示制冷剂离开节流阀进入蒸发器时的低压湿蒸气状态。是通过点 3 的等焓线和压力为 p_0 的等压线的交点。

过程线 1-2 表示制冷剂蒸气在压缩机中的等熵压缩过程,压力由蒸发压力 p_0 提高到冷凝

压力 p_k。压缩过程中外界对制冷剂作功,制冷剂温度提高。

过程线 2-3 表示制冷剂在冷凝器内的冷却、等压冷凝和等压过冷过程。进入冷凝器的过热气体等压冷却成为饱和气体,再等压等温(冷凝温度 t_k 是相应于 p_k 的饱和温度)继续放热而冷凝,然后温度进一步降低而过冷。

过程线 3-4 表示制冷剂通过节流阀的等焓节流过程。在此过程中,制冷剂的压力由 p_k 降到 p_0,温度由 t_k 降到 t_0,并进入湿蒸气区。根据热力学可知,节流过程中工质的焓值是变化的,故较严格的画法是将 3-4 过程线用虚线表示。

过程线 4-1 表示制冷剂在蒸发器中等压汽化和等压过热的过程。制冷剂湿蒸气吸取被冷却物体的热量而不断汽化,干度不断增大(在湿蒸气区内相应于 p_0 的蒸发温度 t_0 不变),直到变为带有少许过热度的低压过热气体。这样,制冷剂的状态又重新回到进压缩机前的状态点1,完成了一个理论制冷循环。由制冷剂的压焓图可确定制冷循环中各点的参数。

2. 单级压缩式制冷的实际循环

关于理论循环的假设与实际不符:即压缩过程并非等熵过程,而是前期吸热、后期放热、熵值增加的过程;节流过程有吸热,焓值略有增加;制冷剂在管道和热交换器中流动时存在流阻而有压力损失,在管道流动中多少也有热交换。

图 5-1-5 是单级压缩制冷的实际循环在压焓图上的近似表示。

蒸发器出口至压缩机吸口是有压力损失和温升的流动过程 g-1;蒸气流过压缩机吸气通道和吸气阀时有压力损失的过程 1-a;蒸气在压缩之前受到压缩机吸气通道和缸体加热的过程 a-b;熵值增加的实际压缩过程 b-c;蒸气流过排气阀和排气通道时有压力损失的过程 c-2′;在排气管、冷凝器和液管中有压力损失的放热过程 2′-e;在节流阀中从外界吸热的节流过程 e-f;在蒸发器和吸气管中有流阻损失的汽化吸热过程 f-g。

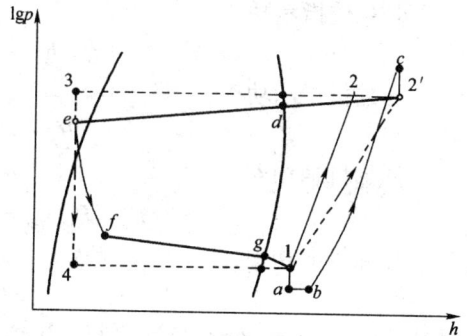

图 5-1-5　单级压缩制冷的实际循环在压焓图的近似表示

工程上常将实际循环简化为 12′341。其中 1-2′ 是熵值增加的压缩过程(1-2 是等熵压缩过程);2′-3 是等压冷却、冷凝和过冷过程;3-4 是等焓节流过程;4-1 是等压汽化吸热和过热过程。用简化的实际循环进行热力计算,结果与实际循环相近。

六、制冷循环的热力计算

制冷循环热力计算的目的是计算出制冷循环过程中制冷装置的性能指标、压缩机容量、功率消耗及热交换器的热负荷,以便为压缩机和热交换器的设计、选择和电动机的选配提供必要的数据。

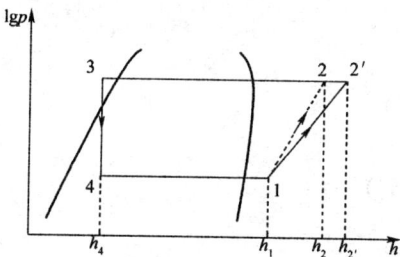

图 5-1-6　单级压缩制冷循环热力计算示意图

热力计算可按如下步骤进行。如图 5-1-6 所示。

1. 制冷剂通过压缩机的质量流量

$$G = \lambda V_{\mathrm{T}}/v_1 = \lambda \pi D^2 Snz/240v_1 \qquad (\mathrm{kg/s})$$

式中:λ——输气系数;

$\quad D$——缸径,mm;

$\quad S$——行程,mm;

$\quad z$——缸数;

$\quad n$——转速,r/min;

v_1——制冷剂在吸气点的质量体积,m^3/kg。

2.单位制冷量

$$q_0 = h_1 - h_4 \quad (kJ/kg)$$

单位容积制冷量:

$$q_v = q_0/v_1 \quad (kJ/m^3)$$

装置制冷量:

$$Q_0 = G \times q_0 \quad (kW)$$

式中:q_0——压缩机每排送 1kg 制冷剂在蒸发器中的吸热量;

q_v——压缩机每排送 1 m^3 吸气状态的制冷剂在蒸发器中的吸热量。

3.单位理论功

$$w_0 = h_2 - h_1 \quad (kJ/kg)$$

压缩机理论功率:

$$P_t = G w_0 \quad (kW)$$

式中:h_2——从吸气点 1 按等熵线压缩至排气压力的状态点 2 的制冷剂焓值。

4.单位指示功

$$w_i = h'_2 - h_1 = w_0/\eta_i \quad (kJ/kg)$$

压缩机指示功率:

$$P_i = G w_i = P_t/\eta_i \quad (kW)$$

压缩机轴功率:

$$P_e = P_i/\eta_m = P_t/\eta_i \eta_m = P_t/\eta_e \quad (kW)$$

压缩机电功率:

$$P_{el} = P_e/\eta_{mo} = P_t/\eta_i \eta_m \eta_{mo} = P_t/\eta_{el} \quad (kW)$$

式中:η_i——指示效率,活塞式制冷压缩机的 η_i 为 0.8 左右;

η_m——机械效率,活塞式制冷压缩机一般为 0.8 ~ 0.9;

η_e——轴效率(也称等熵效率),活塞式制冷压缩机一般为 0.65 ~ 0.75;

η_{mo}——电动机效率,通常为 0.9 左右;

η_{el}——电效率,适用于封闭式和半封闭式压缩机。

5.单位排热量

$$q_k = q_0 + w_i \quad (kJ/kg)$$

冷凝器热负荷:

$$Q_k = Gq_k = Q_0 + P_i \quad (kW)$$

式中:Q_k——冷凝器热负荷,一般为装置制冷量 Q_0 的 1.2 ~ 1.3 倍。

6.理论制冷系数

$$\varepsilon = Q_0/P_t \quad (W/W)$$

指示制冷系数:

$$\varepsilon_1 = Q_0/P_i = \varepsilon \eta_i \quad (W/W)$$

性能系数:

$$COP = Q_0/P_e = \varepsilon \eta_e \quad (W/W)$$

能效比:

$$EER = Q_0/P_{el} = \varepsilon \eta_{el} \quad (W/W)$$

性能系数 COP,相当于制冷装置的实际制冷系数,是评定制冷装置经济性的重要指标。

目前活塞式制冷压缩机的 COP 一般为 2～2.5W/W（制冷）和 2.9～3.4W/W（空调）。

能效比 EER，适用于封闭式和半封闭式压缩机。

七、制冷循环的工况分析

制冷循环的工况是指制冷剂所参加的制冷循环的主要温度条件：蒸发温度、压缩机的吸气过热度（或吸入温度）、冷凝温度、节流阀的供液过冷度（或过冷温度）。其中影响较大的是蒸发温度和冷凝温度。

装置性能就是指装置制冷量、压缩机轴功率和理论制冷系数。

装置制冷量 $Q_0 = Gq_0$　　（kW）

压缩机轴功率 $P_e = Gw_0/\eta_e$　　（kW）

理论制冷系数 $\varepsilon = q_0/w_0$

下面分析各温度条件变化对装置性能的影响。在实际工作中，各温度条件的变化是相互影响的，例如冷凝温度（压力）变化可能使通过节流阀的流量变化，从而影响蒸发温度（压力）；而蒸发温度（压力）和吸气过热度改变会导致压缩机质量流量的改变，从而影响冷凝温度（压力）。为了在研究温度条件变化对制冷压缩机工作的影响时突出主要矛盾，在下面的分析中假设某温度条件改变时，压缩机的技术状况和其他温度条件不变。

1. 当其他条件不变时，冷凝温度变化的影响

假设其他条件不变，冷凝温度由 t_k 升高到 t'_k，如图 5-1-7 所示，制冷循环由 12341 变为 1bcd1。这时，由于冷凝压力升高，节流阀的节流压降增大，节流后制冷剂湿蒸气的干度增大，单位制冷量 q_0 减小；而输气系数 λ 因压力比增加而减小，吸气比容积 v_1 不变，故制冷剂的质量流量 G 会略有减少；所以制冷量 Q_0 减小。同时，由于单位理论功 w_0 增大，影响超过了略有降低的流量，所以轴功率 P_e 增大。所以理论制冷系数 ε 减小。

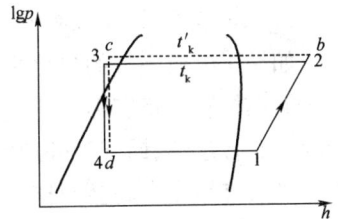

图 5-1-7　冷凝温度升高对制冷循环的影响

反之，冷凝器的冷却效果越好，则 p_k 越低，一般会使 Q_0 增大，P_e 减小，ε 增大，对工作有利。但如果 p_k 太低，可能会因节流阀前后压差明显下降而导致制冷剂流量不足，蒸发压力降低，如下面要分析的，反而会使 Q_0、ε 减小。

2. 当其他条件不变时，蒸发温度变化的影响

假设其他条件不变，蒸发温度从 t_0 降低为 t'_0，如图 5-1-8 所示，制冷循环由 12341 变为 ab3da。这时，循环的单位制冷量 q_0 稍有降低；同时因吸气压力降低，吸气比容积 v_1 增大，制冷剂的质量流量 G 减小，所以制冷量 Q_0 减小。同时，由于单位理论功 w_0 增大，制冷系数 ε 显然会减小。至于轴功率的变化难以直观判断，因为单位理论功 w_0 增大，但制冷剂的质量流量 G 却减小，根据分析判断：当 $p_0 = 0$ 和 $p_0 = p_k$ 时，理论功率 P_t 都为零，因此 P_t 必然存在最大值，经过计算，当压力比 $p_k/p_0 = k^{(k-1)/k}$ 时，理论功率 P_t 最大，即轴功率 P_e 最大。常用制冷剂的压力比相近，都约等于 3，这时轴功率大致最大。实际工作时压缩机的压力比一般是大于 3，故蒸发温度降低压力比增大时，轴功率是降低的。反之，蒸发压力和蒸发温度升高，制冷量和制冷系数会增大。

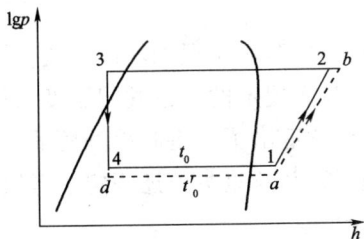

图 5-1-8　蒸发温度降低对制冷循环的影响

3. 其他条件不变，供液过冷度的影响

假设其他条件不变，节流阀的供液过冷度增加，过冷温度从 t_3 降低为 t_e，如图 5-1-9 所示，

制冷循环由12341变为12cd1。这时,制冷量会增加,压缩机轴功率不变,制冷系数提高。据计算,在通常工作范围内,供液过冷度每增加1℃,R22制冷装置的制冷系数约提高0.85%。

4.其他条件不变,吸气过热度的影响

假设其他条件不变,压缩机的吸气过热度增加,吸气温度从t_1升高到t_a,如图5-1-10所示,制冷循环由12341变为ab34a。如果过热是在蒸发器内完成,吸气过热度增加使单位制冷量增加,但吸气比体积也增大,使质量流量减少,对装置制冷量的影响也要看两者哪个影响大。实验资料表明,过热度每提高1℃,R22的质量流量约减少0.4%,而单位制冷量增加0.4%,所以对R22制冷装置的制冷量不变。同时,单位理论功增加,但单位理论功的增加不如质量流量减少的快,轴功率是减少的。对制冷系数的影响取决于制冷剂的性质。采用R22的制冷装置的吸气过热度增加时制冷系数变化不大;而R134a制冷装置的反而减小。

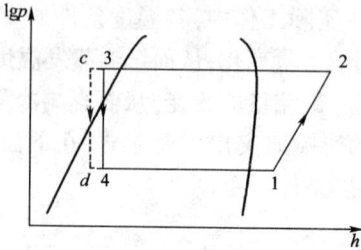

图5-1-9　供液过冷度增加对制冷循环的影响　　　　图5-1-10　吸气过热度增加对制冷循环的影响

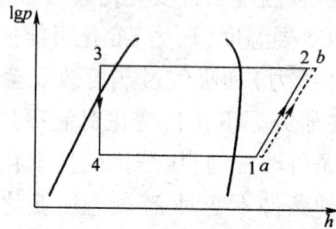

如果压缩机吸气的过热是制冷剂离开蒸发器后在吸气管中从周围环境吸热造成的,则制冷剂的单位制冷量实际并未提高,故装置的制冷量和制冷系数会下降,这称为"有害过热"。为减小有害过热,回气管外通常都包有隔热材料。

吸气过热度太高会使排气温度和滑油温度过高。

综上所述,工况变化对装置性能的影响如表5-1-1所示。

工况变化对装置性能的影响　　　　　　　　　　表5-1-1

温度条件变化	制冷量 Q_o	轴功率 P_e	制冷系数 ε
冷凝温度↑	↓(因q_o↓、λ↓)	↓(因w_o↑>G↓)	↓(因w_o↑、q_o↓)
蒸发温度↓	↓(因v_1↑使G↓)	当p_k/p_o>3左右时↓(因G↓>w_o↑)	↓(因w_o↑q_o↓)
供液过冷度↑	↑(因q_o↑)	不变	↑(因q_o↑、w_o不变)
吸气过热度↑	R22:不变(因q_o↑=G↓)	↓(因G↓>w_o↑)	R22:稍↓

八、名义工况

既然制冷循环时装置性能指标(装置制冷量和压缩机轴功率)都随工况的不同而改变,那么,为了对制冷压缩机的性能有个比较的基准,针对不同制冷剂而规定的一组共同温度条件,即是名义工况。《活塞式单级制冷压缩机》(GB/T 10079—2001)定出了有机制冷剂压缩机的3种名义工况:高温工况、中温工况和低温工况,如表5-1-2所示。该标准另外还规定了考察压缩机的强度和电动机工作的"最大压差工况"和"最大负荷工况"。

有机制冷剂压缩机的名义工况　　　　　　　　表5-1-2

类型	吸入压力饱和温度	吸入温度	排出压力饱和温度	环境温度
高温工况	7.2℃	18.3℃	54.4℃(高p_k)	35℃
			48.9℃(低p_k)	
中温工况	−6.7℃		48.9℃	
低温工况	−31.7℃		40.6℃	

注:表中工况制冷剂的吸气过冷度为0℃。

制冷机的实际运行工况,是随运行地区的气候条件和使用情况而变的。制冷机的工况必须限定在一定的范围内,以保证运行安全与可靠。GB/T10079—2001还规定了有机制冷剂压缩机的使用范围,如表5-1-3所示。

有机制冷剂压缩机的使用范围 表 5-1-3

类型	吸入压力饱和温度(℃)	排出压力饱和温度(℃)		压缩比
		高 p_k	低 p_k	
高温工况	−15 ~ 12.5	25 ~ 60	25 ~ 50	≤6
中温工况	−25 ~ 0	25 ~ 55	25 ~ 50	≤16
低温工况	−40 ~ −12.5	25 ~ 50	25 ~ 45	≤18

九、影响工况的因素

1. 影响冷凝温度和蒸发温度的因素

冷凝压力的大小,主要取决于冷凝器的单位时间冷凝量和压缩机的单位时间排气量的动态平衡。如果冷凝器换热能力差(取决于冷却水量、传热面积、传热温差和传热系数),则冷凝量减少,冷凝压力升高;另一方面压缩机质量流量增大,排气量多,则冷凝压力升高;另外,如果吸气压力太高,导致压缩机质量流量增大,则冷凝压力升高。一般是通过调节冷却水量来调节冷凝温度和冷凝压力。

蒸发压力的大小,主要取决于蒸发器的单位时间蒸发量和压缩机的单位时间吸气量的动态平衡。如果蒸发器换热能力差(取决于制冷剂供液量、传热面积、传热温差和传热系数),则蒸发量减少,蒸发压力降低;另一方面压缩机质量流量增大,吸气量多,则蒸发压力降低;另外,如果冷凝压力太低,可能会因节流阀前后压差明显下降而导致制冷剂流量不足,则蒸发压力降低。一般是通过压缩机的容量调节(低温库)和背压阀(高温库)来调节蒸发温度和蒸发压力。

2. 影响供液过冷度和吸气过热度的因素

在实际制冷循环中,提高供液过冷度可以避免闪气,防止制冷量降低,但是,依靠增加冷凝器换热面积来提高过冷度是有限的,一般为 3 ~ 5℃,这就需要保证冷凝器到节流阀这段液管因流阻及管路上行导致的压降不宜超过 40 ~ 70kPa。同时,压缩机吸入具有一定过热度的冷剂蒸气,可避免压缩机产生"液击"冲缸现象。显然,采用过热循环的目的,如上面分析,主要不是为了提高制冷量,而是减小有害过热,实现"干压"避免"液击"。因此,为了提高供液过冷度和吸气过热度,常需采用另外的措施和设备。

(1)回热循环。使冷凝器流出的制冷剂液体与刚离开蒸发器的制冷剂蒸气换热,使液体进一步过冷、气体进一步过热,是用来提高制冷剂供液过冷度的常用方法之一,这样的制冷循环称为回热循环。回热器是用来实现回热循环的气液换热器。其装置及回热循环在压焓图上的近似表示如图5-1-11所示。有的装置用让吸气管穿过贮液器的办法来实现回热循环;更简单的是直接使吸气管贴紧液管,外面包以隔热材料。

回热循环为 abcd。其中 1a 是蒸气在回热器中的过热过程,3c 是液体在回热器的过冷过程。若不计回热器与周围环境之间换热,根据传热是平衡的,而由于液体的比热容比蒸气的大,故液体的温降小于蒸气的温升。例如制冷剂是 R134a,则液体温降约为蒸气温升的 55%。

若制冷装置节流阀前液管的压降较大,为防止"闪气"可采用回热循环,这同时还可以减少吸气管的有害过热和降低压缩机吸入液体的可能性(但这些问题不是主要的,也可以用加强吸气管隔热和设气液分离器的办法解决)。R22 制冷装置采用回热循环对制冷量、制冷系数影响不大,但有的 R22 制冷装置所用工况的排气温度较高,采用回热循环可能使吸、排气温度和滑油温度更加偏高,会增加吸气预热损失,并降低滑油密封、润滑性能和使用寿命。为此,在 R22 制冷装置液管压降较大需提高液体过冷度,又要防止吸排气和滑油温度过高的情况下,可采用设蒸发式过冷器的过冷循环。

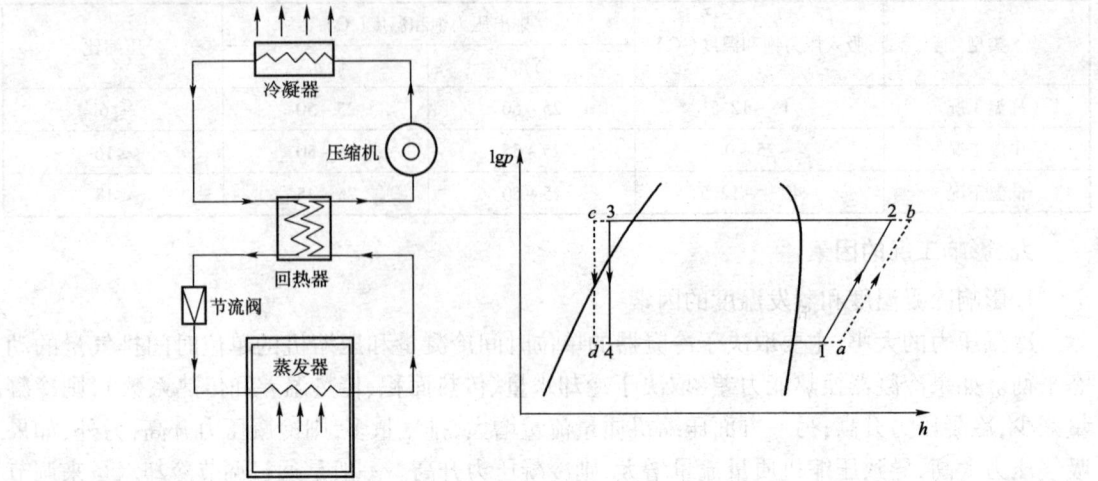

图 5-1-11　回热循环

(2)采用蒸发式过冷器的过冷循环。其装置及过冷循环在压焓图上的表示如图 5-1-12 所示。

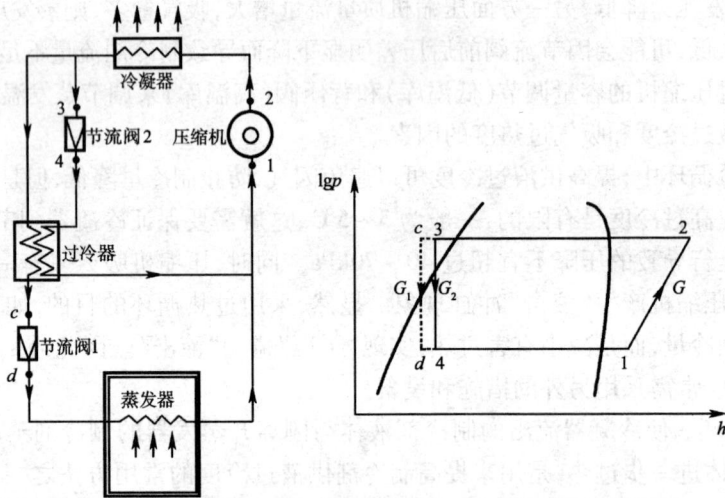

图 5-1-12　采用蒸发式过冷器的过冷循环

图中,质量流量为 G 的制冷剂中的大部分流量 G_1 经节流阀 1 流过蒸发器参与制冷,理论过冷循环为 $12cd1$;少部分流量 G_2 的制冷剂经小型节流阀 2 节流降压后供入过冷器,在其中汽化吸热而使流量为 G_1 的液态制冷剂过冷,其理论循环为 12341。如忽略过冷器的散热损失,根据过冷器的热平衡关系,推算出:

$$G_1(h_3 - h_C) = G_2(h_1 - h_4)$$

因为:

$$G = G_1 + G_2 = G_1(h_1 - h_d)/(h_1 - h_4)$$

若装置制冷量为 Q_o，则：

$$G_1 = Q_o/(h_1 - h_d)$$

所以：

$$G = Q_o/(h_1 - h_4)$$

所以：

$$q_o = Q_o/G = h_1 - h_4$$

结论是：采用蒸发式过冷器与不用过冷器的装置相比，单位制冷量不变，单位压缩功不变，制冷系数不变。

● 相关实践知识

一、制冷循环的制冷量、轴功率和制冷系数计算的技能

R22 制冷装置的压缩机缸径 $D = 100\text{mm}$，活塞行程 $S = 70\text{mm}$，缸数 $z = 8$，转速 $n = 1440\text{r/min}$，输气系数 $\lambda = 0.8$，轴效率 $\eta_e = 0.7$。已知吸气压力 $p_1 = 0.10\text{MPa}$（表压），吸气温度 $t_1 = -15℃$，排气压力 $p_k = 1.3$ MPa（表压），排气温度 $t'_2 = 96℃$，过冷度4℃。假设换热全部在蒸发器和冷凝器中进行。在压焓图上画出理论循环和简化的实际循环，并进行热力计算。

解：按以下步骤在 R22 的压焓图上画出理论循环和简化的实际循环，并查出相关参数：

（1）由蒸发压力 $p_0 \approx p_1 = 0.20\text{MPa}$（绝对），查出 $t_0 = -25℃$。

（2）由 $p_1 = 0.20\text{MPa}$ 的等压线与吸气温度 $t_1 = -15℃$ 的等温线的交点得吸气状态点1，查出 $h_1 = 402\text{kJ/kg}$，$v_1 = 0.119$ m³/kg。求得吸气过热度为 $t_1 - t_0 = (-15) - (-25) = 10℃$。

（3）由冷凝压力 $p_k = 1.4\text{MPa}$（绝对），查出冷凝温度 $t_k = 36℃$。

（4）由通过点1的等熵线与 $p_k = 1.4\text{MPa}$ 的等压线相交，交点2为等熵压缩排气状态点。查出 $h_2 = 454\text{kJ/kg}$，等熵压缩排气温度 $t_2 = 80℃$。

（5）由 $p_k = 1.4\text{MPa}$ 的等压线和 $t_{2'} = 96℃$ 的等温线的交点得状态点 2'，查出 $h_{2'} = 467\text{kJ/kg}$。

（6）由过冷度4℃求出过冷温度 $t_3 = t_k - 4 = 32℃$。由 $t_3 = 32℃$ 的等温线与 $p_k = 1.4\text{MPa}$ 的等压线相交得节流阀前状态点3，查出 $h_3 = 240$ kJ/kg。

（7）由点3沿等焓线向下与 $p_0 = 0.20\text{MPa}$ 的等压线相交得节流阀后的状态点4。查出干度 $x = 0.3$，$h_4 = h_3 = 240\text{kJ/kg}$。

所以，在 R22 的压焓图上表示的理论循环是12341，简化的实际循环是 12'341。如图5-1-13所示。

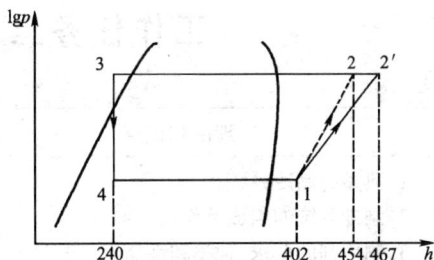

图 5-1-13　R22 单级压缩制冷循环示意图

二、根据以上数据进行热力计算

1.压缩机理论容积流量

$$V_T = \pi D_2 snz/240 = 0.106\text{m}^3/\text{s}$$

压缩机质量流量：

$$G = \lambda V_T/v_1 = 0.71\text{kg/s}$$

2.单位制冷量

$$q_0 = h_1 - h_4 = 162\text{kJ/kg}$$

单位容积制冷量

$$q_v = q_0 / v_1 = 1361 \text{kJ/m}^3$$

装置制冷量

$$Q_0 = Gq_0 = 115 \text{kW}$$

3. 单位理论功

$$w_0 = h_2 - h_1 = 52 \text{kJ/kg}$$

压缩机理论功率：

$$P_t = G w_0 = 36.9 \text{kW}$$

4. 单位指示功

$$w_i = h_{2'} - h_1 = 65 \text{kJ/kg}$$

压缩机指示功率：

$$P_i = G w_i = 46.2 \text{kW}$$

压缩机轴功率：

$$P_e = P_t / \eta_e = 52.7 \text{kW}$$

5. 单位排热量

$$q_k = q_0 + w_i = 227 \text{kJ/kg}$$

冷凝器热负荷：

$$Q_k = Gq_k = 161.2 \text{kW}$$

6. 理论制冷系数

$$\varepsilon = q_0 / w_0 = 3.11$$

性能系数：

$$COP = Q_0 / P_e = 2.18$$

工作任务二　制冷系统的工作分析

理论知识点	实践知识点
1. 典型的制冷系统； 2. 制冷系统的组成及作用； 3. 制冷剂的要求、种类和性质	制冷装置设备选配的技能

考 证 大 纲	适 用 对 象			
	841	842	843	844
5.1.5 R22 及 R134A、共沸和非共沸冷剂的热力、理化性质	√	√		

● 相关理论知识

压缩式制冷装置，应包括制冷系统、电气系统和冷库。其中，制冷系统除压缩机、冷凝器、蒸发器、节流阀等基本设备外，还包括许多辅助设备、自动控制设备。如图 5-2-1 所示。

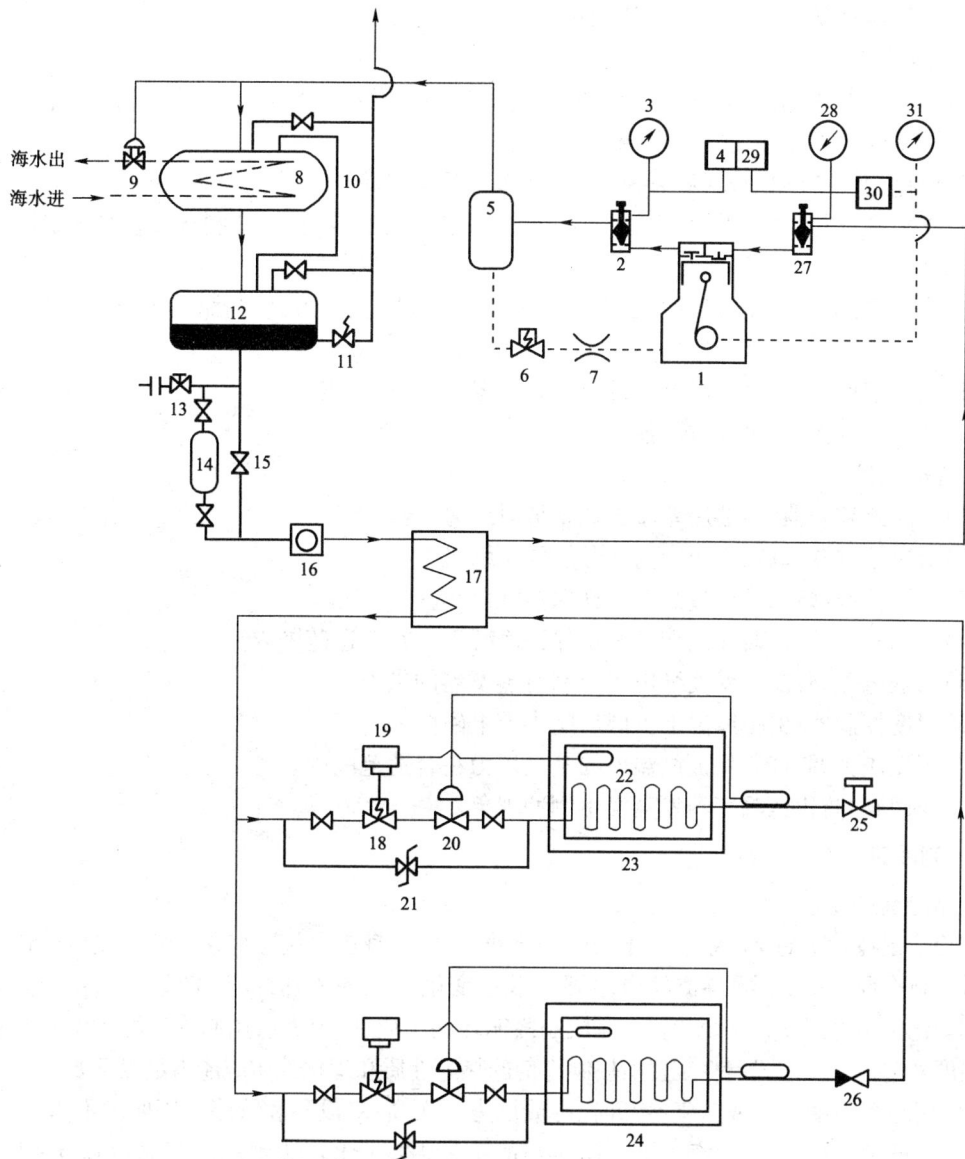

图 5-2-1　典型的伙食冷库制冷系统

1-制冷压缩机;2-排出截止阀;3-排出压力表;4-高压控制器;5-滑油分离器;6-电磁阀;7-节流孔板;8-冷凝器;9-冷却水量调节阀;10-平衡管;11-安全阀;12-贮液器;13-充注阀;14-过滤干燥器;15-旁通阀;16-液流指示器;17-回热器;18-供液电磁阀;19-温度控制器;20-热力膨胀阀;21-手动膨胀阀;22-蒸发器;23-高温库;24-低温库;25-蒸发压力调节阀;26-止回阀;27-吸入截止阀;28-低压压力表;29-低压控制器;30-油压差控制器;31-油压表

一、典型的制冷系统

二、组成及作用

1. 基本设备

(1)压缩机:抽吸制冷剂带走热量,维持蒸发器低温;压缩制冷剂提高压力,促进制冷剂循环。

(2)冷凝器:使高压高温气态制冷剂放热冷凝成液态。

(3)节流阀:节流降压制冷剂,制造蒸发器低温。

（4）蒸发器:使低压低温液态制冷剂吸热汽化成气态。

2. 辅助设备

（1）分离型设备:滑油分离器(分离制冷剂蒸气中的微小油粒);气液分离器(防止压缩机吸入的制冷剂蒸气中含有过多的液滴)。

（2）储存型设备:贮液器(贮存制冷剂、液封与污物沉淀)。

（3）防护型设备:过滤干燥器(过滤杂质、去除水分);安全阀(保证制冷设备在规定压力下安全工作)。

（4）冷却型设备:回热器(使低温气态制冷剂过热,防止液击;使高温液态制冷剂过冷,防止闪气)。

（5）指示型设备:液面指示器、液流指示器、温度计、压力表。

（6）动力型设备:水泵、风机、油泵。

3. 自控设备

（1）油压差控制器:当油压差小于调定值时延时后停车。

（2）低压控制器:以吸入压力为信号启停压缩机。

（3）高压控制器:当排压过高时实现保护性停车。

（4）冷却水量调节阀:控制冷却水量保证冷凝压力在合适范围内。

（5）供液电磁阀:配合温度继电器控制对蒸发器的供液。

（6）温度控制器:根据库温上下限启闭供液电磁阀。

（7）蒸发压力调节阀:保证高温库的蒸发压力在合适范围内。

（8）止回阀:防止低温库蒸发器发生倒冲现象。

三、制冷剂

1. 制冷剂的要求

制冷剂是在封闭的制冷系统中不断循环流动,通过自身热力状态变化与外界发生热量交换的介质。制冷剂在蒸发器和冷凝器内,主要是物态变化;制冷剂在压缩机,节流阀内,主要是热力参数的变化。制冷剂作为制冷装置中完成制冷循环的工质,应根据所用制冷机的类型和要求的制冷温度来选择。压缩式制冷装置所用制冷剂的热力性质和理化性质应能满足以下要求:

（1）用环境温度的水或空气冷却时,冷凝压力不太高,对设备和管路耐压要求不高。

（2）标准沸点(在标准大气压时)比所需的蒸发温度(比要达到的冷却温度低 5～10℃)低,可使蒸发压力高于大气压,空气不易漏入系统。标准沸点低则常用冷凝压力较高。

（3）压缩机的排、吸气压力比不太高,从而输气系数不致过低。

（4）汽化潜热大,气体比体积小,因而单位容积制冷量大,制冷量既定时制冷剂的容积流量较小,可使容积式压缩机和管路的尺寸减小。

（5）压缩终温不太高,以免降低滑油的性能和使用寿命。

（6）热导率较大,可减小换热器尺寸。

（7）黏度较低,管路流动的阻力损失小。

（8）临界温度(一般为标准沸点的 1.4～1.6 倍)适当提高。太低,则制冷剂节流降压的闪发损失大,制冷系数低,甚至在环境温度下无论压力多高都无法冷凝。太高,则制冷剂蒸气在既定蒸发压力的比体积较大,单位容积制冷量较低。

（9）化学稳定性和安全性好,与所用材料相容。

（10）对大气臭氧层的损耗作用和温室效应轻微。

臭氧（O_3）主要集中于离地球表面 20～25km 处的大气层，它是地球上生命的保护，阻挡了 99% 的紫外线辐射，使地球上生物和人类免遭紫外线的伤害。科学研究发现，有些含氯的氟利昂在地面大气中很难分解，慢慢升至高空臭氧层后，在强烈的紫外线作用下释放出氯离子，会起催化作用而大量损耗臭氧，形成臭氧空洞，从而使到达地面的紫外线显著增强，对人类健康和农作物、海洋浮游生物的生长不利，并可能引起气候异常。分解臭氧的能力用"臭氧耗损潜值" ODP 来衡量，它是以氟利昂 11 的臭氧耗损能力作为基准，将其 ODP 值定为 1 而相比得出的相对指标。

另外，CO_2 和大部分制冷剂及某些其他气体还有"温室效应"，能吸收到达地面后又被反射的太阳射线，再辐射而加热地面空气，从而使全球变暖，对人类生存环境产生不利影响。所以也应关注制冷剂的温室效应，尽可能减少其漏泄和排放量。"全球变暖潜值" GWP 是恒量物质温室效应大小的相对指标，常以 CO_2（也有用 R11 的）为比较基准，定其 GWP 值为 1。世界能源消耗所产生的 CO_2 量很大，对全球变暖影响约占 90%。虽然氟利昂的 GWP 值是 CO_2 的几千倍甚至上万倍，但其耗量少得多，对全球变暖的相对影响不足 1%。

2. 常用制冷剂

目前用得最普遍的制冷剂是卤代烃，即甲烷（CH_4）或乙烷（C_2H_6）中的氢原子被卤素氟（F）、氯（Cl）原子取代而成，其商品名总称为氟利昂。

CFCS 表示不含氢的氯氟烃，ODP 值高，例如曾广泛使用的 R12（二氟二氯甲烷 CCl_2F_2），已禁用；HCFCS 表示含氢氯氟烃，ODP 值较低，至 2020 年（发展中国家 2030 年）要禁用；HFCS 表示无氯的含氢氟化烃，ODP = 0，未限制使用。

（1）R22（二氟一氯甲烷 $CHClF_2$）。属于 HCFCS，是目前船上使用最广泛的冷剂。标准沸点 -40.8℃，排气压力适中。它无毒、不燃、不爆，单独存在时即使温度过 500℃ 仍然稳定。

①与火焰接触时（800℃ 以上）会分解产生微量有毒的光气，故应避免接触明火。它易漏又不易察觉，因比空气重得多故不易散发，若在狭窄闭塞空间内装置严重漏泄以至在空气中浓度太大，人停留过久会缺氧窒息。此外，操作中应严防其液体溅到人体造成严重冻伤。

②微溶于水。含水时会慢慢发生水解反应生成酸，会腐蚀金属、油位镜和封闭式、半封闭式压缩机的电机绕组，并使滑油变质生成沉淀，为此 R22 允许的含水量应 <60～80 mg/kg。含水较多时经过膨胀阀后若降温至 0℃ 以下，水的溶解度急剧下降，游离出来的水就会结冰，在流道狭窄处形成"冰塞"，严重妨碍制冷工作正常进行。

③条件性溶油。在温度高于 8℃ 的场合（如曲轴箱、冷凝器、液管）R22 与冷冻机油互溶性强，温度低于 -8℃ 互溶性则急剧降低。因此流过膨胀阀降压降温后，溶有少量 R22 的滑油和溶有微量油的 R22 液体会形成分层。

滑油因与冷剂互溶可随之被带到压缩机各摩擦部位，有助于润滑；同时不会在冷凝器换热面上形成妨碍换热的油膜。但若长时间停用前未将曲轴箱抽空并关排气阀，则高压侧冷剂漏入曲轴箱会溶入滑油中较多，下次启动时曲轴箱压力迅速降低，油中就会因逸出许多氟利昂气泡而涌起，俗称"奔油"，会使油泵建立不起油压，甚至油被吸入气缸产生"液击"。冷剂溶入滑油还会使油黏度降低，故氟利昂制冷装置应选用黏度较高的滑油。

冷凝器中的氟利昂液体若溶解滑油太多，进入蒸发器后多少会妨碍蒸发，使蒸发压力降低，制冷量减少；而且在膨胀阀后滑油和冷剂会分层，因此在设计、安装蒸发器和吸气管时，应特别考虑保证足够高的流速及吸气管适当向压缩机倾斜，以利于随冷剂进入系统的滑油返回压缩机。

④会使天然橡胶浸润膨胀,需要时应选用丁基橡胶或氯丁橡胶。会腐蚀镁和镁合金。

⑤电绝缘性较差,R22 的封闭、半封闭式压缩机的电机绝缘需用丙烯腈树脂。

⑥渗漏性很强,对装置的气密性要求高。

(2)R134a(四氟乙烷 CH_2FCF_3)。属于 HFCS,$ODP = 0$。其单位容积制冷量 q_v 仅为 R22 的 60% 左右,故压缩机的容积流量需比用 R22 大得多,较适合螺杆式、离心式压缩机。它的排气温度较低;标准沸点为 $-26.5℃$,用于伙食冷库制冷不够低,可用于空调制冷装置。

①分子较小,渗漏性很强,因不含氯而不能用电子检漏灯检漏,可使用电子检漏仪。

②溶解水的能力比 R22 低。所用干燥剂为避免吸附 R134a 分子,要求孔隙更小,不宜用硅胶,应采用分子筛。

③会使普通橡胶浸润膨胀,应选用氢化丁腈橡胶或氯丁橡胶。

④与矿物油不相溶,应采用脂类油 POE,价格比较高,使用时应注意防潮。

(3)非共沸冷剂。是由两种或三种氟利昂以一定的质量比混合而成,在既定压力下相变时,各组分在气相和液相中的质量分数不同,且一直在变化,相变温度也在改变。汽化开始和结束(即液化结束和开始)的温度分别称泡点和露点,两者温度差称温度漂移。

R407C 是 HFCS 组成的非共沸冷剂,在有的船上已用它替换 R22,与 R22 相比在同温度下工作压力高 10% 左右,排气温度稍低,制冷量接近,不作优化匹配则 COP 比 R22 的装置稍低(降低不超过 10%)。因在相变时有约 7℃ 的温度漂移,若采用逆流式换热器制冷量可比用普通换热器提高 2% ~6%,COP 值可提高 5% ~6%。

R407C 装置设计和管理时应尽量防止制冷剂漏泄,补充冷剂时应以液态充注。漏泄量 <20% 时对装置性能影响不大。其装置应采用脂类油 POE,并以分子筛为干燥剂。

(4)近共沸制冷剂。是温度漂移 <1℃ 的非共沸制冷剂。

R404A、R410A 都是 HFCS 近共沸混合物。前者有的船舶伙食冷库和空调制冷装置已采用,其工作压力比 R22 约高 20%,排气温度较低,制冷量相对稍高些,性能系数 COP(压缩机单位轴功率的制冷量)要低百分之十几;后者能替代 R22,相比之下排气温度略高,传热性能较好,液体流动阻力较低,制冷量可为 R22 的 1.4 ~1.5 倍,COP 略低(降低不超过 8%);但其工作压力比 R22 约高 60%,压缩机和管路、设备需专做相应的设计,目前尚未用于船舶制冷装置。使用这两类冷剂的装置都应采用脂类油 POE 和分子筛作干燥剂。

(5)共沸制冷剂(R5××)。多由两种氟利昂按一定比例混合而成,在汽化或液化的相变过程中,液、气相物质组分的质量分数始终不变;相变压力既定则相变温度始终不变,彼此有既定的相应关系,就和单一物质一样。其标准沸点比组成它的纯冷剂都低,故能适用的蒸发温度更低;蒸发温度既定时共沸冷剂的吸气压力比采用纯冷剂高,吸气密度比纯冷剂更大,故单位容积制冷量大。但现研发的共沸冷剂含有禁用的氟利昂,目前尚未有适用品种。

• 相关实践知识

一、制冷装置设备选配知识

制冷装置并非将主要设备配齐并按正确流程连接就行,还应当选配它们的容量彼此匹配,能达到性能要求而满意地工作才行。即使设备选用合适,如果管理不好也会使设备的性能改变,以至匹配失当而使工况参数偏离合理范围,使制冷量和制冷系数降低,甚至由于各种保护性控制器动作而自动停车。因此,管理人员为能维护合适的工况及正确地选用备件,应了解制冷装置主要设备的选配知识。

冷库热负荷与装置制冷量的确定：

为了将库温降至要求的范围并予以保持,每单位时间必须从冷库中移出的热量称为冷库"热负荷",它是选用制冷机组及其相关设备的依据。船舶冷库的热负荷取决于所需保持的库温与环境温度的温差、冷库的大小及隔热性能以及所存物品的品种和数量等。

冷库热负荷(kW)包括：

(1)渗入热 Q_1——通过冷库隔热结构传入的热量；

(2)货物热 Q_2——在规定时间内将货物的温度降至贮藏温度所需移出的热量；

(3)换气热 Q_3——冷库通风换气和开库门时外器空气带入的热量；

(4)呼吸热 Q_4——菜、果等植物性食品呼吸所产生的热量；

(5)操作热 Q_5——库内风机、照明灯及工作人员所产生的热量。可参照制冷设计手册计算。

装置所需的制冷量：

$$Q_0 = (110\% \sim 120\%) \times (Q_1 + Q_2 + Q_3 + Q_4 + Q_5) \text{kW}$$

二、设备的匹配

1.蒸发器与压缩机的匹配

蒸发器应与压缩机匹配,即蒸发器的制冷量和压缩机的制冷量相称。

蒸发器的制冷量即为蒸发器在单位时间内从冷库所吸走的热量,用 Q_{0z} 表示：

$$Q_{0z} = K_1 \cdot F_1 \cdot \Delta t_1 = K_1 \cdot F_1 \cdot (t_r - t_0)$$

式中：K_1——蒸发器的传热系数；

F_1——蒸发器的传热面积；

t_r——库温；

t_0——蒸发温度。

按上式所示函数关系,可画出蒸发器的性能曲线(Q_{0z}-t_0),如图 5-2-2 所示。它是一条向左上方倾斜的直线,在横坐标上的起点是 t_r,斜率 $\tan\alpha = K_1 F_1$。在同一坐标图上同时画出压缩机的性能曲线(Q_{0c}-t_0),它比前述的冷凝温度不变时压缩机性能曲线斜率要小,因为 t_0 增高则 t_k 增高,Q_0 会减小；而且冷凝器性能越差,这种影响越严重,即压缩机性能曲线的斜率越小。

在蒸发器工况稳定时,蒸发器的制冷量应等于压缩机的制冷量,即吸气工况点是两者函数曲线的交点 Z,其横坐标即给出了 t_0 值。由吸气工况图可分析制冷装置制冷量减小的原因：

(1)正常工作时：库温由 t_r 降为 $t_r{}'$,蒸发器性能曲线(Q_{0z}-t_0)向左平移,从 Z 到 Z_1。

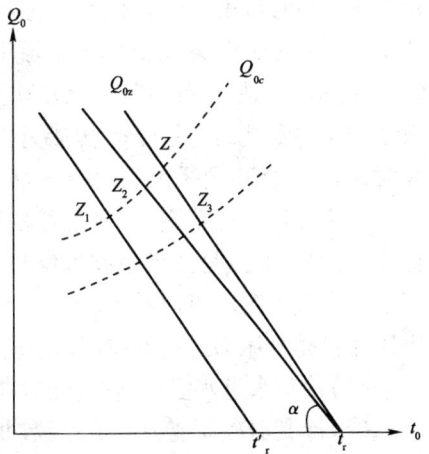

图 5-2-2　蒸发器的性能曲线

(2)蒸发器性能差：如制冷剂供液不足(这时沸腾换热段面积 F_1 减小,而过热段的换热能力要小得多)、结霜严重或风速降低(即 K_1 减小)等,蒸发器性能曲线(Q_{0z}-t_0)斜率降低,从 Z 到 Z_2；

(3)压缩机在使用中性能降低：包括输气系数减小、转速降低或减缸运行等,压缩机的性能曲线(Q_{0c}-t_0)降低,从 Z 到 Z_3。

如前所述,制冷装置设计制冷量应为冷库热负荷的 1.1 ~ 1.2 倍。由上式可知,若设计时选用的传热温差较大,则蒸发器的尺寸可较小,但运行经济性较差；反之,所选传热温差小,则蒸发温度较高,运行经济性好,但蒸发器所需尺寸较大。一般冷风机和蒸发盘管的传热温差在 $5 \sim 10 ℃$ 范围内。如果设计时所选蒸发器太小(压缩机太大),则传热温差太大,导致库温未到下限时蒸发温度就太低,压缩机会在低压控制器作用下提前停车,从而启停频繁。

2. 冷凝器与压缩机的匹配

冷凝器应与压缩机匹配,即冷凝器的排热量和冷凝器的热负荷相称。

冷凝器的排热量即为冷却介质在单位时间内从冷凝器所带走的热量,用 Q_k' 表示:

$$Q_k' = K_2 \cdot F_2 \cdot \Delta t_2 = K_2 \cdot F_2 \cdot [t_k - 1/2(t_{w1} + t_{w2})]$$

式中: K_2 ——冷凝器的传热系数;

F_2 ——冷却水管外表总面积;

t_k ——冷凝温度;

t_{w1} 、 t_{w2} ——冷却水的进、出口水温。

制冷剂蒸气进冷凝器后先冷却到冷凝温度,然后开始冷凝。冷却段传热温差比冷凝段要大,但传热系数小,将全部换热面积按冷凝状况计算误差不大。此外,船用冷凝器进口与出口的传热温差之比常小于 3,故可近似取算术平均温差计算,将 K_2 取小些即可。

根据冷却水带走的热量来计算冷凝器的排热量,则:

$$Q_k' = G_w \cdot C_w \cdot (t_{w2} - t_{w1})$$

式中: G_w 、 C_w ——分别代表冷却水的质量流量和比热容。

所以,综合上述两式,可得:

$$Q_k' = (t_k - t_{w1})/(1/K_2F_2 + 1/2G_wC_w)$$

按上式所示函数关系,可画出函数曲线($Q_k' - t_k$),如图所示。它是一条向右上方倾斜的直线,在横坐标上的起点是 t_{w1} ,斜率 $\tan\alpha = 1/(1/K_2F_2 + 1/2 G_wC_w)$ 。

冷凝器的热负荷 Q_k 即单位时间内所需排走的热量,近似等于压缩机的制冷量 Q_0 和指示功率 P_i 之和,可由压缩机的性能曲线(指示功率 $P_i = P_e\eta_m$,机械效率 η_m 约取 0.9)求得。画出冷凝器的性能曲线($Q_k - t_k$),如图 5-2-3 所示。它是一条的向右下方倾斜的直线。 t_0 不变 t_k 升高时, Q_k 减小(主要是因为制冷量 Q_0 减小),性能曲线下移; t_k 不变 t_0 升高时, Q_k 增大(主要是因为制冷量 Q_0 增大),性能曲线上移。

在冷凝器工况稳定时,冷凝器的排热量应等于冷凝器的热负荷,即排气工况点是两者函数曲线的交点 C ,其横坐标即给出了 t_k 值。由排气工况图可以看出所有影响装置 t_k 的因素,并从中分析出压缩机排气压力过高的原因(工况点 C 右移):

图 5-2-3 冷凝器的性能曲线

(1)冷却水进水温度增高:函数曲线($Q_k' - t_k$)向右平移,从 C 到 C_1 ;

(2)冷凝器冷凝能力不足:函数曲线($Q_k' - t_k$)斜率降低,从 C 到 C_2 ;

(3)压缩机吸入压力增高:冷凝器的性能曲线($Q_k - t_k$)向上平移,从 C 到 C_3 。

3. 热力膨胀阀与蒸发器的匹配

热力膨胀阀的容量是指阀在额定开度时每单位时间内流过的制冷剂在蒸发器中完全汽化时的吸热量,用 Q_{0v} 表示。它是热力膨胀阀在额定开度时的质量流量 $G(kg/s)$ 与蒸发时的单位质量制冷量 $q_0(kJ/kg)$ 的乘积,由下式求出:

$$Q_{0v} = G \cdot q_0 = \mu A(2\rho\Delta p)^{1/2} \cdot q_0$$

式中: μ ——流量系数;

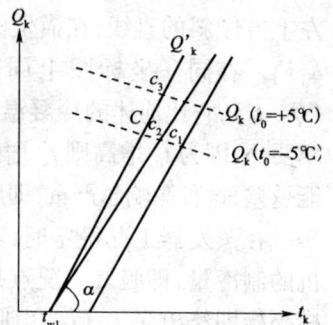

A——阀的通流截面积；

ρ——阀入口处制冷剂的密度；

Δp——阀前后压差。

由此可见，热力膨胀阀的容量取决于阀的型号（通流面积 A）、制冷剂的性质（μ、ρ）和工况条件（蒸发温度、阀前后压差和阀前制冷剂的过冷度），它们影响着 G 和 q_0 的大小。

图 5-2-4 所示是热力膨胀阀的性能曲线。由图可见，既定膨胀阀当冷凝压力降低（前后压差减小）时，因流量减小，其容量也随之变小；而若其他条件不变，随着蒸发温度的增高，膨胀阀的容量先增大（因 q_0 增大），然后增加趋势变缓（因 Δp 减小）。此外，当阀前制冷剂过冷度增大时，因 q_0 增大，则阀的容量增大。

热力膨胀阀的名义容量是指其在名义工况的容量。Danfoss 公司 N 系列阀规定的名义工况是：$t_0 = 5\,℃$、$t_k = 32\,℃$，阀前制冷剂液体温度 $t_3 = 28\,℃$。我国规定的热力膨胀阀名义工况是：$t_0 = 5\,℃$、$t_k = 40\,℃$，阀前制冷剂液体温度 $t_3 = 38\,℃$，通过阀的压降 R22 为 0.69MPa。

为了便于选用热力膨胀阀，生产厂通常给出在不同蒸发温度和压力差时阀的容量表。名义容量以英制"冷吨"为单位。1 冷吨是指能在 24 h 内将 1t $0\,℃$ 的水变成 $0\,℃$ 的冰的制冷量，英制以 2000lb（907kg）为 1t，1 冷吨约相当于 3.52kW，1 公制冷吨约相当于 3.87 kW。

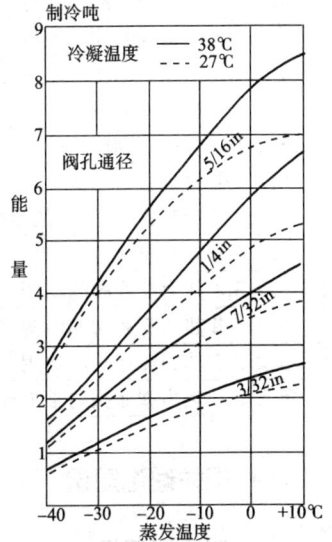

图 5-2-4　热力膨胀阀的性能曲线

热力膨胀阀的容量应与其所配用的蒸发器相匹配，即其性能曲线应适当高于蒸发器性能曲线。若热力膨胀阀容量选得太小，即使全开也会供液不足，则蒸发器的能力不能充分发挥，会使吸气过热度太高，蒸发压力降低，制冷量减小；反之，若热力膨胀阀容量选得太大，则阀工作时开度过小，不仅阀冲蚀严重，而且工作不稳定。膨胀阀工作时的开度以不小于额定开度的一半为宜，因此其容量以比蒸发器制冷量大 20% ~ 30%，而最大不超过后者的 2 倍为宜。

选择热力膨胀阀时首先要根据所用的制冷剂，其次按所用蒸发器情况决定用外平衡式或内平衡式，然后根据设计时所选定的冷凝温度和蒸发温度，按管路条件（参照设计手册）算出阀前后压差，再按热力膨胀阀容量表选择容量适当大于设计制冷量的型号。船舶制冷装置冷却水温度变化较大，在寒冷水域冷凝压力可能会过低，以致热力膨胀阀流量达不到设计要求。这时应减小冷却水量，以免冷凝压力过低。一般来说热力膨胀阀前后压差应≥0.4 ~ 0.5 MPa，故 R22 伙食冷库制冷装置冷凝压力一般应≥0.6 ~ 0.7MPa。

工作任务三　基本设备的拆装维护

理论知识点	实践知识点
1. 活塞式制冷压缩机的结构特点、原理；	1. 活塞式制冷压缩机拆装的技能；
2. 螺杆式制冷压缩机的结构特点、原理；	2. 判断冷凝器工作正常的技能；
3. 冷凝器的结构特点、传热分析；	3. 热力膨胀阀安装维护的技能；
4. 热力膨胀阀的种类、结构特点、原理；	4. 热力膨胀阀调试的技能；
5. 蒸发器的结构特点、传热分析	5. 判断蒸发器工作正常的技能

考 证 大 纲	适 用 对 象			
	841	842	843	844
5.2 蒸气压缩式制冷装置的设备				
5.2.1 制冷压缩机				
5.2.1.1 开启式活塞制冷压缩机的结构特点			√	√
5.2.1.2 半封闭式活塞制冷压缩机的结构特点			√	√
5.2.1.3 活塞式制冷压缩机的性能曲线	√	√		
5.2.1.4 活塞式制冷压缩机能量调节的意义和方法	√	√		
5.2.1.5 螺杆式制冷压缩机的工作原理、结构	√			
5.2.1.6 螺杆式制冷压缩机的能量调节方法和性能特点	√			
5.2.2 制冷装置的主要辅助设备				
5.2.2.2 冷凝器、蒸发器的结构			√	√
5.2.3 自动控制元件				
5.2.3.1 热力膨胀阀的功用			√	√
5.2.3.2 热力膨胀阀的结构与原理			√	√
5.2.3.3 热力膨胀阀的选用、安装及调试	√	√	√	√
5.2.3.4 热力膨胀阀的常见故障分析	√	√	√	√

- ● **相关理论知识**

一、制冷压缩机

1. 活塞式制冷压缩机

船用活塞式制冷压缩机一般为单级多缸(2、3、4、6、8)。按气缸中心线布置方式分为立式、V形、W形、S(扇)形。按壳体结构又可分为:

(1)开启式:压缩机曲轴通过轴封伸出机体之外由原动机驱动,有轴封;有可拆卸的缸盖、端盖。《活塞式单级制冷压缩机》(GB/T 10079—2001)规定的开启式压缩机缸径有100mm、125mm、170 mm。

(2)半闭式:电动机和压缩机共用一根主轴装在同一机体内,没有轴封;有可拆卸的缸盖、端盖。我国国标规定的半封闭压缩机缸径≤70 mm。

(3)闭式:采用同一主轴的电动机和压缩机装在一个焊死的薄壁机壳内,没有任何可拆卸的部件。

1)开启式活塞制冷压缩机的结构特点

图 5-3-1 所示为810F70G 制冷压缩机,缸数为8,缸径100mm,行程70mm,转速1440r/min。F 表示制冷剂为氟利昂(A 表示氨),G 表示高冷凝压力(低冷凝压力不用文字表示)。气缸从轴向看成扇形布置,相邻气缸中心线夹角45°,轴向每两缸成一列。采用 R22 时,标准制冷量为 156.3kW,属中型压缩机。

(1)机体。如图 5-3-2 所示。该机机体由高强度铸铁整体浇铸而成,上有缸盖,下有底板,前后有轴承盖,构成一个封闭的空间。机体内空间被上下隔板分成上、中、下三个部分,隔板上镗有 8 个气缸孔,装有 8 个气缸套。上隔板以上空间为排气腔,缸套组件用螺栓固定在上隔板,缸套上部凸缘和上隔板间设有垫片,以防隔板上下空间(吸排气腔)漏气。该垫片厚度影响气缸余隙容积,不可随意变动。余隙高度一般为 0.5~1.5mm。下隔板上部是吸气腔,下部是曲轴箱腔,下隔板上开有回油均压孔,使吸气腔与曲轴箱相通。其作用是:

①使经活塞环漏入曲轴箱的冷剂能经吸气腔抽走。

②让吸气从系统中带回的滑油流向曲轴箱。

③必要时能用压缩机本身抽空曲轴箱,回收其中冷剂或抽除其中空气。

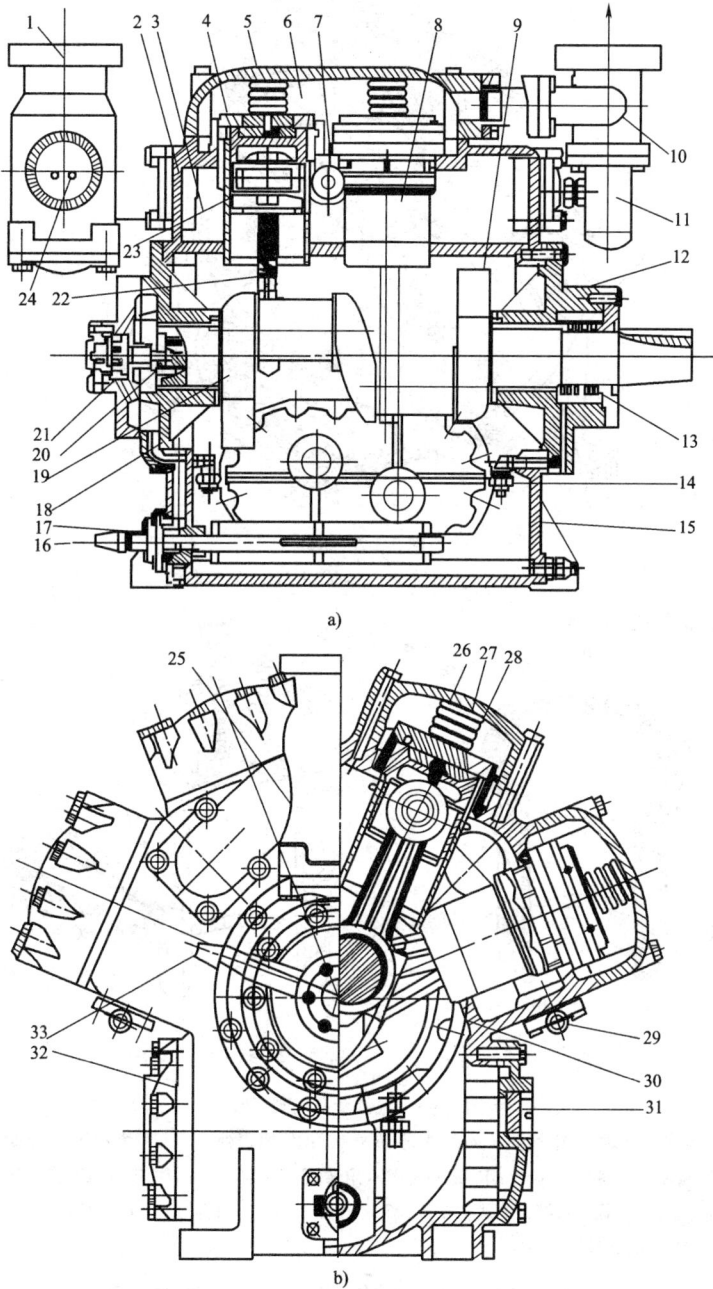

图 5-3-1 810F70G 制冷压缩机结构

1-吸气接管;2-气缸体;3-吸气腔;4-缸头气阀组件;5-气缸盖;6-排气腔;7-能量调节机构;8-气缸套;9-下隔板;10-排气集管;11-安全阀;12-轴承座;13-轴封;14-滑油管;15-曲轴箱;16-滑油三通阀;17-吸入滤油器;18-轴承座;19-曲轴;20-油泵传动机构;21-油泵;22-连杆;23-活塞销;24-吸气滤网;25-吸气集管;26-假盖弹簧;27-活塞;28-假盖;29-缸载油缸;30-回油均压孔;31-视油镜;32-曲轴箱侧盖;33-油压调压阀

（2）气缸套和气阀组件。如图 5-3-3 所示。在气缸套 6 的上端面上有两圈阀座线,阀座线间钻有 24 个吸气孔,6 个顶杆孔,吸气孔使气缸与气缸套外围的吸气腔相通。吸气阀片(环阀)位于两圈阀座线上,阀片上是限位器 18,限位器上吸气阀弹簧将吸气阀片紧压在气缸套端面的吸气阀座上。排气阀(环阀)位于气缸顶部,排气阀片 15 的阀座 5 分为内外两部分,并且

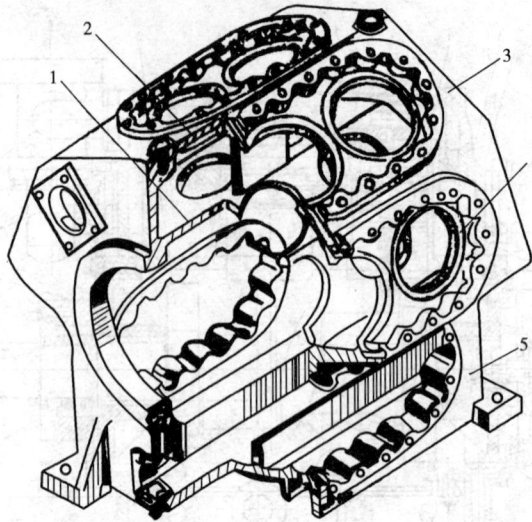

图 5-3-2　机体

1-下隔板;2-上隔板;3-气缸体;4-气缸孔;5-曲轴箱

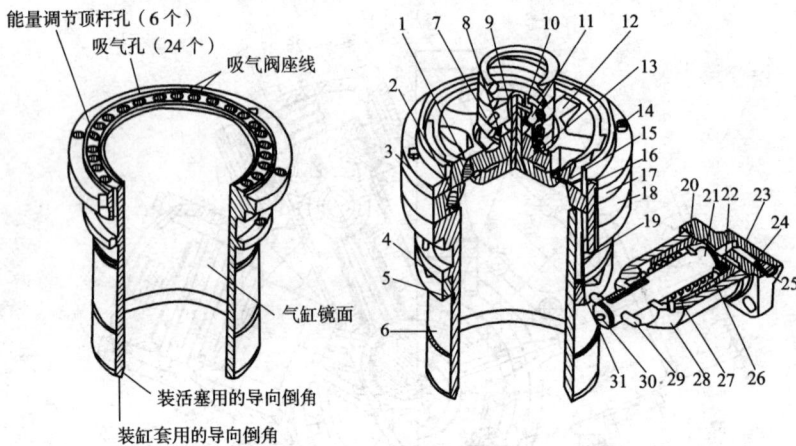

图 5-3-3　气缸套和气阀组件

1-排气阀弹簧;2-吸气阀弹簧;3-吸气阀片;4-转环;5-卡环;6-气缸套;7-假盖弹簧;8、24-垫片;9-阀座螺栓;10-开口销;11-铁皮套圈;12-假盖(排气阀片限位器);13-排气阀座芯;14-内六角螺钉;15-排气阀片;16-螺栓;17-假盖导圈;18-吸气阀片限位器;19-顶杆弹簧;20-挡圈;21-卸载活塞杆;22-调整垫片;23-卸载油缸盖;25-油管接孔;26-卸载活塞;27-弹簧;28-卸载油缸;29-横销;30-制动螺钉;31-启阀顶杆

均与假盖密贴,排气阀也是环阀,用 6 只小弹簧压住,排气阀的限位器称作假盖,假盖上有通道与排气腔相通,假盖上有弹簧。导圈 17、吸气阀限位器 18,由螺钉 14 固定在缸套 6 上,当气缸内排气时,排气环阀顶开,冷剂蒸气经过排气阀及假盖通道进入排气腔,当缸内吸入过多液态制冷剂或滑油时,活塞在排出行程接近上止点时要将液体从升程很小的排气阀排出困难,这时缸内压力迅速超过排气腔压力,克服弹簧的张力将排气阀连同其内阀座和升程限位器一同顶起,以免连杆轴承和主轴承受过大的冲击负荷。国内习惯将这种可被顶起的排气阀升程限

位器称为"假盖"。这时导圈 17 起导向和定位作用,在缸内压力降低时帮助假盖落回原来位置,恢复正常工作状态。

(3) 传动机构。压缩机曲轴 19 是两个互成 180°的双拐曲轴,球墨铸铁制造(见图 5-3-1)。前后主轴承均为钢套,内浇巴氏合金,并在其中开有油孔和油槽。曲轴伸出曲轴箱处设有摩擦环式机械轴封装置,防止曲轴箱冷剂和滑油外漏,并防止空气漏入曲轴箱,我国国标规定轴封处油渗漏应不超过 0.5mL/h;曲轴另一端设有一个小型滑油泵(内啮合的齿轮泵)作为滑油系统的动力件。

每个曲柄销上配有 4 套连杆活塞,连杆 22 由可锻铸铁制成,断面为工字形,大端采用锡基合金薄壁瓦,小端采用磷青铜衬套。

筒状活塞 27 上装有三道密封环和一道刮油环。为减轻重量,高速制冷压缩机活塞常由铝合金制成,由于铝合金活塞的热胀系数比钢制的活塞稍大,故冷态时二者是过盈配合。拆装活塞销时应先将活塞在热油中或铁板上加热至 70℃左右。

(4) 滑油系统。如图 5-3-4 所示。810F70G 型压缩机采用压力润滑。曲轴箱中的滑油经过网式滤油器 1 和装放油阀 2 被滑油泵 3 吸入,油泵排出的压力油一路经手速度能量调节阀 4,分送到卸载油缸 6,同时通油压表 5 和油压差继电器;另一路由设在曲轴内的油管送到机械轴封的油腔 8 中,再由曲轴 9 中的油孔将滑油送到主轴承和连杆大端轴承,并经连杆上的油孔送至连杆小端轴承。滑油从各轴承间隙溢回曲轴箱。为调节滑油工作压力在油泵端还设有压力调节阀 10,最大工作压力由此阀调定,有效润滑压力由油压差控制器限定,油压差定为 0.15~0.30MPa。

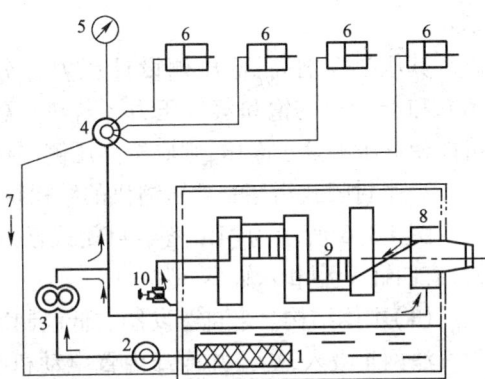

图 5-3-4　滑油系统

1-网式滤油器;2-装放油阀;3-滑油泵;4-手速度能量调节阀;5-油压表;6-卸载油缸;7-回油管;8-轴封油腔;9-曲轴;10-压力调节阀

装放油阀 2,实际上是一只二通阀,其手柄置于"工作"位置,则使曲轴箱与油泵吸口相通;置于"放油"位置,则使曲轴箱与通机处的外接管相通;置于"加油"位置,则使外接管与油泵吸口相通。

功率小于 5kW 的压缩机常采用更简单的飞溅润滑或离心式润滑。后者是用曲轴自由端所设的甩油盘将油甩入曲轴端部的油槽,再经曲轴中心的钻孔,由轴旋转产生的离心力吸入,供至各摩擦面。

氟利昂易溶于油,压力愈高、温度愈低,溶解量就大,当压缩机启动时,可能产生"奔油",通常可采用关闭吸入阀后进行"点"启动,来使油中氟利昂析出,也可在启动前开启曲轴箱内的电加热器,将油加热到 30℃左右,使氟利昂析出,润滑油正常工作温度 30~50℃,最高不应高于 76℃。

(5) 双阀座截止阀。吸气管和排气管上分别装有吸气截止阀和排气阀。双阀座截止阀为双阀座结构,设有常接通道(接压力表、压力继电器)和多用通道(用于充、抽冷剂,添加滑油,充气、排气)。当阀杆朝里旋进,阀处于关闭位置,压缩机与系统截止,多用通道开启;若将阀杆退足,主阀全开,压缩机与系统相通,多用通道关闭,如阀杆退足又反过来旋进一圈,则主阀与多用通道却片启。常接通道不受主阀位置的影响,与压缩机常通。如图 5-3-5 所示。

（6）安全阀。机体上的气缸体与缸盖之间为共用排气腔 6 见图 5-3-1，并经排气集管 10 与排气截止阀连接。机体上的气缸孔装有的气缸套的外围为共用的吸气腔 3，并经吸气接管 1 与吸入截止阀连接。吸排气接管之间装有安全阀 11（功率不超过 10kW 可不设）。海船规范规定，安全阀在冷剂压力过高时开启或爆破，使冷剂回流至吸入侧。其开启或爆破压力应不大于表 5-3-1 中规定的高压侧设计压力。安全阀由工厂调定后加以铅封。万一压缩机排压升高而高压控制器未能使之停车时开启，使排气向曲轴箱（通吸气腔）回流。安全阀外面壳体上通大气的小孔不应被堵死。

其他制冷剂高、低压侧设计压力应分别不低于 56℃ 和 46℃ 时的饱和蒸气压力。若热气融霜等操作可能使低压侧处于高压，则应按高压侧同样要求。

2）半封闭式活塞制冷压缩机的结构特点

图 5-3-6 所示为 MR 型半封闭式活塞制冷压缩机，有四缸 V 型和六缸 W 型两种。

（1）本体结构。来自蒸发器的低温制冷剂蒸气经吸气滤网 4 吸入，流经并冷却内置电动机 2。两块圆形的阀组件 13 安装在阀板的两缸顶部处，分别设有排气和吸气簧片阀。排气经排气管接 12 排出。曲轴带的滑油泵 10 经吸油滤网 9 吸油，提供压力润滑。有平衡管通过曲轴中的钻孔使机体 5 的曲轴箱和电机室相通，使两者压力保持平衡，使吸气带回的滑油能迅速经单向阀 7 返回曲轴箱。曲轴箱内设有 180 W 的滑油电加热器。本机设有电磁阀控制的吸气回流式气动卸载机构 14。

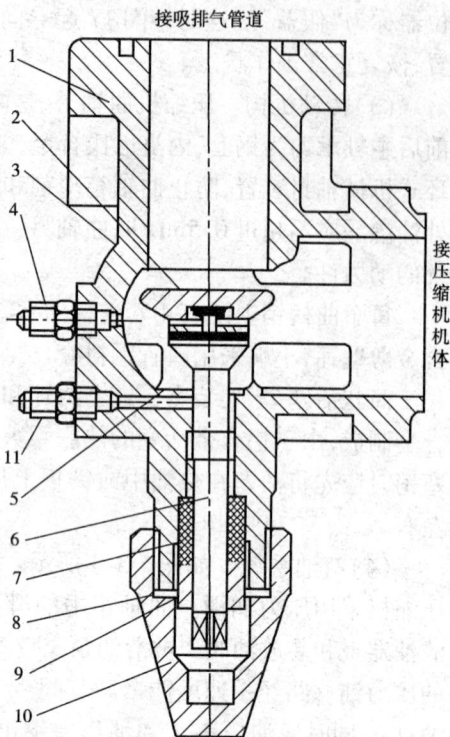

图 5-3-5 双阀座截止阀
1-阀体；2-阀盘；3-主阀座；4-常接通道；5-阀座；6-阀杆；7-填料；8-垫片；9-填料压盖；10-阀罩；11-多用通道

安全阀设计压力   表 5-3-1

制 冷 剂	低压侧设计压力/MPa	高压侧设计压力/MPa
R22	1.7	2.2
R134a	1.1	1.4

（2）喷液冷却装置。用于蒸发温度 t_0 较高的工况（例如空调）时，吸入的冷剂质量流量大，冷却效果好，所配电动机的名义功率可比开启式小 1/3～1/2。但用于蒸发温度 t_0 较低的工况（例如伙食冷库）时，冷剂的质量流量减少了 90% 以上，吸气流过电机后的吸气过热度必然增加较多；再加上这种工况压力比高（尤其夏天冷凝压力高），所以排气温度容易过高。压缩机运转后冷剂喷液管上的喷液电磁阀开启，当包扎在排气管上的感温包感受的排气温度过高时，温包压力便控制膨胀阀开启，向半封闭压缩机的吸气腔喷入液态冷剂，使排气温度和油温降低。感温包也可设在曲轴箱内，用喷液来控制滑油温度。

用于低蒸发温度的半封闭式压缩机吸气可不流经电机而直接进吸气腔，这样可降低排气温度，提高输气系数。为了能适用于高、低蒸发温度的不同工况，有的半封闭式压缩机设有两个可改接换用的吸气口。

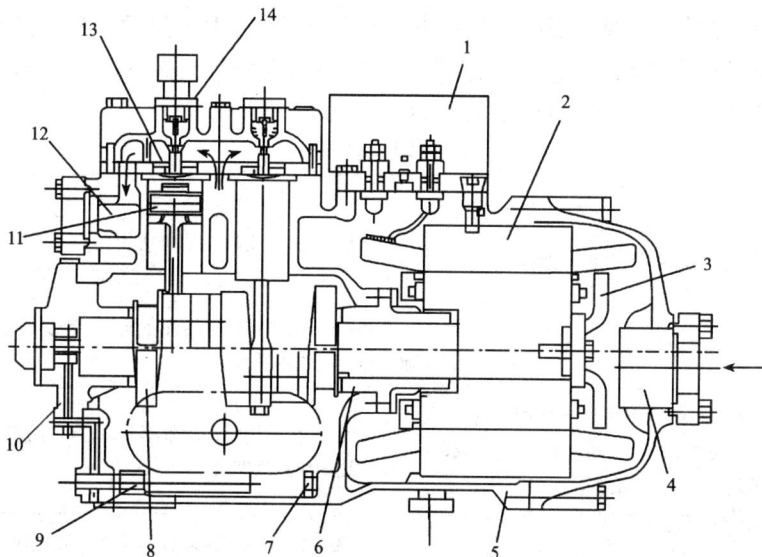

图 5-3-6 MR 型半封闭式活塞制冷压缩机结构

1-接线箱;2-电动机;3-定位器;4-吸气滤网;5-机体;6-主轴承;7-单向阀;8-曲轴;9-吸油滤网;10-滑油泵;11-活塞连杆组件;12-排气管接头;13-阀组件;14-卸载机构

3)活塞式制冷压缩机的性能曲线

制冷压缩机的性能曲线是由实验求得的制冷量 Q_0 轴功率 P_e 与工况条件(t_k、t_0)的函数关系曲线。图 5-3-7 所示为 810F 制冷压缩机的性能曲线。

由图 5-3-7 可见,若蒸发温度 t_0 不变,冷凝温度 t_k 升高则 Q_0 减少,而 P_e 增大。若 t_k 不变,随着 t_0 的升高,则 Q_0 增大;而工作时压缩机压力比大多大于 3,P_e 一般也增大,但当 t_0 升高使压力比低到一定程度后,则 P_e 会降低。有了性能曲线,就可方便地查得压缩机在不同工况的制冷量和轴功率。

4)活塞制冷压缩机的卸载启动和容量调节

压缩机启动时需要克服运动部件的惯性力,如果同时还要压送气体,则启动功率会比正常运转功率大得多。较大的压缩机带负荷启动对电网冲击大,而且需选配价格较高的大功率电动机,正常运转后电机又会因低负荷工作而效率较低。

另外,制冷压缩机的制冷量是根据装置设计时所确定的最大热负荷选配的,而空调和伙食冷库制冷装置的热负荷都可能变化较大,压缩机的制冷量最好也能相应调节。否则当热负荷较低时,压缩机的制冷量(输气量)如不能相应减小,吸入压力和蒸发温度就会太低,不仅影响运行的经济性,压缩机还可能固低压控制器断电而停车,以致启停频繁。

国标规定缸径≥70 mm、缸数≥4 活塞式制冷压缩机气缸应设制冷量调节机构和卸载启动机构,它们通常是同一套机构。压缩机的制冷量调节就是输气量调节,即容量调节,过去习惯译为能量调节。

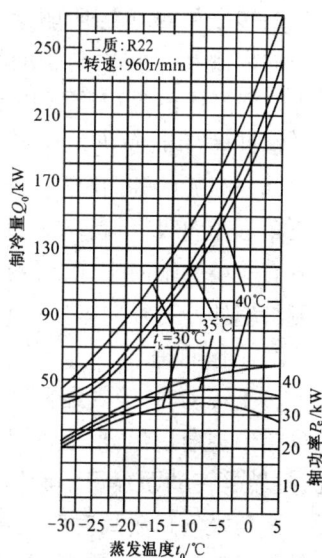

图 5-3-7 810F 制冷压缩机的性能曲线

容量调节一般都以吸入压力为被调参数,它测取方便,反应较快。吸入压力增高表明压缩机的制冷量(输气量)不能满足热负荷的要求,应该增大;反之,吸入压力降低则需要减小压缩机的输气量。容量自动调节机构的动力,可采用滑油泵的排出压力或压缩机的排气压力或直接用电磁力。如表 5-3-2 所示。

容量调节的方法 表 5-3-2

类型	方　　法	特　　点
变速调节法	改变压缩机的转速来改变输气量	经济性最好;但交流电动机所用变频调速器价格较贵,且活塞压缩机低速运转还要考虑能否保证良好润滑
吸气回流法	将调节缸的吸气阀片强行全开	经济性较好,被调缸空转而不输气,耗功很低,目前多缸活塞式制冷压缩机应用最普遍
吸气节流法	控制顶杆升程以限制吸气阀的开度,或另设吸气节流阀。吸气阻力增大则输气系数降低,输气量减小	经济性差,压缩机的指示效率降低;方法简单;仅用于不宜停用其中一缸的双缸压缩机
排气回流法	使压缩机排气侧的高压气体通过容量调节阀,有控制地节流回到低压侧,降低压缩机的有效输气量	经济性最差;不要求压缩机本身有容量调节机构。为了不致因热气回流而使压缩机吸、排气温度过高,有的改从冷凝器后的贮液器顶部引高压饱和蒸汽回流,或在排气温度过高时将冷凝器(或贮液器)的液态制冷剂经喷液阀节流喷至吸气管。但这两种办法都不能解决低负荷时蒸发器制冷剂流量太低所导致的回油困难,更好的办法是将排气引回至蒸发器的中部或进口

2. 螺杆式制冷压缩机

1) 基本结构

螺杆式压缩机的主要运动部件是设在机体气缸内的一对互相啮合的螺旋式转子。其中齿凸起的称阳转子,齿槽凹进的称阴转子,齿数多为4:6、5:6或5:7。一般阳转子是主动转子,工作时阴转子是被所压缩的气体驱动反向旋转,而不是靠阳转子机械接触所驱动。两转子的每一对相通的齿槽和与转子贴合的缸壁圆柱面及两头端盖之间形成的容积称为基元容积,其容积和位置随螺杆转动而变化。在吸气端盖偏上方有占据大部分圆弧的轴向吸气口,而缸壁上部有凹进的三角形径向吸气口;转子另一头排气端盖的斜下方有较小的轴向排气口(有容量调节滑阀时其代替缸壁处开有径向排气口)。如图 5-3-8 所示。

2) 工作原理

转子转动时,吸气端两转子的齿分别从对方的齿槽中逐渐退出,形成的基元容积与吸气口相通,随转子转动而容积不断增大,吸入气体;当基元容积与吸气口脱离时吸气结束,转子另外的齿开始挤进彼此的齿槽,使该基元容积不断缩小,其中气体被压缩;当该基元容积和排气口相通

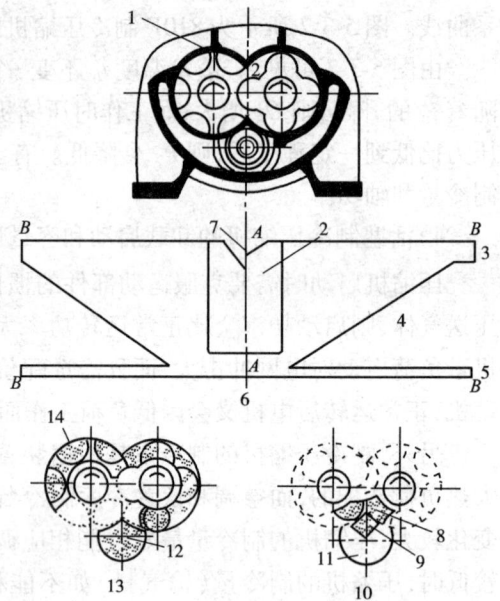

图 5-3-8　螺杆式压缩机

1-螺旋式转子;2-能量调节滑阀;3-排气端面;4-径向吸气门;5-吸气端面;6-气缸内壁展开图;7-开在滑阀上的径向排气门;8-轴向排气口(开在气缸端面上);9-滑阀上径向排气口至排气腔的通路;10-排气端面;11-能量调节滑阀;12-能量调节滑阀的回气口;13-吸气端面;14-轴向吸气口(开在气缸端面上)

时,压缩结束,排气直至排尽。工作中转子啮合线两侧相继形成的基元容积,都要经历吸气、压缩、排气三个过程,使气体的压送连续不断。基元容积压缩终了压力常可能与排气管压力不等,发生欠压缩或过压缩。如图 5-3-9 所示。

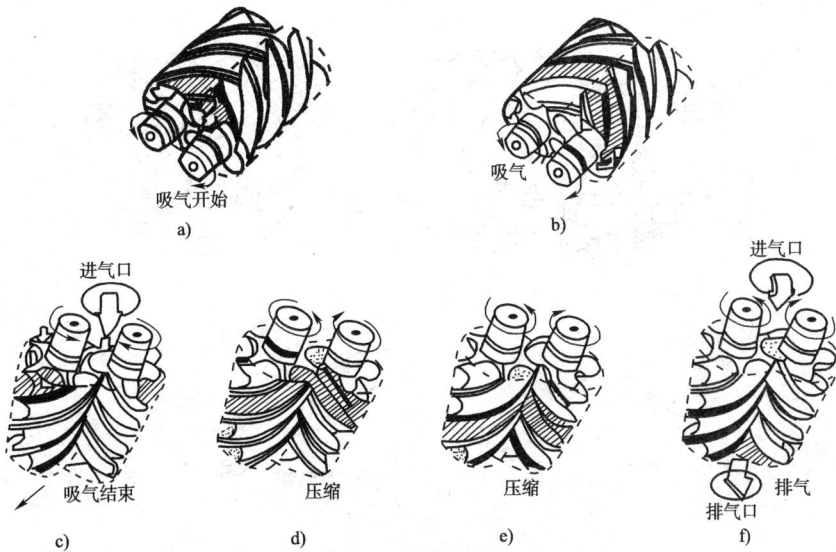

图 5-3-9　螺杆式压缩机工作原理

图 5-3-9a)、b)为一对转子从吸气端向下看的俯视图。在左侧吸气端,两转于的齿分别从对方的齿槽中逐渐退出,刚形成的基元容积与轴向和径向的吸气口相通,随转手转动而容积不断增大,吸入气体。

图 5-3-9c)、d)、e)、f)为一对转子从吸气端向上看的仰视图。其中图 5-3-9c)表示带剖面线的基元容积与吸气口脱离,吸气结束;图 5-3-9d)、e)表示转子继续转动,则阴、阳转子另外的齿开始挤进彼此的齿槽,使该基元容积不断缩小,其中气体被压缩。图 5-3-9f)表示当该基元容积和排气口相通时,压缩结束,排气开始,直至排尽。

在工作中,相继形成的每个基元容积都要相继经历吸气、压缩、排气三个过程,只是在同一时刻,各基元容积处于不同的阶段而已。

双螺杆式压缩机的转子之间及转子与气缸壁之间都有微小间隙,运转时不会直接摩擦,但会发生气体漏泄。螺杆压缩机对气体中含有液体不敏感,通常工作时向转子啮合部位喷油,作用是:

(1)保证良好的润滑和气密;

(2)冷却被压缩的气体,降低排气温度和防止机件变形;

(3)减轻噪声。

但喷油式压缩机喷油量较大,系统需增设体积较大的油分离器和油冷却器,使机组变得庞大笨重。后开发的喷液式螺杆压缩机在排气温度过高时,将冷剂液体在适当部位(与滑油混合或分开)喷入啮合的转子,吸收压缩热并冷却滑油。喷液的润滑和密封效果不如喷油,故不能完全代替喷油;但冷却效果很好,可使喷油量显著减少。喷液不影响螺杆压缩机的吸气量,制冷量降低 <5%,轴功率增加不大于 5% ～7%,但可以减小油分离器的体积,并取消油冷却器,使系统显著简化。

3)容量调节

螺杆式制冷压缩机常用吸气回流式容量调节机构进行能量调节,同时用于卸载启动。

（1）滑阀容量调节机构。如图 5-3-10 所示。在转子啮合部位下方设有与两螺杆外圆柱面贴合的滑阀 3，控制由压缩机滑油系统提供的压力油进、出活塞 4 两侧的方向，可改变滑阀轴向位置。若滑阀向排气口 7 方向左移，打开回气口 5，当基元容积开始减小时其中气体便从回

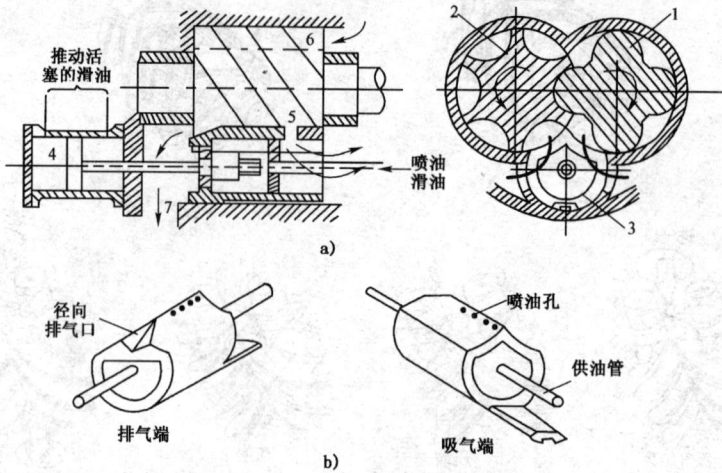

图 5-3-10　滑阀容量调节机构

1-阳转子；2-阴转子；3-容量调节滑阀；4-油压活塞；5-回气口；6-吸气口；7-排气口

气口回流，即压缩开始的位置后移，螺杆有效工作长度缩短，输气量减少。控制方法不同，可实现有级调节或 10% ~ 100% 范围的无级调节。回气口开启不多时，输气量下降梯度很大，然后随滑阀后移按比例下降。输气量减小≥50% 时，功率几乎成比例降低；输气量减至 <50% 时，功率因存在摩擦扭矩而降低变慢，性能系数（单位轴功率制冷量）降低。

（2）柱塞阀容量调节机构。如图 5-3-11 所示。小型螺杆压缩机为了缩短轴向尺寸，可采用更简单的柱塞阀进行有级容量调节，如图所示。在转子座上，沿螺杆轴向开设有旁通通道。在轴向特定位置，径向地设有两对前端面呈圆柱面的柱塞，每对分别对应于阴阳转子，前端面与螺杆紧密配合，形成气缸壁面的一部分。当一对柱塞阀 1 开启后，基元容积内部分气体即旁通到吸气口，输气量减为 75%；另一对柱塞阀 2 开启，则输气量进一步减为 50%。柱塞阀的启闭是靠滑油泵的油压驱动，由电磁阀控制。

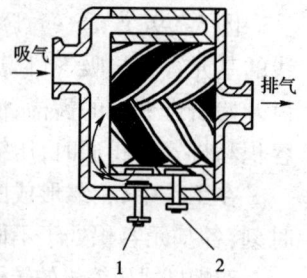

图 5-3-11　柱塞阀容量调节机构

1、2-柱塞阀

4）性能特点

（1）无往复运动惯性力，工作平稳，又没有气阀，因而可采用较高转速（常用 3000 ~ 4400 r/min），所以单位制冷量的尺寸小、重量轻。

（2）无气阀、活塞环等易损件，磨损轻微，故运行可靠，检修周期可长达 30 000 ~ 50 000h。

（3）无余隙容积，吸气阻力和预热损失小，而且对吸气带液体不敏感，可喷油或喷液冷却和改善密封性，故高压力比时仍可采用单级压缩，输气系数仍较高，排气温度≥100℃。

（4）性能系数一般不及往复式，尤其在高压力比以及冷凝压力改变而发生欠压缩或过压缩时，能量损失更严重。

（5）转子加工难度大，价格较高。

二、冷凝器

冷凝器是气体制冷剂与冷却介质(水或空气)进行热量传递的热交换器。在其中,热量传递包括三个过程:过热制冷剂蒸气等压冷却为饱和蒸汽、饱和蒸汽冷凝为饱和液体、饱和液体进一步冷却为过冷液体。

1. 结构和特点

冷凝器按冷却介质不同,冷凝器可分为水冷式、空冷式和蒸发式3种。

如图5-3-12所示,船舶制冷装置大都采用卧式壳管式冷凝器。壳管式冷凝器中,制冷剂在管外冷凝,冷却水在管内流动而将热量带走,壳体一般采用锅炉钢板卷制焊接而成。壳体两端板之间排列着许多无缝钢管,以电焊固定在端板上,两端封盖内侧铸有限水筋条,以增加冷却水流程和流速,冷却水进出口设端盖上,从下面流进,上面流出。两侧的端盖2内装有防蚀锌棒,或内表面涂有防蚀涂层。冷凝器上通常装有:

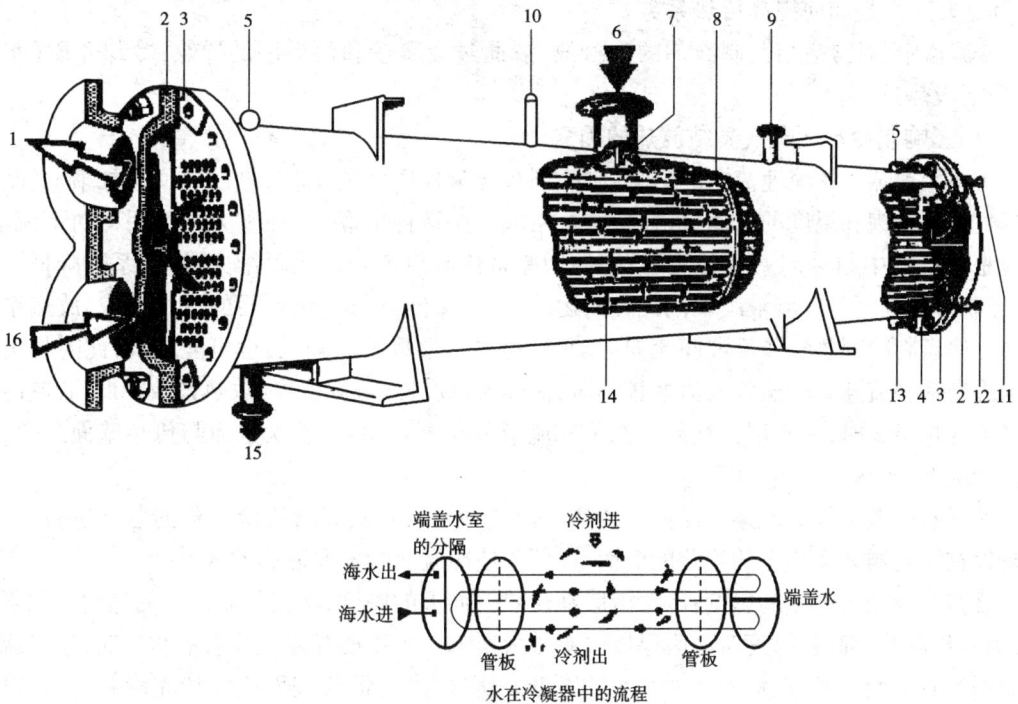

图5-3-12 水冷式冷凝器

1-冷却水出口;2-端盖;3-垫片;4-管板;5-放气阀接头;6-气态制冷剂进口;7-挡气板;8-管架;9-平衡管接头 10-安全阀接头;11-水室放气旋塞;12-水室泄水旋塞;13-泄放阀接头;14-冷却管;15-液态制冷剂出口;16-冷却水进口

(1)安全阀。它装在冷凝器顶部(与接头10相接)。我国海船规范规定制冷系统的所有压力容器均应装设串联安装的安全膜片和安全阀,其爆破或开启压力应不大于规定的设计压力(但应比设在压缩机排出侧的安全阀高),压力意外升高时可将排出物引至甲板安全地点排往大气。氟利昂制冷系统中上述容器的容量在100L以下者,可用熔点为65℃的易熔塞来代替安全阀或安全膜。

(2)放气阀。它装在冷凝器顶部两端处(与接头5相接),用来泄放不凝性气体。

(3)平衡管。它从冷凝器的顶部(接头9处)引出,与后面的贮液气相通,使彼此压力平衡,便于冷凝器中的液体流入贮液器。如连接两者的管路短而粗,也可省去平衡管。

(4)水室放气旋塞和放水旋塞。装在无外接水管的端盖的最高处及最低处,前者用来泄放水腔空气,防止形成气囊,妨碍传热;后者是在检修前放空存水,或冬季停用时放水防冻。

此外,冷凝器兼作贮液器使用时在下部还装有液位镜或液位计。

壳管式冷凝器的优点是:传热系数大,结构紧凑,体积小,在船舶机舱易于布置。其缺点是冷却管易腐蚀,污垢排出较困难。

2. 传热分析

冷凝器的传热方式基本都是冷热两种流体被金属隔开而进行相互传热的。这种传热方式的热交换器,属于表面式换热设备。其基本传热公式为:

$$Q = K \cdot F \cdot \Delta t$$

在既定的热交换设备中,其热交换面积是一定的,因而要提高传热量,除了提高平均温差外,其重要途径是如何提高传热系数。

冷凝器中的传热过程:制冷剂的冷凝放热;通过金属壁和污垢层的导热;冷却介质(水或空气)的吸热过程。

(1)影响制冷剂侧蒸气凝结放热的因素:

①制冷剂蒸气的流速流向的影响:制冷剂在冷凝器中的凝结,一般都是膜状凝结,当制冷剂蒸气与低于饱和温度的壁面接触时,便凝结成一层液体薄膜,并在重力的作用下向下流动。液膜是冷凝器中制冷剂一侧的热阻,它的增厚将使制冷剂侧的热阻增大,放热系数降低。因此,当制冷剂蒸气与冷凝液膜朝同一方向运动时,冷凝液体与传热表面的分离较快,放热系数增高。而当制冷剂蒸气作反液膜流向运动时,则放热系数可能降低,也可能增大,此时将决定于制冷剂蒸气流速。若蒸气的流速较小时,液膜流动减慢,液膜变厚,放热系数降低;若制冷剂蒸气流速相当大时,液膜层会被制冷剂蒸气流带着向上移动,以至吹散而与传热壁面脱离,在这种情况下,放热系数将增大。

考虑制冷剂蒸气的流速和流向对放热的影响,所以,立式壳管式冷凝器的蒸气进口,一般总是设在冷凝器高度 2/3 的筒位的侧面,以便不使冷凝液膜太厚而影响放热。

②传热壁面粗糙度的影响:冷凝液膜在传热壁面上的厚度,不仅与制冷剂的黏度等因素有关,而且传热壁面的粗糙度对液膜厚度也有很大影响。当壁面很粗糙或有氧化皮时,液膜流动阻力增加并且液膜增厚,从而使放热系数降低。所以,冷凝器管表面应保持光滑和清洁,以保证有较大的凝结放热系数。

③制冷剂蒸气中含空气或其他不凝性气体的影响:在制冷系统中,总会有一些空气以及制冷剂和润滑油在高温下分解出来的不凝性气体存在,这些气体随制冷剂。蒸气进入冷凝器,会使凝结放热系数显著降低。这是因为制冷剂蒸气凝结后,这些不凝性气体将随着在凝结液膜附近,在液膜表面上,不凝性气体的分压力显著增加,因而便使制冷剂蒸气的分压力减低。而且由于蒸气分压力的减少,会大大影响制冷剂蒸气的凝结放热。

为了防止冷凝器中不凝性气体积聚过多,以致恶化传热过程,所以必须采取措施,既要防止空气渗入制冷系统内,又要及时地将系统中的不凝性气体利用专门设备排出。

④制冷剂蒸气中含油对凝结放热的影响:制冷剂蒸气中含油对凝结放热系数的影响,与油在制冷剂中的溶解度有关。由于氨油基本不相溶,如果氨蒸气中混有润滑油时,油将形成油膜沉积在冷凝器的传热表面上,这样就会造成附加热阻。对于氟利昂系统,由于氟油很容易溶

解,所以当含油浓度在一定范围内(小于1%～7%)时,可不考虑对传热的影响,超过此限时,也会使放热系数降低。

因此,在冷凝器的运行中,设置高效的油分离器,以减少制冷剂蒸气中的含油量,从而降低其对凝结放热的不良影响。

⑤冷凝器构造型式的影响:制冷剂蒸气在横放单管外表面冷凝时的放热系数,一般大于直立管的放热系数。这是因为具有一定高度的直立管的下部,冷凝液膜层厚度较大。但是,对于蒸气在水平管束外表面上的凝结放热,由于下落的冷凝液可使下部管束外侧的液膜增厚,使其平均放热系数也有所降低。水平管束在上下重叠的排数越多,这种影响就越大。所以,水平管的平均放热系数,也有可能低于直立管的放热系数。

因此,要提高制冷剂在冷凝时的放热系数,无论任何一种构造的冷凝器,都应保证冷凝液体能从传热表面上迅速地排除。

(2)影响冷却介质(水或空气)侧放热的因素:

①作为冷却介质的水或空气的流速大小,对其一侧的放热系数有很大的影响:随着冷却介质流速的增加,其放热系数也就增加。但是,冷却介质流速的增大会使冷凝器内的流动阻力随之增加,从而输送冷却介质的设备所消耗的机械功也就增加了。冷却介质速度的选择是依据设备初投资和设备运转费用经过技术经济分析计算求得。冷凝器内冷却介质的最佳流速,冷却水为0.8～1.2m/s,空气为2～4m/s。

②冷却介质纯净程度及其组成成分,对冷却介质侧放热系数也有一定的影响:水垢层的厚度,取决于冷却水质的好坏,冷凝器使用时间的长短及设备的操作管理情况等因素。

(3)传热面的污脏程度。传热面被润滑油、铁锈、沉积的盐层、水垢及冰霜等污脏时,则增加了传热的热阻。所以在运行管理中需要经常地清除污物,以便更好地发挥冷凝器的传热效果。

三、热力膨胀阀

制冷装置所采用的节流阀有毛细管、浮球阀、手动膨胀阀和各种自动膨胀阀(如热力膨胀阀、电子膨胀阀等)。一般冷库和空调制冷装置常用的是热力膨胀阀(TXV)。

热力膨胀阀的主要功用是节流降压,并根据冷库热负荷变化调节进入蒸发器的冷剂流量,以保持蒸发器出口过热度一定,防止压缩机液击。

1. 典型结构

热力膨胀阀可分为外平衡式和内平衡式两类。图5-3-13所示为应用十分广泛的T2型(内平衡式)和TE5型(外平衡式)热力膨胀阀。

热力膨胀阀的主要组成部件有热力头1、节流组件2、阀体3和过热度调节机构4。热力头包括感温包、毛细管和动力头。热力膨胀阀的感温包(简称温包)常用的是蒸气式,其内部充有一部分易挥发的液体,其蒸气压力随温度升高而升高。温包由导热良好的黄铜制成,外面有一面成凹形,安装时紧贴在蒸发器的出口管壁上。温包的蒸气压力通过内径0.1～0.2mm的紫铜毛细管传递到动力头。本实例动力头的弹性元件是用0.1～0.2 mm厚的特种不锈钢片制成的膜片;较大的阀可采用由不锈钢或磷青铜制成的波纹管,以得到更大的行程。动力头弹性元件在蒸气压力作用下克服调节机构的弹簧张力,产生向下的位移。阀体上开有制冷剂的进口和出口,进口内设有可拆洗的小滤网。TE5和T2型的阀体分别是分体式和整体式,拆开前者的下部或后者的进口滤网都可更换节流组件。每种阀体可换用节流孔口径不同的节流组件,以改变阀的容量(制冷量)。节流组件的阀座和阀芯由抗蚀耐磨的金属制成。T2型采用下面有小弹簧的针阀,TE5型采用锥阀,阀的开度(阀芯行程)是靠动力头的弹性元件通过顶杆压下阀芯来控制的。

过热度调节机构通过可以调节主弹簧的预压缩量来改变弹簧的张力。T2 型是靠调节螺杆内端的齿轮连接直接转动弹簧座。TE5 型是靠调节螺杆的内侧有小齿轮可带动套在阀杆外的大齿轮旋转,从而使与大齿轮上部以螺纹连接的弹簧座上下移动。

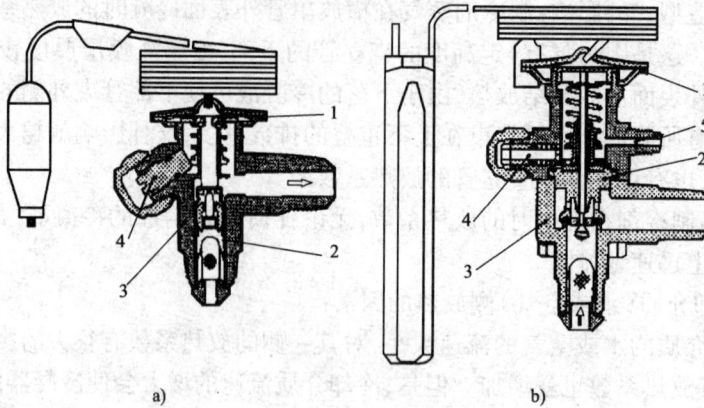

图 5-3-13　热力膨胀阀
a)T2 型(内平衡式);b)TE5 型(外平衡式)
1-热力头;2-节流组件;3-阀体;4-过热度调节机构;5-平衡管接头

内平衡式和外平衡式的主要区别是:前者动力头的下方承受的是蒸发器进口处的压力;后者动力头的下方通过平衡管与蒸发器的出口相通,承受的是蒸发器出口处的压力。

2. 工作原理

图 5-3-14 所示为外平衡式热力膨胀阀的工作原理。供入热力膨胀阀的液态制冷剂经开度可变的阀口节流降压后进入蒸发器,在进口 A 处蒸发压力为 p_0(相应蒸发温度为 t_0);当制冷剂流到接近蒸发器出口 B 处时汽化完毕,成为饱和蒸汽,这时压力降为 p_0',(相应蒸发温度降为 t_0');制冷剂流到蒸发器出口 C 处时成为过热蒸气,压力仍近似为 p_0,温度升为 t_1,过热度为 $\Delta t(t_1 - t_0')$。蒸发器出口处的压力 p_0' 被平衡管引至动力头弹性元件的下方,同时作用在弹性元件下方的还有弹簧张力 ps;弹性元件上方作用的是温包压力 p_1。由图可见,当蒸发器出口的过热度 Δt 越大,弹性元件上下方的压力差 $(p_1 - p_0')$ 越大,直至与单位面积的弹簧张力 p_s 相平衡,阀的开度才保持稳定。即:阀的开度对应于弹性元件上下气体压力差 $(p_1 - p_0')$,对应于蒸发器出口过热度 $\Delta t(t_1 - t_0')$。因此,热力膨胀阀能根据过热度变

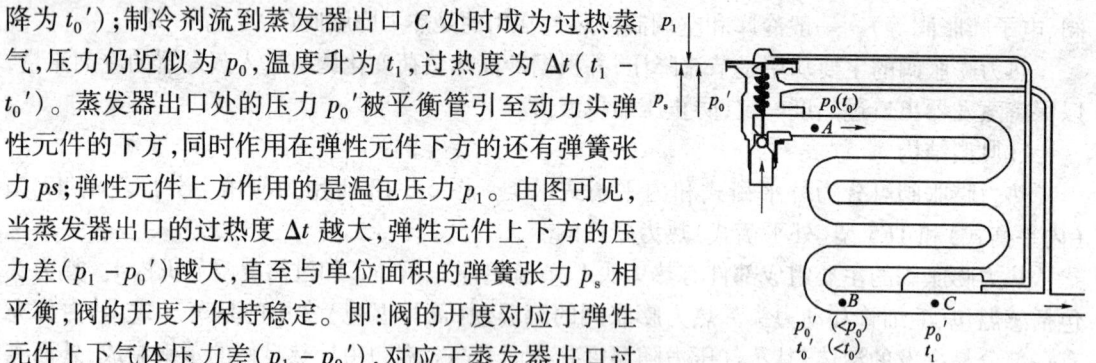

图 5-3-14　外平衡热力膨胀阀原理

化自动开大或关小阀口,控制供液量,保持过热度稳定。注意,热力膨胀阀接受的信息(或者说输入热力膨胀阀的信息)是过热度,不是温度,其热负荷的变化是通过蒸发器出口的过热度来反映的。热负荷增大,蒸发器管路的蒸发段变短,过热段变长,过热度增加。

若蒸发器进出口的压降较小,相应的蒸发温度降 $(t_0 - t_0') < 1℃$ 左右,可选用内平衡式热力膨胀阀,省去平衡管(当然,结构略有差别。)。这时弹性元件下方作用的是蒸发器进口压力 p_0,阀的开度与压差 $(p_1 - p_0)$ 成正比,而此压差只能反映 $(t_1 - t_0)$,不能反映蒸发器出口过热度 $(t_1 - t_0')$,但误差不大。如图 5-3-15 所示。

制冷剂饱和压力与饱和温度的关系曲线的斜率随温度的升高而增大,故蒸发温度越低,同样压降对应的蒸发温度降越大。因此,有的同样的蒸发器,用于高温库可配用内平衡式膨胀阀,而用于低温库时则需配用外平衡式。

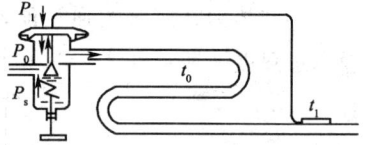

所以,内平衡式热力膨胀阀只适用于蒸发温度不太低,容量不大和制冷剂流阻不大的盘管式蒸发器。小型冷库采用排管式蒸发器的一般阻力不大,常可采用内平衡式膨胀阀。而使用冷风机为蒸发器时,其分液器和分液管的压降都比较大,一般多选用外平衡式膨胀阀。外平衡式若用内平衡式代替,必然使阀的开度变小,蒸发器出口过热度太大,过热度的提高会造成蒸发器的过热段过长,使换热面积利用率降低,制冷能力下降,供液量不足,装置运行的经济性变差。

热力阀的特点如表 5-3-3 所示。

图 5-3-15　内平衡热力膨胀阀原理

热力膨胀阀的特点　　　　　　　　　　　　　　　　　　表 5-3-3

项目	类　型	内 平 衡 式	外 平 衡 式
结构	主体结构		针阀,阀座,调节弹簧
	压力引进通道	内平衡孔	外平衡管
	顶杆的通孔	兼为内平衡孔,不能密封	必须密封
	阀体外接口	2 个	3 个
原理	膜片上方承受的温包充剂压力	蒸发器出口处的压力 p_1(t_1 对应的)	蒸发器出口处的压力 p_1(t_1 对应的)
	膜片上方的温包充剂状态	饱和蒸汽	饱和蒸汽
	膜片下方承受的制冷剂压力	蒸发器进口处的蒸发压力 p_0	蒸发器出口处的压力 p'_0(近似)
	膜片下方的制冷剂状态	湿蒸气	过热蒸气
	蒸发器进出口的压降	较小	较大
	过热度	近似的过热度($t_1 - t_0$)	真实的过热度($t_1 - t'_0$)
特点	误差	大	小
	适用的蒸发器	流阻小的盘管式蒸发器	流阻大的冷风机
	同样蒸发器适用的场合	高温库	低温库

3. 工作性能

从工作原理可知,热力膨胀阀是一种近似的比例调节元件,其在稳态时的开度与蒸发器出口的制冷剂过热度成正比。图 5-3-16 所示为热力膨胀阀的开度与蒸发器出口处制冷剂过热度之间的关系曲线。

阀关闭时,弹簧应有一定的预紧力,以保持阀关闭严密,故蒸发器出口过热度需要达到一定值时热力膨胀阀才开始开启,该值称为"静态过热度"。蒸发器出口过热度越大,阀的开度也越大。阀在开启状态时的蒸发器出口过热度称为"工作过热度"。在阀的开度超过一定限度(额定开度)前,它与过热度的关系曲线(AB 段)大致是向上倾斜的直线;超过此限度后,过热度增加时阀的开度增加得越来越小(大约还可增加不少于 20%),曲线的 BC 段越来越陡,这是因为动力头的弹性元件变形受到限制。一般应尽量使热力膨胀阀工作在关系曲线的直线段,以斜率即将明显改变处(B 点)的开度作为膨胀阀的额定开度。膨胀阀达到额定开度时的工作过热度与静态过热度之差称为"过热度变化量"。《制冷用 R12、R22、R502 热力膨胀阀》(JB/T 3548—1991)将过热度变化量 4℃(Danfoss 热力膨胀阀定为 6℃)时的开度定为热力膨胀阀的额定开度。

调节热力膨胀阀的弹簧预紧力可以改变其控制的过热度,即使曲线 ABC 上下平行移动。静态过热度一般可在 $2 \sim 8℃$ 范围内调节。

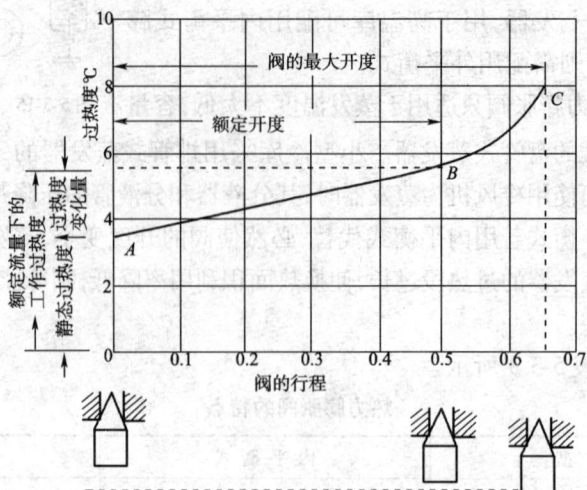

图 5-3-16　热力膨胀阀开度与过热度的关系曲线

4. MOP 阀

普通的蒸气式温包中液体的充注量占温包容积的 $70\% \sim 80\%$,好处是即使阀体或毛细管的温度低于温包温度,温包内的液体向阀的动力头或毛细管转移,液面仍保持在温包内,蒸气压力始终由温包温度决定。这种温包的缺点是开机后若蒸发器的热负荷一直较大,则蒸发压力下降较慢,压缩机质量流量大,容易过载;而且充液多则热惯性大,调节滞后较严重;此外,停机后虽然蒸发器出口过热度为零,但阀的动力头弹性元件仍然有向下的压力差,阀勉强靠弹簧预紧力关闭,关阀力较小。

为了克服上述缺点,开发了带限压式蒸气温包的热力膨胀阀。这种温包充液量较少,当温包的温度超过设定的最高温度 t_{MOP} 时,其中液体全部汽化,压力-温度曲线变得很平坦,温包压力几乎不再随温度的升高而有明显升高。这种能限制蒸发器最大工作压力的热力膨胀阀简称 MOP 阀。Danfoss N 系列 R22 的 MOP 阀的 MOP 点的表压是 0.69 MPa(相应 $t_0 = 15℃$)。

MOP 阀调节滞后程度轻;停机时阀动力头弹性元件下方的压力大于上方的温包压力,关阀力较大;其最大好处是启动时只有当蒸发压力降到 MOP 以下足够低时,阀动力头弹性元件上下的压差才能使阀开启,特别适用蒸发器热负荷可能较大的空调制冷装置,可防止电机过载。伙食冷库制冷装置热负荷一般不会特别大,无须使用 MOP 阀。万一新船或大修后在较高的库温下启动,为避免压缩机过载,启动之初可手动关小压缩机吸气阀,防止吸气压力过高。但 MOP 阀的阀体和毛细管不能置于比温包温度更低处,否则会发生“液面迁移”——液面离开温包,使温包压力不再由温包温度决定。

四、蒸发器

蒸发器是使液体制冷剂汽化吸热,被冷物体或冷媒放热降温,实现热量传递的热交换器。

1. 结构和特点

蒸发器按其冷却介质不同,可分为冷却空气的直接冷却式蒸发器和冷却淡水、盐水或其他载冷剂的间接冷却式蒸发器两大类。间接冷却一般用于氨系统与大型制冷装置。直接冷却式蒸发器又分有盘管式和表面式(空气冷却器)两种。如图 5-3-17 所示。

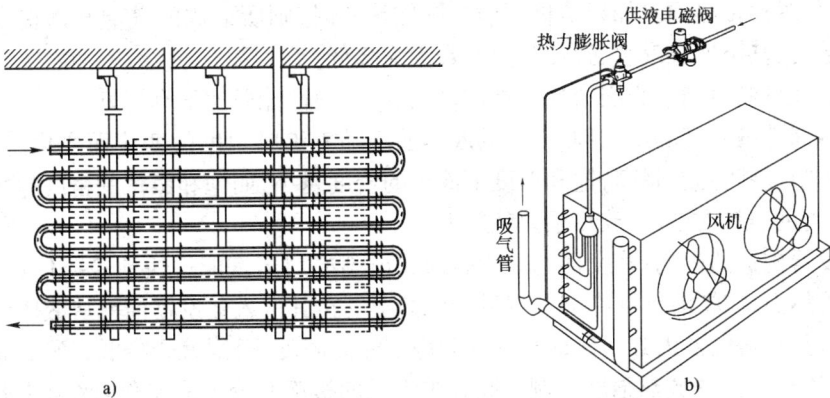

图 5-3-17　蒸发器
a)盘管式;b)表面式

盘管式蒸发器,常称为蒸发盘管,布置于冷库四壁和顶部,靠库内空气自然对流使空气和贮藏物被冷却。这种传热形式的特点是:上面进液,下面回气,以便滑油返回压缩机;靠自然对流,传热系数很小,传热效果差;管径粗、长度大;充剂量多;库温不均匀;检漏不方便;易受船体振动变形影响而损坏造成泄漏。一般用于小型伙食低温库。

表面式蒸发器由多路并列蛇行盘管集合成多层盘管簇,周围用外罩围起一方形箱、位于冷库内一处,用风机强制库内空气通过管簇循环,被管内制冷剂吸热而冷却,其特点为:

(1)采用空气强迫对流传热,传热效果比盘管式大 4~6 倍;

(2)尺寸小,充剂量少;

(3)库温均匀;

(4)除湿效果好,但食品易脱水;

(5)风机耗电使冷库热负荷增加;

(6)易于采用电热融霜;

(7)蓄冷能力小。

空气冷却器式蒸发器是船用伙食冷库中使用较多的一种,使用时常将空气冷却器与风机组合在一起称冷风机。

2.传热分析

(1)制冷剂液体沸腾放热程度:

①沸腾状态的影响:根据沸腾的状态不同,可分为泡状和膜状沸腾。在泡状沸腾阶段,随着热负荷的增加,放热系数将增加,沸腾换热加强。但在膜状沸腾阶段,如热负荷增加,放热系数将迅速下降,使换热情况恶化。

因此,在制冷系统运转过程中,蒸发器的沸腾放热应控制在泡状沸腾范围内,不能允许膜状换热的出现。实际上,蒸发器的热流密度远低于临界热负荷值,所以一般为泡状沸腾。

②制冷剂液体物理性质的影响:导热系数较大的液体制冷剂,垂直于传热表面的热阻就较小,其传热系数就较大;密度和黏度较小的制冷剂液体,在沸腾过程中,受气泡扰动较强,其对流放热系数就较大;制冷剂液体的密度和表面张力越大,汽化过程中气泡的直径就越大,气泡离开传热壁面的时间就越长,放热系数也就越小。

氨的导热系数比氟利昂大,而密度、黏度和表面张力比氟利昂小,所以氨放热系数比氟利昂大。

③沸腾液体的润湿性的影响:沸腾的液体润湿加热面时,则所形成的气泡体积不大,基部细小,很容易脱离传热面。如果液体不能润湿传热面时,则所形成的气泡基部很大,减少了汽化核心的数目,甚至形成气膜,致使放热系数大大降低。

常用的几种制冷剂均为润滑性的液体,但氨的润湿性能要比氟利昂好。

④制冷剂沸腾温度的影响:制冷剂的放热强度随着沸腾温度的变化而变化。在制冷剂液体沸腾过程中,沸腾温度越高,饱和温度下液体的密度越小,而饱和蒸汽的密度越小,两者之差就越小,汽化过程就更迅速,放热系数就越大。

⑤蒸发器构造的影响:蒸发器的结构必须保证制冷剂蒸汽能很快地脱离传热表面。为有效地利用传热面,应将液体制冷剂节流后产生的蒸气在其进入蒸发器前就从液体中分离出来。此外,在运行中,蒸发器内必须保证合理的制冷剂液面高度,否则就会降低蒸发器的传热效果。

(2)被冷却介质的放热强度。制冷装置中常用的被冷却介质有空气、水和盐水,其放热强度除了取决于其物理性质以外,还与其流速,管束的几何形状等因素有关。

(3)传热面的污脏程度。传热面被润滑油、铁锈、沉积的盐层、水垢及冰霜等污脏时,则增加了传热的热阻。在运行管理中需要经常地清除污物,以便更好地发挥蒸发器的传热效果。

- 相关实践知识

一、活塞式制冷压缩机拆装的技能

1. 压缩机的拆卸

(1)先将制冷压缩机外表面揩擦干净。

(2)拆开气缸盖,取出排气阀组及吸气阀片。

(3)放出曲轴箱内的润滑油,拆下侧盖。

(4)取出电动机转子。

(5)拆卸连杆下盖,取出活塞连杆组。

拆卸注意事项:

(1)按顺序拆卸。

(2)在每个部件上做记号,防止方向位置在组装时颠倒。

(3)拆卸下来的管道用高压空气试吹,以检验其干净和畅通,合格后用塑料带绑扎封闭管端,防止污物进入。

(4)安装后的设备拆卸和清洗过程中,不可用力过猛,锤击时用橡皮锤轻敲。

2. 设备的清洗

清洗分初洗和净洗两步骤。初洗时,先去掉加工面上的除锈油、油漆、铁锈等污物,再用细布沾上清洗剂擦洗,然后用煤油洗直到基本干净为止,净洗时,要另换干净的煤油再洗一次(可用汽油清洗,然后用机油防止生锈),以洗净为止。

3. 测量

一般地说出厂合格的压缩机都是按一定的精度标准进行装配,各部件间的间隙都会有一定的限制。所以在检修中重要的一环就是通过测量确定活塞和气缸是否需要检修和更换;通过测量来确定故障原因;通过测量来确定曲轴、连杆、轴承等是否需要校正等。

(1)检查气缸余隙:将一定粗细的软铅保险丝放置在活塞顶部,装好排气阀组,盖好气缸盖,转动主轴,然后取出保险丝,间隔取两点测量其厚度,记录后重复测量一次,做好记录,求取这4个值的平均值即为气缸上止点余隙,与说明书对照,如果超过标准,则找出偏差,进行修理。

（2）吸气阀片开启高度：开启度过大，则阀片运动速度大，阀片易击碎；开启度过小，则制冷剂通过的阻力加大，影响吸、排气的效率。当阀片有轻微磨损或划伤时，应重新研磨或检修；如果阀片磨损使其厚度小0.15mm时应更换。活塞运动到上止点时，用塞尺测量出阀片到活塞顶凹部底的净高（取两个不同点测量），即是吸气阀片的开启高度。

（3）排气阀片开启高度：排气阀片的开启高度受限制片限制，所以一般以限制片的高度为排气阀片的高度为最大开启高度。

（4）活塞与气缸的间隙：取出活塞，分别在上、中间、下位置每隔120°测量一次活塞外径，做好记录。在上止点、中间、下止点每隔120°测量一次气缸内径，做好记录。分别算出平均值。其差值即为活塞与气缸间隙。通过上述测量即可确定活塞和气缸是否需要检修或更换。若气缸磨损比原气缸标准大0.15～0.25mm时，必须进行检修，或气缸与活塞的间隙超过0.45～0.6mm时也应进行检修。当活塞最大磨损在0.3～0.35mm时，应更换活塞。

（5）连杆大头与轴配合间隙：每隔120°测量一次连杆大头内径，做好记录。每隔120°测量一次曲柄销外径，做好记录。并做相应的计算和结论。（标准要求0.08～0.15mm之间）

4. 压缩机的安装

压缩机的安装顺序为拆卸的逆序，需要注意的是在安装之前需要对部件进行净洗，然后将部件工作面上都涂上润滑油，然后安装。安装完毕后再灌入润滑油，作好试机的准备。经检查后，试机，看运行情况，判断维修是否成功。

二、判断冷凝器工作正常的技能

（1）冷却水进出口温差约2～4℃；

（2）冷凝温度比冷却水进口温度高5～9℃；

（3）冷凝器进口温差与出口温差之比常小于3；

（4）制冷剂流出冷凝器时有3～5℃的过冷度；

（5）冷凝能力约为制冷装置制冷量Q_0的1.2～1.4倍。

三、热力膨胀阀安装和维护的技能

（1）阀体直立安装在蒸发器进口的水平管上，尽量靠近蒸发器，进出口不要接错。如离蒸发器较远，二者间管路应适当加粗，冷库外面的管路应包隔热材料。

（2）蒸发器出口的管路若上行，通常设有集油弯。温包应装在集油弯上游的水平段，不应靠近质量较大的阀或其他金属件，以便能灵敏地感受制冷剂的温度。

（3）外平衡式热力膨胀阀的温包应置于平衡管的接点之前，以免万一有少量液态制冷剂漏入平衡管时影响温包感受的过热度。平衡管应从蒸发器出口管的顶部引出，以免管底部有液体或积油时影响引出的压力。

（4）管径＜21mm时，温包放在水平管的顶部；管径＞21mm时，考虑到管顶部蒸气可能已过热而下部仍含液滴，而管底部又可能积油，温包应放在管子的侧面或侧下方。管径越大越向下放，但不宜低到离管底45°以下。温包处的毛细管应向上，以免液体从温包中流出。

（5）应清除放温包处的管壁外部的油漆和铁锈，并涂以银粉漆。温包应与管壁贴紧，用薄钢片夹箍固定，外面妥善地包以隔热材料，使其两端超出温包适当长度。

（6）应防止以下情况：毛细管被压扁不能正常工作；温包或毛细管漏泄使阀无法开启；温包脱开蒸发器出口管使阀开度过大。外平衡式平衡管结霜则表明阀内密封不良，有制冷剂从阀后漏入平衡管，绕过蒸发器直接流到出口，这会导致压缩机吸入液体。

四、热力膨胀阀调试的技能

热力膨胀阀配合干式蒸发器工作时,蒸发器出口过热度的调节应适当。过热度太大则蒸发器后部过热段太长,制冷量会降低;过热度太小压缩机可能会吸入湿蒸气,吸入管和缸头会结霜,可能使滑油温度太低,严重时会发生液击。实践证明,使用热力膨胀阀时蒸发器出口应保持其最小稳定过热度,如过热度低于该值,装置启动时或热负荷变化较快时,由于阀调节的滞后,压缩机就可能吸入液体。一般认为膨胀阀以调到蒸发器出口过热度 3～6℃ 为宜。当装置有回热器时,最小稳定过热度可稍许减小。

当蒸发器出口装有温度表和压力表时,温度表读数与压力所对应的饱和温度(蒸发温度)之差即为过热度。但一般装置只在压缩机吸口有温度表和压力表。如果吸气管上没有温度表,便只能按管壁结霜或结露的情况来粗略估计过热温度:

(1)有回热器的低温库的吸气管、空调制冷装置的吸气管、高温库的蒸发器表面应发凉并结露;

(2)无回热器的低温库的吸气管、低温库的蒸发器表面应冰冷黏手或均匀结薄霜。

调试热力膨胀阀时应注意:

(1)热力膨胀阀的调试应在装置运转且工况基本稳定时进行。

调试前应检查验证:制冷剂应充足,冷凝压力应在合适范围,阀状况良好并安装正确,阀及管路没有堵塞,蒸发器结霜不太厚,蒸发器若为冷风机则应通风良好。

(2)热力膨胀阀每次调节量不宜过大,以转动调节螺杆 1/4～1/2 圈为宜。调节后反应较慢,要等 15～30min 才能看出效果,故每次调节应间隔 30 min 以上。

五、判断蒸发器工作正常的技能

(1)蒸发温度比库温低 5～15℃。

(2)蒸发器的设计制冷量约为装置制冷量的 1.1～1.2 倍。

工作任务四　辅助设备的拆装维护

理论知识点	实践知识点
1. 滑油分离器的结构特点和工作原理; 2. 贮液器的结构特点和工作原理; 3. 过滤干燥器的结构特点和工作原理; 4. 液流指示镜的结构特点和工作原理; 5. 回热器的结构特点和工作原理; 6. 气液分离器的结构特点和工作原理	1. 判断滑油分离器工作正常的技能; 2. 干燥剂更换的技能

考证大纲	适用对象			
	841	842	843	844
5.2 蒸气压缩式制冷装置的设备				
5.2.2.1 滑油分离器、储液器、气液分离器、干燥器的功用			√	√
5.2.2.2 油分离器、储液器、气液分离器、干燥器的结构			√	√

● 相关理论知识

一、滑油分离器

滑油分离器装在压缩机排出端,用来分离排气带出的滑油,使之返回压缩机曲轴箱(或吸气管),能避免压缩机排气将过多的滑油带入系统。虽然制冷系统设计上要求能让滑油随制冷剂一起返回压缩机,但滑油进蒸发器太多会使制冷量降低。油分离器并不能将油全部分离出来,仍会有少量滑油随制冷剂一起循环,因此有些小型伙食冷库制冷装置或空调制冷装置由于系统管路不长,一般省去滑油分离器。

滑油分离器按分离原理分主要有:撞击式、过滤式(氟利昂)、洗涤式(氨)。

如图5-4-1 所示,氟利昂系统所用的滑油分离器,是利用油滴和气体的比重不同,由于流道面积突然扩大,流速降低并且流向转折向下,较大油滴被壁面、滤网等拦截,落至筒体的底部。气体经滤网折回向上,由顶部出气管流出到冷凝器,筒底积油油位达到一定高度时,将使浮球升起,与浮球杆连在一起的自动回油阀失灵时,筒内积油过多,被气体大量带入系统,还设有备用的手动回油阀可定期开启。回油管中设有电磁阀和节流孔板。电磁阀靠延时继电器控制,在压缩机启动 20 ~ 30 min 后开启,以免刚启动时分出的油不多,气态制冷剂向压缩机回流;而压缩机停车时电磁阀同步关闭。节流孔板是控制回油速度,防止回油过快,使部分排气冲入曲轴箱,并造成对浮球阀的冲蚀。常用机型选用的孔径是 0.6mm。

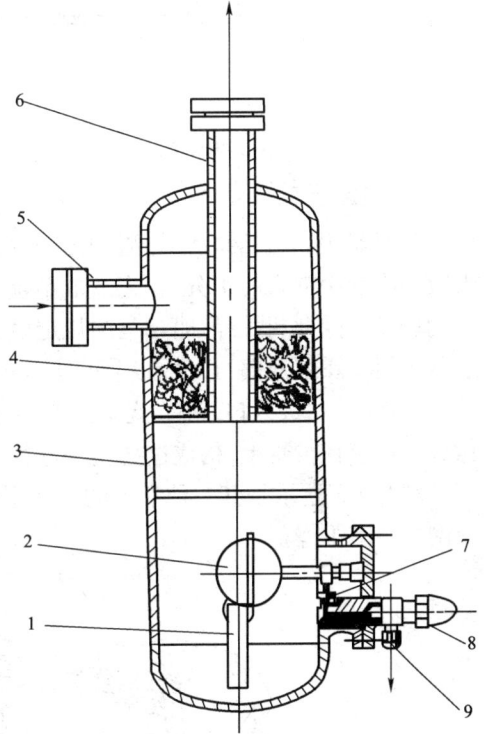

图 5-4-1　滑油分离器

1-手动回油管;2-浮球;3-壳体;4-滤网;5-进气管;6-出气管;7-自动回油管;8-截止阀;9-接头

二、贮液器

贮液器是装在冷凝器后用来储存液态制冷剂的容器。其作用是:

(1)在制冷系统中储备制冷剂。当热负荷减小,蒸发压力降低时,蒸发器等低压管路中制冷剂量减少,可防止冷凝器中液位太高而妨碍气体冷凝,以致排气压力过高;而当系统中制冷剂有所损失,或热负荷增大,蒸发压力升高,低压管路中制冷剂量增加时,可防止膨胀阀供液不足。

(2)装置检修或长期停用时收存系统中的制冷剂,减少漏失。

(3)对供液管起"液封"作用。小型装置可不设贮液器而以冷凝器兼之。

如图5-4-2 所示,贮液器的进液管 5 不长,不设平衡管。船用贮液器底部做成"存液井",让出液管 2 插入其中,以便船摇晃时能更好地保持"液封",同时进行污物沉淀。壳体上、下设有观察镜4,用手电筒从下镜照射可由上镜观察液位。在壳体下侧装有易熔塞9。

贮液器应有足够的容积。系统正常工作时贮液器内液位控制在1/3 ~ 1/2 处(压缩机工作)或1/2 ~ 2/3 处(压缩机不工作),装置中全部制冷剂贮入后不超过容积的80%。贮液器不允许完全充满液体,否则温度升高时有压力过高的危险。

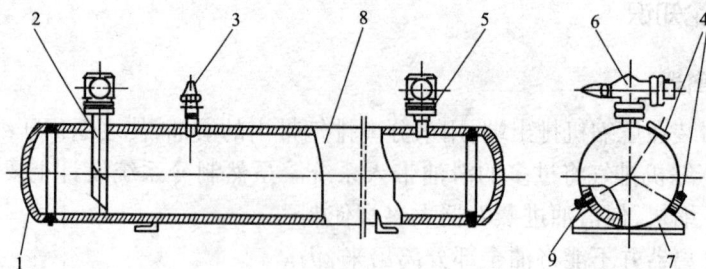

图 5-4-2　贮液器

1-封头;2-出液管;3-压力表阀;4-观察镜;5-进液管;6-出液阀;7-支座;8-壳体;9-易熔塞

三、过滤干燥器

过滤器用以阻挡铁屑、焊渣和污物等固体物体,以免堵塞通道;干燥器内存有干燥剂,用来吸收制冷剂中混入的水分,防止造成节流阀和通道狭窄处发生"冰塞",阻碍甚至完全停止冷剂的循环。因此,我国海船规范中规定氟利昂制冷系统中均应装设干燥器,其布置应使其能旁通并关闭干燥器通路,以便在拆开时不妨碍系统的运行。同时还规定在压缩机的吸入管路(常设在压缩机吸入口)和节流阀的制冷剂管路上应设过滤器。现在通常将过滤器和干燥器做成一体装在液管上,构成过滤干燥器。

图 5-4-3 所示是其一种常见的过滤干燥器的结构形式。它设有 100 ~ 120 目的金属滤网,滤网内装满干燥剂。

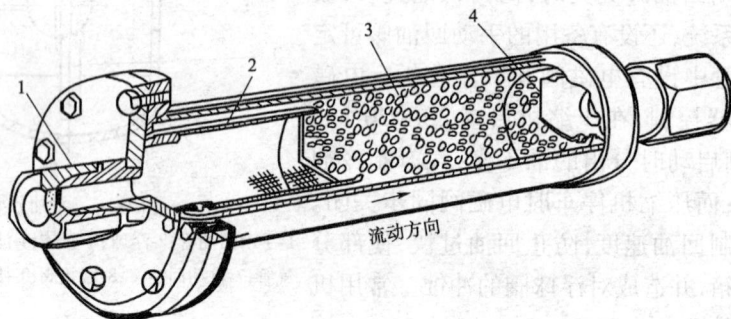

图 5-4-3　过滤干燥器

1-封帽;2、4-铜丝滤网;3-吸潮剂(硅胶)

常用的干燥剂可分为吸收性和吸附性两类。前者如无水氧化钙、氧化钙等,能将水吸收成结晶水或与水发生化学作用。其价格低、吸水能力较强,但吸水后易溶解成糊状,只宜短时间临时使用。例如无水氧化钙接入系统时间不宜超过 6 ~ 8h。

氟利昂制冷装置一般使用吸附性干燥剂,靠内部的许多细孔吸附水分子。最常用的是硅胶,通常呈 3 ~ 7mm 大小的块状树脂状,内部有许多 2 ~ 3 nm 的细孔,能吸附制冷剂中的水分子(直径约 3.2nm),而不能吸附分子较大的滑油和氟利昂。硅胶常加有染色剂,吸足水分后会变色(根据所加染色剂而不同)。硅胶吸水前后的颜色变化为:白色变黄色,棕色变蓝色,绿色变无色,红色变淡粉色,深蓝黑变桃红色等。硅胶在温度高于 30℃后吸水性变差。将吸足水的硅胶加热到 140 ~ 160℃并保持 3 ~ 4 h,就能使其吸附的水分蒸发,从而可再生使用。含水的硅胶加热太快易碎裂,再用时应筛过。用久了硅胶的细孔会被油和杂质堵塞,便不宜再生使用。

分子筛是一种理想的吸附性干燥剂,其吸水能力比硅胶、无水氯化钙都强,特别在水分浓度低时仍有很高的吸水能力,但价格较贵。R134a 的分子较小,容易被硅胶吸附,只能用分子筛做干燥剂。

分子筛初用前要经过活化处理,如 A 型(Ca 型)活化温度为 450~550℃,活化时间视用量而定。分子筛使用一段时间后会逐渐失效,需再生脱附水分后才能重用(可再生上千次)。再生温度与活化温度相同,一般要加热 6h,再冷却 2h。

为避免干燥剂颗粒在液体冷剂的冲击下,互相摩擦而产生粉末被带出,填充干燥剂时,应墩压结实,安装时应使液流方向与干燥过滤器上箭头的方向一致,以保证让出口端的毡垫阻止干燥剂的粉末进入系统。

四、液流指示镜

液流指示镜是用来指示液管中液体流动的情况。工作正常时应看到稳定的液流;若见到许多气泡,则表明系统中制冷剂在液管中的压降太大,出现"闪气",或是制冷剂不足。如图5-4-4所示。

氟利昂制冷装置用的液流指示镜还常兼水分指示器,其中装有浸透金属盐指示剂的纸芯,当制冷剂含水量不同时,金属盐生成的水化物能显示不同颜色。例如 Danfoss 公司的 SGI 水分指示器在温度 20~40℃时,金属盐对 R22 液体含水质量分数的颜色反应是:< 60 ppm 呈绿色;60 ~ 125ppm 呈无色;>125 ppm 呈黄色。R22 允许含水的质量分数 60ppm,故水分指示器纸芯呈无色时应及时更换干燥剂。在有回热器的系统中,这种指示器应装在回热器之前,因为制冷剂液体温度较高,金属盐对水的反应更迅速。

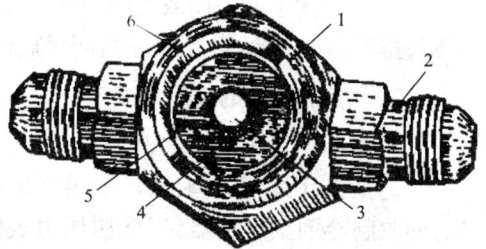

图 5-4-4 液流指示镜
1-壳体;2-管接头;3-纸质圆芯;4-芯柱;5-观察镜;6-压座

五、回热器

回热器结构中,来自贮液器的温度较高的液态冷剂在管内流动,管外是来自蒸发器温度相对较低的气态制冷剂,两者通过管壁进行热交换,同时获得过冷过热。如图5-4-5 所示。某些小型制冷装置,不设专门回热器,只将液管与吸气管紧匝在一起,外扎隔热材料。

六、气液分离器

在不采用回热器的制冷系统中,为了防止未蒸发完的液态制冷剂或滑油万一大量返回压缩机发生液击,在压缩机吸气管上设有气液分离器。

如图5-4-6 所示,气液分离器采用重力分离法,进口管开口向下,与开口向上的 U 形出口管错开。如果吸气中有未蒸发完的制冷剂液体,或者有滑油返回吸气管,由于液体的密度较

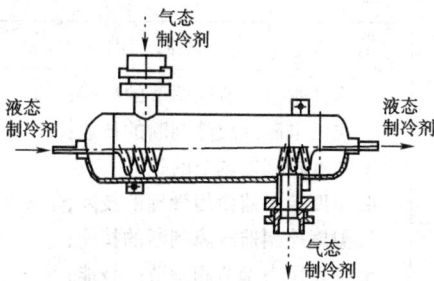

图 5-4-5 回热器

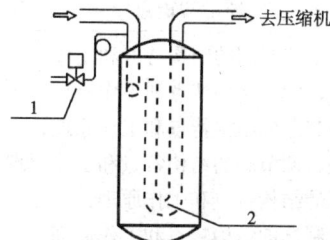

图 5-4-6 气液分离器
1-电磁阀;2-带孔 U 形管

大,会落到分离器的底部。液态制冷剂会因环境温度较高而蒸发,细微的雾状制冷剂和过多的滑油可经 U 形管上的许多小孔被吸走。因为小孔的总面积不到吸气管通流面积的 10% ,故不会过多吸入液体。

- **相关实践知识**

一、判断滑油分离器工作正常的技能

滑油分离器正常工作时,自动回油是间隔进行(至少 1h 以上),对应的自动回油管应是时热时温。

(1)回油阀卡死在关闭位置,此时回油管始终不发热,同时曲轴箱滑油位有不断下降现象,大量滑油被带入系统;

(2)回油阀不能关闭或关闭不严,会造成高压排气窜回曲轴箱和吸气腔,使压缩机排气量下降,排气温度升高,并使压缩机频繁启停不止。此时回油管始终是热的。

二、干燥剂更换的技能

(1)判断干燥剂是否失效;

(2)旋开干燥器进口阀3、干燥器出口阀4,关闭阀1,开启压缩机,回收制冷剂至贮液器,当低压压力表的压力为略高于大气压时,停掉压缩机(见图5-4-7);

(3)关闭阀2、阀3、阀4;

(4)旋开干燥器两端接头 a、b,卸掉干燥器 H,依次取出其中的卡簧、过滤网、纱布袋、干燥剂等。

(5)干燥器外壳、卡簧、过滤网用汽油或四氯化碳清洗,用高压氮气吹干;纱布袋换洗。

(6)更换干燥剂时,对新充装的干燥剂应压实,以免干燥剂颗粒在制冷剂液体的冲击下因相互摩擦而产生粉末;

(7)上紧干燥器进口接头 a,带上干燥器出口接头 b 但不旋紧;旋开阀1,稍开干燥器进口阀3,当干燥器出口接头 b 处有冷气出来时,上紧出口接头。

(8)关闭干燥器进口阀3,旋开旁通阀2,开启压缩机,系统投入正常工作。

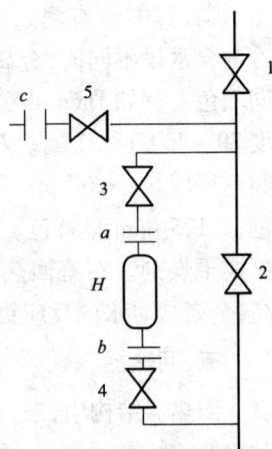

图5-4-7 干燥剂更换
1、2、3、4、5-阀;a、b、c-管接头;H-干燥器

工作任务五　自控设备的拆装维护

理论知识点	实践知识点
1.冷却水量调节阀的结构特点和工作原理;	1.冷却水量调节阀调节的技能;
2.供液电磁阀的结构特点和工作原理;	2.供液电磁阀故障判断的技能;
3.温度控制器的结构特点和工作原理;	3.温度控制器调节的技能;
4.蒸发压力调节阀的结构特点和工作原理;	4.温度控制器使用管理的技能;
5.止回阀的结构特点和工作原理;	5.温度控制器故障判断的技能;
6.压力控制器的结构特点和工作原理;	6.蒸发压力调节阀调节的技能;
7.油压差控制器的结构特点和工作原理	7.压力控制器调节的技能;
	8.油压差控制器调节的技能

考 证 大 纲	适 用 对 象			
	841	842	843	844
5.2.3 自动控制元件				
5.2.3.1 电磁阀、温度控制器、高低压控制器、油压差控制器、直动式蒸发压力调节阀、直动式水量调节阀的功用			√	√
5.2.3.5 电磁阀、温度控制器、高低压控制器、油压差控制器、直动式蒸发压力调节阀、直动式水量调节阀的结构与原理	√	√		
5.2.3.6 电磁阀、温度控制器、高低压控制器、油压差控制器、直动式蒸发压力调节阀、直动式水量调节阀的选用、安装及调试	√	√		

● 相关理论知识

一、冷却水量调节阀

制冷装置的冷却水温较低时,若不及时关小冷却水量调节阀调低流量,冷凝压力就会太低,可能使蒸发器供液不足,蒸发压力过低,制冷量减小;而关小冷却水阀后,若水温升高未能及时将阀开大,冷凝压力又会过高而停车。远洋船舶航区变化较快,水温经常变化,为了避免人工调节麻烦,通常在冷凝器的出水管上装设冷却水量调节阀,它能根据冷凝压力变化自动改变开度,调节冷却水流量,使冷凝压力保持在调定的范围内。

冷却水量调节阀按工作原理也有直动式和伺服式之分。如图 5-5-1 所示,船舶伙食冷库制冷量一般不很大,冷凝器的冷却水管口径不大,大多选用直动式调节阀,如 WVFX 型直动式冷却水量调节阀,其冷凝器侧的最大工作压力是 2.64 MPa,最大试验压力是 2.9 MPa,关闭压力调定范围有 0.4~2.3MPa 和 0.35~1.6MPa 两种。阀座和阀体是用不锈钢制成的。阀盘 8 由青铜制成,带有由特种橡胶碱化而成的密封层。工作时,冷凝压力信号被引至波纹管 10 外,通过推力块 9、导杆 3 和阀杆、下弹簧座 4 等,克服弹簧的张力,使阀盘向上开启。当冷凝压力低于调定值时,阀在弹簧作用下关闭。上下的橡皮膜片 7 起水密作用,可防止调节部件和波纹管被海水腐蚀。上、下导杆 3 可在导套 6 中滑动,以保持阀盘启、闭时不致偏移。导杆上装有 O 形密封圈 5。铝制的弹簧罩壳 2 开有导向槽,上弹簧座 11 的延伸部分形成指针嵌在槽中,罩壳上铆有指示牌。若阀被污物堵塞,可用螺丝刀插入下弹簧座 4 的下面用力使之抬起,迫使阀全开让水冲洗。

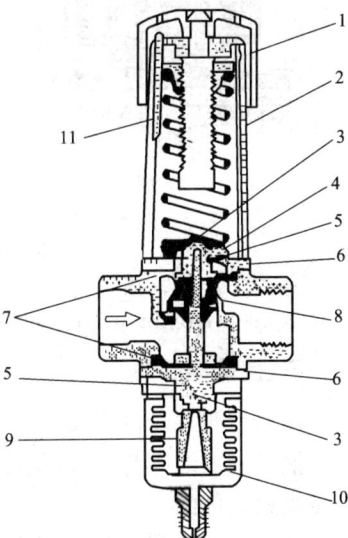

图 5-5-1　冷却水量调节阀

1-调节手轮;2-弹簧罩壳;3-导杆;4-下弹簧座;5-密封圈;6-导套;7-膜片;8-阀盘;9-推力块;10-波纹管;11-上弹簧座

有的制冷装置冷凝器的冷却水进水管上还装有水压控制器,它是靠水压控制的压力继电器。当冷却水中断时电开关断开,压缩机无法启动,起安全保护作用。

二、供液电磁阀

电磁阀是由电磁力控制启闭的阀。在制冷装置中它常装在热力膨胀阀前的液管上,由冷库的温度控制器控制,作为决定向蒸发器供给制冷剂液体与否的供液电磁阀。

电磁阀按工作原理不同分为直动式与伺服式(亦称先导式)。

图 5-5-2 所示为 EVR2 型直动式电磁阀。当电磁线圈 8 断电时,衔铁 6 在重力、弹簧力和工质进出口压力差作用下使阀盘 5 落在阀座 2 上,将阀关闭;线圈 8 通电则产生电磁力,克服上述各种力将衔铁吸起,直接提起阀盘开阀。

图 5-5-3 所示为 EVR6 型伺服式电磁阀。主阀 3 为膜片阀(更大型的可以是活塞阀),其中央开有导阀口 7,边上开有小平衡孔 5。导阀 8 装在衔铁 9 的底部。当电磁线圈 10 通电时,电磁力克服重力、弹簧力和工质进出口压差将衔铁吸起,开启导阀;这时主阀上方经导阀口与主阀的出口端相通,压力迅速下降,于是主阀膜片在下方和上方的工质压差的作用下被顶开。当电磁线圈断电时,衔铁落下将导阀关闭,主阀上方的压力因平衡孔的沟通又逐渐升高到阀进口端的压力,这时主阀上方承压面积比下方大,在上下工质压力差的作用下,主阀关闭在阀座 4 上。由此可见伺服式主阀只有在进出口工质具有一定压差时才能开启,膜片式最小压差是 0.005 MPa,活塞式是 0.02MPa。

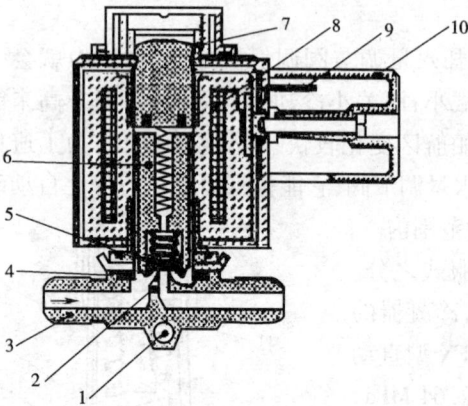

图 5-5-2　直动式电磁阀
1-安装孔;2-阀座;3-阀体;4-垫片;5-阀盘;6-衔铁;
7-顶罩;8-电磁线圈;9-接线插头;10-接线护罩

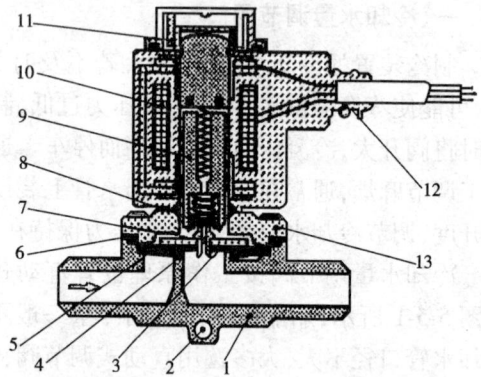

图 5-5-3　先导式电磁阀
1-阀体;2-安装孔;3-主阀;4-主阀座;5-平衡孔;6-阀座垫片;7-导阀口;8-导阀;9-衔铁;10-电磁线圈;11-顶罩;12-电线接头;13-阀盖

三、温度控制器

温度控制器是以温度为控制信号的电开关,即温度继电器,亦称温度开关。它常被用来控制供液电磁阀通电与否,以使冷库的库温得以保持在给定范围内。也有用温度控制器直接控制压缩机启停的。

图 5-5-4 所示为 KP 型温度控制器。当用来控制库温时,感温包 14 置于冷库内,其中压力通过毛细管作用在波纹管 6 内。当库温升高至调定上限时,温包压力升高到能克服主弹簧 4 的张力,使主杠杆 3 绕支点顺时针偏转,拨动翻转元件 13,并使静触头 9 在与动触头 8 断开的同时与动触头 7 接通,使供液电磁阀通电开启。蒸发器制冷后,温包压力随库温下降而降低,主杠杆在弹簧张力作用下逆时针偏转,至调定下限时,克服幅差弹簧 5 的拉力,拨动元件 13 翻转,并使静触头 9 与动触头 7 断开,与动触头 8 接通,这时供液电磁阀断电关闭。接线柱 10 之 A 和 B、C 分别与静触头 9 和动触头 8、7 相连,显然,供液电磁阀的控制电路应与接线柱 A、C 相接。

KP 型温度控制器的温包的充注方式有蒸气式和吸附式两种。蒸气式温包必须放在比温度控制器主体和毛细管温度低的地方,这样可防止温包中"液面迁移",导致温包压力不由温包温度所决定。吸附式温包里面有固体吸附剂和能被吸附的气体,温度越低吸附剂的吸附能力越强,则气体压力越低,其温包置放处的温度不受前述限制,广泛用于融霜保护。

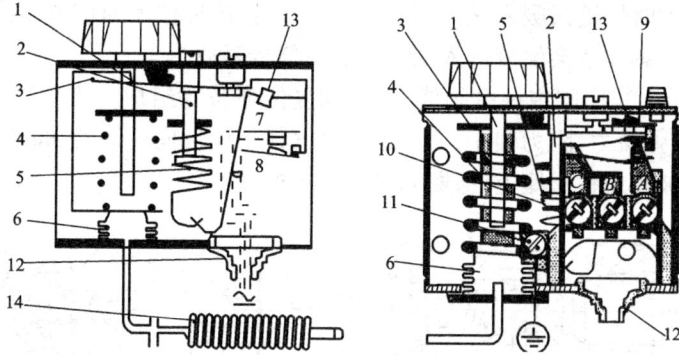

图 5-5-4   温度控制器

1-主调螺杆;2-幅差调节螺杆;3-主杠杆;4-主弹簧;5-幅差弹簧;6-波纹管;7、8-动触头;9-静触头;10-接线柱;11-接地柱;12-进线孔;13-翻转元件;14-感温包

四、蒸发压力调节阀

蒸发压力调节阀亦称背压阀,装在高温库蒸发器出口管路上,能在阀前的蒸发压力变动时自动调节阀的开度,使蒸发压力大致限定于调定值。船舶伙食冷库制冷装置常常是由一台压缩机,控制几个要求不同库温的冷库,若不设蒸发压力调节阀,则各库蒸发压力会相同,高温库的蒸发压力(温度)就可能太低;还会使高温库蒸发器结霜加重,库内湿度降低,增加食品干耗;而在高温库制冷时低温库不易达到足够低的蒸发温度,使低温库库温难以下降。因此,通常在高温库蒸发器出口管上设蒸发压力调节阀,使之保持适当高的蒸发压力和蒸发温度。

蒸发压力调节阀按工作原理可分为直动式和伺服式。

图 5-5-5 所示为在船舶冷库普遍使用的 KVP 型直动式蒸发压力调节阀。由蒸发器来的制冷剂蒸气从阀的进口流入,克服弹簧 4 的张力,推动阀盘 7 上移。蒸发压力 p_0 稍有增大,则阀开大,可避免 p_0 明显升高;而当 p_0 降到调定值,阀就关闭。平衡波纹管 6 既能防止制冷剂漏泄,又能产生与阀出口侧制冷剂作用在阀盘背面压力相等而方向相反的平衡力,避免出口压力对阀的开度产生影响。阻尼器 9 可减轻阀在调节过程中产生振荡。

直动式蒸发压力调节阀是比例调节元件,不能使蒸发压力(温度)完全恒定,只是将其控制在一定范围内。KVP 型阀从全开到关闭的压力变化量是 0.17 MPa 和 0.28 MPa。由于阀在所要求的工作压力(温度)下工作时开度一般未达最大,故调压偏差(工作压力与最低工作压力之差)比上述压力变化量低。蒸发器管路口径较大(≥28 ~ 35 mm)的可选用带先导阀的伺服式,其调压偏差很小,亦称恒压阀。

蒸发压力调节阀也可装在单机单库装置(例如冷藏集装箱)的蒸发器回气管上,维持要求的蒸发压力(温度),这时它可起到吸气节流调节压缩机制冷量的作用。

五、止回阀

止回阀装在低温库蒸发器出口管路上,是使制冷剂气体正向通过,反向截断的自动控制元件。船舶伙食冷库制冷装

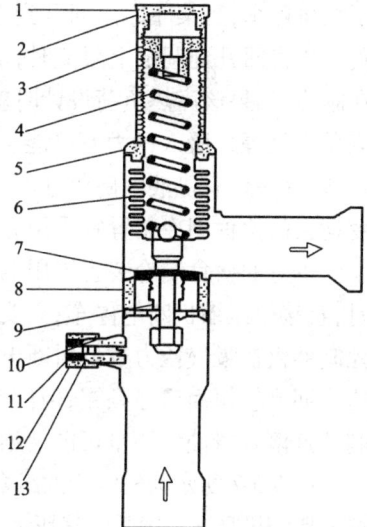

图 5-5-5   蒸发压力调节阀

1、11-保护罩;2、12-垫片;3-调节螺钉;4-主弹簧;5-阀体;6-平衡波纹管;7-阀盘;8-阀座;9-阻尼器;10-压力表接头;13-单向阀

置常常是由一台压缩机,控制几个要求不同库温的冷库,若在低温库蒸发器出口不设止回阀,则高温库热负荷较大时压缩机吸入压力较高,当高于低温库库温所对应的制冷剂饱和压力,则高温库产生的制冷剂蒸气就会倒流进入低温库蒸发器冷凝放热。

如图 5-5-6 所示。止回阀主要由阀体、阀芯和复位弹簧等组成。当制冷剂气体正向通过止回阀时,只需克服弹簧力,阻力很小,而当制冷剂气体企图反向流动时,阀芯在气体压力与弹簧力的联合作用下被紧压在阀座上,截断制冷剂气体通道。

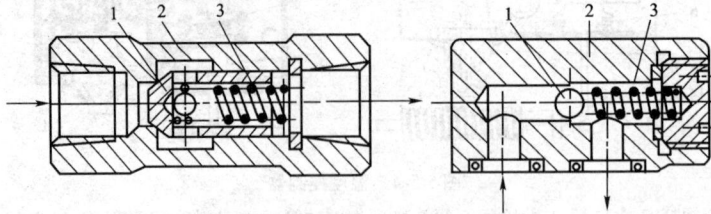

图 5-5-6 止回阀结构
1-阀芯;2-阀体;3-弹簧

止回阀的弹簧的刚度一般较小,以尽量减小气体正向通过时的压力损失,正向最小开启压力大约为 0.03 ~ 0.05MPa。

六、压力控制器

压力控制器是以压力为控制信号的电开关,即压力继电器,亦称压力开关。制冷装置一般都设有高压和低压控制器。高压控制器感受压缩机排出压力,当其高于调定值时,即切断压缩机控制电路,实现保护性停车。低压控制器以压缩机吸入压力为信号,控制压缩机启停,既可使压缩机根据制冷的需要自动间断地工作,又可当吸入压力过低时实现保护性停车,防止空气漏入系统。多库共用一台压缩机的伙食冷库制冷装置,当各库库温先后到达调定下限而温度控制器陆续断电后,供液电磁阀全部关闭,吸入压力很快降到调定下限,低压控制器即断电使压缩机停车;当某库库温回升到上限,温度控制器通电使供液电磁阀开启,制冷剂进入蒸发器,吸入压力回升到调定上限值时,低压控制器又通电,使压缩机重新启动。有时只剩个别冷库还在制冷,如果该库热负荷设计时就很低,或蒸发器不能充分发挥效能(例如结霜太厚、制冷剂流量不足等),吸入压力有可能会低于调定下限,压缩机会保护性停车。当然,这种情况不太合适,因为仍有供液电磁阀开启,吸入压力不久就会回升,压缩机可能启停过于频繁,故热负荷变动大的伙食制冷装置宜采用有容量调节的压缩机。

也有的伙食制冷装置采用的自动控制方案是当各库库温均达下限,各温度控制器都断电时,直接使压缩机断电停车;只要有一个库的温度控制器接通,压缩机便通电启动。这样低压控制器仅在吸气压力过低时断电停车起保护作用。这种方案压缩机不会因气阀等漏泄使吸入压力回升较快而启停频繁,但停车时不能尽量将吸入侧(包括曲轴箱)压力抽低,故停车期间制冷剂溶入滑油中的量可能会增加(可设油加热器来防止)。

图 5-5-7 所示为较常用的组合式 KP 型高低压控制器。图中左半部为低压控制器,接头 8 直接通压缩机吸入口感受吸气压力。当吸入压力达到上限时,A、C 通电,控制压缩机启动;而吸入压力降至下限时,A、C 断电,压缩机停车。图示右半部为高压控制器,接头 9 通压缩机排出口。当排出压力达到调定上限时,克服高压主弹簧的张力,通过摇臂 16 等传动件使 A、C 所控制的触头断电,压缩机停车。制冷装置使用的高压控制器通常有自锁机构,一旦断开后需按动复位按钮(图中未示出)解除自锁,才能在排出压力降低后重新启动压缩机。

七、油压差控制器

油压差控制器是以制冷压缩机滑油泵的排油压力与吸气压力之差为控制信号的电开关,即油压差继电器,亦称油压开关。当上述油压差低于调定值时,经过一段时间的延时即自动切断压缩机电路,实现保护性停车。

图 5-5-8 所示为 M55 型油压差控制器。压缩机启动后,控制电路由相线 R 通过过电流保护开关 A、压力开关 V 接到接线柱 L,再经过延时开关 K,接线柱 M,使接触器线圈 N 通电,主电路开关合上,压缩机启动。在启动期间,分别通到波纹管 1、2 外的滑油泵排油压力与吸气压力(即曲轴箱压力)之差低于调定值,在主弹簧张力的作用下,油压差开关 $T_1 T_2$ 闭合,延时开关的电加热器 e 通电。在既定的延时时间(有螺钉可调节)内,若油压升高超过了调定压力和固定幅差(不超过 0.02MPa)之和,则主杠杆克服主弹簧张力偏转,使 $T_1 T_2$ 断开,于是电加热器 e 断电,压缩机正常工作;若在延时时间内油压达不到足够高,或正常工作中油压因故障降到调定值以下的时间超过了既定的延时时间,则电加热器 e 会使一金属片弯曲,导致延时开关 K 开启,线圈 N 断电,压缩机停车,同时油压故障灯 S 亮。压缩机停车的同时曲轴箱电加热器 H 接通,以免油温降低而溶入更多的制冷剂,造成再启动时"奔油"。

开关 K 一旦断电停车即被自锁,必须扳动复位按钮 4 解除自锁才能使之重新闭合,否则无法再启动压缩机。在停车后应等 2min 左右,让金属片冷却复原后,才能按复位按钮使延时开关闭合,以备重新启动。

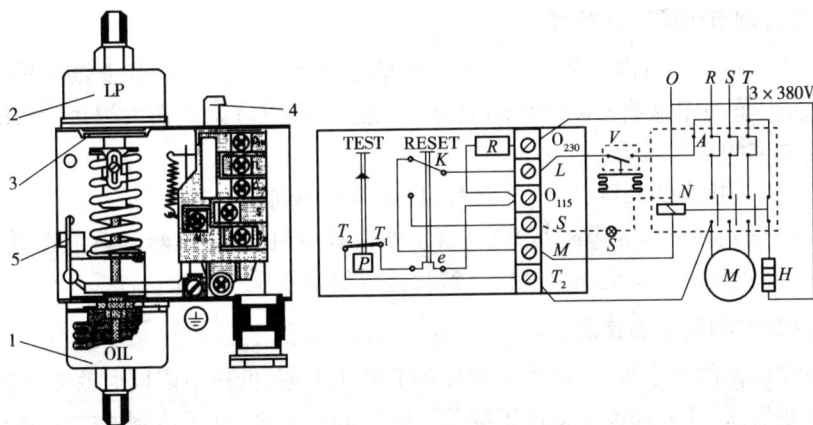

图 5-5-7 压力控制器

1-低压主调螺杆;2-低压幅差调节螺杆;3-主杠杆;4-高压幅差调节螺杆;5-低压主弹簧;6-低压幅差弹簧;7-低压波纹管;8-低压接头;9-高压接头;10-电开关接头;11-接线柱;12-接地柱;13-进线孔;14-翻转元件;15-锁定板;16-摇臂

图 5-5-8 油压差控制器

1-油压波纹管;2-低压波纹管;3-调节轮;4-复位按钮;5-试验扳手;A-过电流保护开关;R-降压电阻;K-延时开关;V-压力开关;T_1、T_2-油压差开关;N-接触器线圈;e-延时开关电加热器;S-油压故障灯;H-曲轴箱电加热器

● **相关实践知识**

一、冷却水量调节阀调节的技能

转动冷却水量调节阀的调节手轮使上弹簧座上下移动,改变弹簧的张力,调节冷凝压力。

二、供液电磁阀故障判断的技能

供液电磁阀损坏主要发生在线圈烧断,阀芯卡阻和铁芯剩磁三个方面。线圈通电时可用锯条感知磁力。可用手动开关检查阀芯有无动作声响判断其开关是否正常。剩磁过大可取出心铁加热或摔打。

三、温度控制器调节的技能

转动温度控制器的主调螺杆调节温度上限和下限,不受幅差弹簧影响;转动幅差调节螺杆则只改变温度下限,即改变温度上下限之差(称幅差或差动值)。通常温度可设为设计库温 $\pm 1.5℃$,即幅差为 $3℃$ 左右。

四、温度控制器使用管理的技能

温度控制器用来控制库温时的使用注意事项如下:

(1)温包应放在空气流通和能代表库温的地方。如蒸发器是冷风机,温包应放在回风区,而不宜放在直接被出风所吹到的地方或太靠近库门。

(2)采用蒸气式温包的控制器本体不能放在环境温度比温包所控温度更低处,毛细管也不应接触比被控库温更低的温度。

(3)由于温包感温迟滞等因素,实际控制的库温可能和控制器标示的不一样,调定时应以实际库温为准。

(4)更换温度控制器时应注意其适用温度范围,接线方式不能搞错。

五、温度控制器故障判断的技能

温度继电器的常见故障:

(1)温包内充剂泄漏,使触点无法闭合,应更换。

(2)触点烧毛或烧毁,使触点接触不良或接不通,可用细砂纸擦平或更换。

六、蒸发压力调节阀调节的技能

蒸发压力的调整是通过调节螺钉改变主弹簧的张力来实现的。调节步骤如下:

(1)按要求保持的库温减去设计传热温差(一般 $5 \sim 10℃$)确定蒸发温度,再求其对应的饱和压力即为要求的蒸发压力。

(2)拆下压力表接头的帽罩,接入压力表(自动顶开单向阀)。

(3)拆下保护盖,在所调库电磁阀开启、蒸发器在制冷时,慢慢地转动调节螺钉,调节后让蒸发压力有一个稳定过程,直至压力表指示到所选定的蒸发压力为止。

七、压力控制器的调节的技能

取下压力控制器的锁定板,转动主调螺杆调节低压上限,低压下限同时改变。转动幅差调节螺杆则只改变低压下限,即改变低压下限与上限之幅差。高、低压控制器的调定值可按制冷装置说明书提供的数据进行。缺少数据时可参考以下方法选定:

高压断电压力(上限):一般 R22 制冷装置多选为表压 $1.7 \sim 1.9MPa$(相当于 $t_k = 46 \sim 51℃$);R134a 可选为 $1.2MPa$($t_k = 50℃$)。

高压通电压力(下限):高压控制器一般采用手动复位,通常做成固定幅差。若幅差是可调的,取为 $0.2 \sim 0.3$ MPa 即可。

低压断电压力(下限):可取设计蒸发温度减去 $5℃$ 后所对应的制冷剂饱和压力,但一般应不低于表压 0.01 MPa。设计的蒸发温度由被冷却介质(空气、水或其他载冷剂)所要求的制冷温度减去设计传热温差(5～10℃)而得。实际上,采用直接冷却方式的伙食冷库制冷装置以低压侧不致漏入空气为原则,可适当取低些。这样,既可起到防止出现真空的保护作用,而且对以低压控制器控制压缩机启停的装置来说,还可以减少个别库仍在进液而停车的可能性,可减轻压缩机启停频繁的程度。空调制冷装置的低压控制器应能防止蒸发温度过低而使管壁结霜,以免空气冷却器通风不畅,一般取蒸发温度 −3℃ 对应的冷剂饱和压力为低压控制器的断电压力,也有建议取更低的(肋片不结霜即可)。

低压通电压力(上限):适当提高低压通电压力(增大幅差),可减轻压缩机启停频繁程度。但低压通电压力所对应的制冷剂饱和温度应适当低于库温上限,否则库温升至上限供液电磁阀开启后,吸入压力仍不能迅速达到闭合压力,要等到库温升至高于低压开关调定的上限所对应的制冷剂饱和温度,压缩机方可能启动。低压开关的调节幅差对 R22 来说一般为0.1～0.2 MPa。

压力控制器调定值的标示刻度不太精确,实际动作值应以调试测得值为准。测试低压控制器时应慢慢关小压缩机吸入截止阀,注意吸入压力表的指示值,压缩机停车和重新启动时的指示值即为低压控制器的下限和上限。试验高压控制器可慢慢关小压缩机排出截止阀,读出排出压力表在压缩机停车时的读数,即为高压断开压力。试验前要证实压力表可靠;排出阀不应全关,以保安全。

八、油压差控制器的调节的技能

拆开油压差控制器的前盖板,用螺丝刀拨动调节轮转动调节螺套,使弹簧座上下移动,改变弹簧张力,可在 0.03～0.45MPa 范围内改变油压差调定值。不同的机型要求的调定值不同,开启式压缩机最低一般≥0.1～0.15 MPa,设有油压卸载机构的应取高些。

为了检验油压差控制器能否正常工作,可按动试验扳手强行使油压差开关 T_1T_2 闭合,观察压缩机是否经过延时时间后停车。

工作任务六　制冷装置的操作管理

理论知识点	实践知识点
1. 制冷装置的验收要求; 2. 制冷装置工作时的设备状态; 3. 冷冻机油的要求和品种	1. 吹污的技能; 2. 气密试验的技能; 3. 抽空试验的技能; 4. 试运转试验的技能; 5. 冷库温度回升试验的技能; 6. 制冷装置操作的技能; 7. 制冷剂充注的技能; 8. 制冷剂取出的技能; 9. 冷冻机油添加的技能; 10. 冷冻机油更换的技能; 11. 空气排放的技能; 12. 检漏的技能; 13. 融霜的技能; 14. 主要故障分析排除的技能

考证大纲	适用对象			
	841	842	843	844
5.3 蒸气压缩式制冷装置的管理				
5.3.1 制冷装置的气密试验、抽空及冷库隔热试验	√	√		
5.3.2 制冷装置的启用、运转、停用和冷剂的充注、取出、检漏	√	√	√	√
5.3.3 对冷冻机油的要求及其添加与更换	√	√	√	√
5.3.4 不凝气体的危害及其检查与排除方法	√	√	√	√
5.3.5 蒸发器融霜				
5.3.5.1 蒸发器结霜对工作的影响	√	√		
5.3.5.2 电热融霜	√	√		
5.3.5.3 顺流式和逆流式热气融霜	√	√		
5.3.6 装置常见故障分析和处理	√	√		

● **相关理论知识**

一、制冷装置的验收要求

新装或大修后装复的制冷装置应该对系统吹除杂质,做气密试验,抽空;为了检查冷库的保温性能,应对其做温度回升试验。

图 5-6-1 所示为船舶伙食冷库隔热结构图。

其隔热层结构一般为底层(防腐漆)+隔热层(隔热材料)+防气/潮层(沥青+油毡纸)+保护层(铁皮等)+识别层(不同颜色油漆)。其中,最重要的部分是由热导率很小的隔热材料构成的隔热层。隔热材料有有机质材料和矿物质材料,如:软木板、稻壳、泡沫塑料(聚氨酯,聚苯乙烯)、玻璃纤维、炉渣等。

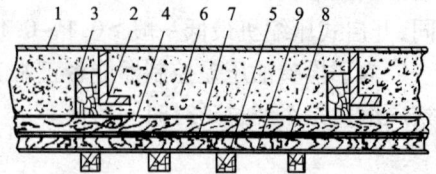

图 5-6-1　船舶伙食冷库隔热结构
1-船体钢板;2-船体肋骨;3-衬木;4-木方条;5-护木;6-隔热层;7-防潮层;8-木铺板;9-镀锌铁皮

应该指出的是,即使隔热结构的隔热性能完全相同,不同大小、形状的冷库温度回升试验的结果也是不一样的。我国海船规范规定新设计的货物冷藏装置要做热平衡试验——即在库温达到设计温度的稳定工况下求得装置的制冷量,将其减去舱内设备热即为渗入热,由此算出隔热结构的平均传热系数,通常为 $0.47 \sim 0.52 W/(m^2 \cdot °C)$,核对其是否合乎要求。

二、制冷装置工作时的设备状态

1. 压缩机

(1)气缸壁:不应有局部发热和结霜情况;

(2)吸气管:冰冷结霜(制冷)/发凉结露(空调);

(3)曲轴箱油位:1/3～2/3 示液镜;

(4)轴封:无漏油现象。

2. 油分离器

自动回油管时冷时热。

3. 冷凝器

上部热下部凉。

4. 贮液器

1/3 ~ 1/2（压缩机工作）或 1/2 ~ 2/3（压缩机不工作）或 80%（制冷剂回收）液位计。

5. 热力膨胀阀

阀体结霜或结露均匀，有轻微的沉闷的流动声。

6. 蒸发器

运行中蒸发压力与吸气压力相近。

7. 过滤器

前后无明显的温差。

8. 压力表

指针相对稳定。

三、冷冻机油

合理选用制冷压缩机的润滑油（冷冻机油）是保证压缩机安全、高效运转和延长其使用寿命的重要条件。冷冻机油的作用是：润滑、密封（渗入运动部件密封间隙，阻碍制冷剂泄漏）、冷却（带走摩擦热、降低排气温度），有的还用来控制卸载和容量调节机构。

1. 要求

压缩机的制冷工况和所用制冷剂不同，则选用的冷冻机油也不同。冷冻机油应满足的主要要求如下：

（1）倾点（油能流动的最低温度，比凝固点高 2 ~ 3℃）应低于最低蒸发温度。冷冻机油会被制冷剂带入蒸发器，为了能被制冷剂带回压缩机，在低温下保持良好的流动性很重要。

（2）闪点应比最高排气温度高 15 ~ 30℃，以免引起滑油结焦变质。

（3）应根据蒸发温度和排气温度选用适当的黏度。制冷压缩机轴承负荷不高，黏度容易满足润滑的要求，而主要应满足密封要求。黏度过低则活塞环与缸壁间的油膜容易被气体冲掉。氟利昂在较高温度大多易溶于油，溶入 5% 就会使油的黏度降低一半，所以氟利昂压缩机所用冷冻机油黏度应适当高些。黏度高的油分子链较长，倾点和闪点相对也会高些。

（4）含水量要低。这是为了避免在低温通道处引起"冰塞"和防止腐蚀金属。含水的润滑油与氟利昂的混合物还会溶解铜，而与钢铁部件接触时，铜又会析出形成铜膜，称为"镀铜"现象，会妨碍压缩机正常运行。

（5）化学稳定性和与所用材料（如橡胶、分子筛等）的相容性要好。如果油在高温下受金属材料催化而分解，会产生积炭和酸性腐蚀物质。

（6）用于封闭式和半封闭式压缩机时电绝缘性要好。电击穿强度一般要求在 10 kV/cm 以上。油中有杂质会降低电绝缘性能。

其他要求还包括酸值和腐蚀性低，氧化安定性好，机械杂质和灰分少等。

2. 品种

国标 GB/T 16632—1996 将国产冷冻机油（精制矿物油或合成烃）分为一等品 L—DRA/A、L—DRA/B 和优等品 L—DRB/A、L—DRB/B 四类。一等品适用于蒸发温度在 -40℃ 以上的开启式和半封闭式压缩机。其中 A 类适用制冷剂是氨，B 类适用 CFC 和 HCFC；优等品适用于 CFC 和 HCFC 全封闭式压缩机，最低蒸发温度可达 -40℃ 以下。每类又按 40℃ 的运动黏度等级分为 5 ~ 9 个等级，与国际标准 ISO 接轨。

换用国外油公司的冷冻机油时,应采用相同的黏度等级,并核查其重要的性能指标。

R134a 不溶于矿物油或合成烃油,使用它或含同样性质组分的混合工质制冷剂时,应选用脂类油或聚醚油。前者以多元醇酯(POE)综合性能较好;后者以环氧乙炔—环氧丙烷共聚醚(PAG)的综合性能较合适。它们都需要加入抗氧化剂提高热氧化安定性。

- **相关实践知识**

一、吹污的技能

吹污的目的是防止阀芯受损、气缸镜面拉毛、滤器堵塞。因此:

(1)灌入适量的三氯化乙烯进行溶解油污。

(2)通入 0.5~0.6MPa 的空气或氮气。

(3)分段进行,先吹高压管路,后吹低压管路;吹污排口位于系统最低处。

二、气密试验的技能

气密试验的目的是检查系统密封性。如图 5-6-2 所示。

一般用氮气或干空气试验,严禁使用氧气等危险性气体。我国海船规范规定货物冷藏的制冷装置气密试验压力为设计压力(低压侧 1.7 MPa,高压侧 22 MPa),伙食冷库和空调制冷装置可参照执行。因此:

(1)注意低压侧的蒸发压力调节阀、低压控制器等适用的最高压力,隔离旁通不能承受试验压力的元件。将高压侧的安全阀与其后段管路脱开,用盲板堵死阀出口。

(2)关闭压缩机吸、排截止阀和所有通大气的阀以及油分离器回油阀;开启热力膨胀阀的旁通阀和正常工作时应开启的其他各阀。

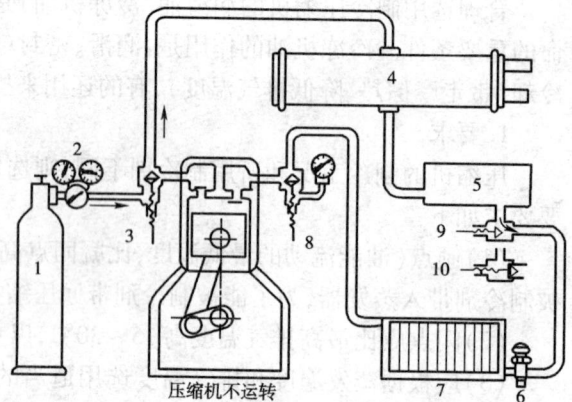

图 5-6-2 气密试验

1-氮气瓶;2-减压阀;3-排气阀;4-冷凝器;5-贮液器;6-膨胀阀;7-蒸发器;8-吸气阀;9-低压段充气时出液阀开;10-高压段充气时出液阀关

(3)将装试验用气的钢瓶经减压阀接到系统管路上(例如通过充剂阀),然后开钢瓶阀向系统充气到 0.3~0.5 MPa,检查系统,若有漏泄应予消除;若没有进一步加压至要求的试验压力。关闭供液电磁阀前截止阀将系统高、低压侧分隔,分别加压至不同的设计压力。

(4)仔细地对系统各处查漏。可关冷凝器冷却水,开启水室泄水旋塞泄水,在旋塞口查漏,发现漏气应拆下冷凝器端盖检查。查漏可用皂液法,也可先在系统中充表压 0.07~0.1 MPa 的氟利昂再用检漏灯查。如果压缩机内压力升高,则表明其吸入或排出截止阀漏。

(5)根据规范:承压24h,前6h压力降不超过2%,后18h保持稳定。

(6)查漏结束后从冷凝器放气阀将高压系统压力适当放低,然后取下安全阀出口盲板检查安全阀漏否。气密试验合格后,放尽试验用气体。

三、抽空试验的技能

抽空的目的是检查密封性;抽除系统中的气体和水分。如图 5-6-3 所示。

(1)最好用独立的真空泵进行,所需抽的真空度一般为当天当地的大气压力乘上 0.96 的系数。为了防止突然断电泵内滑油和外器空气倒灌进入系统,可在泵与系统之间的接管上装一个随真空泵电动机启停同时启闭的电磁阀。否则,利用制冷压缩机本身来抽空。

(2)关排出截止阀,开多用通道。

(3)先稍开吸入截止阀,压缩机启动后再逐渐增加开度,压缩机以小排量运行。

(4)短接低压继电器和油压差继电器,以免压缩机因吸压和油压过低而自动停机。

(5)放尽冷凝器的冷却水。如能利用蒸发器电热融霜加热器或其他方法对系统适当加温,将有利于加速其中水分的蒸发。环境温度低于5℃不宜进行抽空除气。

(6)间断进行,以免抽吸过快,不易抽净,过程一般为18~72h。

(7)注意排温(R22 压缩机排气温度一般不超过 120℃;开启式滑油温度不超过

图 5-6-3　抽空试验

1-排气管;2-排气截止阀;3-冷凝器;4-贮液器;5-出液阀;6-膨胀阀;7-蒸发器;8-吸气截止阀;9-压缩机

70℃,封闭式不超过80℃);滑油压力与吸入压力之差不得低于 0.027MPa(调低油压控制器断电值)。

(8)规范:系统内压力降到 5.33kPa(720mmHg)以下时,在 8h 内压力的回升不超过1.33kPa(10mmHg)。

没有合适的真空泵时,可用活塞式制冷压缩机本机来抽空,操作要点如下:

(1)稍开压缩机吸入阀,关闭排出阀,利用排出多用接头供抽空时排气;关闭系统中通大气各阀(如充剂阀、放气阀等);开启系统中其余各阀(包括旁通阀)。

(2)放尽冷凝器中冷却水,如能利用电热融霜加热器或其他方法对系统适当加温,将有利于加速其中水分蒸发。环境温度低于5℃不宜进行抽空除水。

(3)将压缩机盘车几转,排气口应有气体排出。将压缩机置于"手动"位(低压控制器触头被旁通)启动。有容量调节时使压缩机以最小流量工作。

慢慢开大吸入阀,防止排气压力过高。注意排气和滑油温度不要过高,调低油压控制器断电值(滑油与吸入压力差≮0.027 MPa)。抽空应间断进行。

(4)共需多少时间取决系统大小和水分多少。当系统真空度稳定、排气口无气排出时,关压缩机吸入阀,用手按住排出多用接头,迅速将其关闭后再停机。用真空泵抽气应先关其通系统的阀再停泵。氟利昂制冷系统为进一步减少残留水蒸气和其他气体,停抽后可从充剂阀充入适量氟利昂,使真空度降到 0.04 MPa,然后启动压缩机再抽空一次。

螺杆式压缩机若是靠吸、排气压差润滑,不允许用本机抽空。

四、试运转试验的技能

试运转的目的是在安全条件下初步了解制冷装置的工作状况。因此:

(1)按要求调节安全阀、油压差继电器、高低压继电器等的设定值。

(2)制冷压缩机应在制冷剂负荷下安全运转 2h。

五、冷库温度回升试验的技能

制冷装置能正常工作后,应对冷库进行温度回升试验,其目的是了解冷库隔热性能是否满

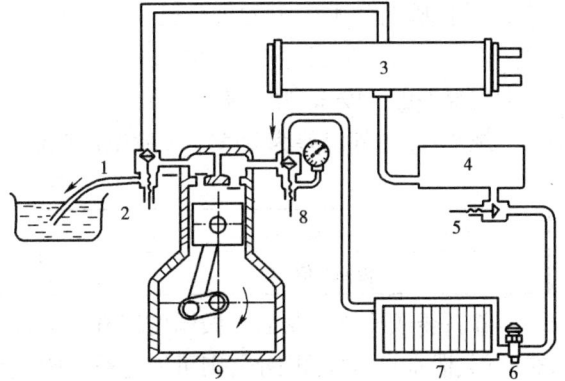

足要求。因此：

冷库应空载、关闭库门、堵住泄水口，用制冷装置将库温降至设计温度，然后保温运行至少 12 h（总试验时间不少于 24 h 以使隔热结构充分冷却），然后停压缩机，连续 6 h 每小时记录一次温度回升值。参照对冷藏舱的要求，如 6 h 冷库平均温度总回升值不超过试验开始时与外界大气温差的 24% 即为合格。

规范：库内外温差为 25℃，6h 库温回升值应小于 6℃，隔热层质量合格。如表 5-6-1 所示。

冷库温度回升值   表 5-6-1

库温与环境初温差（℃）	$15 + 5X$	$X = 0,1,2,3,4,5,6,7,8,9$
6h 内允许库温回升值（℃）	$3.6 + 1.2X$	

除新船或冷库大修后应做温度回升试验外，最好每年在适当时候做一次。如果不合格，若非库门、泄水口等关闭不严，则可能是舱壁隔热结构损坏、受潮等原因。

六、制冷装置操作的技能

船舶制冷装置均配有自动控制系统，在经过验收后，正常工作情况下的装置的启动、运转、调节与停车是自动控制的，但是当装置经过较长时间停用后需启动时或当检修前需停用时，仍需人工进行起、停，以及运行管理中仍有一些检查和调节工作必须由人工进行的。起、停和运转管理时应注意以下要点：

1. 启动

（1）油：油位应正常，压缩机曲柄箱的润滑油油位应在示液镜的 1/3 ~ 2/3 处。

（2）水：检查冷却水系统，应在压缩机之前开启，并使之正常运转；对于间接冷却系统应开启盐水循环泵。

（3）气：检查直接吹风冷却的系统，应在压缩机之前开启，并使之正常运转。

（4）汽：略。

（5）电：检查电器设备状况、电流、电压和绝缘等参数，并使之保持正常。

（6）阀：压缩机吸入截止阀和贮液器出口阀暂不开，排气阀及高低压系统有关截止阀开足（若排出截止阀多用通道接有压力表或压力继电器，则要开足后回旋 1/2 ~ 1 圈），能量调节阀开到能量最低的位置。

（7）机：检查机器及四周有无妨碍运转的因素或障碍物，确认机器处于适合启动的状态。

（8）盘：新安装或检修后首次启动的压缩机，应在卸载情况下手动盘车，进一步确认机器正常。

（9）冲：瞬时起、停（点动）压缩机，观察压缩机、电动机启动状态和转向，如有异常，可反复 2 ~ 3 次，确认正常。

（10）启：启动压缩机，缓慢开大吸入截止阀，一旦声音异常（液击声），立即关闭，等声音正常后再缓慢开大，如此反复调节吸入截止阀的开度，直到完全开足且声音正常（若吸入截止阀多用通道上接有压力表或压力继电器，则需开足后回旋 1/2 ~ 1 圈）。控制吸入阀开度的目的是为了防止可能积聚在蒸发器中的液态冷剂大量进入压缩机造成液击损坏。确认正常后，开足贮液器出口阀便可投入正常运转。

2. 运转

（1）压：检查工作压力，并保持正常。正常值一般为：排出压力，R22 是 1.0 ~ 1.5MPa，最高不超过 1.6MPa。吸入压力，具体值与需保持的库温有关，但最低不得低于表压力 0.01MP。油压差,未设油压控制的卸载与能量调节机构的压缩机是0.1MPa以上,设有油压控制的卸载与能量调节机构的压缩机是0.15~0.30MPa。

（2）温:检查工作温度,并保持正常。正常值一般为:冷凝温度,水冷冷凝器是25~30℃;风冷冷凝器不超过40℃。排气温度,国家对活塞式制冷压缩机的规定为150℃（R22）。滑油温度,开启式压缩机为不超过70℃,封闭式压缩机不超过80℃。库温应符合要求。

（3）荷:检查电流、电压和功率,发现超负荷应立即找出原因,并加以解决。

（4）转:略。

（5）声:注意机器运转声音,发现异常及时找出原因并加以解决。

3. 停车

（1）短期停车:在停车前先关闭贮液界（或冷凝器）出液阀,当吸气压力表达到0.02MPa时,切断压缩机电源,关闭吸、排阀,以将冷剂收入贮液器。

（2）长期停车:与短期停车相似,不同点是需将低压继电器触点常闭,逐次将吸气表压力抽吸到0（或略高于大气压力）时停车。其目的是将冷剂更彻底地收入贮液器。

七、制冷剂充注的技能

1. 制冷剂不足的判断

（1）贮液器液位偏低（低于1/3）。

（2）热力膨胀阀夹带较多气体时会发出较明显的"丝、丝"声。

（3）液流指示器中见到液流夹有大量气泡。

（4）开启膨胀阀旁通阀后吸气压力无明显回升。

2. 充注方法

制冷剂的充注可从系统的专用充剂阀处充注,或低压吸气阀多用通道口处充注。前者属高压侧充注,后者属低压侧充注。

图5-6-4所示为由专设的充剂阀充剂的示意图。

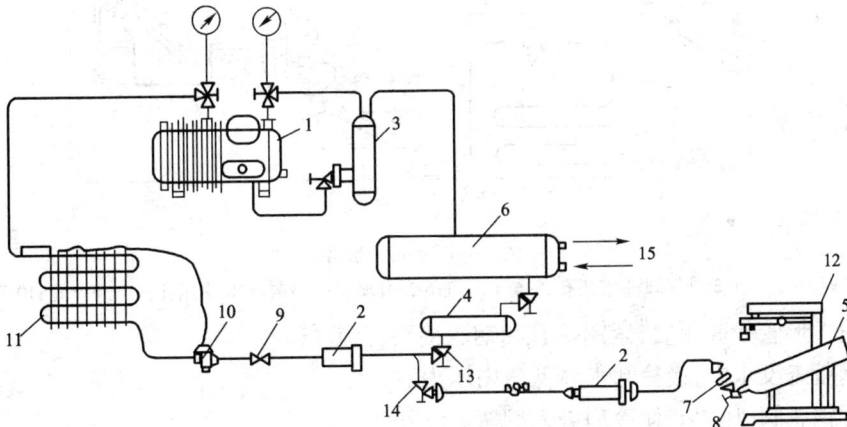

图5-6-4　制冷剂充注（充剂阀）

1-压缩机;2-干燥过滤器;3-滑油分离器;4-贮液器;5-氟利昂液罐;6-冷凝器;7-钢瓶接头;8-钢瓶阀;9-供液电磁阀;10-热力膨胀阀;11-蒸发器;12-磅秤;13-出液阀;14-充注阀;15-冷却水

（1）识别并确认所充冷剂的种类。

（2）借助充液铜管将氟利昂液罐和系统充注阀连接,拧紧接口螺母前,稍微松开液罐阀门,驱赶管内空气。

（3）制冷剂必须经干燥过滤器进入系统；

（4）液罐瓶口朝下，倾斜放置并称重，微开阀门检查配管系统有无泄漏。

（5）关贮液器的出液阀，逐渐开启液罐钢瓶阀、充剂阀，启动压缩机向系统充剂。

（6）由磅秤确定算好的充剂量，即可切断充剂阀，开出液阀，系统正常运转。观察贮液器液位变化情况。若充剂量不够再次充剂。

图 5-6-5 所示为由压缩机吸入截止阀多用通道充剂的示意图。

制冷剂充注需借助吸气三通阀将充剂铜管接钢瓶阀上。与以上操作不同的是：

（1）钢瓶直立放置。

（2）充剂中随时调整钢瓶阀，控制吸入压力不超 0.2MPa（表压）。

（3）如需加速充剂，可用温水淋浇或浸泡。

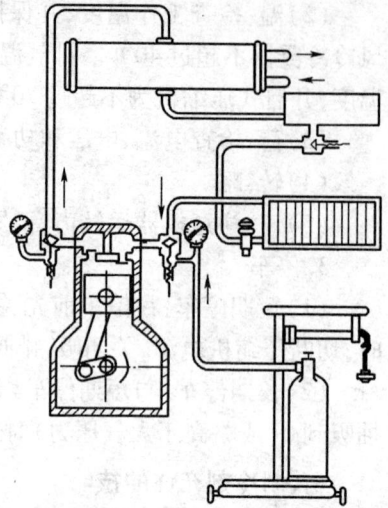

图 5-6-5 制冷剂充注（多用通道）

八、制冷剂取出的技能

如果系统中制冷剂过多，液态制冷剂可能过多地浸没冷凝器冷却水管，会使冷凝压力升高，这就需要取出部分制冷剂。有时因装置需要大修或准备长期停用，可能需要取出全部制冷剂。如图 5-6-6 所示。

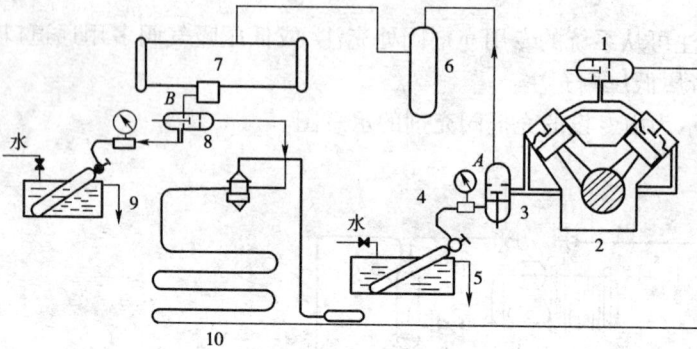

图 5-6-6 制冷剂取出

1-吸气阀;2-冷冻机;3-排气阀;4-多用孔;5-至下水道;6-油分离器;7-冷凝器;8-多用孔;9-至下水道;10-蒸发器

（1）用 T 形管接高压表，紫铜接管和钢瓶接头，并赶气。

（2）钢瓶淹没水中，接冷却水降低瓶内压力。

（3）开钢瓶阀，压力差使冷剂进入钢瓶。

（4）启动压缩机以最小容量抽气，并调低油压控制器断电值，关小冷凝器冷却水（提高冷凝压力）。

（5）缓缓关小压缩机的排出截止阀，密切注视压力表，防止排出压力过高。

（6）系统内制冷剂减少，B 处取冷剂困难，可换 A 处，当系统压力为 0.098 MPa，制冷剂基本已抽取完。

（7）停车后，压力表值回升，再开机继续抽取，直至表压值不回升。

九、冷冻机油添加的技能

1. 冷冻机油不足的判断

氟利昂制冷装置运转正常情况下,压缩机滑油耗量很小,不会产生缺油现象,如系统短时间内缺油过多(曲轴箱冷冻机油的油位低于1/3示液镜),应先检查,确定情况后再进行处理。特别要注意的是:查明原因,避免盲目加入。因为,冷冻机油消耗过快的可能原因有:发生奔油;分离器工作不正常;吸气管布置不当(水平吸气管——向下倾3°~5°;上行吸气管——按装置最小制冷量选取内径);冷冻机油选用不当;系统漏泄严重使冷冻机油损失太多;新加制冷剂会溶解一定量的冷冻机油等。

2. 添加方法

压缩机添加冷冻机油时应注意不要混入不同牌号的油和防止空气进入系统。补油方法因压缩机结构而异,常用方法有:

(1)油泵吸入端有油三通阀:必须在运行中补油。用软管一端接在油三通阀的外接口,另一端插入油桶内;先将三通阀转至放油位驱除接管内空气,再将三通阀转至加油位,油泵即自行吸油;至油位镜油位达1/2时,将三通阀转至工作位即改由曲轴箱吸油。

(2)曲轴箱有带阀加油接头:在运行中或停机后补油:关小压缩机吸入阀,先将曲轴箱抽成真空(短接低压继电器和油压差继电器),然后再开加油接头的阀吸入要加的冷冻机油。

(3)曲轴箱只有加油旋塞:必须在停机后补油:在开机时关小吸入截止阀,使曲轴箱内压力下降到零(短接低压继电器和油压差继电器);然后停机并关吸、排气阀;再拆下加油旋塞用漏斗加油;至油位镜油位达4/5后重新堵上加油旋塞,排气,恢复工作。

(4)无加油接头和旋塞的小型压缩机:必须在停机后补油:关压缩机吸入多用通道,装T形接头,接好加油管和真空表,稍开多用通道即关,用机内制冷剂驱除接管内空气,立即用拇指封住接管口;关压缩机吸入截止阀,隔断压缩机与回气管通路;把转换开关置于"手动"位置或短接低压继电器和油压差继电器,点式启动压缩机2~3次,防止制冷剂将冷冻机油带进气缸"液击",直至达稳定真空后停机;松开拇指,冷冻机油即经接管、多用通道和回油孔被吸入曲轴箱。若油的吸入量不足,可用拇指封住管口,重复以上操作。

十、冷冻机油更换的技能

冷冻机油连续使用一段时间后,当黏度下降15%或发现因污浊而颜色变深,应换新油。新组装和解体大修后压缩机,运转3~4h,也应更换。方法如下:

(1)关闭吸入截止阀,瞬时启动压缩机抽空曲轴箱后关排出截止阀。

(2)打开放油旋塞和加油塞,放尽脏油。

(3)打开曲轴箱清洗干净(清洗油的黏度比冷冻机油低或用冷冻机油清洗)。

(4)装复后从注油孔注入新冷冻机油至示油镜4/5高度(运行中轴位约保持1/2高)。

(5)加完油,开排出截止阀上的多用通道,开启压缩机,抽除曲轴箱内的空气,开启吸排截止阀后即可正常运行。

十一、空气排放的技能

系统中的空气一般是在操作不当时从外界进入的。空气的存在会妨碍传热,使排气的压力和温度升高,增加压缩机功耗,降低制冷量,缩短滑油使用寿命,必须设法排除。

如果冷凝器位置比压缩机高,可通过冷凝器的放气阀放气;若冷凝器位置比压缩机低,则可从排出阀多用接头(或排出压力表接头)放气。压缩机运行中不应放空气,否则制冷剂损耗很大。方法如下：

（1）关贮液器的出液阀。

（2）开机把系统中的制冷剂连同不凝性气体一起排入冷凝器中，然后停机。

（3）继续向冷凝器供冷却水，使制冷剂充分冷凝，直至冷凝器压力不再下降（需 1～2 h）。这时空气比制冷剂轻，聚集在高处。

（4）开放气阀，让气体流出几秒钟即关，稍停再重复。分次操作可减轻扰动，减少制冷剂损失。每次放气后注意排出压力表，放至冷凝器中的压力接近水温所对应的制冷剂饱和压力即应结束放气。如果压力降得太低，降后又渐渐回升，则表明放掉的是制冷剂。

十二、检漏的技能

氟利昂色无味、渗透性强，连接处因振动而松动，阀杆处因填料未压紧，轴封等处均有泄漏可能，检漏是经常性的维护工作。方法如下：

1. 油迹示漏

氟利昂与滑油互溶，只要使装置各部分常保持清洁，一旦出现油迹，则表明该处有漏。

2. 皂液检漏

皂液（加几滴甘油，使泡沫不易破裂）在 0℃ 以上环境涂于 0.35～0.4MPa 以上系统管路处。微小渗漏查不出。

3. 卤素灯检漏

卤素灯检漏的工作原理是：空气不含氟利昂时检漏灯的火焰呈淡蓝色。而当空气中含氯元素的氟利昂超过 5%～10% 并与炽热的铜接触时，氟利昂就会分解产生氯元素，并与铜发生化学反应，生成的化合物使火焰变绿。随着空气中含氯氟利昂浓度的增大，火焰的颜色将由浅绿变为深绿以至亮蓝色，甚至熄灭。

检漏灯可用酒精、丁烷或丙烷作燃料。图 5-6-7 所示为一种丙烷检漏灯。检漏灯下部装有盛丙烷的一次性塑料筒（或铁罐）1，用完后另换。筒的上部（在调节阀之前）装有止回阀，在丙烷筒拧紧在检漏灯上之后能自动顶开，这时只要打开调节阀，就可在点火孔 8 处将其点燃。火焰的高度用调节阀 2 调节，以恰好在铜片 10 之下为宜。操作时用吸气软管在可能泄漏处移动。

操作时应注意：

（1）检漏前舱室应通风，不抽烟。因为大量氟利昂遇火会产生有毒气体，会被人体吸入，造成中毒。

（2）喷嘴上方的铜片工作时参与反应，所以必须事先擦净，并且火焰高度应调到正好在铜片之下，为验证效能可先人为地从钢瓶中放出微量冷剂。

（3）发现火色变绿时说明附近存在泄漏点，应仔细寻找。如果火色变成紫绿色和亮蓝色，说明泄漏严重，此时应关掉检漏灯，换用皂液法等检漏，以免中毒。

（4）检漏后，熄火关调节阀，不要关太紧，以免冷却后卡死。

（5）卤素检漏灯对不含氯离子的制冷剂（如 R134a

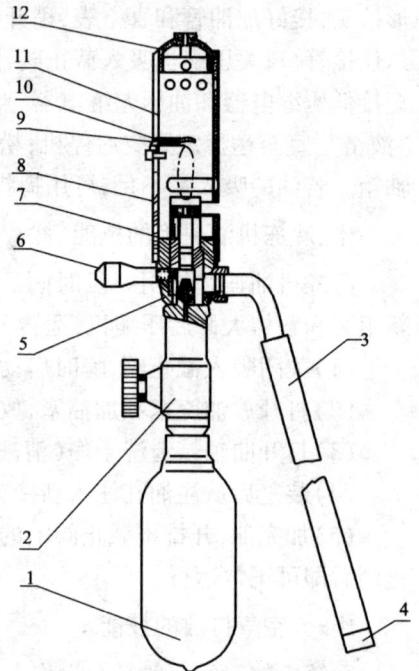

图 5-6-7 卤素灯

1-丙烷筒；2-调节阀；3-吸气软管；4-滤网；5-喷嘴；6-止动螺钉；7-火口；8-点火孔；9-火焰；10-铜片；11-燃烧筒；12-顶罩

等环保型无氯制冷剂)无效。

4.电子仪检漏

是利用使气体电离后测其导电性的原理工作的。对卤素的检漏灵敏度极高,能检出 0.3～0.5g/年的微漏;对不含氯的制冷剂(R134a 等)灵敏度较低,但可以使用。

十三、融霜的技能

若蒸发器外壁温度低于 0℃,空气中的水蒸气就会在其表面结霜。霜层的热导率低,蒸发器结霜后吸热能力显著变差,蒸发量减少,蒸发压力和蒸发温度就会降低,导致装置制冷量减小,性能系数下降;冷风机霜层较厚还会堵塞肋片间通道,使通风量减少。蒸发器霜层达到一定厚度(超过 3 mm)应融霜。

高温库(例如菜库)若需融霜,只需停止供入冷剂,库内温度高于 0℃即可自然融霜。低温库融霜的方法有淋水冲霜、电热融霜和热气融霜等。船上用得最普遍的是电热融霜,冷藏舱和用盘管蒸发器的装置还采用热气融霜。

1.电热融霜

用电加热器加热蒸发器融霜,仅适用于冷风机。这种方法无需增设管系,容易自动控制,操作简单,广泛用于伙食冷库;缺点是耗电多。

电热融霜需在冷风机翅片管间和风扇、泄水盘、泄水处设电加热器。一般都采用融霜定时器自动控制每天融霜的次数和融霜的启、停时间,一般 1 次/24 h,冷库刚进货或夏天库外湿度高而开门频繁可 2 次/24 h。融霜时间一般 20～30 min。

达到调定融霜时间,定时器使融霜库的风机断电停转、供液电磁阀断电关闭,各融霜电加热器通电。到调定融霜结束时间,定时开关使加热停止,开供液电磁阀和启动风机。若融霜结束时间未到而霜已融完,蒸发器内的温度和压力会迅速升高,为此可在冷风机出口管路上接融霜保护压力继电器,当蒸发器内压力升至较高(例如为制冷剂 3℃左右的饱和蒸气压力)时,提前中断加热器供电;也可设融霜温度控制器,在其感受的蒸发器翅片间的温度升至调定值时提前使融霜电加热器断电。

2.热气融霜

让某些冷库制冷,将压缩机排出的温度较高的冷剂蒸气引入要融霜的蒸发器冷凝放热而融霜。这比电热融霜节能,对蒸发盘管和冷风机都适用,但操作较麻烦,不便于自动化。

(1)顺流式热气融霜。系统原理图如图 5-6-8 所示。若 1 号蒸发器需要融霜,可让 2 号蒸

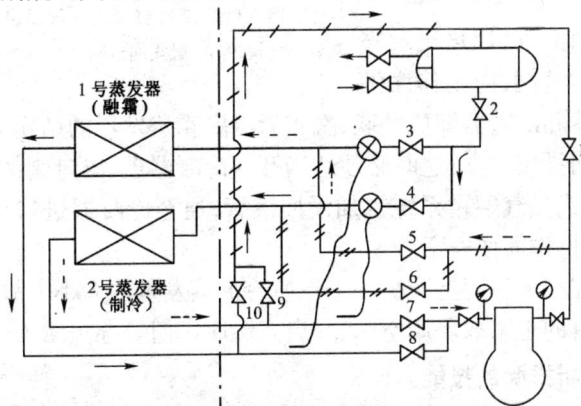

图 5-6-8　顺流热气融霜系统

1-冷凝器进口阀;2-冷凝器出口阀;3、4-供液阀;5、6-融霜热气阀;7、8-回气阀;9、10-融霜回液阀

发器制冷,融霜步骤如下:

①停止融霜库制冷:先关进液阀3,估计蒸发器中剩余冷剂大部分抽空后,关回气阀8;若蒸发器有风机应随后关闭。

②开始融霜:先开融霜热气阀5,然后关冷凝器进口阀1,让压缩机排气进入融霜蒸发器,在其中冷凝放热;开融霜回液阀10,让在蒸发器中凝结的冷剂回到冷凝器。

③停止融霜:当蒸发器霜层融化完时,开冷凝器进口阀1,再关热气阀5和融霜回液阀10。

④恢复制冷:若蒸发器有风机则先启动,慢慢地开启回气阀8,如压缩机进口结霜,则立即将阀8暂时关小,以防蒸发器中有残留的冷剂液体被吸入压缩机,造成液击;回气阀开足后无异常情况再开供液阀3。

顺流式热气融霜的特点是:

①融霜热气管通到膨胀阀后,其流向与正常工作时冷剂流向相同。因为膨胀阀一般都靠近蒸发器进口,故这种方式对蒸发器离冰机间较远的冷藏舱制冷装置来说,热气管太长,不宜采用。

②冷剂融霜后凝结的液体不允许被吸回压缩机,因此必须设回液管。

当冷凝器位置较低时,融霜回液管可接到冷凝器进口,这样融霜蒸发器与冷凝器串联,融霜后期霜层不多时也不必担心排气压力过高,操作比较安全;但若冷凝器位置较高,为避免融霜时冷剂凝液聚集在蒸发器内,回液管必须通至冷凝器出口管。这样,融霜蒸发器是与冷凝器并联,融霜后期霜层不多则排气压力可能过高,应注意适当开启冷凝器进口阀分流。

(2)逆流式热气融霜。系统原理图如图5-6-9所示。这种系统的特点是:

①融霜热气管接到蒸发器后吸气管上的吸气阀前,融霜热气在蒸发器中的流向与正常工作时冷剂的流向相反。吸气阀就在冰机间,故膨胀阀离冰机间较远的冷藏舱制冷装置也可以适用。其融霜操作步骤和要领与顺流式相同,差别仅在于融霜期间要开启膨胀阀的旁通阀(有的冷藏舱为简化操作,采用单向阀)让冷剂流过。

②可以不设融霜回液管,让热气融霜的凝液逆向流过该库供液阀,向工作库供

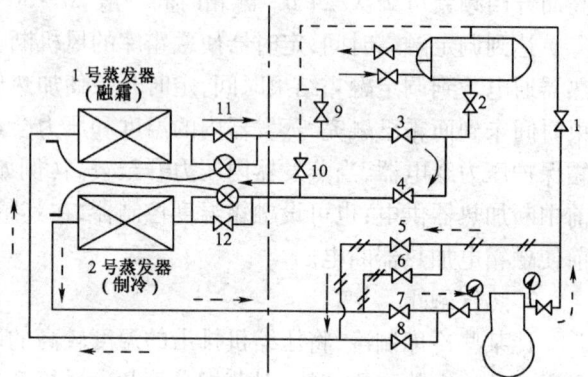

图5-6-9 逆流热气融霜系统原理图

1-冷凝器进口阀;2-冷凝器出口阀;3、4-供液阀;5、6-融霜热气阀;7、8-回气阀;9、10-融霜回液阀;11、12-热力膨胀阀旁通阀

液。但这样融霜蒸发器和冷凝器即成并联,融霜后期融霜蒸发器的结霜大部分已融化,压缩机的排气会因冷却不好而排压过高;这时必须适当开启冷凝器进、出口阀帮助冷凝。所以当冷凝器是低位时,有的逆流式热气融霜系统也加设回液管,通至冷凝器进口(见图中虚线所示)与之串联,以求融霜后期操作简便安全。

热气融霜的速度在很大程度上取决于工作库冷剂蒸发量的大小。故融霜宜在其他工作库热负荷较大时进行。有的也采取启用空库、开启高温库库门等办法增加工作库热负荷。

十四、主要故障分析排除的技能

1.冰塞

制冷系统中氟利昂含水较多时,若节流降压后温度降到0℃以下,水的溶解度显著降低,

即会析出而结冰,在流道狭窄处形成"冰塞"。热力膨胀阀是节流降压元件,阀孔通道狭窄,最容易发生冰塞。有时液管上滤器脏堵,或膨胀阀前后的阀开度不足等,也可能节流而导致冰塞。当冰塞尚未完全堵死通道时,蒸发器的制冷剂流量减少,出口过热度增加,压缩机吸入压力下降,直至低压控制器使压缩机停车;停车后冰塞处的冰部分融化,压缩机吸入压力回升而重新启动;反复启停冰塞继续加重,停车时间会加长,再次启动的时间将更短,完全不能正常工作。

用下述方法可判断冰塞的部位:

关热力膨胀阀前的截止阀;清除该阀后可能冰塞的管道和阀件外面的霜层;突然开启上述截止阀,冰塞处流道狭窄产生节流降压,其后面管道必然结霜。

冰塞以预防为主:应及时更换失效的干燥剂;日常操作时要防止湿气和水分进入系统。但是如果发生冰塞,消除办法有:

(1)拆下冰塞元件(膨胀阀、滤器等)用纯酒精清洗,再用压缩空气吹干后装复。

(2)热水化冰。换新干燥剂后,在不便拆卸的冰塞处外敷毛巾,浇热水使冰融化,然后启动压缩机,让水分随着制冷剂流动并被干燥剂吸收。采用这种方法往往需要耐心反复化冰。

(3)用"解冻剂"除冰塞。用类似充制冷剂的方法向系统中充入一定数量"解冻剂",使其随制冷剂在系统中循环,它能溶解冰,并和水一起被干燥剂吸收。"解冻剂"不允许含甲醇之类对金属有害的物质。

(4)用干燥气体吹除水分。系统大量进水时上述方法都不适用。这时只能将系统中的制冷剂收入钢瓶以备送岸处理。然后用表压 0.6 ~ 0.8 MPa 的氮气或二氧化碳气吹扫系统,最后用抽空除水法使系统干燥。千万不能直接用压缩空气瓶中的空气直接吹扫温度较低的冷库管路,因为气瓶中的压缩空气含水较多,遇冷会结露。

热力膨胀阀和液管上的滤器有时会发生脏堵,其症状与冰塞相似,也会引起制冷剂流量不足、吸入压力降低、吸气过热度增加和压缩机启停频繁等现象。但如果"脏堵"的症状比较稳定,停机较长时间情况也无改善,用毛巾热敷也不解决问题,应拆下清洗。若采用的滑油倾点太高还可能发生油堵,其现象与冰塞类似,可用加热堵塞处的方法暂时解除,彻底解决的办法是应换成倾点合适的冷冻机油。

2.排气压力过高

排气压力过高会使压缩机的输气系数减小,装置的制冷量和制冷系数降低;还会使排气和滑油温度升高;严重时高压控制器动作停车。通常 R22 制冷压缩机排气温度应 ≤120℃,冷冻机油温度 ≤70℃(开启式)或 80℃(半封闭式)。若冷却水全开时,$(t_k - t_{w1})$ 远大于设计值(差值不超过 10℃左右)即表明:排气压力过高。

可能原因是:

(1)冷却水进水温度增高。

(2)冷凝器冷凝能力不足:如果冷却水进出口温差超出设计值(3 ~ 5℃),则表明冷却水量不足;若冷却水进出温差在设计范围内,则说明冷却水尚有吸热能力而是换热不良。

(3)压缩机吸入压力增高。

(4)其他:排气截止阀没开足。

3.排气温度过高

排气温度过高会导致冷冻机油温度过高,使其密封、润滑性能变差,使用寿命缩短。若工作 1h 左右排气温度超过相应值 10℃ 以上即表明:排气温度过高。

可能原因是:

(1)排气压力高。

(2)吸气过热度高。

(3)吸排气压差太大。

(4)排气阀或压缩机高、低压分隔处(缸头垫片、安全阀等)漏气。

4. 吸气压力过低

既定制冷装置的吸气压力过低会使制冷量和制冷系数降低,严重时还会使冷库温度未达下限、电磁阀未关而低压控制器即停车。若蒸发器传热温差($t_r - t_0$)远大于设计值(5 ~ 10℃)时即表明:吸气压力(蒸发压力)太低。

吸气压力过低,几乎都是蒸发器性能差所致。

第一种情况是吸气过热度不大的情况下。可能原因是:

(1)蒸发器结霜过厚。

(2)冷风机叶轮装反、反转、停转或转速下降。

(3)蒸发器设计制冷量不足,部分并联蒸发器被停用。

(4)蒸发压力调节阀调得太紧,使蒸发温度过高。

第二种情况是吸气过热度大的情况下。可能原因是:

(5)系统中制冷剂不足。

(6)冷凝压力过低:寒冷水域冷却水流量太大,R22 制冷装置要大于 0.7 ~ 0.8 MPa。

(7)低压管路冰塞、脏堵、油堵,电磁阀未开或液管上的阀门未开足。

(8)膨胀阀安装不当、调节过紧或温包充剂漏失。

(9)进入系统的滑油过多:使流经膨胀阀的制冷剂流量减少,蒸发量减少。

5. 压缩机启停频繁

不设容量调节的伙食冰机,一般以每小时启停不超过 4 次为宜。频繁启停会影响设备和电路的可靠性,可能使油压差控制器的加热元件或电路过载热保护元件过热而停车,造成压缩机不能再自动启动。如果库温未达要求而频繁启停,势必影响制冷效果。

压缩机频繁启停,因目前高压控制器都带停机自锁机构,所以几乎是低压控制器动作导致的。

第一种情况是供液电磁阀启闭频繁:这是由于温度控制器启闭频繁。可能原因是:

(1)冷库隔热差。

(2)温度控制器温包安装不当。

第二种情况是供液电磁阀开启着:这表明库温未达下限,压缩机吸入压力过早达到低压控制器下限,停车后仍有制冷剂进入蒸发器,吸入压力不久又升到上限。可能原因是:

(3)压缩机输气量太大:选型太大、转速太高或容量调节未能卸载。

(4)低压控制器下限调得太高或幅差太小。

(5)工作时吸入压力太低了,情况比较严重,见"吸气压力过低"的分析。

第三种情况是供液电磁阀全部关闭。可能原因是:

(6)高、低压端之间存在较严重的内部漏泄。

6. 压缩机运转不停

第一种情况是装置热负荷太大。可能原因是:

（1）冷库隔热性能太差。

第二种情况是制冷量不足。可能原因是：

（2）蒸发器性能差：见"吸气压力过低"的分析。

（3）压缩机在使用中性能降低：

①压缩机容量调节机构有故障：部分气缸不能加载；

②气缸余隙太大：缸头垫片不适当地被加厚或活塞副因轴承磨损而下沉；

③压缩机转速下降；

④排气压力太高：输气系数减小，使输气量有所降低，原因见"排气压力过低"分析。

7. 压缩机启动不久就停或无法启动

第一种情况是高压控制器断电（未手动复位则无法启动）。可能原因是：

（1）压缩机排出截止阀未开。

（2）冷凝器冷却水中断或充剂太满（无贮液器）。

（3）高压控制器上限调得太低。

第二种情况是低压控制器断电。可能原因是：

（4）低压控制器下限调得太高。

（5）液管或低压管路中制冷剂数量甚少或中断。例如制冷剂严重缺少，出液阀或某处截止阀未开，电磁阀断电，膨胀阀温包充剂泄漏以及管路严重堵塞等。

第三种情况是油压差控制器断电（未手动复位则无法启动）。可能原因是：

（6）曲轴箱缺抽或"奔油"。

（7）吸油滤器堵塞。

（8）油压调节阀过松或严重漏泄。

（9）油泵磨损严重或运动件、传动件损坏。

（10）轴承间隙过大或油路中某处严重漏泄。

（11）压缩机频繁启动以致油压差控制器中双金属片弯曲使触头断开。

第四种情况是过电流继电器断电（未手动复位则无法启动）。可能原因是：

（12）压缩机因咬缸、轴承烧毁或安装间隙过紧等原因而盘车过重。

（13）启动过于频繁。

（14）电路电压过低。

其他情况的可能原因是：

（15）融霜定时器正在融霜期间。

（16）有的装置有电机过热保护继电器，若起作用能使电机停电。

（17）有的电路冷却水泵、风机未能正常工作时有连锁开关使压缩机不能通电。

（18）电动机或电路发生故障。

● 思考练习

一、判断题

1.（　　）各种冷剂的压缩制冷循环提高供液过冷度都能提高经济性。

2.（　　）制冷装置中发现滑油污浊、颜色变深、黏度下降15%以上时，应更换。

3.（　　）湿度过高对0℃以上食品保存不利。

4.（　　）氨制冷装置不会冰塞。

5. （　　）温包漏气热力膨胀阀就会关闭。

6. （　　）制冷系统混入空气,压缩机排气温度会升高。

7. （　　）电热融霜一般不用于蒸发盘管。

8. （　　）制冷压缩机吸气管必须要用隔热材料包扎,是为了防止有害过热。

9. （　　）制冷系统在过滤器处除了会发生冰塞外,还会发生脏堵和油堵。

10.（　　）制冷系统压缩机轴封、阀杆和管接头等处易发生制冷剂泄漏现象。

二、简答题

11. 对制冷剂有哪些主要的热力学性能要求?

12. 冷冻机油主要性能指标要求有哪些?

13. 氟利昂制冷装置有哪些主要自动化元件? 各起什么作用?

14. 制冷系统中的不凝性气体有何危害? 如何去除?

15. 氟利昂系统中的冰塞是怎样形成的? 冰塞的部位如何判断? 如何消除?

16. 制冷压缩机发生液击的原因有哪些?

17. 何谓制冷压缩机的奔油现象? 有何危害?

18. 如何正确选用热力膨胀阀?

19. 如何正确安装和调试热力膨胀阀?

20. 如何给氟利昂制冷压缩机添加滑油?

● 案例分析

冰塞和脏堵——伙食冷库达不到规定的低温要求

一、故障现象

某轮伙食冰机配置为:两台由 DAIKIN INDUSTRIES LTD. 生产的 6C552A－F 压缩机,使用冷剂为:R22。自 1994 年下水投入营运后,虽然偶尔出现过几次伙食冰库温度异常现象,但总体上说系统工作正常。2002 年 7～8 月份,两次补充使用国产冷剂后,冰库系统均出现不同程度的异常现象,尤以第二次为甚。主要表现为:吸入、排出压力比平常低（分别为 0.03～0.05MPa 和 0.9～1MPa）;压缩机吸入阀处结霜或结冰,进而发展到吸入阀处无冰凉感觉;低温库达不到要求的 -18℃,只能在 -12℃ 左右徘徊,严重时只能维持在 -8℃ 左右;随后,高温库也出现异常现象。

二、分析处理

根据故障现象进行如下分析判断。

（1）压缩机排出压力低的可能原因:冷凝器的冷却水温太低或水量过大;活塞与气缸之间的间隙太大;冷剂量太少等。

（2）压缩机吸入压力太低的可能原因:液体冷剂流量受限制;充入的冷剂太少;膨胀阀"冰塞";膨胀阀"油塞"或脏堵;膨胀阀开度太小或过热度设置过高;蒸发器冷凝能力下降等。

（3）制冷系统制冷效率不足的可能原因:冷剂从膨胀阀感温包内漏泄;膨胀阀感温包安装错误或安装位置不当;膨胀阀故障或失调;膨胀阀阻塞;排出阀和吸入阀故障;膨胀阀结冰;通过蒸发器的空气流量不足;蒸发器结冰或霜较厚;干燥器堵塞;截止阀关闭或节流;充入冷剂太少;风机皮带打滑导致风机速度下降;排出压力太高;吸入压力太低等。

经过认真分析,并考虑到两次补加冷剂之前系统工作一直比较正常,认为尽管系统本身可能存在某些潜在的因素,但本次补加的国产冷剂质量方面存在问题,是造成这次故障现象的"催化剂"。由于前段时间刚将压缩机进行了检修,并且系统冷剂数量以及冷却水的调整也比较合适。因此,检查的重点应放在低压系统及其部件上。综合各种现象进行分析,系统冰塞或脏堵的可能性比较大。"冰塞"是由于系统漏泄或氟利昂制冷剂不纯(含的水分比较多),或检修设备、补充冷剂、添加冷冻机油等操作方法不当,使水分随空气进入系统。当冷剂经过膨胀阀产生节流降压降温时,由于相应的蒸发温度突然降到零度以下,水分便在膨胀阀出口或其他低压管道的狭窄处形成"冰塞"。如果系统中的滤器"脏堵"或膨胀阀前后的阀门开度不足等,也会因节流而导致"冰塞"。一般情况下,R22 溶水性比 R12 要大得多,"冰塞"可能性相对小些,但如果含水量较多时则另当别论。"脏堵"则是由于冷剂不纯含有杂质或管系中的一些油性微粒等物阻塞了滤器,当液态冷剂流过时,会产生严重节流使压力骤降,对应的温度也将大大降低,冷剂吸热气化蒸发,使滤器后结霜(这是判断制冷系统滤器堵塞的重要依据)。由于脏堵,使得进入低压系统中的冷剂的流量减少,导致压缩机吸入压力降低,使蒸发器和吸入管表面的霜层渐渐融化,冷库库温升高。"冰塞"与"脏堵"的症状十分类似,主要区别在于:脏堵的症状相对比较稳定,随着时间的推移,故障现象无明显变化。停车化冰后,基本没有什么好转。

针对故障现象采取解决措施。

(1)将系统中的冷剂收入储液瓶内,待气态冷剂充分冷凝液化后,分几次稍开储液瓶上部的放气阀进行放气,直到用手摸上去有油腻和阴凉的感觉为止。

(2)拆下干燥器进行烘干或换新。

(3)拆除相关管系的保温层,彻底检查从膨胀阀到压缩机吸入阀之间的低压管系及其部件是否有冰塞现象,逐个冷库进行排查。方法是:首先停掉某个冷库,关闭膨胀阀前的截止阀,用浇淋温热水的方法,将低压管路表面结霜化掉,再突然开启膨胀阀前的截止阀,如某个部位前面不结霜而后面结霜,则该部位即为"冰塞"或"脏堵"之所在。"冰塞"部位确定后,反复用温热水浇淋化冰。消除"冰塞"现象是一件耐心细致的工作,往往需要反复几次才能见效。

(4)彻底检查、清洗滤器。该轮伙食冰库系统共有 4 道滤器,分别位于各冰库的电磁阀前、膨胀阀前、回气总管以及压缩机吸入口处。特别是回气总管上的滤器,因被保温层所覆盖,是平常保养工作中容易被忽视的部件。据了解,可能是出于避免系统渗漏、减少空气和水分进入系统的机会等原因,只在制冷系统工作无异常现象,很少有人会定期主动地拆开保温层拆检该滤器。由于拆检间隔时间较长,滤器压盖上的 4 只 M10 螺栓已无法正常拆卸,螺栓头部因锈蚀已经不能使用原规格的扳手。在将系统冷剂充分收回之后,关闭滤器前后截止阀,我们采用乙炔火焰烘烤并适当锤击震动,随后利用罐装"去锈水"喷出的冷气进行骤冷,终于将螺栓拆下。彻底清洗滤器滤网,直到透光为止。

(5)所有拆检工作完成后,对系统再次进行放气,并根据储液瓶液位情况,适当补充部分国外新购的制冷剂。经过上述努力后,启动压缩机试运转,压缩机吸入压力变为 0.06 ~ 0.12MPa,排出压力成为 1.2 ~ 1.3MPa,各库温度逐渐恢复正常。

肉库、鱼库等低温库从蒸发器到回气总管,存在着不同程度的几处"冰塞"部位,反复几次用温热水才融化;两次补加冷剂,两次出现"冰塞"现象,说明冷剂中水分、杂质较多;回气总管滤器较脏,当系统经过多次抽空逐气后,系统中的绝大部分杂质被滤器所过滤,积存在滤网上,阻碍了冷剂的正常通过。正是"冰塞"和"脏堵"导致吸入压力太低,制冷量下降。

三、经验总结

冷库日常管理应注意：

（1）注意膨胀阀的工作情况是否正常。膨胀阀的开度调整合适的特征是：阀的出口处或阀体上均匀结霜一直结到膨胀的冷剂进口管螺母上，蒸发器出口管外刚结霜，手摸有黏手感觉。对于空调设备而言，由于其蒸发温度在 0～8℃之间，过热度为 3～5℃，所以蒸发器出口以后的管路不能有黏手或结霜的现象，只允许结露珠。若膨胀阀的进口处结霜，可能是滤网被堵所引起。

（2）定期对系统进行查漏、灭漏。当系统进行了添加机油、补充冷剂或检修之后，要及时对系统进行逐气工作。制冷剂的充入量不要过多，宁肯少了再补，以免压缩机出现"液击"等异常现象。

（3）根据冷库实际情况，定期进行化霜工作。

（4）按说明书的要求，定期对系统各部件进行检查、检修，确保系统工作正常。对于系统中平时被保温材料包住的部件，更要多加注意。

能力模块六　空调装置应用技能

● 目标要求

本模块的主要知识目标	本模块的主要能力目标
1. 对船舶空调的要求; 2. 船舶空调系统的主要类型(完全集中式、区域再热式、末端电加热式单风管系统和双风管系统)的特点; 3. 温度、湿度、焓等空气的状态参数; 4. 空调的原理和典型的空调循环; 5. 中央空调器; 6. 直布式布风器; 7. 船舶空调装置冬、夏温度自动控制; 8. 船舶空调装置冬、夏相对湿度自动控制	1. 具备利用焓湿图,确定空气状态参数的能力; 2. 具备分析集中式(吸入式)单风管空调系统的降温工况和取暖工况时,空气参数在湿空气 $h-d$ 图上的变化过程的能力; 3. 具备检修、测试和调整各种空调设备的能力; 4. 具备判断、分析、排除各种空调设备等故障的能力; 5. 具备对空调装置进行启动、停用操作和运行管理的能力

● 基本概念

考 证 大 纲	适 用 对 象			
	841	842	843	844
6 空气调节装置				
6.1 理论知识				
6.1.2 船舶空调系统的主要类型(完全集中式、区域再热式、末端电加热式单风管系统和双风管系统)的特点			√	√

一、空调的定义

空调,就是使区域范围内空气的温度、湿度、气流速度和清新度达到一定要求的空气处理过程。

空调技术,是研究空调原理、方法、设备及应用的科学技术。

船舶航行于各海域,气象条件复杂,气候多变,为了使船员、旅客有一个舒适的生活、工作环境,空调技术能够创造一个适宜的人工气候。因此,现代船舶大都设有空调装置。

二、船舶空调的设计参数

舱外空气不超过设计条件时,室内空气以下方面应符合要求:

1. 合适的空气温度

国标规定无限航区船舶空调设计的舱外条件是:冬季 $-20℃$;夏季 $+35℃$,相对湿度 70%;空调舱室的设计标准是:冬季舱内温度为 22℃;夏季舱内温度为 27℃;舱内中间空间各处温差不超过2℃;此外,舱内外温差不宜超过6~10℃。

2. 合适的空气湿度

冬季设计值通常取50%,实际可控制在30%~40%范围内,以减少加湿蒸汽或淡水耗量,并防止与室外低温空气接触的舱壁结露。夏季湿度可按(50±5)%设计,实际保持在40%~60%范围内即可。

3. 合适的空气清新度

如果只为满足人呼吸氧气的需要,新鲜空气的最低供给量每人2.4 m^3/h 即可;然而要符合卫生要求,国标规定每人所需新鲜空气量(m^3/h)是:28(船员舱室)、20~25(办公室)、30(娱乐室);或≮空调总风量的40%(有限航区)~50%(无限航区)。

4. 合适的气流速度

以0.15~0.20 m/s为宜,最大≯0.35 m/s。

三、船舶空调系统的分类

单独调节各空调舱室温度有两种方法:或者改变布风器风门开度以改变送风量,即变量调节;也可在布风器中设换热器或采用双风管系统改变送风温度,即变质调节。

变量调节可能使新鲜空气供给不足;影响室温均匀;影响风管中的风压,干扰其他舱室的送风量。所以变量调节的调节性能不如变质调节的好。

船舶空调一般都是将空气经过集中处理再分送到各舱室,这样的空调装置称为集中式空调装置。只有某些特殊舱室(机舱集控室)才单设专用的空气调节器。如图6-0-1所示。

通风机从新风吸口及回风口分别吸入新风(外界空气)和回风,两者混合后经空气调节器处理,然后由主风管、支风管送至舱室的布风器供入,舱室中多余空气通过房门下部的格栅或留出的空隙流入走廊。

非空调舱室厕所、浴室、配餐室等和走廊设有抽风口,由抽风口抽出,从高处排入大气,这样,由于非空调舱室中形成一定负压,空调舱室中的空气会自动流入,使之达到一定的空调效果,并避免不良气味散发到其他舱室。

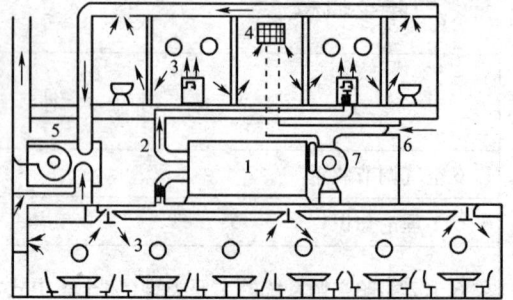

图6-0-1 集中式空调装置

1-空气调节器;2-主风管;3-布风器;4-回风吸口;5-抽风机;6-新风吸口;7-通风机

1. 完全集中式单风管空调系统

在这种系统中,送风由中央空调器统一处理,然后通过单风管送到各个舱室,如图所示。由于各舱室的送风参数相同,所以对各舱室空气参数的个别调节就只能靠改变布风器风门的开度,即改变送风量来实现。如图6-0-2所示。

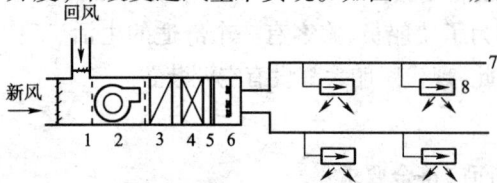

图6-0-2 完全集中式单风管空调系统

1-滤器;2-通风机;3-加热器;4-冷却器;5-挡水板;6-加湿器;7-主风管;8-布风器

这种系统的特点是:结构简单,尺寸小,造价低;所有舱室供风条件相同,只能进行变量调节,变量调节时相邻舱室相互影响,所以这种系统适合于温热带海域,取暖工况时间不多的船舶。

2. 完全集中式双风管空调系统

这种系统中,中央空调器由前、后两部分组成,进风经空调器前部预处理(冬季经预热器加热;夏季即自然风)后,即经中间分配室送至舱室布风器,称为一级送风;其余空气则经空调器后部再处理(冬季经再热器再加热、加湿器加湿;夏季经冷却器冷却除湿)后,经后分配室送至舱室布风器,称为二级送风。这种系统能向舱室同时供送温度不同的两种空气,通过调节布风器两个风门的开度,改变两种送风的混合比,即可调节舱室温度,冬、夏季都可变质调节。如图6-0-3所示。

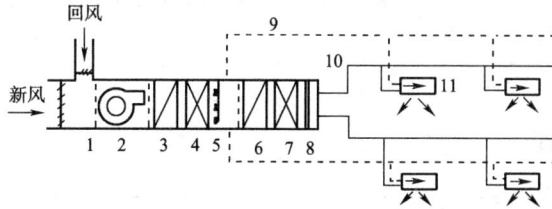

图6-0-3 完全集中式双风管空调系统

1-滤器;2-通风机;3-加热器;4-冷却器;5-加湿器;6-再加热器;7-冷却器;8-挡水板;9-预处理供风管;10-再处理供风管;11-布风器

完全集中式双风管空调系统虽然空调器和风管的重量和尺寸较大,但调节灵敏,不影响新风送风量和室内风速和温度均匀性;可采用直布式布风器,其造价较低;噪声小,适用于对空调要求较高的船舶。

3.半集中式空调系统

(1)区域再热单风管空调系统。这种系统是将中央空调器统一处理后的空气,由设在空调器分配室的各隔离室内或主风管内的再热器进行再加热,然后再用单风管送至各空调舱室。这种系统冬季采用较小的送风温差,对损失热量较小的舱室可少进行或不进行再加热,故一般不需要将送风量过分调小。虽然要对舱室进一步调节仍要靠变量调节,但所需调节幅度明显减小,不会影响新风需要量和室温均匀。这种系统允许将热湿比相差较大的舱室列入同一空调区。

(2)末端再热式单风管空调系统。这种系统除在中央空调器中对送风作统一处理外,还在各舱室的布风器内设电加热器。冬季气温 >5℃时,只需靠调节电加热器改变舱室的送风温度;当气温 <5℃时,空调器先将送风加热到能满足热损失较小的舱室对室温的要求即可,一般 <30℃,热损失大的舱室可用布风器中的电加热器补充加热,进行变质调节。夏季则只能作变量调节。这种方法设备费用增加不多,管理也较简单,适合那些常在高纬度海域航行的货船。

四、船舶空调系统的特点

1.变量调节

改变送风量的调节方式。

2.变质调节

改变送风参数的调节方式。

船舶空调系统的特点如表6-0-1所示。

船舶空调系统的特点 表6-0-1

类　　型	方　　式
完全集中式单风管空调系统	变量调节
区域再热式单风管空调系统	变量调节
末端电加热式单风管空调系统	变量调节(夏季)变质调节(冬季)
双风管空调系统	变质调节

工作任务一　空调循环的综合分析

理论知识点	实践知识点
1. 空气的基本参数； 2. 空气的热湿交换原理； 3. 空气的焓湿图； 4. 焓湿图的应用； 5. 空调舱室的热湿平衡； 6. 空调舱室的分区	利用焓湿图确定空气状态参数的技能

考证大纲	适用对象			
	841	842	843	844
6 空气调节装置				
6.1 理论知识				
6.1.1 对船舶空调的要求			√	√

● **相关理论知识**

一、空气的基本参数

完全不含水蒸气的空气称为干空气。实际上，空气中总有少量的水蒸气，含有水蒸气的空气称为湿空气。空气中水蒸气的分压力如果达到空气温度所对应的水蒸气饱和压力，变为液态水和变为气态水的分子数达到动态平衡时的湿空气称为饱和空气，水蒸气分压力尚未达到该气温对应的饱和压力的湿空气称为未饱和空气。

1. 空气压力

(1)大气压力(p_a)：地球表面的空气层在单位面积上的重量，单位是 MPa。通常以纬度45°处海平面上常年平均气压作为一个"标准大气压"或"物理大气压"，等于760mmHg。

(2)水蒸气分压力(p_s)：湿空气是干空气和水蒸气的混合气体，按照物理学中道尔顿定律，混合气体的总压力等于各组成气体分压力之和，则湿空气的压力等于干空气的分压力(p_g)加水蒸气分压力。

2. 空气温度

空气温度是表示空气冷热程度的参数。常用 t 来表示空气摄氏温度℃，用 T 表示空气绝对温度 K。

(1)干球温度($t_干$)：空气与干球表面热交换平衡时的温度。

(2)湿球温度($t_湿$)：空气与湿球表面热湿交换平衡时(空气放出的显热量 = 纱布水蒸发吸收的汽化潜热量)的饱和温度。它是将空气等焓冷却至 $\varphi = 100\%$ 时的温度。

(3)露点温度($t_露$)：对应水蒸气压力的饱和温度。它是将空气等湿(d)冷却至 $\varphi = 100\%$ 时的温度。湿空气达到露点后继续冷却，其中水蒸气因过饱和而成小水滴析出，在空气中即形成雾,在固体表面即结成露。

一般情况下,干球温度高于湿球温度,湿球温度高于露点温度。如果三者相等,则空气一定是饱和空气。

3.空气湿度

(1)绝对湿度(Z):$1m^3$湿空气中含有的水蒸气质量,单位是(kg/m^3)。

(2)饱和绝对湿度(Z_b):一定压力下,具有一定温度的一定量的空气中,实际所能容纳的最大水蒸气量。单位是kg/m^3。

(3)相对湿度(φ):空气中绝对湿度与同温下饱和绝对湿度的比值。相对湿度反映空气潮湿程度,在一定条件下,φ愈高,Z愈大,空气愈潮湿,离饱和程度愈近。

(4)含湿量(d):每千克干空气所含水蒸气的克数,单位是g/kg干空气。含湿量几乎同水蒸气分压力成正比,而同大气压力成反比。它表达了空气中实际含有的水蒸气量。对某一地区讲,大气压力基本上是定值,那么空气含湿量仅同水蒸气压力有关。空调技术中对空气去湿或加湿处理时,干空气的质量是保持不变的,仅是水蒸气含量发生变化,因此,空调工程计算中,常用含湿量的变化来表达加湿和去湿程度。

4.空气的焓

空气的焓表示单位重量的湿空气所含有的总热量。用h表示。对含湿量为d克的湿空气,其焓等于1千克干空气的焓和d克水蒸气的焓总和。

空气的焓主要取决于湿空气的温度和分压力,通常包括空气的显热和潜热。

二、空气的热湿交换原理

当空气遇到敞开的水面或运动的水滴时,便与水表面发生热湿交换。这时,根据水温的不同,可能仅发生显热交换,也可能既有显热交换,又有湿交换,而湿交换同时将发生潜热交换。显热交换是由于空气与水之间存在温差,因导热、对流和辐射而进行换热的结果;而潜热交换是空气中的水蒸气凝结(或水滴表面蒸发)而放出(或吸收)液化(或汽化)潜热的结果。总热交换量是显热交换和潜热交换的代数和。

如图6-1-1所示,空气与水直接接触时,在贴近水表面的地方或水滴周围,由于水分子作不规则运动,形成了一个温度等于水表面温度的饱和空气边界层。边界层内水蒸气分压力取决于水表面温度。在边界层内侧(与水接触一侧),水蒸气分子作不规则运动,有一部分水分子进入边界层,同时也有一部分水蒸气分子离开边界层进入水中。在边界层外侧(与空气接触一侧),如果边界层温度高于周围空气温度,则由边界层向空气传热;反之,则由周围向边界层传热。如果边界层内的水蒸气分压力大于周围空气的水蒸气分压力,则由边界空气层进入

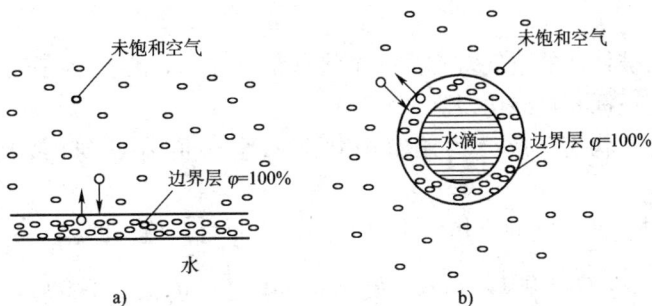

图6-1-1 空气的热湿交换原理

周围空气的水蒸气分子数多于由周围空气进入边界层的水蒸气分子数,结果空气被加湿;反之,则将减湿。我们通常遇到的"蒸发"与"凝结"现象,就是这种作用的结果。在蒸发过程中,边界层减少了的水蒸气分子由水面跃出的水蒸气分子补充;在凝结过程中,边界层中过多的水蒸气分子将回到水面。

三、空气的焓湿图

如上所述,空气基本状态参数中的温度 t、相对湿度 φ、含湿量 d、水蒸气分压力 p_s 和焓 h 是空调的主要参数,彼此独立而又相互联系,直接反映了空气的热力状态。通过湿空气的焓湿图,可在已知其中任意两参数下计算出其他所有的热力参数。

如图 6-1-2 所示,h-d 图是在一定的大气压力下以 h 为纵坐标,含湿量 d 为横坐标,采用 135°的斜角坐标系绘制的。图中除了坐标轴外,还有温度 t、相对湿度 φ 两组等值线;水蒸气分压力 p_s 及表示空气状态变化过程的热湿比线 ε。

1. 等焓线

是一系列与纵坐标成 135°夹角的平行线。

2. 等湿线

是一系列与纵坐标平行的直线。

3. 等温线

不同温度值的等温线彼此是不平行的直线,其斜率为($2500 + 1.84t$),由于 t 值不同,斜率是不相同的。由于空调温度在 $-10℃ \sim 40℃$ 内,$1.84t$ 远远小于 2500,温度对斜率影响不大,所以等温线又近似平行。

4. 等相对湿度线

是一系列向上凸的曲线。当 $d = 0$ 时,$\varphi = 0\%$,即 $\varphi = 0\%$ 的等相对湿度线与纵坐标轴重合,自左至右,此值随 d 值增加而增加,$\varphi = 100\%$ 称饱和曲线。饱和曲线将 h-d 图分为两部分,上部是未饱和空气,饱和曲线上各点是饱和空气,下部表示饱和空气和水蒸气混合物,其中,水蒸气已凝结成雾状,故又称为"雾区"。

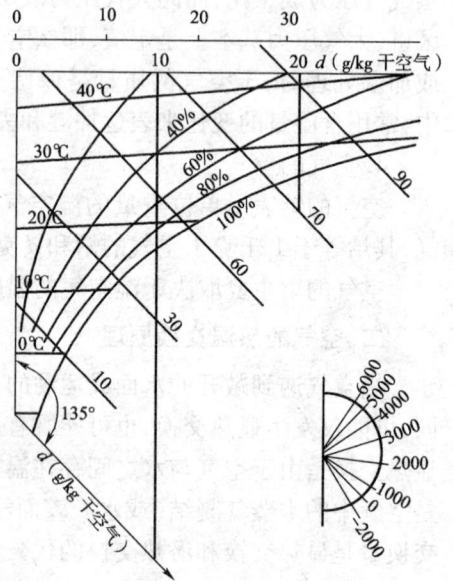

图 6-1-2　空气的焓湿图

5. 水蒸气分压力线

当大气压力为定值时,水蒸气分压力仅取决于含湿量 d,因此,在 d 轴上标出相应 p_s 值。

6. 热湿比线

在空调工程中,被处理的空气常常由一个状态变为另一个状态,为了表示变化过程进行的方式与特性,在图上还标有热湿比线。

空气状态从送风状态 s 改变为舱室内状态 r,全热负荷 Q 与(或)湿负荷 w 会发生变化。

热湿比(ε)即是空调舱室的全热负荷 Q 与湿负荷 w 之比值。即:

$$\varepsilon = Q/0.001w = (h_r - h_s)/0.001(d_B - d_A) \qquad kJ/kg$$

一般地,由于夏季的全热负荷 Q 大于零,热湿比 ε 为正值;冬季的全热负荷 Q 小于零,热湿比 ε 为负值。

四、焓湿图的应用

焓湿图不仅能确定空气的状态和状态参数,而且还能显示空气状态的变化过程,其变化过程方向和特征可用热湿比值表示。如图 6-1-3 所示。

1. 干式加热过程

空气调节中,常用电加热器来处理空气,当空气通过加热器时获得了热量,提高了温度,但含湿量并没有变化,因此空气呈等温增焓升温变化,过程线 A-1 所示。热湿比 $\varepsilon = +\infty$。

2. 干式冷却过程

湿空气冷却时,如果未冷却至露点以下,则不会有水分析出,过程变化为等温减焓降温,如图 A-2 所示。热湿比 $\varepsilon = -\infty$。

3. 冷却器减湿过程

如空气冷却器的壁温低于露点,则贴靠壁面的空气冷却过程按 ABB' 进行,从 B 至 B' 段空气,含湿量减小,有水蒸气凝结成水析出。但冷却器出口空气平均状态并不能以 B' 点表示,而应以 AB 连线上某点 3 表示。这是因为不贴近壁面的空气与达到 B' 状态的空气混合的结果。空冷器管距越小,纵向排数越多,气流速度越低,则出口状态点 3 越接近 B'。A-3 是减湿降温过程,$\varepsilon > 0$,空冷器壁温愈低,除湿量愈大。

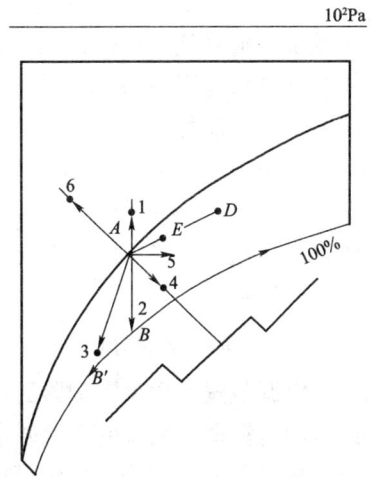

图 6-1-3 焓湿图上的典型变化过程

4. 吸湿剂减湿过程

利用固体吸湿剂干燥空气时,湿空气的部分水蒸气在吸湿剂的微孔表面上凝结,湿空气含湿量降低,温度升高,其过程 A-6 近似于等焓降湿过程,$\varepsilon = 0$。

5. 喷水加湿过程

由于常温水的比焓值不大,加水量又小,故工程上可近似地把喷水加湿过程按等焓加湿过程处理,在图上如 A-4 过程所示,$\varepsilon = 0$。

6. 喷汽加湿过程

喷汽加湿过程是焓湿均增过程,其过程温度近似不变,因此工程上可把喷汽加湿看作为等温加湿过程,在图中,如 A-5 过程所示,$\varepsilon > 0$。

7. 混合过程

状态点 A(风量为 $G_A$kg/h)与状态点为 D(风量为 $G_D$kg/h)的两种空气混合后,状态点 E 在 AD 连线上,$AE/DE = G_D/G_A$,即 E 点更接近风量大的那种风的状态点。

五、空调舱室的热湿平衡

显热负荷是指单位时间内渗入舱室并引起室温变化的热量,用 Q_x 表示,单位是 kJ/h。它主要包括:渗入热、太阳辐射热、人体散热量、照明及其他电气设备散热等。夏季,太阳辐射产生的热量及室内外环境温差所产生的渗入热量从外向里传递,显热负荷是正值。冬季,室内外的温差却使热量自里向外散发,虽然太阳的辐射、人体及设备发出的热其传递方向不变,但与前项相比,其值很小,总体上,冬季舱室是从内向外渗热,其显热负荷为负值。

潜热负荷是指单位时间内舱室增加的含湿量导致所增加的空气热负荷,用 Q_q 表示,单位是 kJ/h。它是伴随着湿交换而产生。一般地，Q_q 的数值约等于 $2.5 \times w$。

全热负荷是单位时间内加入舱室使空气焓值变化的全部热量。它是显热负荷与潜热负荷之和，用 Q 表示，单位是 kJ/h。

湿负荷是指单位时间内舱室所增加的水蒸气量，用 w 表示，单位是 g/h。它主要包括：人体散发的水蒸气、食物和水以及空气侵入而带来的湿量等。人体和食物总是不断散发水蒸气使舱内含湿量增加，所以无论冬夏舱内湿负荷总为正值。

要做到空调舱室的热湿平衡，就要求在空调舱室的空气状况达到稳定时，送风量和从室内排出的空气流量是相等的，换气所带走的热量和湿量应分别与房间的热负荷和湿负荷相等。如图 6-1-4 所示。

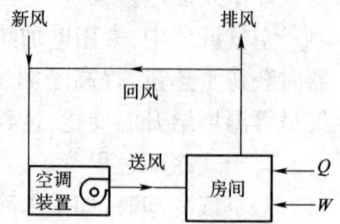

图 6-1-4　热湿平衡示意图

六、空调舱室的分区

空调装置的中央空调器的送风量不宜过大，较合适的送风量在 $3000 \sim 7500 m^3/h$ 范围内。这是因为每根主风管的流量通常都限制在 $1500 m^3/h$ 之内，以免其尺寸过大，若一个中央空调器送风量太大，就会因主风管数目太多而难于布置。故空调舱室较多的船都分为若干空调区，每区各自设置独立的空调器和送风系统。

划分空调分区时最好将热湿比相近的舱室划在同一区内，因为舱室的热湿比相差较大时若采用同样参数的送风，单靠调节风量难以便各舱室内的空气参数同时保持在适宜范围之内。

货船空调舱室不多，可将热负荷差别较大的左、右舷分为两个空调区。现在船上船员数量减少，为了减少设备和管理工作，不少新船只设一个中央空调器，主要靠调节送风量使室内达到合适的温度，而对空气湿度的控制比较宽松。空调舱室较多的客船则空调分区就要多得多。客船空调分区除照顾热湿比的差异外，还应避免风管穿过船上的防火隔墙或水密隔墙。如果确实需要穿过，则须加设防火风闸或水密风闸，以便一旦发生火灾或船体破损进水时能及时将其关闭，防止火势或海水扩散。

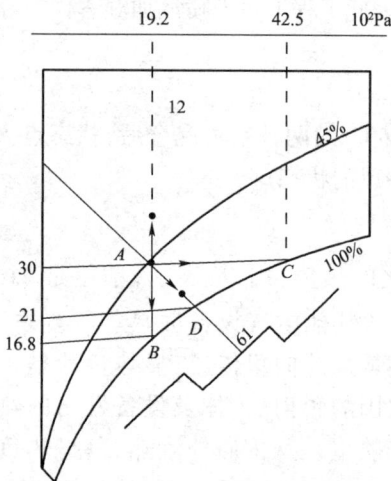

图 6-1-5　焓湿图确定空气状态

● 相关实践知识

利用焓湿图确定空气状态参数的技能

例如，已知空气温度 30℃、相对湿度 45%，计算其他空气状态参数。如图 6-1-5 所示。

解：空气温度 $t = 30℃$、相对湿度 $\varphi = 45\%$，由相应的等温线和等相对湿度线，可确定湿空气状态点 A。

等温线 + 等相对湿度线→A 点：

A 点→焓值 61kJ/kg；含湿量 12g/kg；水蒸气分压力 1920Pa；

A 点等焓线 + $\varphi = 100\%$ 的饱和空气线 →D 点 →湿球温度 21℃；

A 点等含湿量线 + $\varphi = 100\%$ 的饱和空气线→B 点 →露点温度 16.8℃；

A 点等温线 $+\varphi=100\%$ 的饱和空气线→C 点→30℃的饱和水蒸气分压力4250Pa 。

工作任务二　空调系统的工作分析

理论知识点	实践知识点
1.空调原理； 2.典型的空调系统； 3.空调系统的组成及作用	1.分析集中式(吸入式)空调系统降温工况空气参数在湿空气 h-d 图上变化过程的技能； 2.分析集中式(吸入式)空调系统取暖工况空气参数在湿空气 h-d 图上变化过程的技能

● **相关理论知识**

一、空调原理

1. 空气的温度调节原理

根据热交换平衡原理,通过冷媒/热媒的温度控制和供风系统的风量调节,使房间内的空气温度达到合适范围,符合要求。

2. 空气的湿度调节原理

根据湿交换平衡原理,通过湿度调节器的作用,使房间内的空气湿度达到合适范围,符合要求。

3. 空气的流动速度调节原理

通过增压风机的速度调节和布风器的开口方向、开度调节,使房间内的空气混合良好,速度分布均匀,使之符合要求。

4. 空气的清新度调节原理

通过空气净化设备(过滤器、吸附器等)滤除悬浮尘埃,净化房间送风,增加清洁度;同时利用各种技术(负离子发生器、触媒等)增加空气"新鲜感",使室内空气的清新度符合要求。

5. 空调的噪声控制原理

通过截面突变的管道对低频噪声产生反射作用和多孔性材料(泡沫塑料、玻璃棉毡等)对中高频噪声产生吸收作用,控制空调系统的噪声,使之符合要求。

二、空调系统

完全集中式空调装置,应包括空调系统(热源设备＋冷源设备＋空气热湿处理设备＋空气输送设备＋空气分配设备＋自控系统)、电气系统和空间区域(大商场)。图 6-2-1 所示为比较典型的一次回风式单风管空调系统,是全空气系统。

三、组成及其作用

1. 热源

一般有热媒循环系统、锅炉等。主要作用是:制备、输送热媒。

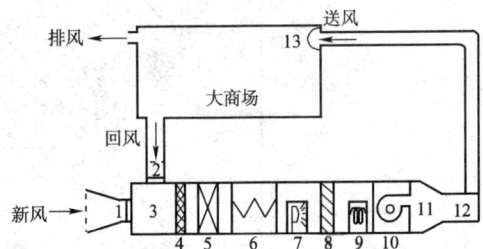

图 6-2-1　典型的一次回风式单风管空调系统示意图
1-新风调风门;2-回风调风门;3-混合室;4-滤器;5-空气加热器;6-空气冷却器;7-加湿器;8-挡水器;9-再热器;10-通风机;11-消音室;12-分配室;13-布风器

2. 冷源

一般有冷媒循环系统、冷水机组等。主要作用是：制备、输送冷媒。

3. 空气热湿处理设备

一般有表面换热器、喷水室、加湿器、去湿器、再热器、热焓交换器、风机盘管等。主要作用是：使室内空气达到预定的温度和湿度。

4. 空气输送设备

一般有风管、过滤器、风道调节阀、风机、消声器等。主要作用是：使经过处理的空气按照预定的要求输送到房间，并从房间内抽回或排出部分室内空气。

5. 空气分配设备

一般有空气分配室、布风器、回风口等。主要作用是：合理组织室内气流，以保证工作区内有均匀的温度、湿度、气流速度和洁净度。

6. 自动控制系统

一般有温度调节设备、湿度调节设备、静压调节设备等。主要作用是：适应热湿负荷变化，保证空调精度。

● 相关实践知识

一、分析集中式（吸入式）空调系统降温工况空气参数在湿空气 *h-d* 图上变化过程的技能

如图 6-2-2 所示。新风状态点为 1，回风状态点为 2，新风和回风在进风混合室内混合后的状态点 3 在 1、2 两点的连线上，点 3 距新风状态点和回风状态点的距离与新风流量 G_1 和回风流量 G_2 成反比，即(3-1 线段长)/(3-2 线段长) = G_2/G_1，点 3 空气冷却器进口的状态点。空气冷却器出口的空气状态点 4，则在 $\varphi = 100\%$ 的饱和空气线上温度相当于冷却管壁温度的 0 点与点 3 的连线上。冷却越充分，点 4 越靠近壁温 0 点。空气冷却器的冷却效率（接触系数）

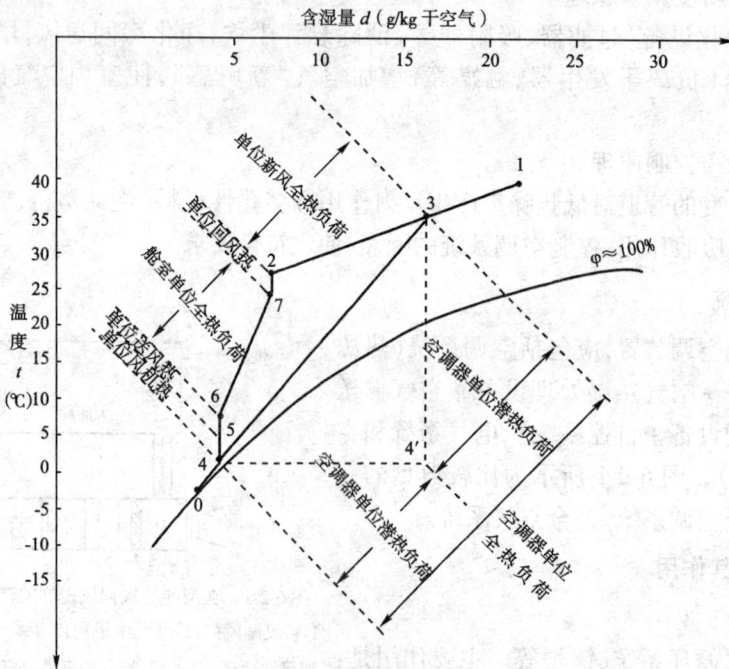

图 6-2-2　单风管空调系统的降温工况空气参数在 *h-d* 图上的近似表示

$E_0 = (t_3 - t_4)/(t_3 - t_0) = 0.7 \sim 0.95$。3-4 即为空气流过空气冷却器时的降温减湿过程。4-5 为空气经过风机时的等湿升温过程。送风管虽包有隔热层，但难免会有渗入热，故送风过程空气会有温升，一般按 $2\,^\circ\!C$ 计算，在图上由 5-6 过程表示。6-7 为送入舱室的空气在舱内按舱室热湿比 ε 吸热、吸湿的过程。7-2 为回风在走廊里的等湿吸热过程，回风温升一般也按 $2\,^\circ\!C$ 计算。

由图可见，空调器的热负荷包括舱室全热负荷（约占 40% 以上）、送风过程吸热、回风过程吸热、风机热以及新风全热负荷（将引入新风后的空调器进风降温降湿至回风状态所需的热负荷，占 30% ~ 50%）。空调器的全热负荷又可分为显热负荷和潜热负荷两部分。不仅舱外气温高、舱室显热负荷较大时空调器的显热负荷会增大，而且舱室湿负荷较大或舱外空气的含湿量较大，也会使空调器因除湿负担加重而潜热负荷增加。增加回风量，则可相应减小新风的全热负荷，从而使空调器的全热负荷减小。

二、分析集中式（吸入式）空调系统取暖工况空气参数在湿空气 *h-d* 图上变化过程的技能

如图 6-2-3 所示。外界新风（状态点 1）和回风（状态点 2）在混合室内混合后的状态点为3。3 – 4 为流过加热器的等湿加热过程；4-5 为流过蒸汽加湿器的等温加湿过程（喷水加湿则为等焓加湿）；5-6 为经过通风机的等湿升温过程；6-7 为送风管中的等湿降温过程；7-8 为送风在舱内按舱室热湿比的放热吸湿过程；8 – 2 为走廊回风的等湿降温过程。

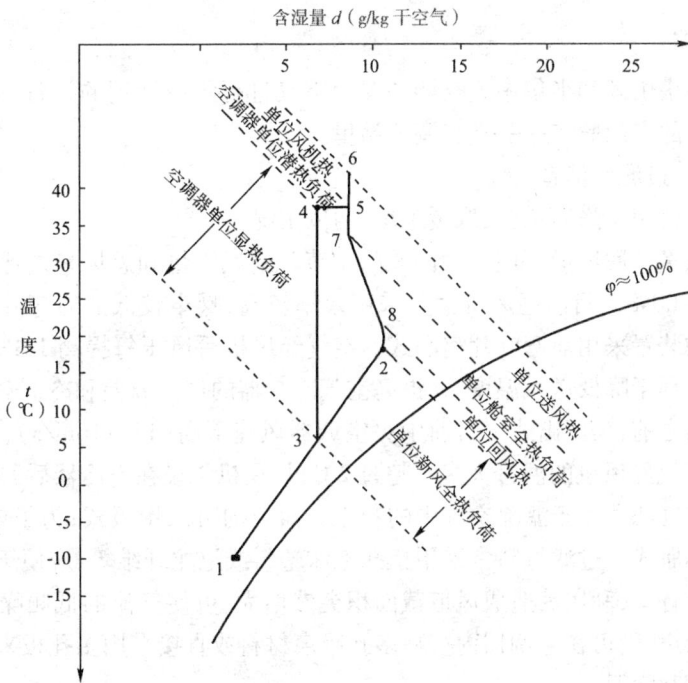

图 6-2-3　单风管空调系统的取暖工况空气参数在 $h-d$ 图上的近似表示

由图可见，取暖工况时空调器的全热负荷（要考虑风机热）应等于舱室全热负荷、送风热损失、回风热损失、新风全热负荷（将引入新风后的空调器进风加热加湿到回风状态所需全热量）的总和。其中，空气加热器承担的是显热负荷，而加湿器承担的则是潜热负荷。增加回风量可使混风状态点 3 向回风状态点 2 靠近，能减少新风全热负荷。从而使空调加热器的热负荷和加湿器的加湿量减小。

工作任务三　空调设备的拆装维护

理论知识点	实践知识点
1. 中央空调器的结构特点、原理； 2. 热熔交换器的结构和原理； 3. 供风管的种类和特点； 4. 布风器的种类、结构特点、原理	空调系统中风机应用观察的技能

考证大纲	适用对象			
	841	842	843	844
6.2 船舶空气调节装置的主要设备				
6.2.1 中央空调器			√	√
6.2.2 直布式布风器			√	√

● 相关理论知识

一、中央空调器

中央空调器是集中式和半集中式空调装置对空气进行集中处理的设备。在货船上，它通常置于艇甲板后部的专门舱室——空气调节站里。

1. 空气的吸入、过滤和消音

这类工作情况适用于降温工况、取暖工况、通风工况。

被吸入的新风量和回风量可用手动调风门调节。新风流量和总风量之比称为新风比，设计时确定为 30% ~ 60%。目前通风机大多采用效率较高、噪声较低的后弯叶片离心式，少数尺寸和功率较小的装置采用前弯叶片离心式。空气经风机后风压每提高 1kPa 温升约 1℃，为了在降温工况时有利于降低送风温度，并提高空气冷却器的传热温差和冷剂蒸发温度，可把风机设在空气冷却器之前，为压出式。目前中央空调器风速不高（12 ~ 16m/s），风压较低（全风压 ≥ 2.5kPa），空气流经风机的温升大多不超过 2℃，故风机常设在空冷器后，为吸入式。

空调器中的空气滤器用于滤除空气中的灰尘。简单的可采用板式；为了增大空气通流面积常采用袋式或抽屉式。过滤材料常采用粗孔泡沫塑料或尼龙纤维等，应便于取出清洗。

风机出口有消音室，利用其造成风道截面积突然增大，可使气流的低频噪声得以消减；风机所产生的高频噪声，则可在空调器内壁贴多孔吸声材料或直接采用多孔板来吸收。

2. 空气的冷却和除湿

这类工作情况适用于降温工况。

夏季外界气温高于 23 ~ 25℃ 时，应使空调装置按降温工况运行；对空调要求较高的客船在气温高于 15℃ 就启动降温工况。降温工况靠空调器中的空气冷却器和挡水器来对送风进行冷却和除湿。空调器的全热负荷包括显热负荷和潜热负荷。不仅舱外气温高、舱室显热负荷较大时空调器的显热负荷会增大，而且舱室湿负荷较大或舱外空气的含湿量较大，也会使空调器因除湿负担加重而潜热负荷增加。减小新风比可使空调器的全热负荷减小。

空气冷却器按管中流过的是冷剂还是载冷剂而分为直接蒸发式和间接冷却式。空冷器的管壁温度一般都低于空气露点，在冷却空气同时也能除湿。管壁温度越低，除湿能力越大。空调装置冷剂的蒸发温度一般多设计为 5~10℃，空冷器管壁温度通常比管内介质高 2~4℃，故空调压缩机的低压控制器常调节成最低蒸发温度 ∢-3℃左右，使管壁温度不致低于 0℃ 而结霜。只要空冷器肋片不结霜就不致堵塞风道，故有些空调装置允许低压控制器控制的最低蒸发温度低至 -6℃ 甚至更低。采用间接冷却方式如载冷剂用淡水，则温度一般保持 4~7℃，最低 ∢2~4℃，以防冻结。

为防止凝水被携入空调器后部和风管引起金属锈蚀，空冷器后常设挡水器。它通常由许多靠近平行设置的曲折薄钢板组成，空气流过其间的曲折缝隙时气流方向不断改变，携带的水滴就会碰撞到曲板上，然后向下流到承水盘泄走。曲板的出口端常弯成挡水沟，风速过大可能挡不住水。有的空调器将加热器放在空气冷却器后兼起挡水作用，取消了挡水器。

空冷器和挡水器外壁流下的凝水汇集在底部承水盘中，须用泄水管排走。为避免凝水泄空使气流从空冷器底部绕过，有的在泄水管上设足够高度的水封管，也有的是在泄水管上设塑料的单向球阀。后者泄水口相对泄水管的高度必须适当，以保证吸入式空调器的承水盘在负压时和泄水口反向倾斜 3°时承水盘中水位产生的静压能将球阀顶开泄水，又不至于承水盘中的凝水放空。

3. 空气的加热和加湿

这类工作情况适用于取暖工况。

当外界气温低于 20~15℃ 时，可使空调装置按采暖工况运行。冬季外界空气相对湿度虽高，但因温度低，含湿量并不高。将这样的空气加热后往往还需要加湿。减小新风比可使空调加热器的热负荷和加湿器的加湿量减小。

采暖工况要用空调器的空气加热器和加湿器对送风进行加热和加湿。空气可用电、蒸汽或热水加热。除间接冷却式空调系统在采暖工况利用同一换热器以热水加热外，船用集中式空调器多使用表压 ≯0.7 MPa 的饱和蒸汽加热。加湿多用蒸汽，喷汽量无须太多，基本上不影响气温，可看作是等温加湿；也有喷水加湿的，水雾蒸发后气温会有所降低，是等焓加湿。加湿器多放在加热器后，此处空气温度较高，相对湿度较小，喷入的蒸汽（或水）容易被空气吸收；同时还可防止加湿器在进风温度太低时冻结。但气温高吸湿能力强，应防止加湿过多造成舱内温度较低的壁面结露。

二、热焓交换器

为了节能，某些新船的空调装置中装设了能使空调新风和舱室的排风在互不相混的情况下进行热、湿交换的热焓交换器。图所示为设有热焓交换器的中央空调器。

由图 6-3-1 可见，空调送风采用全新风，空调器与舱室排风系统之间设置了热焓交换器，它是在一个钢制的矩形壳体中设有一个由电机驱动的转轮，横挡在新风和排风通道中。转轮由许多浸透了吸湿盐的波纹状铝合金薄板构成，形成大量的狭窄气流通道。当它们轮流转过排风通道和新风通道时，交替地向排风和新风吸、放热量和湿量，这样，虽然排风和新风互

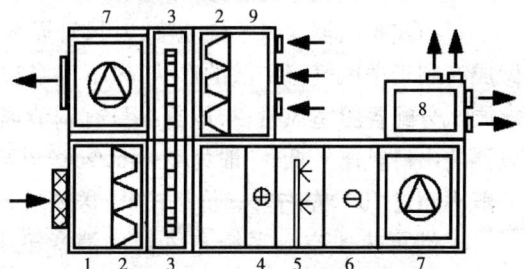

图 6-3-1 设有热焓交换器的中央空调器

1-检查室；2-袋式滤器；3-热焓交换器；4-空气加热器；5-加湿器；6-空气冷却器和挡水器；7-通风机；8-分配室；9-进风室

不掺混合接触,通过热焓交换器的新风的温度和含湿量会接近排风,相当于空调进风状态点 3 向回风状态 2 点靠近,可以节省夏季为新风的冷却除湿量或冬季对新风的加热加湿量。为了尽可能减少新风和排风系统间的漏风,贴紧转轮装有刷状密封。为了防止转轮在转动时将相对污浊的排风带到新风侧,通常在转轮靠近新风侧处设有净化段,让少量新风回流,在转轮即将进入新风侧时将其流道中残留的排风清除。空调器和排风系统的进口都设有滤器,可减轻热焓交换器的污染。

三、供风管

供风管由 0.5~2mm 镀锌铁皮制成,设于天花板中,表面有隔热层,以防散热与结露。风管的截面有矩形和圆形两种:矩形管,占据空间的高度小,管路与支路交接方便,常用于中、低速空调系统;圆形管,当流通截面积相同时其圆周最小,摩擦阻力小,制造、安装和维修均方便,常用于高速空调系统。

四、布风器

布风器是用来向舱室送风的设备。它应满足:能使送风与室内空气很好地混合,使室温均匀性好;能保持人活动区内风速适宜;能单独进行调节;阻力和噪声较小;结构紧凑,外形美观,价格低廉。

船舶空调布风器普遍采用顶式,它装在天花板上,不占用舱室地面。布风器按送风诱导作用强弱有直布式和诱导式。诱导式送风从喷嘴喷出,有较强的诱导室内空气与之混合的作用,可采用较大的送风温差;但要求风压高,噪声大,现已弃用。直布式布风器如图 6-3-2 所示。

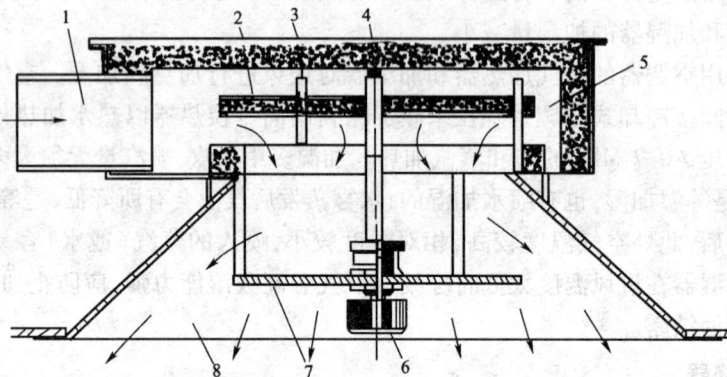

图 6-3-2　直布式布风器结构

1-进风管;2-调风门;3-风门导杆;4-调节螺杆;5-消音室;6-风门调节旋钮;7-挡风板;8-出风口

直布式布风器送风不经喷嘴,其风管通入处设有容积较大、内贴吸声材料的消音箱,出口做成有利于送风气流扩散的形状,风不直接吹到人身上。送风管中设有挡板,由船厂按设计要求调试分配各舱室风量;布风器本身有调节风量的旋钮 ,由室内人员按需要调节。直布式布风器的出口风速较低,一般为 2~4m/s,送风与室内空气混合较慢,故送风温差不宜过大,夏季一般不超过 10℃左右。其价格较低,送风阻力小,噪声也低。

末端再热式空调系统布风器的消音箱中设有电加热器。即使用调节旋钮完全关闭风门时,布风器仍应向舱内输送最小风量,以利加热器散热。加热器的电路与空调器风机连锁,消音箱内还设有控制电加热器接通与切断的温度控制器和安全保护用的温度开关,万一温度控制器失灵风温升高,则温度开关会自动切断加热电源(需手动复位)。有的末端电加热布风器的加热电阻有调温旋钮,还有的在房间里另设控制电加热器开关的温度控制器。

双风管空调系统布风器由两根送风管分别送入两种温度不同的送风,在消音室中混合,然后从挡风板周围吹出。可通过一个调节旋钮联动操纵两根送风管的风门,使之分别开大与关小,调节舱室空气温度;也可分设两个调节旋钮分别调节两种送风的风量,调节幅度更大。

- **相关实践知识**

空调系统中风机应用观察的技能

1.分体家用空调系统中风机的观察

首先进行分体家用空调系统室内风机的观察。打开室内机机罩,观察其中的贯流式风机。注意观察风机的进风口和出风口位置。然后观察室外机部分。室外机内装有冷凝风扇,注意观察其叶型结构,并了解风扇旋向和风的流向。观察柜式家用空调器室内机中的离心式风机,观察气流进、出位置。观察过程中注意分析这些风机的运行原理、结构和功能。

2.中央空调系统中风机的观察

中央空调空气处理机组如图 6-3-3 和图 6-3-4 所示。注意观察其中离心风机的安装位置和结构,分析其功能并给出分析结论。

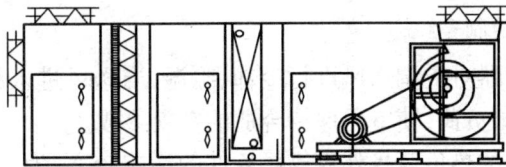

图 6-3-3　组合式中央空调空气处理机组结构

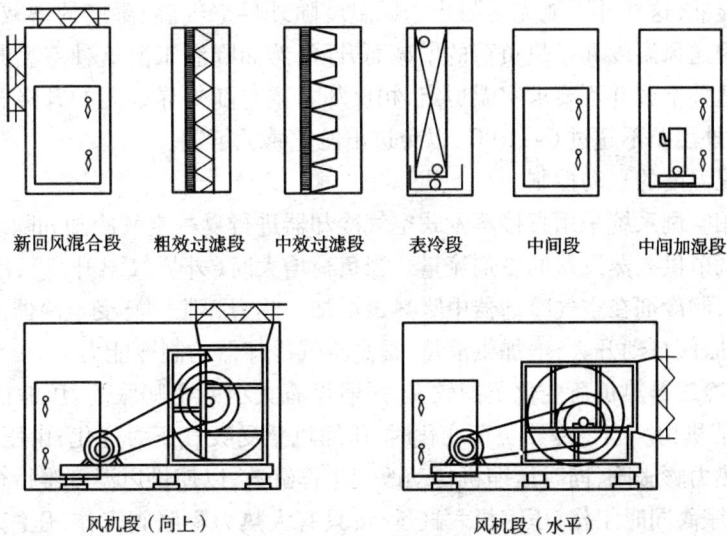

新回风混合段　粗效过滤段　中效过滤段　　表冷段　　中间段　　中间加湿段

风机段（向上）　　　　　　风机段（水平）

图 6-3-4　组合式中央空调空气处理机组结构分解图

工作任务四 空调装置的操作管理

理论知识点	实践知识点
1. 降温工况的温度和湿度的自动控制； 2. 取暖工况的温度和湿度的自动控制	1. 空调装置操作的技能； 2. 空调装置运行调节的技能； 3. 空调装置管理的技能

考证大纲	适用对象			
	841	842	843	844
6.3 船舶空调装置的自动控制				
6.3.1 船舶空调装置冬、夏温度自动控制			√	√
6.3.2 船舶空调装置冬、夏相对湿度自动控制			√	√
6.4 空调装置的使用管理和常见故障分析与处理			√	√

● 相关理论知识

一、降温工况的自动控制

降温工况用空气冷却器对空调送风进行冷却、除湿,当送风进入舱室后,按舱室的热湿比升温增湿,吸收热负荷和湿负荷,使室内保持合适的空气参数。

降温工况时空调装置的热负荷受外界气候条件的影响较大,为了保持空调舱室合适的温度,必须进行相应的自动调节。这种调节根据空气冷却器是采用直接蒸发式还是间接冷却式而不同。前者是将制冷剂的蒸发温度控制在一定范围内;后者则是控制流经空气冷却器的载冷剂的流量。显然,这样并不能完全阻止送风温度随外界空气温、湿度的增减而升降,故舱室内的温度也会因送风温度和显热负荷的增减而升降,然而降温工况这种室温的浮动是合乎要求的。因为舒适性空调并不要求室温恒定,相反却希望它随外界气温的升降而在一定的范围内浮动,使室内外温差不超过 6~10℃,以免进出舱室感觉不适。

1. 降温工况温度的自动控制

大多数船舶空调系统采用直接蒸发式空气冷却器进行夏季空气冷却和除湿处理。通过热力膨胀阀控制调节供入蒸发器的冷剂流量。当负荷增大时(外界气温升高),冷却器进口空气温度升高,因此,制冷剂在空气冷却器中吸热量增加。热力膨胀阀感受空冷器出口处制冷剂的过热度增加,膨胀阀自动开大,增加供液量,提高空气冷却器的制冷能力。

通常,空调冷却器热负荷变化范围较大,一般设有大小两个膨胀阀,压缩机采用分级卸载(加载)能量调节机构。当空冷器负荷变化时,压缩机感受吸气压力变化,由压力继电器控制,自动切换大小热力膨胀阀,同时压缩机自动改变工作缸数,以使供风温度维持合适范围。一般地,大小热力膨胀阀同时工作,压缩机六缸运行;只有大热力膨胀阀工作,压缩机四缸运行;只有小热力膨胀阀工作,压缩机二缸运行;大小热力膨胀阀都关闭,压缩机停止工作。如图 6-4-1 所示。

间接冷却式系统则需要调节载冷剂(冷媒)流量,通常以回风温度作为自控信号,自动增减供入空冷器冷媒流量,控制方式可采用比例调节、双位调节、双位与比例控制相结合。信号可取自回风温度,也可取送风温度,回风温度代表性强,但动态偏差较大。如图6-4-2所示。

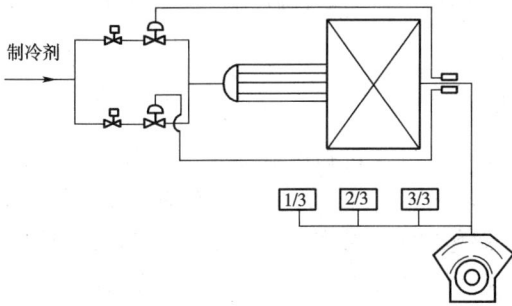

图6-4-1　直接蒸发式温度自控原理

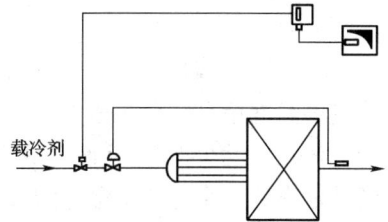

图6-4-2　间接冷却式温度自控原理

2.降温工况湿度的自动控制

降温工况只要能保持空气冷却器中足够低的制冷剂蒸发温度或载冷剂温度,即可保持足够低的空气冷却器壁面温度,便有足够的除湿效果,能使一般舱室的相对湿度保持在合适的范围内,故降温工况通常都不对送风湿度再作专门调节。

二、取暖工况的自动控制

取暖工况用空气加热器和加湿器对空调送风进行加热、加湿,当送风进入舱室后,按舱室的热湿比降温减湿,放出热负荷和湿负荷,保持合适的空气参数。

1.取暖工况温度的自动调节

(1)控制供风温度。控制供风温度是常用的调节方案,其特点是调节滞后时间短,测温点离调节阀近,可采用比较简单的直接作用式温度调节器控制的空调系统。

图6-4-3所示是单脉冲供风温度调节系统。

感温元件放在空调器的出口分配室内,感受供风温度,将信号送到调节器。当室外新风温度变化时,供风温度也会随之变化,在供风温度与调节器调定值发生偏差时,调节器发出信号,改变加热工质流量调节阀的开度,使供风温度大致稳定。但是,外界温度变化还使舱室热负荷变化,因此,仅控制供风温度不变是不够的,在对室温要求较高的场合,则使用双脉冲温度调节系统。

图6-4-4所示是双脉冲温度调节系统。

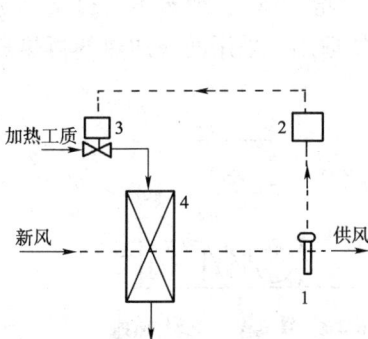

图6-4-3　单脉冲供风温度调节系统示意图
1-供风温度传感器;2-单脉冲温度调节器;3-流量调节阀;4-加热器

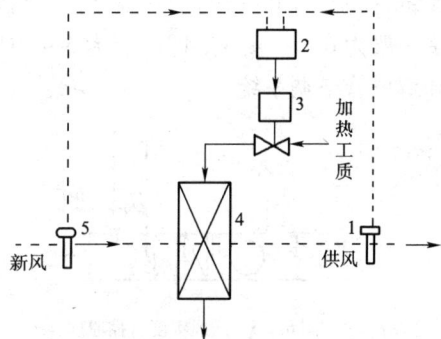

图6-4-4　双脉冲供风温度调节系统示意图
1-供风温度传感器;2-双脉冲温度调节器;3-流量调节阀;4-加热器;5-新风温度传感器

双脉冲温度调节系统具有两个感温件 5 和 1。温包 5(位于新风口,涂蓝色)感受新风温度,温包 1(位于空调器分配室内,涂红色)感受送风温度。调节器同时接受两个信号综合后再产生信号,操纵流量调节阀,这种系统能够补偿外界气候的变化,使室温变动减小,甚至保持室温不变。供风温度变化量 Δt_s 和室外气温变化量 Δt_w 之比,称为温度补偿率,用 K_T 表示。它表示新风温度变化 1℃时供风温度的改变量,即:

$$K_T = \Delta t_s / \Delta t_w$$

双脉冲温度调节器常采用充注甘油之类的液体温包。它利用液体受热膨胀的特性,将温包感受的温度信号转变为压力信号。液体温包的容积都做得较大,这样,毛细管和调节器本体中的液体相对就少得多,从而可减少输出压力受温包以外温度的影响。两个温包有多种规格,温度补偿率的大小与两个温包的容积比有关。若容积相同,则气温每下降 1℃,送风温度约升高 1℃;若送风温包比新风温包大 1 倍,则气温每下降 2℃时大约能使送风温度升高 1℃。可见,温度补偿率 K,约为新风温包与送风温包容积之比。

(2)控制回风温度。回风温度可大致反映各舱室的平均温度,因此,将感温元件放在回风总管中、当回风温度偏离调定值时,通过改变加热工质流量来改变供风温度,使回风温度(舱室平均温度)大致保持不变。这种方法的测温点也不远,仍可采用直接作用式温度调节器;在采用单脉冲调节时,它比控制供风温度合理,但调节滞后时间较长,动态偏差较大,但因舒适性空调要求低,使用仍较多。

2. 取暖工况湿度的自动调节

取暖工况多用蒸气加湿,只要控制喷入的蒸汽流量就可保持室内空气的湿度适宜,通常加湿蒸汽流量调节阀由湿度调节器控制。

(1)控制送风湿度。如图 6-4-5 所示。感湿元件 1 放置在空调器出口的分配室内,用以感受送风的相对湿度,然后将信号送至比例式湿度调节器 2。当送风的相对湿度偏离整定值时,调节器会使加湿蒸汽调节阀 3 的开度与送风湿度的偏差值成比例地变化,将送风的相对湿度控制在一定的范围内。这种调节滞后,时间短,不宜采用双位调节。

(2)控制送风的含湿量。如图 6-4-6 所示。含湿量确定,露点即确定,因此,往往将控制送风的含湿量的湿度调节也叫露点调节。这种系统比较复杂,需采用两级加热,即在预热器后再设喷水加湿器 4。喷水加湿是一个等焓加湿过程,加湿后空气温度会有所降低,但加湿后所能达到的相对湿度一般较稳定。而未能被吸收的水可由泄水管路泄出,只要调节预热器加热介质的流量,控制住加湿后的空气温度,既可控制送风的含湿量和露点,加湿不会过量。送风的含湿量一般为 6 ~ 6.3g/kg,即露点为 6 ~ 7℃。此方案比较适用于采用两级加热的再热式空调系统和双风管空调系统。

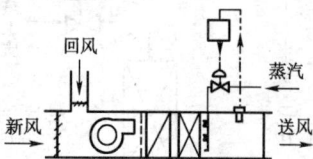

图 6-4-5　送风湿度自控原理　　　　图 6-4-6　送风含湿量自控原理

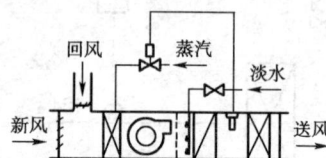

(3)控制回风或典型舱室湿度。如图 6-4-7 所示。感湿元件放在回风口或典型舱室内,当湿度降至下限值时,调节器使加湿电磁阀开启加湿,使舱内湿度增加,当湿度达上限值时,调节器使电磁阀关闭,加湿停止。这种调节滞后,时间长,如果布风器诱导作用不强,送风与室内空气混合不良,室内空气湿度的不均匀性会较大。如果改用比例调节,则可得到改善。

根据感湿元件不同,常用的湿度调节器有:

(1)电容式。感湿元件是一对金箔制的平板电极,薄到能允许水蒸气通过。极间介质是聚合物薄膜,其含水量随空气相对湿度而变。当极间介质的含水量改变时,平板电容器的电容量变化,由检测电路转换成直流电压,对加湿阀进行双位或比例控制。电容式感湿元件精度较高、体积小、量程宽、反应快,性能稳定,使用寿命长,无须维护,被认为是理想的测量相对湿度的方法,但价格较贵。

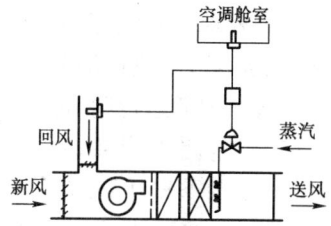

图6-4-7　回风或典型舱室湿度自控原理

(2)电阻式。感湿元件是平行缠有两根银丝的绝缘圆柱体,外涂含氯化锂的涂料。当空气相对湿度变化时,氯化锂涂料的含水量改变,导电性随之改变,通过元件的电流就成比例地变化,经晶体管放大器放大后对加湿电磁阀进行双位控制。

氯化锂的电阻值除与含水量有关外,还与温度有关。湿度调节器上设有可改变晶体管放大器中电位器电阻值的调节旋钮,可按当时的环境温度调节旋钮的位置。

氯化锂感湿元件反应快,精度高,但日久涂料会脏污或剥落,需定期清洁和更换。

(3)毛发(或尼龙薄膜)式。感湿元件采用脱脂毛发或尼龙薄膜,在一定的拉力作用下长度会随相对湿度的升降而增减,位移信号可转换成电动调节器的电信号,也可通过喷嘴挡板机构转换为气动调节器的气压信号。

毛发或尼龙薄膜的电动调节器简单价廉,无须特别维护,量程和精度能满足舒适性空调要求;但灵敏度差,而且毛发或尼龙薄膜用久易塑性变形和老化,零值和终值常需调整。

此外,还有利用干、湿球温差反映相对湿度的湿度调节器。它需要经常保持湿感温元件外面所套的湿纱布浸水、清洁和通风,维护较麻烦,船上较少采用。

● 相关实践知识

一、操作的技能

1.降温工况

(1)启动:先开风机,后开制冷机,再渐开制冷机吸入阀。

(2)停止:短期停用,先停制冷机后停风机;长期停用,先收制冷剂再停制冷机最后停风机。

2.取暖工况

(1)启动:先开加热器(要渐开供汽阀),再开风机,最后加湿阀。

(2)停止:先关加湿器,半分钟后停风机,再关加热器。

3.通风工况:开/停通风机

二、运行调节的技能

空调系统的负荷计算、设备的选择与系统设计计算都是在室外空气处于冬、夏季设计以及室内负荷为最不利条件下确定的。而全年室外空气多数是按春、夏、秋、冬周期性变化的,所以说在绝大多数时间内,室外空气是处于冬、夏设计参数之间,即使在一天内,室外空气也会有相当大的变化。在这种情况下,如果空调的运行过程中不进行相应的调节,则会使室内空气参数偏离设计要求,而且还会浪费能量。因此,空调系统必须根据室外气候条件和室内热湿负荷的变化,经济合理地进行调节。

经济合理的运行调节是指:

(1)通过调节,使室内的温度在允许的范围内;

(2)在冬季和夏季,为了减少热量和冷量的消耗,应尽量利用室内循环空气;

(3)在过渡季节,应尽量利用室外空气的自然调节能力;

(4)尽量少用再热,以免发生冷量和热量相互抵消的现象;

(5)尽可能缩短使用冷冻机的时间。

三、管理的技能

1.降温工况(气温高于25℃)的管理要点

(1)运行前先检查曲轴箱油位(1/2),贮液器液位(1/2～2/3),冷却介质的压力与流量;

(2)蒸发温度一般控制在5～10℃,膨胀阀不结霜,回汽管结露并有凉手感;

(3)供风温度应维持在11～15℃,过低的供风温度易便舱室结露或出现气雾现象;

(4)保持回适的回风比,目的是为了节能。

(5)空调装置长期停用时(1月以上),应将制冷剂全部收入贮液器中。

2.取暖工况(气温低于15℃)的管理要点

(1)释放蒸气管中的残水,蒸气压力控制在0.2～0.5MPa;

(2)供风温度维持在30～40℃,舱室 φ =30%左右,供风 φ =10%～15%之间;

(3)严格控制加湿量。待热平衡后按需(气温低于0℃)开启加湿阀,舱室含湿量不大于6.5g/kg 干空气(相当于室温22℃时, φ =40%);当气温高于0℃以上时一般不用加湿。

3.通风工况的管理要点

通风工况(环境温度约在20～23℃)时应全部采用外界新风,若风机具有高、低速挡,应采用低速挡,减少功耗,降低噪声。

● 思考练习

一、判断题

1.(　　　)空调器是新风与回风进行混合、消音、净化、降温除湿或加热加湿等的综合性装置。

2.(　　　)空冷器壁温高则送风含湿量高。

3.(　　　)诱导式布风器诱导比大则送风温差可选得大。

4.(　　　)夏季室外气温不变湿度增加则空调热负荷增加。

5.(　　　)采用诱导式布风器有利于减少送风量。

6.(　　　)空调器中空气冷却器既能起冷却作用,又能起除湿作用。

7.(　　　)空调器加湿器最好放在加热器之后。

8.(　　　)空调装置长期停用时,应将制冷剂全部收入贮液器中。

9.(　　　)调风器调节的一次风量不能太大,约占总空气量的10%～30%。

10.(　　　)温度补偿率约为新风温包与送风温包容积之比。

二、简答题

11.船舶集中式空调装置自动控制包括哪些内容?

12. 集中式空调装置接调节方式分有哪几种？

13. 采暖工况下，对空调装置的操作应注意什么问题？

14. 空气的热湿交换原理是什么？

15. 空调的基本要求有哪些？

16. 布风器的种类有哪些？各有什么特点？

17. 降温工况时为什么一般不进行空气湿度调节？

18. 什么是温度补偿率？

19. 调节降温工况的空气温度的方案主要有哪些？

20. 调节取暖工况的空气湿度的方案主要有哪些？

● 案例分析

控制系统的参数设置不合理——空调装置的压缩机损坏

一、故障现象

某轮的 YORK 调空调装置的压缩机是 CM028 型，共 8 缸，分为 1，2，3，4 四个缸组，三只能量调节电磁阀，可实现四级能量调节，启动负荷为 25%。增加负荷时按照 4—3—2—1 的缸组顺序加载；卸载时按照 1—2—3—4 顺序逐级减少工作缸组，每级 25%。故障现象是顶部两个缸组中靠近轴侧的缸，高压阀组件、活塞、缸套、连杆等损坏，并波及相邻缸。

据了解，另外两艘姐妹船配备同样的空调装置，在保修期内也出现过类似故障。而与三艘"湾"字号船同期建造的"洋"字号和"池"字号油船，也都配备丹麦 YORK 同样型号的空调装置，却都没有出现这样的故障。

二、分析处理

故障发生后，公司咨询厂家，得到的答复是，从来没发生过这样的事情，一定是有什么地方不对才会如此。而据观察，该轮空调装置运行时有液击现象：吸入压力忽高忽低，缸头声音忽大忽小，呈周期性变化；低负荷状态和两台空调压缩机各自单独运行时，几乎没有敲击声；两台空调压缩机并联运行且最大负荷时，容易发生液击；压缩机吸入压力上升阶段可闻明显敲击声；压缩机负荷降低时一定会液击。

当时，也怀疑压缩机排出阀存在设计缺陷。排出阀结构非常简单，其固定螺栓及其上部的碗状弹簧导套共用一只 M8 螺母和一只弹簧垫圈锁定。但即便如此，如果工作状态良好，锁母也不会轻易松动。

据认为，正是间断但长期存在的液击产生的冲击和振动，造成排气阀固定螺栓锁母松动和弹簧导套等损坏，而弹簧导套的损坏更加快了锁母的松动。一旦锁母松脱，排气阀固定螺栓就会落入缸内，活塞、缸套甚至连杆等铝合金材质的部件必碎无疑。

首先损坏的，多是压缩机顶部两个缸组中靠近轴侧（即靠近进气阀）的两个缸中的一个，以 2 缸组的这一缸可能性最大（按照说明书中缸组排列顺序），因为其吸口距低压进口最近，当液击比较轻微时一般只有这个缸有敲击声。这一点，可以从修改参数后的实际运行情况得到验证。

该机型各缸之间结构紧凑，单缸发生这类的损坏时很容易波及相邻缸。该轮的故障，就是一缸故障连带损坏了另一只缸套；该轮的一次故障共损坏了 4 只缸套。

如果活塞破碎,连杆损坏严重或断裂,滑油压力便难以维持,压缩机多会因滑油低压保护而停车。

该轮空调装置控制系统的基本组成和工作原理如下。

该轮配置的 YORK 空调装置,其控制系统由下列四部分组成:操作和界面显示面板 E200,输入、查看和修改参数;调节单元,即 PLC 模块;执行机构,包括 AKV 电子膨胀阀,和压缩机能量调节电磁阀;测量单元,包括各温度和压力变送器等。

电子膨胀阀(简称 AKV 阀),实质上是一个受调制脉冲控制的电磁阀。AKV 阀的工作状态,是非开即关,开则全开,关则全关,不存在保持在某一开度的状态。AKV 阀处于开启状态时,由阀中的节流板节流降压,冷剂流量达到最大。这与传统的热力膨胀阀不同。AKV 阀的优点,是灵敏度高、动态特性好、热惯性小等。调节单元将供风温度的设定值与测量单元送来的实际值比较,根据偏差的大小和方向,通过 PI 作用规律,输出一个调制脉冲信号。调制脉冲信号经光电耦合器到执行机构——AKV 阀。AKV 阀的开和关,受调制脉冲的控制。调制脉冲周期为 T_s(等于其取样时间)。一个周期里,AKV 阀的实际开阀时间在 0 到 T_s 之间变化。E200 显示的所谓 AKV 开度:若为 0%,表示整个脉冲周期内,AKV 阀始终关闭;若为 100%,表示整个脉冲周期内 AKV 阀始终打开;若为 0% ~ 100% 之间的某一值,表示开阀时间所占脉冲周期的百分比。AKV 阀就是通过改变调制脉冲周期内的开阀时间,实现所谓开度的调节。例如:该轮空调装置的 T_s 为 6s。如果 E200 显示 AKV POS. = 25%,则每一调制脉冲周期的开阀时间为 6 × 25% = 1.5s。即在 6s 的脉冲周期内,只有 1.5s 的时间 AKV 阀是打开的,其余时间则保持关闭,从而使冷剂得以在蒸发器内膨胀。

几个参数和概念(引用的数据均为该轮空调装置目前参数设置):

(1)供风设定值 SP(18.0℃):即期望的送风温度。

(2)过热度调节模式 SUPERHEAT MODE:以蒸发器后过热度的大小来决定执行机构的动作。在一定条件下,AKV 阀和压缩机均可工作在这种模式。

(3)供风调节模式 SUPPLY AIR MODE:以实际供风温度与 SP 的偏差来决定执行机构的动作。在一定条件下,AKV 阀和压缩机均可工作在这种模式。

(4)偏差 OFF SET(1.5℃):与 SP 之和,是 AKV 阀以 SUPER HEAT MODE 或以 SUPPLY AIR MODE 工作的转换点。

(5)最低过热度限制 LT SUPERH(即 LIMIT SUPERHEAT):蒸发器后冷剂过热度下限。这是一个很重要的参数,当过热度小于等于这个下限值时,无论 AKV 阀工作在什么模式,立即关闭到零位。

(6)AKV 阀初始位置 START POS.:它只在系统刚刚启动时有用;随着压缩机的启动,电子膨胀阀开度立即从0%达到20%,目的是避免压缩机启动造成低压管系压力突降,防止压缩机低压停车和减少奔油可能。

空调系统的制冷调节过程分析(以压缩机自动状态为例,从系统启动开始说起):

(1)电子膨胀阀:风机处于运行中且各阀准备完毕后,一旦压缩机启动,AKV 阀便处于20% 开度(START POS)。若测得目前的供风温度为 29℃,远高于 SP + OFF SET(18.0℃ + 1.5℃ = 19.5℃),此时控制系统要求制冷调节加大,以达到快速制冷的目的。

这个阶段,AKV 阀工作在过热度控制模式,从 20% 的起始位置不断增加"开度"。随着"开度"的增大,蒸发器后压力上升,过热度下降。一旦过热度降到 LT SUPERH 的设定值,AKV 阀马上"关闭"(即所谓的"开度"为零),直到过热度回升到 LT SUPERH 以上,再恢复调节。根据热湿负荷情况,AKV 阀"开度"最终可达 100%。

至于达到 100% 的时间长短,视 PI 作用的强弱而定。在 AKV 电磁阀过热调节(SUPER REG)和供风调节(SUPPLY AIR REG)的参数中,都有积分时间 Ti 这一参数。鉴于该控制对象对消除静差的时间要求不严格,又为了提高控制系统的稳定性,积分时间 Ti 应本着宁大勿小的原则,设置不应太小。

(2)压缩机:在一定条件下,AKV 阀和压缩机分别可以工作在过热调节和供风调节模式。但它们不可工作在同一模式下,始终是相反的。

在供风温度高于 19.5℃(SP + OFF SET)时,AKV 阀工作在 SUPERHEAT 模式,则压缩机必定处于 SUPPLY AIR 模式。这种模式下,只要供风温度还高于设定值 SP,压缩机就每经过 120s 延时增加一级负荷,直到负荷达到 100%,或与 AKV 阀互换工作模式为止。随着压缩机负荷的增加,其吸排能力增加,致使其吸入压力下降,蒸发器后冷剂过热度上升。这刚好与膨胀阀的开度增大相匹配,只要这个延时时间和 PI 的设置合理,它们就能配合的很"默契",当 AKV 阀开度和压缩机负荷都达到 100% 时,系统处于最大负荷工作状态。

(3)电子膨胀阀与压缩机的工作模式互换:随着膨胀阀开度的增加,冷剂的质量流量增加,制冷量也随之增加,供风温度逐渐下降。当供风温度下降到 19.5℃(SP + OFF SET)且超过 15s 延时后,AKV 阀与压缩机互换工作模式,即 AKV 阀工作在 SUPPLY AIR 模式而压缩机工作在 SUPERHEAT 模式。

系统设置在这个时候互换行二者的工作模式,是个好主意。如果说,在供风温度高于 19.5℃区间,降温步子需要快一些的话,那么在 19.5℃以下时就需要相对稳妥一些了,因为控制对象的温度已经接近设定值。此时进行工作模式互换,解决了两个问题:AKV 阀工作在 SUPPLY AIR 模式,以供风温度与 SP 的偏差来调节其开度,可以做到精确控制温度;压缩机工作在 SUPERHEAT 模式,就有了进行能量调节的依据。

压缩机在 SUPERHEAT 模式下有两个重要参数 High super 和 Low super:前者是控制压缩机减少负荷的过热度上限;后者是控制压缩机增加负荷的过热度下限。也就是压缩机只允许回气过热度在 High super 和 Low super 之间变化。如果供风温度达到设定值,AKV 阀"开度"逐渐减小,冷剂的流量就会小于压缩机高负荷下的吸排量,这必然造成蒸发器后压力下降,过热度上升。当过热度上升到 High super(22.0℃)且超过 20.0s 延时,压缩机便减小一级负荷,以适应膨胀阀开度减小的变化。

这两个参数的设置要与 LT SUPERH 相匹配,免得压缩机在 SUPERHEAT 模式下出现该调节负荷而不调节或频繁调节的情况。

(4)压缩机的手动控制制:以上的控制过程是在压缩机自动状态下。若压缩机置手动,AKV 阀只有一种工作方式:过热度调节。这时它追踪的是 SUPERHEAT 模式下的 SET POINT(16℃)这个过热度设定值。由于 SET POINT 的设定一般都比较高,将压缩机置于手动也可以保证足够的过热度,缺点是需要人工根据情况调节压缩机负荷。

该轮空调装置液击原因分析:

据以上分析,该轮空调装置故障的根本原因,是控制系统的参数设置不合理,主要是回气过热度偏低,致使压缩机在特定情况下出现间断性的液击。3 艘湾字型船空调装置的参数设置,应该都是一样的,所以它们在很短的时间内出现了相同的压缩机排气阀故障。分析如下:

(1)LT SUPERH 的设置:该轮一直航行在中东—远东航线,空调装置绝大部分时间处在满负荷状态。这主要是指 AKV 阀全开,且一直采用两台空调压缩机并联运行。实际上,热湿负荷很大时,这种工况很难将送风温度降到设定值 18.0℃,顶多也就是达到 19.0℃或在 18.0～19.0℃之间徘徊。这个温度范围内,AKV 阀工作于 SUPPLY AIR 模式。

如前所述,AKV 阀的工作特点是非开即关,开则全开,关则全关。开启状态时,只由阀中的节流板节流降压,冷剂流量达到最大。当送风温度一直高于 SP 时,使得压缩机吸口压力忽高忽低,缸头声音忽大忽小,似有浪涌一样。因为:两只 AKV 阀保持在 100% 的开度;因为 AKV 阀内节流板的流通量非常大,阀本身对冷剂无节流作用,所以即使热湿负荷很大,蒸发器后过热度也会很快降到 LT SUPERH 这个下限,于是 AKV 阀关闭;AKV 阀关闭后,过热度仍会往下冲 2～3℃才回升,这个下冲阶段,吸气压力最高,过热度最低;当过热度回升到 LT SU-PERH 以上时,AKV 阀又恢复 100% 开度,过热度再次下降。调节过程如此反复,使回气过热度始终在 LT SUPERH 上下震荡。也就是说,LT SUPERH 决定了蒸发器后过热度的总体水平。

若 LT SUPERH 设置偏低,当过热度震荡到最低点,亦即压缩机吸入压力最高点时,低压管系内冷剂蒸汽就有可能达到饱和,进而形成湿蒸汽。

该轮空调装置的 LT SUPERH,从 5.0℃调整为 9.0℃后,No.1 号压缩机排气温度升到 52℃,敲击声消失,运行声音变得很温柔。

(2)低压管路容量的影响:过热度偏低,对容量不同的低压管路,会产生不同后果。其他条件相同的情况下,管路容量大,存留的冷剂质量大,过热度下冲的惯性也大,冷剂湿蒸汽就可能在瞬间产生足够多的液体,即使有回气过热器也难以保证在瞬间"消化"掉。这些液体冷剂汇集在管系最低段——压缩机吸口前,从而导致液击。

该轮空调装置,是双管系布置,而且管系长(目测总长度至少是池字型船的 6 倍),管径也比较粗(DN=80,约为池字型船的两倍),所以在压缩机吸入压力回升阶段,排气温度偏低(点温计测量只有 36℃),缸头敲击声明显。

如果该轮空调装置,也像池字型船一样,采用短小精悍的单管系,即使瞬间内有部分蒸汽冷凝,也是少量的,再加上过热器的帮助,相对于高负荷下运行的压缩机不会产生太大影响。

偶然发现一个现象,可以证明,大容量低压管路,存留的冷剂质量相当大。在该轮空调装置的 LT SUPERH 从 5.0℃调整为 9.0℃后,No.1 压缩机运行良好,但换用 No.2 压缩机运行时,仍然听到最倒霉的那一缸有时声音不对(2 缸组靠近吸口,损坏过),拟将 LT SUPERH 调整为 13.0℃。调整 LT SUPERH 前,No.2 冷凝器的液位已经极低(以前大部分转入到 No.1 系统),玻璃镜及手感都找不到液位,出液管观察镜时有气泡,说明液封也难建立了,认为需要充液。调整 LT SUPERH 后,却发现冷凝器的冷剂液位已超过 1/2,按冷凝器容量计算足有 100 多升。如此多的液体从何而来? 只能是低压管系! 这些存留在低压管路内的冷剂,一旦具备条件,就会出来作怪。

(3)压缩机减载时更容易出现液击:那么为何在压缩机减载时更容易出现液击呢? 这种情况多发生在两台空调压缩机并联运行,送风温度已经达到 SP,两个 AKV 阀开度都在 50%～60% 且逐渐减小。由于 AKV 阀开度减小,蒸发器后冷剂过热度上升,达到 High super 且超过延时,压缩机能量调节电磁阀动作使一个缸组退出工作,压缩机的排量突然减少 25%,致使回气压力陡然上升,过热度突降。这时如果压缩机减载时的过热度水平不够高,压缩机就可能会因吸入液体而敲击。其实 YORK 的控制系统已经为解决这个问题设置了前馈因数(FF FACTOR),使控制系统有一定的超前调控能力——当压缩机负荷增加或减少时,能使 AKV 阀在原来开度的基础上强制增大或减小一定开度,尽量维持吸排压力稳定。超前调控作用的强弱,可以通过修改 FF FACTOR 来改变。改变的数值越大,作用越强。

增加 FF FACTOR 和适当提高 High super 的设定值,完全能够避免由于压缩机减小负荷而导致的液击。

避免液击的措施。

该轮空调装置,只有同时满足以下 4 个不利条件,才可能产生液击:①热湿负荷很大,两只 AKV 阀一直处于 100 或接近 100% 的开度;②两台空调压缩机并联运行;③过热度低限的设置偏低;④管系布置不利。因此,需要从以上 4 个不利条件入手,寻找避免液击的措施。

第④条已成定局,若要改变,只能停航改造管系。对于前 3 条,则都可通过调整参数或运行方式避免液击。

(1)对于第①条,是设法减小 AKV 阀的流通量。从上面的说明可以看出,一台压缩机的吸排量不足以应付两只 AKV 阀全开的冷剂流量,那么可以适当提高 SP,让 AKV 阀工作在部分开度上。有例为证:在外界热湿负荷较低,两个 AKV 阀开度均在 40% ~50% 以下时,即使使用原来的或更低的过热度设置,该轮空调运行还是很稳定的,AKV 阀可以长时间稳定地保持在一定开度上,压缩机运行也非常稳定。这种做法的不足,是供风温度稍高。

(2)对于第②条,是采用 OFF 模式运行。既然在极端的气候条件下,一台压缩机难以使供风降温到 SP,就不要勉为其难,在定速航行电力允许的情况下,还是采用 OFF 模式运行比较好。这样一台压缩机只需对付一台蒸发器和一套低压管系,哪怕在更低的过热度水平下运行也很好。该轮 2 号压缩机修复后,在印度洋至中东区间,同时开启两台压缩机各与一台蒸发器配合,使用原来参数试验,两只 AKV 阀开度均达 100%,压缩机运行就非常稳定,听不到间歇性的敲击声。而此时换回两台空调压缩机并联运行,很快又听到缸头敲击。

(3)对于第③条,是提高 LT SUPERH 的设定值。提高回气过热度,可以消除诸多不利因素的影响,只要不给低压冷剂蒸汽接近饱和的机会,就能保证压缩机的安全。

当然,这样会减少冷剂的质量流量,会稍微影响制冷效果。调整 LT SUPERH 的设定值,需注意几点:首先,不能盲目,需经长时间实际调试来确定,虽然推荐过热度值是 5 ~8℃,但若使用中发现并不合适,就需要修改;其次,要考虑到温度压力变送可能会有误差,因而过热度的计算也可能有误差,E200 显示的过热度并不能保证准确;还有,过热度的设置不可太高,否则也会带来许多弊端。

比较三方面,极端气候条件下,采用第(2)条的 OFF 模式运行,是比较好的解决办法。

三、经验总结

YORK 空调装置大多都是工作都是很可靠和稳定的,只有在特定情况下才会出现上述现象。千万不要因为压缩机的设计有一定的抗液击能力就忽略了这些"小问题"。发现异常,只要深入分析、研究,总能找到问题的根源。参数的设置不可一概而论,厂方技术人员往往按经验值设定,但经验值只能参考,并不一定是最佳值,因为不同船舶,不同工况,不同的气候条件都会影响运行状况。本例就是通过修改参数等办法很方便地消除了故障。当然,参数修改后要仔细观察,以运行稳定、排气温度合适、无液击又能保证制冷效果为准。

能力模块七　淡化装置应用技能

● 目标要求

本模块的主要知识目标	本模块的主要能力目标
1. 真空沸腾式淡化装置的工作原理； 2. 淡化装置的结构和系统； 3. 盐度计的检测原理和调试方法； 4. 真空度建立与保持的条件； 5. 影响淡化装置产水量、盐度、结垢的因素	1. 具备检修、测试和调整淡化装置的主要部件的能力； 2. 具备判断、分析、排除淡化装置的产水量少、盐度多、结垢等故障的能力； 3. 具备对淡化装置进行启动、停用操作和运行管理的能力

● 基本概念

考证大纲	适用对象			
	841	842	843	844
7 海水淡化装置				
7.1 真空沸腾式淡化装置的工作原理			√	

一、淡化装置的功能

船舶在大海中航行，每天需要消耗大量淡水，远洋船舶的航线长，淡水完全靠携带，势必要减少船舶的装载能力。因此，远洋船舶一般都设有海水淡化装置（俗称造水机），以提高船舶续航能力，增加货运量，满足船舶航行中的多变性。

二、淡化装置的要求

（1）要满足船舶的日耗水量，乘员 250 升/人·天，船舶动力装置 0.2~0.3 升/千瓦·日。

（2）要利用余热，节能增效。

（3）装置的自重要轻，工作可靠性高，便于维护管理。

（4）淡水质量要满足锅炉用水的要求。如表 7-0-1 所示。

船舶上各种用水的盐度　　　　　　　　　　　　　　表 7-0-1

种　　类	盐　　度	备　　注
一般淡水	≤1000mg/L（NaCl）	1mg/L（NaCl）=0.606mg/L（Cl⁻）
一般海水	≈35000mg/L（NaCl）	NaCl（77.7%）+ MgCl₂（10.9%）
主机冷却水	≤1000mg/L（NaCl）	
饮用洗涤水	≤500mg/L（NaCl）	经过矿化器和紫外线杀菌器处理
锅炉补给水	≤10mg/L（NaCl）	淡化装置的产水含盐浓度以此为依据

三、淡化方法

1.蒸馏法

蒸馏法是一种古老的方法。蒸馏法是利用盐分几乎不溶于低压水蒸气的特性,使海水受热汽化;然后将海水产生的水蒸气冷凝获得盐度很少的淡水,即蒸馏水。蒸馏淡化过程的实质就是水蒸气的形成过程,其原理如同海水受热蒸发形成云,云在一定条件下遇冷形成雨,而雨是不带咸味的。由于技术不断地改进与发展,该法至今仍占首要地位。

2.电渗析法

电渗析法亦称换膜电渗析法。该法的技术关键是新型离子交换膜的研制。离子交换膜是 $0.5 \sim 1.0mm$ 厚度的功能性膜片,按其选择透过性区分为正离子交换膜(阳膜)与负离子交换膜(阴膜)。电渗析法是将具有选择透过性的阳膜与阴膜交替排列,组成多个相互独立的隔室海水被淡化,而相邻隔室海水浓缩,淡水与浓缩水得以分离。电渗析法不仅可以淡化海水,也可以作为水质处理的手段,为污水再利用作出贡献。此外,这种方法也越来越多地应用于化工、医药、食品等行业的浓缩、分离与提纯。

3.反渗透法

反渗透法又称超过滤法。该法是利用只允许溶剂透过、不允许溶质透过的半透膜,将海水与淡水分隔开的。在通常情况下,淡水通过半透膜扩散到海水一侧,从而使海水一侧的液面逐渐升高,直至一定的高度才停止,这个过程为渗透。海水一侧高出的水柱静压称为渗透压。如果对海水一侧施加一大于海水渗透压的外压,那么海水中的纯水将反渗透到淡水中。反渗透法的最大优点是节能。它的能耗仅为电渗析法的 $1/2$,蒸馏法的 $1/40$。

4.冷冻法

冷冻法是根据一定浓度范围的盐溶液,在其降温至冰点时,就会析出水冰冰晶来实现海水淡化。因此,只要取出冰晶,用淡水洗去晶体表面及其间隙之内的残留海水,然后将其融化,则可获得淡水。

目前,除某些缺少热能的作业船和潜艇采用电渗析海水淡化装置外,一般船舶几乎都采用蒸馏式海水淡化装置。淡化装置可分真空沸腾式和真空闪发式。前者海水加热和蒸发都同在一个高真空的蒸发器内进行;后者海水先在加热器被加热,再经喷雾器减压喷洒到真空的蒸发器内,部分海水迅速闪发成汽。闪发式淡化装置能显著减轻加热面结垢,但造价高,耗热量大,船上已不用。

四、真空沸腾式海水淡化装置

船用海水淡化装置一般都采用真空式,其目的是便于利用温度不太高的柴油机缸套冷却水作热源,提高经济性。例如到真空度为93%时,对应的海水沸点为 $38.6℃$,而一般柴油机缸套冷却水为 $60 \sim 65℃$,足够用作真空式淡化装置的热源。第二是保持较低的加热温度能使蒸发器换热面上结垢明显减少,便于清洗。第三是有利于蒸汽净化,提高淡水品质。装置真空度越高,蒸汽密度越小,蒸汽与水滴的密度差越大,越有利于水滴的分离。

真空沸腾式海水淡化装置的基本结构如图 7-0-1 所示。

真空沸腾式海水淡化装置的基本结构归纳为:一阀三器四泵六系统。

一阀:给水调节阀(调节给水倍率)。

三器:蒸发器(产生一次蒸汽);汽水分离器(除去水滴);冷凝器(把二次蒸汽凝结成淡水)。

四泵:海水泵(排送海水)、真空泵(建立真空)、排盐泵(吸排盐水)、凝水泵(抽吸凝水)。

六系统:给水系统、抽空系统、排盐系统、冷却系统、加热系统、凝水系统。

当装置工作时,海水泵所供海水的一部分经给水调节阀流向蒸馏器下部的竖管式蒸发器,在其竖管内向上流动。缸套冷却水作为加热工质进入蒸发器在竖管外流动,对竖管内的海水加热,海水受热沸腾汽化,产生不含溶解物的蒸汽。蒸汽经汽水分离器除去带有微量盐分小水滴后从冷凝器上部的开口进入,供冷却用的海水在冷凝器管内流动,管外的蒸汽被冷凝成淡水,由凝水送至淡水舱。真空泵不断从冷凝器中抽除气体,以保持蒸发器和冷凝器所适合的真空度,排盐泵将蒸发器内浓缩的海水(盐水)排出舷外。

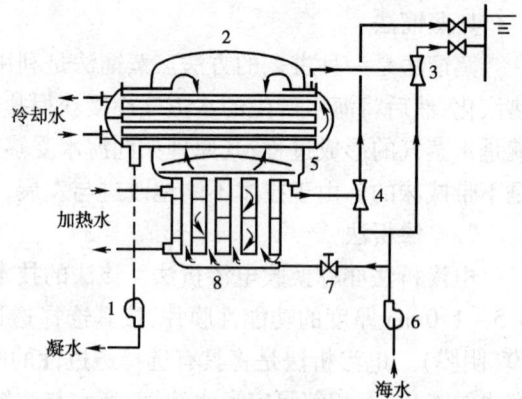

图 7-0-1　真空沸腾式海水淡化装置结构
1-凝水泵;2-冷凝器;3-真空泵;4-排盐泵;5-汽水分离器;
6-海水泵;7-给水调节阀;8-蒸发器

工作任务一　淡化装置的工作分析

理论知识点	实践知识点
1.质量平衡关系; 2.影响海水淡化装置的真空度的因素; 3.影响海水淡化装置的产水量的因素; 4.影响海水淡化装置产水的盐度的因素; 5.影响海水淡化装置加热面的结垢的因素	海水淡化装置参数调节的技能

考证大纲	适用对象			
	841	842	843	844
7.3 工作分析				
7.3.1 真空度建立与保持的条件,真空度过高过低对工作影响及处理方法			√	
7.3.2 影响海水淡化装置加热器换热面结垢的因素			√	
7.3.3 影响产水量的因素及处理方法			√	
7.3.4 影响产水盐度的因素及处理方法			√	

● 相关理论知识

一、质量平衡关系

真空沸腾式海水淡化装置的水量、盐量平衡如图 7-1-1 所示。

在海水淡化装置处于稳定工作状态,各种水位保持稳定时:

1.海水量

$$W_0 = 盐水量 W_B + 淡水量 W_F$$

蒸发量(气汽液混合物) = 一次蒸汽

= 二次蒸汽 + 大量含盐小水珠 + 空气

淡水量(液体) = 凝结的二次蒸汽

= 凝结的干饱和水蒸气 + 少量含盐小水珠 W'

2. 海水盐量

$$W_0 S_0 = 盐水盐量\ W_B S_B + 淡水盐量\ W_F S_F$$

理论上的淡水盐量 $= W_F S_F = 0$

实际上的淡水盐量 $= W_F S_F = W' \times S_B \approx 0$

3. 给水倍率

$$\mu = W_0 / W_F = 1 + (W_B / W_F) = 1 + 排污率$$

4. 浓缩率

$$\xi = S_B / S_0 = W_0 / W_B = 1 + 1/(\mu - 1)$$

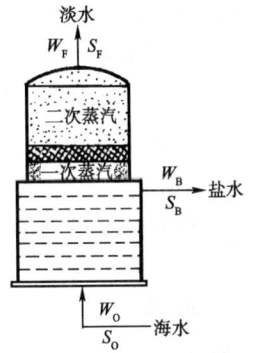

图 7-1-1　质量平衡关系

二、影响海水淡化装置的真空度的因素

船用真空沸腾式海水淡化装置设计真空度多是 94% ~ 90%，对应的沸点为 35 ~ 45℃；新型号有的设计真空度为 90% ~ 80%，对应的沸点为 45 ~ 60℃。工作中若真空度降低，则海水沸点提高，蒸发器传热温差减小，产水量就会降低，结垢也会加快；而真空度过高则沸点降低，海水沸腾过于剧烈，二次蒸汽携带水珠增多，会使所产淡水盐度增加。

装置刚启用时真空度的建立靠真空泵，产生蒸汽后则主要靠冷凝器。这时真空泵仍应继续工作，将海水中逸出的不凝性气体和可能漏入装置的空气抽走。

蒸馏式海水淡化装置保持足够真空度的条件是：

(1)有与蒸发量相适应的冷凝能力。若冷凝器换热能力下降，例如冷却水温度升高或流量不足、冷凝器换热面脏污、凝水水位过高等，都会使装置的真空度降低；如果蒸发量过大，例如加热介质流量过大、温度过高，同样也会使真空度降低。

(2)真空泵应具备足够的抽气能力。水喷射真空泵的工作水压力不足或水温过高、排出背压过高(排出管路或阀堵塞)、喷嘴磨损、堵塞或安装不当等都能使真空泵的抽气能力降低，使真空度不足。

(3)装置应具备良好的气密性，严防空气漏入蒸馏器。

三、影响海水淡化装置的产水量的因素

产水量主要取决于蒸发器的蒸发量，此外也受供给蒸发器的海水的流量和温度影响。工作中产水量不足的原因主要有：

(1)蒸发器换热面脏污结垢，传热系数减小；

(2)真空度不足，导致海水沸点升高；

(3)加热水流量不足(如进蒸发器的通道脏堵)或温度太低，致使加热水平均温度降低；

(4)蒸发器给水量不足(如给水节流孔局部堵塞)，使有效换热面积减小(壳管式蒸发器内的水位以达上管板为宜)；

(5)凝水泵出口的泄放电磁阀关不严，部分淡水回流至蒸馏器(有的装置漏至舱底)。

影响产水量的主要因素：一是能否建立和保持合适的真空度；二是蒸发器加热面结垢、脏污。产水量突然减少或中断的原因往往是前者；而产水量逐渐减少则大多是因为后者。

四、影响海水淡化装置产水的盐度的因素

船上对淡水水质要求最高的是锅炉补给水，故船舶对所造淡水的盐度要求都以锅炉补给

水标准为依据。

干的水蒸气几乎不溶有盐分,但在海水沸腾时,会携带细小水珠进入蒸汽空间带到冷凝器使生成的淡水含有一定盐分,因此,装置所产淡水的盐度 S_F,主要取决于冷凝器的湿度 ω 和蒸发器的盐水盐度 S_B。即:

$$S_F = W' \times S_B / W = W'/W \times S_B = \omega \times S_B$$

淡水盐度过高的主要原因有:

1. 装置负荷过大

加热工质流量过大、平均温度过高、真空度过高,会使沸腾过于剧烈,蒸汽上升速度过大,携带水滴增加。可减小加热工质流量或稍开真空破坏阀。

2. 蒸发器水位过高

对竖管式蒸发器而言,蒸发器内水位以达到上管板为宜,外部水位计因不含气泡,水位约在半高处。水位过高,汽水分离空间减小,可通过减小给水量进行调节。

3. 盐水浓度太大

应调节给水量、排污量,适当增大给水倍率。

4. 冷凝器泄漏

使冷却海水漏入凝水。

5. 汽水分离器破损

分离效果变差。

五、影响海水淡化装置加热面的结垢的因素

海水淡化装置水垢主要成分是碳酸钙($CaCO_3$)、氢氧化镁 $Mg(OH)_2$ 和硫酸钙($CaSO_4$)。这些物质在海水中溶解度很低,且随着温度升高而降低,海水被加热汽化而浓缩时,就会在加热面上析出。硫酸钙是难除的硬垢,热导率很低;氢氧化镁特别是其干垢也较难清除。

淡化装置加热面水垢生成的速度和成分取决以下因素:

1. 海水的沸点

装置真空度降低时海水沸点升高,水垢的生成速度加快。水温较低时水垢的主要成分是 $CaCO_3$,当水温超过75℃时 $Mg(OH)_2$ 迅速增加,因此淡化装置不允许盐水温度超过75℃。

2. 盐水的盐度

盐水盐度越大则生成的水垢越多。盐水盐度达到海水的1.5倍时 $CaSO_4$ 析出,因此蒸发器中盐水盐度不允许超过海水的1.5倍。

给水倍率 μ 越大,盐水的浓缩率 ξ 越小,则盐水盐度越小,虽可减轻结垢程度,但 μ 过大则海水给水量太大,产水量会降低。真空沸腾式海水淡化装置适宜的给水倍率为3~4,使 $\xi < 1.5$。

3. 传热温差

当加热温差增大时,加热面附近的海水汽化浓缩加剧,结垢量增加,且易生成氢氧化镁和硫酸钙垢。因此以蒸汽为加热介质时,通常是先用蒸汽加热淡水,然后再用热淡水作为海水淡化装置的加热介质。

为了更有效地防止水垢生成及清除水垢,可采用投放化学防垢剂和除垢剂,防垢剂多为酸性盐,使用较多的是三氯化铁,它能减少水中氢氧根离子浓度,抑制氢氧化镁和碳酸钙水垢的生成,沸腾式淡化装置,三氯化铁的投放量一般为每吨海水 90~100g,具体使用量根据实际情况而定。三氯化铁是一种稳定无毒的干粉剂,但其水溶液有强腐蚀性,储存时应注意防潮。

● 相关实践知识

一、海水淡化装置参数调节的技能

1. 真空度调节

真空度一般控制在 90% ~ 94%，对应的蒸发温度为 35 ~ 45℃。装置的真空度可通过调节冷凝器的冷却水流量来控制。一般冷却海水流量控制在冷却海水温升为 5 ~ 6℃。真空度太低，海水沸点升高，会使结垢加剧，产水量减少；而真空度太高，则沸腾过于剧烈，又会使产水的盐度增加。夏季工况冷却水温度较高，冷凝能力不足，可加大冷却水量或适当减少加热量，使真空度维持在允许范围内。冬季工况冷却水温低，冷凝能力强，可适当减小冷却水量，当产水量达设计值时，真空度仍很高，可稍开真空破坏阀，使真空度降低。

2. 产水量控制

装置的产水量由进入蒸发器的加热量和冷凝器冷凝量所决定。加热量可通过加热水进出口阀开度来调节，这是主要的调节方式。冷凝量可通过改变冷却水进出口阀开度来调节，两者要保持平衡，加热水进出口温度降为 6 ~ 9℃。

3. 盐水水位调节

装置工作时，盐水水位一般控制在盐水水位计 1/2 处，过高会使淡水质量变差；过低影响产水量，盐水水位可通过调节给水阀和调节排盐阀来控制，调节水位时要注意给水倍率（沸腾式的 3 ~ 4，闪发式的 8）。

4. 凝水水位的控制

冷凝器凝水水位一般维持在水位计 1/3 ~ 1/2 处，水位太高，冷凝能力下降，水位过低，泵会抽空，而凝水水位取决于冷凝器单位时间的凝水量和凝水泵流量，二者相等水位就稳定。装置运行中凝水水位不合适，可通过调节凝水泵出口阀开度来调节。

工作任务二　淡化装置的操作管理

理论知识点	实践知识点
1. 海水淡化装置的系统组成； 2. 盐度计	1. 海水淡化装置启动、停用操作和运行管理的技能； 2. 海水淡化装置维护的技能

考证大纲	适用对象			
	841	842	843	844
7.2 典型设备				
7.2.1 板式换热器和管式换热器淡化装置的结构和系统			√	
7.2.2 盐度计的检测原理和调试方法			√	
7.4 维护管理				
7.4.1 海水淡化装置的启用、停用、运行管理			√	
7.4.2 海水淡化装置的维护保养			√	

● 相关理论知识

一、系统组成

如图 7-2-1 所示。装置主体部分蒸馏器是一个横置的扁圆形筒体,内部被水平隔板分隔,下方和上方分别设蒸发器 29 和冷凝器 31。侧面圆拱形的前盖可以开启,汽水分离器 30 装在它的中部。底板上设有可通大气的空气阀(真空破坏阀)33 和安全阀 32。安全阀开启压力调定为 0.1MPa,可防止意外情况下蒸馏器壳体承受过高压力(例如换热器密封损坏或盐水不能排走,导致冷却水、加热水或给水充满壳体)。

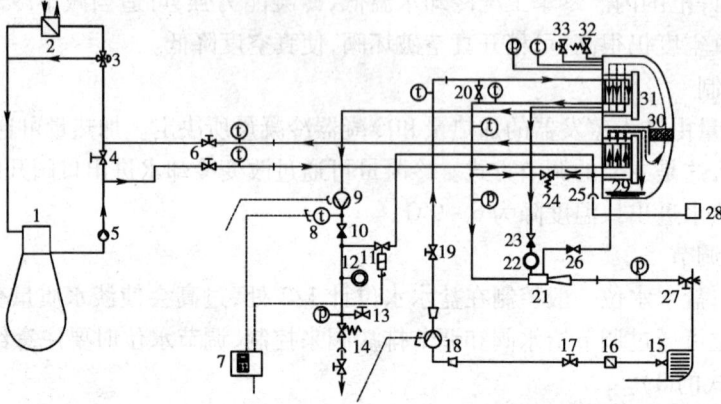

图 7-2-1　采用板式换热器的真空沸腾式海水淡化装置系统

1-主柴油机;2-缸套水冷却器;3-缸套水调节阀;4-加热水旁通阀;5-主机缸套水泵;6-加热水进、出阀;7-盐度计;8-盐度传感器;9-凝水泵;10、23、26-止回阀;11-回流电磁阀;12-流量计;13-凝水泄放阀;14、24-弹簧加载阀;15-海底门;16-海水泵吸入滤器;17-海水泵进口阀;18-造水机海水泵(喷射器泵);19-海水泵出口阀;20-冷却水旁通阀;21-喷射器;22-观察镜;25-节流孔板;27-出海阀;28-加药柜;29-蒸发器;30-气水分离器;31-冷凝器;32-安全阀;33-空气阀(真空破坏阀)

装置的系统由给水、加热、冷却、凝水、抽空和排盐等部分组成。海水由造水机海水泵(亦称喷射器泵)18 从海底门 15 经吸入滤器 16、进口阀 17 吸入,再经出口阀 19 后供入冷凝器,至上而下流过并联的各组换热板作为冷却水;从冷凝器出来后其中一小部分经弹簧加载阀 24(0.2MPa 时全开)和节流孔板 25 进入蒸发器,至下而上流过并联的各换热板通道,供生产淡水用;其余海水则用作喷射器 21(抽真空和排盐水兼用)的工作水,再经出海阀 27 排至舷外。喷射器工作水压不应低于 0.3 MPa,出口背压不得高于 0.06 MPa。

加热介质一般由主柴油机 1 的缸套冷却水系统引至蒸发器,加热在相间隔的各通道流过的海水,使之达到沸点,呈汽水混合物从蒸发器上部流出。浓度变大的盐水落到蒸馏器底部被喷射器抽走,盐水吸入管设有止回阀 26;蒸汽则绕行向上,经汽水分离器 30 滤除水滴后,再绕行至冷凝器上方,向下进入冷凝器,被从各相间隔的通道流过的海水所冷却。产生的凝水由凝水泵 9 抽出,经止回阀 10、流量计 12、弹簧加载阀 14 排至淡水舱。由冷凝器蒸汽侧引出的抽真空管设有止回阀 23 和观察镜 22,不能凝结的残存空气由此被喷射器抽走,工作正常时空气吸入管上的观察镜应该是空的。由于设有止回阀 23、26,喷射器万一失去抽力时(例如出口背压过高),工作海水不至于向蒸馏器中倒灌。

产水盐度的监控设备由设在凝水泵排出管内的盐度传感器 8、与之以导线连接的盐度计 7 以及回流电磁阀 11 等组成。所产淡水盐度超过设定值时盐度计会给出声、光警报,同时回流电磁阀开启,使盐度太高的凝水从给水管返回蒸馏器(也有的装置是泄往舱底);而通淡水舱的弹簧阀 14 则自动关闭,停止向淡水舱送水。

有些海水淡化装置可用低压蒸汽作加热工质,但不是以蒸汽直接加热海水,以免加热温差太大而结垢严重和生成硬垢。通常是另设蒸汽喷射器,使之与蒸发器的原加热水系统形成封闭循环,让从锅炉装置引来的低压蒸汽作为的工作流体,既作为加热淡水的循环动力,又作为其热源;而蒸汽凝结所增加的水量,则设溢流阀使之泄往锅炉汽水系统的冷凝器。

二、盐度计

1. 检测原理

利用淡化水的导电性来测定盐度。盐度大,电阻系数小,电阻值小,导电性高。

盐度传感器是一对电阻式测量电极。测量单位是毫伏或毫安;标示单位是 ppm;实际单位是 mg/L(NaCl)。

2. 使用方法

盐度计传感器测量凝水泵出口盐度浓度。

盐度计控制器控制凝水泵出口电磁阀。

当盐度超过设定值时,报警,关闭通向淡水舱的管路,不合格的凝水回流入蒸发器中或释放至舱底。

3. 调试方法

电极在热淡水中浸洗每月一次,不能用布擦洗,防止铂铑表面涂层损坏。

盐度计试验每月一次,检查设定值与盐度计工作是否正确。

通过温度修正钮修正盐度值。

● 相关实践知识

一、操作技能

1. 启动

(1)通电源:接通面板上的电源开关。

(2)做准备:关闭放残阀、真空破坏阀、驱气等。

(3)造真空:启动真空泵抽真空为 93% 左右。

(4)给海水:调节给水调节阀。

(5)排盐水:启动排盐泵。

(6)供热水:缸套冷却水供入蒸发器。

(7)引冷水:海水引入冷凝器。

(8)查仪表:接通盐度计,观察液位计。

(9)抽凝水:启动凝水泵,调节出口阀。

2. 运行管理

(1)真空度的控制:应接近设计值。在保证装置气密性和抽真空的喷射器状态良好的前提下,真空度可通过调节冷却水旁通阀的开度,改变通过冷凝器的冷却水流量来控制。

(2)产水量的控制:装置状态良好时产水量应接近设计值。产水量主要靠调节加热水旁通阀的开度,改变加热水流量来控制。船航行于热带水域时,海水温度较高,冷凝器的冷凝能力下降;而且工作水温高还会降低喷射器的抽气能力,这都会使装置的真空度下降。此时可以加大冷却水流量来维持足够的真空度,但冷凝器允许通过的冷却水最大流量是有限的,不得已时只能适当减少加热量,降低一些产水量。冬季海水温度较低时,为使真空度不至于太高,可适当减小冷却水流量,不允许过分加大加热量,以免盐水沸腾过于剧烈,造成所产淡水盐度增加。

(3)给水倍率的控制:真空沸腾式海水淡化装置的给水倍率一般保持 3 ~ 4。给水倍率太低,则盐水浓度高,易结垢;给水倍率太高,则产水量会降低,盐水带走的热量增加。此类装置只要给水压力保持在 0.3 ~ 0.4 MPa 正常范围内,给水节流孔板不堵,即可保持适当的给水倍率。

(4)凝水流量的监控。凝水泵一般是离心泵,通常流量随凝水水位高度变化有自调节能力。如果装置工作时空气吸入管上的观察镜中见到水,则表明凝水未能及时排走,其水位过高以致进入了抽气管。这时首先应检查凝水泵管路是否阻塞(重点查流量计的进口滤器、止回阀、弹簧阀及通淡水舱的截止阀等)或漏泄(重点查与冷凝器连接的接头等),注意凝水泵转向有否弄反,必要时可拆检凝水泵。

(5)盐水流量的监控。在蒸馏器侧面底板的下方有观察镜可以看见盐水水位。当其水位高于 20 mm 时表明盐水抽除的流量不足。这时应检查喷射器工作正常否(工作水压是否太低、背压是否太高、喷嘴是否堵塞或磨损),盐水吸入管路及止回阀是否故障。如果节流孔板孔径选得太大,则给水量太大,会造成盐水水位过高。

造水机工作中最可能发生的干扰是海水温度变化,它直接影响真空度和产水量。只要能控制真空度稳定,其他都无须经常调节。

3. 停用

当船离岸小于 20n mile 时,或海水受污染时应停用:

(1)停加热水;

(2)关凝水泵;

(3)关海水泵;

(4)停冷却水;

(5)开真空阀;

(6)放盐水;

(7)放残水;

(8)断电源。

二、维护技能

1. 冷凝器的维护

为维持工作时有足够高的真空度,应适时拆洗冷凝器换热板。可用软刷以不高于 50℃ 的热水刷洗,若换热板的密封垫片失效则应予以更换。如果个别换热板损坏而无备件,可以暂时将与其相邻的另一块换热板一起拆除。换热板装复后应校核板组的总厚度(蒸发器相同),然后应让冷却海水流过试漏。必要时可对冷凝器进行水压试验,判断其是否漏泄,试验压力是 0.6 MPa。

2. 蒸发器的维护

使用日久淡水产量减少时,应对蒸发器清洗除垢。为了便于清除海水侧的水垢,需将换热板浸泡在含抑制剂的酸性溶液中用软刷刷洗。装复后应让缸套水流过(关闭旁通阀)检漏。若主机缸套水系统的膨胀水柜补水太频繁,怀疑造水机蒸发器漏水(盐水水位也可能偏高),

应对蒸发器进行水压试验(试验压力同冷凝器)。

3. 蒸馏器的维护

若造水机要停用 14 天以上,应用淡水清洗内部,关盖前内部需完全干燥。工作 2000h 至少要开盖检查一次蒸馏器底部的防腐电极(锌块),若锌块蚀耗失效应换新。汽水分离器每工作 8000h 也需要浸在含抑制剂的酸性溶液中清洗。

若抽真空的喷射器工作正常,而装置要求的真空度却无法建立,则应检查蒸馏器及整个装置的气密性。可将蒸馏器通外界各阀关闭,然后启用海水泵(关闭给水管),用喷射器尽可能将蒸馏器抽至工作所要求的真空度后停止抽气。如在 1h 内真空度下降 >10%,即表明密封性不合格。也可以对蒸馏器进行水压试验查漏,试验压力是 0.15MPa。

4. 盐度计的维护

每个月应试验一次盐度计报警设备。盐度传感器电极每个月应拆出清洁一次,电极可用软纸或干净的布揩拭,若污垢不易清除可先用稀氨水或汽油沾湿,切勿用硬物刮刷或砂纸打磨,以免损坏电极表面的铂铑镀层。

5. 水泵及其他设备的维护

每工作约 8000h 时应根据需要维护装置所用海水泵、凝水泵和喷射器。喷射器的喷嘴及过流部件磨损严重时应予换新。其他阀门和仪表也要检查维护。

● 思考练习

一、判断题

1. (　　)当船离岸小于 20n mile 时,或海水受污染时应停用。

2. (　　)盐度传感器是一对电阻式测量电极。

3. (　　)造真空时启动真空泵抽真空为 93% 左右。

4. (　　)加热水进出口温度降一般为 6 ~ 9℃。

5. (　　)给水量与产水量之比称为给水倍率。

6. (　　)排盐量与产水量之比称为排污率。

7. (　　)装置负荷过大会导致淡水盐度过高。

8. (　　)冷凝器凝水水位一般维持在水位计 1/3 ~ 1/2 处。

9. (　　)装置工作中将盐水浓度控制为海水的 1.5 ~ 1.3 倍,即给水倍率 3 ~ 4 倍。

10. (　　)海水泵排压应不低于 0.35 ~ 0.4MPa。

二、简答题

11. 船舶制淡装置工作系统有哪几个方面组成?

12. 试述影响制淡装置产水盐度的原因及应采取的措施。

13. 使制淡装置产量下降的原因有哪些?

14. 使制淡装置保持足够的真空度的条件是什么?

15. 会使制淡装置蒸发器结垢加快的原因有哪些? 如何防止结硬垢?

16. 海水温度升高,其他条件不变,对沸腾式淡化装置工作有何影响?

17. 影响淡化装置的产水量的因素有哪些?

18. 如何对淡化装置清洗除垢?

19. 如何使用盐度计?

20. 怎样维持凝水水位的控制?

● 案例分析

认真用脑积极动手——造水机恢复工作

一、故障现象

刚上船接班的时候就听说造水机不能用,主要原因是造水机海水泵损坏,其泵轴变形及两侧弹子盘损坏,而且在最近 3 个月内已坏了两次,交班人员说已开了备件,但要一个月以后才能供船。

二、分析处理

造水机对于每条船舶来讲,都不是被摆在特别重要的位置,从机关到船队都没有像对待四机一炉那样重视。虽说它不直接影响到船舶的正常航行,也很少因它而影响船期,但它的经济性及附加作用却是非常重要的和有目共睹的。就拿本船来讲,船上的机械设备和人员每天消耗饮用水及日用水约 11t,如果造水机不能正常工作,那么一年下来就需要加水 4015t,以每吨 5 美元计算共需要花费 20075 美元。另外对一些老龄船淡水冷却器冷却效果不好,或由于冷却水面脏堵而又暂时无法将故障排除,造水机能很好的起到替代作用。

造水机海水泵为什么频繁的损坏,原因在哪里? 备件上船前这段时间怎么办? 难道到哪个港口都必须加水吗? 通过和未休假人员交流了解以及对损坏的泵轴,弹子盘及轴套观察,认为海水泵损坏的主要原因是由于振动所致。在运行的时候泵体及电动机振动非常明显,随着时间的推移,振动越来越严重最后直至损坏。通过检查比较,发现本船底层右侧前方从卫生水柜至机油冷却器右侧支架处,长 4.5m,宽近 1m 的地段振动较其他地方严重得多。另外发现造水机海水泵下部支架锈蚀严重且以前补焊过多次,而现在有的地方已经开焊出现裂纹,如果将这些开焊且较软的地方重新焊补及加固,也许会改善海水泵的工作状况。

将泵体及电动机全部从机架上拆下,将泵及电动机底座已锈穿的地方全部修复焊死,再将较软的地方用角铁加固加强。由于锈蚀严重且下部空间狭小,补焊工作非常艰难,飞溅的火星让人无法躲藏,机工长的脖子上又围了一块毛巾布才避免火星溅进衣服里面。底座加固后,将电动机及海水泵装复,轴线调整,试运转,发现状况比以前有所好转,只是因为轴及轴套磨损较重导致轴封漏水。经过 5 天航行到达装货港,海水泵运转正常。

从鲅鱼圈装货后前往美国新奥尔良航行途中,海水泵以前补焊过的地方又出现了裂纹,感觉振动加剧且轴封处漏水越来越严重,泵运转的声音越来越大。在此期间仔细观察发现,造水机海水泵及电动机固定的支架横梁是焊在机舱舱壁的 3 个加强肋板上,且下部支撑有颤动的现象。在 3 个加强肋板中间的第二块肋板较薄,不如两边的高和厚,航行时就能发现第二块肋板振动幅度较大,带动底部支座产生轻微纵向振动。怎样才能克服或减轻这样的振动呢? 思前想后,我们决定将整个机架拆除,制作一个新的来代替。

将造水机停掉,把海水泵及电动机拆除,拉下氧气乙炔管,把支架所有的固定处全部割下,尤其是固定在肋板上的地方。为了获得更高的强度,大家找到一根 100×80 和几根 70×70 的角铁,将 100×80 的角铁割成各 1.6m 长的两段,直接焊在第一块和第三块加强肋板上,在中间的肋板上不进行施焊加固,因为中间的这块肋板又窄又薄,航行时振动较其他地方严重,如果将角铁焊在这块肋板上只是起到了固定肋板的作用,而支架却要承受不间断的交变应力作用,当支架强度变弱时带动支架前后或上下振动,对海水泵又会起到破坏作用。将 70×70 的角铁割成各 1m 长的两段,也焊在这两块肋板上,前后各做一个三角支撑防止纵向变形。将海水泵装复之前,先将海水泵和电动机进行了解体,发现海水泵两端弹子盘已损坏,电动机输出端弹子盘也已损坏,将其更换后装复。另外,在装海水泵和电动机的时候,轴线的调中工作是非常重要的一环。用铜皮多制作几个调整垫片,先将电动机端固定在支架上,再将海水泵用靠背令螺丝轻轻带上,用手转动靠背轮,用垫片调整海水泵高度,感觉到非常活络为止,再将靠背令螺丝上紧。

经过这次彻底检修,现在海水泵运行工况非常好,电动机电流平稳,已运转了 40 多天,造水近千吨,平均每天造水 22t。

三、经验总结

总之,对于出现的任何问题,只要用心观察,仔细研究推敲,就能找出问题的原因所在,就能针对问题制定行之有效的解决方法,为船舶的航行安全打下坚实的基础。

能力模块八 辅助锅炉应用技能

● 目标要求

本模块的主要知识目标	本模块的主要能力目标
1. 辅助锅炉的性能参数； 2. 辅助锅炉的主要结构类型和特点； 3. 辅助锅炉的主要附件结构及其要求； 4. 辅助锅炉的燃油系统； 5. 辅助锅炉的汽水系统； 6. 辅助锅炉的水质和自动控制要求； 7. 辅助锅炉的保养、清洗、检验要求	1. 具备调节锅炉的蒸发量的能力； 2. 具备判断辅助锅炉结构和性能对比的能力； 3. 具备冲洗水位计和调整安全阀的能力； 4. 具备判断分析排除燃油系统方面故障的能力； 5. 具备判断分析排除汽水系统方面故障的能力； 6. 具备对辅助锅炉进行启动、停用操作和运行管理的能力

● 基本概念

考证大纲	适用对象			
	841	842	843	844
8 船舶辅锅炉装置				
8.1.1 锅炉的性能参数			√	√

一、锅炉的作用

提供合乎质量和数量要求的热载体(蒸汽、热油、热水)。

二、锅炉的工作原理

利用能量的转换和传递现象,借助于循环载体的不断受热蓄能过程,达到热量转移的目的。

三、锅炉的应用

作为船舶动力装置的重要组成部分,锅炉在船舶中有着十分广泛的应用,其作用随着船舶主机的型式和种类的不同而有所变化。一般,在蒸汽动力装置船舶中,锅炉产生过热蒸汽用以驱动轮机的锅炉称为主锅炉。在现代柴油机船舶动力装置中,锅炉产生饱和蒸汽用于加热油料的锅炉称为辅锅炉。柴油机干货船装一台压力为 $0.5\sim1.0MPa$、蒸发量不超过 $2.5t/h$ 的小型辅锅炉。在油船和客船上,特别是大型油船,用汽量较大,通常装两台压力不超过 $2MPa$、蒸发量较大($20t/h$ 以上)的辅锅炉。

四、辅锅炉的分类

辅锅炉的型式很多,大致可分类如下:

1. 燃油锅炉和废气锅炉

(1)燃油锅炉的热源是燃油,考虑的重点是热能利用率的问题。

（2）废气锅炉的热源是柴油机废气,考虑的重点是柴油机背压变化量的问题。

2.烟管锅炉、水管锅炉和联合式锅炉

（1）烟管锅炉受热面管内流动的是高温烟气,管外是循环水。

（2）水管锅炉受热面管内流动的则是水或汽水混合物,管外是烟气。

（3）联合式锅炉是指一部分受热面管子按水管锅炉方式产生蒸汽,而其余受热面管子则按烟管锅炉方式工作的辅锅炉。

目前,水管锅炉正被广泛应用。

3.自然循环、强制循环锅炉

（1）自然循环锅炉,管内水的流动是由于工质的密度差而引起的。

（2）强制循环锅炉,管内水的流动是借助于泵而实现的。

4.低、中、高压锅炉

这种分类依据的蒸汽工作压力是随着生产水平的发展而变化的。目前一般蒸汽工作压力在 2.0MPa 以下为低压锅炉;2.0~4.0MPa 为中压锅炉;4.0~6.0MPa 为中高压锅炉;6.0MPa 以上为高压锅炉。船用辅助锅炉主要是低压锅炉。

五、辅锅炉的性能参数

1.蒸汽参数

蒸汽参数是指锅炉产生的蒸汽质量。当锅炉供应饱和蒸汽时,蒸汽参数用蒸汽的工作压力表示,单位是 MPa,锅炉一般标注名义工作压力,使用的工作压力范围上限可稍超过它,但不应超过锅炉最大许用工作压力（设计压力）。当锅炉供应过热蒸汽时,还应同时标注蒸汽温度。

蒸汽参数是燃油锅炉和废气锅炉的选择依据。

2.蒸发量

蒸发量是指锅炉在设计状态下每小时生产的蒸汽量,用 D 表示,单位是 t/h 或 kg/h。

蒸发量是燃油锅炉的选择依据。

3.受热面积

受热面积包括蒸发受热面积（炉水被加热产生饱和蒸汽的面积）和附加受热面积（过热器、空气预热器和加热给水的经济器等附加设备的面积）。蒸发受热面积即是加热面积。

受热面积是废气锅炉的选择依据。

锅炉在烟道后部可以装经济器（加热给水）和空气预热器,称为尾部受热面,它们能回收排烟的余热,减少排烟热损失,提高锅炉效率。但尾部受热面会给锅炉装置的管理工作（吹灰、防止低温腐蚀等）带来很多麻烦,故现在船用锅炉一般都不设尾部受热面。

4.蒸发率（产汽率）

蒸发率是指单位蒸发受热面积的蒸发量,单位是 kg/m^2h,用来评价锅炉蒸发受热面和平均传热强度。蒸发率越高,锅炉结构越紧凑。

5.锅炉效率

锅炉效率是指从给水变为蒸汽所得到的热量与供给锅炉的热量之比。

锅炉的各种热损失包括:

（1）排烟热损失:排烟所带走的热量损失。这是锅炉最大的一项热损失,其值取决于排烟的数量和温度。

（2）气体不完全燃烧热损失（亦称化学不完全燃烧热损失）——烟气中未能完全燃烧的

CO、CH$_4$、H$_2$等气体未能发出的热量。

（3）机械不完全燃烧热损失：燃油燃烧不良时形成的炭粒未完全燃烧所引起的热损失，燃烧良好时近似为0。

（4）散热损失：锅炉向四周环境散失的热量，中小型锅炉仅次于排烟损失。

6.炉膛容积热负荷

炉膛容积热负荷是指每单位炉膛容积在单位时间内燃料燃烧放出的热量。燃油锅炉在燃油耗量和热值一定的条件下，容积热负荷越大则炉膛的相对容积越小，燃油在炉膛内燃烧停留时间越短，炉膛内的烟气平均温度也越高。容积热负荷主要是针对燃油锅炉而言的，它是影响燃烧质量、锅炉效率、锅炉可靠性和锅炉尺寸的一个重要参数。

六、辅锅炉的基本结构

本体：锅（上锅筒/汽包、下锅筒/水筒、连接管）＋炉（炉胆、燃烧室、烟气通道）

附件：安全阀、水位计、压力表、汽水分离设备

燃烧系统：供油系统＋喷油系统＋通风系统＋配风系统＋点火系统

汽水系统：供汽系统＋凝水系统＋给水系统＋排污系统

工作任务一　锅炉本体的综合认识

理论知识点	实践知识点
1.燃油水管锅炉的基本结构； 2.燃油烟管锅炉的基本结构； 3.燃油联合式锅炉的基本结构； 4.废气烟管锅炉的基本结构； 5.废气水管锅炉的基本结构； 6.燃油锅炉与废气锅炉的联系； 7.热油锅炉	1.水管锅炉与烟管锅炉比较的技能； 2.废气锅炉蒸发量调节的技能； 3.热油锅炉操作管理的技能

考证大纲	适用对象			
	841	842	843	844
8.1.2 锅炉的结构				
8.1.2.1 燃油锅炉的主要结构类型和特点			√	√
8.1.2.2 废气锅炉的主要结构类型和特点			√	√
8.1.2.3 燃油锅炉和废气锅炉的联系方法			√	√

● 相关理论知识

一、燃油烟管锅炉

图8-1-1所示是一种比较典型的立式横烟管锅炉。锅炉整体结构为一个直立的圆筒形锅壳，由钢板卷制焊接而成。为能较好地承受内部蒸汽压力，其顶部和底部均为椭圆形封头。在锅壳中的下部设有一由钢板压成的球形炉胆，炉胆顶部靠后有一圆形出烟口，与上面的方形燃

烧室相通。在燃烧室与烟箱之间设有管板,二管板之间装有数百根水平烟管烟管与管板采用扩接或焊接相连。

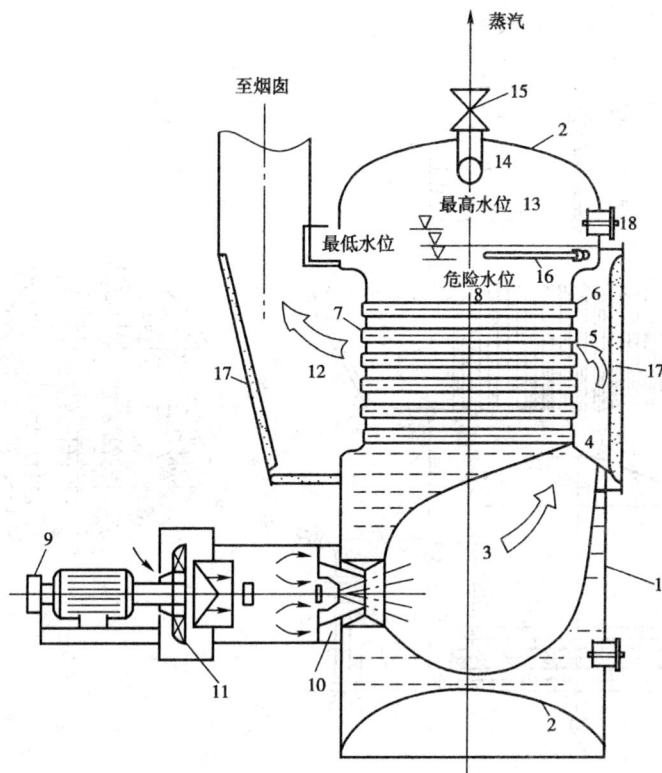

图 8-1-1　立式横烟管锅炉

1-锅壳;2-封头;3-炉胆;4-出烟口;5-燃烧室;6-后管板;7-前管板;8-烟管;9-油泵;10-燃烧器;11-风机;12-烟箱;13-汽空间;14-集汽管;15-蒸汽阀;16-内给水管;17-检查门;18-人孔门

　　炉胆和烟管将整个锅壳内部分成两个互相隔绝的空间,其里面是烟气,而外面则充满着水。燃油和空气分别由喷油嘴和鼓风机送入炉膛。油被点着后,在炉胆内燃烧,未燃完的油和烟气经出烟口向上流至燃烧室继续燃烧,然后顺烟管流至烟箱,最后从烟囱排入大气。

　　烟管锅炉中的炉胆、燃烧室和烟管都是蒸发受热面,只是烟管部分虽占锅炉总受热面积的90%,但其传热效果较差,传热量不到总量的一半,一般蒸发率仅为 $2.5 \sim 40 kg/m^2 h$,而炉胆和燃烧空仅占整个锅炉受热面的 10% 左右,但其传给炉水的热量却占总吸热量的一半以上。这是因为该处烟气温度约为 $1300 \sim 1400 ℃$,炉胆受火焰直接辐射,传热十分强烈,炉壁温度较高,所以是烟管锅炉最易损坏的部位。而烟气管的传热方式以对流为主,属于对流受热面。烟气在烟管中流动时,其温度在进口处为 $600 \sim 700 ℃$,流入烟箱时已降为 $300 ℃$ 左右,以致烟气与炉水之间的温度差不很大,又由于烟气在烟管内沿纵向流动,流速也小,因此,烟气对烟管的对流换热效果不佳,为了提高传热效果,往往在烟管内增设螺旋条。

　　锅炉在工作时,锅壳中的水面只需比蒸发受热面高一些即可,在水面上部为汽空间。炉水吸热沸腾而汽化,在水中产生大量蒸汽汽泡。蒸汽自水面逸出后,聚集在锅壳上部的汽空间中,经顶部的集汽管和蒸汽阀输出,由蒸汽管道送至各处使用。

二、燃油水管锅炉

1. 立式直水管锅炉

立式燃油直水管锅炉体积小、产汽快、蒸发率高、锅炉循环水强劲有力、循环效率高、管内炉水积垢稀微,除定期检验外,平时无需特别保养与维护。图 8-1-2 所示为此型锅炉,蒸发量为 1.8t/h,蒸汽压力为 0.7MPa,效率为 80%。

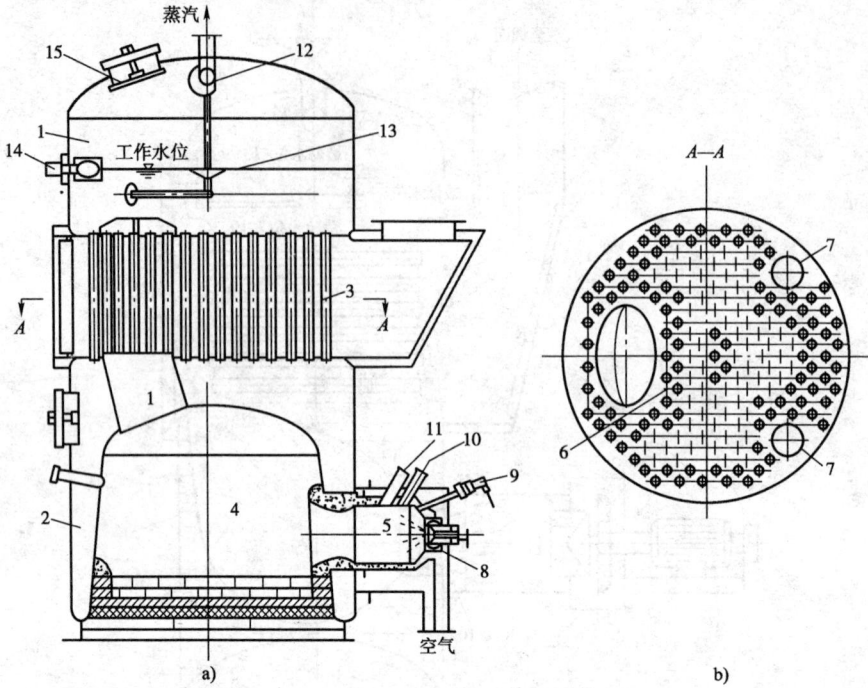

图 8-1-2 立式直水管锅炉

1-上锅筒;2-下锅筒;3-直立水管束;4-炉膛;5-预燃室;6-挡烟墙;7-下降水管;8-主喷油器;9-点火器;10-点火喷油器;11-火焰感受器;12-汽水分离器;13-上排污漏斗;14-自动水位调节;15-人孔门

锅炉的整个锅壳分为上、下两个锅筒,中间联接着直立沸水管束和下降管,水管中充满炉水,烟气在各管之间横向流过,传热效果较好。炉膛位于下锅筒中,前方加装一个没有受热面的小容积预燃室,供入的燃油和空气先在此处混合燃烧,再进入炉膛,使炉膛中的燃烧过程进行得更为完善,整个炉膛的热负荷更趋均匀,不会产生局部过热现象;由于预燃室中工作温度很高,在燃用劣质重油或渣油时,也能获得良好的燃烧,并且在低负荷时,也能保证较好的燃烧。此外,水管受热面的周围外壁上设有清理门,清垢方便。

2. D 形水管锅炉

D 形锅炉以其本体形状类似英文字母 D 而得名。它的结构简单、操纵容易、效率高,且适宜于高温高压蒸汽。图 8-1-3 所示为 D 形水管锅炉的结构。其本体由汽包、水筒、联箱、炉膛、水冷壁、沸水管束、过热器、经济器及空气预热

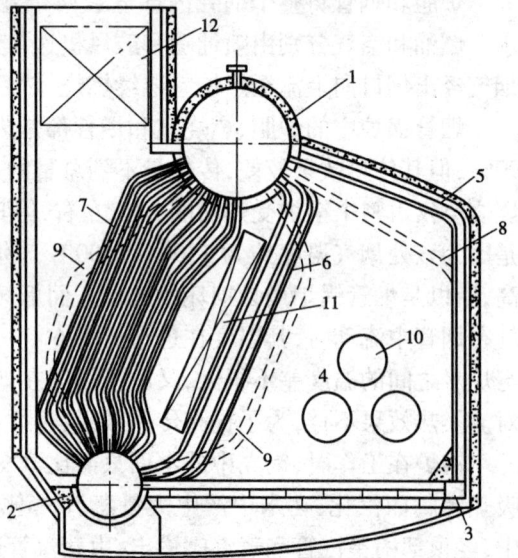

图 8-1-3 D 形水管锅炉

1-汽包;2-水筒;3-联箱;4-炉膛;5-水冷壁;6-前沸水管;7-后沸水管;8-联箱供水管;9-水筒供水管;10-燃烧器;11-过热器;12-经济器

器(位于经济器后面的烟道中,图中未示出)等部件组成。

汽包和水筒的材料为20G或22G焊接成型;联箱、水冷壁管排和沸水管是10G或20G钢制成;炉墙(炉膛、高温烟道处)由耐火层、隔热层、气密层组成,炉衣(低温烟道处)由隔热层和密封层组成,起着保温和密封功能,我国海船规范规定,炉墙和炉衣外表面温度不应大于60℃。

燃油在炉膛充分燃烧,产生理论燃烧温度约1700℃左右高温烟气,以辐射的方式将热量传给炉墙水冷壁和前几排沸水管,到炉膛出口烟气温度降为1100℃左右。烟气离开炉膛后,以对流放热方式依次将热量传给后面的沸水管、经济器及空气预热器,最后经过烟囱排入大气,此时烟气温度已降为150~350℃。

过热器为提供过热蒸汽而设,将汽包所产生的蒸汽引到过热器中,再作等压加热,以提高蒸汽中的热能,减少膨胀后的水分。

经济器由钢管和联箱构成,利用烟道中排烟的余热,将水温度提高,并减少进入汽包时因温度差而产生的热应力,同时回收余热,提高整体热效率。唯一缺点是增加排烟的阻力。

空气预热器将进入炉膛的空气预热,使排烟温度进一步降低,提高了锅炉效率;同时由于空气温度提高,使炉膛温度上升,改善了燃烧条件。

锅炉的水循环采用自然循环方式。如图8-1-4所示。

上升管/受热管:水冷壁 + 前几排沸水管束:吸热多,含汽量大,密度小;为了增加流速,冲刷掉管内壁的汽泡,一般管径较小。

下降管:后几排沸水管束/炉膛外另外管束:吸热少,含汽量小,密度大;为了减少阻力,管径较大。

良好的水循环是上升管循环倍率K(入口进水量/出口蒸汽量)大于4,K = 1时受热面管子最易烧坏。保证建立良好水循环的措施:尽量避免下降管带汽;避免上升管受热不均现象严重;避免上升管流动阻力过大;尽量避免用汽量变化过

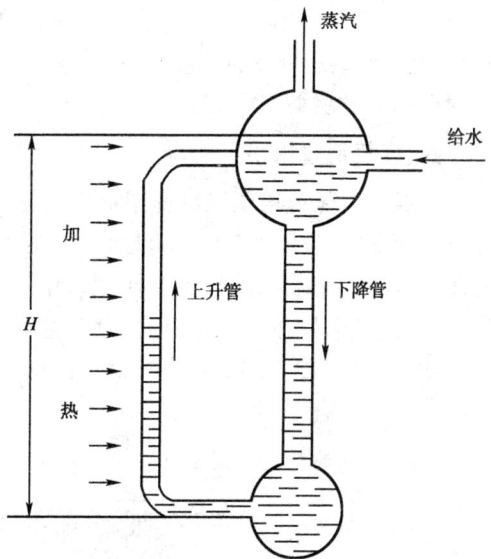

图8-1-4 自然水循环原理

大,造成下降管中闪汽与上升管中蒸汽凝结影响水循环;运行中,不进行下排污。

三、燃油联合式锅炉(针形管锅炉)

针形管锅炉是一种兼有水管锅炉和烟管锅炉特点的新型船用锅炉,其基本结构如图8-1-5所示。上面是汽包(内部环排一圈针形管),下面是炉膛(上部内圈是水冷壁,上部外圈是供水管,下部是环形水筒)。其中,水冷壁是辐射受热面,针形管是对流受热面。

针形管是一种高蒸发率的元件。如图8-1-6所示。外管相当于立式烟管;内管(针形管)下端和汽包的水空间相通,上端和汽包的汽空间相通。内管外壁焊接大量钢棒,下部钢棒较长,上部钢棒较短。工作时,来自炉膛的烟气既直接加热汽包中的水又加热内管中的水。

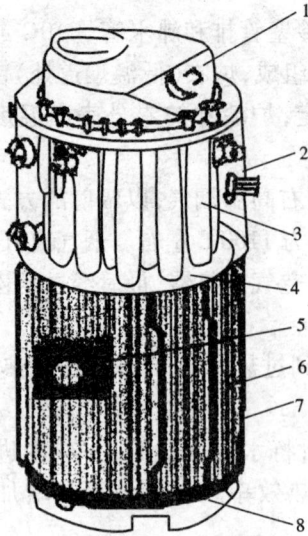

图 8-1-5 针形管锅炉

1-烟箱;2-汽包;3-针形管;4-炉膛;5-燃烧器;6-水冷
壁;7-供水管;8-环形水筒

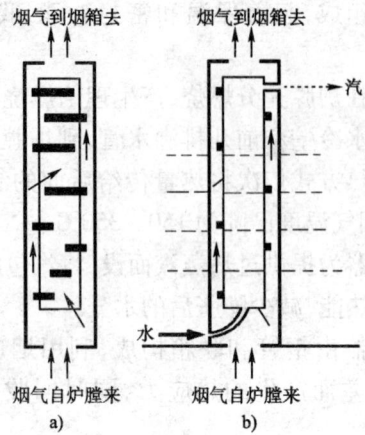

图 8-1-6 针形管

四、废气烟管锅炉

一般大型低速增压二冲程柴油机的排气温度为 250～380℃,四冲程中速柴油机的排气温度可达 400℃,具有大量余热可以回收,因此在机舱顶部柴油机排气管中安装了废气锅炉,同时还可以起到柴油机排气消音作用。由于装设废气锅炉后会增加主机的背压而引起功率下降,所以废气锅炉在实际选用上,应与主机匹配。

图 8-1-7 示出立式烟管废气锅炉的结构,它是我国海船上普遍使用的一种废气锅炉。

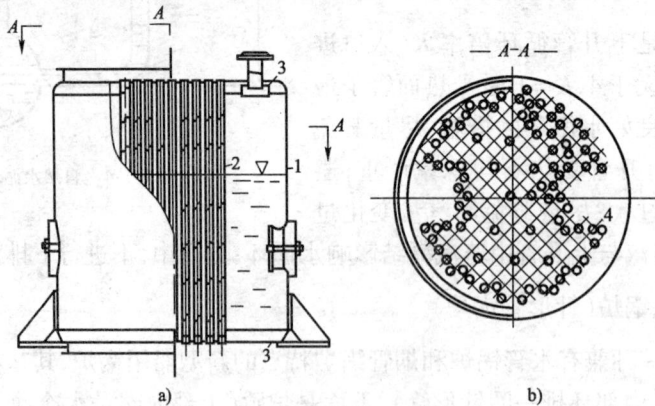

图 8-1-7 立式烟管废气锅炉

1-锅壳;2-烟管;3-封头;4-牵头

由图可见,在圆筒形锅壳中贯穿着数百根烟管,锅筒两端的封头兼作管板。为了使封头不致外凸变形和减少烟管所承受的拉力,在管群中用少量厚壁管子与封头采取牵条管。锅炉的上下两端还装有出口和进口联箱,供柴油机排气。

五、废气水管锅炉（强制循环盘香管式锅炉）

图 8-1-8 示出强制循环盘香管式废气锅炉的结构。

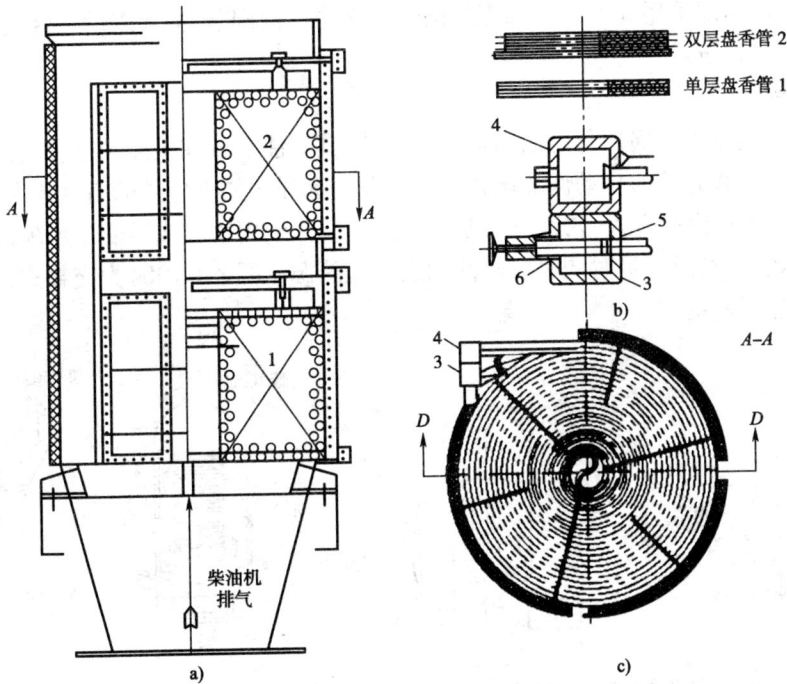

图 8-1-8　强制循环盘香管式废气锅炉结构
1-单层盘香管;2-双层盘香管;3-进口分配联箱;4-出口汇集联箱;5-节流孔板;6-节流阀

　　整台锅炉由许多水平放置的盘香管组成,每一根盘香管的进出口分别与两个直立的联箱相连。柴油机排气在管子外侧流过,炉水由专门的循环水泵从汽水分离筒吸入,压送到进口分配联箱,由此再送至各盘香管,水在管内彼加热,然后进入出口汇集联箱,汇集后流回汽水分离筒进行汽水分离。这种锅炉的优点是盘香管中的水是强迫流动,蒸发率大,并且可以在一定的空间内布置较多的受热面,因而体积紧凑,但是其受热面管内的水垢清除比较困难;循环水泵因水的温度较高工作可靠性较差。

　　盘香管式废气锅炉烟气流过时温度逐渐降低,故上下各层盘香管的吸热量相差甚大,炉水的汽化程度不同,致使流阻相差很大,会产生偏流(下层吸热多的进水少),甚至发生水力脉动(进水量脉动)。为此,各盘香管进口设有口径分几档的节流孔板及节流阀,使靠上层的盘香管进口节流程度大,进水量少,调节各进水量,使盘香管出口湿蒸汽干度均为0.1左右为宜。图中上层盘香管2采用双层盘香管以增加长度,从而均衡上、下层流动阻力和出口蒸汽干度。

六、燃油锅炉与废气锅炉的联系

1. 二者独立

废气锅炉与燃油锅炉有各自的给水管路,由给水泵分别从热水井供水,所产生的蒸汽由各自的蒸汽管道输出,至总蒸汽分配阀箱处才汇集一处。这种方式运行管理方便,应用较多。不过当废气锅炉水位调节系统失灵时,因其位置较高,航行时的管理就比较麻烦。如图 8-1-9a)所示。

2. 废气锅炉为燃油锅炉的一个附加受热面

在这种情况下给水仅送至燃油锅炉,废气锅炉炉水由强制循环水泵抽自燃油锅炉的炉水,加热蒸发后,再将汽水混合物压回燃油锅炉。经汽水分离后,蒸汽由燃油锅炉的蒸汽管输出。这种废气锅炉是强制循环式。当废气锅炉的蒸发量满足不了航行用汽需求时,可与燃油锅炉合作向外供汽,油船即采用此法。这种废气锅炉的水位不需调节,但须多设一台或两台热水循环泵。如图8-1-9b)所示。

3. 组合式锅炉

组合式锅炉是将废气锅炉与燃油锅炉合为一体,其只能安放在机舱顶部,因此要求有可靠的远距离水位指示和完善的自动调节设备。目前我国远洋船舶上应用的组合式锅炉大致有两种。其中图8-1-10a)为联合式,它既可在航行或停泊时分别用废气或燃油作热源,又可在航行中仅靠排气余热,蒸发量不足时同时以燃油和废气作热源。图8-1-10b)为交替式,不能同时以燃油和废气作热源使用。

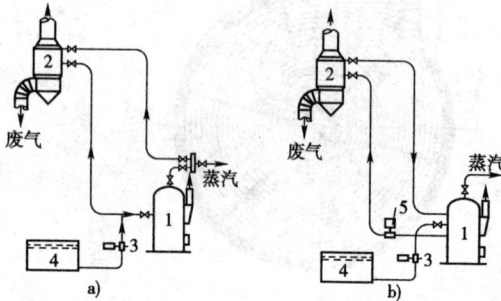

图8-1-9 废气锅炉和燃油锅炉的联系
1-燃油锅炉;2-废气锅炉;3-给水泵;4-热水井;5-热水循环泵

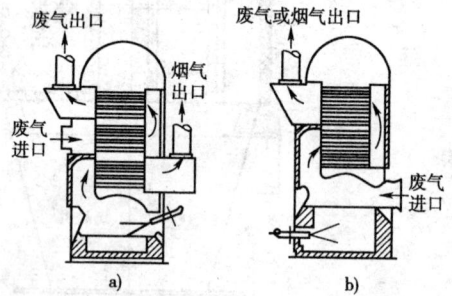

图8-1-10 组合式锅炉

七、热油锅炉

热油锅炉也称有机热载体锅炉,是一种新型的热能转换设备。其工作原理是具有较高热容量和较低黏度的矿物油在锅炉内的受热面管子中流动,被燃油或柴油机废气加热后,输送到用热设备释放热量,再由热油循环泵泵入锅炉中重是新被加热。热油在锅炉、用热设备之间通过泵及管系形成闭式循环,不断向外供热。

热油锅炉可以设计成燃油辅锅炉和废气辅锅炉,其供热系统如图8-1-11所示,主要由热油锅炉、循环泵、膨胀器、储存器、过滤器、氮气器、紧急冷却器、管系和用热设备等组成。

热油废气锅炉和热油燃油锅炉平行安装,形式和组合锅炉相似。热油首先吸收主机废气的热量,如果废热不能满足船舶加热所需时,热油燃油辅锅炉自动点燃。系统中油液随温度变化而发生的体积变化由膨胀器调节,膨胀器的调节容积应不小于热油容积变化量的1.3倍,膨胀器内油温不得超过70℃,膨胀器为闭式时,膨胀气体由氮气器提供,氮气可防止油液氧化变质;需放净系统油液时可由存储器接纳存储;为避免油过热设有紧急冷却器。热油循环泵的工作条件恶劣(温度高),其运行状态需要连续监测,并使备用泵随时可用。热油泵启动阶段的温升以50℃/h为宜。油泵的吸口设有过滤器,滤去高温下形成的聚合物和残渣。热油锅炉在启动过程中,随着油温升高,可能存在的其他气体、少量水汽和油气会逐渐析出,这些气体会产生热阻和流阻,设油气分离器加以分离。在启动时应通过反复打开排气阀排除这些气体。突然停电时或其他原因油涂不能循环供热时,为防止热油停留在锅炉中高温裂解与氧化,应将热油紧急冷却到150℃以下,再送入储存器中储存。

热油锅炉系统与强制循环水管锅炉相比具有以下特点：

(1)以矿物油代替了水,油在常压下的蒸馏点比水的蒸发温度高得多,可达320℃。因此可以实现在低压下始终以液态循环对外供热,无相态变换损失。所以热油锅炉工作压力低(一般不高于1MPa),供热系统热效率较高。

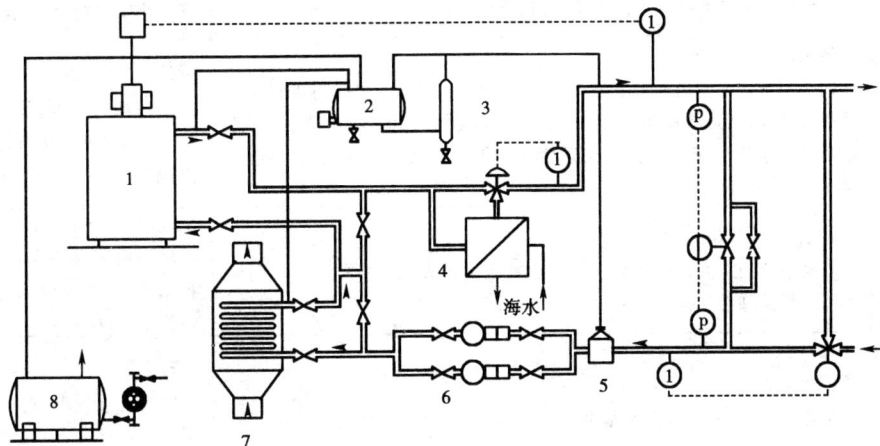

图 8-1-11　热油锅炉供热系统原理

1-燃油热油锅炉;2-膨胀器;3-氮气器;4-紧急冷却器;5-油气分离器;6-循环泵;7-废气热油锅炉;8-储存器

(2)油传热均匀,导热系数较高(100℃时约为水蒸气的3.8倍)。

(3)油的热稳定性好,基本上无腐蚀作用,化验和处理工作很少。

• 相关实践知识

一、水管锅炉与烟管锅炉比较的技能

如表 8-1-1 所示。

水管锅炉与烟管锅炉的特点　　　　　　　　　　　　　表 8-1-1

项　目	烟　管　锅　炉	水　管　锅　炉
1. 受热面的蒸发率和热效率	较低。 (1)因为烟管的传热方式以对流为主,故对流换热效果不佳;烟气在烟管中流动时,其温度在进口处为600~700℃,流入烟箱时已降至300℃左右,以致烟气与炉水之间的温差不是很大。排烟热损失较大,热效率只能达到72%左右; (2)烟管受热面点总受热面积的90%,但传热量却不到50%,致使整个锅炉的受热面蒸发率不高,一般烟管锅炉蒸发率为25kg/(m²·h)右。某些锅炉虽使用了悬空式球形炉胆,并在烟管中嵌入螺旋条,但蒸发率也不过40kg/(m²·h)左右; (3)虽然炉胆和燃烧室受热面受中心处温度为1300~1400℃的火焰直接照射,属于辐射受热面,传热十分强烈,蒸发率甚大,但有效受热面积太小,仅占整个锅炉受热面的10%左右,其传给水的热量占总传热量的一半以上	较高。 因为由于水冷壁构成的辐射受热面所占比例大,而且烟气在沸水管束中是横向流动,流速较大,对流放热系数较大。故蒸发率较高,一般为30~50kg/(m²·h),设计紧凑的辅锅炉可超过70kg/(m²·h),而强制循环的水管锅炉可达90~120kg/(m²·h)。水管锅炉的效率较高,一般辅锅炉可达80%~85%,有些带尾部受热面的可高达92%以上
2. 锅炉蒸发量	较小,不大于10t/h。 因为增加受热面时,锅壳直径和壁厚亦将增大,限制了蒸量和工作压力	较大,最大达100t/h。 因为提高锅炉蒸发量时,增置受热面管子无任何困难

项 目	烟管锅炉	水管锅炉
3. 锅炉工作压力	较小,不大于2MPa。 因锅筒要包围所有炉水和烟管,承压面积大大。虽增加壁厚可以提高工作压力,但不能太厚,否则太笨重,构造成本太大	较大,可高达10MPa。 因为锅筒小承压面小,水管工作压力增加易于达到
4. 锅炉相对体积重量(单位蒸发量的得量)	较大,约为8 $t/t/h$。 因为烟管锅炉受热面管子的蒸发率低,所以蒸发量既定时需要较大的受热面;同时又必须有厚壁的锅壳包围全部受热面,重量(包括水量)往往达蒸发量的6~8倍。因受热面管子均需为炉水所包围,锅炉的蓄水量多,为蒸发量的3~4倍,比较笨重	较小,仅为3$t/t/h$。 因为没有又厚又大的锅壳,蓄水量小,单位蒸发量的相对体积、重量较小
5. 点火升汽时间	较长,需5~10h。 以免热应力太大损坏锅炉。因锅炉蓄水量较大,水循环也微弱,锅炉本身结构的弹性欠佳	较短,小于2~3h。 因为没有又厚又大的锅壳,蓄水量小,单位蒸发量的相对体积得量较小
6. 负荷变化引起的气压波动及给水扰动引起的水位波动	较小。 因蓄水量大,故炉水蓄热量亦大,当负荷变化。气压波动较小。同时因蓄水量大,故允许有较长时间不给水,管理较方便	较大。 因为蓄水量小,蓄热量也小。对水位和气压自动调节系统的要求较高管理地要求也较高
7. 给水品质的要求	较低。 因为虽然炉胆部分传热强度高,但其外壁的水垢容易清除;烟管间的水垢虽难以清除,但该处烟气温度低,传热差,故运行时管壁温度不高,不易结硬垢	较高。 因为管子传热强度高,管内水垢难清除
8. 在船舶上的应用	在老旧船上,多用。 因为自动化程度不高的情况下,烟管锅炉管理方便	在新造船上,多用。 因为采用自动调节技术,解决了气压、水位波动快的问题;同时以海水淡化装置所产蒸馏水为锅炉补给水,化学除垢要求高的问题也不难解决

二、废气锅炉蒸发量调节的技能

废气锅炉通常只产生饱和蒸汽,其蒸发量取决于主机的排气量和排气温度,亦即主机的功率。在正常航行时,主机功率是稳定的,而船舶对蒸汽的需要量却随着航区和季节的不同而变化,因此对废气锅炉的蒸发量就需加以调节。在远洋船舶上常用的方法是:

1. 烟气旁通法

在废气锅炉进出口间加设一个旁通烟道,并在废气锅炉入口和旁通烟道入口处安装开、闭相互联动的两个调节挡板。当汽压升高时,手动或用伺服电机转动挡板使排气经旁通烟道的流量增加,限制汽压上升;反之当汽压降低时,改变挡板开度使通过废气锅炉的排气流量增加,限制汽压下降。

2. 改变有效受热面积法

为了适应不同蒸发量的需要,立式烟管废气锅炉可以选择不同的工作水位以改变有效受热面积。盘香管式则往往在进口联箱上将盘香管分为2~3组,需减少蒸发量时可停止向上面1~2组供水,只让下盘香管工作。

废气锅炉的换热管都是焊接的,而且柴油机排气温度通常远低于碳钢允许工作温度

（450℃），清洁的废气锅炉即使没有水，柴油机排气流过也无妨。虽然如此，但还是应尽量避免"空炉"运行，以防万一受热面积灰着火烧坏管子。若因管子漏水或给水系统故障不得已要"空炉"工作，应注意以下事项：

（1）换热管表面须先除灰。

（2）当循环水泵停、循环阀关，随即开启废气锅炉的空气阀和泄放阀。

（3）柴油机排气温度不能超过450℃。

（4）若是换热管漏水，到港后应尽快修复。重新运行前应检查各附件，它们的垫片可能因高温而失效。

（5）重新充水前应先让锅炉温度降至不超过给水温度50℃。

3. 多余蒸汽溢放法

当未能及时改变废气锅炉蒸发量以致供大于求使蒸汽压力偏高时，废气锅炉的多余蒸汽可通过蒸汽压力调节阀向冷凝器泄放。

三、热油锅炉操作管理的技能

1. 热力油的更换

（1）将系统中旧油排放干净。

（2）用专用清洗油彻底清洗系统，并更换过滤装置。

（3）系统找漏。

（4）检查注油泵，确认正常。

（5）注油。打开注油阀门和所有管路上的排气阀门，膨胀柜油位达到规定液位的1/4即可停止注油和关闭各排气阀。注意，应使用新热力油。收集的泄漏热力油通常混有灰尘和水分，绝不能添加再用。

（6）启动循环泵排尽空气。锅炉管的进口和出口的位置都较低且管内存有空气，必须启动循环泵冷态运行（从膨胀柜透气阀）排尽空气，使系统充满热力油。

（7）彻底清除杂质。循环泵运行，每隔 1～3h 检查过滤器，清除滤渣，直至无明显滤渣滤出为止。

2. 冷炉初次升温

（1）启动辅锅炉，断续点火，逐步升温。循环的热力油温度：90℃前，升温速度不超过5℃/h，以便系统中的水分及轻组分逸出；90～95℃期间，保温约 2～4h，定时排出空气，直至无气体排出为止；100～110℃期间，以不高于10℃/h 速度升温；110～130℃期间，需保温约 5～6h；130～180℃期间，需保温约 2～3h，定时排出空气，直至无气体排出为止，无异常情况再升温到197℃。

（2）视膨胀柜出气情况，适时关闭膨胀柜透气阀。

（3）检查过滤器，清除滤渣。

（4）膨胀柜加注热力油至正常液位。考虑为系统留有足够的补充油，又不至于因大量漏泄而大量损失，且膨胀柜设有高位报警和低位报警，液位最好不超过膨胀柜高度的40%。

（5）将锅炉改成自动模式运行。

3. 日常运行检查

（1）检查膨胀柜（含液位）、燃烧器、过滤器和循环泵等的运转情况。

（2）保持充足循环流量。欲调整供热量，只可适当打开旁通阀或降低炉温，切不可减少热力油循环流量。

（3）注意燃烧器进出口热力油压差，保持热油系统通畅。

（4）定期取样检查热力油。通过看（油样颜色、是否乳化、有否杂质等）、闻（油样是否有异味）、摸（用手摸冷却后油样，检查是否有异物）和试（取样送厂家化验）的方法，与新油比对。

4. 热力油的化验

热力油采样化验，应每季度一次，最长不超过 6 个月。平时发生油质异常，必须立即取样化验，根据化验结果决定是否换油。

矿物型热力油油品报废的参考指标：黏度超过原技术指标 15% 以上；闪点超过原技术指标 20% 以上；残碳超过 1.5% 以上；酸值超过 0.5mgKOH/g 以上。

5. 停炉

短时间停炉，只停燃烧器，循环泵保持运转。

长时间停炉，则应先停燃烧器，循环泵需保持连续，转至油温低于 100℃ 才可停止。

工作任务二　锅炉附件的拆装操作

理论知识点	实践知识点
1. 水位计； 2. 安全阀； 3. 其他附件	1. 水位计冲洗的技能； 2. 水位计安装的技能； 3. 给水阀拆装的技能

考证大纲	适用对象			
	841	842	843	844
8.1.3 锅炉的附件				
8.1.3.1 水位计的结构及维护管理			√	√
8.1.3.2 安全阀的结构、要求、调整和试验	√	√	√	√

● 相关理论知识

一、水位计

水位计是用来显示锅炉内水位的仪表，是锅炉的重要附件之一。

锅炉上至少装有两只水位计，分别布置在左、右两侧。在船舶摇摆和倾斜时，可通过比较两只水位计中的水位来判断锅炉内的水位情况。1 只水位计损坏应加强水位监视，并尽快伺机换新；若两只水位计均已损坏，锅炉应立即熄火。

1. 水位的要求

每台锅炉都规定有最高工作水位、最低工作水位和最低危险水位。规定如下：

（1）水管锅炉最低工作水位应高出最高受热面不少于 100mm（汽包下降管视为受热面）；

（2）横烟管锅炉应高出燃烧室或烟管顶部不少于 75mm，多回程的可适当减少；

（3）竖烟管锅炉应不低于 1/2 烟管高度；

（4）混合式锅炉应高出热水管不小于 50mm；

（5）当船舶横倾 4° 时，最低工作水位应仍能符合上述要求。

锅炉隔热层外表面在与水位计相邻处应设置最高受热面标志。

2.水位计的结构

(1)玻璃管水位计。水连通管和汽连通管分别水平地与锅筒的水空间和汽空间相通,在两个连通管之间装有耐热钢化玻璃管。玻璃管与连通管的连接处由填料函保证密封。为了防止玻璃管破裂时炉水大量漏出,在水连通管与玻璃管连接处装有止回阀。水连通管和汽连通管上分别装有常开的通水阀和通汽阀,底部装有常闭的冲洗阀。

玻璃管水位计仅用于低压锅炉(<0.78MPa),如图8-2-1所示。

(2)玻璃板式水位计。玻璃板式水位计由三层金属板及两层玻璃板所组成。光线自外部射入,在水中的玻璃(水位计玻璃的内面割成三角形的数条纵向槽沟)因为光线的折射,水的部分成黑色,蒸汽部分则全部反射而成白色。压力较高的锅炉可在平板玻璃靠水一侧加衬云母片,以保护平板玻璃不受炉水腐蚀。

玻璃板式水位计适用于高压锅炉(≥0.78MPa)。如图8-2-2所示。

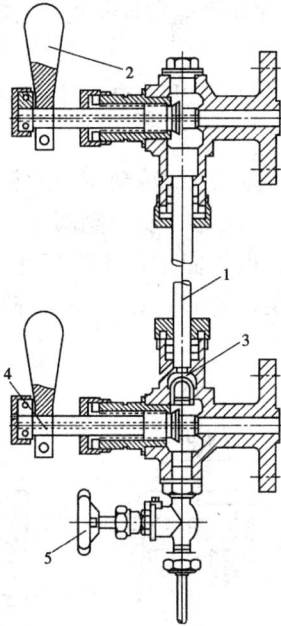

图8-2-1 玻璃管水位计

图8-2-2 玻璃板水位计

1-玻璃管;2-通汽阀;3-止回阀;4-通水阀;5-冲洗阀

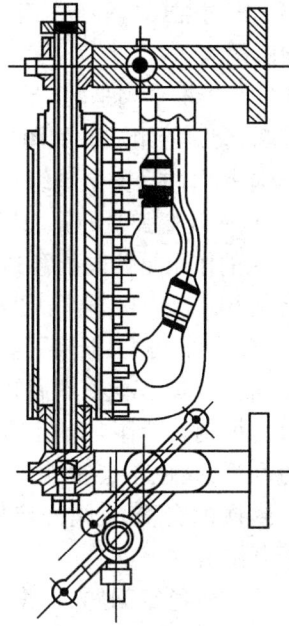

(3)二色水位计。二色水位计是利用炉水与蒸汽对光线的折射不同而设计,由灯泡、红绿玻璃及聚光镜、外壳与水位玻璃板所构成。两块水位玻璃板互相倾斜装置,水位计中的蒸汽部分绿色光被折射,所以自外部观测时呈现红色;炉水部分红色光被折射,其表现为绿色。如图8-2-3所示。

二、安全阀

安全阀的作用为了防止锅炉内压力过高而发生危险,在某一适当压力时开启放出适量的蒸汽,降低锅炉压力,并在另一适当压力时再行关闭。因为船用锅炉是在摇摆不定的情况下使用,所以安全阀都采用弹簧压力式。

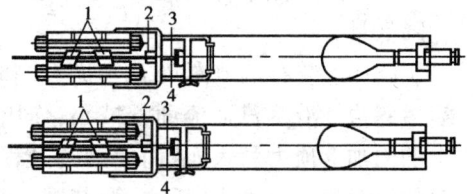

图8-2-3 二色水位计

1-玻璃板;2-聚光镜;3-红色滤镜;4-绿色滤镜

1. 安全阀的要求

根据我国海船规范要求,对锅炉安全阀的要求主要是:

(1)每台锅炉本体上应装设两个安全阀,通常组装在一个阀体内。蒸发量小于1t/h的辅锅炉可仅装一只。装有过热器的锅炉,过热器上亦应至少装一只安全阀。

(2)锅炉安全阀的开启压力可为大于实际允许工作压力5%,但不应超过锅炉设计压力。过热界安全阀的开启压力应低于锅炉安全阀的开启压力。

(3)安全阀开启后应能通畅地排出蒸汽,以保证在蒸汽阀关闭和炉内充分燃烧的情况下,烟管锅炉在15min内,水管锅炉在7min内汽压的升高值应不超过锅炉设计压力的10%。所以安全阀不但应有足够大的直径,而且开启后应该稳定且具有较大的提升量。安全阀排气管的通路面积,对升程在安全阀直径的1/4以上者,应不小于安全阀总面积的2倍,对其他安全阀应不小于1:1倍。

(4)安全阀要动作准确,并保持严密不漏。

安全阀都是经过船舶检验局调定后铅封的(4个),除非经船检局特许,不能随意重调。

2. 安全阀的结构

旧的国产的锅炉安全阀是两阀共一体的结构(一进汽口二出汽口),由阀座、阀盘、调节弹簧、唇边、调节圈、套筒等组成。如图8-2-4所示。

安全阀阀体是由两只安全阀组装成的。弹簧1压紧阀盘2,转动调节螺钉3可调节弹簧压板4的位置,从而改变弹簧的张力以调整安全阀的开启压力。安全阀阀盘2的外缘直径加大形成唇边5,它的作用是使阀能急速开启,并且维持升程的固定。当汽压达到开启压力后,蒸汽作用在阀盘上将阀抬起,蒸汽从阀盘周围溢出,如果没有唇边,汽压稍一降低阀盘很快又关闭,然后由于汽压回升阀又开启,这样阀盘将上下不停地跳动。当阀盘有一圈唇边后,就可使阀盘在开启后得到一个附加的上顶力,从而增加了阀盘的升程,阀也不会很快关闭。阀盘上方设有带密封圈的套筒6,阀开启后阀上方不会受蒸汽压力作用。

唇边解决了开启稳定问题,但由于开启后阀盘的蒸汽作用面积已大于开启前的面积,所以即使当锅炉汽压恢复至额定汽压时,阀盘也不能立即关闭,只有当汽压继续下降,直到作用在阀盘和唇边上的蒸汽上顶力小于弹簧向下的作用力时,安全阀才能自动关闭。亦即安全阀的关闭压力要低于开启压力,这一压力差值称为降低量。

阀座上装有调节圈7,调节圈升高时,阀开启后唇边外沿蒸汽通流面积减小,作用在唇边上的附加上顶力就大,从而使阀的升程和关闭时的压力降低量加大;反之,调节圈下移时,唇边外沿蒸汽流通面积加大,则阀开启的升程和关阀时的压力降低量减小。因此,通过转动调

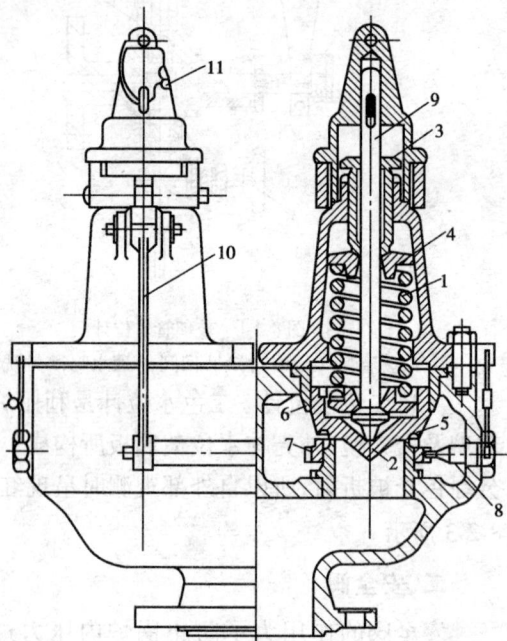

图8-2-4 安全阀

1-弹簧;2-阀盘;3-调节螺钉;4-弹簧压板;5-唇边;6-套筒;7-调节圈;8-调节圈固定螺钉;9-阀杆;10-手动强开杠杆;11-铅封

节圈,改变其位置,可获得开启既稳定、降低量又不太大的工况。一般锅炉安全阀的最小降低量约为额定工作压力的2%。

安全阀顶部有手动强开杠杆10,并有钢丝绳通至机舱底层和上甲板,必要时可强开安全阀(为便于开启,汽压应≮85%调定开阀压力)。安全阀与逸汽管间设膨胀装置和泄水口。

平时每月检查一次安全阀阀盘漏汽否:查逸汽管有否发热,松开泄放螺塞看是否有水流出;同时清洁手动强开装置所有活动部位并加润滑脂。安全阀每年应升高汽压做开启试验一次。两个安全阀开启试验应逐个进行,故另一个安全阀应先锁闭(应设法顶紧阀杆顶部,而不应过度压缩弹簧)。

目前,辅锅炉都是用直接作用式安全阀。阀盘外缘装有提升盘,当作用在阀盘上的汽压达到开启压力将阀抬起,蒸汽从阀盘周围溢出,有提升盘则阀开后蒸汽作用面积大于开启前,只有汽压降至开启压力以下若干值、作用在阀盘和提升盘上的蒸汽压力小于弹簧张力时,安全阀才关闭,这就保证了阀开后不会跳动。安全阀关闭汽压低于开启汽压的差值称为启闭压差,可根据锅炉设定的安全阀开启压力选定,然后选配底面积合适的提升盘。

三、其他附件

每台锅炉除了设2组水位计、2个安全阀外,一般还装有以下附件:2组给水阀(蒸发量小于1 t/h的辅锅炉可仅装1组)、1个蒸汽阀(亦称停汽阀)、1个表面排污阀、1～2个底部排污阀、1个取样阀、1个空气阀(设在最高处通大气用,通径一般为10～15mm)以及测取蒸汽压力的压力表。在汽空间还设有汽水分离设备。

1. 压力表

锅炉的压力表是用来指示锅炉工作压力的仪表。压力表的传压细管由装在锅炉顶部的压力表阀引出,细管在压力表前先盘绕一圆圈,使管中充满冷凝水,形成水封,以防热蒸汽直接进入压力表,影响压力表的准确性。压力表应在表盘上划一红线以指示其额定的工作压力。压力表在使用期内,应每年校验一次。

2. 汽水分离设备

如果由汽包引出的饱和蒸汽带水过多,就会产生不利影响。蒸汽携带的炉水含有的盐分,可能腐蚀汽、水管路和设备;若饱和蒸汽用于驱动蒸汽辅机,带水过多也会引起这引起机械的水击;对于装有过热器的锅炉,如蒸汽带水会在过热器中汽化,水中的盐分沉积在过热器的内壁上,会使过热器管子烧坏。因此必须设法控制蒸汽携水量。

影响蒸汽携水的主要因素是汽水分离高度、蒸汽用量和炉水盐度。锅炉临界盐度如表8-2-1所示。

锅炉临界盐度 表8-2-1

锅炉工作压力/MPa	≤1	1～2.5	2.5～4.9	4.9～6
临界盐度/(mg/L)(NaCl)	1000	700	400	350

控制蒸汽携水量除了要在管理上控制水位高度、蒸汽用量和炉水盐度外,还需在结构上装设一些汽水分离设备。辅锅炉对蒸汽品质要求不高,一般采用比较简单的汽水分离设备,常用的有水下孔板、集汽管和集汽板。

(1)水下孔板。当汽水混合物由水空间引入汽包时,可利用水下孔板来均衡蒸发平面负荷。水下孔板使蒸汽在上升过程中受到一定的阻力,在孔板放置在汽包水空间,一般在最低水位以下100～150mm,通过孔板的蒸汽流速为3～4m/s。为避免蒸汽带入下降管中,孔板距下降管进口的距离应大于 300~500mm。

（2）集汽管。聚集在汽包顶部的蒸汽一般通过集汽管引出，其结构见图 8-2-5 所示。

集汽管 1 汽包纵向布置，顶部开有许多进汽缺口 4，两端封死。饱和蒸汽出汽口 3 可以集汽管中部或一端。为了沿汽包长度方向均匀地收集蒸汽，进汽缺口离出汽口较远处较密，近处较稀。有的集汽管两侧装有波形百叶窗式挡汽板 2，以增加汽水分离作用。

（3）集汽孔板。集汽也板结构简单，加工方便，流动阻力较小，用它代替集汽管可以距水面更高，但其分离的效果不如集汽管。

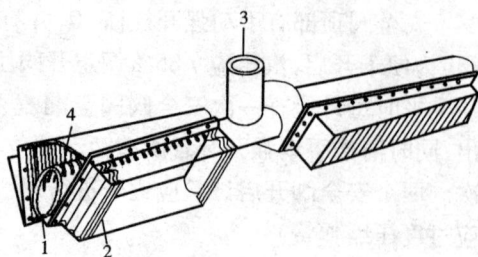

图 8-2-5　集汽管

1-集汽管；2-波形百叶窗式挡汽板；3-蒸汽出汽口；4-进汽缺口

• **相关实践知识**

一、水位计冲洗的技能

由于水位计中汽、水的流动甚弱，水位计通锅炉的接管容易被炉水中的污物堵塞，因此不能显示真实水位，必须及时冲洗。

正常情况下，通常每 4h 至少冲洗一次水位计。

冲洗水位计的操作步骤如表 8-2-2 说明（三阀四过程八步骤）。

水位计的冲洗步骤

表 8-2-2

阀门	通汽阀	通水阀	冲洗阀
正常状态	开	开	关
A 汽冲	（听到汽流声后）3 关	2 关	1 开
B 水冲		4 开（听到水流声后）、5 关	
C 叫水		7 开（慢开，水位达到最高位）	6 关
D 显示	8 开（水位恢复正常）		

为防止玻璃骤然变热而破裂，水位计冲洗时应注意通水阀和通汽阀同时关闭的时间要尽量短。另外，换新玻璃管（板）时，应先稍开一点通汽阀，暖一下玻璃，再开大通水阀和通汽阀。

二、水位计安装的技能

水位计玻璃因炉水腐蚀而变薄，安装时有内应力，温度剧变或剧震等都可使玻璃破损。

安装新玻璃管时，先使下侧的金属轻轻接触玻璃管，后装上侧，同时应注意不要将插入玻璃管处的填料压盖拧得过紧，否则玻璃管容易被挤碎。

安装新玻璃板时，玻璃板与金属框架之间的接触面应研得很平，保证充分贴合，在上紧框架螺钉时，要交叉均匀拧紧，升压后再紧一次，不然玻璃板将会因挠曲变形产生较大的内应力，受热后容易碎裂。

三、给水阀拆装的技能

1. 拆卸：

（1）拆除阀盖螺钉。

（2）将阀盖与阀体脱开。如阀盖与阀体配合过紧，可用螺钉刀在四周缝隙内撬动，并旋下阀杆，阀盖就易顶起。

（3）松开填料压盖螺母和手轮螺母。

（4）拆下阀杆、阀盘。

（5）取出填料函中填料。

（6）所有拆下的零部件要认真仔细清洗，以备检查。

2．检查：

（1）有裂纹；密封面磨损、腐蚀、划伤严重；螺纹损坏时应换新。

（2）阀盘和阀座配合密封面出现轻微的麻点、划痕等时，可用研磨或先光车后研磨。

（3）阀盘采用平板研磨方法；阀座采用假阀盘配合研磨方法。

3．装复：

（1）密封垫床必须换新。

（2）更换新填料时，尺寸和质量要符合要求。

（3）填料压盖上紧要适宜，一般手能转动手轮。

（4）在阀盘处于开启（或能开启）状态下，将阀盖和阀杆的组合件装入阀体中。

（5）螺栓应对角逐次均匀上紧。

工作任务三　燃烧系统的工作分析

理论知识点	实践知识点
1．保证燃烧质量的因素； 2．供油系统； 3．喷油系统； 4．通风系统； 5．配风系统； 6．点火系统	1．燃烧器拆装的技能； 2．主要故障排除的技能

考证大纲	适用对象			
	841	842	843	844
8.2 锅炉燃油系统				
8.2.1 燃烧设备及其管理				
8.2.1.1 喷油器(压力式、回油式、转杯式、气流式)的结构和特点			√	√
8.2.1.2 配风器(旋流式、平流式)的结构和特点			√	√
8.2.1.3 电点火器及火焰感受器的结构和特点			√	√
8.2.1.4 燃烧器的管理要点			√	√
8.2.2 燃油系统的组成及其工作			√	√
8.2.3 燃油燃烧的过程及特点：保证燃烧质量的主要条件	√	√	√	√
8.2.4 燃烧方面的主要故障及处理	√	√		

• 相关理论知识

一、保证燃烧质量的因素

主要是考虑燃烧 3 要素及其相互作用的问题。

1. 油

良好的雾化质量。

(1)压力不低于 0.7MPa,常用 2～3MPa。

(2)黏度不高于 5～6°E,最佳为 2～3°E。

(3)喷孔直径要小。

(4)油流旋转程度要强。

2. 风

适量和适当。

(1)空气过剩系数。燃油在炉膛内燃烧时与空气混合不可能完全均匀,为了使燃油完全燃烧就要向炉膛内多送些空气。平均的实际空气量与理论所需空气量之比称为空气过剩系数。空气过剩系数越大则风机的耗能越多,锅炉的排烟损失也越大;但空气过剩系数太小则锅炉的不完全燃烧损失又可能太大。燃油锅炉合适的空气过剩系数一般为 1.05～1.2。可能的话尽量采用其低值。

(2)一次风为 10%～30%,10～40m/s,防止燃油裂解产生炭黑,保持火焰稳定。

(3)二次风为 70%～90%,35～60m/s,充分混合完全燃烧,建立回流区稳定火焰。

3. 火

超过着火点。

4. 相互作用

充分和合适。

(1)油气混合充分。气流扩张角 <燃油雾化角;油流和气流反向旋转。

(2)着火前沿合适。油气混合形成的可燃气被点燃后形成的燃烧带称为着火前沿。它一方面要向燃烧器方向扩展;另一方面又随气流向炉膛内流动,当两者速度相等时,着火前沿便稳定在喷油器前方的一定位置。着火前沿如离燃烧器太近,则可能使喷火口和燃烧器过热烧坏;太远又会因气流速度衰减,与油气混合的强烈程度减弱,以致火焰拖长,燃烧不良。

(3)炉膛容积热负荷合适。太高会使油在炉膛停留时间太短而来不及完全燃烧;太低时不能保证炉膛温度而不利于燃烧。

5. 保护装置

自控设备工作状态正常。

二、供油系统

锅炉供油系统包括从锅炉日用油柜至锅炉燃烧器的管系及管系中的各种设备。作用有:

(1)沉淀:油柜。

(2)切换:换油旋塞。

(3)过滤:粗滤器(防止机械杂质损坏油泵)和细滤器(防止油中析出固体物堵塞雾化片)。

(4)加压:齿轮泵。

(5)加热:加热器。

(6)控制:速闭阀和电磁供油阀。

比较典型的锅炉供油系统如图8-3-1所示。

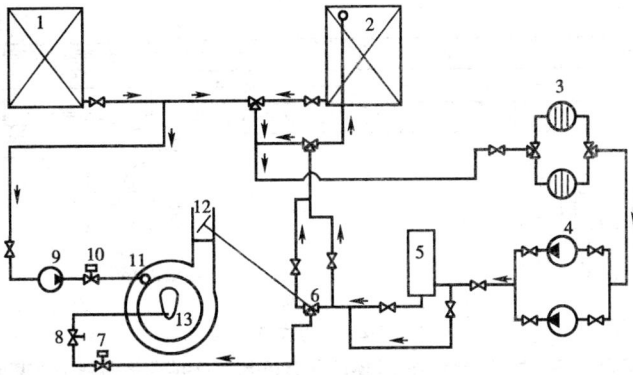

图8-3-1　供油系统

1-柴油日用柜;2-重油日用柜;3-滤器;4-燃油泵;5-加热器;6-燃油调节阀;7-主电磁阀;8-速闭阀;9-点火油泵;10-辅电磁阀
11-点火喷油器;12-调节挡板;13-主喷油器

　　燃油由燃油泵从日用柜吸出后送至燃油加热器,加热温度由温度调节器控制加热蒸汽流量予以调节(用柴油时可不加热)。燃油预热后再送往喷油器喷入炉膛点火燃烧。部分油液经调节阀流回日用柜。若加热后的燃油温度不符合要求,主电磁阀断电,燃油返回油泵进口(或日用油柜)或循环加热。在紧急情况下可用速闭阀迅速切断供油,该阀也可用钢丝绳在甲板走廊远距离切断燃油。另外,当燃油系统由于某种原因造成油压过高时,燃油即能顶开安全阀溢流至油柜。

　　为满足冷炉点火需要,应转换三通阀,使锅炉燃油泵与柴油柜接通。当长时间停炉之前也需改烧柴油,以防停炉后重油在燃油系统管道内凝结,造成下次启动困难。

　　喷油器的喷油量可通过调节阀的开度调节。该阀由比例调节器根据蒸汽压力自动控制。当蒸汽压力超过额定工作压力时,自动使调节阀开大,回油量增大,喷油量减小;同时联动操作使风道挡板关小,以保证过剩空气系数合适。

　　点火喷油器的喷油量与最低蒸汽用量相适应。当蒸汽用量少,汽压达到上限时,辅电磁阀开启,点火喷油器开始喷油,由炉内火焰点燃,然后主电磁阀断电,这样炉内可维持始终不断火。当用汽量增加,汽压降到下限时,主电磁阀通电,主喷油器就靠点火喷油器的火焰点燃,然后辅电磁阀关闭,点火喷油器停止工作。只有在完全停炉后重新点火时,才由电火花使点火喷油器点火,这时使用柴油。

三、喷油系统

　　喷油系统有两个作用:一是控制喷入炉内燃油的数量;二是将燃油雾化,保证在炉膛内的燃烧质量。喷油系统的主要设备是喷油器(俗称油枪或油头)。

　　喷油器的类型很多,常用的有以下几类:

　　1.压力式喷油器

　　压力式喷油器的结构如图8-3-2所示。

　　喷油器的后端有一个接管5与输油管相连,其中装有滤网6管接头用螺纹连接于空心的喷油器筒体4上。后者前端以螺纹连接喷嘴体3,雾化片2被喷嘴帽1用螺纹拧紧在喷嘴体上。喷油器头部的喷嘴(包括喷嘴体、雾化片和喷嘴帽)对喷油量的大小和雾化质量的好坏起着决定性的作用。其结构如图8-3-3所示。

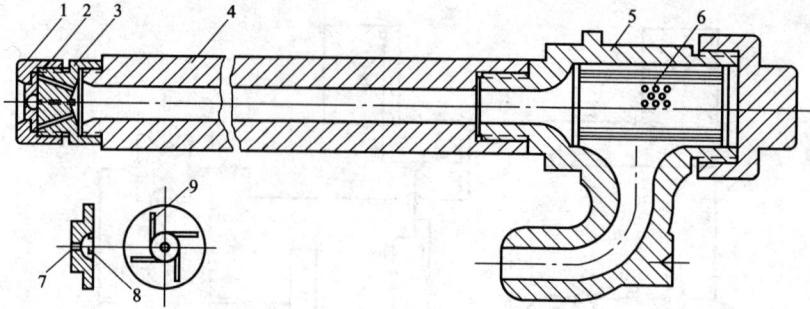

图8-3-2　压力式喷油器

1-喷嘴帽;2-雾化片;3-喷嘴体;4-筒体;5-接管;6-滤网;7-喷孔;8-旋涡室;9-切向槽

另外,一台锅炉常配备有不同规格的雾化片,喷孔直径从0.5~1.2mm分为几档,可根据所采用的燃油品种和锅炉蒸发量选用。雾化片的基本特性用标在其上的型号来表示。例如25~60号雾化片表示其喷油量为25kg/h,雾化角为60°。

使用燃油泵把燃油升压后送入喷油器,见图8-3-2,使油经喷嘴体上6~8个通孔到达前端面的环形浅槽,然后进入雾化片的切向槽9和旋涡室8,形成强烈的旋转运动,再经细小的喷孔7雾化后喷出。旋转越强烈,则雾化角越大。

压力式喷油器的喷油量依油压调整,喷油量与油压的平方根和喷孔的截面积成正比,其调节幅度很少超过2。

压力式喷油器喷油量的调节有两种方法:改变喷油压力;变换使用喷孔直径不同的喷嘴(或喷油器)。

2. 回油式喷油器

回油式喷油器是在压力式喷油器的基础进行改进的。其结构如图8-3-4所示。

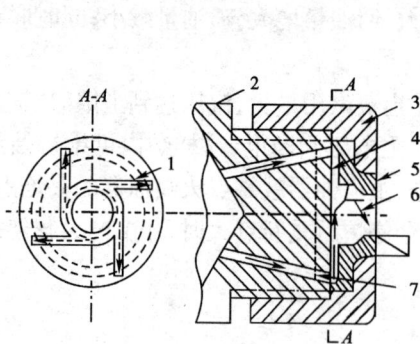

图8-3-3　喷嘴

1、4-切向槽;2-喷嘴体;3-喷嘴螺帽;5-雾化片;6-在油旋转时产生的空气旋涡;7-环形浅槽

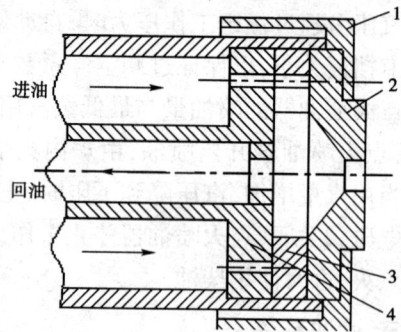

图8-3-4　回油式喷油器

1-喷嘴帽;2-雾化片;3-旋流片;4-分油嘴

回油式喷油器主要是由雾化片2和旋流片3、分油嘴4和喷嘴座、外周进油管和中间回油管所组成的。工作时,燃油进入喷油器之后,除喷入炉膛之外,部分燃油经回油管路,再循环使用。喷射压力固定时,喷油量由回油压力来控制,回油压力高则喷油量大。其调节比可以达到3~5。

以上两种用的都是压力喷射原理,喷孔直径和喷油量都不宜过大,一般用于蒸发量不超过 6.5 t/h 的小容量锅炉。

3. 蒸汽式喷油器

蒸汽式也叫气流式,这种喷油器工作原理相当于喷射器。工作时蒸汽从气孔中高速喷出,与从油孔中流出的燃油高速撞击,将油粉碎成细小的油滴,达到良好雾化的目的。

这种喷油器优点很多:结构简单;雾化质量好,平均油滴雾化粒径为 50 μm;改变进油量即可改变喷油量,不影响雾化质量和雾化角,低负荷也能适应低氧燃烧,分段供风(可配置二次风、三次风)调节比可高达 10~20;所需油压不高,一般为 0.7~2.1MPa。冷炉点火时可用压缩空气代替蒸汽。其工作气压为 0.6~1.0MPa,耗气量仅为燃油量的 2% 左右。缺点是噪声较大。

蒸汽式喷油器喷油量大,主要用于大、中容量锅炉,通常同时配用压力式点火喷油器。因雾化质量好,且不受油量调节影响,低负荷也可采用较低的过剩空气系数,特别适合要求由烟气提供低氧惰性气体的油船。它对气体和液体燃料都可适用,很适合天然气船和液化气船。

蒸汽式喷油器可分为内部混合式(蒸汽与燃油在喷油器内部的混合室中混合)和外部混合式(蒸汽与燃油在喷油嘴的喷嘴处才开始混合)两种。图 8-3-5 所示为外部混合式喷油器。

4. 旋杯式喷油器

旋杯式喷油器使用高速旋转的圆筒或圆锥形旋转体,将燃油依靠离心力向外呈放射状飞出,在旋转体的周围供给一次风,使飞出的燃油雾化,一次风约占燃烧所需空气量的 1/10。

如图 8-3-6 所示。电动机 5 通过传动装置 6 带动中央轴 2 高速旋转,燃油靠重力流入装在

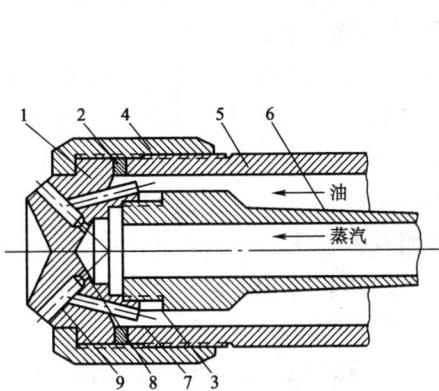

图 8-3-5　蒸汽式喷油器

1-喷嘴头部;2-垫圈;3-垫圈;4-螺母;5-外管;6-内管;7-油孔;8-蒸汽孔;9-混合孔

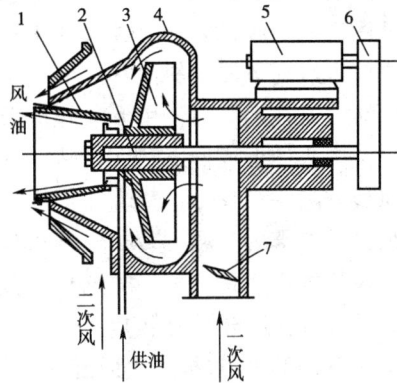

图 8-3-6　旋杯式喷油器

1-转杯;2-中央轴;3-雾化风机叶轮;4-外壳;5-电动机;6-传动装置;7-一次风风门

中央轴上与之一起高速旋转的圆锥形转杯 1 中,在离心力的作用下在转杯内壁形成油膜,向炉膛甩出。转杯有不同的锥度,可控制火焰形状,以适应不同的炉膛。中央轴上还装有雾化风机的叶轮 3,它排出的雾化风(一次风)从转杯的外缘吹出,将甩出的油膜撕碎成油雾。一次风量约占全部风量的 15%~20%,可由风门 7 调节。保证燃烧所需氧气的二次风由另外的风机供给。

转杯式喷油器的优点是:

(1)雾化质量好,油雾粒径为 30~60 μm。

(2)油不通过喷孔之类狭窄流道,对杂质不敏感,可适用劣质燃油和污油。

（3）所需油压低,通常≥0.2 MPa。

（4）改变进油量即可改变喷油量,不会影响雾化角,而且减少进油量则转杯内油膜变薄,雾化更好,调节比可高达 5~10。

缺点是结构比较复杂,价格较高。这种喷油器喷油量可选范围大,可用于中、小容量锅炉和废油焚烧炉。

四、通风系统

1. 通风方式

（1）压力通风:送风机送入空气（方便,排烟热损失小,密封性较差）,常用。

（2）诱导通风:排风机抽出烟气（不便,排烟热损失大,烟气不外泄）,少用。

（3）平衡通风:送风机送入空气,排风机抽出烟气。

2. 风量调节

小型锅炉采用节流挡板节流调节;大型锅炉采用变速电机变速调节。同时,利用风油比例调节器保证空气过剩系数合适。

通风系统的主要设备是离心风机。离心风机的基本结构和工作原理类似于离心泵。与离心泵相比较,离心风机的叶片一般为前弯叶片,叶片短,叶片数稍多。

五、配风系统

为了保证燃烧质量,空气经过配风系统进入炉膛,被挡风罩或挡风板分为两部分。一部分紧贴着喷油器吹出,称为一次风（根部风）,它的作用是保证油雾一离开喷油器就有一定量的空气与之混合,以减少缺氧热分解产生炭黑的可能性,并使喷油器得到冷却;另一部分风从喷油器外围进入炉膛,称为二次风,其作用主要是供给燃烧所需的大部分空气。

空气可经配风器的斜向叶片形成与油雾反向旋转的气流,以利于油的蒸发和与空气的混合。旋转气流在离心力作用下向外扩张,形成一定的扩张角。气流旋转越强烈,扩张角越大。这样气流中心便形成低压,吸引炉膛内高温烟气回流,形成回流区。有的小型燃烧器采用圆环形挡风板分隔一、二次风,气流并不旋转,只靠挡风板后形成的低压区造成回流。回流的高温烟气加速了油雾的升温、蒸发、分解和与空气混合,进而着火燃烧。

配风器的作用是分配一次风和二次风,创造条件使助燃空气与油雾充分混合,达到完全燃烧的目的,同时使连续提供的空气不会将喷油器前端的火焰吹熄。

配风器的类型:根据二次风旋转与否分为旋流式和直流式。直流式配风器结构简单,阻力小,在既定风压下二次风的轴向风速更高。

1. 旋流式

图 8-3-7 所示为叶片固定型旋流式配风器的结构示意图。这种配风器的特点是二次风经固定的斜向叶片 1 旋转供入,少量的一次风则是经挡风罩 3 上的风孔供入。用拉杆 7 移动挡风罩的轴向位置则可调节一次风的风量。

旋流式配风器也可设计成叶片可调式,其二次风经可调叶片切向旋转供入,调节叶片角度改变通流面积即可改变二次风量。而一次风却是经固定叶片轴向旋转供入。

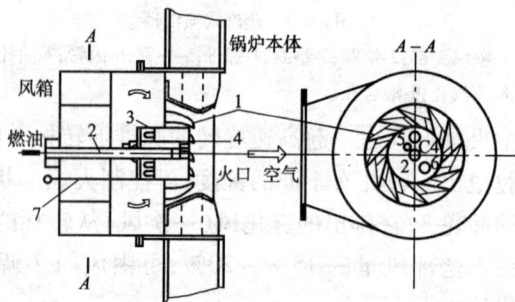

图 8-3-7　旋流式配风器

1-斜向叶片;2-喷油器管架;3-挡风罩;4-电点火器;5-火焰感受器;6-看火口（人工点火孔）;7-拉杆

2. 直流式

直流式配风器是指二次风不旋转直接送入燃烧室的配风器。图8-3-8示出小型直流式配风器。

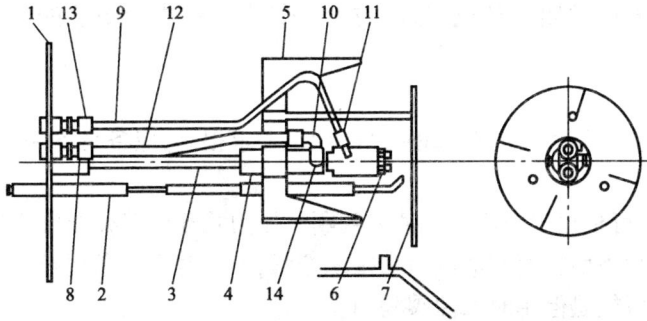

图8-3-8　直流式配风器

1-燃烧器端板；2-点火电极；3-漏油管；4-喷油器；5-整流格栅；6-喷油嘴；7-挡风板；8、13-直通接头；9-高压供油管；10、11-L形接头；12-循环油管；14-弯头

由通风机送入风道的空气，少部分从挡风板7中央的圆孔吹出，形成一次风；其余大部分从挡风板外缘与调风器罩筒之间的缝隙吹出，形成二次风。挡风板后的低压区形成回流，使着火前沿位置合适。挡风板上开有小孔和径向的缝隙，允许少量空气漏入。大、中型锅炉的布风器一次风旋转、二次风不转，以提高轴向风速。

配风器的设计必须尽量减少风压损失。

六、点火系统

点火系统包括点火器、变压器、火焰感受器等，目的是点燃油气。

点火器多为电火花发生器。它是由两根耐热铬镁金属丝电极组成的，两极端部离开一定距离(3.5～4mm)，当通入5000～10000V的高压电时，间隙处便产生电火花。电压越高或铬镁丝直径越细，则两极间的距离可越大。在电点火器通电之后，喷油器开始喷油，电火花即能将油点燃。电点火器所用高压电由点火变压器供给。电点火器顶端发火部分伸至喷油器前方稍偏一些(约2～4mm)，并注意防止油雾喷到点火电极上，同时也应防止电火花跳到喷油器和挡风罩上。

火焰感受器是一个光电元件，在火焰照射下能给出电信号，据此在点火失败或工作中熄火时能报警并启动停炉程序。

●相关实践知识

一、燃烧器拆装的技能

1. 校同心

燃烧器的安装应确保喷油器中心线与喷火口轴线一致。

2. 修磨损

雾化片使用一段时间后(一般500h以上)应检查其磨损情况。拆下喷油器在试验台上检查其喷油量、油雾的雾化角和圆锥变形否。喷油量超过额定值约10%时，应将雾化片更换或研磨减薄，减少切向槽的深度，使喷油量减少。各槽磨损不均匀会使喷出的油雾圆锥形状歪斜。雾化片磨损严重时应予更换。

3. 留间隙

装备多个燃烧器的锅炉,若暂时停用个别燃烧器,为使其配风器导向叶片不致被炉内火焰烤坏变形,风门关闭时应留有一定的间隙(0.5～2mm),以便漏入少量空气起冷却作用。如果所有的燃烧器都停用,应关闭全部风门,以防冷空气进入炉内使炽热的砖墙、水管等骤冷而松动。

4. 齐备件

雾化片大多用耐高温、耐磨的合金钢做成,加工要求很高,应备足备件。

5. 防漏油

防止喷油器漏油可根据炉膛底部积油来判断。压力式喷油器漏油可能是因为喷油阀关闭不严,也可能是雾化片平面精度不够或喷嘴帽未拧紧,工作时部分燃油未经过雾化片而直接流出;回油式喷油器还可能是停用时回油阀漏油。

6. 除结焦

防止喷孔结焦可从燃烧火焰不对称或其中有黑色条纹来发现,这时应将喷油器取下,拆出雾化片浸在轻柴油内,待结焦泡软后用硬木片或竹片刮去。不能用刮刀、锯条、钢丝刷等工具清除雾化片上的结焦。

二、主要故障排除的技能

1. 运行中突然熄火(汽压未到上限)

原因可能是:

(1)供油中断;

(2)燃油系统进水;

(3)滤器堵塞;

(4)自动保护起作用(如危险水位,低油压、低风压或火焰感受器失灵等)。

2. 点不着火

点不着火除上述原因外,还可能是:

(1)风量过大;

(2)油温太低;

(3)电点火器发生故障。

3. 回火及爆炸

锅炉在点火或热炉熄火后再点火时,由于炉膛内积存有可燃气体,一旦被点燃,突然急剧燃烧,使火焰从燃烧器或检查孔向外喷出,称为回火;若严重时使烟气挡板飞出或把锅炉外壳炸开,称为爆炸。无论回火或爆炸都可能危及人身安全及引起火灾。如果发生回火及爆炸时,必须立即熄火停炉,详细检查发生的原因;在未将发生原因排除之前,切不要再点火使用。

原因主要是:

(1)点火前预扫风和熄火后扫风不充分;

(2)未燃烧时,喷油器继续不断喷油;

(3)烟道设计或构造不良,烟灰或外物堵塞;

(4)突然熄火,企图以热炉膛点火;

(5)点火时喷油量急速增大;

(6)风门过分关小;

(7)助燃空气量供应不足。

4. 锅炉喘振(炉吼)

炉膛或烟道中发生连续的震动,发出类似机枪或飞机起飞时的轰叫声,称为炉吼。这主要是因为燃烧不稳定,导致炉膛内压力波动。

主要原因有:

(1)供油压力波动,或燃油雾化不良,大油滴滞燃;

(2)风量不足或风压波动。

工作任务四　汽水系统的工作分析

理论知识点	实践知识点
1.供汽系统的组成和工作过程; 2.凝水系统的组成和工作过程; 3.给水系统的组成和工作过程; 4.排污系统的组成和工作过程	1.辅助锅炉排污操作的技能; 2.主要故障排除的技能

考 证 大 纲	适 用 对 象			
	841	842	843	844
8.3 锅炉汽、水系统及其管理				
8.3.1 蒸汽、凝水、给水、排污系统的组成和管理			√	√
8.3.2 保持锅炉的良好汽水循环的措施	√	√		
8.3.3 汽、水系统常见故障分析与处理	√	√		

● 相关理论知识

一、供汽系统

供汽系统的任务是输送蒸汽,并按不同压力的需要进行分配至各用汽设备。

辅助锅炉和废气锅炉所产生的蒸汽,通过各自的停汽阀沿蒸汽管汇集于蒸汽总分配联箱。在停汽阀到总蒸汽分配联箱之间设有一个单向阀。经此总联箱,一部分蒸汽送至油舱(柜)加热系统,另一部分蒸汽经减压阀减压后,送至低压蒸汽分配联箱,然后送至空调装置等供加热及供其他生活杂用。

在废气锅炉与总蒸汽分配联箱之间的蒸汽管上,设有蒸汽压力调节阀,用作废气锅炉调节多余蒸汽。在蒸汽分配联箱上尚接有接岸供汽管,通至上甲板左、右舷的标准接头,以备修船时若锅炉停炉,可由岸上或其他船舶供汽。蒸汽分配联箱底部装有泄水管,用以在刚开始供汽暖管时放出凝结水,以免通汽时在管道中产生水击。

二、凝水系统

凝水系统的任务是回收凝水,并防止混入水中的油污进入锅炉。

蒸汽在加热管中加热同时放出热量后凝结成水,经各加热设备回水管的阻汽器(又称疏水器,是利用蒸汽和水的温度差异作为信号的一个开关)流回。但阻汽器总会有一部分蒸汽漏过,所以当凝水流出阻汽器时,由于压力降低,可能产生二次蒸汽,于是让凝水进入热水井前先经大气式冷凝器冷却,使其中的蒸汽凝结,然后才流回热水井。

在加热油的蒸汽的凝水中,万一因加热管或接头不严而有油漏入,可能会把油带进锅炉中。炉水中有油对锅炉是很危险的,因为导热性很差的油会黏附在锅炉受热面上或渗入水垢中,妨碍炉水对受热面的有效冷却,致使受热面管子变形或爆裂。烟管锅炉的炉胆变形和烧塌,多半是因内壁黏附油污所造成。为了尽量减少油污进入锅炉的可能性,应使加热油舱(柜)的蒸汽凝水首先进入观察柜。通过观察柜的玻璃窗若发现观察柜中水面有油,需将回水直接放入舱底,待查明原因予以消除后,重新清洗观察柜,才允许纯净凝水进入热水井。

热水井的作用是:

(1)为汽、水系统存水;

(2)过滤固体杂质和油污;

(3)自动或手动补水;

(4)通过蒸汽加热控制给水温度保持为 85~95℃,可以减少水的含氧量;

(5)有的还可用来投放水处理药剂。

此外,热水井还设有溢流口、透气口、采样口、液位计、温度计、低液位报警、温度传感器和蒸汽加热控制阀等。

三、给水系统

给水系统的任务是供给炉水,并保证数量和质量要求。

锅炉给水泵至少设 2 台,互为备用。小容量辅锅炉多用电动旋涡泵间断供水;大容量锅炉可选多级离心泵连续供水,节流调节。给水泵吸入管有的设有盐度计监测给水盐度。

为了可靠起见,每台锅炉要有 2 条给水管,互为备用。

给水管靠近锅炉装有截止阀,其外侧设截止止回阀。截止阀是为了在修理截止止回阀和给水管路设备时将锅炉隔断,它应比截止止回阀先开后关,不应用它节流调节,以免其阀盘遭水流冲蚀而关闭不严,安装方向应能将其关闭更换阀杆填料。截止止回阀主要是用来防止给水泵不工作时,高压炉水倒流;同时还可以用来调节两台并联锅炉间的给水量分配。

一般地,给水的温度较低,若进入锅炉后聚集在某一角落或直接与受热面接触,会使该处产生较大热应力,所以锅筒内皆设有内给水管。它位于锅炉工作水面之下,是一根在下半圆处开有很多小孔的水平管,补水时可以达到均匀分布的目的。

四、排污系统

排污系统的任务是上排悬浮物下排沉淀物,保证炉水品质。

在高于锅筒最低水位 25mm 至低于正常水位 25mm 的范围内,设有上排污盘,表面排污时,水经其沿内部接管和表面排污阀泄出。在进行表面排污时,先将炉水加至接近最高水位再开始排污,当水位降至浮渣盘高度时即停止排污。如认为一次排出的水量不够,可再重复上述操作。排污时应密切注意水位的变化。表面排污可在需要时(盐度高、碱度太大、汽水共腾、炉水进油或大修后初次使用等)随时进行,但一般应在投药前进行,以免药物在起作用前损失。排污的水量和次数视炉水化验结果而定:当盐度太高靠表面排污难以降到符合要求时,必须停炉换水。

底部排污可定期在投放除垢药物后过一段时间进行。水管锅炉为防止从底部放走大量炉水破坏正常的水循环,是不允许在锅炉正常工作时进行底部排污的。底部排污应在水位较高时开始,并严密注意水位变化,谨防失水。废气锅炉也要进行排污(除强制循环水管锅炉外)。

排污阀的通径应为 20 ~ 40mm。如需调节排污流量,应在管道上另装一调节阀。在开阀时,应先全开排污阀,后开调节阀;关闭时,先关调节阀,再关排污阀,以防排污阀道水流冲蚀损害其密封性。排污管汇集于排污总管,经舷旁通海阀通至舷外。在排污总管上设一止回阀,以免锅炉中无压力时,海水倒灌入锅炉中。排污时,应先打开舷旁通海阀,以防开启排污阀时管内发生水击。

● 相关实践知识

一、辅助锅炉排污操作的技能

1. 步骤

开始步骤:先开通海阀、接着全开排污阀、最后慢开调节阀。

结束步骤:先关通海阀、接着关闭调节阀、最后关闭排污阀。

2. 上排污

(1)投药之前,运行中随时进行;

(2)加水至最高位;

(3)小开阀门。

3. 下排污

(1)熄火后半小时或锅炉负荷较低,锅筒压力降至 0.4 ~ 0.5MPa 时进行;

(2)大开阀门;

(3)每次排污阀开启时间不超过 30s,排污量为水位计 1/3 ~ 1/2。

二、主要故障排除的技能

1. 失水

锅炉水位低于最低工作水位时称为失水。这是一种严重的事故,因为失水会使部分受热面失去炉水的冷却而烧坏。此时切不可向炉内供水,以防赤热的受热面遇水而产生裂纹,甚至锅炉爆炸。而应立即停炉,自然冷却,并查明原因。而失水对废气锅炉并不要紧,因柴油机排烟温度不会将受热面烧坏。

2. 满水

锅炉水位高于最高工作水位称为满水。锅炉满水虽没有失水时那样危险,但亦须及时发现和处理。满水会使所供蒸汽品质下降,导致水击、腐蚀管路设备等。发现满水应立即停止送汽,进行上排污,直到水位恢复正常;同时开启蒸汽管路和设备的泄水阀泄水,然后查明原因。

3. 受热面管子破裂

因结垢严重、水循环不良等导致管壁过热,或腐蚀严重都可能引起受热面管子破裂。这时可从听声音或从烟囱冒白烟来发觉。如破口甚小,仅少许渗水,则可允许锅炉继续运行,但应严加监视,不然应立即停炉。炉冷后,可将其中水放光,进入炉内堵管。堵水管的钢塞有一定锥度,塞在破管两端,再用手锤敲紧。对烟管锅炉,用堵棒(如图 8-4-1 所示)将破管堵死。堵管时,在堵棒的盖板和管板之间垫上石棉垫,收紧螺钉后即可。

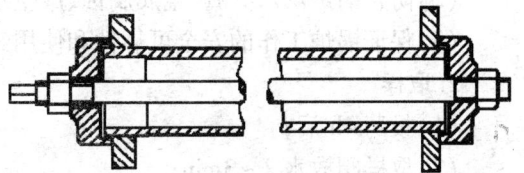

图 8-4-1 堵棒

4. 炉水异常减少

在正常的给水条件下,产生异常低的水

位,原因是水位计通水阀和通汽阀开关有误;吹灰器、安全阀及锅炉受热面管子漏泄;给水泵、阀及自动给水装置发生故障。

工作任务五　辅助锅炉的操作管理

理论知识点	实践知识点
1. 辅助锅炉水质控制; 2. 辅助锅炉的自动控制; 3. 辅助锅炉的自动保护	1. 辅助锅炉点火前准备的技能; 2. 辅助锅炉点火升汽的技能; 3. 辅助锅炉运行管理的技能; 4. 辅助锅炉停火操作的技能; 5. 辅助锅炉水质化验的技能; 6. 辅助锅炉水压试验的技能; 7. 辅助锅炉停用保养的技能; 8. 辅助锅炉清洗的技能; 9. 辅助锅炉检验的技能; 10. 辅助锅炉主要故障排除的技能

考证大纲	适用对象			
	841	842	843	844
8.4 锅炉的管理				
8.4.1 锅炉自动控制的主要要求	√	√	√	√
8.4.2 点火前准备和点火升汽注意事项			√	√
8.4.3 运行和停用的注意事项			√	√
8.4.4 水质的化验与处理			√	√
8.4.5 锅炉长期停用时的保养	√	√	√	√
8.4.6 锅炉的清洗	√	√	√	√
8.4.7 锅炉的检验	√	√		

● **相关理论知识**

一、水质控制

1. 目的

(1)使炉水保持合格的盐度、碱度、硬度;

(2)防止锅炉汽水共腾、金属腐蚀、产生水垢;

(3)保证锅炉工作的安全可靠性和使用经济性。

2. 取样

(1)投药4h后;

(2)取样阀放水2~3min;

(3)用蒸馏水洗净的加盖器皿从锅炉取样阀经过冷却器冷却取水样;

（4）取样后应将容器加盖冷却至 30 ~ 40℃。

3. 测定要求

蒸发量大、工作压力高的锅炉应每天化验一次锅水,检查以便控制上述各项指标在要求范围内;蒸发量小、工作压力低的辅锅炉可 2 ~ 3 天化验一次。如表 8-5-1 所示。

辅 锅 炉 的 水 质　　　　　　　　　　表 8-5-1

项目	定义	作用	单位	指标	测定		
					指示剂	滴定剂	颜色变化
盐度	Cl^-	防止汽水共腾	mg/L（NaCl） 1mg/L（NaCl） $= 0.017\ N \times 10^{-3}$ $= 0.606mg/L（Cl^-）$	<700（水管锅炉） <1000（烟管锅炉）	1% 铬酸钾	硝酸银	黄→砖红
碱度	OH^- CO_3^{2-} PO_4^{3-} HCO_3^-	防止腐蚀、苛性脆化	$N \times 10^{-3}$	<2.0 ~ 5.5（水管锅炉） <2.5 ~ 6.0（烟管锅炉） $pH = 10 ~ 12$	1% 酚酞 1% 甲基橙	硝酸	红→无 橙黄→橙红
硬度	Ca^{2+} Mg^{2+}	减轻水垢	°H $1°H$ $= 0.36\ N \times 10^{-3}$ $= 10mg/L（CaO）$	< 0.25 $PO_4^{3-}（mg/L）= 10 ~ 30$	0.5% 铬黑兰	EDTA	葡萄酒红 →兰色

4. 处理

（1）炉外水处理:

①电渗析器:利用电场作用,离子渗透过选择性的离子交换膜,淡化或浓缩离子含量。

②阳离子交换器:利用离子反应、中和反应以及交换剂的吸附作用消除有害离子。

③磁性水改器:对炉水磁化（磁力线改变钙、镁盐晶体结构）,防止结垢,脱除旧垢。

（2）炉内水处理:

①上排污,降低盐度（蒸发水面的盐度最大）;

②加药剂 $Na_3PO_4 \cdot 12H_2O$ 或 Na_2CO_3,产生合适的碱度（$pH = 10 ~ 12$）;

③加药剂 $Na_3PO_4 \cdot 12H_2O$ 或 $Na_2HPO_4 \cdot 12H_2O$,降低硬度;

④下排污,除垢;

⑤补水。

锅炉用水的水质指标一般以 2000 年交通部颁布的船用锅炉水质技术条件中规定的水质为标准。其中低压锅炉盐度放宽至 700 ~ 1000mg/L（NaCl）,但大多数公司在超过 400mg/L（NaCl）即要求上排污。

5. 炉水处理剂

（1）磷酸三钠:能将形成硬度的钙、镁盐沉淀为松软泥渣,是目前最佳软化水的药剂。

（2）磷酸氢二钠:在碱度达标硬度不达标时使用,或碱度太大时代替部分磷酸三钠。

（3）碳酸钠:能除去部分硬度。

（4）氢氧化钠:防止腐蚀。

（5）亚硫酸钠:能吸收水中溶解氧,防止锅炉腐蚀。

（6）丹宁:减少锅内水面泡沫,防止汽水共腾,也是一种防垢剂。

（7）联氨（N_2H_4）:有极强的还原性。但太多会对铜有腐蚀作用。

(8)液体阿摩尼亚（NH₃）:防止给水与凝水系统中的腐蚀。

(9)拷胶:30% ~35% 的磷酸三钠（或磷酸氢二钠）+70% ~65% 的丹宁。

二、自动控制

辅助锅炉自动控制装置能在安全可靠的情况下,保持锅炉蒸汽的压力、温度及水位稳定不变。如果锅炉负荷改变,自动控制装置立即发出经过处理的信号,借压缩空气、油压、电力或连动机构,迅速有效地改变锅炉燃油供应量、助燃空气量、给水量,维持原设定的参数。自动控制装置必须迅速、有效、可靠,而且在发生任何不正常现象时,都可以发出警报及自动改正或熄火,避免人为的延迟或错误。

1. 点火/燃烧/汽压的自动控制

(1)原理:以蒸汽压力为信号,双位（点火、熄火）控制与比例（风油比例供给）调节相结合。

(2)过程:程序控制热态点火和燃烧。

辅助锅炉的程序控制是指在既定的操作指令下,按照预定的操作程序能自动地完成某一操作过程。主要是程序启动和停止,通常采用电气程序控制。

点火自动控制——应满足以下条件:接通电源,开关处于"自动"位;初用或故障后按"复位"开关;水位正常;汽压低于停止值。

①预扫风:风机和油泵同时启动,燃油循环而不喷,风门全开预扫风,时间应足以保证炉膛4 次换气。

②点火:点火变压器通电点火,然后燃油电磁阀动作喷油开始,点火期间风门关小,点着后开大风门。

③检查火焰:电点火 5 ~10s 后点火变压器失电停止点火。火焰监测器测到火焰则正常燃烧;测不到火焰则报警并开始自动停炉程序。规范规定若点火失败喷油持续时间 ≥15s;故障熄火时停喷油的滞后应 ≥6s。

燃烧/汽压自动控制——汽压自动调节依靠自动控制燃烧。用简单的压力式喷油器的辅锅炉多采用双位或多位控制;用回油式、旋杯式或蒸汽式喷油器的辅锅炉的燃烧控制多采用比例控制。此外,当汽压低于较低的调定值时会报警;而高于某调定值时先是蒸汽管路的压力调节阀开启向冷凝器溢流;更高则报警;再高则自动熄火停炉;若以上措施未奏效安全阀会达到开启压力。

2. 熄火的自动控制

(1)原理:以蒸汽压力（正常）/火焰（非正常）为信号,切断燃油供应。

(2)过程:程序控制热态熄火。

①风机和油泵继续运行,燃油电磁阀动作停止喷油,风门关小后扫风;

②后扫风完后油泵和风机断电;

③程序马达转至 0 位失电。

3. 水位的自动控制

(1)原理:以机械位置/导电性为信号,双位控制给水泵的运转。

(2)过程:辅锅炉大多采用双位控制（水位下限时给水泵启动补水;水位上限时给水泵停止补水）,油轮辅锅炉有采用比例控制的。控制可用:浮子式水位开关、电极式水位调节、压力式水位继电器。若给水泵故障水位降至最低工作水位以下备用泵会自动启动;降至更低水位则会报警;若再降至更低的危险水位,则在报警同时熄火停炉。水位至最高工作水位以上会报警,也有的更高水位能自动熄火停炉。

三、自动保护

（1）发生下表所列情况时声光警报；

（2）水位低或燃烧器供油压力低时备用泵自动替换；

（3）燃油锅炉：

①点火失败或运行时突然熄火；

②水位低至危险水位；

③进入炉膛风压过低；

④烧重油时油温或黏度过低或过高。

出现上述 4 种异常能报警并完成自动熄火停炉程序。如表 8-5-2 所示。

辅锅炉自动保护项目及要求　　　　　　　　　　表 8-5-2

项　　目	极 限 报 警	动 作 类 别
1. 燃油辅锅炉		
汽包蒸汽出口压力	低	Y
锅炉水位	高	Y
	低	c、Y
	过低	a、Y
至燃烧器的燃油温度或黏度（仅对重油）	低或高	Y
	过低或过高	a、Y
至燃烧器的燃油压力	低	c、Y
进入炉膛空气压力	失压	a、Y
燃烧器火焰和点火	熄灭或失败	a、Y
给水泵出水压力和流量	低	c、Y
给水盐度	高	Y
锅炉通风道及烟管	火警	Y
控制报警系统动力源（电力、气动、液压）	失压（电压、汽压、液压）	Y
2. 废气锅炉		
给水泵出口压力或流量	低	c、Y
废气管道内起火	火警	Y
蒸汽压力	高	Y
3. 热油锅炉		a、Y
热油膨胀柜油位	低	a、Y
热油流量	低	a、Y
热油压力	低	a、Y
热油出口温度	高	a、Y
燃烧空气压力	低	a、Y
燃油压力	氐	c、Y
燃油温度或黏度（仅对重油）	低或大	Y
燃油雾化蒸气（空气）压力	低	Y
燃烧器火焰和点火	熄灭/失败	a
备注	表中：a——a 类保护动作，如紧急停车停炉、切断电源等； 　　　c——c 类保护动作，如备用泵、备用设备启动并投入运行； 　　　Y——一般故障的组合报警。	

• 相关实践知识

一、辅助锅炉点火前准备的技能

1. 本体及汽水系统的准备

(1)检查锅炉本体,并使其处于工作状态。

(2)检查给水系统,并使其处于工作状态。

(3)检查供汽系统并使其处于工作状态。

(4)检查凝水系统,并使其处于工作状态。

(5)检查排污系统,并使其处于工作状态。

(6)给水泵试运转正常。

2. 燃油供风报警系统检查

(1)检查燃油系统及燃油设备,并使其处于工作状态。

(2)油泵试运转正常。

(3)检查供风系统,开启风机试运转正常。

(4)检查自动调节报警系统无缺陷。

3. 安全阀水位表空气阀检查

(1)检查并试验安全阀强开装置。

(2)检查水位表,并关闭冲洗阀,开启通汽和通水阀。

(3)开启压力表表阀,空气阀。

4. 上水与关闭主停汽阀操作

(1)轮流使用主副给水系统,并使水位达到规定值(水管锅炉至水位计低水位处,烟管锅炉水位至水位计高水位处)。

(2)关紧主蒸汽阀后,再开启 1/4 周。

二、辅助锅炉点火升汽的技能

(1)切换为手动状态。

(2)程序:预扫风、通风(小)、点火、供油(少)、风油比例增大、燃油切换。

(3)出蒸汽时关空气阀。

(4)按说明书控制点火升汽时间。燃烧 3min、熄火 10min、……升压为 0.1MPa,连续燃烧。

(5)冲洗水位计。

(6)升压 0.2MPa 时重新上紧螺栓(若有维修)。

(7)满压时上排污(水管锅炉)/上排污和下排污(烟管锅炉)。

(8)先暖管 20min 再放残后送汽。

三、辅助锅炉运行管理的技能

(1)转入为自动状态。

(2)本体、系统、仪表读数检查:

①经常检查锅炉本体是否有渗漏。

②经常检查附属装置是否有渗漏。

③经常检查各系统及附件工作是否正常。

④经常检查和观察各仪表所指示的参数是否正常。

（3）观察水位：为 1/2 水位计左右。

（4）观察汽压：缓慢上升，稳定在规定值内。

（5）观察燃烧状况，如表 8-5-3 所示。

辅锅炉的燃烧状况 表 8-5-3

火焰	烟气	排烟	原因
橙黄色，稳定	略透明	淡灰色	燃烧良好
白炽色	极透明	浅白色	空气过量
暗红色	昏暗	浓黑色	空气不足
银白色	模糊	白云雾状	炉水渗漏
带有飞溅火星	异常	异常	雾化不良

（6）水位冲洗计操作。

（7）锅炉排污操作。

（8）热水井和安全阀检查及处理：

①注意观察热水井中是否有油，如果有油应该在观察柜处排放至舱底。

②密切注意安全阀的工作状态，当其开启后，在规定的时间内汽压仍超过标准，应立即停炉检查其原因并排除之。

③当汽压降低量超过规定值时，安全阀仍不能关闭，也应停炉检查原因并排除之。

四、辅助锅炉停火操作的技能

1. 停火留汽

（1）自动状态转入为手动状态。

（2）程序：停油（重油）、后扫风。

（3）给水至最高位。

（4）下排污。

（5）间断燃烧保持适当汽压（最高为下限）。

2. 停炉放空

（1）燃油切换。

（2）程序：停油（轻油）、后扫风、切断电源。

（3）关蒸汽阀、关给水阀。

（4）自然冷却。

（5）锅炉无汽压时，开空气阀。

（6）炉水温度≤50℃时，开下排污阀放空炉水。

五、辅助锅炉水质化验的技能

1. 盐度的测定

以测定氯离子浓度代替。

（1）取测完碱度的溶液 25mL 于三角瓶中，加 10% 铬酸钾指示剂 2~3 滴，溶液呈黄色。

（2）用 0.0855N 硝酸银标准液滴定至砖红色为止。

（3）记录硝酸银标准液消耗的毫升数 x，含盐量即为 $200x$mg/L（NaCl）。

2. 碱度的测定

（1）量取 50mL 炉水置于三角瓶中。

· 313 ·

（2）加入 1～4 滴 1% 酚酞指示剂,溶液呈红色。

（3）用 0.05N 硝酸标准液滴入溶液,至溶液恰好变成无色为止。

（4）记录所消耗的 0.05N 硝酸标准液的毫升数 x,酚酞碱度即为 x 毫克当量/升。

因为酚酞变色时,硝酸没有全部将碱中和,只是将 CO_3^{2-} 转变为 HCO_3^-,PO_4^{3-} 转变为 HPO_4^{2-},而对炉水中存在的 HCO_3^- 全然未起作用,此时水中的 pH≈8.4,所以,由此所测定的碱度称为酚酞碱度。

（5）在滴定过酚酞碱度的水样中,再加入 2 滴 1% 甲基橙指示剂,溶液呈橙黄色。继续用 0.05N 硝酸标准液滴定溶液转变为橙红色为止。

（6）记录再次所消耗的 0.05N 硝酸标准液的毫升数 y,甲基橙碱度即为 y 毫克当量/升。

（7）总碱度:酚酞碱度 x + 甲基橙碱度 y

因为炉水中含有的 HCO_3^- 很少,所以一般用酚酞碱度作为炉水的指标。只有在测定港口补给水的碱度时,因其碱度主要由 HCO_3^- 所构成,才使用总碱度。

3. 硬度的测定

推荐用 EDTA(特利隆)滴定法。

（1）量取 50mL 水样,加入与测酚酞碱度时所用同量的硝酸(0.05N),使水呈中性(但不加入酚酞)。

（2）再加 2.5mL 氨缓冲液使水呈碱性(相当于 pH = 10)。

（3）加 0.5% 铬黑蓝指示剂 3～4 滴,水呈葡萄酒红色。

（4）在不断摇动下,用 0.05NEDTA 标准溶液滴定,至溶液由葡萄酒红色转变为蓝色为止。

（5）记录 EDTA 标准液消耗的毫升数 x,硬度即为 x 毫克当量/升。

4. 磷酸根含量的测定

（1）取 10mL 炉水水样于有刻度的比色管中(若水混浊应过滤)。

（2）加 6mL 黄色试剂(钼酸),摇匀,放置 2min。

（3）缓慢加白色试剂(氯化亚镐)4mL,摇匀。

（4）与标准色阶比较颜色(蓝色)深浅,决定其磷酸根含量。若比色管中溶液无色,则说明水中无磷酸根存在。

六、辅助锅炉水压试验的技能

使用的锅炉在每次大修后,或在检验时发现有必要,以及经过长期停用,都要进行水压试验。水压试验时安全阀要用专用夹具锁紧,并取下所有不能承受超压的零件和仪表。试验前先打开空气阀,用手摇泵向锅筒内充水,检查确认排污阀和泄放阀无泄漏。待空气阀溢水后将其关闭,再分数次加压至试验压力,保压 5min,如果压力不下降则为合格。

1. 本体试验

压力为 1.25 倍设计压力(必要时)/1.5 倍设计压力(大修后)。

2. 汽管试验

(汽管直径 >76mm,工作温度≤450℃,制造时间≥10 年)每 5 年拆检一次,1.5 倍工作压力试漏。

七、辅助锅炉停用保养的技能

停用封存锅炉保养的目的是不使锅炉内的空气(氧)与水同时存在,以防氧化腐蚀。

1. 干燥保养

干燥保养分为普通密闭保养和干燥剂密闭保养两种。普通密闭保养可维持2~3个月。方法是将锅炉内部清洁并吹干,将人孔盖和联箱的手孔盖密封前,放置燃烧中的木炭,并立即封闭人孔盖和手孔盖,燃烧中的木炭消耗锅炉内的氧气,并保持干燥,所有与外部连接的阀门、管路等必须密封,切勿使空气漏入。使用干燥剂密闭保养可以维持半年以上。若用无水氯化钙,用量约为$1kg/m^3$;或用硅胶,用量为$4kg/m^3$。干燥剂应盛在开口容器内,不得与锅炉钢板直接接触,因为有的干燥剂吸湿后对钢板有腐蚀作用。

2.满水保养

满水保养是为了避免空气存在而产生氧化腐蚀。

满水保养时应打开锅炉上的空气阀,向锅炉(包括经济器、过热器)泵送加碱性药物的蒸馏水或冷凝水。为了使药剂混合均匀和排除水中的氧,水加满前点燃一个燃烧器,将炉水加热至沸腾,使水中溶解的氧气量减少,同时利用产生的蒸汽将锅炉中的空气从空气阀驱出。待空气驱尽,空气阀中连续冒出蒸汽时熄火,然后用给水泵将水加满,再关闭空气阀,在锅炉中建立$0.3~0.5MPa$的水压。炉水冷却后,压力可降至$0.18~0.35MPa$,能保证空气不漏入锅炉内。碱性药剂可用氢氧化钠和碳酸钠,保持碱度为300ppm(NaOH),相当于$7.5N×10^{-3}$;也可用磷酸钠,使炉水的磷酸根含量保持在$100~200mg/L$。磷酸钠最好在水垢已经清除的条件下使用,否则它会与水垢反应使炉水充满悬浮的泥渣,并且使磷酸根含量下降。

如果满水保养已超过一个月仍需延长,可放掉部分水再加热驱氧,然后重新补水。补水前可化验炉水碱度或磷酸根含量,决定补水时是否要加药。

满水保养在冬季或寒冷地区可能发生冻裂的危险,所以应当放弃而改用干燥保养。使用满水保养时,需要特别注意防止各接头及阀门等处漏水。附有过热器的锅炉,过热器中也应当同时作满水保养。

八、辅助锅炉清洗的技能

锅炉运行一段时间后必须停炉清洗,其目的一是清除水垢、泥渣和烟灰,二是检查锅炉内部各处有无腐蚀、裂纹和变形。这种内部检查每年至少应进行两次。

1.水垢的清洗

水垢清洗的方法有机械清洗法、碱洗法和酸洗法。

(1)机械清洗法。如炉内水垢较薄,可用刮刀、钢丝刷、管刷和电动(气动)铣刀等清垢。清洗应在锅炉刚冷时进行,如冷却过久,水垢会变硬,遇硬垢时,切勿用工具硬敲,以免损伤金属的平滑表面,降低使用寿命。机械清洗法劳动强度大,目前很少采用。

(2)碱洗法。当水垢坚硬不易刮除时,可碱煮后机械清洗。对于较厚水垢,可用碳酸钠($8~12kg/t$炉水)和苛性钠($0.4~0.6kg/t$炉水)混合投入炉内。炉内水位保持在最高水位,加热升压至$0.3MPa$,然后慢慢降至零,又升至$0.3MPa$,再降至零。如此每隔$1~2h$交替升降一次,以松动附着的水垢。每当压力降至$0.1MPa$时进行一次表面排污,并补水至原位。碱洗完毕,进行最后一次表面排污,然后停火并使锅炉自行冷却。当压力降至$0.05~0.1MPa$时,开启底部排污阀,放去碱水以及松脱的水垢。如水垢不多,则可用磷酸钠碱洗($1~2kg/t$炉水),但在排污后补充给水时,需补入磷酸钠($0.75~1kg/t$炉水)。

碱洗时间约需$1~1.5$天,以炉水中碱度不再下降为准。此外,碱液对铜有腐蚀,所以洗前应拆除相应的铜阀。

(3)酸洗法。酸洗除垢最彻底,但对金属具有极强的腐蚀性,只在不得已时才用,如盘香管锅炉,因内部地位小,又必须清洗时。自从美国研究出腐蚀的抑制剂之后,才被广泛采用为清洁锅炉的最佳方法。

酸洗是用热盐酸(或柠檬酸)水溶液来溶解水垢。酸的浓度视水垢厚度和性质而定。如水垢成分主要为碳酸盐,则盐酸浓度为 2%,温度为 20~40℃;水垢成分主要为硫酸盐和硅酸盐时,浓度可大些,但不应超过 10%。

酸洗时用泵强制循环酸溶液,直至酸度不变,表示酸洗已近结束,该过程约 8~10h。

酸洗后酸溶液先泵到岸上,然后用淡水冲洗锅炉,再用浓度超过酸液浓度 3% 的热(80~90℃)碱水,中和残余酸液 6~8h,最后用热淡水清洗一遍。

酸洗时不能用原有锅炉汽水管路系统,必须另设一套酸洗循环系统,炉上铜质附件应拆除或隔开。锅炉有不严处、裂缝和腐蚀损坏部位则不允许进行酸洗,以免造成不良后果。

2. 烟灰的清洗

锅炉运行一段时间后,在受热面的水侧和烟侧会分别结有水垢和黏附灰渣,这些物质对锅炉的经济性和安全性均有不利的影响,因此必须定期(每年至少应进行两次)检查锅炉结垢和积灰的情况,决定是否需要清洗。

烟灰的清除可用吹灰器法、机械法和水洗法进行。

吹灰器所使用的工质是锅炉自身产生的蒸汽或船上的压缩空气。使用蒸汽吹灰器时,在开始吹灰前必须将吹灰系统中的蒸汽凝水排出。吹灰器的使用顺序为:自炉膛内下方开始,依顺序向上向外吹灰。但吹灰器很难彻底清除积灰和灰渣。所以仍须定期停炉,用机械方法和水洗方法清除。

机械法除灰包括用小锤、凿子、刮刀等工具来清除,也可以用压缩空气喷枪将吹灰器吹扫不到的地区的浮灰吹掉、对于非常坚硬的灰渣,不宜用清扫工具过分地敲击。

水洗法除灰应在炉膛的耐火砖上罩以帆布,防止水洗时砖墙过分潮湿。同时在炉膛底部设泄水阀,及时将污水泄放。

九、辅助锅炉检验的技能

锅炉检验的内容包括锅炉本体、主要部件、附件和指示表(水位计、安全阀、压力表)等。

检验的目的不仅是找出可能存在的腐蚀、裂纹、变形和漏泄等,确定是否要修理和修理的范围,而且还要研究其产生的原因和以后如何妥善地维护管理。

根据规定,工作压力大于 0.35MPa 的锅炉,受热面积大于 4.5m^2 的锅炉,必须检验。内部检验 5 年内不少于 2 次,最大间隔期不超过 3 年,外部检验 1 年 1 次。检验由验船师进行。锅炉内部的检查:

进入锅炉检查之前,如有其他并联的锅炉在使用,应隔断它们间的蒸汽管路和给水管路,用铁丝等将所关的截止阀绑住,并挂上告示牌,以防造成事故。锅筒内有人工作时,锅筒外应有人照应。进入锅筒之前,一定要对内部进行充分的通风以保证有足够的空气。锅筒内只允许使用电压不超过 24v 的工作灯。带入的工具和物件出锅筒时要逐一清点。

1. 水垢

当炉水处理良好时,金属表面仅附有一层薄而稀松的水垢,用钢丝刷就可刷掉。如果水垢厚度超过 2mm,呈结晶状态,并牢牢地附在金属表面上,则说明炉水硬度太高,过剩磷酸根不足。如果水垢厚而不紧密,且略带半透明的大晶粒,放在淡水中 2~3h 后极易破碎,则说明盐度过大。如果水垢是光滑薄瓷片状的坚硬水垢,则说明炉水中含有硅盐,这种水垢的导热性很低,是最危险的。如果锅筒水位附近壁上黏附有油污,则应查明原因予以解决。如果在锅筒水位线以上壁面黏附有泥渣,说明炉水在沸腾时有很多泡沫,应加强表面排污,降低炉水盐度。

若底部堆积泥渣很多,可能是下排污不足或下排污管布置不合理。

2. 腐蚀

检查锅炉内部的腐蚀和裂纹,在水垢未清除之前就要进行。因为有细微的裂纹存在,水垢的颜色在该处呈深红色或深褐色的条纹,而其余地方则为均匀的淡黄色。如果是局部腐蚀,那么腐蚀部位上面的水垢由于含有氧化铁成分,会局部变为深色。如果腐蚀是处于活化阶段,水垢呈褐色,轻轻一敲即掉下来,在水垢的下层有黑色氧化铁。如果水垢牢固地贴附在麻点上,颜色也淡,则是一个老麻点。

测量局部腐蚀麻点深度的方法常用的有两种:

(1)压铅法——将软铅合金压入麻点内,用手锤敲平,然后取出测量其厚度;

(2)金属浇铸法——将低熔点的金属(如焊锡)熔化后注入麻点中,凝固后取出,并测量其厚度。大面积的均匀腐蚀用测厚仪测定受热面现存的壁厚。

锅筒、联箱等厚度减薄超过原厚度10%以上时,应重新验算强度,必要时降压使用。如因腐蚀减薄量不超过原厚度30%(弯边处不超过20%)可堆焊修补,但总面积不允许超过$2500cm^2$。个别腐蚀凹坑最大直径不超过3倍厚度,相邻凹距离不少于120mm。

3. 裂纹

裂纹有表面裂纹和穿透裂纹,多易出现在应力集中、冷热变化较剧烈的区域以及管端扩管处。因不易发现,检查要特别仔细。除了可从水垢的颜色间接地显示裂纹的位置以外,还可以用下列两种方法判断是否有裂纹:

(1)煤油白粉法——先用14%的硫酸溶液浸蚀裂纹处,然后用煤油浸湿,待25min后擦干,再涂上白粉,如有裂纹,则煤油会透过白粉显示出裂纹的轮廓;

(2)超声波探伤法——可用超声波探伤仪来发现平行于锅筒表面的内在裂纹。

原则上锅炉不允许有裂纹存在。如发现仅是少数几处有裂纹且未穿透筒壁,征得验船师同意后可用补焊方法修理。若多处出现裂纹而且其深度又大,或裂纹发生在管板管孔间,则应考虑予以更新。发现有裂纹的管子应更换。

4. 变形

水管锅炉的水、冷壁和靠近炉膛的前几排沸水管等地方大多热负荷较强,容易过热产生鼓包和变形,可以在炉膛中观察到。管子变形的允许值为管子下垂量不超过管径的两倍,管距变化不超过25%~35%。还应注意管端扩接处有无漏泄,这可从烟气侧有无盐渍来判断,如有漏,可重新扩管,如扩管无效或管子其他部位漏泄,则需换管。暂时不能换管,可临时堵管使用。

5. 检查的重点

检验工作的顺序应从锅筒的蒸汽空间开始,首先检查安装附件的孔口边缘和人孔边缘的内侧,因为这些地方最容易出现裂纹,然后检查人孔盖及其横梁上的孔有无变形,如果有则是螺母过紧所致。蒸汽空间筒壁的腐蚀比较少见,但水位波动的地方值得注意,因为这个区域较易腐蚀,检查时应特别注意腐蚀的深度和范围的大小,如发现深度较大,应加以测量。经过补焊的地方,最易出现强烈的腐蚀和裂纹,必须用手锤敲击检查。应注意检查锅筒封头弯角处以及给水管与锅筒连接处是否有裂纹。对于管端,可用电灯照射和放大镜观察来确定有无腐蚀和裂纹。

十、辅助锅炉主要故障分析排除的技能

1. 低温腐蚀

锅炉的低温腐蚀是指烟气温度较低区域(约500℃)的受热面的一种腐蚀。低温腐蚀是因为受热面的壁温低于烟气中硫酸蒸气的露点,管壁上结有酸霜而引起的。

为防止锅炉的低温腐蚀,应采取:

(1)改善燃烧工况采用低过量空气的燃烧方式,它能减少二氧化硫的进一步氧化,从而减少硫酸的生成,有效地降低酸露点。

(2)要及时进行吹灰,经常保持受热面的清洁,尽量减少其对生成硫酸的催化作用。在停炉检修时,要清除受热面上的铁锈和积灰。

(3)对装有空气预热器的锅炉,可以采用装设空气再循环管道的方法来提高空气入口温度。也可以采用旁通烟道或旁通空气道的方法,当锅炉点火升汽或处于低负荷运行时,将烟气或空气旁通,不经过空气预热器。

2. 积灰复燃

燃油中含有0.3%左右的灰分,由于灰分中含有硫、钒、钠成分,它们的化合物熔点很低,极易在高温受热面烟气侧结存灰渣。

当燃油灰分中含有钙时,燃烧后成为氧化钙,它与三氧化硫作用形成硫酸钙,可在管壁上形成牢固的积灰。当燃烧恶化时,还会生成大量的炭粒子,其对烟灰数量的影响会超过燃油中的灰分。当沉积的烟灰中有可燃物时,在一定条件下会在尾部烟道中重新着火燃烧,把受热面烧毁。

即使在较低温度下,炭粒等可燃物质也会缓慢氧化,放出热量。但是在正常运行时,由于烟道的烟气流速很高,散热条件好,放出的热量很快被烟气流带走,不会着火燃烧。但当停炉后,烟气停滞不动,散热条件很差,因氧化放出的热量不能散走,温度逐渐上升,使氧化加速,最后可导致着火复燃。所以大多数尾部受热面着火复燃不是发生在运行过程中,而是在停炉一段时间之后。

防止积灰着火复燃的主要措施是:

保证在各种工况下的良好燃烧;及时进行吹灰,防止可燃物的积存;停炉后10h内应严密关闭烟道和风道挡板以及各种孔门,防止空气漏入;发生着火时,应进行蒸汽灭火。

● 思考练习

一、判断题

1. (   )表面排污进行前,应先加水至最高位,便于浮物进入浮渣盘。

2. (   )调风器调节的一次风量不能太大,约占总空气量的10% ~30%。

3. (   )在水位计下接管与玻璃管交接处设有止回装置。

4. (   )锅炉给水泵前管路上装有截止阀,在锅炉熄灭后,应立即将其关闭。

5. (   )火焰监视器的作用是进行锅炉的点火自动调节。

6. (   )测定炉水硬度时,加入试剂和指示剂后,炉水水样的颜色由葡萄色转变为蓝色。

7. (   )引起锅炉汽水共腾现象的主要原因是因为炉水的盐度太高所致。

8. (   )为保证炉水化验质量,在炉水化验前需将水样冷却到40℃以下才进行化验。

9. (   )炉水盐度过高时也可采用上排污后进行炉水更换。

10. (   )对于水管锅炉,受热面管子爆裂后,可用钢塞堵管。

二、简答题

11. 辅助锅炉汽包中有哪些主要的附件？起何作用？
12. 锅炉水位计中的水位有哪几种情况不能反映锅炉内真实水位？
13. 锅炉运行中为什么要排污？排污有哪几种？应如何正确操作？
14. 锅炉凝水柜中的油污是什么地方来的？发现油污后，应如何处理？
15. 锅炉点不着火的原因有哪些？
16. 船用辅助锅炉突然熄火的原因有哪些？
17. 怎样保证良好的燃烧质量？
18. 如何调节废气锅炉的蒸发量？
19. 如何进行水位计的冲洗？
20. 锅炉的点火升汽的步骤有哪些？

● 案例分析

水质处理不好——燃油辅锅炉漏水

一、故障现象

2003年3月12日，某轮接到任务开往渤海石油平台"友谊号"。在返回途中，发现锅炉炉膛底部放残阀法兰处漏水，打开炉膛检查发现有一根受热面的管子破裂，裂缝长约1cm。当时锅炉压力为0.5MPa。

二、分析处理

该轮的锅炉是一台压力为0.5MPa、产生饱和蒸汽的水管式燃油辅锅炉，蒸发量为0.5t/h，型式为立式水管锅炉，锅炉有两台往复泵做给水泵，燃烧器为旋转杯式燃烧器。锅炉本体分上、下两个锅筒，中间连接着沸水管束，水管中充满水，烟气在各管之间横向流过，炉膛位于下锅筒中，锅炉本体主要附件有：安全阀、水位计、上排污阀、下排污阀、取样阀等。

根据以前在其他船工作时的辅锅炉水管漏水情况的处理和使用经验，认为目前锅炉漏水还不会对锅炉产生太大的影响，于是作了安排，密切注意锅炉的蒸汽压力、水位，不断观察炉膛的燃烧情况，及时投药保证炉水的碱度。抵港后对漏水锅炉进行了十分细致的补焊。对炉膛的底部重新涂了耐火土。

就本锅炉出现水管破裂一事，我们进行了认真的分析及查找，首先我们怀疑是水管焊接及管子的质量问题，但经仔细探察，认为这不是根本原因。各轮机员认为现在的锅炉升气时间长，产汽量小，锅炉油耗增加，锅炉间歇时间短，于是我们对锅炉水管进行检查，初步确认水管破裂的主要原因是水管结垢严重造成的。同时，还带有腐蚀原因。水管结垢，水循环不良导致管壁过热，引起受热面水管破裂。造成这些事故的原因有当地水质较差，锅炉水质管理存在着问题。其中锅炉水质处理不好是主要原因。

水垢的主要原因是水中会有可溶性的不稳定的重碳酸金属（还可能会有其他金属的阴阳离子和各种杂质）。当锅炉点火燃烧通过管壁对水加热时，水温逐渐升高。在普通条件下受热分解成极难溶解的碳酸盐，沉积在管壁等处形成水垢。通常在一般温度下，碳酸盐浓度若超不过饱和极限，则稳定地存在水中。但由于炉水温度逐渐升高，炉水不断被蒸发，使水中的盐类浓度逐渐超过饱和极限，发生沉淀，而形成导热性极差的水垢。温度愈高，盐度愈浓，生成水盐垢愈快、愈多、愈硬。水垢在水管内形成后,水管管径变小,阻碍正常的热交换。随着水垢不断增多,产生同样多的蒸汽就要燃烧较多的燃油。锅炉燃烧的时间加长,设备磨损率增加,减少寿命,同时影响正常供气,增加了费用。当结垢不均匀时,还会引起局部应力,容易在锅炉内部产生裂纹,造成漏水。

对于辅锅炉结垢严重造成的水管破裂,先观察漏水管破裂部位,待停炉放空水后,进行细致补焊。然后对锅炉进行酸洗,对锅炉进行处理。经过这些工作,锅炉的产气效果明显好转。为了防止水垢或减缓结垢形成的速度必须对炉水进行软化处理,即水处理措施。对水处理措施一般可分为内处理和外处理两种方法。

1. 炉水的内处理方法

化学试剂法:用于水处理的化学药剂有氢氧化钠(烧碱、碳酸钠、纯碱)、磷酸三钠(磷酸盐)、六偏磷酸钠、软水剂等。通常多采用加入六偏磷酸钠的方法投入水中,易溶于水,能与水中的钙、镁盐类生成稳定的可溶性盐,并使水垢生成可溶性复盐。因此用六偏磷酸钠处理炉水,不但可以防止水中碳酸盐类沉淀的发生,还能清除已结成的垢污(起疏松、脱落水垢大作用)。同时具有一定的抗腐蚀性,能吸附于金属表面形成一层保护膜,防止金属生锈。

物理法:在管路中安装磁水器或高频改水器,以改变水中所含杂质物理性质,从而减少或防止水垢的形成。

2. 炉水的外处理方法

炉水的外处理方法是水处理的主要手段,一般有沉淀、凝聚过滤、软化除碱、除盐等过程。对炉水进入前进行软化处理,除去水中的硬度物质。

1)水垢的鉴别

(1)碳酸盐水垢:其碳酸钙含量在50%以上呈白色,较松软,加盐酸可溶解并生成大量气泡,酸溶液中剩余残渣量极少。

(2)硫酸盐水垢:其成分较复杂,主要是硅酸化合物含量在20%以上时呈灰白色,微透明,坚硬如石。在热盐酸中可缓慢溶解,溶解过程中有沙粒样物质。

(3)磷酸盐水垢:呈黄白色,能溶于硝酸中,多产生于以磷酸盐处理的水中。

(4)铁铝氧化物:呈粉褐色,又是微黄色,能溶于稀硫酸中。

(5)含油水垢:它是在硬度较小的水中混入油脂后形成的。

(6)黑色硬垢:与乙醚能呈黄色。

(7)混合水垢:它是各种水垢的混合物,消除时可视为碳酸盐水垢。

2)除水垢方法的选择原则

对碳酸盐水垢和一些硫酸盐水垢,主要用盐酸等配制的酸洗液,混合水垢也可用酸洗法,但要增加酸洗液的浓度和温度。对硫酸盐、硅酸盐水垢多采用碱洗法为佳。不管采用什么办法,都应先对系统内部的沉积物进行清理和用压力水冲洗。对结垢严重者要增加洗液量。

(1)酸洗除垢法:用盐酸配制洗液,其浓度取决于水垢的浓度,在2%~10%范围内。为了减少酸洗对金属的腐蚀,必须在酸洗液中加入0.3%~0.6%的若丁等缓蚀剂,药剂根据清洗部位的容积一次性配制。

①静泡酸洗,将酸洗液均匀倒入炉内,然后加热到50~60℃,保持8~10h,待水垢或沉积物全部溶解后,将废液排出,此方法特点是工艺简单,不需要另加任何设备,但酸洗液的浓度、温度不易均匀,酸洗时间较长,效果没有循环法好。

②循环酸洗,这种方法效果较好,但需要酸洗泵、酸洗箱形成一个循环回路。

（2）碱洗除垢法：当未经过水处理或处理不当时，锅炉水管内部就有可能形成硅酸盐和硅酸水垢，这时如用酸洗法清除效果较差，宜用碱洗法清除。该方法不是将水垢溶解，而是使水垢疏松，再用机械法清除。碱洗溶液一般由浓度为碳酸钠1%～2%，氢氧化钠0.2%～0.4%，磷酸三钠0.3%～0.5%等药剂混合而成。温度90～95℃，静置8～24h，碱洗后要立即清洗泥渣。碱洗法操作简单，副作用小，但除垢时间长，药剂耗量较多，保温较困难。

3）化学除垢注意事项

（1）制定详细周密的实施计划，按计划做好一切准备，如备齐所需药剂和检测仪器。

（2）安排好有关人员的配备、分工及各种必要的安全防护和急救措施。

（3）对需拆除的部件或隔离部位、水、电源及临时清洗系统应符合要求，废液中和及排放措施。

（4）当利用循环清洗溶液清洗时应注意保温。

（5）向炉内系统注酸洗液时不宜过快，由于碳酸盐水垢对盐酸反应激烈，会产生大量气泡。

3. 管理要点

（1）点火前，要认真检查锅炉本体各受热面是否完好。检查水质并加入水处理药剂。热态点火时不要向锅炉内加入大量冷水，以免产生应力引起管子松动漏水。

（2）点火前，一定要先预扫风，将炉内积存油气彻底吹净。

（3）点火成功后检查燃烧情况。汽压开始产生后，关闭空气阀，检查手孔门。

（4）当锅炉一切正常后，应手动启停、分段燃烧。水管锅炉因循环良好要15min，当汽压达到工作汽压，停炉半小时或在负荷较低时，炉内压力降至0.4MPa～0.5MPa时进行排污。

（5）停用放空。当锅炉需要做内部检查或修理停炉时，应切断控制电源，关闭停气阀、给水阀，让锅炉自然冷却，不要为加快冷却而泻放汽压、向炉内送风。待锅炉无汽压时，打开空气阀，以免炉内产生真空。一般只有当炉水温度降至50℃左右时，才允许开底部排污阀。

（6）防止锅炉受热面的低温腐蚀和积灰复燃。

（7）控制锅炉水质，定期对炉水进行化验处理。水质控制的好，可显著减轻水垢的生成，防止腐蚀发生和汽水共腾。

三、经验总结

目前对锅炉水垢以及炉水水质的控制研究已经有了一定的发展，但由于管理人员不负责任或保养不到位，致使锅炉产生大量的水垢影响了锅炉的使用寿命，给船舶增加了安全隐患，给工作人员增加了工作量。认真按规定进行保养锅炉，使锅炉的使用寿命尽量延长。

能力模块九　液压舵机应用技能

• 目标要求

本模块的主要知识目标	本模块的主要能力目标
1. 舵的作用原理； 2. 对舵机的要求； 3. 转舵机构（十字头式、拨插式、滚轮式、摆缸式、转叶式）的主要类型和特点； 4. 舵机的组成、工作原理、特点； 5. 舵机的操纵系统的类型、原理	1. 具备检修、测试和调整舵机的主要部件的能力； 2. 具备判断、分析、排除舵机主要故障的能力； 3. 具备对舵机进行各种操作和运行管理的能力

• 基本概念

考证大纲	适用对象			
	841	842	843	844
4.1 舵机				
4.1.1 舵的作用原理	√	√		

一、舵设备的应用

保证船舶按照人的意图航行在给定的航线上，确保船舶安全航行的一种设备。

二、舵设备的种类及组成

如表 9-0-1 所示。

舵设备的种类及组成 表 9-0-1

项目	人力舵	蒸汽舵	电动舵	电动—液压舵
操舵器	舵轮	舵轮	舵轮或手柄	舵轮或手柄
舵角指示器	机械式	机械式	电动	电动
传动装置	链索式	机械或液压	电力	电力或液压
舵机		蒸汽	电动	电动—液压
应急舵		人力	人力或蓄电池电源	蓄电池电源
转舵装置	链锁式 直舵柄	链锁式或蜗轮蜗杆式直舵柄	蜗轮蜗杆式或差动螺杆式舵扇	液压 纵向或横向舵柄
止舵装置	机械	机械	电动限位开关	液压限位旁通阀
舵	平板舵或流线型平衡舵	流线型平衡舵或半平衡舵	流线型平衡舵或半平衡舵	流线型平衡舵或半平衡舵

三、舵的类型

按舵杆轴线的位置分类,可分为不平衡舵、平衡舵、半平衡舵。

舵杆轴线紧靠舵叶前缘的舵,称为不平衡舵,舵杆轴线置于舵叶前缘后面一定距离的舵称为平衡舵,现代船舶大多采用平衡舵。

四、舵的组成

主要由舵柄、舵杆、舵叶等组成。

五、工作原理

目前,多数船舶的舵是采用空心的复板平衡舵,其水平方向剖面呈流线型。

通常将舵叶与船舶中心线间夹角称为舵角 α。

当舵角 $\alpha = 0$ 时,舵叶两侧的水流对称,水压力相等,对船舶航向不产生影响(实际上,由于右旋螺旋桨和船体的影响,正舵时将使舵叶承受向左的压力,并使右舵时舵压力增加)。

当舵角 $\alpha \neq 0$ 时,水流对舵叶产生两个力:水压力 F_N 和摩擦力 F_T。两者合力为 F。

F 相对船舶重心形成一个使船舶转向的转船力矩 M_s(舵效)。

F 相对舵杆轴线形成水动力矩 M_a,同时存在摩擦扭矩 M_f。显然,舵机施加于舵杆的转舵扭矩 $M =$ 水动力矩 $M_a +$ 摩擦扭矩 M_f。M、M_a、M_f 皆以与转舵方向相反为正。正车回舵或倒车偏转舵时 M_a 为负值,则会出现负的转舵力矩 M,即水帮助舵转动而不是阻碍舵转动。

如图 9-0-1 和 9-0-2 所示。

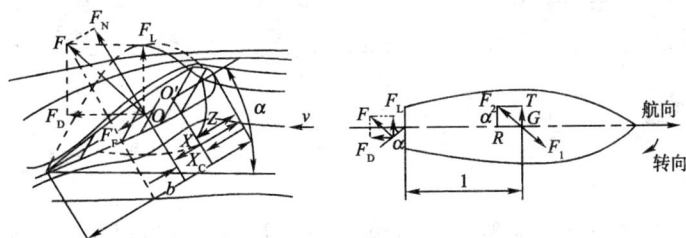

图 9-0-1　舵的工作原理

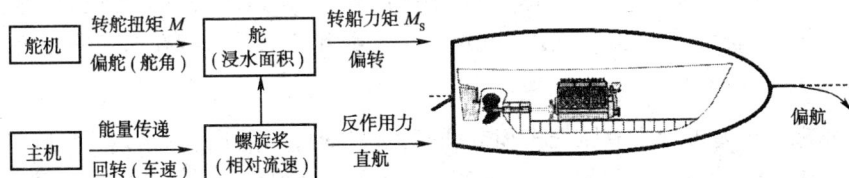

图 9-0-2　船舶偏航原理

研究可得:

(1)舵的转船力矩(舵效)M_s 和水动力矩 M_a 都与舵叶的浸水面积和舵叶处水速的平方成正比,前者比后者大得多。

(2)其他因素不变时,转船力矩随舵角增大而增大,在某舵角将达到最大值。海船吃水较深,转船力矩达到最大值的舵角介于 30°~35° 之间,统一规定最大舵角为 35°;河船吃水浅,转船力矩达到最大值的舵角超过了 35°,最大舵角定在 35°~45° 的范围内。

(3)正航时平衡舵在小舵角时舵压力中心 O 在舵杆轴线之前,因此水动力矩 M_a 为负值;舵角增大后压力中心移至舵杆轴线之后,M_a 变正值。平衡舵可使力臂较小,故水动力矩减小,从而使所需的转舵力矩和舵功率减小,但转船力矩不受影响。

(4)倒航时同样舵角的水动力的方向与正航相反,形成的转船力矩使船的转向与舵偏转方向相同。这时舵叶的后缘变成了导边(迎水边),而水压力中心靠近导边,至舵杆轴线的距离比正航时大;但最大倒航速度一般不超过最大正航速度一半,流线型平衡舵的最大水动力矩倒航时约为正航的60%左右,故舵机的额定转舵扭矩均按正航求出。

工作任务一　舵机的工作分析

理论知识点	实践知识点
1.舵机的功用; 2.舵机的基本类型; 3.舵机的技术要求; 4.液压舵机的基本组成	1.绘出典型的泵控型舵机简图的技能; 2.绘出典型的阀控型舵机简图的技能

考证大纲	适用对象			
	841	842	843	844
4.1 舵机				
4.1.2 对舵机的要求	√	√		

●相关理论知识

一、舵机的功用

转舵可以改变船舶航向。显然,要使船舶转向,就必须转舵;要转舵并保持舵角,就必须有人力或机械(舵机)来对舵柱施加一定的转舵力矩。

公称转舵扭矩 M(最大舵角、最深吃水、最大航速,最大扭矩)是确定舵机的基本依据。

舵机的功用是保证船舶按照要求迅速可靠地将舵叶转到并保持在指定的舵角。

二、舵机的基本类型

船舶舵机按动力可分为液压舵机和电动舵机,目前海船上几乎全部采用液压舵机。液压舵机按换向控制方式可分为泵控式和阀控式两大类。如图 9-1-1 和图 9-1-2 所示。

三、舵机的技术要求

我国海船规范根据《国际海上人命安全公约》(SOLAS 公约)的规定,对舵机的基本精神就是要求舵机必须具有足够的转舵扭矩和转舵速度。

(1)两套以上推(操)舵装置(动力),一套主推舵装置,一套为辅助(应急)推舵装置。

(2)在最大营运航速,满载工况下,主推

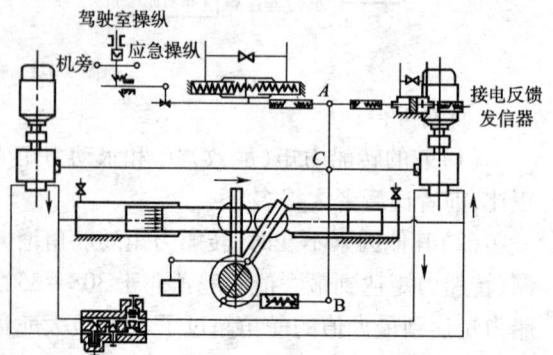

图 9-1-1　泵控式液压舵机

舵装置应有足够的强度与能力,在28s内将舵叶从任一舷35°转至另一舷30°。

(3)辅(应急)推舵装置(动力),在满载1/2最大航速或7kn(取大值)前进时,在60s内将舵叶从任一舷的15°转至另一舷的15°。

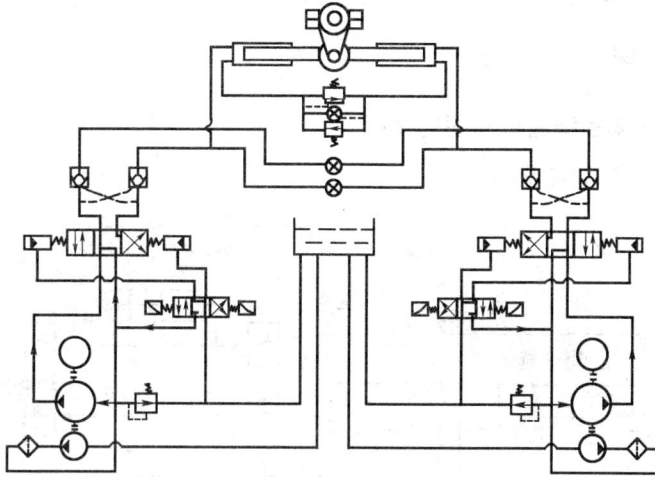

图9-1-2 阀控式液压舵机

当主推舵装置备有两台以上相同的动力设备,又满足下列条件时,也可不设辅操舵装置,即当管系或一台动力设备发生单项故障时应能将缺陷隔离,以使操舵能力保持或迅速恢复;对于客船,当任一台动力设备不工作时,或对于货船,当所有动力设备都工作时,应能满足对主推舵装置的要求。但1万总吨以上油船、化学品船,液化气体船和7万总吨以上的船舶除外。

(4)舵杆直径大于230mm的所有船舶,应设有能在45s内向推舵装置自动提供替代动力源(应急电源),并至少可供工作半小时(1万总吨以上),对其他船舶为10min。

(5)舵机应具有二套以上操纵装置,并可在多处(舵机房、驾驶室)实现操舵。

(6)设置安全阀,安全阀的开启压力应不小于1.25倍最大工作压力,流量释放能力应不小于泵总流量的110%,压力的升高值不超过开启压力的10%,且不应超过设计压力值。

(7)设有最大舵角限位器,并设有限位开关,使舵到达最大舵角前就停止。

(8)1万总吨以上油船(含液化气、化学品船)要求具有两个独立的动力系统,两套动力系统间;设有自动隔离装置,当主推舵装置出现故障(重大机损除外)时能在45s内恢复转舵能力。

四、液压舵机的基本组成

液压舵机具体结构和型式较多,但按作用来分,液压舵机主要由3大部分组成。

1. 转舵机构

其作用是将液压能转换成机械能,推动舵叶偏转。

2. 主液压系统

其作用是向舵机提供足够的液压能,并设置所需的保护与控制装置。主液压系统包括液压油泵、液压控制阀件、转舵机构的液压执行部分以及管路等液压辅件。

3. 操纵系统

其作用是传递舵令和控制操舵精度。操纵系统又称操舵控制系统。操纵系统包括远操机构、比较环节和反馈机构。

远操机构的作用是将驾驶室的发出的指令舵角信号传递到舵机房受讯器;

比较环节的作用是将反馈机构输入的实际舵角信号与操纵机构输入的指令舵角信号进行比较运算放大,输出偏差控制量来对液压系统的供油量与供油方向进行控制,最终使实际舵角等于指令舵角,即偏差控制量为零;

反馈机构的作用是将转舵机构的实际舵角反馈给比较环节。

● 相关实践知识

一、绘出典型的泵控型舵机简图的技能

如图 9-1-3、图 9-1-4、图 9-1-5 所示。

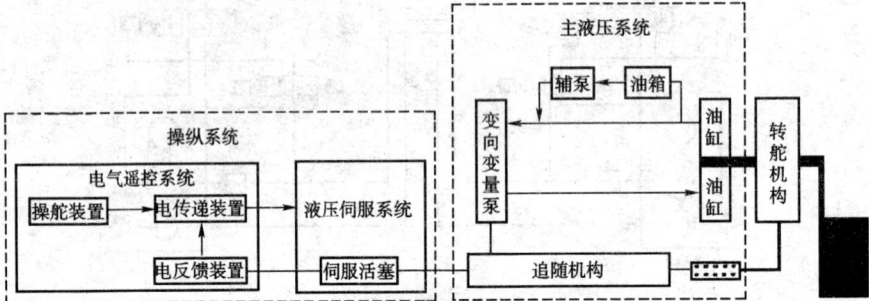

图 9-1-3　ANSCHUTZ 泵控式液压舵机

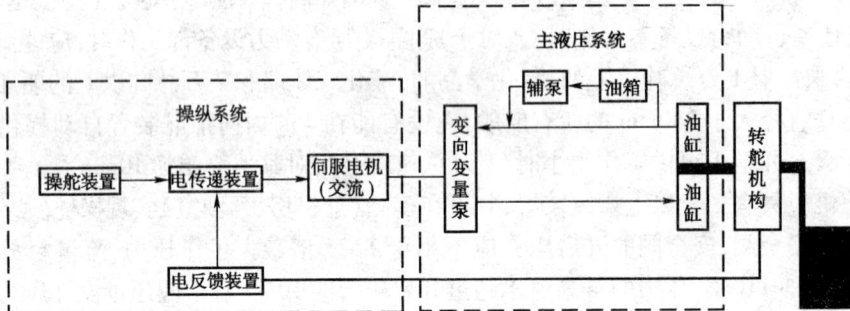

图 9-1-4　HSH 泵控式液压舵机

二、绘出典型的阀控型舵机简图的技能

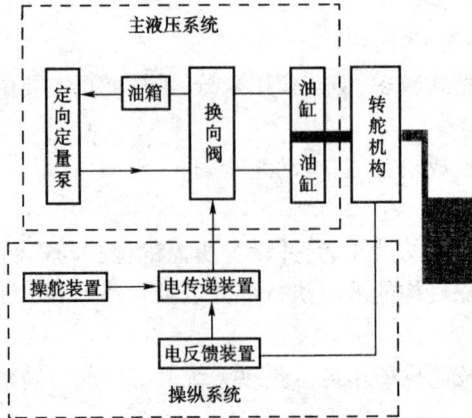

图 9-1-5　典型的阀控式液压舵机

工作任务二　舵机的拆装操作

理论知识点	实践知识点
1. 转舵机构； 2. 主液压系统； 3. 操纵系统	转舵机构比较判断的技能

考 证 大 纲	适 用 对 象			
	841	842	843	844
4.1 舵机				
4.1.3 转舵机构(十字头式、拨插式、滚轮式、摆缸式、转叶式)的主要类型和特点	√	√		
4.1.4 阀控型舵机的组成、工作原理、特点及其远控系统	√	√		
4.1.5 泵控型舵机的组成、工作原理、特点及其远控系统	√	√		

● 相关理论知识

一、转舵机构

转舵机构根据动作方式的不同,分为往复式和回转式两类。前者采用往复式转舵油缸,主要有十字头式、拨叉式、滚轮式和摆缸式;后者主要是转叶式。如图9-2-1所示。

推舵机构　油缸体、柱塞(撞杆)、密封装置、转向机构、舵柄

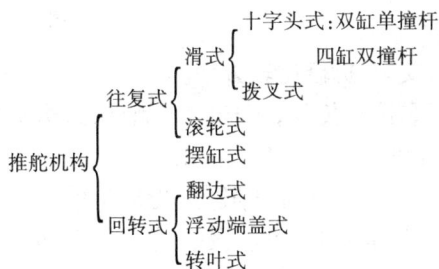

图 9-2-1　转舵机构的类型

1. 十字头式转舵机构

如图9-2-2所示。

(1)扭矩特性好。若尺寸和最大工作油压既定,能产生的转舵扭矩随舵角增大而增加,与舵的水动力矩变化趋势相符。实际工作中,舵机的工作油压不会随舵角增大而急剧增加。

(2)撞杆和油缸间的密封采用V形密封圈,开口面向内侧压力油腔,工作压力越高则密封圈越撑开贴紧密封面,密封可靠,漏油容易发现,更换也较方便。

(3)油缸仅有导板承受侧推力,油缸与柱塞间不承受径向力,密封更可靠;油缸开口端镶有导向衬套,油缸内壁不与柱塞接触,无须精加工。

以上特点使十字头式转舵机构较适合大转舵扭矩和高工作油压。但缺点是:单作用油缸必须成对布置,十字头、导板等结构较复杂,使重量、尺寸增大,加工、安装、检修比较麻烦。

2. 拨叉式转舵机构

如图 9-2-3 所示。

拨叉式与十字头式的扭矩特性相同,两者都属于滑式转舵机构。它可以设计成装在柱塞中部的导向架承受转舵时的侧向力,主要特点与十字头式相同,但结构更简单,尺寸也较小,现除特大扭矩舵机外,已基本取代了十字头式。

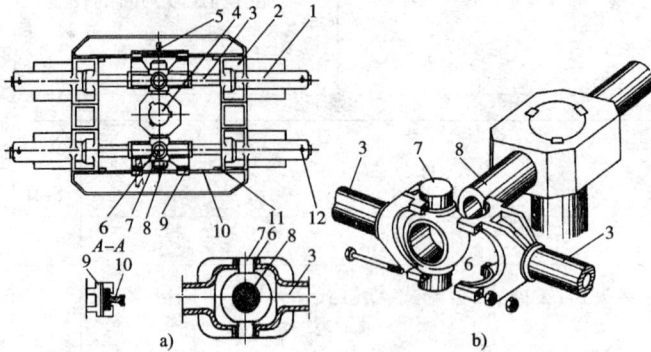

图 9-2-2　十字头式转舵机构

1-油缸;2-底座;3-撞杆;4-舵杆;5-舵角指示器;6-十字头轴承;7-十字头耳轴;8-舵柄;9-滑块;10-导板;11-撞杆行程限制器;12-放气阀

3. 滚轮式转舵机构

如图 9-2-4a) 所示。

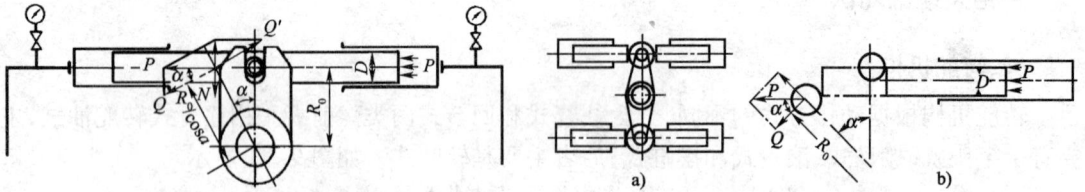

图 9-2-3　拨叉式转舵机构

图 9-2-4　滚轮式转舵机构

(1) 结构简单,布置灵活,安装、拆修比较方便。

(2) 柱塞与舵柄的轮之间靠接触传动,工作时无侧推力,磨损后自动补偿,不会像滑式机构那样因轴承或滑块等磨损后间隙增大而产生撞击。

(3) 扭矩特性差,若尺寸和最大工作油压既定,能产生的转舵扭矩随舵角增大而减小,与舵的水动力矩变化趋势相反。工作中工作油压随舵角增大而较快增加,要达到同样的转舵扭矩,必须采用滑式的更大的结构尺寸或更高的工作油压,适用的转舵扭矩不如滑式的大。

(4) 当舵叶在为负扭矩作用下转动过快,或稳舵时油路锁闭不严,则滚轮可能与某侧柱塞脱离而导致撞击。故某些滚轮式转舵机构在滚轮与柱塞端部之间增设板簧拉紧机构。

4. 摆缸式转舵机构

如图 9-2-5a) 所示。

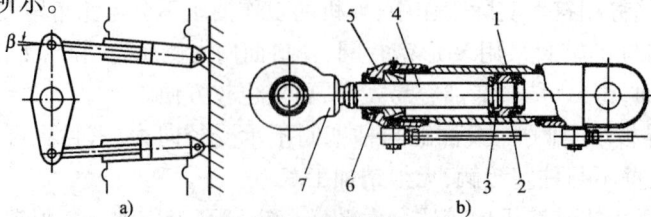

图 9-2-5　摆缸式转舵机构

1-油缸;2-活塞;3-活塞环;4-活塞杆;5-端盖;6-密封环;7-接头

（1）采用双作用油缸，故外形尺寸和重量可显著减小。

（2）结构简单，拆装方便，油缸选用的数目和布置灵活。

（3）双作用油缸对缸内表面的加工精度及活塞杆与油缸的同心度要求较高。活塞的密封磨损后内漏不易发现。此外，油缸与舵柄铰接处磨损较大时工作中会出现撞击。

（4）双作用油缸采用奇数时，即使以同侧双缸工作（两活塞的位移也略有差异），油缸进、排油量都会不等，故系统中必须采取相应的补油和溢油措施。

（5）扭矩特性不佳（大致与滚轮式相同），故除个别采用四缸结构者公称扭矩较大外，一般仅见于功率不大的舵机。

5.转叶式转舵机构

如图9-2-6所示。

（1）占地面积小，重量轻，可组装后（包括液压系统）整体吊装，安装十分方便。

（2）外部无需要润滑的部位，管理简便。

（3）在油缸尺寸和最大工作油压既定时，所能产生的扭矩与舵角无关，扭矩特性不如滑式而优于滚轮式和摆缸式，工作油压随舵角增大而增加的速度介于滑式与后两者之间。

（4）内部需密封的部位较多，漏泄增大不易发现，更换密封件比较麻烦。

转叶式机构的内部密封问题曾限制了它在大扭矩舵机中的使用。近年来，随着密封材料和密封方式的不断改进，最大工作油压和转舵扭矩已有很大提高。普通单缸转叶式机构一旦内部密封损坏或发生其他故障丧失操舵能力时，无法在45s内将故障部分隔离而恢复操舵能力；若用于1万总吨以上的油船、化学品船、液化气体运输船可采用上下叠装的双缸组成两个独立和分开的动力转舵系统。

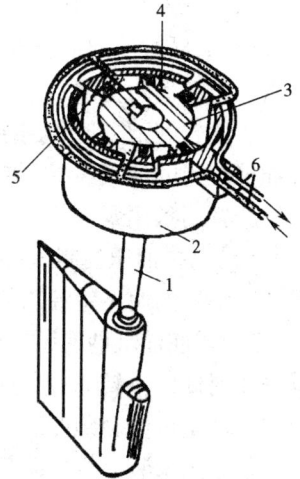

图9-2-6 转叶式转舵机构

1-舵杆；2-缸体；3-转毂；4-转叶；
5-定叶；6-油管

二、主液压系统

对于尺寸既定的转舵机构来说，液压泵的流量决定了转舵速度；泵的工作油压除很小部分用于克服管路阻力外，主要取决于推动转舵机构所需的力，即取决于转舵扭矩。舵机最大工作油压就是产生公称转舵扭矩时泵出口处的油压。泵的额定排出压力不得低于舵机最大工作油压。舵机最大工作油压选得越高，转舵机构的尺寸就越小，泵的额定流量和管路直径也相应减小，整个装置的尺寸和重量就会变小。舵机的油压和流量就是体现在主液压系统上。

1.泵控式舵机液压系统

泵控型舵机常采用2台双向变量轴向柱塞泵与转舵油缸组成闭式系统。如图9-2-7所示。

工作时主泵连续按既定方向运转，吸、排

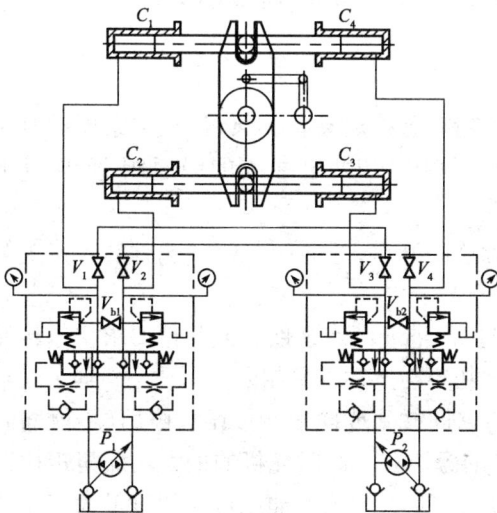

图9-2-7 泵控式舵机主液压系统

方向和排量由变量控制杆(改变泵的斜盘倾角或缸体摆角)偏离中位的位移方向和大小来控制。主泵变量控制杆偏离中位的位移方向和大小由指令舵角信号和实际舵角信号相比较得到的舵角偏差信号的方向和大小决定。当舵角偏差达到不很大的数值时,变量控制杆的位移即已达到最大值,主泵即以最大流量去推动转舵机构转舵,直至实际舵角接近指令舵角时,主泵的流量才逐渐减小;而当实际舵角等于指令舵角时,泵回到零排量的中位空转,舵叶即因主油路锁闭而停在与指令舵角相符的位置。

1)主油路锁闭

泵控型舵机每一闭式主油路中常设有油路锁闭阀,主要有两种类型:

(1)主泵油压启阀式:采用双联液控单向阀,在主泵排油压力的作用下,能自动顶开排油侧单向阀,同时使回油侧的单向阀也开启,沟通主泵与转舵油缸间的油路。而在两种情况下能将主泵出口油路锁闭:

①舵转到指令舵角而主泵停止供油时,两侧单向阀在弹簧作用下自动关闭,防止舵压力使转舵油缸内的油液经主泵漏泄而跑舵;

②锁闭备用泵油路,防止工作时油经其漏泄而影响转舵。

(2)辅泵油压控制式:采用液控两位四通阀,泵装置启动后由辅泵油压推移换位,使主泵通转舵油缸的两条主油路接通;泵装置停用则其辅泵不排油,其配用的主油路锁闭阀靠弹簧复位,则通转舵油缸的两条主油路锁闭。这种主油路锁闭阀可使主油路的压力损失较小,而且辅泵失压时即停止转舵;但它仅能起上述第②种作用,工作泵在中位时其主油路并不锁闭,若泵内漏泄严重可能会跑舵。

如果主泵装有机械防反转装置(如防反转棘轮),也可不设主油路锁闭阀。

2)辅泵作用

泵控型舵机大多还配有单向定量泵(或单向限压式泵)为辅泵,其主要作用是:

(1)作为主泵变量机构的伺服油泵;

(2)为闭式主油路补油;

(3)为系统的液控阀提供控制油;

(4)让多余的油经溢流阀溢至主泵泵壳后再回油箱,冷却主泵。

后面3项视系统设计时是否需要而定。主泵通过单向阀补油是从辅泵还是从高位或低位油箱补,可按主泵允许的最低吸入压力来定。

3)工况选择

主泵接主油路的一对"泵阀"通常都常开,以备随时远控启动备用泵,仅在主泵要拆修时才关闭。四柱塞油缸的舵机可靠启闭进出各缸的"缸阀"和两缸之间的旁通阀,实现以下工况:

(1)单泵四缸工况:适于开阔水面正常航行,各缸阀开启,旁通阀关闭。这时最大扭矩等于公称转舵扭矩,转舵时间能满足规范要求。

(2)双泵四缸工况:各阀启、闭情况同上,适于进、出港或窄水道航行或其他要求快速转舵的场合,这时转舵速度约较单泵双缸快一倍,而转舵扭矩与上述工况相同。

(3)单泵双缸工况:万一某缸漏油时,使其和与它同柱塞或同舷侧液压缸停用(不能同时停对角方向缸组),关闭停用油缸的缸阀,开启两者的旁通阀。此时舵机的最大转舵扭矩比四缸工作时减少50%;若航速未降低,必须避免大舵角操舵,否则工作油压可能超过最大工作油压,使安全阀开启。这种工况在安全阀未开启的前提下,转舵速度约比单泵四缸快一倍。如表

9-2-1 所示。

为了在发生故障以致丧失操舵能力时,能在45 s内重新恢复操舵能力,可在工作油箱内设低液位开关,当系统某处漏油导致某工作油箱油位过低时,能自动检测并靠电液换向阀转换工况,从四缸工作切换成由未漏油的油箱和相应的泵与两个油缸工作。

舵机工况选择表 表9-2-1

使用主泵	工作场合	油缸状态		连通阀状态		旁通阀状态		说　明
		C_1、C_2	C_3、C_4	V_1、V_2	V_3、V_4	V_{b1}	V_{b2}	
P_1、P_2	机动航行	使用	使用	开	开	关	关	转舵扭矩不变,转舵速度加倍
P_1	定速航行	使用	使用	开	开	关	关	转舵扭矩不变,转舵速度不变
P_2	定速航行	使用	使用	开	开	关	关	
P_1	应急操舵	使用	旁通	开	关	关	开	转舵扭矩减半,转舵速度加倍
P_2	应急操舵	旁通	使用	关	开	开	关	

2. 阀控式舵机液压系统

阀控型舵机采用单向定量泵,工作时泵按既定方向连续运转,吸、排方向和排量不变,向转舵油缸供油的方向由M型三位四通换向阀控制。如图9-2-8所示。

1)安全阀

舵机液压系统应设安全阀,它在两种情况下起作用:

(1)转舵时若转舵力矩过大,管路中油压高于调定值时安全阀会开启,使高压侧油液与低压侧旁通,以避免管路和液压元件承受过高压力,并防止电机过载。

(2)舵叶停止转动时,若受大浪或其他外力冲击,安全阀也会因油压升高而开启,允许舵叶暂时偏离而"跑舵";当冲击舵叶的外力消失后,由于实际舵角偏离指令舵角,换向阀会自动离开中位,直至舵转回到与指令舵角相符为止,起后一种作用的安全阀亦称"防浪阀"。

规范要求阀控型舵机能被换向阀隔断的前后油路,均应设置安全阀。有的阀控型舵机安

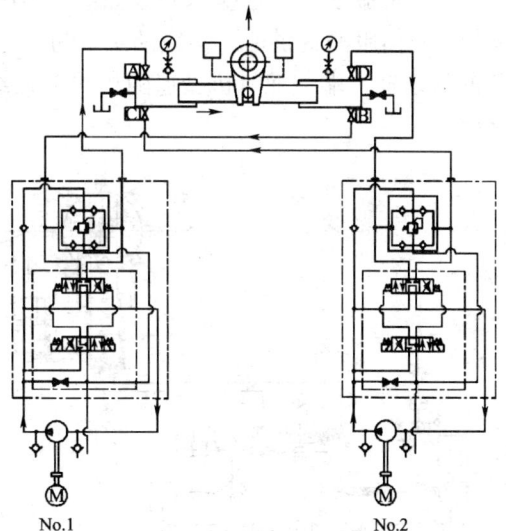

图9-2-8　阀控式舵机主液压系统

全阀组设在换向阀后,靠通过单向阀来兼管液压泵和换向阀之间的油压限制。

2)补油和散热

闭式油路高压侧油液难免会有外漏,这样低压侧油路的油压就可能会太低,可能产生气穴或吸进空气,使泵的容积效率降低,噪声增大,甚至造成泵损坏(某些斜盘泵球铰可能拉坏),故需要随时补油。常用方法是在液压泵的两侧油路都设有通工作油箱的补油单向阀,当主油路压力过低时可以从油箱补油(当舵叶在负扭矩下转得太快时,泵排出侧也可能出现

低压）。

阀控型舵机也可采用开式系统，即换向阀回油回到工作油箱，泵从油箱吸油。开式系统油散热较好，系统内有空气容易释放，但回油管上应装设由泵排出压力远控的顺序阀，以免舵承受负扭矩时转得太快，导致泵来不及供油以至排压过低，产生气穴、噪声和液压冲击。开式系统在舵被水流带动（负扭矩）时无法向液压泵反馈能量，运行经济性差。

三、操纵系统

舵机操纵系统根据远操机构远距离传递操舵信号的方式不同，主要有机械式、液压式和电气式。泵控式舵机常以伺服液压缸或伺服电机等作为在舵机房的控制执行元件，去控制舵机主泵的变向变量机构；阀控式舵机则以电磁换向阀的电磁铁作为控制执行元件，去控制换向阀阀芯的动作。

1. 远操机构

（1）液压式远操机构。液压式远操机构是利用液体不可压缩的基本原理来传递操纵运动的一种机构。如图 9-2-9 所示。主要由位于驾驶室的舵令发信器和位于舵机房的舵令受信器以及连接管路等组成。操舵时，舵轮的回转通过齿轮齿条机构转变为发讯器活塞的往复运动，使受信器中的活塞相应动作，并将该动作传给比较环节的指令舵角信号输入端（如 3 点式浮动杠杆的 A 点），从而实现远距传递操舵信号的功能。这种远操系统工作较为安全可靠，但操舵者劳动强度大，如果因密封不好产生漏泄，会造成操舵偏差，因而应用受到限制，有些场合只作为备用远操系统。

（2）伺服油缸式远操机构。如图 9-2-10 所示。两套独立的阀控开式液压伺服系统互为备用，向伺服油缸供油。伺服油泵 1 为限压式单向变量泵（也可用单向定量泵）。伺服活塞 7 的活塞杆一端与舵机机械追随机构的操纵杆的操纵点 A 相接，另一端接操舵角反馈发信器 8。

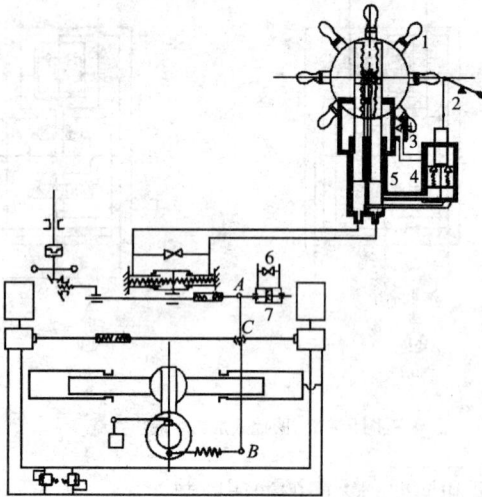

图 9-2-9　液压式远操机构

1-舵轮；2-手柄；3-截止阀；4-油液平衡装置；5-发信器活塞；6-旁通阀；7-受信器活塞

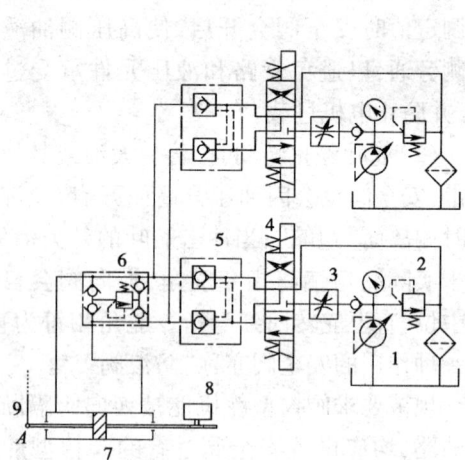

图 9-2-10　伺服油缸式远操机构

1-伺服油泵；2-安全阀；3-调速阀；4-电磁换向阀；5-油路锁闭阀；6-双向溢流阀；7-伺服活塞；8-操舵角反馈发信器；9-操纵杆

如果通过驾驶室舵轮给出的指令舵角与伺服活塞 7 的位置所对应的操舵角出现偏差，则三位四通电磁换向阀4的某端电磁线圈通电,阀即离开中位,泵1的排油就会经换向阀4、油路锁闭阀(双联液控单向阀)5的一侧供入伺服油缸的某侧油腔,另侧油腔的油液则从油路锁闭阀的另一侧和换向阀经滤器返回油箱;这时伺服活塞7就会相应移动,操舵角反馈发信器同步发出反馈信号。调速阀3可调节向伺服油缸供油的流量,一般应使伺服活塞从一端走到另一端的全行程时间≮22~24 s。

当伺服活塞7移到操舵角与指令舵角相符时,Y型三位四通换向阀4两端的电磁线圈均断电,此时伺服油缸的油路被油路锁闭阀5锁闭,伺服活塞即停住不动。这时限压式变量泵1的排压升高,排量迅速减小至仅弥补泵和阀的漏泄以保持排压恒定(伺服油泵的排压应根据推动操纵杆至最大操舵角所需的推力调定),功率消耗和油液发热显著降低(若伺服油泵用定量泵,则应采用M型换向阀中位卸荷)。油路锁闭阀5还能隔离备用的控制油路,不影响彼此快速切换。安全阀2的调定值高于限压式变量泵1的调定值,通常关闭,只在泵的限压变量机构失灵时才起作用。

应急操纵或舵机调试时可通过手轮直接控制操纵杆操舵。这时,双向溢流阀6可允许伺服油缸一侧产生的高压油溢流到另一侧,以便活塞能够移动,不妨碍手动操纵。也有的伺服油缸式舵机遥控系统采用的是另一种办法:在伺服油缸的两条油路间设由伺服油泵排压控制的常开式二位二通旁通阀,当伺服油泵启动时,排压升高使该旁通阀隔断;而伺服油泵停用时排压消失,旁通阀在弹簧作用下复位而使伺服油缸油路旁通。

由上可见,伺服油缸式舵机遥控系统由两部分组成:伺服活塞位置所代表的操舵角通过操舵角反馈发信器追随指令舵角;而舵的实际舵角通过机械追随机构追随伺服活塞位置所代表的操舵角。

舵机遥控系统在舵机室的受控元件也可以不采用上述的伺服活塞,而采用伺服电机或力矩马达。它们无须机械追随机构,而是直接控制伺服变量泵的先导阀来改变主泵排油的方向和排量;而舵角反馈信号发送器则直接由舵柄带动,以便舵角到位时停止排油。

(3)伺服电机式远操机构。伺服电机式远操机构与伺服液压缸式远操机构的主要区别,在于用直流伺服电动机12代替了伺服液压缸,如图9-2-11所示。通过蜗轮蜗杆机构将指令舵角信号以位移(电机转角)形式传给操纵系统比较环节的舵令信号输入点A。直流伺服电动机由直流发电机15供电,供电就转动,不供电就停转。工作时,直流发电机15由交流电动机驱动,保持不断转动,但是发不发电取决于其激磁绕组16有没有电流通过。激磁绕组16的电流是由操舵电位计2与反馈电位计3组成的电桥经放大器17供给的。电桥与放大器属于比较放大环节,舵轮1的角位移量(操舵角)与直流伺服电机15的角位移量(经齿轮齿条机构4反馈)相等时,比较环节(电桥)输出为零;不相等时,输出不为零,所以就保证了伺服电动机15始终追随舵轮的运动,从而保证了远操机构的输出量(操纵系统的比较环节A点输入量)与指令舵角始终相对应(略有延迟)。

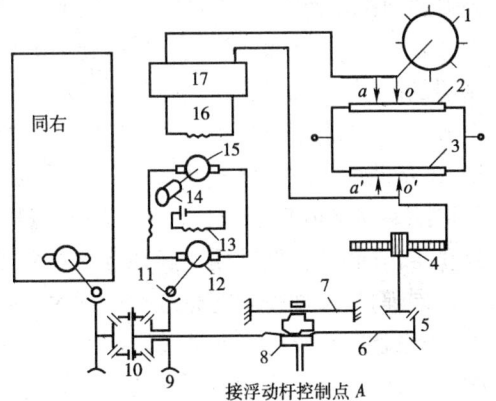

图9-2-11　伺服电机式远操机构

1-舵轮;2-操舵电位计;3-反馈电位计;4-齿轮齿条机构;5 锥齿轮副;6-丝杆;7-导杆;8-滑块螺母;9-涡轮;10-行星齿轮;11-蜗杆;12-直流伺服电动机;13--直流电动机激磁绕组;14-交流电动机;15-直流发电机;16-直流发电机激磁绕组;17-放大器

交流伺服电机式舵机遥控系统:通过伺服电机直接控制液压放大器操纵液压泵,一台电机控制一台液压泵,减少了相互间的干扰,采用自整角机传递反馈信号,系统比杠杆式要简单,并符合45s内排除单项故障的要求。

2. 比较环节

比较环节是负反馈式自动控制中不可缺少的重要环节,在船舶舵机的操纵控制中应用的比较环节主要机械式和电力式两种。不管比较环节的型式和结构如何,都具有两个基本特征:一是有两个信号输入接口和一个信号输出接口;二是指令信号输入量减去反馈信号输入量等于输出控制量。了解这两个特征对识别比较环节很有帮助。

(1)三点式浮动杠杆比较机构。三点式浮动杠杆比较机构直观、可靠、简单、实用,是目前海船上泵控式舵机中应用最广泛的一种比较机构。三点式浮动杠杆比较机构非常简单,就是一根杆,又称浮动杆追随机构。如图9-2-12所示。

A点通过操纵杆与操舵装置相连,接受舵令信号,称为控制点;

B点通过反馈杆与舵柄相连,直接反映实际舵角,称为反馈点;

C点通过控制杆与液压泵变量机构相连,接受控制和反馈信号,称为控泵点。

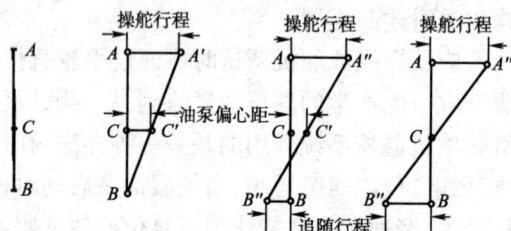

操舵前,浮动杠杆ACB处于垂直位置,当转动舵轮时,假设受动器的拉杆带动A点向右

图9-2-12　浮动杆追随机构

移动,杠杆绕B点向顺时针方向摆动,并带动C点也向右移动。这样,油泵的浮动环就向右推动。此时A点移动到A',C移动到C'。当浮动环向右推动有了油泵偏心距CC'时,即使很小,油泵便开始工作,使舵叶偏转,因此,舵柄带动反馈杆使B点向左移动,开始追随动作。这个油泵偏心距CC'的大小,主要取决于操舵速度的快慢,即A点向右移动速度的快慢。操舵快,油泵偏心距CC'大,转舵速度快,追随动作也快;操舵慢,油泵偏心距CC'小,转舵速度慢,追随动作也慢。当追随动作开始后,如操舵继续进行,则舵叶亦继续偏转,当受动器的拉杆带动A'点再向右移至终点A″停止时,此时油泵偏心距达到最大位置,油泵的浮动环被推至右端受到油泵最大排量限制器的限制,A″已固定,杠杆就以A″为支点顺时针摆动,舵柄带动反馈杆便B点向左追随移动至B'。这时,杠杆ACB上的C点在C″位置,尚有偏心距CC″,所以油泵仍然工作,舵叶继续偏转,B'点继续向左追随移动,不过,油泵偏心距CC″越来越小,转舵速度亦越来越慢,当B'点向左追随移动至B″时,杠杆ACB上的C点即回到原来的C点位置,即油泵偏心距为零,油泵就停止工作而空转,舵叶便正确地停止在驾驶台所要求操纵的角度,追随动作完毕。

同理,当反回传动舵轮进行操舵时,油泵的浮动环就被拉向左边。油泵吸、排油的方向改变,舵也就向相反的方向偏转。当舵叶转至要求的舵角时,反馈杆又把油泵的浮动环推回到中间位置,舵也就稳定在所要求的舵角上。

简单型的三点式杠杆,C点的位移取决于舵令信号大小,即泵的供油量取决于舵令信号,所以操小舵角时,泵的供油量很小,使舵来的很慢,而当操大舵角时,由于信号大,C点的位移需很大,但液压泵的变量机构的位移有限,以致造成操大舵角时不能连续进行。为此,常在简单型反馈杠杆上加副杠杆与在舵柄和反馈杠杆B点间设置储能弹簧。

(2)副杠杆式比较机构。如图9-2-13所示。伺服活塞带动主杠杆ABC的A点绕C点转动,主杠杆通过与副杠杆共同铰接点B点带动副杠杆绕固定铰接点E点转动,使D点也作相应的移动,副杠杆的 D 点与油泵伺服滑阀拉杆相连。

副杠杆的作用是使 D 点的位移得到放大,使操小舵角时,液压泵也有足够的供油量,加快转舵(提高小舵角操舵的灵敏度)。

3.反馈机构

(1)机械式反馈机构。液压舵机的机械式反馈机构比较简单,是一根带双向压缩弹簧(称储存弹簧)的杆件,主要与机械式比较机构配合使用。

反馈杆中装有储存弹簧的目的是:便以反馈杆在必要时能依靠弹簧自动伸长和缩短,以补偿操舵行程受到变量泵最大变量行程的限制,保证

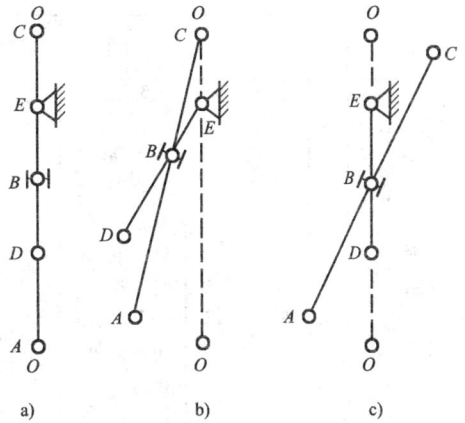

图 9-2-13　副杠杆式比较机构

操大舵角时操舵动作能一次性顺畅地完成,并且使油泵有较长时间处于最大排量下工作。储存弹簧的工作原理如下:

如果没有储存弹簧,则在较小的舵角对应于变量泵的最大变量行程的情况下,操大舵角时,A 点未到达大舵角所对应的行程时,杠杆就会受到油泵的最大变量行程的限制而摆动受阻,这有可能造成油泵变量机构拉坏或杠杆弯曲或操舵动作受阻,只能等舵叶转动,B 点动一点,为 A 点的动作让出行程后,A 点才能继续向大舵角方向移动一点,这使得只能断续地完成大舵角的操舵动作。而在最大舵角对应于油泵的最大变量行程的情况下,是可以顺畅地一次性完成大舵角操舵动作,但小舵角只能对应于油泵的小排量,使转舵速度太慢,显然也不行。

如果装了储存弹簧,则在较小的舵角对应于变量泵的最大变量行程的情况下,操大舵角时,在操纵点移动到一定位置、控制点移动到最大行程所对应的位置后,控制点保持点不动,操纵点继续移动到另一位置,反馈点通过压缩弹簧而使相应的行程被储存,从而使操舵动作得以一次性完成。随着舵叶转动,弹簧逐渐恢复原长。从弹簧被压缩开始到恢复原长为止,油泵一直处于最大排量下工作,从而使油泵有较长时间处在大排量下工作,保证了转舵速度。弹簧恢复原长后到舵叶转到指令舵角这过程中,杠杆以操作点为支点摆动,反馈点随之移动到合适位置,控制点正好被拉到零位,油泵排量为零,舵叶停在指令舵角。由于储存弹簧能储存操舵行程,因此而得名。

储存弹簧是一个双向受压的弹簧,即不论弹簧两侧杆件端点间的距离因受拉而伸长还是因受压而缩短,弹簧均受压。储存弹簧不能太软,否则可能使 B 点先于 C 点而移动,小舵角操舵也就无法进行;储存弹簧也不能太硬,否则大舵角操舵所需的操舵力又会太大,如无法达到,则反馈杆实际上相当于一刚性杆,储存弹簧不起作用,大舵角操舵难以一次完成。

(2)电力式反馈机构。电力式反馈机构主要与电力式比较环节配合使用,主要工作特点是将实际舵角转换成相应的电信号形式传送给比较机构。有电桥式、自整角机等多种型式。一般用在阀控式液压舵机中和电力远操机构中。

● **相关实践知识**

转舵机构比较判断的技能如表 9-2-2 所示。

形式			转矩特性	密封性能	侧向力	作用数	外形尺寸	加工维护	备注
往复式	滑式	十字头式	好	输出转矩随舵角增大而增大	V形密封。自动补偿磨损。好。更换时,拆装少,以油压压出即可,容易	由导板平衡	单作用	重量大,横向尺寸大,占地多	安装检修麻烦	应用最广泛。转舵力矩很大
		拨叉式				由撞杆承受,无需导板	单作用	比十字头式轻10%。占地面积少10%~15%	安装检修比十字头容易	因撞杆承受侧推力,最大公称转矩比十字头稍小
	滚轮式		差	输出转矩随舵角增大而减小		无	单作用	占地比较叉式少	结构简单安装检修容易,布置灵活方便	适用中小功率,同尺寸下公称转矩比滑式小
	摆缸式				差。活塞采用密封环,有内漏,耐压不高,更换不易	无	双作用	占地少	加工精度高	适用小功率,应用不普遍
回转式	转叶式		中	输出转矩不随舵角变化	差。高压时内漏难解决	无	多作用	占地少	制造加工检修较为容易,无外部润滑,管理方便	适用中大功率,应用较普遍

工作任务三　舵机的使用管理

理论知识点	实践知识点
舵角的要求	1. 舵机启动前准备的技能; 2. 舵机液压系统清洗的技能; 3. 舵机液压系统充油驱气的技能; 4. 舵机调试的技能; 5. 舵角调整的技能; 6. 舵机安全阀调整的技能; 7. 舵机系泊试验的技能; 8. 舵机开航前试舵的技能; 9. 舵机航行试验的技能; 10. 舵机运行管理的技能; 11. 舵机主要故障排除的技能

• 基本概念

考证大纲	适用对象			
	841	842	843	844
4.1 舵机				
4.1.6 舵机的充油、调试和日常管理	√	√		
4.1.7 舵机的常见故障及处理	√	√		

• 相关理论知识

舵角的要求

《液压舵机通用技术条件》(CB 312~82)对舵的控制及舵角指示、限位有以下要求:

(1)电气舵角指示器的指示舵角与实际舵角之间的偏差不大于±1°,正舵时必须无偏差;

(2)随动操舵时操舵器的指示舵角与实际舵角偏差不大于±1°,正舵时必须无偏差;

(3)没有跑舵现象,达到额定转舵扭矩时,往复式不超过0.5°/min,转叶式不超过4°/min。

(4)新装的舵机,充油后应以1.5倍的最大工作压力试压5min不泄漏,无永久变形;

(5)液压式操舵系统舵叶的转动滞后于操舵动作(滞舵)应不大于1s;

(6)操舵手轮空转不超过半圈,操纵力最大不大于0.1kN;

(7)舵角限位必须可靠,实际限位舵角与规定值(最大舵角+1.5°)之差不大于±0.5°。

(8)操舵装置,主泵变量机构,舵叶三者要同步;

(9)双泵共用一套反馈杠杆时,两泵的零位要一致。

• 相关实践知识

一、舵机启动前准备的技能

1. 油

油位检查,油箱和兼作油箱的油泵壳体的油位应正常;油润滑部位检查,并在撞杆、舵承等处适当布油或注压油脂;油路检查,消除跑冒滴漏污等现象与隐患。

2. 电

电机、电路、电开关的电器设备检查,消除绝缘低下等不正常现象。

3. 阀

阀件的启闭状态检查,确保启闭正确可靠。

4. 机

机器设备状态外观检查,确认其处于适于启动状态。特别注意舵角指示器等指示仪表仪器的情况,确认其指示正常。

5. 盘

盘动油泵,确认各运动部分无卡阻,固定部分无松动。

二、舵机液压系统清洗的技能

(1)用专用清洗油(低黏度的环烷基油)或液压油进行清洗。

(2)水基液加热温度<50℃,液压油加热温度<60℃。

(3)需设专用的清洗泵对系统进行循环冲洗。

(4)放尽清洗油,并注意清洗液与工作油的相容。

(5)清洁油箱时不使用带残留纤维的织物和易碎的泡沫塑料,箱内壁不涂易脱的油漆。

三、舵机液压系统充油驱气的技能

(1)通过200目以上的滤器从转舵油缸上部向缸内加油,这时油缸的放气阀和通油缸的截止阀应开启,至放气阀有油连续流出后关闭,停止加油。

(2)从工作油箱的通气口经滤器加油,使之达到油位计指示的高位。

(3)在机旁用应急操舵的方法操纵主油泵,以小流量轮流向两侧转舵至接近30°,并反复开启油缸压力侧(柱塞伸出侧)的放气阀放气,直至柱塞运动平稳,无异常噪声。充油过程中及时向油箱补油。系统空气排尽前不要让油泵长时间运转,以免空气与油搅混后难以放尽。

(4)充油后进行1.25倍设计压力的系统密封性试验,修理的系统进行1.5倍设计压力试压5min不泄漏,无永久变形。

四、舵机调试的技能

在轮机员做好舵机启动前准备后,在舵机房用电话通知驾驶室,会同驾驶员进行联合试舵(驾驶室操作由驾驶员完成):

(1)将驾驶室操舵仪上操舵转换开关转到手动位置,按启动按钮启动一套油泵机组;

(2)将舵轮从正舵位置分别转到二舷5°、15°、25°、35°处并稍作停顿,然后舵轮回零,停止这套油泵机组。在此过程中,驾驶员和轮机员共同观察检查舵机及其操纵系统、舵角指示器是否可靠地工作,有无异常现象。轮机员应特别注意听声(机器声)、看表(电流表、电压表、功率表、油压表、舵角表)、察动(各机构的动作)、查漏(管接头与撞杆密封处)。

(3)启动另一套油泵机组,作与(2)相同的操作与检查。

(4)再启动一套油泵机组(双泵工况),作与(2)相同的操作与检查。

(5)将转换开关转至应急操舵位置,进行操作,检查应急操舵装置工作是否正常可靠。

五、舵角调整的技能

如实际舵角与操舵仪指令舵角偏差>±1°,须查明原因,必要时对控制系统进行调整。随动舵控制系统的调整可分为零位调节和放大比例环节(或机械传动比)的调节。

不设机械追随机构的电气遥控系统,应首先检查和调整操舵信号发送、传递和舵角反馈系统的各个环节,使舵轮在零位时,操舵仪的输出信号为0;在实际舵角为0°时,使舵角反馈信号为0;而且在舵轮、实际舵角均在零位时,力矩马达或电磁阀接受的信号为0。然后必要时对控制、反馈信号的放大比例等环节进行调整,使在各个操舵角时舵能停在与操舵仪指令舵角相一致的位置。

有机械追随机构的遥控系统,应首先对其进行调整,然后再按上述原则对电气控制系统进行调整。对于如图9-3-1所示的舵机机械追随机构,可按以下步骤调整:

(1)停用驾驶室的遥控机构,在销孔 D 处插入插销,用手轮在机旁操纵,使操舵角指针指在零位。

(2)启动No.1泵,如果舵停止时不在零位,则应调节该泵控制杆上的调节螺套11,至舵能停在零位为止,锁紧该调节螺套。

(3)换用No.2泵,调节该泵控制杆上的调节螺套10,同样使舵停在零位,锁紧该螺套。

（4）分别使用一台和两台泵工作，验证舵在各种舵角工作无误后，卸下 D 处插销。

（5）轮流用两套遥控系统操舵，并对电气控制系统的操舵信号发送、传递和伺服油缸位移反馈发讯器等环节进行适当调整，使任一台油泵工作时，伺服活塞停止时指示的操舵角与操舵仪发送的指令舵角相同。然后调节螺套 13 或 12，使伺服活塞的中位与操纵点 A 的中位相一致。

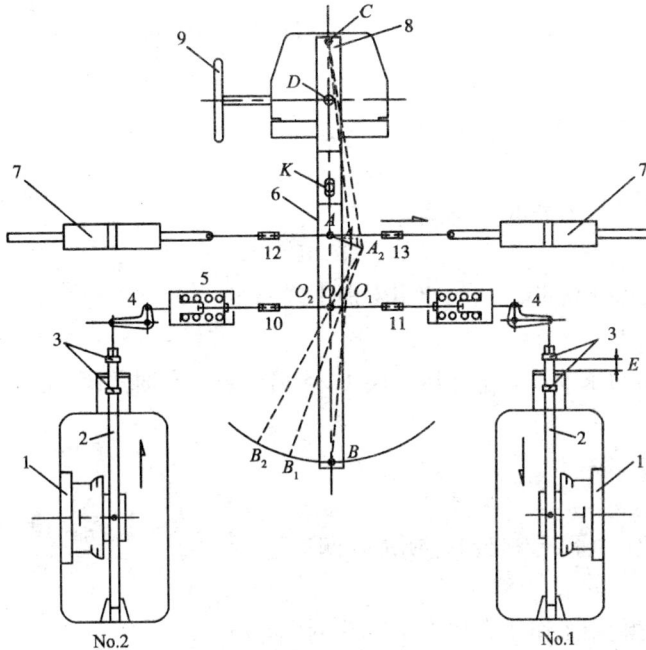

图 9-3-1　泵控型舵机的机械追随机构工作原理

1-双向变量泵；2-泵变量控制杆；3-泵变量限制螺母；4-角杆；5-缓冲弹簧；6-操纵杆；7-伺服油缸；8-手轮控制杆；9-手轮；10～13-调节螺套

六、舵机安全阀调整的技能

（1）启动一台油泵，移开舵机控制机构的操舵角限制元件，机旁控制向一舷操舵。如油泵为变量泵，当舵叶接近限制舵角时，应尽量使油泵以小流量工作。

（2）当舵受到转舵机构上机械舵角限制器的限制时，油泵的排出压力将升高。在达到调定压力时，安全阀即应开启。

（3）使泵的排量保持接近设计值的 $1/2$，观察压力表的读数。如压力表读数与安全阀要求的调定压力不符，则应按要求值重调。

（4）向另一舷转舵，以同样的方法调整另一侧的安全阀。调试过程安全阀每次开启时间不宜超过 30s。

七、舵机系泊试验的技能

（1）检查舵机和控制系统安装的正确性，以及舵机的空载运动性能。

（2）动力单元的人工转换时间 ≤10s。

八、舵机开航前试舵的技能

在驾驶室遥控启动一套油泵机组，并先后从 0° 起向两舷进行 5°、15°、25°、35° 的遥控操舵，判断舵机及其遥控系统工作是否可靠，舵角指示器指示是否正确，然后换用另一套油泵机组做同样的试验。备用遥控系统,也应进行试验。

九、舵机航行试验的技能

(1)检验舵机负载情况下的工作性能。

(2)主操舵装置:最深吃水,最大航速,正舵→右满舵→左满舵→右满舵→正舵→左满舵→正舵,每次保持10s。

(3)辅操舵装置:最深吃水、1/2 最大航速(≥7kn),正舵→右15°→左15°→右15°→正舵→左15°→正舵,每次保持10s。

十、舵机运行管理的技能

1. 油位

工作油柜中油位维持在液位计的2/3处。

2. 油温

油温超过55℃,每升高8℃,油的使用寿命下降一半。

3. 油压

安全阀调定压力为系统最大工作压力的1.25倍。表阀平时关闭,检查时打开。

4. 滤油器

注意压差。

5. 润滑

对机械运动部位(轴承,铰接处)定期加注润滑脂。

6. 泄漏

柱塞密封更换时利用工作压力顶出V形密封圈。

7. 噪声

液压系统无异常噪声与液压冲击。

8. 放气

在补油后或开航前应对液压系统进行放气,并缓慢转舵赶气。

9. 对中

泵的联轴器工作良好,对中误差在规定的范围内。

10. 绝缘

定期做好电气设备的绝缘测量。

11. 巡查

定期巡回检查,航行中每4h巡查一次。

十一、舵机主要故障排除的技能

1. 舵不能转动

(1)遥控系统失灵,机旁操纵正常。对电气遥控系统,可能是电路断路(保险丝烧断,接点脱焊或接触不良,电气元件损坏等),也可能是其中的机械传动部分有故障(例如导杆卡阻或应插的插销未插好等)。

如果控制系统具有伺服液压缸,还可能是控制油源中断(辅泵损坏,油位过低等),伺服液压缸旁通阀未关,溢流阀开启压力太低或换向阀不能离开中位等。

(2)主泵不能供油。故障症状为舵机无法转动,是否是主泵不能供油造成的舵机不能转动,可通过换用备用泵加以验证。

如果是泵变量机构卡住,而两台主泵又是共用一套浮动杠杆机构,须先将故障泵的变量机构脱开,才能换用备用液压泵。

如果液压泵机组不能启动,可先用盘车的方法判断液压泵是否有机械性卡阻;再查明是否有电路故障,此时应注意有的装置有连锁保护,辅泵未启动前主泵无法启动。

如果液压泵能运转但几乎没有油压,则在排除主油路旁通或泄漏的可能性后,即表明主泵没有供油,对阀控开式舵机液压系统,可先检查循环油柜是否缺油,或吸入管是否堵塞;对泵控式舵机,则应以机旁操纵方法,检查泵的变量机构能否正常动作。若是变量机构卡住,差动活塞控制油中断或油路堵塞,浮动杠杆机构销子断落或储能弹簧太软,则机旁操作也无法使液压泵离开中位,必要时可拆检泵的变量机构或泵本身,以判明损坏工作部件。

(3)主油路旁通或严重泄漏。故障症状为主泵吸、排油压相近(相当于辅泵工作压力)。

主油路旁通的原因可能是因备用泵锁闭不严(反转)、旁通阀开启、安全阀开启压力过低或被垫起,阀控式系统则也可能是因换向阀有故障不能离开中位所造成。

(4)主油路不通或舵转动受阻。故障症状为主泵排出油压高,噪声大,安全阀开启。

主油路不通的最大原因可能是泵阀、缸阀未开或主油路的液控锁闭阀打不开。

2. 单向舵

(1)遥控操舵时只能单向转舵,改用机旁手动操舵则正常。其原因可能是电气遥控线路故障(例如电磁换向阀一端线圈断路)或控制用伺服液压缸一侧严重泄漏等造成。

(2)变量泵只能单向排油。原因可能是泵变量机构单向运行发生困难,如单向卡阻或差动活塞控制油孔堵塞等。

(3)主油路单方向不通或旁通。原因可能是某侧的安全阀开启压力过低、或主油路锁闭阀之一在回油时不能开启。

3. 转舵过慢(转舵时间达不到规定要求)

(1)主泵流量太小。原因多数是因磨损过度造成泵内泄漏严重,或者是泵局部损坏所致,有时也可能是变量机构行程太短或泵转速达不到额定值的缘故。

(2)遥控系统操舵动作太慢,改用机旁操舵后转舵时间即可符合要求工作正常时,浮动杠杆的操纵点 A 从一舷满舵位置移到另一舷满舵位置所需时间应在 22 ~ 24s。如果上述时间明显增加,对伺服电机式远操机构,可能是电路有故障、激磁电流不足或反馈信号太强;对伺服液压缸式远操机构,则可能是提供控制油的辅泵流量不足或调速阀调定的流量太小。此外,也可能是伺服液压缸油路泄漏严重等造成。

(3)主油路有旁通或泄漏。这往往同时会引起冲舵、跑舵或滞舵。除外部泄漏外,可能是安全阀、旁通阀等关闭不严,或双作用液压缸、转叶液压缸内部密封损坏,或备用泵油路锁闭不严,主油路换向阀内部泄漏严重等。

4. 滞舵(操舵后舵叶动作滞后)

(1)主油路中混有较多气体。这时即使机旁操舵,滞舵现象也不会消除,且转舵时可从高压侧放气阀放出气体。原因可能是充液或检修后放气不够彻底,也可能是油箱中油位太低或补油压力太低。对闭式系统,如系统有泄漏,则撞杆位移就不足以填补低压侧液压缸中被吸走的油液容积,以致使泵吸入侧压力太低而吸入空气。辅泵轴封损坏时也会造成空气进入。

(2)遥控系统动作迟滞。例如伺服液压缸或控制油路中存有气体、控制系统机械传动部件的间隙太大等。

(3)泵控式系统主油路泄漏或旁通严重。在这种情况下,由于液压泵在刚离开中位时流量较小,舵可能转不动或转动很慢。

5.冲舵(实际舵角冲过舵令舵角)

(1)泵变量机构不能及时或不能回中。这可能是变量机构卡住,控制油路故障等所造成。

(2)遥控伺服液压缸的换向阀或阀控式系统主油路的换向阀不能回中。这可能是阀芯在一端卡住,也可能是一端弹簧断裂,张力不足等。

(3)遥控伺服油路锁闭不严(油路泄漏或旁通)。这时,在舵转动后,由于受到浮动杠杆传来的作用力,伺服活塞就会在到达指令舵角后因油路锁闭不住而继续前移,于是液压泵便无法回到中位,舵也会继续冲转。

以上几种情况舵将一直冲到顶住机舱舵角限位器为止。

(4)控制系统的反馈部分有故障。例如反馈系统的机械连接件松动、电气元件损坏、触头脏污或断路等。

(5)主油路锁闭不严。舵转到指令舵角时,如果控制系统工作正常,则转舵液压缸就会停止进油,若是主油路存在泄漏或旁通,舵转动惯性大时,特别是舵叶上作用有负扭矩时,就会发生冲舵。但如果反馈机构正常,舵冲过指令舵角后仍会回到指令舵角,此时舵机会出现无法稳舵的症状。

6.跑舵(稳舵时舵叶偏离给定舵角)

主要原因可能是主油路锁闭不严或遥控系统工作不稳定所致。此外,两台泵共用一套浮动杠杆控制的变量泵中位调节不一致或调好后松动,在双泵同时工作时也会产生舵停不稳的现象。

7.空舵(实际舵角小于舵令舵角)

空舵现象大多出现在液压式操舵系统中,例油路中有空气或泄漏时。

8.异常噪声与振动

(1)液体噪声。油位过低,吸入管漏气等造成系统中有大量空气;换向冲击过大。

(2)机械噪声。联轴器对中不好;管路固定不好有共振;机械运动部件润滑不好。

(3)安全阀频繁启闭。

9.舵不准(稳舵期间实际舵角与指令舵角误差超过±1°)

(1)遥控系统调整不当。

(2)机械间隙过大。

(3)内部泄漏。

● 思考练习

一、判断题

1.(　　)改变液压舵机节流阀的开度,就可以调节转舵速度。

2.(　　)空舵主要是由于系统中积存有空气及严重漏油造成的。

3.(　　)电力远操系统中电磁换向阀卡阻于一端可能造成单向转动。

4.(　　)船倒航时舵的水动力矩在舵偏转时是帮助转舵的。

5.(　　)主机停车顺流漂行的船转舵时没有舵效。

6.(　　)操舵时船速越高则舵效越好。

7.(　　)无论是向左或向右转舵,舵机的储能弹簧始终受压。

8.(　　)定向定量泵电液舵机在运转中不论是否操舵,油泵总是在泵油循环。

9.（　　）缓冲阀的作用是防止推舵油缸柱塞出现时走时停的"吞舵现象"。

10.（　　）舵机隔离阀的作用是自动隔断破裂的管路,并自动接通备用管路。

二、简答题

11.开航前进行试航,应进行哪几项试验?

12.液压舵机在试舵过程中,接通遥控系统后应做哪几个角度的操舵实验?

13.液压舵机的遥控系统由哪几部分组成?

14.储能弹簧有何作用,其刚度大小对操舵有何影响?

15.造成舵机滞舵的原因有哪些?

16.液压舵机的基本组成有哪些?

17.液压舵机有哪些常见的故障?

18.带有副杠杆的浮动杆追随机构有哪些优点?

19.什么叫"公称扭矩"?

20.试比较转舵机构的特点。

● 案例分析

伺服油缸弹簧断裂——舵机出现跑舵现象

一、故障现象

某集装箱船采用 HATLAPA 厂家的 TELERAMR4ST 650 型四油缸十字头撞杆式舵机,舵机油泵为主油泵和控制油泵一体式装置,选用 REXTOTH 厂家的 A2P 250 型,工作流量为 300L/分,舵机工作力矩为 2784kNm。

某日机工在巡回检查中发现舵机间停用的备用 No.2 舵机油泵管系中有异常声响,即告大管轮,大管轮启动 No.2 舵机油泵联机工作,声响消除,工况正常,抵巴拿马运河锚地对两台舵机进行运转和操舵试验,无异常。过河后正常航行时发现 No.1 舵机油泵单独使用、自动舵方式情况下,发生跑舵现象。

二、分析处理

舵机存在的故障立即引起了船方的重视,轮机长立即组织人员对两台舵机在不同工况下进行了试舵,取得了比较准确的第一手资料,并将其试验结果报公司安技部门,工况如表9-3-1所示。

表9-3-1

运行舵机	航速	海况	转舵情况
No.1 舵机油泵	15kn	和风轻浪	左舵在15°范围内尚能转动,但舵效慢;右舵能至30°但回舵在10°卡舵,启用两台舵机恢复正常
No.2 舵机油泵	15kn	和风轻浪	正常
No.1 + No.2 舵机油泵	15kn	和风轻浪	正常

该试验结果报安技部门后,安技部门根据故障是在大负荷情况下出现的这一现象,怀疑是 No.1 舵机系统防浪阀出现问题。另考虑到两台舵机系统主油路是连通的,为缩小故障范围安技部门即电告船舶立即做两台舵机系统隔离情况下的试验,船舶根据要求进行了试验,试

验结果如表 9-3-2 所示。

表 9-3-2

运 行 舵 机	航 速	海 况	转 舵 情 况
No.1 舵机油泵关闭 C3/C4 阀	15kn	和风轻浪	正常
No.2 舵机油泵关闭 C1/C2 阀	15kn	和风轻浪	正常

经过这样的试验,可以认为在两套舵机系统隔离情况下 No.1 舵机油泵和 No.2 舵机油泵单独运行时都是正常的,防浪阀也可以认为是正常的,问题集中在非隔离情况下两套舵机系统互相影响的原因是什么?

船舶在继续观察 No.1 舵机油泵马达和 No.2 舵机油泵马达单独使用工况中,发现 No.1 舵机油泵使用,No.2 舵机油泵停用情况下马达跟转,而 No.1 舵机油泵马达在相同情况无此现象,进一步观察油泵斜轴指示,并作了记录如表 9-3-3 所示。

表 9-3-3

运 行 舵 机	No.1 舵机油泵倾斜角度指示	No.2 舵机油泵倾斜角度指示
No.1 舵机油泵	左 10	偏右 5 振荡
No.2 舵机油泵	保持为 0	正常来回摆动
No.1 + No.2 舵机油泵	正常来回摆动	正常来回摆动

至此疑点可以集中在 No.2 舵机油泵在停用时斜轴指示停留在偏右并来回振荡上。

以上疑点现象反馈到安技部门后,经讨论,该故障的现象理论上可以这样解释,在 No.1 舵机油泵运转时,由于停用的 No.2 舵机油泵斜轴偏离零位,泵缸出现倾斜,偏离中心,在 No.1 舵机油泵泵出的高压油作用下油泵逆变为油马达,马达跟转。这样 No.1 舵机油泵泵出的部分压力油经 No.2 舵机油泵泄漏。也就是说 No.1 舵机油泵单独运转时增加了一个负荷,当船舶高速、大舵角时(即大负荷情况)时,No.1 舵机油泵不能承受如此高的负荷,出现反舵现象。至于震荡是因为负荷变化引起 No.1 舵机油泵流量变化,经 No.2 舵机油泵泄漏的油量也发生变化,主动带动摆缸角度变化。

那么为什么 No.2 舵机油泵在停止时会出现泵缸偏离中心的情况,我们先分析一下舵机变量变向泵的控制原理。

该舵机油泵为摆缸式轴向变向变量柱塞油泵,油泵的变向和变量是通过改变泵缸的倾斜角度来实现的,倾斜角度由伺服油缸控制,无转舵命令时,泵缸居中,控制伺服油缸活塞移动的三位三通阀工作位在中位。当有转舵命令时,左(右)比例电磁铁接受自动舵、随动操舵命令动作,调节压力。压力的调整根据转舵舵角的大小由自动舵输出电流大小来控制,其目的是控制转舵速度,$M4$,$M5$ 两个压力点产生压差,使控制三位三通阀的阀芯移动一个位置,工作在上位(从图纸位置),伺服油缸中上下油压相同,弹簧的弹力相等。但由于压力油作用在活塞的截面积下部大于上部,在相同压强的情况下,下部油压大于上部油压,因此推动伺服杆向上移动,改变油泵泵缸的倾斜角度,变量变向泵开始向舵机油缸供油,开始转舵。同时,伺服杆带动反馈杠杆使三位三通阀的阀套移动,使三位三通阀工作位又回到中位。此时由于油路被封,伺服油缸因为液体不可压缩原理使伺服杆固定不再移动,泵缸的倾斜角度固定在一个角度。此时转舵速度已经恒定。当舵叶将转到命令舵角时,自动操舵机构提前控制比例电磁铁失电,$M4$,$M5$ 两个压力点无压差,相同均为 50bar。三位三通阀的阀芯移动复位到原来的位置,此时的工作位已是下位,伺服油缸下部油压被泄放。上部因有经节流阀进入的 50bar 控制油作用,克服下部弹簧的压力使伺服杆向下移动,泵缸的倾斜角度回零,使变向变量泵输出停止。同时,伺服杆带动反馈杠杆使三位三通阀的阀套移动,使三位三通阀工作位又回到中位,保持舵角位置不变。反向转舵时则相反,三位三通阀先工作在下位,然后回中,然后工作在上位,最后保持在中位。

从以上的工作原理分析再推断泵缸偏离中心的故障机理应该有两种:

No.2 舵机油泵伺服装置故障——主动引起油泵摆缸,形成油马达作用。由于油泵停止时已无伺服控制油压,无推动伺服油缸活塞移动的作用力,因此引起这种小角度偏离零位则很有可能是伺服油缸的截面积小的一侧弹簧断。因为从伺服油缸的工作原理可以看到,在有操舵指令时,滑阀先工作在上位时,伺服油缸中活塞能移动,在中位时由于液体不可压缩原理,也能保持,工作在下位,活塞在伺服压力液压油的作用下,一般50bar的压力油能克服弹簧的作用使伺服油缸也能移动,所以单泵使用也能继续正常工作,与现象吻合。如截面积大的一侧弹簧断,如上分析工作在上位时,由于截面积差的压力差能够克服弹簧弹力,伺服活塞也可以正常上移(因为正常工作时摆缸角度变化可以达到20°,而现在故障情况下在偏右5度的情况可以判断出由于面积差造成的油压是可以克服一侧弹簧的弹力),舵机也能正常工作,但在停泵时的故障现象就不同于截面积小的一侧弹簧断,因为伺服油缸下部的液压油被滑阀密封住。根据液体不可压缩原理,活塞不会移动,不可能出现偏离零位的现象。

油泵本身的问题——如配油盘表面有冲蚀或泵缸预紧力有问题,在来自 No.1 舵机油泵高压油的作用下使泵缸偏离中心而带动伺服装置出现指示偏离零位。但这种分析仔细推敲又存在很多疑点。如在这种情况下因为 No.1 舵机油泵高压油的方向是交替的,因此泵缸偏离的方向应是任意的,这种偏离的力量能否克服伺服油缸的弹簧力量使之出现偏离指示等,而且在这种情况下油泵的工作油压很有可能发生变化,直接影响舵机单台工作时的工况。

尽管有以上分析,但安技部门考虑到舵机油泵属船舶重要设备,船舶对液压设备的知识了解和工作经验有限。所以,安排专业厂家在船舶抵港进行拆检,经拆检发现伺服油缸截面积小的一端,弹簧与移动活塞的固定螺杆断落,弹簧失去应有的作用。在主油泵停止后,伺服油缸上部中的液压油从节流阀经滤器在伺服油泵(齿轮泵)中漏出(但对伺服滑阀来说是密封的)。因此,在一端弹簧预紧力的作用下,伺服油缸中活塞逐渐移动直至弹簧预紧力所能达到的位移即停留在右5刻度位置。

在船舶出现舵机故障后,船舶制定了几项安全措施:

(1)海况正常时,使用 No.2 舵机油泵;

(2)海况复杂时,使用两台舵机油泵;

(3)如需要使用 No.1 舵机油泵时,驾驶室必须先通知大管轮,待大管轮完成与 No.2 舵机油泵的隔离后,方可开启使用;换泵使用亦然。

对于以上措施,我们认为第三项是比较妥当的,在确定 No.2 舵机油泵故障情况下,应避免继续使用 No.2 舵机油泵,而且进出港时应派人在舵机间值守,以策安全。

从功能分析看伺服油缸两端弹簧的作用应该是阻尼缓冲作用。如果船舶自行拆装该装置,发现一侧弹簧断裂,在无备件更换情况下,可以将另一侧弹簧取下,系统还是能正常工作的,如认为两端弹簧取下后工作粗暴(冲舵),可以通过调节节流阀解决,原理自行分析。

从这起故障分析的整个过程看,船舶轮机长和主管人员做了大量的工作,提供了大量的数据和第一手资料,为整个故障的判断起到了关键性的作用。但如果主管人员能更细心观察故障现象的各种细节,就更加容易分析故障,如在舵机工作时应经常观察摆缸的角度指示变化包括速度和角度值,并对两台系统的工况进行比较等。从故障的情况看,我们可以推断出正确的故障现象是:在无操舵指令信号的情况下,No. 1 舵机油泵运行,停止 No. 2 舵机油泵,No. 2 舵机油泵初始摆缸位置应在零位,然后随着时间的推移,伺服油缸上部液压油经节流阀、控制油泵逐渐漏泄,活塞在弹簧预紧力(截面积大一侧)的作用下慢慢移动,带动泵缸偏离中心,逐渐停留在右 5°。

三、经验总结

近年,一些新造船采用的舵机伺服控制系统与故障船相似,不同之处是伺服执行机构不同(为电动定位器),伺服油缸两端无弹簧。正是这一点的不同给我们故障的分析以启发,说明该弹簧的作用只是阻尼作用,伺服油缸中活塞的位移是依靠液压油的动力作用形成的,与弹簧无关。因此,我们认为在故障的分析中要善于从其他相似系统的分析中吸取知识,触类旁通,举一反三。

附　　图

附图一　R22 的压焓图

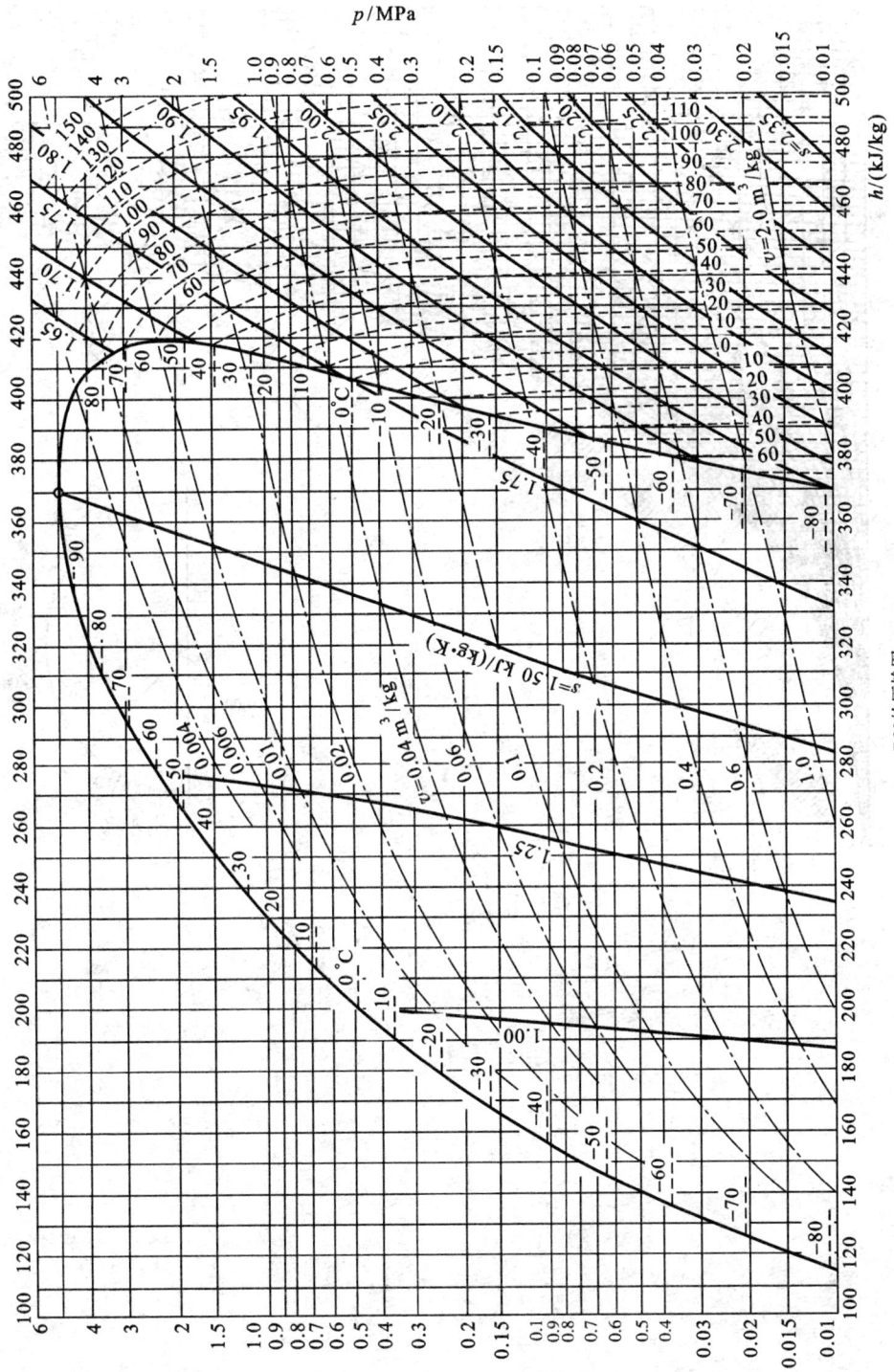

R22的压焓图

附图二 空气的焓湿图

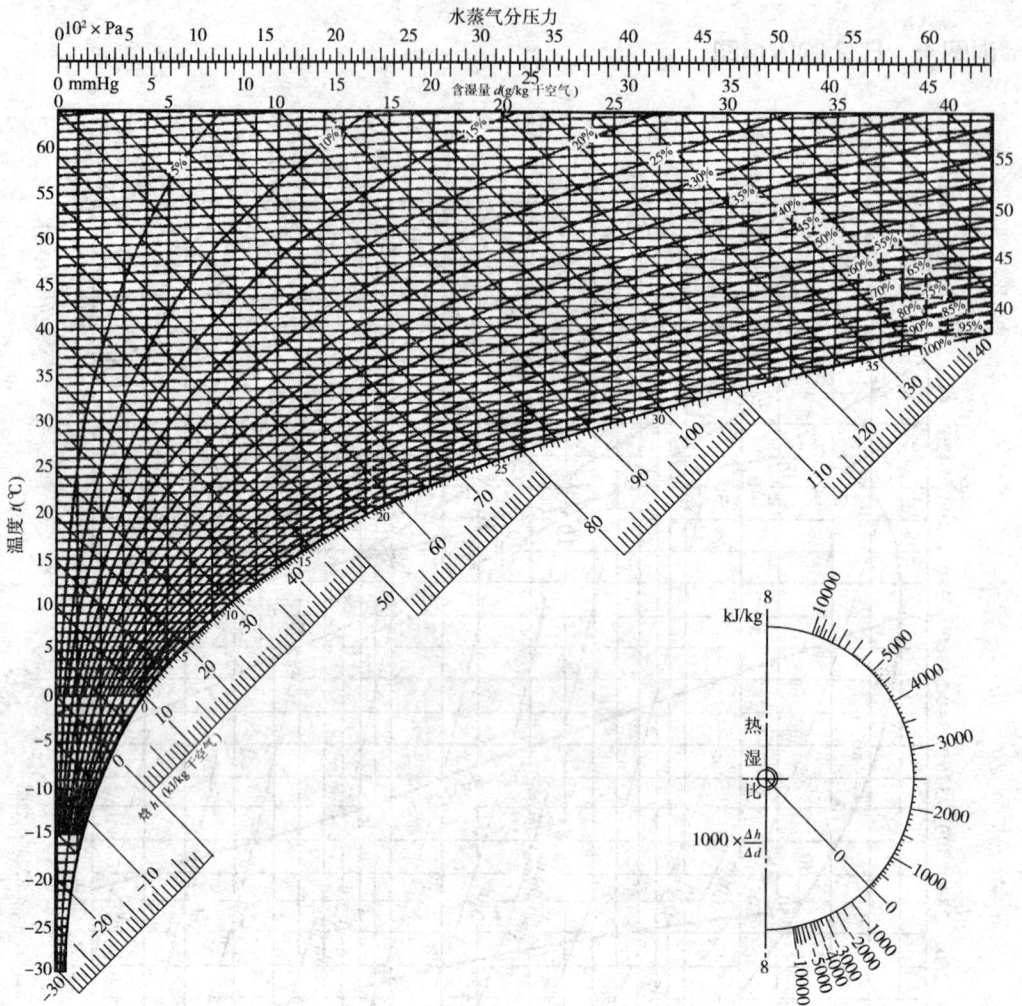

空气的焓湿图

参 考 文 献

[1] 1995 年修正的 1978 年海员培训、发证和值班标准国际公约[S],国际海事组织,1995.

[2] 中华人民共和国海船船员适任考试、评估和发证规则(04 规则)[S],交通部,2004.

[3] 中华人民共和国海船船员适任考试、评估和发证规则(97 规则)[S],交通部,1997.

[4] 中华人民共和国海船船员适任考试大纲[S],中国海事局,2005.

[5] 中华人民共和国海船船员适任考试和评估大纲[S],中华人民共和国港务监督局,1998.

[6] 陈立军.船舶辅机[M].大连:大连海事大学出版社,2007.

[7] 陈立军.船舶辅机[M].北京:人民交通出版社,2002.

[8] 费千.船舶辅机[M].大连:大连海事大学出版社,2008.

[9] 费千.船舶辅机[M].大连:大连海事大学出版社,2005.

[10] 张存有.船舶辅机[M].大连:大连海事大学出版社,2000.

[11] 华忠.一起副机冷却水失压停车故障的处理和原因分析[J].航海技术.2007(6):50~51

[12] 马晓峰.UTOPIA—3 轮液压甲板机械故障分析[J].青岛远洋船员学院学报.2000(4):35 ~40.

[13] 刘永生,等.某船液压绞缆机故障分析机排除[J].世界海运.2006(2):12~13.

[14] 史绍华,等.从 THH 轮伙食冷库故障谈制冷系统的日常管理[J].航海技术.2003(3):48 ~49.

[15] 耿佳东.从一例故障分析 YORK 空调控制系统[J].航海技术.2006(3):59~62.

[16] 刘勇.燃油辅锅炉水垢的危害与处理[J].天津航海.2006(4):19~20.

[17] 杨忠良.HATLAPA 液压舵机故障一例分析[J].航海技术.2004(3):54~56.